GOLDMANN KLASSIKER

TACITUS
Annalen

GOLDMANN VERLAG

Vollständige Ausgabe
Übertragung, Zeittafel zu den »Annalen«,
Stammtafel und Anmerkungen: Carl Hoffmann
Nachwort, Zeittafel zu Leben und Werk des Tacitus
und bibliographische Hinweise: Professor Dr. Gerhard Wirth,
Universität Bonn
Umschlagbild: Römischer Adler mit Palmzweig und Eichenkranz.
Onyx-Cameo, um 40 n. Chr. Kunsthistorisches Museum, Wien

Made in Germany · 3. Auflage · 12/85

Umschlagentwurf: Atelier Adolf & Angelika Bachmann, München
Umschlagfoto: Bildarchiv Preußischer Kulturbesitz, Berlin
Satz: Mohndruck Graphische Betriebe GmbH, Gütersloh
Druck: Presse-Druck Augsburg
Verlagsnummer: 7574
Lektorat: Martin Vosseler · Herstellung: Peter Papenbrok/Voi
ISBN 3-442-07574-2

INHALT

BUCH I

1. Die Stadt Rom beherrschten im Anfang Könige. Den Freistaat und das Konsulat begründete L. Brutus. Zur Diktatur griff man nur vorübergehend. Weder reichte das Amt der Dezemvirn über zwei Jahre hinaus, noch blieb die konsularische Gewalt der Militärtribunen auf längere Zeit in Geltung. Nicht Cinnas, nicht Sullas Herrschaft war von langer Dauer. Des Pompeius und Crassus Amtsgewalt ging schnell auf Caesar, des Lepidus und des Antonius Waffengewalt auf Augustus über, der den gesamten durch die Bürgerkriege erschöpften Staat unter dem Namen eines Princeps in seine Hand nahm. Aber des alten Römervolkes Glück und Unglück ist bereits von berühmten Geschichtsschreibern dargestellt; auch für die Schilderung der augusteischen Zeit fehlte es nicht an ausgezeichneten Talenten, bis sie die überhandnehmende Schmeichelei abschreckte. Die Taten des Tiberius und Caligula sowie des Claudius und Nero sind zu ihren Lebzeiten aus Furcht gefälscht, nach ihrem Tod mit frischem Haß geschildert worden. Deshalb plane ich, nur weniges von der Geschichte des Augustus und seinem Ausgang zu überliefern, dann den Prinzipat des Tiberius und seiner Nachfolger, alles ohne Haß und Vorliebe, wofür mir jeglicher Grund fehlt.

2. Nach dem Tod des Brutus und Cassius war keinerlei staatliche Heeresmacht mehr vorhanden. Sextus Pompeius war bei Sizilien vernichtet, Lepidus beiseite geschoben und Antonius getötet. So hatte auch die Partei der Julier keinen anderen Führer mehr als den Octavianus. Dieser legte nun den Titel eines Triumvirn nieder, wollte nur als Konsul gelten und begnügte sich mit der tribunizischen Gewalt zum Schutz des Volkes. Sobald er aber das Heer durch Geldgeschenke, das Volk durch Getreidespenden, alle zusammen durch die Süßigkeit des Friedens an sich gezogen hatte, erhob er allmählich sein Haupt und nahm die Befugnisse des Senats, der Beamten und der Gesetzgebung an sich.

Dabei fand er keinerlei Widerstand, da gerade die tapfersten Männer auf den Schlachtfeldern oder durch die Ächtung gefallen waren. Der übrige Adel wurde, je bereitwilliger er zur Knechtschaft war, durch Reichtum und Ehrenstellen ausgezeichnet und zog, durch den Umsturz hochgekommen, die gegenwärtige Sicherheit den früheren Gefahren vor. Auch die Provinzen lehnten diesen Stand der Dinge nicht ab, weil ihnen die Herrschaft des Senats und des Volkes durch den Machtkampf der Großen und die Habsucht der Beamten verleidet war. Die Hilfe der Gesetze, die durch Gewalt, durch Einfluß, zuletzt durch Bestechung in Verwirrung gebracht wurden, war unwirksam geworden.

3. Übrigens erhob Augustus zu Stützen seiner Herrschaft den Claudius Marcellus, einen Sohn seiner Schwester, in noch recht jugendlichem Alter durch Verleihung des Pontifikats und der kurulischen Ädilität, ebenso den M. Agrippa, der zwar von niedriger Herkunft, aber ein guter Soldat und Genosse seiner Siege war, durch zwei aufeinander folgende Konsulate. Bald darauf machte er ihn nach dem Tod des Marcellus zum Schwiegersohn. Seine Stiefsöhne Tiberius Nero und Claudius Drusus erhöhte er durch den Imperatortitel, obgleich sein eigenes Haus damals noch ungeschwächt war. Denn er hatte Agrippas Söhne Gaius und Lucius in die Familie der Caesaren aufgenommen und, obgleich sie noch nicht die Knabenkleidung abgelegt hatten, trotz scheinbaren Widerstrebens brennend gewünscht, daß diese beiden zu Führern der Ritterzenturien ernannt und zu Konsuln designiert wurden. Als dann Agrippa aus dem Leben geschieden war, raffte den Lucius Caesar, als er eben zu den spanischen Heeren abging, und den Gaius, der aus Armenien zurückkehrte und an einer Verwundung litt, ein schicksalbestimmter vorzeitiger Tod oder die Tücke ihrer Stiefmutter Livia hinweg. Da Drusus schon längst verschieden war, blieb Tiberius Nero allein von den Stiefsöhnen übrig. Auf ihn häufen sich nun alle Würden: Er wurde adoptiert, zum Mitregenten und Mitinhaber der tribunizischen Gewalt ernannt und allen Heeren vorgestellt, nicht auf Grund geheimer Machenschaften seiner Mutter, wie vordem, sondern auf ihren offenen Rat. Denn Livia hatte den greisen Augustus derart in ihrer Gewalt, daß er seinen einzigen Enkel Agrippa Postumus auf die Insel Planasia verbannte. Der war zwar ein Mensch ohne jede

höhere Bildung, der töricht auf seine körperlichen Kräfte pochte, aber keiner Schandtat überführt. Dagegen stellte er, bei Gott, den Drusussohn Germanicus an die Spitze der acht rheinischen Legionen und befahl die Adoption durch Tiberius, obgleich diesem ein erwachsener Sohn im Hause lebte, nur um noch mehr Stützen seines Thrones zu besitzen. – Krieg gab es zu dieser Zeit nirgends mehr, abgesehen von dem Krieg gegen die Germanen, der mehr zu dem Zweck geführt wurde, die Schmach jenes unter Quintilius Varus verlorenen Heeres zu tilgen, als aus dem Verlangen, das Reich weiter auszudehnen, oder wegen eines sonst würdigen Lohnes. Im Innern blieb die Lage ruhig, die Titel der Beamten waren die gleichen. Die jüngeren Leute waren schon nach der Schlacht bei Actium geboren, auch die meisten älteren erst zur Zeit der Bürgerkriege: Wie viele lebten überhaupt noch, die noch den Freistaat gesehen hatten?

4. So war denn nach dem Umsturz nirgends mehr eine Spur der althergebrachten und reinen Sitte zu finden. Alles hörte nach der Beseitigung der bürgerlichen Gleichheit nur noch auf die Befehle des Herrschers, wobei freilich für den Augenblick keine Furcht herrschte, solange Augustus noch in rüstigem Alter stand und sich, sein Haus und den Frieden aufrecht erhielt. Als jedoch sein bereits vorgeschrittenes Greisenalter noch durch Krankheit geschwächt wurde, als sich sein Ende nahte und neue Hoffnungen auftauchten, da erörtern nur wenige ohne Erfolg die Vorteile der Freiheit, mehr fürchten den Krieg, während andere ihn wünschen. Der bei weitem größte Teil aber verbreitete sich in verschiedenen Gerüchten über die kommenden Herrscher. Der trotzige und durch seine Entehrung noch mehr erregte Agrippa sei weder nach Alter noch nach Erfahrung einer so gewaltigen Aufgabe gewachsen, Tiberius Nero zwar in reifen Jahren, auch im Kriege erprobt, aber von dem alten, der Familie der Claudier angeborenen Hochmut beseelt, und viele Anzeichen von Grausamkeit, auch wenn er sie noch so sehr unterdrücke, brächen schon hervor. Er sei von frühester Kindheit im Herrscherhaus erzogen, gehäuft seien schon auf den Jüngling Konsulate und Triumphe. Sogar in den Jahren, wo er in Rhodus unter dem Anschein freiwilliger Zurückgezogenheit die Rolle eines Verbannten gespielt, habe er auf nichts anderes als auf Haß, Heuchelei und

geheime Lüste gesonnen. Dazu komme noch eine Mutter von echt weiblicher Unbeherrschtheit; knechtisch dienen müsse man also einer Frau und zwei noch ganz jungen Leuten, die einstweilen auf dem Staat lasteten und irgendeinmal ihn spalten würden.

5. Während man dies und ähnliches erwog, verschlimmert sich der Zustand des Augustus, und einige argwöhnten einen verbrecherischen Anschlag der Gattin. Es war nämlich das Gerücht aufgetaucht, Augustus sei wenige Monate vorher – nur Auserwählte hätten davon gewußt – mit Fabius Maximus als alleinigem Begleiter nach Planasia gefahren, um Agrippa zu besuchen. Dort habe es auf beiden Seiten viel Tränen und Liebesbeteuerungen gegeben, und man habe daraus die Hoffnung geschöpft, der Jüngling werde dem Haus seines Großvaters wiedergegeben werden. Davon habe Maximus seiner Gattin Marcia erzählt und diese wieder der Livia. Dies sei auch dem Kaiser bekannt geworden; und als nicht lange darauf Maximus gestorben war, wobei es fraglich blieb, ob er nicht selbst den Tod suchte, habe man beim Leichenbegängnis die Seufzer Marcias gehört, die sich selbst anklagte, den Tod ihres Gatten verschuldet zu haben. Wie dem auch gewesen sein mag, jedenfalls wird nun Tiberius, der kaum nach Illyrien gelangt war, durch einen Eilbrief der Mutter herbeigerufen, und es steht nicht fest, ob er Augustus in der Stadt Nola am Leben oder bereits entseelt vorgefunden hat. Livia hatte nämlich durch scharfe Bewachung Haus und Zugänge abgeschlossen und gab zuweilen günstige Krankheitsberichte heraus, bis alle Vorbereitungen, die die Lage empfahl, getroffen waren und zu gleicher Zeit die Bekanntmachung erfolgte, Augustus sei gestorben und Tiberius trete die Herrschaft an.

6. Die erste Untat des neuen Prinzipats war die Ermordung des Agrippa Postumus. Ihn konnte, obwohl er ahnungslos und unbewaffnet war, ein noch so beherzter Centurio nur mit Mühe überwältigen. Darauf ging Tiberius im Senat nicht weiter ein, sondern deckte sich mit einer Anordnung seines Vaters: Dieser habe dem Tribunen, der das Wachtkommando befehligte, den Auftrag gegeben, er solle unverzüglich den Agrippa töten, sobald er selbst aus dem Leben geschieden sei. Augustus hatte sich ohne Zweifel viel und bitter über den Lebenswandel des Jünglings beklagt und seine Verbannung durch Senatsbeschluß erreicht; aber

er ist niemals gegen irgendeinen der Seinen bis zur Härte der Todesstrafe gegangen, und es war nicht glaublich, daß er seinen Enkel für die Sicherheit seines Stiefsohns hätte töten lassen. Es liegt der Wahrheit viel näher, daß Tiberius und Livia, jener aus Furcht, diese aus stiefmütterlicher Abneigung, den Mord an dem beargwöhnten und verhaßten Jüngling beschleunigt haben. Als ihm der Centurio nach militärischer Sitte meldete, daß ausgeführt sei, was er befohlen habe, antwortete Tiberius, *er* habe den Befehl nicht gegeben und man müsse über die Tat vor dem Senat Rechenschaft ablegen. Als Sallustius Crispus, der in das Geheimnis eingeweiht war – er hatte nämlich das Handschreiben an den Tribunen abgeschickt –, dies erfuhr, mußte er fürchten, als Angeklagter vorgeschoben zu werden, wobei es ebenso gefährlich war, falsche oder wahre Aussagen zu machen. Deshalb redete er Livia zu, man solle doch nicht die Geheimnisse der Familie, die Ratschläge der Freunde und die Dienste der Soldaten an die Öffentlichkeit bringen; auch solle Tiberius nicht die Macht des Prinzipats dadurch zunichte machen, daß er alles vor den Senat bringe: Es sei eben der Grundsatz jeder Monarchie, daß ein Rechenschaftsbericht nur dann stimmen könne, wenn er dem Monarchen allein vorgelegt werde.

7. In Rom aber stürzte sich alles in die Knechtschaft, Konsuln, Senatoren und Ritter. Je angesehener manche waren, desto größer war ihre Heuchelei und Eilfertigkeit; sie verstellten ihre Mienen, um nicht zu froh über den Tod des Herrschers, aber auch nicht zu traurig über den Regierungswechsel zu erscheinen, und wechselten zwischen Tränen und Freude, zwischen Klagen und Schmeicheleien. Die Konsuln Sex. Pompeius und Sex. Appuleius waren die ersten, die den Treueid auf den Caesar Tiberius leisteten, nach ihnen Seius Strabo und C. Turranius, jener als Präfekt der Prätorianer, dieser als Leiter der Getreideversorgung, bald auch der Senat, die städtische Truppe und das Volk. Denn Tiberius ließ alles durch die Konsuln vornehmen, als ob er der alten republikanischen Sitte folgen wollte und noch unschlüssig wäre, die Regierung zu übernehmen. Sogar das Edikt, mit dem er die Konsuln in die Kurie berief, gab er nur unter dem Titel seiner tribunizischen Gewalt heraus, die er von Augustus erhalten hatte. Die Worte des Edikts waren knapp und dem Sinn nach äußerst

bescheiden: Er wolle über die Ehrungen für seinen Vater anfragen, von der Leiche weiche er nicht, dieses einzige öffentliche Amt nehme er für sich in Anspruch. Trotzdem hatte er nach dem Tod des Augustus den prätorischen Kohorten als Imperator die Parole ausgegeben; die Wachen, die Soldaten und des Hofes übrige Bräuche blieben; Soldaten begleiteten ihn auf das Forum, Soldaten in die Kurie; Briefe schickte er an die Heere, als ob er die Herrschaft bereits übernommen hätte, nirgends zögernd, außer wenn er im Senat sprach. Der Hauptgrund dafür lag in seiner Furcht, daß Germanicus, in dessen Händen so viele Legionen und gewaltige Hilfstruppen der Bundesgenossen lagen, der eine wunderbare Beliebtheit beim Volk genoß, größere Lust haben könnte, den Thron zu besteigen als auf ihn zu warten. Auch gab er viel auf den Ruf, lieber den Anschein zu erwecken, daß er vom Volk berufen und auserwählt worden sei, als daß er sich durch eines Weibes eheliche Ränke und eines Greises Adoption eingeschlichen habe. Später stellte sich heraus, daß er die Maske der Unentschlossenheit auch angenommen hatte, um die Gesinnung des Adels zu erforschen. Denn Worte und Mienen legte er als Verbrechen aus und behielt sie im Gedächtnis.

8. Am ersten Tag der Senatssitzung ließ er nichts anderes verhandeln als die Leichenfeier für Augustus. Dessen Testament, das von den vestalischen Jungfrauen herbeigebracht wurde, wies Tiberius und Livia als Erben auf; Livia wurde in das julische Geschlecht aufgenommen und erhielt den Namen Augusta. In zweiter Linie hatte Augustus seine Enkel und Urenkel eingesetzt, im dritten Grad die Vornehmsten des Staates, aus Eitelkeit und Ruhmsucht bei der Nachwelt, obgleich sie ihm meist verhaßt waren. Die Vermächtnisse gingen nicht über das bürgerliche Maß hinaus, außer daß er dem Staatsschatz und den ärmeren Bürgern 43 1/2 Millionen Sesterzen vermachte, den Soldaten der Prätorianerkohorten Mann für Mann 1000, den städtischen Kohorten je 500, den Legionären der Linientruppen je 300 Sesterzen. Dann beriet man über die Totenehrungen; als die ausgezeichnetsten unter ihnen beantragte Gallus Asinius, daß das Leichenbegängnis durch die Triumphpforte (auf dem Marsfeld) geführt werde, L. Arruntius, daß die Titel der erlassenen Gesetze und die Namen der von ihm besiegten Völker vorangetragen würden. Valerius

Messala fügte hinzu, es müsse an jedem Neujahrstag der Huldigungseid für Tiberius erneuert werden. Als ihn Tiberius fragte, ob er diesen Antrag in seinem Auftrag gestellt habe, kam die Antwort, er habe aus eigenem Antrieb gesprochen und werde in Dingen, die den Staat betreffen, stets nur dem eigenen Entschluß folgen, selbst auf die Gefahr einer Beleidigung. Diese Abart der Schmeichelei war noch allein übrig. Der Senat verlangte einstimmig, der Leichnam solle auf den Schultern von Senatoren zum Scheiterhaufen getragen werden. Der Kaiser lehnte dies mit anmaßender Bescheidenheit ab; das Volk ermahnte er in einem Edikt, man solle nicht, wie einst durch allzu großen Eifer die Bestattung des verewigten Julius Caesar ausgeartet war, so auch jetzt verlangen, daß Augustus auf dem Forum verbrannt werde statt auf dem Marsfeld, an der von ihm bestimmten Stätte. Am Tag der Bestattung waren Soldaten wie zum Schutz aufgestellt, worüber die viel spöttelten, die den Verlauf jenes Tages selbst erlebt oder von ihren Angehörigen vernommen hatten, an dem die Knechtschaft noch frisch war und der unglückliche Versuch gemacht wurde, die Freiheit wiederzugewinnen – jenes Tages, da die Ermordung des Diktators Caesar den einen als die verworfenste, den anderen als die schönste Tat erschienen war. Jetzt brauche der greise Princeps, nach langer Regierung, nachdem er bereits alle Machtmittel zur Unterjochung des Staates für seine Erben bereitgestellt habe, natürlich noch einen militärischen Schutz, damit sein Begräbnis ruhig vonstatten gehe!

9. Darauf wurde viel von Augustus selbst geredet, wobei sich die meisten über leere Zufälligkeiten wunderten: daß er am gleichen Tag gestorben sei, an dem er die Regierung übernommen, daß er in Nola im gleichen Haus und Schlafgemach wie sein Vater Octavius geendet habe. Auch die Zahl seiner Konsulate wurde gerühmt, worin er dem Valerius Corvus und dem C. Marius zusammengenommen gleichgekommen sei; ebenso die Tatsache, daß er siebenunddreißig Jahre hindurch ununterbrochen die tribunizische Gewalt innegehabt, daß er den Ehrennamen eines Imperators einundzwanzigmal erworben habe und daß andere Ehrenämter vielfach von ihm bekleidet oder für ihn neu geschaffen wurden. Von einsichtigen Männern wurde sein Leben bald gepriesen, bald getadelt. Die einen erklärten, er sei durch die Pie-

tät gegen seinen Adoptivvater und durch die moralische Verpflichtung einem Staat gegenüber, in dem damals kein Raum mehr für gesetzliches Vorgehen war, zum Bürgerkrieg gezwungen worden, der mit rechtlichen Mitteln weder vorbereitet noch geführt werden konnte. Viele Zugeständnisse habe er dem Antonius machen müssen, nur um an den Mördern des Vaters Rache zu nehmen, viele auch dem Lepidus. Nachdem dieser in Schlaffheit gealtert, jener durch Ausschweifungen zugrunde gegangen sei, habe es kein anderes Heilmittel für die Zerrissenheit des Vaterlandes gegeben, als daß es von *einem* Mann regiert wurde. Dennoch habe er den Staat nicht als Monarch oder Diktator, sondern unter dem Titel eines Princeps wiederhergestellt. Durch den Ozean oder durch weitentlegene Ströme sei das Reich geschützt. Stehende Heere, Provinzverwaltungen und Flotteneinheiten, alles sei miteinander eng verbunden. Recht und Gerechtigkeit bestehe bei den Bürgern, Unterwürfigkeit bei den Provinzialen. Die Stadt selbst glänze in herrlichem Schmuck. Nur in seltenen Fällen habe man Gewalt angewendet, damit im übrigen Ruhe herrsche.

10. Andere hielten dem entgegen: Die Pietät gegen den Vater und die Verhältnisse des Freistaates habe er nur zum Vorwand genommen, in Wirklichkeit habe er aus Herrschsucht die Veteranen durch Schenkungen aufgewiegelt, ein Heer sei von dem noch als Privatmann lebenden Jüngling angeworben, die Legionen des Konsuls bestochen, seine Begünstigung der pompeianischen Partei erheuchelt worden. Darauf habe er, sobald er sich durch Senatsbeschluß die Rutenbündel und die Stellung eines Proprätors angeeignet hatte, nach dem Tode des Hirtius und Pansa – mag nun der Feind beide, mag den Pansa das in seine Wunde geträufelte Gift, mögen den Hirtius die eigenen Soldaten oder Octavianus als Anstifter ihrer Meuterei aus dem Weg geräumt haben – die Truppen beider mit Beschlag belegt. Gegen den Willen des Senats habe er das Konsulat erpreßt und die Waffen, die er gegen Antonius erhalten, gegen den Staat gewendet. Die Proskriptionen der Bürger, die Äckerverteilungen seien nicht einmal von den Männern gutgeheißen worden, die sie selbst vorgenommen hatten. Des Cassius und der beiden Bruti Untergang sei allerdings der Feindschaft gegen seinen Vater zugeschrieben worden, obgleich es Pflicht sei, persönlichen Haß dem allgemei-

nen Nutzen nachzustellen. Doch Sextus Pompeius sei durch das Gaukelbild des Friedens, Lepidus durch geheuchelte Freundschaft getäuscht worden. Später habe Antonius, der durch das Bündnis von Tarentum und Brundisium sowie durch die Heirat mit Octavianus' Schwester angelockt worden war, die Strafe für diese heimtückische Schwägerschaft mit dem Tod bezahlt. Danach habe es allerdings Frieden gegeben, aber einen blutigen Frieden: Lollius und Varus seien geschlagen, Männer wie Varro, Egnatius und Jullus in Rom hingerichtet worden. Auch sein Privatleben schonte man nicht. Dem Tiberius Claudius Nero sei die Gattin entführt und die Priesterschaft zum Spott befragt worden, ob eine schwangere Frau vor ihrer Entbindung rechtmäßig heiraten könne. Dazu kam des Q. Vitellius und des Vedius Pollio unsinnige Schlemmerei, schließlich seine Mutter Livia, die schwer auf dem Staat lastete, noch schwerer als Stiefmutter auf dem Haus der Caesaren! Keinerlei Ehrungen seien den Göttern vorbehalten, da er durch Tempel und Götterbilder, durch Flamines und Priester verehrt werden wollte. Nicht einmal Tiberius sei aus Liebe oder aus Sorge um den Staat als Nachfolger bestimmt worden; vielmehr habe er, da er ja dessen Anmaßung und Grausamkeit durchschaute, sich selbst durch diesen üblen Vergleich Ruhm verschaffen wollen. Augustus hatte nämlich einige Jahre vorher, als er für Tiberius von den Senatoren erneut die tribunizische Gewalt verlangte, in seine an sich anerkennende Rede doch einige Äußerungen über Tiberius' Benehmen, Bildung und Lebensweise eingestreut, die eine Entschuldigung sein sollten, aber ein Vorwurf waren. Übrigens wird, als die Bestattung dem Brauch gemäß vollzogen war, für Augustus die Errichtung eines Tempels und die göttliche Verehrung beschlossen.

11. Darauf wandte man sich mit Bitten an Tiberius. Doch wich er mit allerlei Redensarten über die Größe des Reiches und seine eigene Unzulänglichkeit aus. Nur ein Geist wie der des verewigten Augustus sei einer so gewaltigen Aufgabe gewachsen. Er selbst habe, nur zu einem Teil der Geschäfte von jenem berufen, durch Erfahrung gelernt, wie schwer und wie sehr dem Glück unterworfen die Last sei, das Ganze zu regieren. Daher sollten sie in einem Staat, der sich auf so viele hervorragende Männer stützen könne, nicht alles einem einzigen aufbürden. Mehrere

würden leichter die Aufgaben des Staates mit vereinten Kräften durchführen. In einer solchen Rede lag mehr Würde als Aufrichtigkeit. Standen doch dem Tiberius auch in Dingen, die er nicht verbergen wollte, sei es von Natur oder Gewöhnung, stets zweideutige und dunkle Worte zur Verfügung. Damals aber, als er bestrebt war, seine wahre Gesinnung völlig zu verstecken, geriet seine Rede noch mehr ins Ungewisse und Doppelsinnige. Die Senatoren aber, die nur von der einen Furcht beherrscht waren, man könnte ihnen ansehen, daß sie ihn durchschauten, brechen in Klagen, Tränen und Gelübde aus. Zu den Göttern, zum Bildnis des Augustus, zu seinen eigenen Knien erheben sie ihre Hände. Da befahl er, man solle die Denkschrift des Augustus herbeibringen und vorlesen. Sie enthielt die Machtmittel des Staates: wie viele Bürger und Bundesgenossen unter den Waffen standen, wie viele Flotten, abhängige Königreiche und Provinzen vorhanden waren, welche direkten und indirekten Steuern, welche notwendigen Ausgaben und Spenden. Dies alles hatte Augustus eigenhändig aufgezeichnet und den Rat hinzugefügt, man solle das Reich innerhalb seiner natürlichen Grenzen halten, ob aus wirklicher Besorgnis oder nur aus Eifersucht (auf seine Nachfolger), bleibt ungewiß.

12. Als sich die Senatoren dabei zu den demütigsten Bitten erniedrigten, erklärte Tiberius, vielleicht werde er, wenn er auch der Gesamtleitung des Staates nicht gewachsen sei, doch die Betreuung des Teiles übernehmen, den man ihm auftragen würde. Darauf erwiderte Asinius Gallus: »Ich frage dich, Caesar, welchen Teil der Staatsgeschäfte willst du dir übertragen lassen?« Über diese unvorhergesehene Frage bestürzt, schwieg Tiberius eine Zeitlang. Darauf antwortete er nach wiedererlangter Fassung, es entspreche keineswegs seiner Bescheidenheit, irgend etwas aus einem Bereich auszuwählen oder abzulehnen, dem er sich lieber überhaupt ganz entziehen wolle. Wiederum erklärte Gallus – er hatte nämlich aus Tiberius' Miene geschlossen, daß er ihn beleidigt habe –, seine Frage ziele nicht darauf ab, etwas zu teilen, was nicht geteilt werden könne, sondern durch sein eigenes Geständnis zu erweisen, daß der Staatskörper eine Einheit sei und nur von einem einzigen geleitet werden könne. Dann fügte er noch eine Lobrede auf Augustus hinzu und erinnerte Tiberius

selbst an seine Siege im Feld und an alles, was er im Frieden so viele Jahre hindurch so vorzüglich geleistet habe. Aber auch dadurch konnte er Tiberius' Zorn nicht besänftigen; dieser haßte ihn schon lange, weil er meinte, er erstrebe seit seiner Verheiratung mit M. Agrippas Tochter Vipsania, die vordem Tiberius' Gattin war, mehr, als einem Bürger zukomme, und behalte den Trotz seines Vaters Asinius Pollio bei.

13. Danach erregte L. Arruntius durch eine nicht erheblich von Gallus abweichende Rede in gleicher Weise Anstoß, wiewohl Tiberius keinen alten Groll gegen ihn hegte. Aber er beargwöhnte ihn wegen seines Reichtums, seiner Wendigkeit, seiner hervorragenden Eigenschaften und seines dementsprechenden öffentlichen Ansehens. Zudem hatte sich Augustus in seinen letzten Gesprächen über die Frage geäußert, wer das Amt eines Princeps trotz Eignung ablehnen würde, wer es nicht ausfüllen könne, aber doch annehmen würde, wer endlich ebenso viel Kraft wie Neigung dazu habe; M'. Lepidus, so hatte er damals gemeint, sei fähig, lehne aber ab, Asinius Gallus strebe zwar danach, sei aber zu schwach, L. Arruntius dagegen sei nicht unwürdig und werde auch zugreifen, wenn sich ihm die Gelegenheit böte. Über die ersten beiden herrscht Übereinstimmung, an Stelle von Arruntius nannten einige den Cn. Piso. Alle diese Männer außer Lepidus sind später auf Tiberius' Betreiben unter verschiedenen Anschuldigungen beseitigt worden. – Auch Q. Haterius und Mamercus Scaurus verletzten seinen argwöhnischen Sinn, Haterius, weil er geäußert hatte: »Wie lange noch wirst du dulden, Caesar, daß dem Staat das Oberhaupt fehlt?«, Scaurus, weil er gesagt hatte, es sei deshalb zu hoffen, daß die Bitten des Senats nicht vergeblich seien, weil Tiberius nicht gegen den Antrag der Konsuln mit dem Recht seiner tribunizischen Gewalt Einspruch erhoben habe. Auf Haterius fuhr er sofort los, den Scaurus überging er mit Stillschweigen, weil er ihn noch unversöhnlicher haßte. Durch die Zurufe aller und die dringenden Bitten einzelner ermüdet, gab er allmählich nach, nicht in der Form, daß er erklärte, er übernehme die Herrschaft, sondern indem er lediglich aufhörte, abzulehnen und sich weiter bitten zu lassen. Es ist bekannt, daß Haterius den Palast, um Abbitte zu leisten, betrat und dem Tiberius bei einem Spaziergang zu Füßen fiel. Dabei wäre er beinahe von der Leib-

wache getötet worden, weil der Caesar, zufällig oder durch Haterius' Hände verstrickt, niedergestürzt war. Und doch ließ sich Tiberius durch die Todesgefahr eines solchen Mannes nicht besänftigen, bis Haterius die Augusta anflehte und durch deren inständige Fürbitte gerettet wurde.

14. Auch gegen die Augusta zeigte der Senat große Unterwürfigkeit. Einige beantragten, sie müsse »Mutter«, andere, sie müsse »Mutter des Vaterlandes« genannt werden, die meisten, es solle beim Namen des Kaisers der Zusatz »Sohn der Julia« gemacht werden. Tiberius aber erklärte, die Ehrungen der Frauen müßten eingeschränkt werden, und er wolle die gleiche Mäßigung in allem zeigen, was ihm selbst zuerteilt werde. In Wahrheit aber sah er voll Angst und Neid auch in der Ehrung seiner Mutter eine Schmälerung seiner eigenen Hoheit, duldete deshalb nicht einmal, daß ihr ein Liktor zugebilligt werde, verweigerte die Errichtung eines Altars für ihre Adoption und anderes dergleichen. Dagegen verlangte er für Germanicus das prokonsularische Imperium. Gesandte wurden geschickt, die ihm dieses überbringen und ihn zugleich in seiner Trauer um das Ableben des Augustus trösten sollten. Daß das Gleiche nicht auch für Drusus gefordert wurde, lag daran, daß dieser als designierter Konsul in Rom anwesend war. – Für die Prätur schlug er zwölf Kandidaten vor, also die seit Augustus herkömmliche Zahl. Als ihm der Senat nahelegte, er solle diese Zahl erhöhen, gab er die eidliche Versicherung ab, er werde nie darüber hinausgehen.

15. Damals wurden zum ersten Mal die Beamtenwahlen von der Volksversammlung auf den Senat übertragen. Denn bis zu diesem Tag geschah, wenn auch das Wichtigste der Entscheidung des Princeps vorbehalten blieb, doch einiges durch die Empfehlungen der Tribus. Das Volk beklagte sich über diese Entrechtung nur in leerem Gerede, und der Senat, der nun von Spenden und schimpflichen Bitten (an das Volk) befreit war, hielt gern daran fest, zumal Tiberius die Einschränkung machte, daß er nicht mehr als vier Kandidaten empfehlen wolle, die ohne Zurückweisung und weitere Bewerbung gewählt werden mußten. Inzwischen verlangten die Volkstribunen, die Bewerber sollten auf eigene Kosten die Spiele veranstalten, die, unter dem Namen des Augustus dem Kalender beigefügt, die »Augustalischen Spiele« ge-

nannt werden sollten. Jedoch wurde beschlossen, daß das Geld aus der Staatskasse bezahlt werden und die Prätoren im Circus das Triumphalkleid tragen sollten; daß sie auf dem Triumphwagen fuhren, wurde jedoch nicht gestattet. Später wurde die alljährliche Feier dem Prätor übertragen, der die Rechtsprechung zwischen Bürgern und Fremden ausübte.

16. Dies war der Stand der Dinge in Rom, als bei den pannonischen Legionen ein Aufstand ausbrach, aus keinerlei besonderen Gründen, sondern nur, weil der Regierungswechsel eine Gelegenheit zu Unruhen und einem Bürgerkrieg mit der Aussicht auf Belohnungen zu bringen schien. Im Sommerlager standen gleichzeitig drei Legionen unter der Führung von Junius Blaesus. Als dieser vom Ende des Augustus und dem Regierungsantritt des Tiberius hörte, hatte er der Staatstrauer oder auch der Antrittsfeierlichkeiten wegen den gewohnten Dienst unterbrechen lassen. Aus diesem Anlaß werden die Soldaten ausgelassen, suchen Händel und leihen dem Gerede des schlimmsten Gesindels ihr Ohr. Schließlich sehnen sie sich nach Üppigkeit und Untätigkeit und wollen nichts von Disziplin und Dienst wissen. – Da war im Lager ein gewisser Percennius, früher Führer der Theaterclaqueure, dann gemeiner Soldat, frech in seinen Reden und durch sein Bühnenhandwerk geübt, Menschenmassen aufzuhetzen. Er wiegelt die unerfahrenen Leute, die besorgt waren, wie sich der soldatische Dienst nach dem Tod des Augustus gestalten würde, allmählich durch nächtliche Gespräche auf oder versammelt, wenn sich der Tag zum Abend neigte und die anständigeren Soldaten sich verlaufen hatten, gerade die schlechtesten Elemente um sich.

17. Als diese schließlich schon bereit waren, sich auch noch andere Helfershelfer zum Aufruhr gefunden hatten, fragte er sie in einer Art öffentlicher Aussprache, warum sie eigentlich den paar Hauptleuten und den noch wenigeren Obersten nach Sklavenart gehorchten. Wann würden sie es wagen, Abhilfe zu verlangen, wenn sie nicht den neuen und noch unsicheren Princeps mit Bitten oder Gewalt angingen? Genug sei so viele Jahre lang durch Feigheit gesündigt worden, weil sie dreißig oder vierzig Dienstjahre, alle als Greise und die meisten mit einem infolge Verwundungen verstümmelten Körper, ertrügen. Nicht einmal für die

Entlassenen gäbe es ein Ende des Dienstes. Vielmehr müßten sie, in der Veteranenreserve stehend, die gleichen Strapazen nur unter einem anderen Namen erdulden. Und wenn einer in so vielen Wechselfällen mit dem Leben davongekommen sei, dann werde er in noch entlegenere Länder verschleppt, wo er als angebliches Ackerland feuchtes Sumpf- oder unbebautes Berggelände empfange. Fürwahr, der Kriegsdienst sei doch schon an sich schwer und bringe nichts ein: Auf zehn As den Tag werde Leib und Leben eingeschätzt; davon müßten sie Bekleidung, Waffen und Zelte bezahlen, davon den Schutz vor der Grausamkeit der Hauptleute und den Diensturlaub erkaufen. Wahrhaftig, Schläge und Wunden, harte Winter, beschwerliche Sommer, grausamer Krieg oder gewinnloser Friede dauerten immer fort! Es gebe keine andere Erleichterung, als wenn sie den Kriegsdienst nur unter bestimmten Abmachungen anträten: daß jeder einen Denar im Tag verdiene und das sechzehnte Jahr das Ende des Dienstes mit sich bringe, daß sie nicht darüber hinaus unter den Fahnen gehalten würden, sondern daß die Abfindung noch im gleichen Lager in Geld ausgezahlt werde. Oder hätten die Prätorianerkohorten, die zwei Denare täglich bekämen und nach sechzehn Jahren ihren Familien wiedergegeben würden, etwa mehr Gefahren auf sich zu nehmen? Nichts gegen den städtischen Wachtdienst, aber *sie* müßten doch unter wilden Völkern stets dem Feind von ihren Zelten aus ins Auge blicken!

18. Die Menge stimmte ihm aus verschiedenen Gründen lärmend zu. Die einen zeigen ihre Striemen der Peitschenhiebe, andere ihr ergrautes Haar, die meisten weisen drohend auf ihre abgeschabten Kleider und die nackten Stellen ihres Körpers hin. Schließlich gerieten sie in eine solche Wut, daß sie damit umgingen, die drei Legionen in eine zusammenzulegen. Durch Eifersucht wieder davon abgebracht, weil jeder für seine Legion diese Ehre in Anspruch nahm, verfallen sie auf etwas anderes und stellen die drei Adler und die Kohortenabzeichen zusammen auf einem Platz auf. Gleichzeitig häufen sie Rasenstücke auf und errichten ein Tribunal, um ihren Standort besser sichtbar zu machen. Als sie eifrig damit beschäftigt waren, kam Blaesus hinzu, fuhr die einzelnen Leute an und suchte sie zurückzuhalten, indem er laut ausrief: »Befleckt lieber eure Hände mit meinem

Blut! Geringerer Frevel wird es sein, wenn ihr den Legaten tötet, als wenn ihr vom Imperator abfallt. Entweder will ich unverletzt bleiben und die Treue der Legionen erhalten oder fallen und damit eure Reue beschleunigen.«

19. Nichtsdestoweniger wurde der Rasenhügel aufgeworfen und hatte schon Brusthöhe erreicht, als sie, durch Blaesus' Hartnäckigkeit besiegt, von ihrem Unternehmen abließen. Blaesus erklärte nämlich mit großer Überredungskunst, die Wünsche des Heeres dürften nicht durch Aufstand und Wirren dem Kaiser vermittelt werden; weder die Soldaten der alten Zeit hätten an ihre Feldherren noch sie selbst an den verewigten Augustus so unerhörte Forderungen gestellt, und ganz zur Unzeit vermehre man die Last der ersten Regierungsjahre des Fürsten. Wenn sie dennoch versuchen wollten, im Frieden das zu erreichen, was nicht einmal die Sieger der Bürgerkriege gefordert hätten, warum gedächten sie da, gegen den althergebrachten Gehorsam und gegen das Gesetz der Disziplin mit Gewalt vorzugehen? Sie sollten doch Gesandte abordnen und ihnen in seiner Gegenwart ihre Aufträge übergeben. Darauf riefen sie ihm zu, Blaesus' Sohn, der Kriegstribun, solle diese Gesandtschaft übernehmen und für die Soldaten die Entlassung nach sechzehn Dienstjahren erwirken. Die übrigen Aufträge würden sie ihm erteilen, sobald die ersten Erfolg gehabt hätten. Nach der Abreise des Jünglings herrschte leidliche Ruhe. Aber die Soldaten brüsteten sich damit, daß der Sohn des Legaten als Sprecher für die gemeinsame Sache deutlich beweise, es sei da durch Zwang etwas durchgesetzt worden, was sie durch Bescheidenheit nicht erreicht hätten.

20. Inzwischen reißen die Manipeln, die noch vor dem Beginn des Aufstandes zu Wege- und Brückenbauten und anderen Zwecken nach Nauportus geschickt worden waren, auf die Nachricht von den Wirren im Lager die Feldzeichen aus dem Boden; dann plündern sie die nächsten Dörfer und Nauportus selbst, das einer römischen Provinzialstadt gleich zu achten war, und verhöhnen die Hauptleute, die sie daran zu hindern suchten, mit Gelächter und Schmähungen, zuletzt mit Schlägen. Dabei richtet sich ihre Wut hauptsächlich gegen Aufidienus Rufus, den Lagerpräfekten; sie reißen ihn von seinem Wagen herunter, beladen ihn mit ihrem Gepäck und treiben ihn dann in der Vorhut

vor sich her, wobei sie ihn spöttisch fragen, ob er so gewaltige Lasten und so lange Märsche gern ertrage. Rufus, der lange einfacher Soldat gewesen, dann Hauptmann und zuletzt Lagerpräfekt geworden war, wollte nämlich den alten harten Dienst wieder einführen, da er bei Schanzarbeiten und Strapazen alt geworden und eben darum strenger war, weil er alles selbst ausgehalten hatte.

21. Bei ihrer Ankunft (im Lager) bricht der Aufstand von neuem los, die Soldaten schweiften umher und plünderten die Umgebung. Blaesus gibt den Befehl, es sollten nur wenige, und zwar diejenigen, die am meisten mit Beute beladen waren, als abschreckendes Beispiel für die übrigen mit Ruten geschlagen und ins Gefängnis geworfen werden. Denn auch jetzt noch wurde dem Unterfeldherrn von den Hauptleuten und den anständigen Elementen unter den Soldaten Gehorsam geleistet. Jene stemmen sich jedoch gegen diejenigen, die sie wegreißen wollen, umfassen die Knie der Nächststehenden, rufen bald ihre einzelnen Kameraden, bald die Zenturie, deren Soldaten sie waren, dann ihre Kohorte und ihre Legion herbei und schreien, allen drohe das gleiche Schicksal; zugleich häufen sie Vorwürfe gegen den Legaten, rufen den Himmel und die Götter zu Zeugen an und unterlassen nichts, um nur Haß und Mitleid, Furcht und Erbitterung zu erregen. Alle eilen geschlossen herbei, erbrechen das Gefängnis, befreien die Gefangenen und nehmen sogar Deserteure und wegen todeswürdiger Verbrechen Verurteilte bei sich auf.

22. Dies verstärkte die Gewalttätigkeit und gab dem Aufruhr noch mehr Führer. Ein gewisser Vibulenus, ein gemeiner Soldat, ließ sich vor dem Tribunal des Blaesus auf die Schultern der Umstehenden heben und redete zu seinen Kameraden, die verwirrt und gespannt waren, was er vorzubringen habe: »Ihr habt zwar diesen armen Unschuldigen Licht und Leben zurückgegeben; aber wer gibt meinem Bruder das Leben, wer gibt mir meinen Bruder wieder? Vom germanischen Heere war er wegen unserer gemeinsamen Sache zu euch geschickt worden. Ihn hat Blaesus in der vergangenen Nacht durch seine Gladiatoren erdrosseln lassen, die er zum Verderben der Soldaten hält und bewaffnet. Antworte, Blaesus, wohin hast du seine Leiche geschafft? Nicht einmal Feinden verweigert man die Bestattung. Wenn ich mit Küssen, wenn ich mit Tränen meinen Schmerz gestillt habe, dann

magst du auch mich niedermachen lassen, wenn uns nur die Kameraden hier bestatten, uns, die wir nicht wegen irgendeines Verbrechens getötet wurden, sondern nur deshalb, weil wir für das Wohl der Legionen sorgten!«

23. Die Wirkung dieser Worte steigerte er noch dadurch, daß er weinte und Brust und Gesicht mit den Händen schlug. Dann stieß er die Leute auseinander, auf deren Schultern er stand, stürzte jählings den Kameraden zu Füßen und erregte dadurch eine derartige Bestürzung und Empörung, daß ein Teil der Soldaten die Gladiatoren, die der Sklavenschar des Blaesus angehörten, ein anderer sein übriges Gesinde fesselte, wieder andere hinausstürmten, um den Leichnam zu suchen. Und wenn sich nicht bald herausgestellt hätte, daß nirgends eine Leiche zu finden sei, daß die Sklaven trotz Anwendung der Folter den Mord leugneten und daß dieser Mann überhaupt keinen Bruder hatte, so waren sie nicht weit davon entfernt, den Legaten umzubringen. Doch die Tribunen und den Lagerpräfekten drängten sie hinaus und plünderten das Gepäck der Fliehenden. Der Centurio Lucilius wird niedergemacht. Sie hatten ihm mit einem Soldatenwitz den Spottnamen »Noch einen« beigelegt, weil er, wenn er seinen Rebstock auf dem Rücken eines Soldaten zerbrochen hatte, mit lauter Stimme einen neuen und immer wieder einen neuen zu fordern pflegte. Die übrigen hielten sich versteckt; nur Julius Clemens wurde zurückbehalten, weil man ihn wegen seiner Entschlossenheit für geeignet hielt, die Aufträge des Heeres zu überbringen. Beinahe hätten sogar die Legionen selbst, die achte und die fünfzehnte gegen einander zum Schwert gegriffen – jene fordern den Tod eines Centurio namens Sirpicus, die Fünfzehner aber wollen ihn beschützen –, hätten nicht die Soldaten der neunten Legion mit Bitten und gegen Widersetzliche mit Drohungen sich ins Mittel gelegt.

24. Diese Nachrichten brachten Tiberius, so verschlossen er war und so gern er gerade die schlimmsten Ereignisse geheim hielt, doch dazu, daß er seinen Sohn Drusus mit einigen hervorragenden Männern des Staates und zwei prätorischen Kohorten entsandte, freilich mit keinerlei festen Aufträgen; er solle nach Lage der Dinge einschreiten. Die Kohorten waren durch ausgewählte Soldaten in ungewöhnlichem Maß verstärkt. Beigegeben

waren noch ein großer Teil der Prätorianerreiterei und die Kerntruppen der Germanen, die damals dem Kaiser als Leibwache dienten. Ferner war der Gardepräfekt Aelius Seianus dabei, der seinem Vater Seius Strabo als Amtsgenosse zugeteilt war und in hohem Ansehen bei Tiberius stand; er sollte dem jungen Drusus als Berater dienen und seinen Begleitern vor Augen führen, wie man sich in Gefahren zu benehmen und welche Belohnungen man zu erwarten habe. – Als sich Drusus näherte, gingen ihm die Legionen gewissermaßen zur Ehrenbezeugung entgegen, nicht wie gewöhnlich in froher Stimmung, auch nicht mit ihren glänzenden Abzeichen, sondern von häßlichem Schmutz starrend und mit Mienen, die wohl Betrübnis ausdrücken sollten, aber näher dem Trotz waren.

25. Als er in den Lagerwall eingezogen war, besetzen sie die Tore mit Posten und lassen ganze Scharen von Bewaffneten an bestimmten Stellen des Lagers bereit stehen; die übrigen umgeben in gewaltigen Massen das Tribunal. Da stand nun Drusus und gebot mit der Hand Stillschweigen. Die Meuterer stoßen, sooft sie ihre Augen auf die versammelte Menge zurückwenden, Drohungen aus, dann wieder zittern sie, wenn sie den Caesar Drusus ansehen. Es gab ein dumpfes Murmeln, ein trotziges Geschrei, dann wieder plötzliche Stille. Je nachdem ihre Stimmung wechselte, waren sie in Angst oder suchten Schrecken zu erregen. Endlich liest Drusus, nachdem der Lärm verebbt war, einen Brief seines Vaters vor, in dem von seiner besonderen Zuneigung zu seinen tapfersten Legionen die Rede war, mit denen er so viele Kriege durchgestanden habe. Sobald er sich von der Trauer erholt habe, werde er mit den Senatoren über ihre Forderungen beraten; inzwischen habe er seinen Sohn entsandt, der unverzüglich zugestehen solle, was sofort erledigt werden könne; alles übrige müsse dem Senat vorbehalten bleiben, von dem niemand annehmen dürfe, er werde es an Güte oder auch an Strenge fehlen lassen.

26. Aus der Versammlung wurde geantwortet, der Centurio Clemens habe die Aufträge, die er ausrichten solle. Dieser beginnt mit der Entlassung nach sechzehn Dienstjahren und den Abfindungen nach beendeter Dienstzeit, der tägliche Sold solle einen Denar betragen, die altgedienten Soldaten nicht in der Reserve behalten werden. Als Drusus diesen Forderungen die Ent-

scheidung des Senats und seines Vaters entgegenhielt, wird er durch lautes Geschrei unterbrochen: Warum er denn eigentlich gekommen sei, wenn er weder zur Erhöhung des Soldes noch zur Erleichterung des Dienstes noch überhaupt zu irgendeiner Wohltat bevollmächtigt sei? Peitschenhiebe und Hinrichtungen, die seien natürlich jedem erlaubt. Früher sei es Tiberius gewesen, der unter Berufung auf Augustus die Wünsche der Legionen zu vereiteln pflegte; dieselben Kunstgriffe gebrauche jetzt wieder Drusus. Würden denn zu ihnen immer nur die der väterlichen Gewalt unterstellten Söhne kommen? Auch sei es ganz neu, daß der Kaiser nur die Erleichterungen für die Soldaten an den Senat verweise. Dann müßte ja auch eben dieser Senat befragt werden, sooft Todesstrafen verhängt oder neue Kämpfe angekündigt würden. Oder lägen etwa nur die Belohnungen in den Händen der Herren, während die Bestrafungen ohne Schiedsspruch erfolgten?

27. Zum Schluß verlassen sie das Tribunal. Sooft ihnen einer der Prätorianer oder der Freunde des Caesar begegnet, erheben sie drohend ihre Fäuste, um Händel zu suchen und blutigen Kampf zu beginnen. Am meisten erbittert waren sie gegen Cn. Lentulus, weil sie meinten, daß er als ältester und berühmtester Kriegsmann den Drusus bestärke und ihre Ausschreitungen vor allen verdamme. Als Lentulus nicht viel später mit dem Caesar weggeht und in Voraussicht der kommenden Gefahr das Winterlager aufsuchen will, umringen sie ihn und fragen, wohin er wolle, zum Kaiser oder zum Senat, um auch dort dem Wohl der Legionen entgegenzutreten? Damit dringen sie auf ihn ein und werfen Steine. Schon blutete er von einem Steinwurf und sah sein sicheres Ende vor sich, als die Scharen, die mit Drusus angekommen waren, herbeieilten und ihm Schutz boten.

28. Die unheildrohende und den Ausbruch eines Frevels ankündende Nacht ließ ein Zufall gut vorübergehen. Man sah, wie sich der Mond bei klarem Himmel plötzlich verfinsterte. Dies nahmen die Soldaten, die die wahre Ursache nicht kannten, als eine Vorbedeutung für die gegenwärtige Lage; die Verfinsterung des Gestirns versinnbildliche ihr eigenes Elend, und ihr Vorhaben werde glücklich ausgehen, wenn Glanz und Klarheit der Mondgöttin wiederkehre. Daher lassen sie das Erz erdröhnen,

Trompeten und Hörner im Zusammenklang tönen. Je nachdem der Mond heller oder dunkler erscheint, frohlocken oder trauern sie. Und als aufsteigende Wolken die Sicht ganz benahmen, glaubten sie, die Göttin sei von der Finsternis verschlungen worden. Da wehklagen sie, wie nun einmal erschütterte Herzen zum Aberglauben neigen, es werde ihnen ewige Mühsal geweissagt und die Götter wendeten sich von ihrem Tun ab. Diesen Umschwung glaubte der Caesar benützen und, was ihm der Zufall geboten, mit Klugheit verwenden zu müssen. Deshalb befiehlt er seinen Leuten, einen Rundgang durch die Zelte zu machen. Hinzugezogen wird der Centurio Clemens und wer sonst noch durch gefällige Eigenschaften bei der Menge beliebt war. Diese Männer mischen sich unter die Nachtwachen, Posten und Torwachen, machen ihnen Hoffnung und steigern ihre Furcht: »Wie lange wollen wir den Sohn des Kaisers noch gefangen halten? Welches Ende sollen die Streitigkeiten finden? Wollen wir dem Percennius und Vibulenus den Treueid schwören? Werden Percennius und Vibulenus den Soldaten den Sold, den Entlassenen Land geben? Sollen die beiden schließlich statt eines Nero und Drusus die Herrschaft über das römische Volk übernehmen? Wollen wir nicht vielmehr, wie wir die letzten zur Schuld waren, so auch die ersten zur Reue sein? Nur langsam wird gewährt, was für die Allgemeinheit gefordert wird; persönliche Vergünstigungen dagegen kann man auf der Stelle verdienen, auf der Stelle erhalten.« Als die Gemüter hierdurch bewegt und mit gegenseitigem Argwohn erfüllt waren, trennen sich die Rekruten von den Veteranen, die eine Legion von der anderen. Allmählich kehrt die Liebe zum Gehorsam zurück. Sie verlassen die Tore und tragen die Feldzeichen, die sie zu Beginn des Aufruhrs an einem Ort zusammengebracht hatten, wieder an ihre alten Plätze zurück.

29. Bei Tagesanbruch beruft Drusus eine Heeresversammlung und tadelt, obwohl noch unerfahren im Reden, doch mit angeborener Vornehmheit ihr früheres, lobt ihr jetziges Verhalten: Durch Gewalt und Drohungen lasse er sich nicht besiegen; sehe er sie aber zum Gehorsam zurückkehren, höre er sie ihre Anliegen unterwürfig vorbringen, so wolle er dem Vater schreiben, daß er die Bitten der Legionen gnädig aufnehmen möge. Als sie darum bitten, wird nun wieder derselbe Blaesus, ferner L. Apro-

nius, ein römischer Ritter aus Drusus' Gefolge, und Justus Catonius, ein Centurio ersten Grades, zu Tiberius entsandt. Darauf erhob sich (im Kriegsrat) ein Kampf der Meinungen. Einige waren der Ansicht, man müsse die Rückkehr der Gesandten abwarten und die Soldaten inzwischen durch Freundlichkeit besänftigen. Andere wieder meinten, daß man nachdrücklichere Maßregeln ergreifen müsse: Die Menge kenne kein Maß; sie mache andere zittern, wenn sie nicht selbst zittere; sei sie aber einmal in Furcht geraten, so könne man sie ungestraft verachten; solange sie noch der Aberglaube ängstige, müsse der Feldherr durch Hinrichtung der Rädelsführer die Furcht noch steigern. Drusus' Natur neigte zur Härte; er befiehlt, Vibulenus und Percennius herbeizuholen und zu töten. Die meisten berichten, sie seien im Zelt des Feldherrn verscharrt worden, andere, man habe ihre Leichen als abschreckendes Beispiel vor den Lagerwall geworfen.

30. Darauf wurden die schlimmsten Unruhestifter herausgesucht. Einige, die außerhalb des Lagers umherschweiften, wurden von den Hauptleuten oder den Soldaten der Prätorianerkohorten niedergemacht, andere von den Manipeln selbst zum Beweis ihrer Pflichttreue ausgeliefert. Ein vorzeitig hereinbrechender Winter hatte die Besorgnisse der Soldaten noch vermehrt. Unaufhörliche Regengüsse gingen so heftig nieder, daß die Leute nicht aus den Zelten treten, keine Versammlungen abhalten, kaum die Feldzeichen schützen konnten, die von Wirbelwinden und Fluten fortgerissen wurden. Auch die Furcht vor dem Zorn des Himmels dauerte fort. Nicht ohne Grund erbleichten die Gestirne gegen Missetäter, gingen Ungewitter nieder. Kein anderes Heilmittel gebe es gegen diese Leiden, als das unglückselige und entweihte Lager zu verlassen und sich, von der Schuld entsühnt, in die einzelnen Winterquartiere zurückzubegeben. Zuerst kehrte die achte, dann die fünfzehnte Legion zurück. Die Leute der neunten hatten lärmend gefordert, man müsse die schriftliche Antwort des Tiberius abwarten. Als aber die übrigen abzogen, fühlten sie sich vereinsamt und kamen dem drohenden Zwang durch freiwilligen Entschluß zuvor. Auch Drusus wartete die Rückkehr der Gesandten nicht ab, sondern kehrte, da die Ruhe für den Augenblick leidlich hergestellt war, nach Rom zurück.

31. Ungefähr in denselben Tagen und aus den gleichen Gründen brach eine Meuterei bei den rheinischen Legionen aus, um so gewaltiger, weil ihre Zahl größer war und starke Hoffnung bestand, der Caesar Germanicus werde die Herrschaft eines anderen nicht ertragen können und sich unter den Schutz der Legionen stellen, die alles durch ihre Wucht mit sich fortreißen würden. Zwei Heere standen am Rheinufer: das sogenannte obere Heer befehligte der Legat C. Silius, das untere A. Caecina. Den Oberbefehl über beide hatte Germanicus, der damals mit der Vermögensschätzung in den gallischen Provinzen beschäftigt war. Doch die Truppen, die Silius unter sich hatte, waren noch unschlüssig und warteten den Erfolg des Aufruhrs beim anderen Heer ab. Dieses untere Heer aber verfiel in eine rasende Wut, die bei der einundzwanzigsten und fünften Legion begann und auch die erste und zwanzigste mit sich riß. Sie lagen nämlich in einem gemeinsamen Sommerlager im Gebiet der Ubier und hatten keinen oder nur leichten Dienst. Auf die Kunde vom Tod des Augustus beginnt die kürzlich ausgehobene stadtrömische Masse, die an Zügellosigkeit gewöhnt war und Strapazen nicht ertragen konnte, auf ihre unerfahrenen Kameraden einzureden: Gekommen sei die Zeit, wo die Veteranen rechtzeitige Entlassung, die jungen Krieger höheren Sold, alle zusammen Milderung ihrer Mühsale fordern und für die Grausamkeit der Hauptleute Rache nehmen könnten. So redete nicht ein einzelner, wie Percennius bei den pannonischen Legionen, und nicht vor den Ohren ängstlicher Soldaten, die erst auf das Beispiel anderer, stärkerer Heere sahen; hier erscholl aus vielen Kehlen des Aufruhrs Stimme: In ihrer Hand liege Roms Schicksal, durch ihre Siege werde das Reich groß, nach ihren Namen erhielten die Feldherren ihren Beinamen.

32. Auch der Legat schritt nicht ein; der Wahnsinn von immer mehr Leuten hatte ihn um seine Fassung gebracht. Ganz von Sinnen stürzen sie sich plötzlich mit gezückten Schwertern auf die Centurionen, die von jeher des Soldatenhasses Zielscheibe und seines wütenden Ausbruchs Anlaß waren. Sie schlagen sie zu Boden, mißhandeln sie mit Peitschenhieben, mit je sechzig einen, um der Zahl der Centurionen gleichzukommen. Dann werfen sie die Körper zerfetzt und zerfleischt, zum Teil schon entseelt, vor

den Wall oder in den Rheinstrom. Septimius, der sich zum Tribunal geflüchtet und zu Caecinas Füßen niedergeworfen hatte, wurde so lange mit Ungestüm gefordert, bis man ihn zum Tod auslieferte. Cassius Chaerea, der sich später durch die Ermordung des Kaisers Caligula bei der Nachwelt einen Namen machte, damals ein Jüngling und voll wilden Mutes, bahnte sich mit dem Schwert einen Weg durch die ihm entgegenstehende bewaffnete Menge. Weder Tribun noch Lagerpräfekt behaupteten noch ihr Recht; Nachtwachen, Posten, und was sonst noch für den Augenblick nötig war, verteilten sie selbst. Für einen, der in die Seele der Soldaten tiefer eindringt, lag gerade darin der deutlichste Beweis für die Größe und Nachhaltigkeit des Aufruhrs: Nicht vereinzelt und nicht auf Eingebung weniger, sondern gemeinsam flammten sie auf, gemeinsam wurden sie wieder ruhiger, mit so großer Gleichförmigkeit und Stetigkeit, daß man glauben konnte, sie stünden unter einem einheitlichen Befehl.

33. Inzwischen wird dem Germanicus, der, wie schon berichtet, in den gallischen Provinzen die Vermögensschätzung vornahm, der Tod des Augustus gemeldet. Er hatte dessen Enkelin Agrippina zur Gattin und von ihr mehrere Kinder; selbst war er als Sohn des Drusus ein Neffe des Tiberius und ein Enkel der Augusta, fühlte sich aber bedrückt durch seines Oheims und seiner Großmutter geheimen Haß, der sich um so heftiger auswirkte, weil er ungerecht war. Drusus' Andenken stand nämlich beim römischen Volk in hohen Ehren; man glaubte, wäre er zur Herrschaft gelangt, dann hätte er die Freiheit wiederhergestellt. Die gleiche Zuneigung und Hoffnung hatte sich daher auch auf Germanicus übertragen. Denn der Jüngling hatte ein bürgerfreundliches Wesen, seine Leutseligkeit war bewundernswert und durchaus verschieden von Tiberius' anmaßenden und versteckten Mienen und Reden. Dazu kamen noch Verstimmungen unter den Frauen. Livia hatte einen stiefmütterlichen Haß gegen Agrippina, und Agrippina selbst war etwas zu leidenschaftlich. Doch wandte sich ihre an sich ungebärdige Natur durch Sittenreinheit und Gattenliebe zum Guten.

34. Germanicus aber setzt sich, je näher er dem Thron rückte, desto eifriger für Tiberius ein: Auf ihn vereidigt er sich, seine Umgebung und die belgischen Stämme. Dann brach er auf die

Nachricht vom Aufstand der Legionen eiligst auf. Die Soldaten kamen ihm vor dem Lager entgegen, den Blick zur Erde gesenkt, wie aus Reue. Als er in die Verschanzung eingezogen war, ließen sich verworrene Klagen hören. Einige ergriffen seine Hand, als ob sie sie küssen wollten, und drückten seine Finger in ihren Mund, damit er ihre zahnlosen Kiefer fühle; andere wieder zeigten ihre vom Alter gekrümmten Glieder. Die Versammlung, die sich um ihn bildete, läßt er, weil sie ihm zu ordnungslos erschien, nach Manipeln auseinandertreten. Sie könnten ihn so besser hören, war die Antwort. Dann sollten sie die Feldzeichen vor sich hinstellen, damit er wenigstens daran die Kohorten unterscheiden könne; zögernd gehorchten sie da. Ausgehend darauf von der Verehrung für Augustus, leitete er zu den Siegen und Triumphen des Tiberius über, wobei er mit besonderem Lob die herrlichen Taten feierte, die jener mit eben diesen Legionen in Germanien vollbracht habe. Weiterhin preist er die Einmütigkeit Italiens, die Treue der gallischen Provinzen; nirgends sei es zu Aufruhr oder Unfrieden gekommen. Schweigend oder mit leisem Murren wurde dies aufgenommen.

35. Sowie er aber die Meuterei berührte und fragte, wo der Soldatengehorsam, wo der Ruhm der alten Manneszucht geblieben sei, wohin sie denn die Tribunen, die Centurionen vertrieben hätten, da entblößen sie alle zusammen ihre Körper und halten ihm die Narben ihrer Wunden und die Striemen der Geißelhiebe vor. Dann beschweren sie sich mit verworrenen Rufen über die hohen Preise der Dienstablösung, über den kärglichen Sold und über die Härte der Arbeiten. Dabei weisen sie namentlich auf das Schanzen an Wällen und Gräben, auf das Herbeischaffen von Futter, Bau- und Brennholz und überhaupt auf alle die Arbeiten hin, die notwendig sind oder auch nur ausgedacht werden, um keine Muße des Lagerlebens aufkommen zu lassen. Das wildeste Geschrei erhoben die Veteranen, die ihre dreißig oder mehr Dienstjahre aufzählten und forderten, er solle den Erschöpften zu Hilfe kommen, damit sie nicht in diesen Mühsalen sterben müßten, sondern das Ende eines so geplagten Dienstes und einen auskömmlichen Ruhestand erlebten. Es gab auch einige, die die Auszahlung der vom verewigten Augustus ausgesetzten Legate forderten. Dabei wünschten sie dem Germanicus Glück und

Heil; wenn er Kaiser werden wolle, stellten sie sich ihm bereitwillig zur Verfügung. Da aber sprang Germanicus jäh vom Tribunal herab, als ob er sich von einem Verbrechen befleckt fühlte. Die Soldaten streckten ihm, als er weggehen wollte, die Waffen entgegen und bedrohten ihn, wenn er nicht bliebe. Er aber rief laut, er wolle lieber sterben als die Treue verletzen, riß sein Schwert von der Seite, hob es empor und hätte es sich in die Brust gestoßen, hätten nicht die Umstehenden seine Hand gefaßt und ihn mit Gewalt zurückgehalten. Der hinterste, dicht zusammengedrängte Teil der Versammlung jedoch und – es klingt kaum glaublich – auch einige näher sich Herandrängende forderten ihn auf, er solle nur zustoßen. Ein Soldat namens Calusidius bot ihm sogar sein eigenes gezücktes Schwert an mit der Bemerkung, es sei schärfer. Dies schien selbst den Rasenden zu schrecklich und zu frech. Es entstand eine Pause, in der Germanicus von seinen Freunden ins Feldherrnzelt geführt wurde.

36. Hier wurde nun über Abhilfe beraten. Man erfuhr nämlich noch, die Soldaten wollten Abgeordnete schicken, die das Heer in Obergermanien zur Teilnahme bewegen sollten. Zur Zerstörung bestimmt sei schon die Hauptstadt der Ubier, und die an Raub gewöhnten Scharen würden dann plündernd in Gallien einfallen. Diese Besorgnis wurde noch durch den Umstand erhöht, daß die Feinde von dem Aufstand hören und, wenn das Rheinufer entblößt würde, einen Einfall machen könnten. Wollte man aber Hilfstruppen und Bundesgenossen gegen die abziehenden Legionen bewaffnen, so sei der Bürgerkrieg da. Gefahrvoll war Strenge, schimpflich Nachgiebigkeit. Mochte man den Soldaten nichts oder alles gewähren, der Staat war in jedem Fall in Gefahr. Daher beschloß man nach reiflicher Erwägung aller Umstände, ein Schreiben im Namen des Kaisers abzufassen: Entlassung werde denjenigen gewährt, die zwanzig Jahre, Ausmusterung denen, die sechzehn Jahre gedient hätten; doch sollten diese unter den Fahnen bleiben, von allem anderen Dienst befreit, außer der Abwehr des Feindes. Die Legate, die sie gefordert hatten, würden in doppelter Höhe ausgezahlt werden.

37. Die Soldaten merkten wohl, daß diese Zugeständnisse nur für den Augenblick erfunden waren, und verlangten daher sofortige Durchführung. Die Entlassung wird durch die Tribunen

schleunig vorgenommen, die Schenkungen verschob man, bis jede Legion im Winterquartier lag. Doch die Leute der fünften und der einundzwanzigsten Legion wollten nicht eher abziehen, bevor ihnen noch im Sommerlager das Geld ausbezahlt sei; es wurde aus der Feldkasse der Freunde des Caesars und aus dessen eigener Kasse zusammengeschossen. Die erste und zwanzigste Legion führte der Legat Caecina in die Hauptstadt der Ubier zurück. Es war ein schmachvoller Zug, da die dem Oberfeldherrn geraubten Kassen zwischen den Fahnen und Adlern mitgeführt wurden. Germanicus begab sich zum oberen Heer und nahm der zweiten, dreizehnten und sechzehnten Legion, die nicht zögerten, den Huldigungseid ab. Die Leute der vierzehnten Legion hatten kurze Zeit geschwankt. Es wurde auch ihnen Geld und Entlassung bewilligt, ohne daß sie beides gefordert hatten.

38. Dagegen begannen im Chaukenland die dort als Besatzung vorgeschobenen Abteilungen der meuternden Legionen ebenfalls einen Aufstand, der jedoch durch sofortige Hinrichtung zweier Soldaten für den Augenblick niedergehalten wurde. Den Befehl dazu hatte der Lagerpräfekt M'. Ennius gegeben, mehr nach bewährtem Beispiel als nach zustehendem Recht. Als die Bewegung dann wieder anwuchs, mußte er fliehen, wurde aber aufgefunden und suchte nun, da ihm Schlupfwinkel keine Sicherheit mehr boten, in kühner Rede Schutz: Nicht der Präfekt werde von ihnen verletzt, nein, ihr Feldherr Germanicus, ihr Kaiser Tiberius! Zugleich reißt er, während seine Widersacher bestürzt dastehen, die Fahne hoch und wendet sie dem Rheinufer zu: Wer aus dem Zuge trete, werde als Deserteur behandelt, ruft er laut aus und führt die Schar der Aufrührer, die nun nichts mehr wagten, ins Winterlager zurück.

39. Inzwischen treffen die Abgesandten des Senats Germanicus bereits wieder in die Ubierstadt zurückgekehrt an. Dort überwinterten zwei Legionen, die erste und die zwanzigste, sowie die kürzlich zur Reserve entlassenen Veteranen. Die bestürzten und aus Schuldbewußtsein des klaren Denkens beraubten Leute befällt die bange Furcht, die Gesandtschaft sei auf Befehl des Senats gekommen, um die Vergünstigungen rückgängig zu machen, die sie durch den Aufstand erpreßt hatten. Und wie die Menge auch für eingebildete Dinge stets einen Schuldigen sucht, so klagen sie

jetzt den gewesenen Konsul Munatius Plancus, den Führer der Gesandtschaft, als den Urheber des (vermeintlichen) Senatsbeschlusses an. In tiefer Nacht fordern sie die Aushändigung der im Haus des Germanicus aufbewahrten Fahne, rotten sich vor dem Eingang zusammen, erbrechen die Tür, schleppen den Caesar aus seinem Schlafgemach und nötigen ihn unter Androhung des Todes, die Fahne herauszugeben. Wie sie dann durch die Straßen zogen, begegneten sie den Gesandten, die auf die Kunde von dem Tumult zu Germanicus eilten. Sie überhäufen sie mit Schmähungen und machen Miene, sie zu ermorden, namentlich den Plancus, der aus Ehrgefühl nicht die Flucht ergriffen hatte. In seiner gefährlichen Lage blieb ihm keine andere Zuflucht als das Lager der ersten Legion. Dort umfaßte er die Feldzeichen und Legionsadler und suchte sich durch ihre Heiligkeit zu retten. Doch hätte der Adlerträger Calpurnius nicht das Äußerste verhindert, so würde ein Gesandter Roms in einem römischen Lager – selbst in Feindesland ist das ein seltener Fall – mit seinem Blut die Altäre der Götter befleckt haben. Erst bei Tagesanbruch, als man den Feldherrn, die Soldaten und die einzelnen Vorgänge unterscheiden konnte, begibt sich Germanicus ins Lager, befiehlt, Plancus herbeizuführen, und nimmt ihn mit zum Tribunal. Dann tadelt er den verhängnisvollen Wahnsinn, der nicht durch die Schuld der Soldaten, sondern durch den Zorn der Götter wieder ausgebrochen sei, und eröffnet ihnen den Zweck der Gesandtschaft. Mit beredten Worten klagt er über die Verletzung des Gesandtenrechts, über das harte und unverdiente Los des Plancus selbst sowie über die furchtbare Schande, die die Legion auf sich geladen habe. Da die Versammlung mehr betroffen als beruhigt war, schickt er die Gesandten unter dem Schutz bundesgenössischer Reiterei weg.

40. In dieser bedrohlichen Lage tadelten alle den Germanicus, daß er nicht zum oberen Heer gehe, wo er doch Gehorsam und Hilfe gegen die Rebellen finde. Durch Dienstentlassung, Geldbewilligung und milde Maßnahmen sei schon mehr als genug gefehlt worden. Und wenn ihm schon sein eigenes Leben wenig wert sei, warum lasse er sein Söhnchen und seine schwangere Gattin unter diesen rasenden Verächtern aller menschlichen Rechte? Seine Familie solle er doch dem Großvater und dem Staat

erhalten! Lange zögerte er, auch seine Gattin weigerte sich und beteuerte, daß sie als Enkelin des verewigten Augustus vor keiner Gefahr zurückschrecke. Zuletzt umfaßte er unter vielen Tränen ihren Leib und den gemeinsamen Sohn und nötigte sie zur Abreise. Beklagenswert war der Zug der Frauen, die Gemahlin des Feldherrn auf der Flucht, den kleinen Sohn auf dem Arm, umringt von den wehklagenden Gattinnen der Freunde, die zugleich mit fortzogen; nicht minder traurig war, wer zurückblieb.

41. Man glaubte nicht im eigenen Lager des glücklichen Germanicus, sondern in einer eroberten Stadt zu sein. Die Seufzer und Schmerzensausbrüche lenken sogar die Aufmerksamkeit der Soldaten auf sich. Sie kommen aus ihren Zelten und rufen: »Was ist das für ein Klageton, was für eine Trauerszene? Erlauchte Frauen sind es, kein Centurio, kein Soldat geleitet sie! Nichts sieht man, was einer Feldherrngattin gebührt, nichts von üblichem Gefolge. Sie gehen zu den Treverern und vertrauen sich fremdem Schutz an!« Da ergreift die Soldaten Scham und Mitleid. Sie denken an ihren Vater Agrippa, an den Großvater Augustus, an den Schwiegervater Drusus, an ihren Kinderreichtum und ihre allbekannte Keuschheit. Und der Knabe war im Lager geboren, in der Zeltgenossenschaft der Legionen auferzogen! Caligula nannten sie ihn in ihrer Soldatensprache, weil er, um die Liebe des einfachen Mannes zu gewinnen, meist kleine Soldatenstiefel trug. Aber nichts stimmte sie so um wie die Eifersucht auf die Treverer. Sie bitten, vertreten ihr den Weg; sie solle umkehren, sie solle dableiben; ein Teil hält Agrippina zurück, die meisten wenden sich an Germanicus. Dieser beginnt noch voller Schmerz und Zorn zu der ihn umdrängenden Schar so zu sprechen:

42. »Gattin und Sohn sind mir nicht teurer als Vater und Vaterland. Aber meinen Vater wird seine Majestät, das römische Reich die anderen Heere schützen. Meine Gattin und meine Kinder, die ich für euren Ruhm willig dem Tod opfern würde, entreiße ich jetzt eurem Wüten, damit die Untat, die ihr noch vorhaben mögt, nur mit meinem eigenen Blut gesühnt wird und ein Mord an Augustus' Urenkel und an Tiberius' Schwiegertochter eure Schuld nicht noch vergrößert. Was habt ihr denn in diesen Tagen nicht gewagt, was nicht verwegen angegriffen? Welchen Namen soll ich dieser Versammlung geben? Kann ich euch *Soldaten* nennen, die

ihr den Sohn des Kaisers mit Wall und Waffen eingeschlossen, oder *Bürger*, die ihr des Senates Würde so in den Staub gezogen habt? Was selbst unter Feinden gilt, das Gesandten- und Völkerrecht, habt ihr gebrochen. Der verewigte Julius Caesar hat einst eine Meuterei seines Heeres mit einem einzigen Worte beigelegt; er redete die Soldaten, die ihm den Treueid brachen, mit ›Spießbürger‹ an. Der verewigte Augustus bändigte mit *einer* Miene, mit *einem* Blick die Legionen von Actium. Ich bin noch nicht, was sie waren, aber ich bin von ihnen entsprossen. Wenn mich das spanische oder syrische Heer mißachtete, so wäre auch dies auffallend und unwürdig; aber ihr von der ersten Legion habt von Tiberius eure Feldzeichen erhalten, ihr von der zwanzigsten habt so viele Schlachten mit ihm geschlagen, so viele Auszeichnungen von ihm erhalten – ist das nun der herrliche Dank, den ihr eurem Heerführer abstattet? Soll ich eine solche Nachricht meinem Vater bringen, der aus den anderen Provinzen nur erfreuliche Botschaften erhält? Daß seine eigenen Rekruten, seine eigenen Veteranen an der rechtzeitigen Entlassung, an der Geldbewilligung noch nicht genug hätten? Daß man nur hier Centurionen morde, Tribunen verjage, Legaten gefangen halte? Daß gefärbt sind von Blut Lager und Flüsse und daß ich selbst nur aus Gnade unter erbitterten Gegnern mein Leben hinschleppe?

43. Warum habt ihr mir an jenem ersten Versammlungstag das Schwert entrissen, das ich mir in die Brust stoßen wollte, ihr törichten Freunde? Besser und liebevoller meinte es der Mann, der mir sein eigenes Schwert anbot. Dann wäre ich doch gefallen, ohne Mitwisser meines Heeres bei so vielen Schandtaten geworden zu sein; ihr hättet euch einen anderen Führer gewählt, der zwar meinen Tod ungestraft gelassen, aber wenigstens den des Varus und seiner drei Legionen gerächt hätte. Denn die Götter mögen es verhüten, daß den Belgern, die sich dazu erbieten, die Ehre und der Ruhm zuteil werde, den römischen Namen gerettet und die Völker Germaniens bezwungen zu haben. Möge deine in den Himmel aufgenommene Seele, erhabener Augustus, möge dein Bild, Vater Drusus, dein Andenken im Verein mit diesen Kriegern hier, bei denen wieder Ehrgefühl und Ruhmbegierde einziehen, den Schandfleck tilgen und den inneren Zwist zum Verderben der Feinde wenden! Auch ihr, deren Miene und deren

Herz ich jetzt verwandelt sehe, wenn ihr dem Senat die Gesandten, dem Kaiser den Gehorsam, wenn ihr mir Gattin und Kind wiederschenken wollt, so meidet die Ansteckung und scheidet die Anstifter aus. Dies wird der Reue feste Stütze, dies das Band der Treue sein!«

44. Auf diese Worte hin bekannten sie demütig, daß seine Vorwürfe berechtigt seien, und baten, er möge die Schuldigen bestrafen, den Verführten verzeihen und sie gegen den Feind führen. Seine Gattin möge zurückgerufen werden, der Liebling der Legionen wieder zurückkehren und nicht den Galliern als Geisel ausgeliefert werden. Die Rückkehr Agrippinas lehnte er wegen der bevorstehenden Entbindung und des nahen Winters ab; sein Sohn aber werde wiederkommen. Das weitere sollten sie selbst vollziehen. Verwandelt eilen sie auseinander und schleppen die Rädelsführer gefesselt vor den Legaten der ersten Legion, C. Caetronius, der auf folgende Weise das Urteil über jeden einzelnen sprechen und die Strafe vollziehen ließ: Mit gezückten Schwertern standen die versammelten Legionen da. Jeder Angeklagte wurde auf einer erhöhten Bühne durch einen Tribunen vorgeführt. Hatten sie das »Schuldig« über ihn gerufen, so wurde er sofort hinuntergestoßen und niedergehauen. Die Soldaten hatten Freude am Morden, als ob sie sich dadurch selbst lossprächen, und Germanicus wehrte ihnen nicht, da kein Befehl von seiner Seite vorlag und nur ihnen selbst mit der Grausamkeit der Tat auch deren Gehässigkeit zur Last fiel. Die Veteranen folgten ihrem Beispiel und werden nicht lange darauf nach Rätien geschickt, angeblich um die Provinz gegen einen drohenden Einfall der Sueben zu schützen, in Wahrheit aber, um sie aus dem Lager zu entfernen, das nicht weniger infolge der Härte der Strafmaßnahmen als durch die Erinnerung an ihr Verbrechen in Erregung war. Darauf schritt man zur Musterung der Centurionen. Der Feldherr rief die einzelnen auf und ließ sich ihren Namen, Dienstgrad, Heimat, Zahl der Dienstjahre, Verdienste vor dem Feind und etwaige militärische Auszeichnungen angeben. Hatten die Tribunen, hatte die Legion seine Tüchtigkeit und Rechtschaffenheit bezeugt, so behielt der Centurio seine Stellung. Wurde ihm aber einstimmig Habsucht oder Grausamkeit vorgeworfen, so wurde er des Dienstes enthoben.

45. Obgleich so die Truppen in seiner unmittelbaren Nähe zur Ruhe gebracht waren, blieb doch die nicht minder schwierige Aufgabe übrig, den Trotz der fünften und einundzwanzigsten Legion zu brechen, die 60 Meilen entfernt – der Ort heißt Castra Vetera – im Winterquartier lagen. Denn sie hatten mit der Meuterei begonnen, und die ärgsten Frevel waren von ihren Händen verübt worden. Weder durch die Bestrafung ihrer Kameraden noch durch eigene Reue umgewandelt, verharrten sie in ihrer feindseligen Stimmung. So rüstet sich denn der Caesar, mit Heer, Flotte und Bundesgenossen den Rhein abwärts zu ziehen, um für den Fall, daß sie ihm den Gehorsam verweigerten, den Kampf entscheiden zu lassen.

46. In Rom aber hörte man von dem Aufruhr der germanischen Legionen, als der Ausgang der Meuterei in Illyrien noch nicht bekannt war. Man gerät in Angst und macht Tiberius Vorwürfe, daß er Senat und Volk – diese kraft- und wehrlosen Schattenmächte – durch sein geheucheltes Zögern zum besten halte, während sich inzwischen die Soldaten auflehnten und durch das noch nicht erstarkte Ansehen zweier Jünglinge unmöglich gebändigt werden könnten. Er hätte selber gehen und seine kaiserliche Majestät ihnen gegenüberstellen müssen; zurückgewichen wären sie, sobald sie den erfahrenen Herrscher und zugleich die letzte Instanz für Strafe und Belohnung vor Augen gehabt hätten. Habe nicht Augustus noch in hohem Alter so viele Reisen nach Germanien unternehmen können, während Tiberius in seinen besten Jahren im Senat sitze und die Reden der Senatoren mit Sticheleien beantworte? Hinreichend sei doch dafür gesorgt, daß Rom sein Sklavenjoch nicht abwerfe; er solle nun die Erregung der Soldaten beschwichtigen, damit sie Frieden hielten.

47. Solchem Gerede gegenüber blieb Tiberius fest und unerschütterlich bei seinem Entschluß, des Reiches Hauptstadt nicht zu verlassen und sich wie den Staat nicht dem Zufall preiszugeben. Er hatte nämlich mancherlei Besorgnisse: Das germanische Heer war stärker, das pannonische näher; jenes war durch Galliens Machtmittel unterstützt, dieses bedrohte durch seine Nähe Italien. Welches von beiden Heeren solle er also zuerst aufsuchen? Auch könnte sich das zurückgesetzte Heer beleidigt fühlen und in noch größere Erregung geraten. Dagegen habe er durch

seine Söhne die Möglichkeit, sich beiden gleicherweise zu nahen, ohne die eigene Majestät zu gefährden, die aus der Ferne größere Ehrfurcht gebiete. Außerdem könnten sich die Jünglinge damit helfen, manches an den Vater zu verweisen, und wenn sich die Truppen dem Germanicus oder Drusus widersetzten, so könne er sie immer noch selbst besänftigen oder den Trotz brechen. Was gäbe es aber noch für einen Rückhalt, wenn sie einmal dem Kaiser selbst den Gehorsam verweigert hätten? Übrigens wählte er, als sei er schon im Begriff abzureisen, bereits Begleiter aus, stellte den Troß zusammen und rüstete Schiffe aus. Dann aber schützte er den Winter oder Geschäfte in bunter Abwechslung vor und führte so anfangs sogar die Klugen, dann die Menge und am längsten die Provinzen hinters Licht.

48. Germanicus hatte zwar das Heer schon zusammengezogen und alles zur Bestrafung der Abtrünnigen vorbereitet, glaubte aber, ihnen eine Frist gönnen zu müssen; vielleicht würden sie nach dem jüngst gegebenen Beispiel doch noch in sich gehen. Deshalb schickt er einen Brief an Caecina voraus: Er ziehe schon mit starker Heeresmacht heran und werde sie, falls sie nicht vorher das Urteil an den Schuldigen vollstreckten, alle ohne Unterschied niedermachen lassen. Diesen Brief liest Caecina den Adler- und Fahnenträgern, und wer sonst noch im Lager am treuesten geblieben war, heimlich vor und mahnt sie, die Gesamtheit vor der Schande und sich selbst vor dem Tod zu bewahren. Denn solange noch Frieden herrsche, sehe man auf Schuld und Verdienst. Sobald aber die Waffen sprächen, fielen Schuldige und Unschuldige gleichermaßen. Jene forschten die Leute aus, die sie für geeignet hielten, und setzten, nachdem sie den größten Teil der Legionäre als pflichtgetreu befunden, auf Anraten des Legaten eine Stunde fest, in der sie die ärgsten und am ehesten zum bewaffneten Widerstand geneigten Mannschaften mit der blanken Waffe überfallen wollten. Auf ein Zeichen dringen sie in die Zelte ein und metzeln die Ahnungslosen nieder, wobei keiner außer den Eingeweihten wußte, wo das Morden anfing und wo es enden sollte.

49. Verschieden von allen, die jemals geführt wurden, war dieses Bürgerkrieges Gestalt. Nicht wie in einer Schlacht, nicht wie zwischen feindlichen Lagern, sondern aus denselben Lagerstät-

ten, wo sie tags zusammen gegessen, nachts gemeinsam geschlafen hatten, bilden sich jetzt zwei Parteien und erheben die Waffen gegeneinander. Geschrei, Wunden, Blutvergießen herrscht überall, die Ursache bleibt im verborgenen. Bei allem waltet der Zufall. Auch einige von den Gutgesinnten wurden erschlagen; denn nachdem man erkannt hatte, wem das Wüten galt, hatten auch die Meuterer zu den Waffen gegriffen. Kein Legat, kein Tribun war da, um Einhalt zu gebieten. Zügellos ließ man die Menge Rache üben bis zur Sättigung. Dann erst zieht Germanicus ins Lager ein, nennt unter vielen Tränen dieses Vorgehen nicht ein Besserungsmittel, sondern eine verlorene Schlacht und befiehlt die Verbrennung der Leichen. Die auch jetzt noch wild erregten Gemüter überkommt plötzlich das Verlangen, gegen den Feind zu ziehen und so ihre Raserei zu sühnen. Nicht anders könnten die Manen der erschlagenen Kameraden besänftigt werden, als wenn ihre schuldige Brust ehrenvolle Wunden empfinge. Der Caesar gibt dem Eifer seiner Soldaten nach, läßt eine Brücke schlagen und setzt 12000 Mann von den Legionen, 26 bundesgenössische Kohorten und acht Reitergeschwader, die beim Aufstand eine untadelige Disziplin bewahrt hatten, über den Rhein.

50. Fröhlich trieben die Germanen nicht fern vom Rhein ihr Wesen, während wir durch die Staatstrauer um Augustus, dann durch die Aufstände gebunden waren. Die Römer durchqueren nun in Eilmärschen den Caesischen Wald, überschreiten den von Tiberius angelegten Grenzwall und schlagen bei ihm ihr Lager auf. In der Front und im Rücken bot der Wall, in den Flanken ein Verhau Deckung. Von hier aus durchzieht Germanicus das dunkle Waldgebirge und überlegt, ob er von den zwei Routen den kurzen, betretenen oder den schwierigen, unbegangenen und deshalb vom Feind unbewachten Weg einschlagen solle. Er entscheidet sich für den längeren Weg und rückt dann mit größerer Schnelligkeit vor. Kundschafter hatten nämlich berichtet, daß diese Nacht bei den Germanen alljährlich gefeiert werde und zu heiterem Festmahl bestimmt sei. Caecina erhält den Befehl, mit den leichten Kohorten vorauszumarschieren und durch das hinderliche Walddickicht den Weg zu bahnen; die Legionen folgen in mäßigem Abstand. Eine sternhelle Nacht kam uns zustatten; man gelangte zu den Dörfern der Marsen, die man mit Truppen-

abteilungen umstellte, während die Einwohner auch jetzt noch in ihren Schlafkammern oder neben den Tischen herumlagen, ohne jede Besorgnis und ohne Wachtposten ausgestellt zu haben. So sehr ließen sich alle völlig arglos gehen; man befürchtete keinen Krieg, und auch ihres Friedens Ruhe war schlaff und gelöst, wie das bei Trunkenen natürlich ist.

51. Der Caesar teilt die kampfbegierigen Legionen in vier Keile, um die Verheerung möglichst weit auszudehnen; ein Raum von 50 Meilen wird mit Feuer und Schwert verwüstet. Kein Geschlecht, kein Lebensalter findet Erbarmen. Menschliche wie göttliche Stätten, darunter auch das bei jenen Stämmen hochberühmte sogenannte Heiligtum der Tanfana, werden dem Erdboden gleichgemacht. Die Soldaten, die nur Halbschlafende, Waffenlose und Herumirrende erschlagen hatten, blieben unverwundet. Dieses Blutbad trieb die Brukterer, die Tubanten und die Usipeter zu den Waffen. Sie besetzten die Waldgebirge, durch welche das Heer den Rückweg nehmen mußte. Dies wußte der Feldherr und trat daher den Marsch in Kampfformation an. Ein Teil der Reiterei und die bundesgenössischen Kohorten eröffneten den Zug, dann folgte die erste Legion. Mit dem Gepäck in der Mitte deckten die Leute der einundzwanzigsten Legion die linke Flanke, die der fünften die rechte, die zwanzigste sicherte den Rücken; dann kam der Rest der bundesgenössischen Truppen. Die Feinde aber verhielten sich ruhig, bis der Zug in seiner ganzen Länge in den Bergwäldern war; dann belästigten sie ein wenig die Flanken und die Front, fielen aber mit ganzer Macht die Nachhut an. Schon gerieten die leichten Kohorten durch den Ansturm der dichten Germanenhaufen in Unordnung, als der Caesar an die zwanzigste Legion heransprengte und ihr mit lauter Stimme zurief, dies sei die rechte Stunde, die Meuterei in Vergessenheit zu bringen: Sie sollten eilends sich daran machen, ihre Schmach in Ehre zu verwandeln. Da entbrannte ihr Mut, mit einem einzigen Anlauf durchbrechen sie die Feinde, treiben sie ins offene Feld und machen sie nieder. Zugleich kamen die Truppen der Vorhut aus den Wäldern heraus und schlugen ein befestigtes Lager auf. Von da an war der Marsch ruhig; die Soldaten waren voll Vertrauen ob der neuerlichen Erfolge, vergessen waren die früheren Geschehnisse; so beziehen sie ruhig die Winterquartiere.

52. Der Bericht über diese Vorgänge erfüllte Tiberius mit Freude und Sorge zugleich. Er freute sich, daß der Aufstand unterdrückt war; daß aber Germanicus durch Geldspenden und beschleunigte Dienstentlassungen um die Gunst der Soldaten geworben und sich auch Kriegsruhm verschafft hatte, beunruhigte ihn. Trotzdem berichtete er im Senat über die Erfolge und redete viel von Germanicus' Tüchtigkeit, allein mehr zum Schein und mit so schönen Worten, daß man an ihre Aufrichtigkeit nicht recht glauben konnte. Mit kürzerem Lob erwähnte er den Drusus und die Beendigung der illyrischen Unruhen, aber mit wärmerer und ehrlich gemeinter Rede. Alles, was Germanicus bewilligt hatte, bestätigte er auch dem pannonischen Heer.

53. Im gleichen Jahr starb Julia, die vor längerer Zeit von ihrem Vater Augustus wegen Sittenlosigkeit auf die Insel Pandateria, später nach der Stadt Rhegium an der Meerenge von Sizilien verbannt worden war. Sie war die Gattin des Tiberius gewesen, als die Caesaren Gaius und Lucius noch lebten, hatte ihn aber als nicht ebenbürtig mit Geringschätzung behandelt; dies war für Tiberius der eigentliche Grund, warum er sich nach Rhodus zurückzog. Als er zur Herrschaft gelangt war, ließ er die verbannte, verrufene und nach Agrippa Postumus' Ermordung jeglicher Hoffnung beraubte Frau durch Hunger und langes Siechtum verkommen in der Meinung, bei der langen Dauer der Verbannung werde ihr Tod weiter keine Beachtung finden. Die gleiche Ursache hatte sein grausames Vorgehen gegen Sempronius Gracchus, der als Sproß einer altadeligen Familie, als kluger Kopf und verführerischer Redner eben diese Julia, als sie noch die Gattin des M. Agrippa war, zum Ehebruch verführt hatte. Damit hatte aber seine verbrecherische Neigung noch nicht ihr Ende erreicht. Als Julia mit Tiberius verheiratet worden war, entflammte sie der beharrliche Buhle zu Trotz und Haß gegen den Gatten; und der Brief, den Julia an ihren Vater voll gehässiger Klagen gegen Tiberius schrieb, war, wie man glaubte, von Gracchus verfaßt. So wurde er denn nach Cercina, einer Insel des afrikanischen Meeres, verwiesen und lebte noch vierzehn Jahre in der Verbannung. Dort fanden ihn, der nichts Gutes ahnte, die zu seiner Ermordung abgesandten Soldaten auf einer Klippe am Meeresgestade. Nach ihrer Ankunft bat er um eine kurze Frist, um seiner Gattin

Allaria seine letzten Wünsche brieflich mitzuteilen; dann bot er den Mördern seinen Nacken dar, durch Standhaftigkeit im Tod des sempronischen Namens nicht unwürdig; sein Leben war freilich völlig entartet. Einige berichten, nicht von Rom seien jene Soldaten geschickt worden, sondern von Asprenas, dem Prokonsul Afrikas, aber auf Veranlassung des Tiberius, der vergeblich gehofft hatte, der üble Eindruck der Mordtat werde sich auf Asprenas abwälzen lassen.

54. Dasselbe Jahr erhielt neue Kulteinrichtungen. Die Priesterschaft der augustalischen Brüder wurde neu geschaffen, wie einstmals T. Tatius, um die sabinischen Kultgebräuche zu erhalten, die Brüderschaft der Titier eingesetzt hatte. Durchs Los wurden aus den Vornehmsten des Staates einundzwanzig Männer gewählt. Tiberius und Drusus sowie Claudius und Germanicus werden ihnen beigesellt. Damals wurden die Augustalischen Spiele zum ersten Mal gefeiert, erlitten aber eine Störung durch Zerwürfnisse, die aus Streitigkeiten der Schauspieler entstanden. Augustus hatte diese szenischen Darstellungen begünstigt, mit Rücksicht auf die leidenschaftliche Vorliebe des Maecenas für den Pantomimen Bathyllus. Auch war er selbst solchen Künsten nicht abhold und hielt es für Leutseligkeit, an Volksbelustigungen teilzunehmen. Tiberius' Charakter hatte eine ganz andere Richtung, doch wagte er es noch nicht, gegen das Volk, das so viele Jahre verhätschelt worden war, mit Strenge vorzugehen.

55. Unter dem Konsulat des Caesars Drusus und des C. Norbanus wurde dem Germanicus ein Triumph bewilligt, während der Krieg noch fortdauerte. Obwohl er erst für den Sommer mit aller Macht rüstete, ließ er die Operationen schon zu Beginn des Frühlings durch einen plötzlichen Streifzug gegen die Chatten wieder beginnen. Denn es bestand die Hoffnung auf eine Spaltung des Feindes in die Anhänger des Arminius und des Segestes, die sich beide hervortaten, jener durch seine Treulosigkeit, dieser durch seine Treue gegen uns. Arminius war der Aufwiegler Germaniens; Segestes dagegen hatte Varus schon oft und noch beim letzten Festmahl, nach welchem man zu den Waffen griff, darauf hingewiesen, daß ein Aufruhr vorbereitet werde, und den Rat gegeben, ihn selbst, den Arminius und die übrigen Häuptlinge zu verhaften. Nach Entfernung der Fürsten werde das Volk nichts

wagen und er selbst Zeit gewinnen, um Schuldige und Unschuldige zu unterscheiden. Doch Varus fiel von des Schicksals und des Arminius Hand. Obwohl Segestes durch die einmütige Erhebung des Volkes in den Krieg hineingezogen wurde, stand er ihm doch innerlich auch weiterhin fern. Sein Haß wuchs noch aus persönlichen Gründen, weil Arminius seine mit einem anderen verlobte Tochter entführt hatte. Arminius war also der verhaßte Schwiegersohn eines politisch feindlich eingestellten Schwiegervaters, und was bei Einträchtigen ein Band der Liebe ist, das wurde zum Stachel des Zornes bei den politischen Gegnern.

56. Germanicus übergibt nun vier Legionen, 5000 Mann bundesgenössische Truppen und eilig aufgebotene Scharen linksrheinischer Germanen dem Caecina. Ebenso viele Legionen und die doppelte Anzahl bundesgenössischer Truppen befehligt er selbst, erbaut auf dem Taunusgebirge über den Trümmern der von seinem Vater angelegten Befestigungen ein Kastell und führt eiligst das schlagfertige Heer ins Chattenland. Den Legaten L. Apronius aber läßt er zum Schutz der Straßen und Flußübergänge zurück. Er hatte nämlich infolge einer Dürre – eine Seltenheit in jenem Klima – bei niedrigem Wasserstand ungehindert seinen Marsch durchgeführt, mußte aber nun befürchten, beim Rückmarsch Regengüsse und damit angeschwollene Flüsse zu finden. Den Chatten kam seine Ankunft derart unerwartet, daß alles, was Alter und Geschlecht wehrunfähig machte, sogleich gefangen oder niedergemacht wurde. Die junge Mannschaft war über die Adrana geschwommen und versuchte, den Bau einer Brücke, den die Römer begannen, zu verhindern. Durch Geschütze und Pfeilschüsse zurückgetrieben, machten sie vergebliche Versuche, Friedensverhandlungen anzuknüpfen. Als einige zu Germanicus übergelaufen waren, ließen die übrigen ihre Gaue und Dörfer im Stich und zerstreuten sich in die Wälder. Der Caesar ließ Mattium – so heißt der Hauptort des Stammes – in Brand stecken, verwüstete das offene Land und zog sich dann wieder an den Rhein zurück, ohne daß die Feinde es wagten, die Abziehenden im Rücken anzugreifen. Sonst pflegen sie das zu tun, wenn sie mehr aus List als aus Furcht zurückgewichen sind. Die Cherusker hatten beabsichtigt, den Chatten beizustehen; doch Caecina, der bald hier, bald dort seine Waffen zeigte, schreckte sie ab und hielt die Marsen, die ei-

nen Kampf wagten, durch ein glückliches Treffen im Zaum.

57. Wenig später trafen Gesandte von Segestes ein, die um Hilfe gegen die Gewalttätigkeiten seiner Landsleute baten, die ihn belagerten. Arminius galt nämlich mehr bei ihnen, weil er zum Krieg riet. Denn je mehr Kühnheit und Entschlossenheit jemand bei den Barbaren zeigt, für desto zuverlässiger und tüchtiger gilt er in bewegten Zeiten. Segestes hatte den Gesandten seinen Sohn Segimundus beigegeben; aber der Jüngling war aus Schuldbewußtsein noch unschlüssig. Er war nämlich in dem Jahr, als Germanien abfiel, zum Priester am Augustusaltar der Ubier erwählt worden, hatte aber seine Priesterbinden zerrissen und war zu den Rebellen geflohen. Dennoch ließ er sich durch die Hoffnung auf die Milde Roms bestimmen und überbrachte seines Vaters Aufträge; er wurde wohlwollend aufgenommen und unter Bedeckung nach dem linken Rheinufer geschickt. Germanicus hielt es für der Mühe wert, die neue Richtung einzuschlagen. Es kam zu einem Kampf mit den Belagerern, und Segestes wurde mit einer großen Schar von Verwandten und Hörigen befreit. Auch vornehme Frauen waren dabei, unter ihnen die Gattin des Arminius, Segestes' Tochter. Mehr im Geist ihres Gatten als ihres Vaters, vergoß sie bei der Gefangennahme keine Träne, aus ihrem Mund kam keine Bitte; die Hände unter dem Bausch ihres Gewandes gefaltet, blickte sie auf ihren schwangeren Leib nieder. Herbeigebracht wurden auch Beutestücke aus der Niederlage des Varus, die zumeist den Beuteanteil der Krieger gebildet hatten, die sich jetzt ergaben; zugleich erschien Segestes selbst, mächtig von Aussehen und im Bewußtsein seiner bewährten Bundestreue unerschrocken.

58. Er sprach ungefähr folgende Worte: »Dieser Tag ist für mich nicht der erste, an dem ich dem römischen Volk meine Treue und Ergebenheit beweise. Seitdem ich vom verewigten Augustus mit dem Bürgerrecht beschenkt worden bin, habe ich Freunde und Feinde nur nach eurem Vorteil ausgewählt, nicht aus Haß gegen mein Vaterland – Verräter sind ja selbst denen, deren Sache sie dienen, verhaßt –, sondern weil ich überzeugt war, daß für Römer und Germanen das gleiche Interesse besteht und daß der Friede besser ist als der Krieg. Deshalb habe ich den Arminius, den Räuber meiner Tochter, der das Bündnis mit euch brach, bei

Varus, dem damaligen römischen Heerführer, verklagt. Durch des Feldherrn Lässigkeit hingehalten, forderte ich, da die Verträge zu wenig Rückhalt boten, er solle mich, den Arminius und seine Mitverschworenen verhaften. Zeuge ist jene Nacht – ich wünschte, sie wäre die letzte meines Lebens gewesen! Was dann folgte, läßt sich nur beklagen, nicht rechtfertigen. Jedenfalls habe ich den Arminius in Ketten legen lassen, mußte aber auch die Ketten tragen, die sein Anhang mir anlegte. Sobald sich aber die Möglichkeit geboten hat, mit dir in Verbindung zu treten, ziehe ich dem Neuen das Alte, die Ruhe der Unruhe vor, nicht um eine Belohnung zu bekommen, sondern nur, um meinen Treubruch zu sühnen; gleichzeitig biete ich mich dem Volk der Germanen als passenden Vermittler an, falls es die Reue dem Verderben vorzieht. Für die jugendliche Verirrung meines Sohnes bitte ich um Nachsicht; meine Tochter, ich gestehe es, mußte allerdings mit Gewalt hierher gebracht werden. Es wird an dir sein zu erwägen, was schwerer wiegt: daß sie von Arminius empfangen hat oder daß sie von mir gezeugt wurde.« Germanicus gibt eine freundliche Antwort und verspricht seinen Kindern und Verwandten Sicherheit, ihm selbst einen Wohnsitz in der linksrheinischen Provinz. Dann führte er das Heer zurück und erhielt auf Tiberius' Antrag den (zweiten) Imperatortitel. Arminius' Gattin gebar ein Kind männlichen Geschlechts. Wie dem Knaben, der in Ravenna erzogen wurde, später übel mitgespielt wurde, will ich am gegebenen Ort berichten.

59. Die Kunde von Segestes' Ergebung und gütiger Aufnahme wird mit Hoffnung oder mit Schmerz aufgenommen, je nachdem man den Krieg ungern oder gern sah. Den Arminius brachte abgesehen von seiner angeborenen Leidenschaftlichkeit der Gedanke, daß seine Gattin geraubt war und ihr schwangerer Leib nun Sklavenfesseln tragen mußte, zum Wahnsinn; er stürmte durch die Gaue der Cherusker, Waffen fordernd gegen Segestes, Waffen gegen den Caesar. Selbst vor Schmähreden hielt er nicht zurück: Ein herrlicher Vater, ein großer Imperator, ein tapferes Heer, das mit so vielen Armen ein schwaches Weib fortgeschleppt habe! Vor *ihm* seien drei Legionen und ebenso viele Legaten niedergesunken. *Er* pflege nicht mit Verrätern und nicht gegen schwangere Frauen, sondern offen und gegen bewaffnete Männer

Krieg zu führen. Noch heute könne man in Germanenhainen die römischen Feldzeichen sehen, die er den heimischen Göttern geweiht. Möge Segestes das unterworfene Rheinufer bewohnen, möge er seinem Sohn das römische Priesteramt wiedergeben – die echten Germanen würden es niemals verzeihen, daß sie zwischen Elbe und Rhein Ruten, Beile und Togen erlebten. Andere Völker hätten nichts von Hinrichtungen erfahren, sie wüßten nichts von Tributen, weil sie die Römerherrschaft nicht kennengelernt hätten. Da sie sich aber davon losgemacht, da jener zu den Göttern erhobene Augustus, jener zum Herrscher gewählte Tiberius unverrichteter Dinge abgezogen, so sollten sie sich doch jetzt nicht vor einem unerfahrenen Knaben und vor einem meuternden Heer fürchten. Wenn sie aber ihr Vaterland, ihre Eltern und die alte Freiheit mehr liebten als Knechtschaft und neue Zwingburgen, so sollten sie doch lieber einem Arminius folgen, der sie zu Ruhm und Freiheit, als dem Segestes, der sie in Schande und Sklaverei führe!

60. Durch solche Worte wurden nicht nur die Cherusker, sondern auch die angrenzenden Stämme aufgewiegelt. Auch Inguiomerus, Arminius' Oheim, der in altem Ansehen bei den Römern stand, wurde zu seiner Partei hinübergezogen. All das ließ Germanicus' Besorgnisse noch größer werden. Damit der Krieg nicht auf einmal mit aller Kraft losbreche, schickt er Caecina mit vierzig römischen Kohorten, um die Feindesmacht zu spalten, durchs Brukterer land bis an die Amisia; der Präfekt Pedo führt die Reiterei durchs Gebiet der Friesen. Er selbst schiffte die vier Legionen ein und fuhr über die Seen; gleichzeitig trafen dann Fußvolk, Reiterei und Flotte bei dem genannten Fluß ein. Die Chauken wurden, da sie Hilfe versprachen, in die Heeresgemeinschaft aufgenommen. Die Brukterer, die ihr eigenes Land verheerten, schlug L. Stertinius mit seinen leichten Truppen in Germanicus' Auftrag in die Flucht; beim Morden und Plündern fand er den Adler der neunzehnten Legion wieder, der mit Varus verloren gegangen war. Weiterhin wurde der Heereszug bis in die entlegensten Teile des Bruktererlandes geleitet und alles Land zwischen Amisia und Lupia verwüstet, nicht fern vom Teutoburger Wald, in dem, wie es hieß, die Reste der Legionen und ihres Führers Varus noch unbestattet lagen.

61. So ergreift denn den Caesar die Sehnsucht, den Kriegern und ihrem Führer die letzten Ehren zu erweisen; auch das ganze anwesende Heer war wehmütig gestimmt ob der toten Verwandten und Freunde, ob der Wechselfälle des Krieges und des Menschenschicksals. Caecina wurde vorausgeschickt, um die verborgenen Waldschluchten zu durchforschen und Brücken sowie Dämme über die feuchten Sümpfe und trügerischen Moorwiesen zu bauen. Dann betreten sie die Stätte der Trauer, für den Anblick wie für die Erinnerung grauenvoll. Das erste Lager des Varus zeigte durch seinen weiten Umfang und die Absteckung des Feldherrnplatzes, daß drei Legionen daran gearbeitet hatten. Weiterhin erkannte man an dem halbverfallenen Wall und flachen Graben (des zweiten Lagers), daß sich dort die schon zusammengeschmolzenen Reste gelagert hatten. Mitten auf dem Feld lagen bleichende Knochen, bald zerstreut, bald haufenweise, je nachdem die Soldaten geflohen waren oder Widerstand geleistet hatten. Daneben fanden sich zerbrochene Waffen und Pferdegerippe, auch vorn an den Bäumen befestigte Menschenschädel. In den benachbarten Hainen standen die Altäre der Barbaren, an denen sie die Tribunen und Centurionen ersten Ranges geschlachtet hatten. Soldaten, die diese Niederlage überlebt hatten und der Schlacht oder der Gefangenschaft entronnen waren, erzählten, hier seien die Legaten gefallen, dort die Adler geraubt worden; sie berichteten, wo Varus seine erste Wunde erhalten, wo der Unselige durch eigene Hand den Tod gefunden, von welcher Erhöhung aus Arminius zum versammelten Heer gesprochen habe, wieviel Galgen, was für Martergruben für die Gefangenen hergerichtet wurden und wie er in seinem Übermut mit den römischen Feldzeichen und Adlern seinen Spott getrieben habe.

62. So bestattete das anwesende Römerheer im sechsten Jahr nach der Niederlage die Gebeine der drei Legionen, ohne daß jemand unterscheiden konnte, ob er fremde Reste oder die seiner Angehörigen mit Erde bedeckte. Man setzte alle wie Freunde, wie Blutsverwandte bei, mit wachsender Erbitterung gegen die Feinde, Trauer und Haß im Herzen. Das erste Rasenstück zur Errichtung des Grabhügels legte Germanicus. So erwies er den Toten den ersehntesten Dienst und nahm teil an dem Schmerz der

Lebenden. Tiberius billigte dies nicht, entweder weil er alles, was Germanicus tat, übel auslegte, oder weil er wirklich glaubte, das Heer sei durch den Anblick der Erschlagenen und Unbestatteten für den Kampf schwächer und dem Feinde gegenüber furchtsamer geworden. Außerdem habe sich der Imperator, mit dem Augurenamt und uraltem Zeremoniendienst betraut, mit keiner Leichenfeier befassen dürfen.

63. Germanicus folgte nun dem in unwegsame Gegenden zurückweichenden Arminius, befiehlt seiner Reiterei, bei der ersten Gelegenheit vorzusprengen und das Feld zu nehmen, auf dem sich der Feind festgesetzt hatte. Arminius, der seinen Leuten Weisung gegeben hatte, sich zu sammeln und näher an die Waldungen heranzurücken, ließ plötzlich schwenken und gab dann auch denen das Zeichen zum Hervorbrechen, die er im Waldgebirge versteckt hatte. Da wurde die römische Reiterei durch die neu auftauchende Front in Verwirrung gebracht; die zu ihrer Unterstützung nachgesandten Reservekohorten, die in den Zug der Fliehenden gerieten, vergrößerten noch die Unordnung. Sie alle wären in einen Sumpf gedrängt worden, der den Siegern bekannt, den Unkundigen gefährlich war, hätte der Caesar nicht die Legionen vorgeführt und in Schlachtordnung entwickelt. Das erfüllte die Feinde mit Schrecken, unsere Soldaten mit Vertrauen, und man trennte sich nach unentschiedenem Kampf. Dann führte er das Heer an die Amisia zurück und ließ die Legionen zu Schiff, wie sie gekommen waren, wieder zurückbefördern. Ein Teil seiner Reiterei erhielt den Befehl, am Gestade des Ozeans bis zum Rhein zu ziehen. Caecina, der seine eigene Mannschaft führte, wurde angewiesen, obwohl er auf bekannten Wegen heimkehrte, die »langen Brücken« möglichst zeitig zu überschreiten. Diese bildeten einen schmalen Fußsteig zwischen unabsehbaren Sümpfen und waren einst von L. Domitius angelegt worden. Alles andere war Moorboden, entweder zähes, schlammiges Erdreich oder schwer passierbare Bäche. Zu beiden Seiten lagen allmählich ansteigende Waldstücke, die jetzt Arminius besetzt hielt, da er auf Richtwegen und in beschleunigtem Marsch unseren mit Gepäck und Waffen beladenen Soldaten zuvorgekommen war. – Caecina war im Zweifel, wie er die altersschwachen Knüppeldämme ausbessern und zugleich die Feinde abwehren sollte.

Deshalb faßte er den Entschluß, an Ort und Stelle ein befestigtes Lager abzustecken, damit die einen die Brückenarbeiten, die anderen den Kampf aufnehmen könnten.

64. Die Barbaren strengten sich an, die Postenketten zu durchbrechen und an die Schanzarbeiter heranzukommen. Sie reizen sie, machen Umgehungsversuche und offene Angriffe. Arbeits- und Kampfeslärm schallt durcheinander. Für die Römer war alles gleichermaßen ungünstig: Das grundlos morastige Gelände war ebenso unhaltbar, wenn sie darauf fußten, wie schlüpfrig, wenn sie vorwärtsschreiten wollten; sie selbst waren mit Kettenpanzern beschwert und konnten nicht einmal ihre Speere mitten im Wasser schwingen. Dagegen waren die Cherusker an den Kampf in Sümpfen längst gewöhnt, ihre hochgewachsenen Leiber und mächtigen Lanzen vermochten den Gegner aus noch so weiter Ferne zu verwunden. Erst die Nacht befreite die schon wankenden Legionen von dem unglücklichen Kampf. Aber die Germanen, unermüdlich ob ihrer Erfolge, gönnen sich auch jetzt keine Ruhe, sondern leiten alle Wasserläufe, die rings auf den Höhen entsprangen, in die Niederungen ab. Da so die aufgeworfene Erde wieder abgeschwemmt wurde und, was von Verschanzungen fertig war, nachstürzte, hatten die Soldaten doppelte Arbeit. Caecina, der jetzt vierzig Dienstjahre teils in niedrigen, teils in höheren Stellen hinter sich hatte, war mit Glück und Mißgeschick vertraut und blieb deshalb unerschüttert. Als er überlegte, was zu tun sei, fand er keinen anderen Ausweg, als den Feind in den Wäldern zurückzuhalten, bis die Verwundeten und die schwer beweglichen Teile des Heereszuges einen Vorsprung gewonnen hätten. Zwischen den Bergen und Sümpfen zog sich nämlich eine Ebene hin, die die Entfaltung einer schmalen Kampflinie zuließ. Danach werden die Legionen ausgewählt: Der fünften Legion wird der rechte Flügel zugewiesen, der neunzehnten der linke; die erste sollte den Zug eröffnen, die zwanzigste sich gegen die Verfolger wenden.

65. Diese Nacht war aus verschiedenen Gründen unruhig. Die Barbaren erfüllten bei festlichen Mahlen die Täler in der Tiefe und die widerhallenden Waldhöhen mit Freudengesang oder wildem Lärm. Bei den Römern brannten nur schwache Feuer, nur abgebrochene Laute waren zu vernehmen. Die Soldaten la-

gen bald hier, bald da am Lagerwall, irrten zwischen den Zelten umher, mehr schlaflos als wachsam. Auch der Feldherr hatte eine grausige Nacht. Er sah im Traum, wie Quintilius Varus blutbefleckt aus dem Sumpf emportauchte, und hörte seinen Zuruf. Doch folgte er ihm nicht und stieß die Hand, die er ihm entgegenstreckte, zurück. Als der Tag anbrach, verließen die an den Flanken aufgestellten Legionen aus Furcht oder Ungehorsam ihren Platz und besetzten eiligst das ebene Feld jenseits des Moores. Trotzdem brach Arminius nicht sofort los, obgleich er jetzt freie Bahn hatte. Erst als ein Troß im Sumpf und in den Gräben stekken blieb, als die Soldaten ringsum in Verwirrung gerieten, als die Feldzeichen in Unordnung kamen und ein jeder, wie das in solcher Lage natürlich ist, nur auf seine eilige Rettung bedacht, für Befehle taube Ohren hatte, da gibt er den Germanen den Befehl zum Angriff mit dem Ruf: »Seht da! Varus und seine noch einmal vom gleichen Schicksal geschlagenen Legionen!« Zugleich durchbricht er mit einer auserlesenen Schar den Heereszug und verwundet dabei hauptsächlich die Pferde. Diese gleiten in ihrem eigenen Blut und auf dem schlüpfrigen Sumpfboden aus, werfen ihre Reiter ab, sprengen die ihnen Begegnenden auseinander und zertreten, was am Boden liegt. Die größte Not gab es bei den Adlern, die weder den andringenden Geschossen entgegengetragen noch im schlammigen Boden aufgepflanzt werden konnten. Während Caecina die Front zu halten bemüht war, glitt er von seinem von unten durchbohrten Pferd herab und wäre umzingelt worden, hätte sich nicht die erste Legion dem Feind entgegengeworfen. Zustatten kam uns die Habgier der Feinde, die vom Morden abließen und sich über die Beute hermachten. So arbeiteten sich die Legionen gegen Abend ins Freie und auf festen Boden heraus. Aber auch damit waren die Leiden noch nicht zu Ende: Ein Wall mußte aufgeführt und Schanzmaterial herbeigeschafft werden. Doch waren die Gerätschaften größtenteils verloren, mit denen die Erde aufgegraben und der Rasen ausgestochen wird. Die Mannschaften hatten keine Zelte, die Verwundeten kein Verbandszeug. Mit Schmutz oder Blut besudelte Speisen wurden verteilt; alles klagte über die unheilvolle Finsternis und jammerte, daß so vielen tausend Soldaten nur noch *ein* Tag zu leben vergönnt sei.

66. Zufällig hatte sich ein Pferd losgemacht und rannte, durch den Lärm scheu gemacht, einige Leute um, die sich ihm entgegenstellten. Daraus entstand, da man glaubte, es seien die Germanen eingebrochen, eine derartige Panik, daß alles zu den Toren eilte, wobei man hauptsächlich das Haupttor aufsuchte, das, vom Feind abgewandt, den Fliehenden größere Sicherheit bot. Caecina, der erfahren hatte, daß die Furcht unbegründet war, konnte trotzdem weder durch sein Ansehen noch durch Bitten, nicht einmal durch Gewalt, Einhalt gebieten und die Leute zurückhalten. Da warf er sich auf der Schwelle des Tores nieder, erregte wenigstens dadurch, daß sie über den Leib des Legaten hätten hinwegschreiten müssen, ihr Mitleid und verlegte ihnen so den Weg. Zugleich klärten die Tribunen und Centurionen ihre Leute auf, daß es blinder Lärm gewesen sei.

67. Jetzt beruft Caecina auf dem Hauptplatz des Lagers eine Versammlung, befiehlt, seine Worte stillschweigend anzuhören, und weist auf die augenblickliche Zwangslage hin. Die Rettung beruhe einzig und allein auf den Waffen, jedoch müsse man sie mit klugem Bedacht gebrauchen und innerhalb des Walles bleiben, bis die Feinde in der Hoffnung, ihn zu erstürmen, näher heranrückten; dann aber müsse man von allen Seiten zugleich ausfallen. Durch einen solchen Ausfall werde man bis an den Rhein gelangen. Wenn sie dagegen die Flucht ergriffen, so würden sie noch mehr Wälder, noch tiefere Sümpfe und einen erbarmungslosen Gegner zu überwinden haben, während die Sieger Ehre und Ruhm erwarte. Ferner erinnert er sie an ihre Lieben in der Heimat, an ihre Ehre im Feld; von der Ungunst der Lage schwieg er. Darauf überläßt er, mit seinen eigenen anfangend, die Pferde der Legaten und Tribunen ohne persönliche Rücksichten den tapfersten Kriegern; sie sollten zuerst gegen den Feind ausfallen, nach ihnen die Fußtruppen.

68. Nicht weniger Unruhe gab es bei den Germanen infolge ihrer Hoffnungen, ihrer Ungeduld und der Meinungsverschiedenheiten bei den Führern. Arminius riet, die Römer ausrücken zu lassen und sie dann von neuem im Sumpf und auf unwegsamem Gelände zu umzingeln, während Inguiomerus für ein gewaltsameres Vorgehen war, wie es die Barbaren lieben; man solle einen umfassenden Angriff auf das Lager machen: Die Erstürmung

werde leicht, die Gefangenenzahl größer, die Beute unverdorben sein. Infolgedessen füllen sie bei Tagesanbruch die Gräben aus, werfen Flechtwerke hinein und erklettern den oberen Rand des Walles, auf dem nur wenige Soldaten standen, als hätte sie die Angst festgebannt. Als die Germanen aber an den Schanzen hingen, erhalten die Kohorten das Zeichen zum Angriff, die Hörner und Trompeten erklangen. Dann stürmen sie mit Geschrei hervor und fallen den Germanen in den Rücken. Höhnisch riefen sie dabei aus: Hier gebe es keine Wälder und Sümpfe, hier seien Gelände und Götter für beide gleich. Der Feind hatte an eine leichte Vernichtung und an nur wenige Halbbewaffnete gedacht. Je unerwarteter ihm daher der Schall der Trompeten und der Glanz der Waffen kam, desto mehr wirkte er. So fielen sie denn, wie im Glück beutegierig, so im Unglück unvorsichtig. Arminius verließ den Kampfplatz unversehrt, Inguiomerus schwer verwundet. Ihre Scharen wurden niedergemacht, solange Erbitterung und Tageslicht ausreichte. Erst mit Einbruch der Nacht zogen sich die Legionen zurück; obgleich es jetzt noch mehr Wunden gab, obgleich derselbe Mangel an Lebensmitteln und dieselbe Erschöpfung herrschte wie gestern, im Siege fanden sie doch alles: Kraft, Gesundheit und Überfluß.

69. Inzwischen hatte sich schon das Gerücht verbreitet, die Truppen seien vernichtet und die Germanen feindlich auf dem Marsch nach Gallien; und hätte Agrippina nicht den Abbruch der Rheinbrücke verhindert, so wären Leute dagewesen, die diese schändliche Tat aus lauter Feigheit gewagt hätten. Doch diese machtvolle Frau übernahm in jenen Tagen die Dienstpflichten des Feldherrn und verteilte an die heimkehrenden Soldaten Kleider, wenn einer bedürftig, Verbandstoffe, wenn er verwundet war. C. Plinius, der Geschichtsschreiber der Germanenkriege, berichtet, sie habe auf dem Brückenkopf gestanden und den zurückkehrenden Legionen Lob und Dank zugerufen. Dies drang tief verwundend in Tiberius' Seele: Solche Bemühungen könnten doch keine lauteren Gründe haben, und es seien gewiß nicht äußere Feinde, gegen die man die Herzen der Soldaten zu gewinnen suche! Nichts mehr bliebe ja dem Feldherrn zu tun übrig, wenn seine Frau die Manipel besichtige, vor die Feldzeichen trete und Spenden verteile. Es verrate doch schon genug Ehrgeiz, wenn sie

den Sohn des Feldherrn in Soldatentracht herumtrage und ihn Caesar Caligula nennen lasse. Agrippina habe bereits mehr Einfluß bei den Heeren als die Legaten und der Heerführer. Unterdrückt worden sei sogar von einem Weib der Soldatenaufstand, gegen den selbst der Name des Princeps nichts auszurichten vermochte. Seianus war es, der solchen Gedanken noch mehr Nahrung und Gewicht gab. Er kannte Tiberius' Charakter und säte Haß für spätere Zeiten, der in der Stille wachsen und einst verstärkt hervorbrechen sollte.

70. Indessen übergab Germanicus zwei von den zu Schiff beförderten Legionen, die zweite und die vierzehnte, dem P. Vitellius, um sie auf dem Landweg weiterführen zu lassen. Die Flotte sollte, dadurch möglichst entlastet, auf dem seichten Wattenmeer fahren und bei Ebbe auf Grund gehen. Vitellius hatte anfangs auf trockenem Boden oder bei nur mäßig anschwellender Flut einen ruhigen Marsch. Bald aber wurde der Heereszug durch den Ansturm des Nordwindes – es war die Zeit der Herbsttagundnachtgleiche, wo der Ozean am stärksten anschwillt – auseinandergerissen und hin- und hergeworfen. Das Land war überschwemmt; Meer, Strand und Feld, alles war *ein* Anblick; nicht zu unterscheiden waren unsichere Stellen von festen, seichte von tiefen. Die Soldaten werden von den Wellen umgeworfen, von den Strudeln verschlungen. Vieh, Gepäck und Leichen schwimmen einher und treiben ihnen entgegen. Die Abteilungen kommen durcheinander, die Leute ragen bald mit der Brust, bald nur mit dem Gesicht heraus und werden bisweilen, wenn der Boden unter ihren Füßen weicht, auseinandergeworfen oder überflutet. Kein Ruf, kein gegenseitiger Zuspruch half gegen die andringenden Wogen. Nichts hatte der Entschlossene vor dem Zaghaften, der Erfahrene vor dem Unerfahrenen voraus, nichts die Überlegung vor dem Zufall. Alles wurde mit dem gleichen Ungestüm in die Wogen hineingerissen. Endlich gelang es Vitellius, eine höher gelegene Stelle zu gewinnen und den Zug ebendahin zu leiten. Sie brachten die ganze Nacht ohne Lebensmittel und ohne Feuer zu, ein großer Teil war nackt oder übel zugerichtet. Ihr Zustand war nicht weniger beklagenswert, als wenn sie vom Feind belagert gewesen wären; denn denen ist ja noch ein ehrenvoller Tod vergönnt, ihrer harrte nur ein ruhmloser Untergang. Doch der

Tag brachte das feste Land wieder; man drang bis zur Visurgis vor, wohin der Caesar mit der Flotte gesteuert war. Darauf wurden die Legionen eingeschifft, während das Gerücht ging, sie seien ertrunken. Doch glaubte man nicht eher an ihre Rettung, als bis man den Caesar und sein Heer glücklich zurückgelangt sah.

71. Inzwischen hatte Stertinius, der vorausgeschickt war, um die Unterwerfung Segimers, Segestes' Bruders, entgegenzunehmen, ihn und seinen Sohn ins Gebiet der Ubier überführt. Beiden wurde Verzeihung gewährt, dem Segimer leicht, etwas zögernd seinem Sohn, weil er, wie es hieß, mit Varus' Leichnam seinen Spott getrieben hatte. Übrigens wetteiferten Gallien, Spanien und Italien, die Verluste des Heeres zu ersetzen, und boten alles an, was jedem zu Gebote stand: Waffen, Pferde, Gold. Germanicus lobte ihren guten Willen, nahm aber nur Waffen und Pferde für den Kriegsbedarf an, den Soldaten half er mit eigenem Geld. Um die Erinnerung an die Niederlage auch durch Leutseligkeit zu mildern, besucht er die Verwundeten und rühmt die Taten eines jeden. Wenn er die Wunden ansah, so tröstete er die einen durch die Hoffnung auf Genesung, die anderen durch den Hinweis auf den erworbenen Kriegsruhm, alle durch freundliche Rede und Fürsorge. So stärkte er ihr Vertrauen zu ihm und auf die zukünftigen Schlachten.

72. In diesem Jahr wurden dem A. Caecina, L. Apronius und C. Silius aus Anlaß ihrer Taten unter Germanicus' Führung die Triumphabzeichen zuerkannt. Tiberius lehnte den Ehrennamen »Vater des Vaterlandes« ab, der ihm schon öfters vom Volk angetragen worden war. Auch gestattete er nicht, obwohl der Senat dafür stimmte, daß man den Eid auf seine Verordnungen leiste. Alles auf Erden sei unsicher, pflegte er zu sagen, und je höher er steige, um so schlüpfriger werde der Boden. Trotzdem erweckte er dadurch nicht den Glauben an seine bürgerliche Gesinnung. Er hatte nämlich das Majestätsgesetz erneuert, das zwar auch bei den Vorfahren den gleichen Namen hatte, aber ganz andere Dinge zur Entscheidung brachte: ob nämlich jemand das Heer durch Verrat, die Bürgerschaft durch Aufruhr, überhaupt die Majestät des *ganzen* römischen Volkes durch schlechte Verwaltung des Staates geschädigt habe. Nur Taten kamen unter Anklage, Worte blieben

unbestraft. Augustus war der erste, der unter dem Deckmantel dieses Gesetzes auch über Schmähschriften Untersuchungen anstellen ließ, veranlaßt durch die Zügellosigkeit des Cassius Severus, der vornehme Männer und Frauen durch Spottschriften in üblen Ruf gebracht hatte. Als Tiberius später vom Prätor Pompeius Macer befragt wurde, ob Majestätsklagen angenommen werden sollten, gab er die Antwort, Gesetze seien dazu da, daß man sie handhabe. Auch ihn erbitterten nämlich die von unbekannten Verfassern veröffentlichten Spottgedichte gegen seine Grausamkeit, seinen Hochmut und seine Zerwürfnisse mit der Mutter.

73. Ich darf wohl berichten, wie an Falanius und Rubrius, zwei einfachen römischen Rittern, die ersten Versuche mit derartigen Beschuldigungen gemacht wurden, damit man erkennt, aus welchen Anfängen dieses schwere Unheil entstanden ist, wie es sich durch Tiberius' Kniffe eingeschlichen hat, wie es später zurückgedrängt wurde, am Ende aber wieder aufflammte und alles ergriff. Dem Falanius warf der Ankläger vor, er habe unter die Augustuspriester, die in allen reichen Häusern nach Art von Priesterkollegien bestanden, einen gewissen Cassius, einen durch Unzucht berüchtigten Schauspieler, aufgenommen; ferner habe er beim Verkauf seines Parkes eine Augustusstatue mitverkauft. Rubrius wurde beschuldigt, durch einen Meineid die Gottheit des Augustus verletzt zu haben. Als dies dem Tiberius bekannt wurde, schrieb er den Konsuln: Sein Vater sei nicht darum durch Beschluß in den Himmel erhoben worden, daß diese Ehre zum Verderben der Mitbürger mißbraucht werde. Der Schauspieler Cassius wirke mit anderen Berufsgenossen regelmäßig an den Festspielen mit, die seine Mutter zum Andenken an Augustus gestiftet habe. Ferner verstoße es nicht gegen die religiöse Ehrfurcht, wenn des Augustus Bild, ebenso wie andere Götterbilder, bei Park- und Hausverkäufen zur Masse gehöre. Der Meineid sei nicht anders zu beurteilen als ein Frevel gegen Juppiter, um Beleidigungen der Götter hätten sich die Götter selbst zu kümmern.

74. Nicht lange danach klagte den Prätor von Bithynien, Granius Marcellus, sein eigener Quästor, Caepio Crispinus, des Majestätsverbrechens an, mit Romanus Hispo als Nebenkläger.

Dieser Crispinus war der erste, der mit diesem Vorgehen den Anfang machte, das später das Elend der Zeiten und die Verwegenheit der Menschen so häufig gemacht hat. Arm, niederer Herkunft und unruhigen Geistes schlich er sich mit geheimen Klageschriften in die Gunst des grausamen Herrschers ein und brachte bald alle angesehenen Männer in Gefahr. Nachdem er mächtigen Einfluß bei dem einen, Haß bei allen anderen erworben, wurde er ein Vorbild aller, die aus armen Leuten reich, aus verachteten gefürchtet wurden und zuerst ihre Mitmenschen, zuletzt sich selbst ins Verderben brachten. Den Marcellus beschuldigte er, häßliche Worte über Tiberius gesagt zu haben, eine Beschuldigung, bei der es kein Entrinnen gab, da der Ankläger gerade die verwerflichsten Eigenschaften des Kaisers zum Gegenstand der Anklage wählte. Denn da alles wahr war, glaubte man auch, daß es geäußert worden sei. Hispo fügte noch hinzu, Marcellus habe seiner eigenen Statue einen höheren Platz gegeben als denen der Caesaren und von einer Augustusstatue den Kopf abnehmen und den des Tiberius daraufsetzen lassen. Hierüber war Tiberius derart aufgebracht, daß er sein gewohntes Schweigen brach und ausrief, auch er wolle in dieser Sache seine Stimme abgeben, und zwar mündlich und unter seinem Eid; dadurch wollte er die übrigen zwingen, das Gleiche zu tun. Doch waren damals noch Spuren der alten Freiheit vorhanden. Denn C. Piso stellte die Frage: »Als wievielter wirst du deine Stimme abgeben, Caesar? Wenn als erster, dann weiß ich, welcher Meinung ich mich anzuschließen habe; wenn als letzter, so fürchte ich, ich könnte, wenn auch ungewollt, von deiner Ansicht abweichen.« Dadurch betroffen, war Tiberius aus Reue um so gelassener, je unvorsichtiger er aufgebraust war, und stimmte dafür, daß der Angeklagte vom Majestätsverbrechen freigesprochen werde. Wegen der außerdem anhängigen Erpressungsklage erfolgte die Überweisung an die Entschädigungsrichter.

75. Aber Tiberius hatte nicht genug an den gerichtlichen Untersuchungen des Senats, sondern wohnte in der Regel auch den ordentlichen Gerichtsverhandlungen bei, wo er dann in einer Ecke des Tribunals saß, um den Prätor nicht von seinem kurulischen Sessel zu verdrängen. Vieles wurde da in seiner Gegenwart über Bestechung und Fürsprache einflußreicher Männer ent-

schieden. Doch trotz dieser Sorge für Unparteilichkeit litt die Freiheit Schaden. So beschwerte sich der Senator Pius Aurelius, sein Haus sei durch den Bau eines öffentlichen Weges und durch die Führung eines Aquädukts baufällig geworden, und rief die Hilfe des Senats an. Als die Prätoren der Staatskasse Einspruch erhoben, trat der Kaiser für Aurelius ein und ersetzte ihm den Wert des Hauses, da er es liebte, Gelder für gute Zwecke auszugeben. Diese gute Eigenschaft behielt er noch lange bei, als er die übrigen bereits ablegte. Dem ehemaligen Prätor Propertius Celer, der wegen Verarmung seine Entlassung aus dem Senatorenstand beantragte, schenkte er eine Million Sesterzen, da hinlänglich bekannt war, daß seine Mittellosigkeit vom Vater herrührte. Andere aber, die den gleichen Versuch machten, forderte er auf, zunächst dem Senat die Gründe genau nachzuweisen. So war er bei seiner Neigung zur Strenge auch in den Fällen rücksichtslos, wo er rechtmäßig verfuhr. Infolgedessen zogen es die übrigen vor, ihre Armut lieber schweigend zu ertragen als sie öffentlich zu bekennen und Wohltaten anzunehmen.

76. Im gleichen Jahr stieg der Tiber durch anhaltende Regengüsse an und überschwemmte die tiefer gelegenen Stadtteile. Als er wieder zurücktrat, waren Gebäudeschäden und Menschenleben zu beklagen. Asinius Gallus stellte daher den Antrag, man solle die sibyllinischen Bücher befragen. Tiberius, der Göttern und Menschen gegenüber gleichermaßen zurückhaltend war, lehnte den Antrag ab. Dagegen beauftragte er Ateius Capito und L. Arruntius, ein Mittel zur Eindämmung des Flusses ausfindig zu machen. Achaia und Makedonien, die um Ermäßigung der Abgaben baten, beschloß man bis auf weiteres von der prokonsularischen Verwaltung zu befreien und zu kaiserlichen Provinzen zu machen. Bei den Gladiatorenspielen, die Drusus in seines Bruders Germanicus und in seinem eigenen Namen veranstaltete, führte dieser den Vorsitz und zeigte gar zu große Freude an dem freilich käuflichen Blut. Dieses Verhalten erweckte beim Volk Furcht und soll auch von seinem Vater getadelt worden sein. Warum Tiberius selbst diesen Spielen fernblieb, wurde verschieden ausgelegt: die einen meinten, daß er eine Abneigung gegen Menschenansammlungen habe, andere, daß er sich in seiner Verhärtung vor einem Vergleich mit Augustus' Leutseligkeit fürchte;

denn Augustus hatte sich immer gnädig bei den Spielen gezeigt. Daß er seinem Sohn absichtlich Gelegenheit geboten habe, seine Grausamkeit offen zu zeigen und sich dadurch beim Volk unbeliebt zu machen, möchte ich nicht glauben, obwohl auch dies behauptet worden ist.

77. Aber die Ausschreitungen im Theater, die im letztvergangenen Jahr begonnen hatten, kamen jetzt zu heftigerem Ausbruch. Es wurden nicht nur Leute aus dem Volk, sondern auch Soldaten und ein Centurio erschlagen, ein Tribun der Leibwache verwundet, als sie gegen die Schimpfreden auf höhere Beamte und gegen die Streitigkeiten des Pöbels einschreiten wollten. Über diesen Aufruhr wurde im Senat verhandelt; dabei wurden Stimmen laut, die für die Prätoren das Recht körperlicher Züchtigung gegen die Schauspieler verlangten. Haterius Agrippa erhob als Volkstribun Einspruch, wurde aber von Asinius Gallus heftig zurückgewiesen, während Tiberius, der diese Scheinbilder bürgerlicher Freiheit dem Senat gönnte, in Schweigen verharrte. Der Einspruch drang trotzdem durch, weil der verewigte Augustus einst entschieden hatte, die Schauspieler sollten von Rutenstreichen verschont bleiben, und Tiberius es nicht für erlaubt hielt, dessen Entscheidungen zu entkräften. Über das Maß der Schauspielerbesoldung und gegen die Übergriffe ihrer Gönner wurden viele Senatsbeschlüsse gefaßt; die wichtigsten davon sind folgende: Die Wohnungen der Pantomimen sollte kein Senator betreten; bei ihren Ausgängen durften sie nicht von römischen Rittern begleitet werden und nur im Theater auftreten. Auch sollten die Prätoren die Erlaubnis erhalten, ungebührliches Betragen der Zuschauer mit Verbannung zu bestrafen.

78. Dem Augustus einen Tempel in der Stadt Tarraco zu erbauen, wurde den Spaniern auf ihr Ansuchen gestattet und damit für alle Provinzen ein Beispiel geschaffen. Als das Volk darum bat, die nach den Bürgerkriegen eingeführte einprozentige Steuer auf alle Verkaufsgegenstände aufzuheben, gab Tiberius durch ein Edikt bekannt, daß sich die Kriegskasse auf dieses Einkommen stütze. Zugleich erklärte er, der Staat sei der Belastung (durch die Heeresausgaben) nicht gewachsen, wenn die Veteranen nicht erst im zwanzigsten Dienstjahr entlassen würden. Auf diese Weise wurden die ungesetzlichen Maßnahmen des letzten Aufruhrs,

durch die die Soldaten die Beendigung der Dienstzeit schon nach sechzehn Jahren erpreßt hatten, für die Zukunft wieder aufgehoben.

79. Darauf regten Arruntius und Ateius im Senat an, zur Beseitigung der Tiberüberschwemmungen die Flüsse und Seen abzuleiten, die das Anschwellen des Tibers verursachten. Man hörte darüber Abordnungen der Munizipien und Kolonien. Dabei baten die Florentiner, man solle doch nicht den Clanis aus seinem gewohnten Bett verdrängen und in den Arnus ableiten, was ihnen Schaden brächte. Damit übereinstimmend erklärten die Einwohner von Interamna, die fruchtbarsten Gefilde Italiens würden zugrunde gehen, wenn der Narfluß – wie man plante – in einzelne Kanäle geleitet würde und dann einmal austräte. Auch die Reatiner schwiegen nicht und wehrten sich dagegen, daß der Velinersee da, wo er sich in den Nar ergießt, abgedämmt werde, weil er das anliegende Land überfluten würde. Für das Wohl des Menschen habe doch wohl die Natur selbst am besten gesorgt, die den Flüssen ihre Mündungen, ihren Lauf, ihren Ursprung und ihr Ziel angewiesen habe. Berücksichtigen müsse man doch auch die religiösen Vorstellungen der Bundesgenossen, die den heimatlichen Flüssen Heiligtümer, Haine und Altäre gestiftet hätten. Ja sogar der Tiber selbst wolle gewiß nicht, daß er seiner Nebenflüsse beraubt in minderer Herrlichkeit dahinströme. Diese Bitten der Kolonien oder die Schwierigkeiten des Unternehmens, vielleicht auch der Aberglaube, brachten es dahin, daß man der Meinung des Cn. Piso beitrat, der dafür gestimmt hatte, daß nichts geändert werden solle.

80. Dem Poppaeus Sabinus wurde die Statthalterschaft von Mösien verlängert und ihm auch Achaia und Makedonien unterstellt. Auch dies war eine Eigentümlichkeit des Tiberius, die Verwaltungsstellungen zu dauernden Ämtern zu machen und die meisten Männer bis zum Lebensende bei den gleichen Heeren oder Gerichtsbezirken zu belassen. Die Beweggründe dafür werden verschieden angegeben: Einige meinen, er habe aus Scheu vor immer neuen Sorgen an einmal gefaßten Beschlüssen für immer festgehalten, andere, aus Mißgunst, damit möglichst wenige in den Genuß dieser Ämter kämen. Manche sind der Ansicht, er sei in seinen Entscheidungen ebenso ängstlich gewesen wie in seinen

Absichten verschlagen. Denn wie er auf ausgezeichnete Vorzüge nicht achtete, so haßte er doch auf der anderen Seite die Laster. Von den Besten fürchtete er Gefahr für sich, von den Schlechtesten Schande für den Staat. In dieser Unentschlossenheit ging er schließlich so weit, daß er manchen Männern Provinzen übertrug, die er gar nicht aus der Stadt herauslassen wollte.

81. Über die Konsulwahlen, die unter seiner Regierung jetzt zum ersten Mal stattfanden und in der Folge anfielen, wage ich kaum etwas Bestimmtes zu sagen. So viel Widersprüche finden sich nicht nur bei den Geschichtsschreibern, sondern sogar in seinen eigenen Reden. Bald ließ er die Namen der Kandidaten weg und beschrieb nur eines jeden Abkunft, Leben und Heeresdienst, um erraten zu lassen, wer sie wären. Bisweilen unterließ er auch diese Hinweise, ermahnte nur die Bewerber, die Wahlen nicht durch Bestechung zu stören, und versprach, er werde sich selbst für sie verwenden. Meist erklärte er, es hätten sich nur diejenigen bei ihm gemeldet, deren Namen er den Konsuln angegeben habe, doch könnten sich auch andere melden, wenn sie ihrer Beliebtheit oder ihren Verdiensten vertrauten. Das waren sehr schöne, aber leere oder hinterlistige Worte: Je größer die Freiheit war, in deren Gewand sie sich hüllten, desto furchtbarer war die Knechtschaft, deren Ausbruch sie prophezeiten.

BUCH II

1. Unter dem Konsulat von Sisenna Statilius und L. Libo gerieten die Königreiche und römischen Provinzen des Orients in Bewegung. Den Anfang machten die Parther, die den König, den sie von Rom erbeten und empfangen hatten, trotz seiner Abstammung von den Arsakiden als Ausländer ablehnten. Er hieß Vonones und war einst dem Augustus von Phraates als Geisel übergeben worden. Phraates hatte zwar die römischen Heere und Heerführer zurückgeschlagen, gegen Augustus aber alle Pflichten der Ehrerbietung erfüllt. Um die Freundschaft noch mehr zu festigen, hatte er ihm auch einige seiner Kinder und Enkel als Geiseln geschickt, nicht so sehr aus Furcht vor Rom als aus Mißtrauen gegen seine Untertanen.

2. Nach dem Tod des Phraates und der nachfolgenden Könige kamen wegen der blutigen Bürgerkriege in der Heimat Gesandte von den parthischen Großen nach Rom, um Vonones, den ältesten Sohn des Phraates, heimzuholen. Dadurch fühlte sich der Kaiser sehr geehrt und stattete den Vonones reichlich aus; die Barbaren nahmen ihn freudig auf, wie das bei neuen Herrschern meist der Fall ist. Aber bald folgte die Reue: Entartet seien die Parther; erbettelt sei aus einem fremden Erdteil ein von Feindessitten angesteckter König; schon werde der Arsakidenthron wie eine römische Provinz betrachtet und verschenkt! Wo sei nun der Ruhm derer geblieben, die Crassus niedermetzelten und Antonius verjagten, wenn ein Sklave des Kaisers, der so viele Jahre Knechtschaft erduldet habe, jetzt den Parthern gebiete? Noch mehr steigerte Vonones selbst ihren Unwillen, weil er von der Lebensweise der Vorfahren ganz abwich, selten auf die Jagd ging und lässig in der Pferdepflege war. Wenn er die Städte besuchte, ließ er sich in einer Sänfte tragen und verschmähte die heimischen Gelage. Auch lachte man über sein griechisches Gefolge und über die (römische) Sitte, selbst die wertlosesten Dinge seines Haushalts zu versiegeln. Freilich war er sehr zugänglich und leutselig, aber diese bei den Parthern unbekannten Tugenden galten ihnen als neuartige Laster; und was gegen ihre eigenen Sitten verstieß, haßten sie, gleichviel ob es an sich verwerflich oder lobenswert war.

3. Daher riefen sie den gleichfalls aus dem Arsakidenhause stammenden Artabanes herbei, der bei den Dahern aufgewachsen war. Dieser wurde zwar beim ersten Zusammenstoß geschlagen, sammelte aber dann neue Kräfte und bemächtigte sich des Thrones. Dem besiegten Vonones gewährte Armenien eine Zuflucht, das damals ohne Herrscher war. Das Land lag zwischen dem parthischen und römischen Machtbereich und war in seiner Treue zu Rom schwankend geworden, weil Antonius verbrecherisch an ihnen gehandelt hatte. Den armenischen König Artavasdes hatte er nämlich unter dem Schein der Freundschaft an sich gelockt, dann in Ketten gelegt und zuletzt ermorden lassen. Dessen Sohn Artaxias war uns im Andenken an seinen Vater feindlich gesinnt und stützte sich und sein Reich auf die Macht der Arsakiden. Als Artaxias durch die Hinterlist seiner Verwandten ermordet war, gab Augustus den Armeniern Tigranes zum König und ließ ihn durch Tiberius in sein Reich einführen. Aber Tigranes' Regierung war nicht von langer Dauer, auch die seiner Kinder nicht, obgleich sie sich nach ausländischer Sitte durch Verschwägerungen und gemeinschaftliche Regierung verbunden hatten.

4. Jetzt wurde Artavasdes auf Augustus' Befehl eingesetzt, aber nicht ohne Verluste für uns wieder entthront. Danach wurde der Caesar Gaius dazu ausersehen, die Ordnung in Armenien wiederherzustellen. Er machte den Ariobarzanes, einen Meder von Geburt, wegen seiner schönen Erscheinung und vortrefflichen Gesinnung im Einverständnis mit den Armeniern zum Herrscher. Als Ariobarzanes durch einen Zufall hinweggerafft war, wollten die Armenier seine Nachkommen nicht dulden. Sie versuchten es mit einer Frau namens Erato als Herrscherin, die aber bald wieder vertrieben wurde. Unschlüssig, aller Bande ledig und mehr herrenlos als frei, riefen sie den flüchtigen Vonones wieder auf den Thron. Als aber Artabanus mit Krieg drohte und die Streitkräfte Armeniens dem Vonones zu wenig Schutz boten oder Rom, wenn es ihn mit Gewalt verteidigen wollte, einen Krieg gegen die Parther auf sich nehmen mußte, entbot ihn der Statthalter Syriens, Creticus Silanus, zu sich und hielt ihn als Gefangenen fest, beließ ihm aber Prunk und Namen eines Königs. Wie Vonones bemüht war, sich diesem Gaukelspiel zu entziehen, werden wir am rechten Ort berichten.

5. Diese Wirren im Orient kamen dem Tiberius übrigens nicht ungelegen, weil er unter diesem Vorwand Germanicus von den gewohnten Legionen trennen und dadurch, daß er ihn über neue Provinzen setzte, Ränken und Unglücksfällen aussetzen wollte. Doch Germanicus strebte, je leidenschaftlicher ihm seine Soldaten zugetan waren und je mehr sich die Abneigung seines Oheims vertiefte, desto mehr danach, den Sieg über die Germanen zu beschleunigen. Er erwog die mannigfachen Kampfesweisen sowie die Mißerfolge und Erfolge, die ihm die nunmehr schon dreijährige Kriegführung gebracht hatte. Geschlagen würden die Germanen in offener Schlacht und auf regelrechtem Gelände, begünstigt aber durch Wälder und Sümpfe, durch den kurzen Sommer und den frühzeitigen Winter. Die eigenen Soldaten litten nicht so sehr durch die Verwundungen als unter den großen Märschen und Verlusten an Waffen. Gallien sei durch Pferdelieferungen erschöpft; der lange Troß lade zu Überfällen ein und sei schwer zu verteidigen. Wenn man dagegen den Seeweg einschlage, so sei man ohne weiteres Herr des Meeres, das den Feinden unbekannt sei, zudem könne man den Krieg zeitiger beginnen und die Legionen zusammen mit dem Proviant befördern; Roß und Reiter könnten durch die Mündungen und Läufe der Flüsse hinaufgefahren werden und stünden dann mit noch frischen Kräften mitten in Germanien.

6. Demgemäß faßt er seine Entschlüsse. P. Vitellius und C. Antius werden nach Gallien geschickt, um Steuern einzuziehen, Silius, Anteius und Caecina mit dem Flottenbau betraut. Tausend Schiffe schienen ausreichend und wurden beschleunigt fertiggestellt. Einige baute man kurz, mit schmalem Vorder- und Hinterteil und breitem Rumpf, um der Flut besser standzuhalten, andere mit flachem Kiel, um ohne Schaden auflaufen zu können, eine Anzahl mit Steuerrudern vorn und hinten, um die Ruderbewegung schnell rückwärts ausführen und mit dem Vorder- oder Hinterteil anlegen zu können; viele erhielten ein Verdeck, auf dem Geschütze befördert werden sollten, und waren zugleich geeignet, Pferde und Vorräte aufzunehmen: Mit ihren handlichen Segeln und ihrem schnellen Ruderwerk boten sie einen furchterregenden Anblick, der durch die Behendigkeit der Besatzung noch verstärkt wurde. Die Insel der Bataver war zum Sammel-

platz bestimmt, weil sie leichte Landungsmöglichkeiten bot und besonders geeignet war, um die Truppen aufzunehmen und den Krieg hinüberzuspielen. Denn der Rhein, der sich in *einem* Bette hält oder nur kleine Inseln bildet, teilt sich da, wo das Bataverland beginnt, gleichsam in zwei Arme; der eine, der auf germanischer Seite vorbeiströmt, behält den Namen Rhein und auch die starke Strömung, bis er in den Ozean mündet. Der nach Gallien zu gelegene ist breiter und fließt langsamer dahin – die Einwohner nennen ihn mit verändertem Namen Vahalis –; bald vertauscht er auch diesen Namen mit der Mosa und ergießt sich mit deren gewaltiger Mündung ebenfalls in den Ozean.

7. Während sich die Schiffe noch sammeln, läßt der Caesar den Legaten Silius mit einer schlagfertigen Truppe einen Einfall ins Chattenland machen; er selbst führte sechs Legionen zu dem an der Lupia angelegten Kastell, das, wie er erfuhr, belagert wurde. Silius konnte wegen plötzlicher Regengüsse nichts anderes erreichen, als ein wenig Beute zu machen und des Chattenfürsten Arpus Gattin und Tochter zu rauben. Auch dem Caesar stellten sich die Belagerer nicht zum Kampf, da sie schon auf die Kunde von seiner Annäherung sich zerstreut hatten. Doch hatten sie vorher den für die Legionen des Varus jüngst errichteten Grabhügel und einen alten, dem Drusus geweihten Altar zerstört. Den Altar stellte Germanicus wieder her und hielt zu Ehren seines Vaters an der Spitze der Legionen einen feierlichen Umzug. Den Grabhügel zu erneuern schien nicht ratsam. Doch wurde das ganze Gebiet zwischen dem Kastell Aliso und dem Rhein durch neue Grenzwälle und Erdwerke befestigt.

8. Inzwischen war die Flotte eingetroffen. Er schickte die Vorräte voraus, verteilte die Schiffe unter die Legionen und bundesgenössischen Truppen und fuhr in den sogenannten Drususgraben ein. Darauf rief er im Gebet seinen Vater Drusus an, er möge ihm, da er jetzt das gleiche Wagnis unternehme, willig und gnädig durch sein Beispiel und die Erinnerung an seine Pläne und Taten beistehen. Dann gelangt er von da aus in glücklicher Fahrt durch die Seen und den Ozean bis an die Amisia. Die Flotte ließ er am linken Ufer der Amisiamündung zurück und beging dabei den Fehler, das Heer, das doch in die rechts gelegenen Gebiete einmarschieren sollte, nicht weiter aufwärts fahren zu lassen: So gin-

gen einige Tage durch Brückenbau verloren. Die Reiter und die Legionen überschritten zwar vor Eintritt der Flut unerschrocken die ersten Watten, die Nachhut der Hilfsvölker und die Bataver jedoch gerieten, während sie ins Wasser sprangen und ihre Schwimmkünste zeigen wollten, in Bedrängnis, wobei einzelne ertranken. Als Germanicus nun das Lager abstecken läßt, erhält er die Nachricht, die Angrivarier seien in seinem Rücken abgefallen. Sofort wurde Stertinius mit den Reitern und Leichtbewaffneten abgeschickt und rächte die Treulosigkeit mit Feuer und Schwert.

9. Der Visurgisstrom trennte die Römer und Cherusker. An sein Ufer trat Arminius mit den übrigen Häuptlingen. Als man seine Frage, ob der Caesar angekommen sei, bejaht hatte, bat er um die Erlaubnis, mit seinem Bruder zu sprechen. Dieser stand im römischen Heer unter dem Namen Flavus, war besonders zuverlässig und hatte vor einigen Jahren unter Tiberius im Kampf ein Auge verloren. Nun wird er mit Erlaubnis des Caesars herbeigerufen. Als er vorgetreten war, begrüßt ihn Arminius, schickt seine Begleiter weg und verlangt, daß die auf unserem Ufer aufgestellten Bogenschützen gleichfalls zurückgezogen würden. Als sie abgetreten waren, fragt er den Bruder, wodurch sein Gesicht so entstellt sei. Als jener Ort und Treffen nennt, will er wissen, was für ein Lohn ihm denn dafür geworden sei. Flavus spricht von Solderhöhung, Ehrenkette, Kranz und anderen militärischen Auszeichnungen. Da lacht Arminius über diesen armseligen Lohn der Knechtschaft.

10. Dann beginnen sie mit streitenden Reden. Der eine weist auf die Größe Roms, auf die Macht des Germanicus und auf die schweren Strafen hin, die Besiegte, auf die Milde, die sich Ergebende zu erwarten hätten; auch seine Gattin und sein Sohn würden nicht hart behandelt. Der andere erinnert an die Pflichten gegen das Vaterland, an die uralte Freiheit, an die heimischen Götter und an die Mutter, die sich seinen Bitten anschließe. Er solle doch nicht seine Angehörigen und Verwandten, ja sein ganzes Volk verlassen und verraten, statt bei ihnen Heerführer zu sein. Allmählich gerieten sie in einen hitzigen Wortstreit und hätten sich nicht einmal durch den trennenden Strom davon abhalten lassen, handgemein zu werden, wenn nicht der herbeieilende

Stertinius den zornigen, nach Waffen und Pferd verlangenden Flavus zurückgehalten hätte. Drüben sah man Arminius stehen, Drohungen ausstoßend und eine Schlacht ankündigend. Dabei ließ er viele lateinische Worte einfließen, da er ja im römischen Lager als Führer seiner Landsleute gedient hatte.

11. Am nächsten Tag stand das Heer der Germanen schlachtbereit am jenseitigen Visurgisufer. Germanicus hielt es für unvereinbar mit der Pflicht eines Feldherrn, die Legionen ohne Brükken- und Kastellbau einem Entscheidungskampf auszusetzen, und ließ deshalb die Reiterei auf einer Furt übersetzen. Stertinius und Aemilius, einer der Primipilaren, führten sie und griffen auf verschiedenen Punkten an, um die Feinde auseinanderzuziehen. Wo der Strom am reißendsten war, brach Chariovalda, der Führer der Bataver, hervor. Die Cherusker täuschten eine Flucht vor und lockten ihn in eine von bewaldeten Höhen eingeschlossene Ebene. Dann stürmen sie vereint von allen Seiten in wildem Drang los, drängen die Kämpfenden zurück, verfolgen die Fliehenden und treiben sie, als sie sich zu einem Kreis zusammenschlossen, teils im Nahkampf, teils durch Fernangriffe vor sich her. Nachdem Chariovalda lange Zeit den wütenden Angriffen der Feinde standgehalten hatte, rief er seinen Leuten zu, man müsse die anstürmenden Scharen in geschlossenem Haufen durchbrechen. Dann sprengt er selbst ins dichteste Gedränge hinein und sinkt, unter Geschossen begraben, von seinem ebenfalls durchbohrten Pferd, um ihn herum eine große Zahl seiner Edlen. Der Rest wurde durch eigene Anstrengungen oder durch die mit Stertinius und Aemilius zu Hilfe eilende Reiterei aus der Gefahr gerettet.

12. Germanicus überschritt nun die Visurgis und erfährt durch die Aussage eines Überläufers, daß Arminius das Schlachtfeld gewählt habe; noch andere Stämme hätten sich im heiligen Hain des Hercules vereinigt und würden einen nächtlichen Überfall auf das Lager wagen. Diesen Angaben schenkte man Glauben, auch sah man Lagerfeuer; Späher, die sich näher heranschlichen, meldeten, man höre das Schnauben von Rossen und die Geräusche eines riesigen, ungeordneten Heereszuges. Da also die Entscheidungsschlacht bevorstand, hielt es Germanicus für richtig, die Stimmung seiner Soldaten zu erforschen, und überlegte nur, auf wel-

che Weise er das am wenigsten verfälscht erreichen könnte. Die Meldungen der Tribunen und Centurionen seien häufiger angenehm als zuverlässig. Freigelassene behielten ihre Sklavenseele, Freunde neigten zu Schmeichelei. Berufe er eine Versammlung, so stimmten auch da alle den Worten lärmend zu, die ihnen einige wenige vorsagten. Bis auf den Grund sei die Gesinnung der Soldaten nur dann zu erkennen, wenn sie ganz unter sich und unbeobachtet beim Soldatenmahl ihre Hoffnungen und Befürchtungen laut werden ließen.

13. Bei Anbruch der Nacht verläßt er also das Feldherrnzelt und gelangt auf geheimen, auch den Wachen unbekannten Wegen, mit nur einem Begleiter, einen Pelz um die Schultern, in die Lagergassen. Er tritt an die Zelte heran und freut sich an seinem guten Ruf, wenn der eine die hohe Abkunft des Feldherrn, ein anderer seine stattliche Erscheinung pries, die meisten seine Ausdauer, seine Leutseligkeit, sein in Ernst und Scherz stets gleiches Wesen lobten und bekannten, in der Schlacht müsse man ihm dafür den Dank abstatten und zugleich die treulosen Friedensbrecher ruhmvoller Rache opfern. Währenddessen reitet ein feindlicher Herold, der der lateinischen Sprache kundig war, an den Lagerwall heran und verspricht mit lauter Stimme in Arminius' Namen jedem Überläufer Frauen, Land und 100 Sesterzen täglichen Sold für die ganze Kriegsdauer. Dieses schmachvolle Anerbieten steigerte noch den Zorn der Legionen: Wenn es nur erst Tag würde und die Schlacht begänne! Dann würden sich die Soldaten die Äcker der Germanen holen und ihre Weiber fortschleppen. Gern nähmen sie das Angebot als gutes Vorzeichen; Frauen und Geld der Feinde sollten ihre Beute sein. Etwa um die dritte Nachtwache berannten die Feinde das Lager, zogen aber wieder ab, ohne daß es zum Gebrauch der Wurfwaffen kam, da sie merkten, daß zahlreiche Kohorten vorn auf den Schanzen standen und keine Abwehrmaßnahme versäumt war.

14. Dieselbe Nacht brachte dem Germanicus einen glückverheißenden Traum. Er träumte, daß er mit einem Opfer beschäftigt sei und für seine mit Opferblut bespritzte Toga eine andere, schönere aus den Händen seiner Großmutter, der Augusta, erhalten habe. Durch dieses Zeichen gestärkt, beruft er, da auch die Auspizien günstig waren, die Soldaten zur Versammlung und

setzt ihnen auseinander, was er mit Klugheit geplant und für den bevorstehenden Kampf als zweckmäßig erachtet habe: Nicht nur die Ebenen seien für römische Soldaten ein geeignetes Schlachtfeld, auch Wälder und Höhen seien es, wenn man mit Vernunft zu Werke gehe. Denn die riesigen Schilde der Barbaren und ihre überlangen Lanzen seien zwischen den Baumstämmen und dem dichten Unterholz nicht so leicht zu handhaben wie unsere Wurfspieße, Schwerter und dem Körper eng anliegenden Rüstungen. Sie sollten nur die Hiebe dicht aufeinander folgen lassen und mit den Schwertspitzen nach den Gesichtern zielen! Der Germane kenne keinen Panzer, keinen Helm. Seine Schilde seien nicht einmal mit Eisen beschlagen und mit Leder bezogen, sondern bloßes Weidengeflecht oder dünne buntgefärbte Bretter. Nur die erste Schlachtreihe sei einigermaßen mit Lanzen versehen, die anderen hätten nur im Feuer zugespitzte kurze Speere. Die Germanen selbst böten zwar einen erschreckenden Anblick und seien zu einem kurzen Angriff tüchtig, aber gegen Verwundungen sehr empfindlich. Ohne Gefühl für Schande, ohne sich um ihre Führer zu kümmern, machten sie kehrt und liefen davon, verzagt im Unglück, im Glück weder göttlichen noch menschlichen Rechtes eingedenk. Wenn sie voll Überdruß das Ende der Märsche und Seefahrten ersehnten, so könne es durch diese Schlacht herbeigeführt werden! Schon seien sie der Elbe näher als dem Rhein, und jenseits der Elbe gebe es keinen Krieg mehr, wofern sie nur ihn, der seines Vaters und Oheims Spuren folge, in diesen selben Ländern zum Sieger machten.

15. Begeisterter Beifall folgte den Worten des Feldherrn, worauf das Zeichen zur Schlacht gegeben wurde. Auch Arminius und die übrigen Germanenhäuptlinge unterließen es nicht, ihren Scharen zu versichern, dies seien jene Römer aus Varus' Heer, die so schimpflich geflohen wären und sich, um dem weiteren Kampf zu entgehen, auf eine Meuterei eingelassen hätten. Die einen von ihnen böten ihre wundenbedeckten Rücken, die anderen ihre wellen- und sturmzerschlagenen Glieder noch einmal dem Grimm der Feinde und dem Unwillen der Götter dar ohne jede Hoffnung auf einen guten Ausgang. Denn zur Flotte und zum unwegsamen Ozean hätten sie nur deshalb Zuflucht genommen, damit niemand den Ankommenden begegne, niemand die Ge-

schlagenen bedränge. Aber wenn erst einmal die Schlacht begonnen habe, so böten Winde und Ruder den Besiegten keinen Schutz mehr. Sie sollten nur an der Römer Habsucht, Grausamkeit und Hochmut denken! Bleibe ihnen denn etwas anderes übrig, als an der Freiheit festzuhalten oder zu fallen, bevor man sie zu Knechten machte?

16. Die Germanen waren begeistert und verlangten den Kampf. Man führt sie in die Ebene hinab, die den Namen Idistaviso trägt. Sie zieht sich in der Mitte zwischen der Visurgis und den Hügeln in ungleichmäßiger Breite hin, je nachdem die Flußufer weichen oder die Bergzungen vortreten. Im Rücken erhob sich ein Wald, der hohe Baumkronen und kein Unterholz zwischen den Stämmen hatte. Die Front der Barbaren entfaltete sich in der Ebene und am Waldrand. Nur die Cherusker hielten den Bergrücken besetzt, um sich während des Kampfes von oben her auf die Römer zu stürzen. Unser Heer rückte in folgender Ordnung heran: die gallischen und germanischen Hilfstruppen an der Spitze, hinter ihnen die Bogenschützen zu Fuß. Darauf folgten vier Legionen und der Caesar mit zwei prätorischen Kohorten und auserlesenen Reitern, dann die vier anderen Legionen, die Leichtbewaffneten mit den berittenen Bogenschützen und die übrigen bundesgenössischen Kohorten. Die Soldaten waren voll gespannter Bereitschaft, um aus der Marschordnung zur Schlacht anzutreten.

17. Als die Heerhaufen der Cherusker, die in ihrer Wildheit vorgestürmt waren, in Sicht kamen, befiehlt Germanicus, der Kern der Reiterei solle sie in der (rechten) Flanke angreifen, Stertinius mit den übrigen Schwadronen eine Umgehung ausführen und ihnen in den Rücken fallen, er selbst werde dann im rechten Augenblick zur Stelle sein. Inzwischen zieht ein herrliches Vorzeichen den Blick des Feldherrn auf sich. Acht Adler erscheinen, die auf die Wälder zufliegen und dann in ihnen verschwinden. Laut ruft er aus, die Soldaten sollten losgehen und den Vögeln Roms folgen, den eigenen Schutzgeistern der Legionen. Zu gleicher Zeit greift die Linie der Fußtruppen an, die vorgeschickte Reiterei wirft sich auf die Nachhut und die Flanken. Und, so seltsam es klingt, zwei feindliche Heerhaufen flohen in entgegengesetzter Richtung. Die den Wald gehalten hatten, stürzten auf das

freie Feld hinaus, die auf der Ebene gestanden hatten, in den Wald hinein. Die Cherusker, in der Mitte zwischen ihnen, wurden nun von den Hügeln herabgeworfen; unter ihnen ragte Arminius hervor, der durch persönlichen Kampf, Zuruf und Hinweis auf seine Verwundung die Schlacht zu halten versuchte. Schon war er in die Linie der Bogenschützen eingedrungen und wäre hier durchgebrochen, wenn ihm nicht die raetischen, vindelizischen und gallischen Kohorten entgegengetreten wären. Dennoch gelang es ihm, durch eigene Anstrengung und durch sein ungestümes Pferd zu entkommen, da er sein Gesicht mit eigenem Blut unkenntlich gemacht hatte. Einige haben berichtet, er sei von den Chauken, die sich bei den römischen Hilfstruppen befanden, erkannt und durchgelassen worden. Gleiche Tapferkeit oder gleicher Verrat ließ auch den Inguiomerus entkommen. Die übrigen wurden allenthalben niedergemacht. Sehr viele, die die Visurgis zu durchschwimmen versuchten, fanden durch nachgeschleuderte Geschosse oder durch die Gewalt der Strömung, zuletzt durch die Masse der Nachdrängenden und die einstürzenden Ufer ihren Tod. Einige, die in feiger Flucht die Wipfel der Bäume erklommen und sich in den Zweigen zu verstecken suchten, wurden von herangeführten Bogenschützen wie zum Vergnügen angespießt, wieder andere von Bäumen, die man fällte, erschlagen.

18. Dieser Sieg war gewaltig und doch für uns nicht besonders blutig. Von der fünften Stunde des Tages bis zum Anbruch der Nacht wurden die Feinde niedergemetzelt und bedeckten mit ihren Leichen und Waffen einen Raum von 10 Meilen. Unter den Beutestücken fanden sich die Ketten, die die Germanen für die Römer mitgeschleppt hatten, als ob sie am Ausgang der Schlacht nicht zweifelten. Die Soldaten riefen auf dem Schlachtfeld Tiberius als Imperator aus und errichteten einen Hügel, auf dem die erbeuteten Waffen mit den Namen der besiegten Völkerschaften nach Art eines Siegesdenkmals aufgepflanzt wurden.

19. Nicht ihre Wunden, ihre Trauer und ihre Verluste erfüllten die Germanen so sehr mit Schmerz und Grimm wie dieser Anblick. Die Leute, die eben noch ihre Wohnsitze verlassen und über die Elbe weichen wollten, wünschen jetzt die Fortsetzung des Kampfes und greifen wieder zu den Waffen. Volk und Adel,

alt und jung stürmen plötzlich auf den römischen Heereszug ein und bringen ihn in Unordnung. Zuletzt wählen sie eine von Flüssen und Wäldern umschlossene Stelle aus, ein enges und sumpfiges Tal. Auch zog sich um die Wälder ein tiefes Moor herum, nur daß die Angrivarier auf einer Seite einen hohen Damm errichtet hatten, der die Grenze gegen die Cherusker bilden sollte. Hier stellten sie das Fußvolk auf, während sie die Reiterei in den benachbarten Hainen versteckten. Sie sollte den Legionen, wenn sie den Wall betraten, in den Rücken fallen.

20. Nichts von alledem blieb dem Caesar verborgen. Er kannte ihre Pläne und ihre Stellungen, ihre offenen und versteckten Vorbereitungen und wollte die Listen der Feinde zu ihrem eigenen Verderben wenden. Dem Legaten Seius Tubero übergibt er die Reiterei und die Ebene; das Fußvolk stellte er in der Weise auf, daß ein Teil auf ebenem Weg in den Wald einrücken, ein anderer den vor ihnen liegenden Damm ersteigen sollte. Was schwierig war, übernahm er selbst, das übrige überließ er den Legaten. Die Leute, denen die Ebene zugefallen war, drangen nicht in den Wald ein; diejenigen aber, die den Damm erstürmen sollten, hatten wie beim Erklettern einer Festungsmauer unter den Schlägen von oben schwer zu leiden. Der Feldherr erkannte, daß der Nahkampf hier zu ungleich war, nahm die Legionen ein wenig zurück und gibt dann den Schleuderern und Wurfschützen den Befehl, ihre Geschosse zu werfen und so die Feinde zu verjagen. Aus den Wurfgeschützen flogen die Lanzen, und je mehr sich die Verteidiger blicken ließen, mit desto zahlreicheren Verwundungen wurden sie heruntergeworfen. Nachdem der Wall genommen war, machte der Caesar mit den prätorischen Kohorten als erster einen Angriff auf die Wälder. Mann gegen Mann wurde hier gekämpft. Der Feind hatte den Sumpf im Rücken, die Römer den Fluß und die Berge. Beide Teile konnten nicht vom Platz weichen, für beide lag die Hoffnung nur in der Tapferkeit, die Rettung nur im Sieg.

21. Die Germanen standen den Römern an Mut nicht nach und erlagen nur durch ihre Kampfesweise und Bewaffnung. Ihre ungeheure Masse konnte auf dem beengten Raum die überlangen Lanzen nicht vorstoßen und nicht zurückziehen; sie konnten auch nicht im Sturmlauf von ihrer Schnelligkeit Gebrauch machen, da sie von der Stelle aus zu kämpfen genötigt waren. Unsere

Soldaten dagegen, den Schild dicht an die Brust gepreßt, die Hand fest am Schwertgriff, durchstachen die gewaltigen Barbarenleiber, die ungedeckten Gesichter und bahnten sich über die Leichenhaufen der Feinde ihren Weg. Auch war Arminius wegen der unausgesetzten Gefahren nicht mehr rasch zur Stelle oder durch seine jüngst erhaltene Wunde gehemmt. Selbst Inguiomerus, der auf der ganzen Front hin und her flog, wurde mehr vom Glück als von der Tapferkeit im Stich gelassen. Germanicus hatte, um besser erkannt zu werden, den Helm vom Kopf genommen und rief den Soldaten zu, sie sollten mit dem Gemetzel nur fortfahren: Man brauche keine Gefangenen, einzig und allein die Ausrottung des ganzen Volkes werde dem Krieg ein Ende machen. Es war schon spät am Tage, als er eine Legion aus dem Kampf herauszieht, um das Lager zu schlagen. Die übrigen sättigten sich bis in die Nacht hinein am Blut der Feinde. Die Reiterei kämpfte ohne Entscheidung.

22. Der Caesar lobte vor versammelter Mannschaft die Sieger und ließ dann einen Waffenhügel errichten mit der stolzen Inschrift: Nach Niederwerfung der Stämme zwischen Rhein und Elbe habe das Heer des Kaisers Tiberius dem Mars Ultor und dem Augustus dieses Denkmal geweiht. Von sich selbst fügte er nichts hinzu, aus Furcht vor dem Neid des Kaisers oder weil er das eigene Bewußtsein von seiner Tat für ausreichend hielt. Dann beauftragt er den Stertinius mit dem Kampf gegen den Stamm der Angrivarier, falls sie sich nicht mit ihrer Unterwerfung beeilten. Sie unterwarfen sich bedingungslos und erhielten deshalb volle Verzeihung.

23. Da nun der Sommer schon weit vorgeschritten war, wurden einige Legionen auf dem Landweg in die Winterquartiere zurückgeschickt; den größeren Teil schiffte der Caesar ein und führte ihn die Amisia hinunter in den Ozean. Anfangs rauschte die stille See vom Ruderschlag der tausend Schiffe oder wallte unter der Macht der Segel. Bald aber türmte sich schwarzes Gewölk zusammen, aus dem Hagelschauer niedergingen. Zugleich benahmen die unter wechselnden Stürmen regellos wogenden Fluten jede Aussicht und behinderten die Lenkung. Die erschreckten und mit den Gefahren des Meeres unbekannten Soldaten machten, weil sie die Seeleute störten oder zur Unzeit zu unterstützen

suchten, die Bemühungen der Leute vom Fach zunichte. Bald wurden Himmel und Meer ganz dem Süd zur Beute. Dieser Wind wurde durch die feuchten Länder Germaniens, durch dessen tiefe Ströme und gewaltigen Wolkenzug noch verstärkt, durch die Kälte des nahen Nordens noch furchtbarer. So ergriff er die Schiffe und zerstreute sie auf den offenen Ozean oder nach den Inseln hin, die mit schroffen Klippen oder verborgenen Untiefen Verderben drohten. War man diesen mit Mühe entgangen, so konnte man, da sich die Meeresströmung änderte und mit dem Wind in gleicher Richtung trieb, weder die Schiffe mit den Ankern festhalten noch die eindringenden Wassermassen ausschöpfen. Pferde, Vieh, Gepäckstücke, sogar Waffen wurden über Bord geworfen, um die Schiffsrümpfe zu entlasten, die von den teils durch (leck gewordene) Planken, teils von oben hereinschlagenden Wogen trieften.

24. Wieviel der Ozean stürmischer ist als andere Meere, wieviel das Klima Germaniens rauher als anderswo, um soviel übertraf auch jenes Unheil durch Neuheit und Größe alle Vorstellung. Ringsum feindliche Gestade oder ein so unabsehbares und tiefes Meer, daß man glauben konnte, es sei das allerletzte, hinter dem kein Land mehr liege. Ein Teil der Schiffe ging unter, mehrere strandeten an weit entlegenen Inseln, wo die Mannschaften, weil von menschlichem Anbau nichts zu finden war, durch Hunger aufgerieben wurden, falls sie sich nicht von Pferdekadavern genährt hatten, die eben dort angetrieben wurden. Nur der Dreiruderer des Germanicus landete an der Küste des Chaukenlandes. All die Tage und Nächte saß der Caesar auf den Klippen und Ufervorsprüngen und warf sich selbst laut die Schuld an der furchtbaren Katastrophe vor. Mit Mühe hielten ihn seine Freunde davon ab, in den gleichen Fluten den Tod zu suchen. Als sich endlich die Strömung wieder rückwärts wandte und der Wind günstig war, kamen schwer beschädigte Schiffe zurück, die nur noch spärliche Ruder hatten oder mit aufgespannten Kleidungsstücken segelten, manche auch im Schlepptau kräftigerer Schiffe. Diese ließ er in aller Eile wiederherstellen und schickte sie aus, um die Inseln abzusuchen. Durch diese Maßregel wurden die meisten Schiffbrüchigen wieder zusammengebracht. Die jüngst unterworfenen Angrivarier kauften den im Binnenland

wohnenden Stämmen viele ab und gaben sie zurück. Einige waren nach Britannien verschlagen worden und wurden von den Häuptlingen dieses Landes wieder heimgeschickt. Jeder, der aus der Ferne zurückgekommen war, wußte Wunderdinge zu erzählen von furchtbaren Wirbelstürmen, von unbekannten Vögeln, von Meeresungeheuern, von Zwittergestalten, halb Tier, halb Mensch, die sie gesehen hatten oder in der Angst gesehen zu haben glaubten.

25. Indessen ermutigte die Kunde vom Untergang der Flotte die Germanen von neuem zum Krieg, mahnte aber ebenso sehr den Caesar zur Abwehr. Dem C. Silius befiehlt er, mit 30000 Soldaten und 3000 Reitern gegen die Chatten zu ziehen. Er selbst bricht mit der Mehrzahl der Truppen im Marserland ein. Deren Häuptling, Mallovendus, der sich kurz zuvor unterworfen hatte, berichtet, in einem nahen Hain sei der Adler einer Legion des Varus vergraben und werde nur schwach bewacht. Auf der Stelle wurde eine Abteilung abgesandt, um den Feind durch einen Frontangriff hervorzulocken. Andere sollten ihn im Rücken umgehen und die Erde durchwühlen; beide Abteilungen begünstigte das Glück. Um so rascher dringt nun Germanicus weiter ins Innere vor, verwüstet das Land und vernichtet die Feinde, die nicht mehr zu kämpfen wagten; leisteten sie aber irgendwo Widerstand, so wurden sie sofort geschlagen und waren nie in größerer Furcht, wie die Gefangenen aussagten. Mußten sie doch anerkennen, daß die Römer unbesiegbar und durch keine Schicksalsschläge überwindbar seien. Obwohl sie ihre Flotte verloren und ihre Waffen eingebüßt hätten, obwohl das Gestade mit Menschen- und Pferdeleichen bedeckt sei, seien sie jetzt mit der gleichen Tapferkeit, mit dem gleichen Ungestüm und, wie man glauben möchte, in noch größerer Zahl ins Land eingefallen.

26. Darauf wurden die Soldaten in die Winterquartiere geführt, frohen Herzens, daß sie das widrige Geschick zur See durch ein glückliches Landunternehmen wettgemacht hätten. Außerdem zeigte sich der Caesar so freigebig, daß er jedem Mann den angegebenen Schaden ersetzte. Auch hielt man es für unzweifelhaft, daß die Feinde bereits wankten, daß sie über Friedensangebote berieten und der Krieg, wenn man noch den nächsten Sommer daransetzte, abgeschlossen werden könne. Tiberius jedoch

drängte in wiederholten Schreiben, Germanicus solle zur Feier des bewilligten Triumphes zurückkehren. Es sei schon genug der Erfolge, genug auch der Rückschläge. Er habe zwar große und glückliche Schlachten aufzuweisen, solle aber auch daran denken, was Winde und Wogen ohne jede Schuld des Heerführers noch für schwere und furchtbare Verluste herbeigeführt hätten. Er selbst sei neunmal vom verewigten Augustus nach Germanien geschickt worden und habe dort mehr durch Klugheit als durch Gewalt erreicht. So seien die Sugambrer unterworfen, so die Sueben und König Marbod durch friedlichen Vertrag unschädlich gemacht worden. Die Cherusker und die übrigen aufrührerischen Stämme könne man jetzt, wo genug für Roms Rache geschehen sei, ihren inneren Zwistigkeiten überlassen. Als Germanicus noch um ein Jahr bat, um das begonnene Unternehmen zu Ende zu führen, stellt Tiberius seinen Gehorsam auf eine noch stärkere Probe und bietet ihm das zweite Konsulat an, das seine persönliche Anwesenheit erforderte. Dann fügte er noch hinzu, er möchte doch, wenn es wirklich noch Krieg zu führen gebe, seinem Bruder Drusus gleichfalls Gelegenheit zu rühmlichen Taten geben. Da es jetzt keinen anderen Feind gebe außer in Germanien, so könne sich Drusus den Imperatortitel und den Lorbeerkranz nur dort holen. Nun zögerte Germanicus nicht länger, obwohl er einsah, daß dies Ausflüchte waren und daß er nur aus Eifersucht von der bereits begonnenen Ruhmeslaufbahn abgezogen werden sollte.

27. Um dieselbe Zeit wurde gegen Drusus Libo aus der Familie der Scribonier Anklage erhoben, er bereite einen Umsturz vor. Dieses Prozesses Anfang, Verlauf und Abschluß will ich ausführlicher berichten, weil man damals zuerst auf das Verfahren kam, das so viele Jahre hindurch den Staat aufgerieben hat. Der Senator Firmius Cato, einer der vertrautesten Freunde Libos, verleitete diesen unbedachten und eitlen Vorstellungen leicht zugänglichen Jüngling, auf die Versprechungen der Astrologen, die Zauberkünste der Magier, ja sogar auf die Traumdeuter zu hören. Er hielt ihm vor, daß Pompeius sein Urgroßvater, daß Scribonia, die ehemalige Gattin des Augustus, seine Großtante, die Caesaren seine Vettern seien, überhaupt sein ganzes Haus reich an Ahnenbildern. Auch drängte er ihn zum Luxus und Schuldenmachen und nahm selbst an seinen Ausschweifungen und Geldverlegen-

heiten teil, um ihn in desto mehr Anschuldigungen zu verstrikken.

28. Als er nun genug Zeugen und auch Sklaven gefunden hatte, die die Aussagen bestätigen konnten, verlangte er Zutritt zum Herrscher, nachdem er vorher durch den römischen Ritter Flaccus Vescularius, der in näherem Verkehr mit Tiberius stand, das Verbrechen und die Schuldigen namhaft gemacht hatte. Der Kaiser wies die Anklage nicht zurück, lehnte aber persönliche Zusammenkünfte ab. Die Verhandlungen könnten ja weiter durch die Vermittlung des Flaccus ihren Weg gehen. Währenddessen aber zeichnete er Libo durch die Prätur aus und zog ihn zur Tafel, ohne eine ungnädige Miene zu zeigen oder ein heftiges Wort zu äußern – so gut wußte er seinen Haß zu verstecken. Er zog es vor, lieber alles, was Libo sagte oder tat, zu erfahren, obwohl er beides verhindern konnte. Das ging so lange, bis ein gewisser Junius, den Libo angegangen hatte, durch Zauberformeln die Geister Verstorbener zu beschwören, bei Fulcinius Trio Anzeige erstattete. Trio hatte unter den Anklägern einen großen Namen und genoß einen üblen Leumund. Dieser Mann stürzt sich sofort auf den Angeklagten, geht die Konsuln an und verlangt eine Untersuchung durch den Senat. Die Senatoren werden in der Tat berufen, mit der Begründung, es liege eine wichtige und furchtbare Angelegenheit zur Beratung vor.

29. Inzwischen geht Libo in Trauerkleidung, begleitet von adeligen Frauen, von Haus zu Haus, fleht seine Verwandten an und verlangt ihre Fürsprache gegen die drohenden Gefahren. Alle weisen ihn ab, unter verschiedenen Vorwänden, aber aus gleicher Furcht. Am Tag der Senatssitzung läßt er sich, von Angst und Kummer ermattet oder, wie einige berichteten, sich krank stellend, in einer Sänfte bis an die Tür der Kurie tragen. Auf seinen Bruder gestützt, erhebt er seine Hände mit flehentlichen Worten zu Tiberius, wird aber von ihm mit unbewegter Miene empfangen. Dann liest der Kaiser die Anklageschriften und Namen ihrer Verfasser vor, in so ruhigem Ton, daß er die Beschuldigungen weder zu mildern noch zu verschärfen schien.

30. Außer Trio und Catus waren der Anklage noch Fonteius Agrippa und C. Vibius beigetreten. Sie stritten sich darum, wem das Recht, die Hauptrede gegen den Angeklagten zu halten, er-

teilt werden solle, bis Vibius erklärte, er wolle, weil sie nicht einig werden könnten und Libo ohne Verteidiger erschienen sei, die Anklagepunkte einzeln vortragen; und nun legte er Aufzeichnungen vor, die ganz unsinnige Dinge enthielten. So sollte Libo (bei den Astrologen) angefragt haben, ob er einmal Schätze genug haben werde, um die appische Straße bis nach Brundisium hin mit Geldstücken zu pflastern. Dergleichen gab es noch mehr, es war albernes, törichtes, wenn man es milder bezeichnen will, jämmerliches Zeug. Auf einem Blatt von Libos Hand standen jedoch, wie der Ankläger behauptete, die Namen von Caesaren oder Senatoren und daneben drohende oder unverständliche Zeichen. Da der Angeklagte leugnete, beschloß man, seine Sklaven, die alles zugaben, auf der Folter zu verhören. Da aber nach einem alten Senatsbeschluß ein peinliches Verhör gegen das Leben des Herrn verboten war, läßt der schlaue und in neuen Rechtsauslegungen erfinderische Tiberius die Sklaven einzeln vom Rentmeister der Staatskasse ankaufen, natürlich um sie unbeschadet des Senatsbeschlusses gegen Libo verhören zu können. Da erbat sich denn der Angeklagte einen Tag Aufschub, begab sich nach Hause und trug seinem Verwandten P. Quirinius auf, (dem Kaiser) die Bitte um Begnadigung zu übermitteln.

31. Die Antwort lautete, er solle sich an den Senat wenden. Inzwischen wurde sein Haus von Soldaten umringt; sie lärmten schon in der Vorhalle, man konnte sie sehen und hören. Das Mahl, das sich Libo als letztes Labsal bereiten ließ, wurde ihm zur Qual. Er rief nach einem Mörder, faßte die Hände seiner Sklaven und drückte ihnen ein Schwert hinein. Als diese zitternd zurückwichen und den Tisch mit dem Licht umwarfen, brachte er sich, wie bereits von des Todes Finsternis umfangen, zwei Stiche in den Unterleib bei. Auf das Stöhnen des Zusammenbrechenden eilten seine Freigelassenen herbei, und die Soldaten zogen nach Feststellung seines Todes ab. Die Anklage wurde dennoch von den Senatoren mit gleichem Ernst durchgeführt, und Tiberius schwur, er würde für das Leben des Angeklagten trotz seiner Schuld gebeten haben, hätte jener nicht freiwillig den Tod voreilig gesucht.

32. Sein Vermögen wird unter die Ankläger verteilt; soweit sie Senatorenrang hatten, erhielten sie die außerordentliche Prätur.

Dann beantragte Cotta Messalinus, daß Libos Bild bei den Leichenbegängnissen seiner Verwandten nicht mitgeführt werden solle, Cn. Lentulus, daß kein Scribonier mehr den Beinamen Drusus annehmen dürfe. Auf Antrag des Pomponius Flaccus wurden Dankfeste beschlossen. L. Piso, Gallus Asinius, Papius Mutilus und L. Apronius beantragten, daß Juppiter, Mars und Concordia Weihgeschenke erhalten und der 13. September, an dem sich Libo das Leben genommen, zum Festtag erklärt werden solle; die gewichtigen Namen dieser Männer und ihre unterwürfigen Anträge habe ich angeführt, damit man erkennt, ein wie altes Übel die Schmeichelei im römischen Staat ist. Auch über die Ausweisung der Astrologen und Magier aus Italien wurden Senatsbeschlüsse gefaßt; aus ihrer Mitte wurde L. Pituanius vom Tarpejischen Felsen gestürzt, an P. Marcius vollzogen die Konsuln vor dem Esquilinischen Tor, nachdem das Hornsignal gegeben war, nach altem Brauch die Todesstrafe.

33. In der nächsten Senatssitzung wurde vom Konsular Q. Haterius und dem ehemaligen Prätor Octavius Fronto vieles gegen den Luxus in der Bürgerschaft vorgebracht und beschlossen, es dürften keine Gefäße aus reinem Gold zum Auftragen der Speisen verfertigt werden, und die Männer sollten sich nicht mehr durch Gewänder aus serischer Seide entehren. Fronto ging noch weiter und verlangte die Festsetzung eines Höchstmaßes für Silbergeschirr, Hausgeräte und Dienerschaft. Es kam nämlich damals häufig vor, daß die Senatoren bei der Stimmabgabe vorbrachten, was sie für den Staat als vorteilhaft erachteten. Gallus Asinius aber sprach dagegen: Mit der Vergrößerung des Reiches sei auch der private Wohlstand gewachsen, und dies sei gar nichts Neues, sondern eine sehr alte Erfahrung. Unter den Fabriciern seien die Vermögensverhältnisse anders gewesen als unter den Scipionen; alles richte sich dabei nach dem Zustand des Staates. Als dieser noch klein war, seien auch die Häuser der Bürger eng gewesen. Jetzt, wo er in so hohem Glanz dastehe, dehne sich auch der Besitz der einzelnen aus. Man könne auch bei der Dienerschaft, beim Silbergeschirr und bei allen Bedarfsgegenständen von einem Zuviel oder einem richtigen Maß nur im Verhältnis zu den Einkünften der einzelnen sprechen. Das Vermögen der Senatoren und Ritter sei doch durchaus verschieden, aber nicht weil

sie Menschen anderer Art seien. Sie sollten nur, wie sie durch ihre Ehrenplätze, ihren Stand und Rang bevorzugt seien, so auch in den Dingen den Vorrang haben, die der geistigen Erholung oder leiblichen Gesundheit dienten. Denn sonst müßten ja gerade die erlauchtesten Männer mehr Sorgen und größere Gefahren auf sich nehmen, aber die Mittel, sich für diese Sorgen und Gefahren schadlos zu halten, entbehren. Das offene Eingeständnis seiner Laster, wenn auch unter beschönigenden Bezeichnungen, und die ähnliche Gesinnung seiner Zuhörer verschaffte dem Gallus volle Zustimmung. Tiberius hatte außerdem hinzugefügt, es sei jetzt nicht der rechte Zeitpunkt, eine Censur vorzunehmen. Sollte sich jedoch in den Sitten ein Verfall zeigen, so werde es an dem Mann nicht fehlen, der zu ihrer Verbesserung berufen sei.

34. Bei diesen Beratungen sprach L. Piso tadelnde Worte gegen das Parteitreiben auf dem Forum, die Bestechlichkeit der Richter und die Unverschämtheit der mit Prozessen drohenden Redner. Er beteuerte, er wolle weggehen und die Stadt verlassen, um auf irgendeinem verborgenen und abgelegenen Landsitz zu leben; damit wollte er die Kurie verlassen. Tiberius war betroffen, suchte Piso mit begütigenden Worten zu beruhigen und veranlaßte außerdem dessen Verwandte, durch ihren Einfluß und ihre Bitten seinem Entschluß zur Abreise entgegenzutreten. Derselbe Piso gab bald darauf einen zweiten, nicht geringeren Beweis für den Unwillen eines freien Mannes. Er forderte Urgulania, die sich als Freundin der Augusta über die Gesetze erhaben dünkte, vor Gericht. Urgulania leistete der Vorladung keine Folge und fuhr, ohne sich um Piso zu kümmern, in den Kaiserpalast. Aber auch Piso gab nicht nach, obwohl sich die Augusta über persönliche Beleidgung und Geringschätzung beklagte. Tiberius wollte seine bürgerliche Gesinnung zeigen und gab seiner Mutter nur insoweit nach, daß er erklärte, er wolle selbst zum Tribunal des Prätors gehen, um die Urgulania zu verteidigen, und verließ den Palast, befahl aber, die Soldaten sollten ihm von ferne folgen. So sah man ihn, wie er unter dem Andrang des Volkes mit erheuchelter Ruhe unter allerhand Gesprächen den Weg in die Länge zog, bis die Augusta, während die Verwandten Piso vergeblich zurückzuhalten versuchten, die verlangte Geldsumme auszahlen ließ. Damit endete der Handel, aus dem Piso nicht unrühmlich und der

Kaiser mit gefestigtem Ruf hervorging. Übrigens nahm Urgulania eine solche Ausnahmestellung im Staat ein, daß sie es in irgendeiner Sache, die vor dem Senat verhandelt wurde, für unter ihrer Würde hielt, als Zeugin zu erscheinen. So mußte der Prätor in ihre Wohnung geschickt werden, um sie zu vernehmen, während doch selbst die vestalischen Jungfrauen, so oft sie ein Zeugnis abzulegen hatten, auf dem Forum und vor Gericht nach alter Sitte verhört wurden.

35. Daß in diesem Jahr die öffentlichen Verhandlungen vertagt wurden, würde ich nicht berichten, wenn es nicht der Mühe wert wäre, die bei dieser Gelegenheit geäußerten verschiedenen Meinungen des Cn. Piso und Asinius Gallus kennenzulernen. Obwohl der Kaiser geäußert hatte, er werde nicht in Rom anwesend sein, beantragte Piso, man solle gerade deswegen die Verhandlungen fortführen, damit es sich der Staat zur Ehre anrechnen könne, daß auch in Abwesenheit des Herrschers Senat und Ritterschaft imstande seien, ihre Pflichten zu erfüllen. Gallus dagegen erklärte, weil ihm Piso die Gelegenheit vorweggenommen hatte, seine freiheitliche Gesinnung zur Schau zu stellen, nichts erscheine im rechten Glanz und der Würde des römischen Volkes angemessen, was nicht im Beisein und unter den Augen des Kaisers behandelt werde. Darum müsse die Zusammenkunft Italiens und das Herbeiströmen der Provinzen seiner Gegenwart vorbehalten bleiben. Diese Frage wurde, während Tiberius zuhörte und schwieg, mit großer Heftigkeit auf beiden Seiten verhandelt; aber die öffentlichen Geschäfte wurden vertagt.

36. Es kam auch zu einem Streit zwischen Gallus und dem Kaiser. Gallus stellte nämlich den Antrag, die Beamtenwahlen sollten auf fünf Jahre vorgenommen und die Legionslegaten, die vor der Prätur diesen militärischen Rang bekleideten, schon jetzt zu Prätoren bestimmt werden; der Kaiser solle zwölf Kandidaten für jedes Jahr namhaft machen. Es bestand kein Zweifel, daß dieser Antrag tief einschneidend war und in die geheimen Pläne des Herrschers stark eingriff. Dennoch äußerte sich Tiberius so, als ob es sich um eine Vergrößerung seiner Machtbefugnisse handle: Es falle seinem Gefühl für maßvolles Verhalten schwer, so viele Männer zu erwählen und für so viele die Aussichten hinauszuschieben. Schon bei den jährlichen Wahlen könnten Kränkungen

schwer vermieden werden, obwohl doch da bei einer Zurückweisung die nahe Hoffnung tröste. Wieviel Haß habe man aber von den Männern zu erwarten, die sich über fünf Jahre zurückgesetzt sähen! Und wer könne voraussehen, wie es in einem so langen Zeitraum mit der Gesinnung, der Familie und dem Vermögen jedes einzelnen aussehen werde? Die Leute würden schon hochmütig, wenn sie nur ein Jahr vorher ernannt wurden. Was werde erst geschehen, wenn sie sich mit der Ehre des Amtes fünf Jahre hindurch trügen? Außerdem würden die Magistrate dadurch geradezu verfünffacht und damit die Gesetze untergraben, die für die öffentlichen Bemühungen der Bewerber, Ehrenstellen zu suchen und zu bekleiden, bestimmte Zeiträume festgesetzt hätten. Durch diese scheinbar wohlmeinende Rede behielt Tiberius seine kaiserliche Machtvollkommenheit weiter fest in den Händen.

37. Ferner ergänzte er das gesetzlich vorgeschriebene Vermögen einiger Senatoren. Dabei war es um so erstaunlicher, daß er das Gesuch des Marcus Hortalus, eines jungen Adeligen, dessen Verarmung offenkundig war, recht hochmütig aufnahm. Der junge Mann war ein Enkel des Redners Hortensius und hatte sich erst durch eine Schenkung des Augustus von einer Million Sesterzen bewegen lassen, zu heiraten und Kinder aufzuziehen, um sein altberühmtes Geschlecht nicht aussterben zu lassen. So hatten sich seine vier Söhne am Eingang der Kurie aufgestellt, als Hortalus im Kaiserpalast, wo die Senatssitzung stattfand, bald auf das in der Reihe der Redner aufgestellte Bild des Hortensius, bald auf das des Augustus blickend, bei seiner Stimmabgabe folgende Rede hielt: »Senatoren! Ich habe die vier Knaben, die ihr vor euch seht, nicht aus eigenem Antrieb gezeugt, sondern weil mich der Princeps dazu aufforderte. Auch hatten es meine Vorfahren verdient, Nachwuchs zu haben. Denn ich selbst hätte bei dem Wandel der Zeiten weder Geld noch Volksgunst noch Beredsamkeit – das eigentliche Erbgut unseres Hauses – erben oder mir erwerben können. Ich mußte zufrieden sein, wenn meine Dürftigkeit weder mir zur Schande noch irgendeinem zur Last wurde. Aber auf Befehl des Kaisers nahm ich eine Gattin. Seht, das sind die Abkommen so vieler Konsuln, so vieler Diktatoren! Das sage ich, nicht um Neid, sondern um Mitleid zu erregen. Erlangen werden sie die Ehren, die du, Caesar, in deiner Machtvoll-

kommenheit verleihen wirst. Bis dahin schütze die Urenkel des Q. Hortensius, die Pfleglinge des göttlichen Augustus, vor der Not!«

38. Die Geneigtheit des Senats (für diese Bitte) war für Tiberius nur ein Grund, sie um so entschiedener abzulehnen; er tat es ungefähr mit folgenden Worten: »Wenn alle Armen hierher kommen und für ihre Kinder um Geld bitten wollten, so würden die einzelnen doch niemals ganz befriedigt, der Staat aber erschöpft werden. Unsere Vorfahren haben zwar gestattet, bisweilen vom Beratungsgegenstand abzuschweifen und gelegentlich der Abstimmung etwas vorzubringen, was dem gemeinen Wohl dient; aber sie haben dies sicherlich nicht deshalb getan, damit wir hier unsere privaten Angelegenheiten und Familieninteressen fördern, was dem Senat und dem Princeps in jedem Fall Ungelegenheiten bringt, mögen sie die Schenkung bewilligen oder ablehnen. Dies ist ja keine Bitte mehr, sondern eine Forderung, noch dazu eine unzeitige und unvorhergesehene, wenn man, während der Senat über ganz andere Gegenstände berät, aufsteht und durch die Vorführung aller noch minderjährigen Kinder auf das Zartgefühl der Senatoren einen Druck ausübt, ebenso auch, wenn man mich überfällt und gewissermaßen die Staatskasse erbrechen will, die wir durch unredliche Mittel wieder auffüllen müßten, wenn wir sie durch persönliche Gunsterweisungen erschöpften. Freilich hat dir der verewigte Augustus Geld gegeben, Hortalus, aber unaufgefordert und nicht mit der Bestimmung, daß es ständig gegeben wird. Erschlaffen müßte ja jede Tätigkeit, die Sorglosigkeit an Reiz gewinnen, wenn man sich weder vor sich selbst schämt noch auf die eigene Kraft vertraut. Dann werden alle sorglos auf fremde Unterstützung warten, sich selbst keine Mühe mehr geben und uns zur Last fallen.« Derartige Ausführungen wurden zwar von denen, die alles an den Herrschern, Gutes wie Schlechtes, zu loben pflegen, mit Beifall angehört; die Mehrzahl aber nahm sie doch mit Stillschweigen oder leisem Murren hin. Dies merkte auch Tiberius und erklärte nach einer kurzen Pause, er habe nur dem Hortalus antworten wollen. Wenn aber der Senat einverstanden sei, so werde er jedem von Hortalus' Kindern männlichen Geschlechts 200000 Sesterzen geben. Einige sagten ihm dafür Dank, Hortalus aber schwieg, aus Furcht oder weil er

sich auch in seiner bedrängten Lage etwas vom alten Adel seiner Familie bewahrt hatte. Auch später zeigte Tiberius kein Mitleid, obwohl Hortensius' Haus in schmähliche Armut versank.

39. In demselben Jahr hätte eines einzigen Sklaven Verwegenheit durch Zwistigkeiten und Bürgerkriege den Staat erschüttern können, wenn man nicht rechtzeitig eingeschritten wäre. Als ein Sklave des Agrippa Postumus, namens Clemens, von Augustus' Tod hörte, faßte er durchaus nicht knechtischen Sinnes den Plan, nach der Insel Planasia zu fahren, Agrippa mit List oder Gewalt zu befreien und dann zu den germanischen Heeren zu bringen. Sein Wagnis wurde durch die Langsamkeit des Lastschiffes, das er benützte, vereitelt. Da inzwischen der Mord an Agrippa geschehen war, entschloß er sich zu einem noch größeren und gefährlicheren Unternehmen. Er entwendete die Asche des Agrippa, fuhr nach Cosa, einem Vorgebirge Etruriens, und versteckte sich dort an unbekannten Orten, bis ihm Haar und Bart lang gewachsen waren. An Alter und Gestalt war er nämlich seinem Herrn nicht unähnlich. Dann läßt er durch geeignete Helfershelfer und Mitwisser des Geheimnisses verbreiten, Agrippa sei noch am Leben. Anfangs sprach man im geheimen darüber, wie das bei verbotenen Dingen zu geschehen pflegt, später wurde es ein allgemeines Gerede überall, wo ihm ganz unerfahrene und auch unruhige und deshalb auf Umsturz sinnende Köpfe Gehör schenkten. Dabei schlich er sich, wenn es dunkel wurde, selbst in die Landstädte ein, ließ sich aber nicht öffentlich sehen und verweilte auch nicht längere Zeit am gleichen Ort, sondern wie die Wahrheit durch Augenschein und Dauer, der Betrug durch Eile und Unbestimmtheit erstarkt, so entzog er sich hier dem Gerücht (von seiner Anwesenheit) oder kam ihm dort zuvor.

40. Währenddessen verbreitete sich die Kunde, Agrippa sei durch die Gnade der Götter am Leben geblieben, durch ganz Italien und fand auch in Rom Glauben. Schon umdrängte ihn bei der Landung in Ostia eine gewaltige Menschenmenge, schon verherrlichten ihn in der Stadt geheime Zirkel. Tiberius war besorgt, aber unschlüssig, ob er seinen (von Augustus vererbten) Sklaven mit militärischer Hilfe verhaften lassen oder abwarten solle, bis die törichte Leichtgläubigkeit mit der Zeit von selbst verschwinden würde. Er schwankte zwischen Scham und Furcht, bald sagte

er sich, man dürfe nichts unterschätzen, bald wieder, man dürfe sich nicht vor jeder Kleinigkeit fürchten. Schließlich überträgt er die Sache dem Sallustius Crispus. Dieser wählt zwei seiner Klienten – einige berichten, es seien Soldaten gewesen – und weist sie an, sich unter erheuchelter Mitwisserschaft an Clemens heranzumachen, ihm Geld anzubieten und Treue in gemeinsamer Gefahr zu geloben. Die Klienten tun, wie ihnen befohlen war; dann suchen sie sich eine Nacht aus, wo er unbewacht war, nehmen eine ausreichende Mannschaft mit und schleppen ihn, mit einem Knebel im Mund, zum Kaiserpalast. Als ihn Tiberius nun fragte, wie er denn Agrippa geworden sei, soll er geantwortet haben: »Wie du Caesar geworden bist.« Seine Mitwisser zu nennen, war er nicht zu bewegen. Auch wagte es Tiberius nicht, ihn öffentlich zu bestrafen, sondern ließ ihn in einem entlegenen Teil des Palastes umbringen und seine Leiche fortschaffen. Und obwohl es hieß, daß viele Mitglieder des Kaiserhauses, auch Ritter und Senatoren ihn mit Geld und Rat unterstützt hätten, fand dennoch keine Untersuchung statt.

41. Am Ende des Jahres wird in der Nähe des Saturntempels wegen der unter der Führung des Germanicus und dem Oberbefehl des Tiberius erfolgten Zurückeroberung der mit Varus verlorenen Feldzeichen ein Triumphbogen geweiht, ferner ein Tempel der Fors Fortuna am Tiberufer in den Gärten, die der Diktator Caesar dem Volk vermacht hatte, sowie bei Bovillae eine Kapelle für das julische Geschlecht und ein Standbild für den verewigten Augustus. – Unter dem Konsulat von C. Caelius und L. Pomponius, am 26. Mai, hielt der Caesar Germanicus seinen Triumph über die Cherusker, Chatten, Angrivarier und alle anderen Volksstämme, die diesseits der Elbe wohnen. Beutestücke, Gefangene, Nachbildungen der Berge, Flüsse und Schlachten wurden mitgeführt. Man nahm den Krieg als wirklich beendet an, weil Germanicus verhindert worden war, ihn zu beenden. Die Blicke der Zuschauer fesselte besonders die herrliche Gestalt des Feldherrn und der mit seinen fünf Kindern besetzte Triumphwagen. Doch stand hinter der Freude eine geheime Angst, wenn man daran dachte, daß die Volksgunst einst seinem Vater Drusus kein Glück gebracht hatte und auch sein Oheim Marcellus trotz der heißen Liebe des Volkes in jungen Jahren gestorben war:

Kurzlebig und unglücklich seien doch die Lieblinge des römischen Volkes.

42. Übrigens schenkte Tiberius in Germanicus' Namen dem Volk 300 Sesterzen auf den Kopf und bestimmte sich selbst zum Amtsgenossen für das Konsulat. Aber auch dadurch erreichte er nicht, daß man an die Aufrichtigkeit seiner Liebe glaubte, und beschloß, den Jüngling unter einem ehrenvollen Vorwand zu entfernen. Er ersann selbst Anlässe dazu und griff gierig nach denen, die der Zufall darbot. Der König Archelaus, der seit fünfzig Jahren über Kappadokien herrschte, war dem Tiberius verhaßt, weil er ihm während des Aufenthaltes in Rhodus keinerlei Huldigungen dargebracht hatte. Diese hatte aber Archelaus nicht aus Stolz unterlassen, sondern auf Anraten der nächsten Freunde des Augustus. Denn damals, als der Caesar Gaius noch lebte und gerade zur Ordnung der Verhältnisse in den Orient entsandt worden war, hielt man die Freundschaft mit Tiberius für gefährlich. Als dann die Sprossen des Caesarenhauses beseitigt und Tiberius selbst zur Herrschaft gelangt war, lockte er den Archelaus durch ein Schreiben seiner Mutter zu sich. Diese stellte, ohne zu verhehlen, daß ihr Sohn sich verletzt fühle, Begnadigung in Aussicht, falls er käme und darum bäte. Jener ahnte nichts von Arglist oder fürchtete Gewalt, wenn er sie zu merken schien, und eilte nach Rom. Dort wurde er vom Princeps ungnädig empfangen, bald darauf im Senat angeklagt. Schließlich starb er, nicht wegen der Verbrechen, die man ihm andichtete, sondern aus Angst. Auch war er vom Alter geschwächt, und für ihn als König war schon ein bescheidenes Los, geschweige denn eine tiefe Erniedrigung, etwas ganz Ungewohntes. So tötete er sich selbst oder starb eines natürlichen Todes. Sein Königreich wurde zu einer römischen Provinz gemacht. Der Kaiser erklärte, durch die Einkünfte aus dieser Provinz könne die einprozentige Landessteuer ermäßigt werden, und setzte sie für die Zukunft auf die Hälfte herab. Zur gleichen Zeit entstanden nach dem Tod des Antiochus, des Königs von Commagene, sowie des Kilikerkönigs Philopator Unruhen bei diesen Völkerschaften, da die meisten die römische Herrschaft, einige neue Könige wünschten. Ferner baten die Provinzen Syrien und Judäa, durch ihre Steuerlasten erschöpft, um Herabsetzung der Tribute.

43. Diese und die oben erwähnten Angelegenheiten Armeniens setzte Tiberius vor dem Senat auseinander: Die Unruhen im Orient könnten nur durch die Klugheit des Germanicus beseitigt werden. Denn sein eigenes Lebensalter neige sich und (sein Sohn) Drusus sei noch nicht genügend gereift. Darauf wurden dem Germanicus durch Senatsbeschluß alle Provinzen im Ostteil des Mittelmeeres übertragen. Wohin er auch komme, überall sollten seine Machtbefugnisse über denen der Statthalter stehen, die durchs Los oder auf kaiserlichen Befehl dorthin berufen waren. Doch hatte Tiberius den Creticus Silanus, der mit Germanicus verwandt war, aus Syrien abgerufen, weil Silanus' Tochter mit Nero, dem ältesten Sohn des Germanicus, verlobt war. An seine Stelle hatte er den Cn. Piso gesetzt, einen Mann von heftigem und unbeugsamem Charakter, der den Trotz von seinem Vater Piso geerbt hatte. Dieser Mann hatte in den Bürgerkriegen die in Afrika wieder auflebende Partei (der Pompeianer) mit leidenschaftlichem Eifer gegen Julius Caesar unterstützt und sich später Brutus und Cassius angeschlossen. Nach Bewilligung seiner Rückkehr fand er sich so lange nicht zur Annahme eines Ehrenamtes bereit, bis er obendrein ersucht wurde, das ihm von Augustus übertragene Konsulat anzunehmen. Pisos vom Vater ererbter Stolz wurde noch gesteigert durch den Adel und Reichtum seiner Gattin Plancina. Kaum dem Tiberius wollte er nachstehen und blickte auf dessen Söhne herab, als ob sie tief unter ihm stünden. Auch zweifelte er nicht daran, daß er zum Statthalter von Syrien ernannt sei, um Germanicus' Hoffnungen herabzusetzen. Manche glaubten sogar, daß er von Tiberius geheime Aufträge erhalten habe. So viel steht fest, daß die Augusta Plancina angewiesen hat, Agrippina mit Weiberränken zu verfolgen. Der Hof war nämlich in zwei Parteien gespalten; die eine begünstigte im stillen den Drusus, die andere den Germanicus. Tiberius liebte den Drusus, der aus seinem eigenen Fleisch und Blut stammte; dem Germanicus hatte die Abneigung seines Großoheims eine noch größere Zuneigung der übrigen verschafft. Außerdem war Germanicus mütterlicherseits von vornehmerer Abstammung, da er M. Antonius als Großvater, Augustus als Großoheim aufzuweisen hatte. Dagegen war Drusus' Urgroßvater, Pomponius Atticus, ein einfacher römischer Ritter, der den Ahnenbildern der

Claudier weniger Ehre zu machen schien. Auch war Germanicus' Gattin Agrippina durch Fruchtbarkeit und guten Ruf Drusus' Gattin Livilla überlegen. Trotzdem lebten die beiden Brüder in trefflicher Eintracht und blieben unberührt von den Zwistigkeiten ihrer nächsten Angehörigen.

44. Nicht lange darauf wurde Drusus nach Illyrien geschickt, um sich an den Kriegsdienst zu gewöhnen und die Liebe des Heeres zu gewinnen. Zugleich glaubte Tiberius, der im Wohlleben der Stadt ausschweifende Jüngling werde im Lager besser aufgehoben und er selbst gesicherter sein, wenn beide Söhne Legionen befehligten. Zum Vorwand dienten die Sueben, die um Hilfe gegen die Cherusker baten. Nach dem Abzug der Römer hatten sie nämlich, von der Furcht vor dem auswärtigen Feind befreit, nach ihrer Gewohnheit und damals auch aus Eifersucht auf ihren Ruhm die Waffen gegeneinander erhoben. Die Stärke der beiden Stämme war gleich, ebenso die Tüchtigkeit ihrer Führer. Nur machte der Königstitel den Marbod bei seinen Volksgenossen verhaßt, während Arminius als Vorkämpfer der Freiheit in Gunst stand.

45. Daher beteiligten sich nicht nur die Cherusker und ihre Bundesgenossen, der alte Heerbann des Arminius, am Krieg, sondern es fielen auch einige suebische Stämme aus Marbods Reich, die Semnonen und Langobarden, zu Arminius ab. Dieser Zuwachs hätte ihm das Übergewicht verschafft, wäre nicht Inguiomerus mit seinem Anhang auf Marbods Seite getreten. Das geschah nur deshalb, weil er es für unter seiner Würde hielt, als greiser Oheim seinem jugendlichen Neffen zu folgen. Die Heere treten zur Schlacht an; beide waren von gleicher Siegeshoffnung beseelt und kämpften nicht mehr, wie es die Germanen früher getan, in planlosen Vorstößen oder in zerstreuten Haufen. Die langen Kriege gegen uns hatten sie daran gewöhnt, den Feldzeichen zu folgen, sich durch Reserven zu sichern und auf die Befehle der Feldherren zu warten. Damals besichtigte Arminius zu Pferde das ganze Heer und wies alle, zu denen er herangesprengt war, auf die wiedererrungene Freiheit hin, auf die niedergemetzelten Legionen, auf die erbeuteten Waffen der Römer, die jetzt noch viele in Händen hielten. Dagegen nannte er Marbod einen feigen Flüchtling, der nichts von Schlachten verstehe, der sich in den

Schlupfwinkeln des Hercynischen Waldes versteckt und später durch Geschenke und Gesandtschaften um ein Bündnis (mit den Römern) gebeten habe. Ein Vaterlandsverräter sei er, ein Trabant des Kaisers, den sie mit der gleichen Erbitterung aus dem Land jagen müßten, mit der sie den Quintilius Varus vernichtet hätten. Sie sollten nur an alle die Schlachten denken; durch deren Ausgang und durch die schließliche Vertreibung der Römer sei zur Genüge erwiesen, auf wessen Seite die Kriegsentscheidung gelegen habe.

46. Auch Marbod enthielt sich nicht der Prahlereien und der Schmähungen gegen den Feind. Er nahm den Inguiomerus bei der Hand und beteuerte, auf diesem Mann beruhe der Cherusker ganzer Ruhm, nach seinen Plänen sei alles ausgeführt worden, was glücklich ausgegangen sei. Der wahnsinnige und der Kriegsführung unkundige Arminius maße sich dagegen fremden Ruhm an, weil er drei verirrte Legionen und ihren vertrauensseligen Führer treulos hintergangen habe. Das habe schweres Unheil über Germanien und Schande über ihn selbst gebracht, da seine Gattin und sein Sohn jetzt in der Knechtschaft schmachteten. Er dagegen sei von zwölf Legionen unter Tiberius' Führung angegriffen worden, habe aber den Ruhm der Germanen ungeschmälert erhalten und dann unter günstigen Bedingungen einen Vertrag (mit Rom) geschlossen. Er bereue nicht, daß es dadurch jetzt in der Hand der Germanen liege, ob sie lieber von neuem einen Krieg gegen Rom oder einen unblutigen Frieden wählen wollten. Die beiden durch solche Reden angefeuerten Heere entflammten auch noch besondere Gründe, da die Cherusker und Langobarden für ihren alten Ruhm und die neugewonnene Freiheit, die Sueben für die Erweiterung ihrer Herrschaft kämpften. Niemals war man mit größeren Heeresmassen in den Kampf gezogen, und der Ausgang der Schlacht war nie so unentschieden, da die beiden rechten Flügel geschlagen wurden. Man erwartete schon die Wiederaufnahme der Schlacht, wenn Marbod nicht sein Lager auf die Höhen zurückgenommen hätte. Dies galt als Eingeständnis seiner Niederlage. Allmählich wurde er durch viele Überläufer geschwächt, entwich zu den Markomannen und schickte Gesandte zu Tiberius, um Beistand zu erbitten. Man antwortete ihm, er habe kein Recht, römische Hilfe gegen die Cherusker anzurufen,

da er ja die Römer, als sie gegen denselben Feind kämpften, in keiner Weise unterstützt habe. Trotzdem wurde Drusus, wie schon berichtet, zu ihm entsandt, um den Frieden zu sichern.

47. In demselben Jahr wurden zwölf bekannte Städte Kleinasiens durch ein Erdbeben heimgesucht. Da es zur Nachtzeit eintrat, war das Unheil noch überraschender und furchtbarer. Auch half das bei solchen Unglücksfällen gewöhnliche Rettungsmittel der Flucht ins Freie nicht viel, da die Bewohner von klaffenden Erdrissen verschlungen wurden. Man erzählt, es hätten sich hohe Berge gesenkt, in steiler Höhe sei das erschienen, was vordem Ebene war, und unter den Trümmern seien Flammen hervorgeschossen. Wie die Vernichtung die Bewohner von Sardes am schwersten betroffen hatte, so wandte sich ihnen auch das größte Mitleid zu. Denn der Kaiser versprach zehn Millionen Sesterzen und erließ ihnen auf fünf Jahre alle Zahlungen, die sie sonst an die Staatskasse oder die Kammer leisteten. Magnesia am Sipylus kam, was den Schaden und die Hilfe betraf, an zweiter Stelle. Die Temnier, Philadelphener, Aegeaten und Apollonidenser, ferner die sogenannten Mosterer oder makedonischen Hyrkaner, ebenso die Städte Hierocaesaria, Myrina, Cyme und Tmolus beschloß man für die gleiche Zeit von den Abgaben zu befreien und einen Senator hinzuschicken, der die gegenwärtige Lage prüfen und erleichtern sollte. M. Ateius, ein ehemaliger Prätor, wurde dazu ausersehen, damit nicht, wenn ein ehemaliger Konsul Asien verwaltete, Eifersucht zwischen Gleichgestellten und dadurch Hindernisse entstünden.

48. Diesen glänzenden staatlichen Schenkungen ließ der Kaiser seine nicht minder dankenswerte private Freigebigkeit folgen, indem er die Güter der reichen und ohne Testament gestorbenen Aemilia Musa, die der Kammer anheimfallen sollten, dem Aemilius Lepidus übergab, zu dessen Hause sie zu gehören schien. Ebenso überließ er die Hinterlassenschaft des reichen römischen Ritters Pantuleus, obwohl er selbst zum Miterben bestimmt war, ganz dem M. Servilius, der, wie er erfahren hatte, durch ein früheres gültiges Testament als Erbe eingesetzt worden war. Dabei erklärte er, man müsse den Adel beider durch Geld unterstützen. Überhaupt nahm er nie eine Erbschaft an, außer wenn er sie durch

persönliche Freundschaft (mit dem Erblasser) verdient hatte. Erbschaften von Leuten, die ihm unbekannt waren und die nur aus Feindseligkeit gegen die Erbberechtigten den Princeps zum Erben eingesetzt hatten, lehnte er ganz ab. Übrigens half er nicht nur den ohne ihre Schuld verarmten Adeligen auf, sondern ließ auch Verschwender und durch ausschweifendes Leben Verarmte, wie einen Vibidius Virro, Marius Nepos, Appius Appianus, Cornelius Sulla und Q. Vitellius, aus dem Senat stoßen oder genehmigte ihren freiwilligen Austritt.

49. Um dieselbe Zeit weihte er die durch Alter oder Feuer zerstörten und von Augustus wieder aufgebauten Tempel ein, so den Tempel des Liber, der Libera und der Ceres am Circus Maximus, den einst der Diktator A. Postumius gelobt hatte, an der gleichen Stelle den Tempel der Flora, der von den Ädilen Lucius und Marcus Publicius errichtet worden war, ferner den Janustempel auf dem Gemüsemarkt, den C. Duilius erbaut hatte, der als erster einen Erfolg Roms zur See errang und einen Flottentriumph über die Punier feierte. Von Germanicus wird der Spes ein Tempel geweiht, den A. Atilius im gleichen Krieg gelobt hatte.

50. Indessen wuchs das Majestätsgesetz mächtig heran. Ein Angeber belangte die Appuleia Varilla, eine Enkelin von Augustus' Schwester, wegen Majestätsbeleidigung, weil sie den verewigten Augustus, den Tiberius und dessen Mutter mit schimpflichen Reden verspottet habe, ferner weil sie als Verwandte des Kaisers Ehebruch treibe. Über Ehebruch, meinte der Kaiser, spreche sich das julische Gesetz bestimmt genug aus. Beim Majestätsverbrechen verlangte er eine Trennung: Die Angeklagte solle nur verurteilt werden, falls sie von Augustus irgendwie unehrerbietig gesprochen habe. Was sie gegen ihn selbst geäußert habe, solle nicht zur Untersuchung gezogen werden. Als ihn der Konsul fragte, was er von den beleidigenden Äußerungen halte, die Appuleia gegen seine Mutter getan haben sollte, schwieg er. Dann bat er in der nächsten Senatssitzung, auch im Namen seiner Mutter, es solle niemandem irgendwelche Äußerung gegen sie als Verbrechen angerechnet werden. So befreite er Appuleia ganz von der Anklage wegen Majestätsverbrechens. Wegen des Ehebruchs bat er ebenfalls, von einer härteren Strafe abzusehen, und riet, sie nach der Sitte der Vorfahren durch ihre Verwandten 200

Meilen von der Hauptstadt entfernen zu lassen. Dem Ehebrecher Manlius wurde der Aufenthalt in Italien und Afrika untersagt.

51. Über die Ersatzwahl für den im Amt verstorbenen Prätor Vipstanus Gallus erhob sich im Senat ein Streit. Germanicus und Drusus – beide waren damals noch in Rom – traten für Haterius Agrippa, einen Verwandten des Germanicus, ein. Dagegen drangen die meisten darauf, daß, wie das Gesetz es befahl, die Zahl der Kinder bei den Bewerbern den Ausschlag geben müsse. Tiberius hatte seine Freude daran, daß der Senat zwischen seinen Söhnen und den Gesetzen entscheiden sollte. Natürlich unterlag das Gesetz, aber nicht sogleich und nur durch geringe Stimmenmehrheit, ganz so, wie die Gesetze auch damals unterlagen, als sie noch in voller Kraft waren.

52. Im gleichen Jahr brach in Afrika ein Krieg aus, der auf der Feindesseite von Tacfarinas geführt wurde. Tacfarinas war von Geburt Numider, hatte im römischen Lager unter den Hilfstruppen gedient, war dann aber desertiert und hatte zunächst Landstreicher und Straßenräuber zu Plünderung und Raub zusammengeschart. Später ordnete er sie nach militärischem Brauch in Fähnlein und Geschwader und galt schließlich nicht mehr als Führer eines regellosen Haufens, sondern als Häuptling der Musulamier. Dieser kräftige Volksstamm, den Wüsten Afrikas benachbart, zu jener Zeit noch ohne Städte, griff zu den Waffen und zog die benachbarten Mauren in den Krieg hinein. Auch deren Führer war Mazippa. Das Heer wurde nun so geteilt, daß Tacfarinas eine auserlesene, nach römischer Art bewaffnete Mannschaft in einem Heerlager zusammenhalten und an Zucht und Gehorsam gewöhnen sollte, während Mazippa mit den leichten Truppen Mord, Brand und Schrecken zu verbreiten hatte. Schon hatten ihn auch die Cinithier, eine nicht zu verachtende Völkerschaft, auf ihre Seite gezogen, als Furius Camillus, der Statthalter von Afrika, seine Legion und die bundesgenössischen Truppen, die er unter den Waffen hatte, zusammenzog und gegen den Feind führte. Das war eine unbedeutende Schar, wenn man die Masse der Numider und Mauren betrachtet. Trotzdem fürchtete Camillus nichts so sehr, als daß die Feinde aus Furcht dem Krieg ausweichen könnten. Doch ließen sie sich durch ihre Siegeshoffnung dazu verleiten, sich besiegen zu lassen. Die römische Legion

wird also in der Mitte aufgestellt, die leichten Kohorten und die beiden Reitergeschwader auf den Flügeln. Tacfarinas schlug den Kampf nicht aus. Seine Numider wurden geschlagen, und der Name Furius bekam nach vielen Jahren wieder Kriegsruhm. Denn seit jenem Wiedereroberer Roms und seinem Sohn Camillus war der Feldherrnruhm im Besitz anderer Familien geblieben, und der Furius, von dem wir eben sprechen, galt als durchaus unkriegerisch. Desto williger feierte Tiberius seine Taten im Senat, und die Senatoren erkannten ihm die Triumphabzeichen zu, was für Camillus wegen seiner bescheidenen Lebensführung ohne nachteilige Folgen blieb.

53. Das folgende Jahr sah Tiberius zum dritten, Germanicus zum zweiten Mal als Konsul. Diese Würde trat Germanicus aber in Nicopolis, einer Stadt Achaias, an, wohin er an der illyrischen Küste entlang gekommen war. Er hatte seinen Bruder Drusus, der sich in Dalmatien aufhielt, besucht und eine widrige Seefahrt auf dem adriatischen und dann auf dem jonischen Meer gehabt. Infolgedessen verwendete er einige Tage zur Ausbesserung der Flotte; zugleich besuchte er die durch den Sieg bei Actium berühmt gewordenen Buchten, die von Augustus geweihten Siegestrophäen und das Lager des Antonius. Dabei gedachte er seiner Vorfahren, da ja, wie schon erwähnt, Augustus sein Großoheim und Antonius sein Großvater war. So trat ihm dort ein großartiges Bild trauriger und froher Ereignisse vor Augen. Von da kam man nach Athen. Dem Bündnis mit dieser befreundeten, uralten Stadt gewährte er die Gunst, daß er sich nur von *einem* Liktor begleiten ließ. Die Griechen empfingen ihn mit den ausgesuchtesten Ehrungen, wobei sie sich der Taten und Reden ihrer Vorfahren rühmten, um ihrer Schmeichelei mehr Würde zu geben.

54. Von hier aus besuchte er Euboea und setzte dann nach Lesbos über, wo Agrippina ihr jüngstes Kind Julia gebar. Dann berührte er die äußersten Punkte Asiens, die thrakischen Städte Perinthus und Byzantium, weiter die Meerenge der Propontis und das pontische Meer. Er hatte das Verlangen, die alten und berühmten Orte kennenzulernen; zugleich half er den Provinzen, die durch innere Streitigkeiten oder schlechte Statthalter gelitten hatten, wieder auf. Als er auf dem Rückweg die Heiligtümer von Samothrake besuchen wollte, trieben ihn widrige Nordwinde ab.

Nachdem er nun Ilium gesehen und alles, was dort wegen der wechselvollen Schicksale der Menschen und wegen des Ursprungs unseres Volkes Verehrung verdient, segelte er die asiatische Küste entlang und landet in Colophon, um das Orakel des Apollo von Clarus zu befragen. Dort weissagt nicht eine Frau, wie in Delphi, sondern ein aus bestimmten Familien und meist aus Milet berufener Priester, der sich nur die Zahl und die Namen der Orakelbesucher nennen läßt. Dann steigt er in die Höhle hinab, trinkt Wasser aus der heiligen Quelle und teilt nun, obwohl er der Schrift und der Dichtkunst unkundig ist, Orakelsprüche in regelrechten Versen über die Dinge aus, an die ein jeder gerade denkt. Dem Germanicus soll er in dunklen Andeutungen, wie das bei den Orakeln Sitte ist, seinen frühen Tod geweissagt haben.

55. Cn. Piso dagegen, der große Eile hatte, mit seinem Vorhaben zu beginnen, erschreckte die Bürger Athens durch einen stürmischen Einmarsch und hält ihnen eine grimmige Rede mit Seitenhieben auf Germanicus, weil er gegen die Würde Roms nicht die alten Athener, die ja durch so viele Niederlagen zugrunde gegangen seien, sondern jenes Gemisch aus den verschiedensten Nationen mit allzu großer Leutseligkeit behandelt habe: Dies seien ja die Verbündeten des Mithridates gegen Sulla, des Antonius gegen den verewigten Augustus. Auch ihre Vergangenheit warf er ihnen vor, die unglücklichen Kämpfe gegen die Makedonen und die Grausamkeiten gegen ihre Mitbürger. Er war nämlich auch aus einem persönlichen Grund gegen die Stadt erbittert, weil man einen gewissen Theophilus, der vom Areopag als Fälscher verurteilt worden war, trotz seiner Fürbitte nicht begnadigt hatte. Dann benützt er in schneller Fahrt den kürzesten Seeweg durch die Zykladen und erreicht bei der Insel Rhodus den Germanicus, der sehr wohl wußte, daß er das Ziel dieser Verfolgungen war. Trotzdem behandelte er ihn mit großem Entgegenkommen. Als ein Sturm Pisos Schiff gegen die Klippen warf und seines Feindes Untergang leicht dem Zufall zugeschrieben werden konnte, schickte er ihm seine Kriegsschiffe zu Hilfe, um ihn aus der gefährlichen Lage zu befreien. Aber auch dadurch ließ sich Piso nicht versöhnen. Nach kaum einem Tag Rast verläßt er den Germanicus und eilt ihm voraus. Sobald er in Syrien und bei den Legionen angelangt war, begünstigte er die schlechtesten Solda-

ten durch Schenkungen und Bestechungen, setzte die alten Centurionen und strengen Tribunen ab und vergab ihre Stellen an seine Schützlinge und an das elendeste Gesindel. Im Lager ließ er Müßiggang, in den Städten Zügellosigkeit, auf dem Land Herumschwärmen und Ausschreitungen zu und verwöhnte dadurch das Heer in dem Grad, daß er im Volksmund »Vater der Legionen« genannt wurde. Auch Plancina bewahrte nicht die Zurückhaltung, die einer Frau geziemt, sondern wohnte den Übungen der Reiterei und den Manövern der Kohorten bei. Gegen Agrippina und Germanicus stieß sie Drohungen aus. Dabei waren selbst einige der gutgesinnten Soldaten zum Gehorsam im Schlechten bereit, weil das dunkle Gerücht ging, alles dies geschehe im Einverständnis mit dem Kaiser. Germanicus wußte davon, doch war es jetzt seine vordringliche Sorge, zuerst zu den Armeniern zu kommen.

56. Dieser Volksstamm war von jeher wankelmütig wegen des Charakters seiner Menschen und der Lage des Landes, das sich, unseren Provinzen weithin vorgelagert, bis tief nach Medien hinein erstreckt. So liegen die Armenier in der Mitte zwischen zwei großen Reichen und sind darum oft uneinig, gegen die Römer von Haß, gegen die Parther von Neid erfüllt. Einen König hatten sie zu jener Zeit nicht, da ihnen Vonones genommen war. Doch neigte sich die Volksgunst dem Zeno zu, dem Sohn des pontischen Königs Polemo, weil er von frühester Kindheit an Brauchtum und Lebensweise der Armenier angenommen und durch Jagden, Gelage, und was sonst die Barbaren lieben, Adel und Volk gleichermaßen für sich gewonnen hatte. Daher setzte ihm Germanicus in der Stadt Artaxata unter dem Beifall des Adels vor dem versammelten Volk den Königsschmuck aufs Haupt. Alle huldigten dem neuen König und begrüßten ihn mit dem Namen Artaxias, den er nach seiner Hauptstadt erhalten hatte. Kappadokien dagegen wurde zur römischen Provinz gemacht und erhielt als Statthalter den Q. Veranius. Zugleich wurden einige der königlichen Steuern herabgesetzt, um eine noch größere Milde von der römischen Herrschaft erhoffen zu lassen. Über die Commagener, die jetzt erstmalig einem Prätor unterstellt wurden, setzte man Q. Servaeus.

57. Trotz der glücklichen Regelung aller dieser Angelegenhei-

ten der Bundesgenossen konnte Germanicus doch nicht recht froh werden, weil Piso in seinem Hochmut dem Befehl, einen Teil der Legionen selbst oder durch seinen Sohn nach Armenien zu führen, nicht nachgekommen war. Erst in Cyrrus, im Winterlager der zehnten Legion, trafen sie zusammen, beide mit beherrschter Miene. Piso wollte nicht ängstlich, Germanicus nicht drohend erscheinen; auch war Germanicus, wie schon erwähnt, mehr zur Milde geneigt. Aber seine Freunde, die es nur zu gut verstanden, die Spannungen zu verschärfen, übertreiben die Wahrheit, fügen noch Falsches hinzu und beschuldigen Piso selbst, Plancina und die Söhne. Endlich kam es im Beisein weniger Vertrauter zu einer Unterredung, wobei der Caesar seinen Groll zu unterdrücken suchte und Piso mit trotzigen Bitten antwortete. So schieden sie voneinander in offenem Haß. Seitdem erschien Piso selten bei des Caesars Tribunal, und wenn er einmal kam, so zeigte er ihm Trotz und unverblümten Widerspruch. Als bei einem Gastmahl des Königs der Nabatäer Germanicus und Agrippina goldene Kränze von schwerem, Piso und den andern von leichtem Gewicht gereicht wurden, tat dieser die Äußerung, das Gelage werde doch dem Sohn des römischen Kaisers und nicht dem Sohn eines Partherkönigs gegeben. Damit warf er seinen Kranz hin und sagte dann noch allerhand gegen den Luxus, was aber Germanicus, so schwer es ihn auch kränkte, ruhig hinnahm.

58. Inzwischen trafen Gesandte vom Partherkönig Artabanus ein. Er hatte sie abgeschickt, um an das Freundschaftsbündnis zu erinnern. Sein Wunsch sei, den Vertrag zu erneuern; er werde dem Germanicus zu Ehren bis an das Euphratufer kommen. Inzwischen bitte er darum, Vonones nicht in Syrien zu belassen, damit er nicht die Stammeshäuptlinge durch Botschaften aus der Nähe zu Aufständen verleiten könne. Darauf antwortete Germanicus in betreff des Bündnisses zwischen Römern und Parthern mit Stolz, in bezug auf die Reise des Königs und Aufmerksamkeiten gegen ihn mit Würde und Bescheidenheit. Vonones wurde nach der kilikischen Seestadt Pompeiopolis geschafft. Dies geschah nicht nur, weil Artabanus darum gebeten hatte, sondern auch um Piso zu kränken, bei dem Vonones in hoher Gunst stand wegen der vielen Gefälligkeiten und Geschenke, durch die er sich Plancina verpflichtet hatte.

59. Im Konsulatsjahr des M. Silanus und L. Norbanus machte Germanicus eine Reise nach Ägypten, um dessen alte Denkmäler kennenzulernen. Als Vorwand diente ihm die Sorge für die Provinz. Er setzte durch Öffnung der staatlichen Kornspeicher die Getreidepreise herab und nahm vieles dem Volk zuliebe an. So ging er ohne militärische Begleitung aus, in Sandalen und mit einem griechischen Überwurf. Damit ahmte er den älteren Scipio nach, der, wie berichtet wird, dasselbe in Sizilien zu tun pflegte, obgleich noch der Krieg gegen die Punier wütete. Tiberius tadelte Germanicus' Tracht und Lebensweise nur leicht, schalt aber sehr heftig, weil er gegen Augustus' Bestimmungen ohne Genehmigung des Princeps Alexandria betreten habe. Augustus hatte nämlich unter anderen geheimen Verordnungen seiner Regierung den Senatoren und Rittern höheren Ranges das Betreten Ägyptens ohne kaiserliche Genehmigung verboten und somit diesem Land eine Sonderstellung eingeräumt. Es sollte keiner Italien aushungern können, der sich in dieser Provinz als dem Schlüssel zu allen Ländern und Meeren festsetzte und sie mit geringer Besatzung gegen starke Heere hielte.

60. Germanicus jedoch fuhr, da er noch nichts davon gehört hatte, daß diese Reise Anstoß errege, von der Stadt Canopus aus den Nil hinauf. Die Spartaner haben sie einst gegründet, weil dort der Steuermann Canopus bestattet war, zu der Zeit, wo Menelaus auf der Heimfahrt nach Griechenland nach dem entgegengesetzten Meer und an die libysche Küste verschlagen wurde. Von hier aus besucht er die nächste Nilmündung, die dem Hercules geweiht ist, von dem die Eingeborenen behaupten, daß er bei ihnen heimisch und ihr ältester Gott sei, während die, welche nachmals gleiche Heldentugenden besaßen, nur den Namen von ihm erhalten hätten. Dann besucht er die mächtigen Ruinen des alten Theben. Auf den riesigen Tempelmauern las man noch die ägyptischen Inschriften, die von der alten Größe zeugten. Einer von den älteren Priestern, der beauftragt war, die Worte seiner Muttersprache zu entziffern, las vor: Es hätten hier vor Zeiten 700000 Männer in streitbarem Alter gewohnt, und mit diesem Heer habe der König Rhamses Libyen, Syrien, Äthiopien, die Meder, Perser, Baktrier und Skythen unterworfen. Auch die Länder, welche die Syrer und Armenier sowie die angrenzenden Kappadoker be-

wohnen, habe er vom bithynischen bis zum lykischen Meer in seiner Gewalt gehabt. Verlesen wurden da auch die allen diesen auferlegten Tribute, das Gewicht des Silbers und Goldes, die Zahl der Waffen und der Pferde, Elfenbein und Wohlgerüche als Tempelgaben, ferner die Mengen an Getreide und allen anderen Lebensbedürfnissen, die jedes Volk zu liefern hatte. Das waren nicht weniger gewaltige Summen als die heutzutage von den Parthern oder Römern auferlegten Tribute.

61. Übrigens schenkte Germanicus auch anderen Wunderwerken seine Aufmerksamkeit, namentlich war es die steinerne Kolossalstatue des Memnon, die zu tönen beginnt, wenn sie von den Sonnenstrahlen getroffen wird, ferner die Pyramiden, die mitten zwischen verstreuten und kaum gangbaren Sandwüsten von reichen Königen in gegenseitigem Wettstreit bergehoch aufgetürmt waren, dann die künstlich angelegten Seen, die das Wasser des übertretenden Nils aufnehmen, an anderer Stelle wieder die Stromengen und die unergründlichen Tiefen (des Nils), in die kein Senkblei hinabreicht. Weiter kam man nach Syene und Elephantine, den ehemaligen Grenzbefestigungen des Römischen Reiches, das sich jetzt bis zum Roten Meer erstreckt.

62. Während Germanicus diesen Sommer in verschiedenen Provinzen verbrachte, erwarb sich Drusus nicht geringen Ruhm, indem er die Germanen zur Zwietracht reizte, um Marbod, dessen Macht schon gebrochen war, vollends zu vernichten. Bei den Gotonen lebte ein adeliger Jüngling namens Catualda, der einst durch Marbod zur Flucht gezwungen wurde und jetzt, da dessen Lage bedenklich war, einen Rachezug wagte. Er dringt mit einer starken Mannschaft ins Markomannenland ein, verleitet die Häuptlinge durch Bestechung zur Teilnahme und erstürmt dann die Königsburg und das benachbarte Kastell. Hier fanden sich alte Beuteschätze der Sueben und aus unseren Provinzen Marketender und Kaufleute, die das Recht des freien Handelsverkehrs, dann das Verlangen, reich zu werden, schließlich das Vergessen ihres Vaterlandes zur Ansiedlung im Feindesland veranlaßt hatte.

63. Für Marbod, der von allen Seiten verlassen war, blieb keine andere Zuflucht als die Gnade des Kaisers. Er überschritt die Do-

nau, wo sie an die Provinz Noricum grenzt, und schrieb an Tiberius, nicht wie ein Flüchtling oder Schutzflehender, sondern im Gefühl seiner früheren Machtstellung: Obgleich viele Nationen den einst so berühmten König zu sich eingeladen hätten, habe er dennoch die Freundschaft der Römer vorgezogen. Der Kaiser antwortete ihm, man werde ihm, wenn er bleiben wolle, einen sicheren und ehrenvollen Wohnsitz in Italien anweisen. Sollte aber etwas anderes seiner Lage zuträglicher sein, so könne er mit der gleichen Sicherheit, mit der er gekommen war, wieder scheiden. Im Senat aber setzte Tiberius auseinander, nicht Philipp sei den Athenern, nicht Pyrrhus oder Antiochus dem römischen Volk gleich gefährlich gewesen (wie Marbod). Die Rede ist noch vorhanden, in der er die Größe dieses Mannes, die unbändige Kraft der von ihm unterworfenen Stämme, die gefährliche Nähe dieses Feindes für Italien, schließlich seine eigenen Maßnahmen zu dessen Vernichtung hervorgehoben hat. Für Marbod wurde nun Ravenna als Wohnsitz bestimmt. Falls die Sueben einmal übermütig würden, so konnte man sie jederzeit auf die Möglichkeit von Marbods Rückkehr in sein Reich hinweisen. Doch Marbod hat Italien in den folgenden achtzehn Jahren nicht mehr verlassen. Im hohen Alter verlor er viel von seinem Ruhm, weil er das Leben zu sehr liebte. Gleiches Schicksal hatte Catualda; auch ihm blieb keine andere Zuflucht. Er wird bald darauf durch die Hermunduren und ihren Herzog Vibius vertrieben, dann von uns aufgenommen und nach Forum Julium, einer Kolonie des narbonnensischen Gallien, geschickt. Die Barbaren, die beide begleitet hatten, siedelt man, damit sie nicht in den befriedeten Provinzen wohnten und dort Unruhen stifteten, jenseits der Donau zwischen den Flüssen Marus und Cusus an und gibt ihnen Vannius aus dem Stamm der Quaden zum König.

64. Da zu gleicher Zeit die Nachricht eintraf, daß den Armeniern von Germanicus Artaxias als König gegeben worden sei, beschloß der Senat, Germanicus und Drusus sollten mit kleinem Triumph in Rom einziehen. Man erbaute auch zu beiden Seiten des Mars-Ultor-Tempels einen Triumphbogen mit dem Bildnis der beiden Caesaren, und Tiberius hatte an dieser durch kluge Politik erreichten Sicherung des Friedens mehr Freude, als wenn er einen Krieg durch Siege beendet hätte. Daher geht er auch ge-

gen den thrakischen König Rhescuporis mit List vor. Das gesamte Thrakien hatte Rhoemetalces in Händen gehabt. Nach dessen Tod überließ Augustus den einen Teil Thrakiens Rhoemetalces' Bruder Rhescuporis, den anderen dessen Sohn Cotys. Bei dieser Teilung fielen die bebauten, städtereichen, Griechenland benachbarten Gebiete an Cotys, die unbebauten, wüsten, an Feindesland grenzenden an Rhescuporis. Ebenso war auch der Charakter dieser beiden Könige, bei jenem mild und gefällig, bei diesem hart, habgierig und unverträglich. Anfänglich lebten sie noch in trügerischer Freundschaft. Bald aber überschritt Rhescuporis seine Grenzen, eignete sich Gebiete des Cotys an und gebrauchte, als er Widerstand fand, Gewalt. Unter Augustus tat er dies nur zögernd, weil er befürchtete, Augustus, der beide Reiche geschaffen, werde eine Mißachtung seiner Entscheidung bestrafen. Sobald er aber von dem Regierungswechsel gehört hatte, schickt er Räuberbanden ins Land und zerstört Kastelle, um Anlaß zum Krieg zu geben.

65. Tiberius fürchtete nichts so sehr wie Störungen der bestehenden Ordnung. Er wählt einen Centurio aus, der die Könige ermahnen sollte, nicht die Waffen entscheiden zu lassen. Cotys entließ daraufhin sofort die Hilfstruppen, die er bereitgestellt hatte. Rhescuporis fordert mit erheuchelter Mäßigung, man solle an einem bestimmten Ort zusammenkommen. Sie könnten sich in einer Unterredung über die Streitfragen aussprechen. Man einigte sich schnell über Zeit und Ort, dann auch über die Friedensbedingungen, da beide alle Zugeständnisse machten und annahmen, der eine aus Willfährigkeit, der andere aus Arglist. Rhescuporis schließt dann, angeblich um dem Bündnis eine Weihe zu geben, noch ein Gelage an. Als sich dieses Freudenmahl bis in die tiefe Nacht hingezogen hatte, läßt er den ahnungslos schmausenden und zechenden Cotys in Ketten legen, obgleich dieser, sobald er die Hinterlist erkannt hatte, die Heiligkeit der Königswürde, die gemeinsamen Stammesgötter und die Unverletzlichkeit des Gastrechts zu Zeugen anrief. Als sich Rhescuporis ganz Thrakiens bemächtigt hatte, schrieb er an Tiberius, man habe ihm Nachstellungen bereitet, er sei aber seinen Feinden zuvorgekommen. Zugleich schützte er einen Krieg gegen die Bastarner und Skythen vor und verstärkte sich durch neue Fuß- und

Reitertruppen. Man antwortete ihm freundlich, er könne, wenn kein Betrug vorliege, seiner Schuldlosigkeit vertrauen, im übrigen werde weder er noch der Senat vor genauer Untersuchung der Angelegenheit über Recht oder Unrecht entscheiden. Er möge nur Cotys ausliefern und dann (nach Rom) kommen, um die gehässige Anschuldigung von sich abzuwälzen.

66. Diesen Brief sandte der Statthalter von Moesien, Latinius Pandusa, nach Thrakien mit einer Abteilung Soldaten, denen Cotys übergeben werden sollte. Rhescuporis schwankte zwischen Furcht und Zorn hin und her, wollte dann aber doch lieber wegen eines vollzogenen als eines begonnenen Verbrechens angeklagt werden. Also läßt er Cotys umbringen und gibt vor, er habe sich selbst getötet. Trotzdem änderte der Kaiser sein einmal gewähltes listiges Vorgehen nicht, sondern ernannte nach dem Tod Pandusas, dem Rhescuporis feindselige Gesinnung gegen ihn vorgeworfen hatte, Pomponius Flaccus, einen alten Kriegsmann, zum Statthalter von Moesien. Er tat dies gerade deswegen, weil er mit dem König eng befreundet und darum besonders geeignet war, diesen zu rächen.

67. Flaccus begab sich nach Thrakien und brachte Rhescuporis trotz seiner Bedenken und des Bewußtseins seiner Verbrechen durch große Versprechungen dazu, die römische Befestigungslinie zu betreten. Hier wurde der König unter dem Vorwand einer Ehrenwache von einer starken Mannschaft umringt. Dann brachten ihn Tribunen und Centurionen zunächst durch Ermahnen und Zureden, dann, je weiter man (von seinem Land) abkam, in immer offenbarerer Haft und zuletzt in vollem Bewußtsein seiner Zwangslage nach Rom. Im Senat wird er von Cotys' Gattin angeklagt und dazu verurteilt, fern von seinem Reich in Haft zu bleiben. Thrakien wird unter seinen Sohn Rhoemetalces, dessen Abneigung gegen seines Vaters Pläne feststand, und Cotys' Kinder aufgeteilt. Da diese noch nicht erwachsen waren, wird ihnen der ehemalige Prätor Trebellenus Rufus beigegeben, der das Reich inzwischen verwalten sollte, gerade so, wie schon unsere Vorfahren den M. Lepidus als Beschützer für Ptolemaeus' Kinder nach Ägypten geschickt hatten. Rhescuporis wird nach Alexandria abgeführt und dort bei einem Fluchtversuch, den er unternahm oder den man ihm vorwarf, umgebracht.

68. Um dieselbe Zeit machte Vonones, den man, wie erwähnt, nach Kilikien geschafft hatte, den Versuch, mit Hilfe bestochener Wächter zu den Armeniern, von da zu den Albanern und Heniochen und zum König der Skythen, seinem Blutsverwandten, zu entkommen. Angeblich um zu jagen, verließ er die Küste und begab sich in die unwegsamen Waldgebirge. Dann gelangte er durch die Schnelligkeit seines Pferdes bis an den Pyramusfluß, dessen Brücken die Anwohner auf die Nachricht von der Flucht des Königs abgebrochen hatten; durch eine Furt konnte man nicht hinüberkommen. So wird Vonones am Flußufer von dem Reiterobersten Vibius Fronto gefesselt und dann von dem Freiwilligen Remmius, dem Befehlshaber seiner bisherigen Wachmannschaft, gleichsam in der Wut mit dem Schwert durchbohrt. Dadurch wurde es noch glaubhafter, daß Vonones nur der Mitschuld des Remmius und dessen Furcht, verraten zu werden, seinen Tod zu verdanken hatte.

69. Bei seiner Rückkehr aus Ägypten findet Germanicus alle Anordnungen, die er in den Legionen oder Städten getroffen hatte, außer Kraft gesetzt oder ins Gegenteil verkehrt. Hieraus ergaben sich heftige Vorwürfe gegen Piso, aber das, was sich dieser gegen den Caesar herausnahm, war nicht weniger bitter. Darauf entschloß sich Piso, Syrien zu verlassen, ließ sich aber bald wieder durch eine Unpäßlichkeit des Germanicus zurückhalten. Als er aber erfuhr, daß Germanicus wiederhergestellt sei und die Gelübde für seine Genesung ausgeführt werden sollten, läßt Piso die herbeigeführten Opfertiere, die Priester mit ihren Opfergeräten und das festlich versammelte Volk von Antiochia durch seine Liktoren auseinandertreiben. Darauf geht er nach Seleucia, um dort den Ausgang der Krankheit, die Germanicus erneut befallen hatte, abzuwarten. Die furchtbare Heftigkeit der Krankheit wurde bei ihm noch durch die Überzeugung gesteigert, er habe von Piso Gift bekommen; in der Tat fanden sich unter dem Fußboden und an den Wänden ausgegrabene Leichenteile, Verwünschungsformeln, Bleitäfelchen mit dem eingeritzten Namen des Germanicus, halbverbrannte und mit Eiter bestrichene Aschenreste, auch sonstige unheimliche Dinge, durch die man die Seelen den unterirdischen Gottheiten weihen zu können glaubt. Zugleich wurden Boten, die Piso geschickt hatte, beschuldigt, daß

sie nach Anzeichen für eine Verschlimmerung der Krankheit gespäht hätten.

70. Diese Dinge nahm Germanicus nicht weniger zornig als besorgt auf. Wenn man seine Schwelle belagere, wenn er so unter den Augen der Todfeinde seinen Geist aufgeben müsse, wie werde es dann seiner unglücklichen Gattin, wie seinen unmündigen Kindern ergehen? Zu langsam scheine dem Piso das Gift zu wirken; er eile und dränge, um die Provinz und die Legionen allein zu haben. Aber so hinfällig sei Germanicus doch noch nicht, und der Mörderlohn solle nicht in den Händen seines Mörders bleiben. Er setzt einen Brief auf, durch den er Piso die Freundschaft aufkündigt; sehr viele Geschichtsschreiber setzen noch hinzu, Germanicus habe ihm befohlen, die Provinz zu verlassen. Piso zögert auch nicht länger und löst die Anker. Doch läßt er langsam fahren, um einen kürzeren Rückweg zu haben, wenn ihm Germanicus' Tod Syrien wieder erschlossen habe.

71. Der Caesar schöpft eine Weile neue Hoffnung, dann aber tritt eine völlige körperliche Erschlaffung ein. Als das Ende nahe war, spricht er zu den Freunden, die sein Lager umstanden, etwa folgende Worte: »Wenn ich eines natürlichen Todes stürbe, wäre mein Schmerz selbst den Göttern gegenüber berechtigt, weil sie mich schon in jungen Jahren durch einen vorzeitigen Tod meinen Eltern, den Kindern und dem Vaterland entreißen. Da ich aber nun durch Pisos und Plancinas Verbrechen hinweggerafft werde, lege ich euch meine letzten Bitten ans Herz: Berichtet meinem Vater und meinem Bruder, von welchen bitteren Kränkungen zerrissen, von welchen Nachstellungen umstrickt ich das unglücklichste Leben mit dem schmählichsten Tod beschlossen habe. Wenn manche meine Zukunftshoffnungen, manche meine Blutsbande, selbst wenn diesen oder jenen der Neid gegen den Lebenden erregte, weinen werden sie doch darüber, daß ein blühender, aus so vielen Kriegen glücklich heimgekehrter Jüngling durch Weibertücke gefallen ist. Ihr werdet Gelegenheit haben, beim Senat Klage zu führen und die Gesetze anzurufen. Doch die wahre Freundespflicht besteht nicht darin, den Toten mit feigen Klagen zu Grabe zu tragen, sondern im Gedächtnis zu bewahren, was er gewollt hat, und in die Tat umzusetzen, was er ihnen aufgetragen. Weinen wird um Germanicus, auch wer ihn nicht ge-

kannt hat, aber rächen werdet *ihr* ihn, wenn ihr mich selbst mehr geliebt habt als meine hohe Stellung. Zeigt dem Volk die Enkelin des erhabenen Augustus, die meine Gattin ist! Zählt ihm meine sechs Kinder auf! Das Mitleid wird mit den Anklägern sein, und die Welt wird denen, die sich auf verbrecherische Aufträge berufen wollen, entweder nicht glauben oder nicht verzeihen.« Die Freunde faßten die Rechte des Sterbenden und schworen, eher zu sterben als die Rache aufzugeben.

72. Dann wandte er sich an seine Gattin und bat sie bei seinem Andenken und bei ihren gemeinsamen Kindern, ihren trotzigen Sinn abzulegen, sich dem grausamen Schicksal zu beugen und nicht nach ihrer Rückkehr in die Hauptstadt durch ehrgeiziges Streben die Mächtigen zu reizen. Dies sagte er im Beisein anderer, unter vier Augen noch manches, wodurch er seine Besorgnisse in bezug auf Tiberius gezeigt haben soll. Nicht lange darauf stirbt er, zur tiefsten Trauer der Provinz und der benachbarten Völker. Auch auswärtige Nationen und Könige beklagten ihn. So groß war sein Entgegenkommen gegen die Bundesgenossen, seine Milde gegen die Feinde. Man mochte ihn sehen oder hören, er war in gleicher Weise verehrungswürdig, da er die Majestät und Würde seiner hohen Stellung bewahrte und doch alles haßerregende und anmaßende Gebaren vermied.

73. Sein Leichenbegängnis blieb zwar ohne Ahnenbilder und Gepränge, wurde aber durch rühmendes Gedenken seiner Tugenden gefeiert. Einige verglichen sogar seine Schönheit, seine Jugend und seine Todesart, auch wegen der Nähe des Ortes, wo er starb, mit des großen Alexanders Lebensschicksalen. Denn beide, von edler Schönheit und hoher Abkunft, nicht viel über dreißig Jahre alt, hätten durch Nachstellungen der Ihrigen in fremdem Land den Tod gefunden. Er aber, gegen seine Freunde liebreich, im Genuß maßvoll, habe in *einer* Ehe mit nur ehelichen Kindern gelebt. Auch sei er kein geringerer Kriegsheld gewesen, obgleich er Alexanders Tollkühnheit nicht besaß und nur verhindert worden war, das durch so viele Siege niedergeworfene Germanien dauernd zu unterjochen. Und wäre er alleiniger Herr seiner Entscheidungen, wäre er nach Recht und Namen König gewesen, so hätte er um so sicherer den Kriegsruhm jenes erlangt, wie er ihn an Milde, Mäßigkeit und sonstigen Tugenden über-

troffen habe. Sein Leichnam wurde vor der Verbrennung auf dem Forum von Antiochia, dem erwählten Platz der Trauerfeier, entblößt. Ob sich dabei wirklich Merkmale der Vergiftung gezeigt haben, ist nicht sicher festgestellt. Denn je nachdem man sich vom Mitleid mit Germanicus und von einem vorgefaßten Argwohn oder von einer Vorliebe für Piso leiten ließ, lauteten die Ansichten verschieden.

74. Danach fand unter den Legaten und den sonst dort anwesenden Senatoren eine Beratung statt, wem die Verwaltung Syriens übertragen werden solle. Während sich die übrigen nur zurückhaltend bewarben, schwankte man lange zwischen Vibius Marsus und Cn. Sentius, worauf Marsus dem älteren und eifrigeren Bewerber Sentius nachgab. Dieser schickte nun eine in der Provinz berüchtigte und der Plancina sehr vertraute Giftmischerin, namens Martina, nach Rom. Dies geschah auf Verlangen des Vitellius, des Veranius und der übrigen Männer, die die Untersuchung so betrieben, als ob die Anklage schon (vom Prätor) angenommen wäre.

75. Agrippina aber, so erschöpft sie durch Trauer und körperliche Leiden war, konnte dennoch nicht den geringsten Aufschub ihrer Rache ertragen. Sie bestieg die Flotte mit Germanicus' Asche und den Kindern. Alle Welt jammerte, daß eine Frau von fürstlichem Adel, die man eben noch wegen ihrer herrlichen Ehe allgemein verehrt und beglückwünscht hatte, jetzt eine Aschenurne in den Armen hielt und nicht wußte, ob sie werde Rache nehmen können, ja für sich selbst fürchten mußte und ebenso vielen Schicksalsschlägen ausgesetzt war, wie sie Kinder geboren hatte. – Inzwischen wird Piso bei der Insel Kos von der Nachricht eingeholt, daß Germanicus verschieden sei. Er nimmt sie mit unverhohlener Befriedigung auf, schlachtet Opfertiere und besucht Tempel. Und wenn er schon selbst seine Freude nicht beherrschen konnte, so war Plancina noch übermütiger und vertauschte die Trauerkleidung, die sie wegen des Verlustes ihrer Schwester trug, sofort mit hellen Gewändern.

76. Zu Piso kamen Centurionen in Menge und erinnerten daran, daß ihm die Legionen treu ergeben seien. Er solle seine ihm widerrechtlich genommene und jetzt herrenlose Provinz wieder in Besitz nehmen. Als er nun überlegte, was zu tun sei,

meinte M. Piso, der Sohn, er müsse nach Rom eilen. Bis jetzt habe er noch kein unverzeihliches Vergehen begangen und brauche haltlose Verdächtigungen und leere Gerüchte nicht zu fürchten. Seine Zwietracht mit Germanicus verdiene vielleicht Haß, aber keine Strafe, und seine Gegner hätten durch die Wegnahme der Provinz ihre Genugtuung erhalten. Wenn er aber jetzt umkehre und Sentius Widerstand leiste, so sei das der Anfang des Bürgerkrieges. Auch würden die Centurionen und Soldaten nicht auf seiner Seite bleiben, weil bei ihnen das frische Andenken an ihren Oberbefehlshaber und die tiefverwurzelte Liebe zum Caesarenhaus die Oberhand behalten dürften.

77. Dagegen erklärte Domitius Celer, einer der vertrautesten Freunde Pisos, man müsse die gegebene Lage benützen. Piso, nicht Sentius sei zum Statthalter Syriens ernannt, ihm seien die Fasces und die prätorische Gewalt, ihm die Legionen übergeben worden. Wenn es zu einem feindlichen Zusammenstoß käme, wer wäre dann mehr berechtigt, zu den Waffen zu greifen, als Piso, der ja mit der Vollmacht eines Legaten und mit besonderen Aufträgen betraut sei? Auch müsse man den Gerüchten ihre Zeit lassen, damit sie einschlafen. Gewöhnlich sei der Unschuldige lediglich dem frischen Haß nicht gewachsen. Wenn er aber das Heer in der Hand habe und seine Kräfte noch verstärke, könne sich durch Zufall vieles zum Besseren wenden, was man jetzt nicht voraussehen könne. »Oder sollen wir uns beeilen, mit Germanicus' Asche zugleich zu landen, damit dich Agrippinas Wehklagen und die durch den ersten Lärm verblendete Menge ungehört und ohne Verteidigung in Stücke reißen? Dir gehört doch der Augusta Einverständnis, des Kaisers Gunst, wenn auch nur im geheimen, und über Germanicus' Tod klagt niemand offensichtlicher als derjenige, der sich am meisten darüber freut.«

78. Ohne besondere Mühe läßt sich Piso, der zu kühnen Plänen neigte, zu dieser Ansicht bekehren. In einem Schreiben an Tiberius beschuldigt er Germanicus der Üppigkeit und des Hochmuts. Er sei verjagt worden, damit freies Feld für hochverräterische Pläne geschaffen werde, habe aber jetzt das Heer mit der gleichen Treue, mit der er es vordem geführt, wieder übernommen. Zugleich gibt er Domitius den Befehl, auf einem Kriegsschiff, ohne die Küste und die Inseln anzulaufen, immer auf ho-

her See nach Syrien zu fahren. Er selbst ordnet die Deserteure, die ihm (von den syrischen Legionen) zuliefen, in Manipel, bewaffnet die Troßleute, fängt nach Überführung der Schiffe zum Festland eine Abteilung der nach Syrien marschierenden Rekruten ab und schreibt den Kleinkönigen Kilikiens, sie möchten ihm Hilfstruppen schicken. Bei allen diesen Kriegsvorbereitungen zeigt sich der junge Piso keineswegs lässig, obgleich er das Wagnis des Krieges abgelehnt hatte.

79. Als sie so an der Küste von Lykien und Pamphylien vorbeisegelten, begegneten sie den Schiffen, die Agrippina an Bord hatten, und machten bei der gegenseitigen Erbitterung zuerst die Waffen bereit, dann ging man aber, da sich einer vor dem andern fürchtete, nicht weiter als bis zum Wortwechsel. Marsus Vibius rief Piso zu, er solle nach Rom kommen und seine Sache verteidigen. Jener antwortete spöttisch, er werde erscheinen, sobald der Prätor, der die Vergiftungsklagen zu untersuchen habe, für den Angeklagten wie für die Kläger einen Termin anberaumt habe. – Inzwischen war Domitius bei der syrischen Stadt Laodicea gelandet und eilte in das Winterlager der sechsten Legion, weil sie für Umsturzbestrebungen am meisten geeignet erschien, aber ihr Legat Pacuvius kommt ihm zuvor. Dies teilt Sentius dem Piso durch ein Schreiben mit und warnt ihn davor, die Truppen zu verführen und die Provinz durch Krieg zu beunruhigen. Dann ruft er alle zusammen, von denen er wußte, daß sie dem Germanicus treu oder dessen Feinden abgeneigt waren, stellt ihnen wiederholt vor Augen, daß der Kaiser die Macht habe und der ganze Staat durch Waffengewalt bedroht werde. So tritt er Piso mit einer starken und kampfbereiten Truppe entgegen.

80. Auch dieser ließ, obgleich seine Unternehmungen nicht recht vorwärts gingen, nichts außer acht, was ihm unter den augenblicklichen Umständen am sichersten zu sein schien, sondern besetzt ein stark befestigtes Kastell Kilikiens mit Namen Celenderis. Aus den von den Kleinkönigen geschickten kilikischen Hilfstruppen, zusammen mit den Überläufern, den abgefangenen Rekruten und seinen sowie Plancinas Sklavenscharen, hatte er der Zahl nach eine Legion gebildet. Er versicherte (seiner Truppe), daß er, des Kaisers Legat, von der ihm verliehenen Provinz ferngehalten werde, aber nicht durch die Legionen, auf deren

Ruf er vielmehr gekommen sei, sondern durch Sentius, der seinen persönlichen Haß hinter falschen Anschuldigungen verstecke. Sie sollten sich nur zur Schlacht aufstellen, kämpfen würden die Legionssoldaten nicht, wenn sie Piso sähen, den sie einst ihren »Vater« genannt und der, wenn es nach dem Recht gehe, sichtlich überlegen, wenn nach der Waffenentscheidung, keineswegs schwächer sei. Darauf entfaltet er vor den Schanzen des Kastells seine Manipel auf einem steil abfallenden Hügel; die anderen Seiten sind nämlich vom Meer eingeschlossen. Beim Gegner wurden die Veteranen nach Centurien und Reserven aufgestellt. Hier lag die Stärke bei den alten Kriegern, dort beim Gelände, aber es fehlten Mut und Hoffnung, sogar Waffen. Man hatte nur ländliche, eilig für den Krieg zurechtgemachte Werkzeuge. Als es zum Handgemenge kam, war die Entscheidung nur so lange zweifelhaft, bis sich die römischen Kohorten auf gleiche Höhe emporgearbeitet hatten. Dann machen die Kilikier kehrt und schließen sich ins Kastell ein.

81. Inzwischen versuchte Piso einen vergeblichen Angriff auf die in der Nähe liegende Flotte; nach seiner Rückkehr stellte er sich vorn auf die Mauern, schlug sich bald klagend auf die Brust, bald rief er einzelne Leute mit Namen an und versuchte, durch Anbieten von Belohnungen Meuterei zu schaffen. Das hatte so tiefen Eindruck gemacht, daß ein Fahnenträger der sechsten Legion seine Fahne zu ihm hinübertrug. Da befahl Sentius, die Hörner und Trompeten schmettern zu lassen, den Wall anzugreifen und die Leitern anzulegen. Die Entschlossensten sollten zum Sturm schreiten, die andern aus den Wurfmaschinen Lanzen, Steine und Feuerbrände schleudern. Damit war endlich Pisos Hartnäckigkeit gebrochen; er sprach die Bitte aus, nach Auslieferung der Waffen im Kastell bleiben zu dürfen, bis der Kaiser darüber befragt würde, wem er Syrien zusprechen wolle. Diese Bedingungen wurden nicht angenommen und nichts weiter als Schiffe und sicheres Geleit nach Rom bewilligt.

82. In Rom herrschte nun, als Germanicus' Krankheit bekanntgegeben und alles, wie gewöhnlich aus der Ferne, übertrieben dargestellt wurde, nur Schmerz und Entrüstung, auch laute Klagerufe hörte man. Darum also habe man ihn in die entlegensten Länder verbannt, darum dem Piso die Provinz übertragen!

Darauf hätten die geheimen Unterredungen der Augusta mit Plancina gezielt! Danach hätten ja die älteren Leute mit ihren Äußerungen über Drusus recht gehabt: Es mißfalle eben den Herrschern ihrer Söhne bürgerlicher Sinn, und beide (Vater und Sohn) seien aus keinem anderen Grund verfolgt worden, als weil sie danach gestrebt hätten, dem römischen Volk die republikanische Freiheit und Gleichheit wiederzugeben. Diese Äußerungen des Volkes schufen nach Einlaufen der Todesnachricht eine derartige Erregung, daß noch vor der behördlichen Anordnung, noch vor dem Senatsbeschluß der Gerichtsstillstand eintrat, die Märkte leer wurden und die Häuser sich schlossen. Allenthalben herrschte trauervolle Stille, nichts galt nur dem äußeren Schein; kam die Trauer auch offen zum Ausdruck, so war doch der innere Schmerz noch größer. Zufällig brachten Kaufleute, die noch vor Germanicus' Tod Syrien verlassen hatten, günstige Nachrichten über seinen Zustand. Sofort wurden sie geglaubt, sofort verbreitet. Wer einem anderen begegnet, der erzählt das noch so unverbürgte Gerücht, und der wieder trägt es weiter und übertreibt es noch in seiner Freude. Man rennt durch die Stadt, öffnet gewaltsam die Tempeltüren. Die Nacht erhöht noch die Leichtgläubigkeit, und in der Dunkelheit ist man mit Versicherungen noch rascher. Auch Tiberius trat diesen falschen Nachrichten nicht entgegen, bis sie im Lauf der Zeit in nichts zerflossen.

83. Nun trug das Volk, als wäre ihm Germanicus zum zweiten Mal entrissen, noch heftigeres Leid. Jeder, der ihn besonders geliebt hatte oder Erfindungsgabe genug besaß, ersann und beantragte Ehrungen: Sein Name solle in das Salierlied aufgenommen, Ehrensessel auf den Plätzen der augustalischen Priester, mit Eichenkränzen geschmückt, für ihn aufgestellt werden; bei den circensischen Spielen solle sein Bildnis in Elfenbein dem Zug vorangetragen werden; kein Flamen oder Augur dürfe an Germanicus' Stelle gewählt werden, wenn er nicht dem julischen Geschlecht entstammte. Dazu kamen noch Triumphbogen in Rom, am Rheinufer und auf dem Amanusgebirge in Syrien mit Inschriften, die seine Taten und seinen für den Staat erlittenen Tod verkündeten. In Antiochia, wo er verbrannt worden war, wurde ein Grabmal, in Epidaphne, wo er sein Leben beendet hatte, eine Trauerbühne errichtet. Seine Statuen und die Stätten, wo er verehrt

wurde, dürften kaum zu zählen sein. Als beantragt wurde, es solle ein goldener Ehrenschild von besonderer Größe in der Galerie der berühmten Redner für Germanicus aufgestellt werden, erklärte Tiberius, er werde ihm nur den gewohnten und den anderen gleichen Ehrenschild weihen; denn in der Beredsamkeit mache der Stand keinen Unterschied, und es sei Auszeichnung genug, wenn er überhaupt unter den altberühmten Schriftstellern einen Platz erhielte. Die Ritter bezeichneten ihre Sitzreihe (im Theater), die bisher die der »Jüngeren« hieß, jetzt als die des Germanicus und beschlossen, daß am 15. Juli die Ritterschwadronen seinem Bildnis unmittelbar folgen sollten. Vieles davon hat sich erhalten, manches verschwand sehr bald oder geriet im Lauf der Zeit in Vergessenheit.

84. Übrigens gebar noch in der ersten Zeit der Trauer Germanicus' Schwester Livia, die mit Drusus vermählt war, männliche Zwillinge. Das ist schon in einfachen Häusern ein seltenes und frohes Ereignis, den Kaiser aber erfüllte es mit so großer Freude, daß er sich nicht enthalten konnte, im Senat zu prahlen: Bisher sei noch keinem Römer von gleich hohem Rang ein Zwillingspaar geboren worden. Er rechnete eben alles, auch Zufälligkeiten, sich selbst zum Ruhm an. Dem Volk aber brachte in einer solchen Zeit auch dieses Ereignis Schmerz, als ob nun Drusus' Familienzuwachs das Haus des Germanicus noch weiter in den Hintergrund dränge.

85. Im gleichen Jahr versuchte man, durch strenge Senatsbeschlüsse das ausschweifende Leben der Frauen zu steuern. Allen Frauen, deren Großvater, Vater oder Gatte römischer Ritter gewesen war, wurde verboten, sich für Geld preiszugeben. Vistilia nämlich, die aus einer prätorischen Familie stammte, hatte bei den Ädilen ihre schändliche Feilheit bekanntgegeben, nach jener althergebrachten Sitte, die im bloßen Bekenntnis der Schande eine genügende Strafe für unzüchtige Frauen zu finden glaubte. Titidius Labeo, der Gatte Vistilias, wurde ebenfalls zur Rede gestellt, warum er gegen seine des Verbrechens überführte Gattin nicht die gesetzliche Strafe in Anspruch genommen habe. Da der Gatte vorgab, die gestattete Bedenkzeit sei noch nicht vorbei, begnügte man sich damit, gegen Vistilia zu erkennen; sie wurde auf die Insel Seriphus verwiesen. – Ferner wurde über das Verbot der

ägyptischen und jüdischen Kulte verhandelt. Es kam zu dem Senatsbeschluß, daß 4000 Freigelassene, die vom jüdischen Aberglauben angesteckt waren und das taugliche Alter hatten, nach der Insel Sardinien geschafft werden sollten, um dort den Straßenräubern Einhalt zu tun. Wenn sie das ungesunde Klima dahinraffte, so sei dies ja ein geringer Schaden; die übrigen sollten Italien verlassen, wenn sie nicht bis zu einer bestimmten Frist ihren ruchlosen Gebräuchen entsagten.

86. Danach beantragte der Kaiser, es solle eine Jungfrau an Stelle der Occia gewählt werden, die siebenundfünfzig Jahre in aller Reinheit den Dienst der Vestalinnen versehen hatte. Dabei dankte er dem Fonteius Agrippa und Domitius Pollio, weil sie ihre Töchter anböten und dadurch im Dienst für den Staat wetteiferten. Den Vorzug erhielt Pollios Tochter, jedoch nur aus dem Grund, weil ihre Mutter einer und derselben Ehe treu blieb, während Agrippa durch Scheidung das Ansehen seines Hauses geschädigt hatte. Doch tröstete der Kaiser die Zurückgesetzte durch eine Mitgift von einer Million Sesterzen.

87. Da sich das Volk über eine drückende Teuerung beschwerte, setzte er einen bestimmten Preis für das Getreide fest, den der Käufer zu zahlen hatte, während er den Händlern zwei Sesterzen auf den Scheffel zulegen wollte. Dennoch nahm er den ihm deswegen und auch schon früher angetragenen Titel »Vater des Vaterlandes« nicht an und gab denen, die sein Tun göttlich und ihn selbst »Herr« genannt hatten, einen herben Verweis. So war das Reden eine mißliche und gefährliche Sache bei diesem Fürsten, der die Freiheit fürchtete, die Schmeichelei aber haßte.

88. Bei den Geschichtsschreibern, die in jener Zeit schrieben und zugleich Senatoren waren, finde ich die Nachricht, daß im Senat ein Brief des Chattenfürsten Adgandestrius verlesen wurde, worin dieser den Tod des Arminius versprach, falls man ihm zur Ausführung des Mordes Gift schicken wolle. Die Antwort sei gewesen, das römische Volk nehme an seinen Feinden nicht hinterrücks und heimlich Rache, sondern nur offen und in ehrlichem Waffengang. Mit dieser rühmlichen Haltung stellte sich Tiberius jenen alten Feldherrn an die Seite, die den Giftanschlag gegen Pyrrhus abgelehnt und diesem mitgeteilt hatten. Übrigens hatte Arminius, als er nach dem Abzug der Römer und

der Vertreibung Marbods die Königsherrschaft anstrebte, den Freiheitssinn seiner Landsleute gegen sich. Er wurde angegriffen, kämpfte mit wechselndem Glück und fiel zuletzt der Arglist seiner Verwandten zum Opfer. Unstreitig war er »der Befreier Germaniens« und hat das römische Volk nicht in den ersten Anfängen seiner Macht, wie andere Könige und Heerführer, sondern in seiner höchsten Blüte herausgefordert. In seinen Schlachten war er nicht immer glücklich, im Krieg aber blieb er unbesiegt. Siebenunddreißig Jahre hat er gelebt, zwölf Jahre geherrscht. Noch heute besingen ihn die Barbarenvölker, während er den griechischen Geschichtswerken, die nur die Taten ihres eigenen Volkes bewundern, unbekannt ist. Auch die römischen Geschichtsschreiber würdigen ihn nicht gebührend, weil wir nur die graue Vorzeit preisen und gegen die neueren Ereignisse gleichgültig sind.

BUCH III

1. Nach ununterbrochener Fahrt über das winterlich stürmische Meer landet Agrippina auf der Insel Corcyra, gegenüber der Küste Calabriens. Dort verweilt sie einige Tage, um ihre Ruhe wiederzugewinnen, zu heftig in ihrem Schmerz und unfähig, ihn zu ertragen. Indes eilen auf die Nachricht von ihrer Ankunft die vertrautesten Freunde, sehr viele Kameraden, die unter Germanicus gedient hatten, auch zahlreiche Einwohner der Nachbarstädte, die ihn nicht gekannt hatten, manche aus Pflichtgefühl gegen den Princeps, die Mehrzahl als bloße Mitläufer, nach der Stadt Brundisium, die der nächste und sicherste Landungsplatz war. Sobald nun die Flotte auf hoher See gesichtet wurde, füllen sich nicht nur Hafen und Strand, sondern auch Mauern und Dächer und alle Punkte, die den freiesten Ausblick boten, mit Scharen von Trauernden, die einander fragten, ob man Agrippina beim Aussteigen mit Schweigen oder mit irgendeinem Zuruf empfangen solle. Und man war noch nicht recht einig, was dem Augenblick angemessen wäre, als sich die Flotte allmählich näherte, nicht wie es der Brauch ist, mit fröhlichen Rufen der Ruderer, sondern in allem mit dem Ausdruck tiefer Betrübnis. Als Agrippina mit zwei Kindern, die Aschenurne im Arm und gesenkten Blickes, aus dem Schiff stieg, da erscholl *ein* Weheruf aus aller Munde. Man konnte nicht die Klagelaute der Freunde und der Fremden, der Männer und der Frauen unterscheiden, nur daß die Stimmen der Wartenden in ihrem frischen Schmerz kräftiger waren als bei dem durch langen Gram ermatteten Gefolge Agrippinas.

2. Der Kaiser hatte zwei prätorische Kohorten abgesandt und Befehl gegeben, es sollten die Behörden Calabriens, Apuliens und Campaniens dem Andenken seines Sohnes die letzten Ehren erweisen. So wurde denn die Aschenurne auf den Schultern von Tribunen und Centurionen getragen. Den Anfang des Zuges machten die Feldzeichen, aber ohne Schmuck, und die Fasces, aber zur Erde gekehrt. In den Städten, durch die man kam, stand das Volk in Trauerkleidung, die Ritter im Staatskleid, und je nach der Wohlhabenheit des Ortes verbrannte man (kostbare) Gewandstoffe, Wohlgerüche und was sonst bei Leichenbegängnis-

sen üblich ist. Auch Leute, deren Städte ganz abseits lagen, eilten dennoch herbei, weihten den Manen des Verstorbenen Opfertiere und Altäre und bekundeten ihren Schmerz durch Tränen und Klagerufe. Drusus kam dem Zug bis nach Tarracina entgegen, begleitet von Germanicus' Bruder Claudius und von den Kindern des Germanicus, soweit sie in Rom geblieben waren. Die Konsuln M. Valerius und M. Aurelius – die bereits ihr Amt angetreten hatten –, der Senat und eine große Volksmenge füllte die Heerstraße. Man stand ganz ordnungslos durcheinander und weinte, wie es jedem ums Herz war, keiner tat es aus Schmeichelei (gegen den Kaiser), weil alle wußten, daß Tiberius seine Freude über Germanicus' Tod kaum verbergen konnte.

3. Tiberius und die Augusta hielten sich von der Öffentlichkeit fern. Sie erachteten es unter ihrer kaiserlichen Würde, öffentlich zu klagen, oder wollten nicht, daß ihre Heuchelei erkannt werde, wenn die Augen aller ihre Mienen zu erforschen suchten. Daß Germanicus' Mutter Antonia sich in irgendeiner besonderen Weise an den Trauerfeierlichkeiten beteiligt habe, darüber finde ich weder bei den Geschichtsschreibern noch im täglichen Amtsanzeiger eine Bemerkung, während neben Agrippina, Drusus und Claudius auch die übrigen Blutsverwandten namentlich verzeichnet sind. Vielleicht war sie durch Krankheit verhindert, vielleicht hatte sie die Trauer so überwältigt, daß sie es nicht ertragen konnte, die ganze Schwere des Unglücks mit eigenen Augen zu sehen. Lieber noch möchte ich annehmen, daß sie von Tiberius und der Augusta, die nicht aus dem Haus gehen wollten, zurückgehalten wurde. Es sollte offenbar so aussehen, als sei bei allen drei die Trauer gleich groß, und Großmutter wie Onkel folgten nur dem Beispiel der Mutter.

4. Der Tag, an dem die sterblichen Reste des Germanicus im Grabmal des Augustus beigesetzt wurden, war bald totenstill, bald durch Klageschreie unruhig. Die Straßen der Stadt waren voll von Menschen, auf dem Marsfeld leuchteten die Fackeln. Dort standen die Soldaten in voller Rüstung; die Beamten hatten ihre Abzeichen abgelegt, das Volk war nach den Stadtbezirken geordnet. Alles rief laut aus, der Staat sei nun dahingesunken, keine Hoffnung sei mehr übrig. Und diese Ausrufe klangen zu entschieden und offenherzig, als daß man glauben konnte, es

dächte jemand noch an den lebenden Herrscher. Nichts jedoch kränkte den Tiberius tiefer, als die leidenschaftliche Anteilnahme der Menschen für Agrippina. Man nannte sie die Zierde des Vaterlandes, die alleinige Blutsverwandte des Augustus, das einzige Vorbild alter Sitte. Man hob die Hände zum Himmel und flehte die Götter an, ihre Kinder möchten ihr erhalten bleiben und die Widersacher überleben.

5. Manche vermißten auch den Pomp eines Staatsbegräbnisses und verglichen die großartigen Ehren, die Augustus einst Germanicus' Vater Drusus erwiesen hatte. Im strengsten Winter sei er selbst bis Ticinum entgegengegangen, sei nicht von der Leiche gewichen und zugleich mit ihr in die Stadt eingezogen; um die Bahre herum hätten die Ahnenbilder der Claudier und Julier gestanden; auf dem Forum sei eine Totenklage, von der Rednerbühne herab eine Lobrede gehalten worden. Mit allen Ehren, die die Vorzeit erfunden oder die Nachwelt neu ersonnen, sei er überhäuft worden. Dem Germanicus dagegen seien nicht einmal die gewöhnlichen, jedem Mann von Stand schuldigen Ehrungen zuteil geworden. Daß seine Leiche im fremden Land ohne besondere Feierlichkeit verbrannt worden sei, habe ja an der weiten Entfernung von der Heimat gelegen. Aber um so mehr Ehren hätten ihm jetzt zuerteilt werden müssen, je mehr ihm anfangs das Schicksal versagt habe. Sein Bruder sei ihm nur eine Tagesreise, sein Oheim nicht einmal bis zum Stadttor entgegengekommen. Und wo seien die alten Bräuche geblieben, die Aufstellung seiner Wachsmaske vor der Bahre, die Gesänge zum Gedächtnis seiner Taten, ebenso die Lobreden und Tränen, auch wenn sie nur eine äußerliche Schaustellung des Schmerzes wären?

6. Über diese Äußerungen war Tiberius wohlunterrichtet. Um das Gerede der Menge zum Schweigen zu bringen, erinnerte er in einem Edikt daran, daß viele erlauchte Römer für das Vaterland gestorben wären, daß aber keiner mit so heißer Sehnsucht betrauert worden sei. Und das gereiche denn auch ihm selbst und allen zur Ehre, wenn man nur Maß dabei zu halten wisse. Denn fürstlichen Personen und einem weltbeherrschenden Volk gezieme nicht dasselbe wie unbedeutenderen Familien oder kleinen Gemeinden. Dem frischen Schmerz habe die Trauer gebührt und der Trost, den die Trauer bietet. Aber jetzt müsse man dem Geist

wieder eine feste Haltung geben, wie einst der verewigte Julius Caesar nach dem Verlust seiner einzigen Tochter, wie der erhabene Augustus nach dem Tod seiner Enkel ihre Trauer von sich abgetan hätten. Und es bedürfe nicht weiterer Beispiele aus älterer Zeit, wie oft das römische Volk die Niederlagen seiner Heere, den Tod seiner Feldherrn, den gänzlichen Untergang edler Geschlechter standhaft ertragen habe. Fürsten seien sterblich, ewig aber sei der Staat! Darum sollten sie zu ihrer gewohnten Lebensweise zurückkehren und, da die Megalesischen Spiele bevorstünden, auch der Freude wieder Eingang gewähren.

7. So ging man denn nach Beendigung der Trauerzeit wieder an die Geschäfte. Drusus begab sich zu den Heeren in Illyrien, und die Gemüter aller waren darauf gerichtet, nun an Piso Rache zu nehmen. Vielfach klagte man darüber, daß dieser inzwischen im schönen Kleinasien und Griechenland umherreise und durch anmaßendes und schlaues Säumen den Nachweis seiner Verbrechen erschwere. Denn es war bekannt geworden, daß die von Cn. Sentius, wie erwähnt, nach Rom geschickte berüchtigte Giftmischerin Martina in Brundisium plötzlich gestorben war. In ihrem Haarknoten sei Gift verborgen gewesen, aber an ihrem Körper habe man keinerlei Anzeichen eines gewaltsamen Todes gefunden.

8. Piso aber schickte seinen Sohn nach Rom voraus und gab ihm Aufträge, die den Princeps besänftigen sollten. Er selbst begibt sich zu Drusus, den er nicht aufgebracht über den Tod des Bruders, sondern eher dankbar für die Beseitigung eines Nebenbuhlers zu finden hoffte. Tiberius nahm den jungen Mann, um seine Unparteilichkeit zu beweisen, freundlich auf und beschenkte ihn mit seiner gegen die Söhne vornehmer Familien gewohnten Freigebigkeit. Drusus gab Piso zur Antwort, er stehe, wenn das wahr sein sollte, was verbreitet werde, mit seinem Schmerz an erster Stelle, doch wünsche er, daß es falsches und leeres Gerede sei und Germanicus' Tod niemandem Verderben bringe. Dies sagte er öffentlich und vermied jede persönliche Zusammenkunft; daher zweifelte man auch nicht, daß er von Tiberius Verhaltungsmaßregeln erhalten habe, weil sich der sonst so arglose und leicht zugängliche Jüngling jetzt so greisenhafter Kniffe bediente.

9. Piso durchquerte nun das dalmatische Meer, ließ seine

Schiffe bei Ancona zurück, zog durch Picenum und holte dann auf der Via Flaminia eine Legion ein, die von Pannonien nach Rom und weiter zur Verwendung nach Afrika geführt wurde; dieser Umstand gab Anlaß zu vielem Gerede; man behauptete, er habe sich auf dem gemeinsamen Marsch häufig den Soldaten gezeigt. Von Narnia aus fuhr er, um jeden Verdacht zu vermeiden oder weil Zaghafte in ihren Entschlüssen schwankend sind, den Nar und dann den Tiber abwärts und steigerte die Wut des Volkes dadurch noch mehr, daß er am Grabmal der Caesaren landete, und zwar bei Tag und an einer von Menschen dicht besetzten Uferstelle. Da zog er mit einer großen Schar Klienten, Plancina mit reichem Frauengefolge, heiteren Blickes einher. Ferner reizte es den Unwillen des Volkes, daß sein hochragendes Haus am Forum in festlichem Schmuck prangte und Gäste zur Tafel geladen waren, in der belebten Gegend konnte dies alles nicht verborgen bleiben.

10. Am folgenden Tag erhob Fulcinius Trio bei den Konsuln Klage gegen Piso. Dem widersetzten sich Vitellius, Veranius und die übrigen Anhänger des Germanicus: Trio habe mit der Sache gar nichts zu tun; auch seien sie nicht Ankläger, sondern wollten nur als Berichterstatter und Zeugen Germanicus' Aufträge ausführen. Trio ließ nun die Anklage fallen, erwirkte aber die Erlaubnis, Pisos früheres Leben anklagen zu dürfen. Nun wurde der Kaiser ersucht, die Untersuchung selbst vorzunehmen. Dagegen hatte nicht einmal der Angeklagte etwas einzuwenden, da er die Parteilichkeit des Volkes und der Senatoren fürchtete. Dagegen sei Tiberius stark genug, das Gerede zu verachten, und fühle sich außerdem durch die Mitwisserschaft seiner Mutter gebunden. Auch könne, was Wahrheit oder Verleumdung sei, leichter von einem einzelnen Richter unterschieden werden, während bei vielen Richtern Haß und Mißgunst den Ausschlag gäben. Tiberius täuschte sich keineswegs über die Schwierigkeiten der Untersuchung und über die Folgen, die diese für seinen eigenen Ruf haben konnte. Deshalb hört er unter Hinzuziehung nur weniger Vertrauter die Drohungen der Ankläger und die Bitten der Gegenpartei zwar an, überweist aber dann die Sache ohne Entscheidung an den Senat.

11. Inzwischen kehrte Drusus aus Illyrien zurück. Obgleich

ihm die Senatoren wegen Marbods Unterwerfung und der übrigen Kriegstaten dieses Sommers einen kleinen Triumph zuerkannt hatten, verschob er die Entgegennahme dieser Ehrung und zog ohne Triumph in Rom ein. Hierauf bat der Angeklagte die Senatoren L. Arruntius, P. Vinicius, Asinius Gallus, Aeserninus Marcellus und Sex. Pompeius, seine Verteidigung zu übernehmen. Als diese unter verschiedenen Vorwänden ablehnten, erklärten sich M'. Lepidus, L. Piso und Livineius Regulus bereit, und ganz Rom war in Spannung, wie groß bei Germanicus' Freunden die Treue, wie groß beim Angeklagten das Selbstvertrauen sein werde, auch ob Tiberius seine Empfindungen genügend beherrschen und unterdrücken werde. Das Volk war mehr als sonst aufgeregt und erlaubte sich auch mehr geheime Reden oder mißtrauisches Schweigen gegen den Kaiser.

12. Am Tag der Senatssitzung hielt Tiberius eine wohlüberlegte und gemessene Ansprache: Piso sei seines Vaters Legat und Freund gewesen, er selbst habe ihn auf Veranlassung des Senats dem Germanicus als Beistand mitgegeben, um die Verhältnisse des Orients zu ordnen. Ob er dort den Jüngling durch Widersetzlichkeit und Streitsucht erbittert, sich über seinen Tod nur gefreut oder ihn gar auf verbrecherische Weise beseitigt habe, das müsse man jetzt mit unbefangenem Sinn zu entscheiden suchen. »Denn wenn er als Legat wirklich die Grenzen seiner Stellung, den Gehorsam gegen seinen Oberbefehlshaber außer acht gelassen und sich über dessen Tod und meinen Schmerz auch noch gefreut hat, so werde ich ihn hassen und ihm mein Haus verschließen, aber nicht persönliche Feindseligkeiten kraft meiner kaiserlichen Gewalt rächen. Sollte jedoch ein Verbrechen zutage treten, das auch bei jeder gewöhnlichen Mordtat bestraft werden muß, so wird es eure Sache sein, den Kindern des Germanicus und uns, seinen Eltern, die gerechte Genugtuung zu verschaffen. Doch erwägt zugleich, ob Piso wirklich das Heer aufgereizt und zum Abfall gebracht hat, ob er wirklich durch Ränke die Gunst der Soldaten erschlichen hat und die Provinz mit Waffengewalt wiedererlangen wollte oder ob diese Behauptungen unwahre Übertreibungen der Ankläger sind, deren Übereifer ich mit Recht mißbillige. Welchen Zweck hatte es denn, den Leichnam zu entblößen und dem Volk zur Schau zu stellen, ja sogar im Ausland

zu verbreiten, Germanicus sei durch Gift beseitigt worden, wenn dies noch gar nicht gewiß und erst zu untersuchen ist? Ich beweine zwar meinen Sohn und werde ihn immer beweinen, aber ich kann es dem Angeklagten nicht verwehren, alles vorzubringen, wodurch seine Unschuld ans Licht gebracht oder, falls eine Ungerechtigkeit des Germanicus vorlag, diese erwiesen werden kann. Ich bitte euch, nicht etwa deshalb, weil die Sache mit meinem Gram verknüpft ist, die Behauptungen der Ankläger als erwiesen anzusehen. Alle, die ihm Blutsverwandtschaft oder eigenes Pflichtgefühl als Verteidiger gegeben hat, steht mit eurer ganzen Beredsamkeit und Sorgfalt dem Gefährdeten bei! Zum gleichen Eifer, zur gleichen Festigkeit ermahne ich aber auch die Ankläger. Lediglich die eine über das Gesetz hinausgehende Vergünstigung habe ich für Germanicus eintreten lassen, die Untersuchung über seinen Tod in der Kurie, nicht auf dem Forum, vor dem Senat, nicht vor den Richtern führen zu lassen. Alles übrige soll mit voller Unparteilichkeit behandelt werden. Niemand achte auf Drusus' Tränen, niemand auf meinen Gram noch auf das, was etwa an falschen Verdächtigungen gegen uns erfunden wird.«

13. Darauf werden zwei Tage für die Begründung der Anklage bestimmt, worauf dann nach sechstägiger Pause der Angeklagte drei Tage lang verteidigt werden sollte. Fulcinius beginnt mit den verjährten und bedeutungslosen Anschuldigungen: Piso habe Spanien ehrgeizig und habsüchtig verwaltet. Wurden diese Anschuldigungen erwiesen, so konnten sie dem Angeklagten keinen Schaden bringen, falls er sich gegen die neuerlichen Anschuldigungen rechtfertigte; wurden sie widerlegt, so führte das nicht zur Freisprechung, falls er eines größeren Verbrechens für schuldig befunden wurde. Nach ihm eröffneten Servaeus, Veranius und Vitellius mit gleichem Eifer, Vitellius außerdem mit großer Beredsamkeit, die eigentliche Anklage: Piso habe aus Haß gegen Germanicus und in hochverräterischer Absicht durch Lockerung der Zucht und durch Bedrückung der Bundesgenossen die Masse der Soldaten in einem solchen Grad verdorben, daß das schlechteste Gesindel ihn »Vater der Legionen« nannte. Dagegen sei er gegen alle Gutgesinnten, besonders aber gegen die Begleiter und Freunde des Germanicus, aufs schärfste vorgegangen. Zuletzt

habe er diesen durch Zauberei und Gift ums Leben gebracht. Weiterhin brachte man seine und Plancinas frevelhaften Dankfeste und Opferhandlungen vor, daß er bewaffneten Widerstand gegen den Staat geleistet habe und in einer regelrechten Schlacht besiegt werden mußte, um überhaupt belangt werden zu können.

14. Die Verteidigung versagte durchweg. Denn Piso konnte weder die Erschleichung der Soldatengunst noch die Preisgabe der Provinz an die schlechtesten Elemente, auch nicht sein kränkendes Betragen gegen den Oberfeldherrn leugnen. Einzig und allein den Vorwurf der Vergiftung schien er entkräftet zu haben, den auch die Ankläger nicht genügend begründen konnten, wenn sie behaupteten, Piso habe bei einem Gastmahl des Germanicus, wo er seinen Platz neben ihm hatte, mit eigener Hand Gift in dessen Speisen getan. Denn es schien widersinnig, daß er dies unter fremden Sklaven und unter den Augen so vieler Umstehenden, noch dazu in Germanicus' eigenem Beisein, gewagt haben sollte. Auch bot der Angeklagte seine Dienerschaft zum Verhör an und verlangte, daß die aufwartenden Sklaven unter der Folter vernommen würden. Doch die Richter waren aus verschiedenen Gründen unerbittlich, der Kaiser wegen des Kriegszuges gegen die Provinz, der Senat, weil keiner recht glauben wollte, daß Germanicus ohne Hinterlist zu Tode gekommen sei. Die Ankläger forderten die Herausgabe der Briefe, die Piso und Plancina geschrieben hätten, was Tiberius nicht minder als Piso verweigerte. Zugleich hörte man vor der Kurie lärmende Rufe des Volkes, es werde zu Tätlichkeiten kommen, wenn Piso dem Spruch der Senatoren entgehe. Schon hatten einige Pisos Standbilder auf die gemonische Treppe geschleift und wollten sie zertrümmern, wären sie nicht auf Befehl des Kaisers davor geschützt und wieder aufgestellt worden. Daher wurde Piso in eine Sänfte gesetzt und von einem Prätorianertribun heimgeführt, wobei man nicht recht wußte, ob der Tribun sein Leben schützen oder ihn zum Tod führen sollte.

15. Der Haß gegen Plancina war nicht geringer, aber die Gunst (der Augusta) weit größer. Deshalb galt es als zweifelhaft, wieviel der Kaiser gegen sie wagen würde. Sie selbst versicherte, solange noch Hoffnung für Piso bestand, sie werde jedes Schicksal mit

ihm teilen und, wenn es dahin komme, auch mit ihm in den Tod gehen. Sobald sie aber durch die geheime Fürsprache der Augusta Verzeihung erhalten hatte, fing sie an, sich allmählich von ihrem Gatten zurückzuziehen und ihre Verteidigung von der seinigen abzutrennen. Als nun der Angeklagte sah, daß dies seinen Untergang bedeute, schwankt er, ob er noch einmal sein Glück versuchen solle. Doch faßt er auf Zureden seiner Söhne wieder Mut und tritt von neuem vor den Senat. In erneutem Verfahren mußte er wieder die gehässigen Äußerungen der Senatoren, die Feindseligkeit und Grausamkeit von allen Seiten erdulden. Doch nichts erschreckte ihn so sehr wie der Anblick des Tiberius, der ohne Mitleid und ohne Zorn in starrer Verschlossenheit dasaß, um keine Regung zu verraten. Nach Hause zurückgebracht, schreibt er eine Weile, als bereite er seine Verteidigung für den nächsten Tag vor, versiegelt das Schriftstück und übergibt es einem Freigelassenen; dann nimmt er die gewohnte Körperpflege vor. Tief in der Nacht, nachdem seine Gattin das Schlafgemach verlassen, ließ er die Tür verschließen. Als der Morgen graute, fand man ihn mit durchschnittener Kehle. Auf dem Boden lag sein Schwert.

16. Ich erinnere mich, von älteren Leuten gehört zu haben, es sei öfters in Pisos Händen eine Sammlung von Schriftstücken gesehen worden, die er selbst nicht veröffentlicht habe. Aber seine Freunde hätten behauptet, sie enthielte Briefe und Aufträge des Tiberius gegen Germanicus. Piso habe beabsichtigt, die Schriftstücke dem Senat vorzulegen und so dem Kaiser die Schuld zu geben, wäre er nicht durch leere Versprechungen des Seianus hingehalten worden. Auch sei er nicht aus freiem Entschluß zu Tode gekommen, sondern durch einen Mörder, den man zu ihm schickte. Keines von beiden kann ich verbürgen, durfte es aber auch nicht verschweigen, da es von Leuten erzählt wurde, die bis in meine Jugendzeit hinein gelebt haben. Der Kaiser zeigt eine betrübte Miene, beklagt sich beim Senat, daß Pisos Selbstmord nur *seine* Verunglimpfung bezweckt habe. Dann befiehlt er, daß M. Piso herbeigerufen werde, und forscht durch wiederholtes Fragen nach, wie Piso den letzten Tag und die letzte Nacht verbracht habe. Als jener besonnen, mitunter aber auch unüberlegt, antwortet, liest der Kaiser Pisos letztes Handschreiben vor, das

etwa folgenden Wortlaut hatte: »Ich bin einem Komplott meiner Feinde und ihren gehässigen Anschuldigungen erlegen. Da die Wahrheit und meine Unschuld nirgends eine Stätte finden, so rufe ich die unsterblichen Götter zu Zeugen an, daß ich stets treu gegen dich, Caesar, und mit nicht geringerer Ehrerbietung gegen deine Mutter gelebt habe. Euch bitte ich, für meine Kinder zu sorgen, von denen Gnaeus mit meinem wie immer zu beurteilenden Schicksal in keinerlei Zusammenhang steht, weil er die ganze Zeit in Rom gewesen ist, und Marcus mir abgeraten hat, Syrien wiederzuverlangen. Wäre ich doch lieber meinem jungen Sohn gefolgt, statt er seinem alten Vater! Umso inständiger bitte ich, man möge den Unschuldigen doch nicht für meine Verkehrtheit büßen lassen. Bei meinen fünfundvierzigjährigen treuen Diensten, bei unserem gemeinsamen Konsulat, als bewährter Diener deines Vaters, des verewigten Augustus, und als dein Freund richte ich diese letzte Bitte an dich, der keine weitere folgen wird: Verschone meinen unglücklichen Sohn!« Über Plancina fügte er nichts hinzu.

17. Darauf sprach Tiberius den Jüngling vom Verbrechen des Bürgerkrieges frei – da ja der Sohn den Befehlen des Vaters entgegenzuhandeln gar nicht imstande gewesen sei. Zugleich bedauerte er das Schicksal des edlen Hauses und auch des Mannes selbst, mochte er es verdient haben oder nicht. Für Plancina sprach er mit Scham und Schuldbewußtsein und machte die Fürsprache seiner Mutter geltend, gegen die nun die geheimen Klagen aller Gutgesinnten um so heftiger wurden: Das alles sei großmütterliche Art, die Mörderin ihres Enkels anzusehen, mit ihr zu sprechen und der Verurteilung durch den Senat zu entziehen! Was die Gesetze allen Bürgern vergönnten, das sei allein dem Caesar nicht zuteil geworden. Von Männern wie Vitellius und Veranius sei Germanicus beweint, Plancina aber vom Kaiser und der Augusta verteidigt worden. Nun könne diese ja ihre so erfolgreich geübten Giftmischerinnenkünste gegen Agrippina und deren Kinder anwenden. Diese herrliche Großmutter und dieser Oheim könnten sich jetzt mit dem Blut der unglücklichen Familie des Germanicus sättigen! Zwei Tage gingen noch mit der Scheinuntersuchung (gegen Plancina) hin, wobei Tiberius Pisos Söhne drängte, ihre Mutter zu schützen. Da die Ankläger und Zeugen

um die Wette gegen sie sprachen und niemand für sie eintrat, wurde das Mitleid allmählich stärker als der Haß. Als erster um seine Meinung befragt, stellte der Konsul Aurelius Cotta – denn wenn der Kaiser die Verhandlung leitete, waren auch die Beamten zur Stimmabgabe verpflichtet – folgenden Antrag: Der Name Pisos solle aus den Amtsverzeichnissen gestrichen, die eine Hälfte seiner Güter eingezogen, die andere seinem Sohn Gnaeus belassen werden, der aber seinen Vornamen ändern müsse. M. Piso solle seinen Rang (als Senator) verlieren und mit Überlassung von fünf Millionen Sesterzen auf zehn Jahre verwiesen werden. Plancina solle auf die Fürsprache der Augusta hin begnadigt werden.

18. Diesen Antrag milderte der Kaiser in vielen Punkten: Der Name Pisos solle nicht aus dem Amtskalender getilgt werden, da ja die Namen des M. Antonius, der Krieg gegen das Vaterland geführt, und des Jullus Antonius, der des Augustus Haus geschändet, noch darin stünden. Ebenso befreite er den M. Piso von der Schande und beließ ihm seinen väterlichen Besitz, weil er, wie schon oft erwähnt, der Lockung des Geldes gegenüber stark genug und außerdem jetzt, wo er sich der Freisprechung der Plancina schämte, besonders versöhnlich gestimmt war. Desgleichen erhob er Einspruch, als Valerius Messalinus die Aufstellung eines goldenen Standbildes (des Gottes) im Tempel des Mars Ultor, Caecina Severus die Errichtung eines Altars der Rache beantragt hatten, wobei er erklärte, auswärtiger Siege wegen werde dergleichen wohl geweiht, häusliches Unglück aber müsse man in Trauer hüllen. Messalinus hatte noch hinzugefügt, man müsse an Tiberius, die Augusta, Antonia, Agrippina und Drusus für die Genugtuung, die sie dem Germanicus verschafft, eine öffentliche Danksagung richten, hatte dabei aber den Namen des Claudius nicht erwähnt. L. Asprenas richtete nun vor versammeltem Senat die Frage an ihn, ob er die Erwähnung absichtlich unterlassen habe. Nunmehr wurde auch Claudius' Name hinzugefügt. Mir aber steht, je mehr ich mir alte oder neuere Zeiten vergegenwärtige, um so lebendiger das Gaukelspiel der Menschengeschicke auf allen Gebieten vor Augen. Jeder andere war nach Ruf, Erwartung und Ehrung eher zum Thron berufen als der Mann, den das Schicksal als künftigen Kaiser so im Verborgenen hielt.

19. Wenige Tage später schlug der Kaiser dem Senat vor, Vitel-

lius, Veranius und Servaeus Priesterämter zu verleihen. Dem Fulcinius versprach er seine Stimme für die höheren Staatsämter, warnte ihn aber zugleich davor, sich durch seine Beredsamkeit zur Unbesonnenheit hinreißen zu lassen. Damit endete die Vergeltung, die man für Germanicus' Tod übte, der nicht nur bei denen, die damals lebten, sondern auch in der Folgezeit zu widersprechenden Gerüchten Anlaß gab. So sehr herrscht selbst über die bedeutendsten Ereignisse Unklarheit, weil die einen das, was sie irgendwie gehört haben, für Tatsachen nehmen, während die anderen die Wahrheit in ihr Gegenteil verkehren. Beides verbreitet sich dann bei der Nachwelt weiter. – Drusus, der Rom verlassen hatte, um das verlorene Imperium wiederzuerlangen, hielt alsbald seinen Einzug mit kleinem Triumph. Wenige Tage darauf starb seine Mutter Vipsania, als einzige von den Kindern Agrippas eines friedlichen Todes, alle anderen sind teils, wie erwiesen, durch das Schwert, teils, wie man annahm, durch Gift oder Hungertod umgekommen.

20. Im gleichen Jahr beginnt Tacfarinas, der, wie erwähnt, von Camillus geschlagen worden war, von neuem den Krieg in Afrika. Zuerst unternimmt er einzelne Raubzüge, die wegen seiner Schnelligkeit ungerächt blieben, dann zerstört er Dörfer und schleppt schwere Beute weg. Zuletzt schloß er nicht weit vom Pagydafluß eine römische Kohorte ein. Befehlshaber des Kastells war Decrius, ein rüstiger Kämpfer, der im Kriegsdienst erprobt war und diese Belagerung als eine Schande ansah. Er feuert seine Schar an, eine Schlacht in offenem Gelände anzubieten, und stellt sie vor dem Lager zum Kampf auf. Gleich beim ersten Anlauf wurde aber die Kohorte geschlagen, er selbst wirft sich im Geschoßhagel den Fliehenden entgegen und schilt die Fahnenträger, daß römische Soldaten vor zusammengelaufenen Deserteuren die Flucht ergriffen. Zugleich bot er den Feinden, obgleich er bereits verwundet war und ein Auge verloren hatte, kühn die Stirn und gab den Kampf nicht eher auf, als bis er, von seinen Leuten verlassen, fiel.

21. Als dies L. Apronius, der Nachfolger des Camillus, erfuhr, verhängt er, mehr durch das schmachvolle Verhalten seiner Leute als durch den Erfolg der Feinde beunruhigt, eine in dieser Zeit seltene, aber aus alter Überlieferung bekannte Strafe: Jeder

zehnte Mann der ehrlos gewordenen Kohorte wird ausgelost und zu Tode gepeitscht. Durch diese Strenge erreichte er so viel, daß eine Abteilung Veteranen, die nicht mehr als 500 Mann zählte, dieselben Scharen des Tacfarinas, als sie ein Kastell namens Thale angriffen, in die Flucht schlug. In diesem Kampf erwarb sich Rufus Helvius, ein einfacher Soldat, den Ruhm, einen römischen Bürger gerettet zu haben, und wurde von Apronius mit Ehrenkette und Lanze beschenkt. Der Kaiser verlieh ihm außerdem die Bürgerkrone, wobei er mehr beklagte als tadelte, daß Apronius ihm nicht auch diese kraft seines Amtes als Prokonsul verliehen habe. Da die Numider in Schrecken gesetzt waren und sich nicht mehr an Belagerungen heranwagten, verlegt sich Tacfarinas auf den Kleinkrieg, weicht zurück, wo er angegriffen wurde, und dringt dann wieder vor, wenn man den Rücken wandte. Solange die Barbaren an dieser Kampfesweise festhielten, konnten sie mit den getäuschten und ermüdeten Römern ihr Spiel treiben. Als sie sich aber zu den am Meer gelegenen Plätzen wandten und, durch ihre Beute behindert, in einem stehenden Lager festsaßen, schickte Apronius seinen Sohn Caesianus mit der Reiterei und den bundesgenössischen Kohorten, denen er noch die behendesten Leute aus den beiden Legionen beigesellt hatte. Dieser liefert den Numidern eine glückliche Schlacht und wirft sie in die Wüste zurück.

22. In Rom wird Lepida, die aus dem adeligen Haus der Aemilier stammte und außerdem L. Sulla und Gn. Pompeius zu Ahnen hatte, angeklagt, sie habe vorgegeben, von P. Quirinius, einem reichen und kinderlosen Mann, ein Kind zu haben. Weitere Anklagen lauteten auf Ehebruch, Giftmischerei und Befragung der Chaldäer gegen das kaiserliche Haus. Die Verteidigung der Angeklagten übernahm ihr Bruder M'. Lepidus. Daß Quirinius noch nach längst vollzogener Scheidung gegen sie vorging, hatte Mitleid mit der Frau erregt, auch wenn sie verrufen und schuldig war. Es war wohl nicht leicht, bei dieser Untersuchung die Gesinnung des Kaisers zu durchschauen: So sehr wechselten und verwirrten sich die Anzeichen seines Zornes und seiner Milde. Anfangs bat er den Senat, von der Klage wegen Majestätsverbrechens abzusehen, später aber verleitete er den Konsular M. Servilius und andere Zeugen, doch das vorzubringen, was er, wie es

schien, selbst zurückgewiesen hatte. Ebenso ließ er Lepidas Sklaven, die im Prätorianerlager untergebracht waren, in den Gewahrsam der Konsuln bringen und duldete nicht, daß sie auf der Folter über die Punkte verhört wurden, die sich auf die kaiserliche Familie bezogen. Auch entband er den designierten Konsul Drusus von der Verpflichtung, als erster seine Stimme abzugeben. Einige sahen darin das rücksichtsvolle Bestreben, auf die Abstimmung der übrigen keinen Druck auszuüben, andere faßten es als Beweis seiner Grausamkeit auf; denn Drusus hätte wohl nicht zurückstehen wollen, wenn er nicht zu einem verdammenden Urteil vorweg verpflichtet worden wäre.

23. An den Festspieltagen, die in die Untersuchung hineinfielen, besuchte Lepida mit anderen vornehmen Frauen das Theater. Dort rief sie unter Klagen und Tränen ihre Vorfahren an, besonders Pompeius, der dieses Theater erbaut und dessen Standbilder man vor Augen hatte. Dadurch erregte sie so viel Mitleid, daß die Zuschauer in Tränen ausbrachen und wilde Verwünschungen gegen diesen altersschwachen, kinderlosen und aus ganz unbekannter Familie stammenden Quirinius ausstießen, dem jetzt eine Frau geopfert werden sollte, die einst für den Caesar Lucius als Gattin und für den verewigten Augustus als Schwiegertochter bestimmt gewesen war. Darauf kamen aber beim peinlichen Verhör der Sklaven ihre Schandtaten zutage, und der Senat trat dem Antrag des Rubellius Plautus bei, wonach die Verbannung über sie verhängt werden sollte. Ihm stimmte auch Drusus zu, obgleich die anderen mildere Anträge gestellt hatten. Nachher wurde dem Scaurus, von dem sie (in zweiter Ehe) eine Tochter hatte, die Vergünstigung gewährt, daß ihre Güter nicht eingezogen wurden. Jetzt erst bekannte Tiberius, er wisse durch des P. Quirinius Sklaven, daß Lepida auch diesen zu vergiften versucht habe.

24. Über diese Unglücksfälle in großen Häusern – in kurzer Zeit hatten die Calpurnier den Piso, die Aemilier die Lepida verloren – konnte man sich damit trösten, daß D. Silanus der Familie der Junier wieder zurückgegeben wurde. Vom Schicksal dieses Mannes will ich kurz berichten. Wie sehr der vergötterte Augustus im Staatsleben vom Glück begünstigt war, so viel Unglück hatte er in seiner Familie. Er mußte seine Tochter und seine En-

kelin wegen unzüchtiger Lebensweise aus Rom verbannen und ihre Buhlen mit dem Tod oder ebenfalls mit der Verbannung bestrafen. Doch dadurch, daß er eine Schuld, die zwischen Männern und Frauen häufig vorkommt, mit dem harten Namen Religionsfrevel und Majestätsbeleidigung belegte, entfernte er sich von der Milde der Vorfahren und ging über seine eigenen Gesetze hinaus. Das Ende der anderen werde ich ebenso wie die übrigen Ereignisse jener Zeit erzählen, wenn ich vollendet habe, was ich mir zum Ziel gesetzt, und wenn mein Leben ausreicht, um noch mehr Arbeiten auf mich zu nehmen. D. Silanus, den Buhlen von Augustus' Enkelin, traf keine härtere Strafe, als daß er von der Freundschaft mit dem Kaiser ausgeschlossen wurde. Dennoch erkannte er, daß ihm damit die Verbannung angekündigt wurde. Erst als Tiberius zur Herrschaft kam, wagte er es, den Senat und den Princeps um Begnadigung zu bitten, wobei ihm der Einfluß seines Bruders M. Silanus zu Hilfe kam, der durch hohen Adel und Beredsamkeit hervorragte. Doch als dieser dann vor dem Senat seinen Dank abstattete, antwortete ihm Tiberius, auch er freue sich, daß Silanus' Bruder von seinem langen Aufenthalt in der Fremde zurückgekehrt sei. Das habe er auch mit Recht tun dürfen, weil er nicht durch Senatsbeschluß und nicht gesetzlich verbannt worden sei. Dennoch hege er die gleiche Abneigung gegen ihn wie sein Vater, und durch Silanus' Rückkehr sei keineswegs das aufgehoben, was Augustus gewollt habe. Silanus lebte danach wieder in Rom, gelangte aber nicht zu hohen Ämtern.

25. Hierauf wurde eine Milderung der Lex Papia Poppaea beantragt, die der alternde Augustus nach den Anregungen des Diktators Caesar erlassen hatte, um die Strafen für Ehelosigkeit zu verschärfen und den Staatsschatz zu bereichern. Trotzdem gab es nicht mehr Ehen und eheliche Kinder, da die Kinderlosigkeit vorherrschend blieb. Dagegen wuchs die Zahl der in ihrem Vermögen bedrohten Familien, da eine jede durch Verdächtigungen der Angeber geschädigt werden konnte. Hatte man früher seine Not mit den Gesetzesumgehungen, so hatte man sie jetzt mit den Gesetzen! Dieser Umstand regt mich an, eingehender über den Ursprung des Rechts zu handeln sowie über die Wege, auf denen man zu der unendlichen Menge und Mannigfaltigkeit der heutigen Gesetze gelangt ist.

26. Die ältesten Menschen lebten, da sie noch keinen Hang zum Bösen hatten, ohne Schuld und Verbrechen, darum auch ohne Strafe und Zwang. Sie hatten keine Belohnungen nötig, da sie aus eigenem Antrieb nach der Tugend strebten. Und weil man nichts Sittenwidriges begehrte, brauchte man keine auf Furcht begründete Verbote. Als aber die Gleichheit verloren ging und an die Stelle von Zufriedenheit und Scham Ehrgeiz und Gewalt traten, da kamen die Gewaltherrscher auf und haben sich bei vielen Völkern dauernd behauptet. Einige aber zogen sofort, oder nachdem sie der Königsherrschaft überdrüssig geworden waren, einen gesetzlichen Zustand vor. Diese Gesetze waren bei dem noch rohen Sinn der Menschen anfangs einfach. Den größten Ruhm gewannen die Gesetze der Kreter, die Minos, der Spartaner, die Lycurgus, und dann die schon kunstvolleren und zahlreicheren der Athener, die Solon gegeben hat. Über Rom hatte Romulus unumschränkt geherrscht. Dann band Numa das Volk durch religiöse Gebräuche und göttliche Satzungen; Tullus und Ancius taten einiges hinzu. Namentlich aber wurde Servius Tullius der Stifter der Gesetze, denen sich auch die Könige fügen sollten.

27. Nach der Vertreibung des Tarquinius setzte das Volk gegen die Parteiungen der Patrizier viele Bestimmungen zum Schutz der Freiheit und zur Erhaltung der Eintracht durch. Man ernannte die Dezemvirn, zog alles Treffliche, was sich irgendwo fand, heran und schuf das Zwölftafelgesetz als Abschluß eines wirklich gleichen Rechts. Denn die nachfolgenden Gesetze wurden zwar manchmal gegen eigentliche Übeltaten gegeben, gingen aber weit häufiger aus den Ständekämpfen, aus dem Streben nach den der Plebs versagten Ehrenämtern, aus dem Wunsch, berühmte Männer zu verbannen, und aus anderen verwerflichen Bestrebungen hervor und wurden auch mit Gewalt durchgesetzt. So traten die Gracchen und Saturniner als Aufwiegler des Volkes auf, so auch, obschon im Namen des Senats, der nicht weniger gefährliche Verführer Drusus. Die (italischen) Bundesgenossen wurden durch Versprechungen verdorben und durch Einsprüche getäuscht. Nicht einmal im Bundesgenossenkrieg und später im Bürgerkrieg unterließ man es, viele sich widersprechende Verordnungen zu erlassen, bis der Diktator L. Sulla alle früheren Gesetze aufhob oder abänderte, neue schuf und so dem ganzen

Treiben ein Ende machte. Das geschah freilich nur für kurze Zeit, da gleich darauf Lepidus mit seinen stürmischen Anträgen kam und die Tribunen bald wieder freie Hand hatten, das Volk aufzuwiegeln. Schon wurden Gesetzesanträge gegen einzelne Männer, nicht mehr bloß allgemein gehaltene eingebracht, und so gab es bei der größten Verderbtheit des Staates die meisten Gesetze.

28. Dann wurde Cn. Pompeius zum dritten Mal als Konsul erwählt, um die Sitten zu bessern, aber seine Heilmittel waren ärger als die Schäden. So wurde er seiner eigenen Gesetze Urheber und zugleich Vernichter. Was er durch Waffengewalt zu behaupten versuchte, verlor er durch Waffengewalt. Hierauf herrschten zwanzig Jahre hindurch unaufhörliche Wirren; keine Sitte galt, kein Recht; gerade das Verruchteste blieb ungestraft, und das Edle führte oft zum Untergang. Endlich, als der Caesar Augustus zum sechsten Mal Konsul und seiner Macht sicher war, hob er die Gesetze, die er während des Triumvirats gegeben hatte, wieder auf und gab uns ein Recht, nach dem wir im Frieden unter ihm als Princeps leben sollten. Seitdem wurden die Fesseln immer strenger: Es wurden Aufpasser eingesetzt, und die Lex Papia Poppaea regte durch Belohnungen an, dem Volk, gleichsam dem Vater aller Bürger, die erledigten Erbschaften derer zu gewinnen, die sich der Vorrechte der Väter (durch Kinderlosigkeit) begaben. Aber die Gesetze drangen noch tiefer ein und hatten Rom, Italien und alle Bürger weit und breit schon in ihren Schlingen, so daß die Stellung vieler zerrüttet war. Und der Schrecken drohte allen, hätte nicht Tiberius, um ein Gegenmittel zu schaffen, fünf Konsulare, fünf ehemalige Prätoren und ebenso viele Senatoren ausgelost, durch die sehr viele Härten des Gesetzes beseitigt wurden und für den Augenblick eine Erleichterung eintrat.

29. Um dieselbe Zeit empfahl Tiberius einen Sohn des Germanicus, Nero, der bereits ins Jünglingsalter getreten war, dem Senat und verlangte nicht ohne spöttisches Lächeln der Zuhörer, daß er von der Verpflichtung, vorerst das Vigintivirat abzuleisten, befreit werde und sich fünf Jahre vor dem gesetzlichen Mindestalter um die Quästur bewerben dürfe. Dabei machte er geltend, daß ihm und seinem Bruder Drusus seinerzeit auf Augustus' Antrag dieselbe Vergünstigung zuteil geworden sei.

Aber ich zweifle nicht, daß sich auch damals schon Leute gefunden haben, die derartige Bitten im geheimen bespöttelten, obwohl die Macht der Caesaren damals erst im Entstehen war, die alten Sitten noch mehr vor aller Augen standen und die Verwandtschaft zwischen Stiefvater und Stiefsöhnen nicht so eng ist wie zwischen Großvater und Enkeln. Nero erhielt auch das Oberpriesteramt und durfte an dem Tag, an dem er zum ersten Mal das Forum betrat, eine Spende an das Volk austeilen, das hocherfreut war, einen Sprößling des Germanicus schon erwachsen zu sehen. Nachher wurde die Freude noch größer, als sich Nero mit Drusus' Tochter Julia vermählte. Wie diese Nachricht mit Beifall, so wurde eine andere mit Mißfallen aufgenommen, nämlich daß Seianus zum Schwiegervater von Claudius' Sohn ausersehen sei. Man fand, daß Tiberius damit den Adel seines Geschlechts befleckt und den Seianus, der sich bereits durch allzu kühne Hoffnungen verdächtig gemacht hatte, allzu sehr bevorzugt habe.

30. Am Ende des Jahres starben zwei hervorragende Männer, L. Volusius und Sallustius Crispus. Volusius stammte aus alter Familie, die aber nicht über die Prätur hinausgekommen war. Er selbst war Konsul gewesen, hatte auch das Censorenamt zur Auswahl der Ritterzenturien verwaltet und zuerst die Reichtümer aufgehäuft, durch die sein Haus so gewaltig emporkam. Crispus, ritterlicher Herkunft, war der Enkel einer Schwester des C. Sallustius, des bedeutendsten römischen Geschichtsschreibers, der ihn adoptierte. Obwohl dem Crispus der Weg zu den hohen Staatsämtern offenstand, ahmte er den Maecenas nach und ließ auch ohne Senatorenwürde viele Triumphatoren und Konsulare an Einfluß hinter sich. Er wich durch seine feine und geschmackvolle Lebensweise sehr von der Einfachheit unserer Vorfahren ab und war durch überströmenden Reichtum nicht weit von Üppigkeit entfernt. Doch besaß er im Grunde eine kräftige Natur, die den größten Anforderungen gewachsen und um so tätiger war, je mehr er nach außen seine Schläfrigkeit und Trägheit zur Schau trug. Daher war Crispus, solange Maecenas lebte, der zweite, später der erste kaiserliche Ratgeber, in dessen Händen die Geheimnisse der Herrscher ruhten; er wußte auch um die Ermordung des Postumus Agrippa. In höherem Alter besaß er wohl

noch die Freundschaft des Kaisers, hatte aber kaum noch wirklichen Einfluß. So war es ja auch dem Maecenas gegangen. Der Machteinfluß ist eben schicksalsbestimmt selten von Dauer, mit der Zeit tritt ein Gefühl der Übersättigung ein, entweder bei den Herrschern, wenn sie alles gegeben haben, oder bei den anderen, wenn ihnen nichts mehr zu wünschen übrig bleibt.

31. Es folgte das vierte Konsulatsjahr des Tiberius, das zweite des Drusus, dadurch bemerkenswert, weil Vater und Sohn Amtsgenossen waren. Denn drei Jahre vorher war die gemeinsame Amtsführung des Germanicus und Tiberius für den Oheim nicht nur wenig erfreulich, sondern auch der Verwandtschaftsgrad zwischen beiden weniger eng gewesen. Zu Anfang des Jahres ging Tiberius angeblich zur Stärkung seiner Gesundheit nach Campanien, in Wahrheit erwog er bereits eine lange und ununterbrochene Abwesenheit von Rom oder wünschte, Drusus solle in Abwesenheit des Vaters die Konsulatsgeschäfte auch einmal allein führen. Und zufällig gab eine unbedeutende Angelegenheit, aus der ein großer Streit entstand, dem Jüngling Gelegenheit, sich beliebt zu machen. Domitius Corbulo, ein ehemaliger Prätor, beklagte sich vor dem Senat über einen jungen Adeligen, L. Sulla, weil er ihm bei den Fechterspielen nicht Platz gemacht habe. Für Corbulo sprach sein höheres Alter, die althergebrachte Sitte und die Zustimmung der älteren Senatoren. Gegen ihn stellten sich Mamercus Scaurus, L. Arruntius und andere Verwandte Sullas. Man redete gegeneinander und führte Beispiele aus der Zeit der Vorfahren an, die die mangelnde Ehrerbietung der Jugend mit schweren Strafen gerügt hätten. Endlich führten Drusus' geschickte Worte zur Beruhigung der Gemüter, Corbulo erhielt Genugtuung durch Mamercus, der Sullas Oheim und zugleich sein Stiefvater war, der tüchtigste Redner seiner Zeit. Derselbe Corbulo führte dann laute Klage über die meisten Straßen Italiens, die durch den Betrug der Unternehmer und die Sorglosigkeit der Beamten stellenweise ganz unbrauchbar geworden seien, und übernahm freiwillig die weitere Verfolgung der Angelegenheit. Dieses Vorgehen gestaltete sich aber weit weniger zum Nutzen des Staates als zum Verderben vieler, gegen deren Vermögen und Ruf er durch Verurteilungen und Zwangsvollstreckungen schonungslos vorging.

32. Nicht lange darauf teilte Tiberius dem Senat brieflich mit, daß Afrika durch einen erneuten Einfall des Tacfarinas beunruhigt sei. Durch Senatsbeschluß solle ein kriegserfahrener Prokonsul gewählt werden, der körperlich rüstig und dem Krieg gewachsen sei. Das war für S. Pompeius der erste Anlaß, seinem Haß gegen Marcus Lepidus freie Bahn zu geben. Dieser Mann sei, wie er gehässig bemerkte, beschränkt, mittellos und seiner Vorfahren unwürdig. Deshalb sei er auch von der erlosten Anwartschaft auf die Provinz Asien auszuschließen. Der Senat war anderer Meinung: Lepidus sei mehr milde als träge, und seine schlechten Vermögensverhältnisse rührten von seinem Vater her. Daß er trotzdem seinen alten Adel fleckenlos gehalten, sei ihm eher zur Ehre als zur Schande anzurechnen. So wurde er denn nach Asien geschickt. Bezüglich Afrikas faßte man den Beschluß, der Kaiser möge selbst einen Mann auswählen, dem das Land anvertraut werden solle.

33. Bei der Abstimmung stellte Severus Caecina den Antrag, es solle keinem Beamten, der eine Provinz erhalten habe, erlaubt sein, seine Gattin mitzunehmen. Vorher hatte er nachdrücklich auseinandergesetzt, er lebe in Eintracht mit seiner Gattin und habe sechs Kinder von ihr. Und doch habe *er* das Gesetz, das er hier für die Allgemeinheit vorschlagen wolle, immer im eigenen Haus befolgt und seine Frau stets in Italien gelassen, obwohl er mehr als vierzig Jahre in den Provinzen Dienst getan habe. Es sei nämlich nicht ohne Grund vor Zeiten beschlossen worden, man solle seine Gattin nicht zu den Bundesgenossen oder ins Ausland nachkommen lassen. Das Gefolge der Frauen sei im Frieden durch Üppigkeit, im Krieg durch Schreckhaftigkeit hinderlich und gebe dem römischen Heereszug das Aussehen einer asiatischen Karawane. Das weibliche Geschlecht sei nicht nur schwach und keinen Strapazen gewachsen, sondern auch, wenn man ihm die Freiheit dazu lasse, grausam, ehrgeizig und herrschsüchtig; sie bewegten sich mitten unter den Soldaten und hätten Centurionen zu ihrem persönlichen Dienst; unlängst habe eine Frau sogar die Übungen der Kohorten und die Truppenschau der Legionen geleitet. Sie sollten doch selbst bedenken: So oft irgendwelche Anklagen wegen Erpressung erfolgten, werde meist den Frauen der Statthalter die Schuld gegeben. *Sie* seien es, an die sich sofort die

schlechtesten Elemente der Provinzialen hängten, von ihnen würden unredliche Abmachungen getroffen und durchgeführt; zwei Menschen huldige man, wenn sie sich öffentlich zeigten, zwei Hauptquartiere gebe es; dazu seien die Befehle der Frauen viel eigensinniger und unbeherrschter. Vor Zeiten habe man die Weiber durch die Oppischen und andere Gesetze im Zaum gehalten, jetzt aber seien sie aller Fesseln ledig und führten im Haus, vor Gericht, ja sogar im Heer das Regiment!

34. Nur wenige hörten diese Rede beifällig an. Die Mehrzahl rief Caecina lärmend zu, die Sache stehe gar nicht zur Beratung, und er sei nicht der berufene Censor in einer so wichtigen Sache. Dann erwiderte ihm Valerius Messalinus, der als Sohn Messallas an die Beredsamkeit seines Vaters erinnerte. Vieles aus der harten Zeit der Vorfahren sei gebessert und gemildert worden. Auch werde die Stadt Rom doch nicht mehr wie einst vom Feind belagert, und die Provinzen seien nicht mehr Feindesland. Für die besonderen Bedürfnisse der Frauen würden nur geringe Kosten aufgewandt, die nicht einmal das Vermögen des Ehemannes, geschweige die Bundesgenossen, belasteten. Im übrigen geschehe für sie nicht mehr als für ihren Mann, und unter friedlichen Verhältnissen sei ihre Anwesenheit kein Hindernis. In den Krieg allerdings müsse man als Kriegsmann ziehen; aber wenn man nach allen Strapazen heimkomme, gebe es dann da eine schönere Erholung als den Verkehr mit der Gattin? Aber manche Frauen hätten sich doch von Ehrgeiz und Habsucht hinreißen lassen! Nun ja, aber hätten sich nicht auch sehr viele Statthalter selbst mancherlei Übergriffe zuschulden kommen lassen? Trotzdem denke man nicht daran, überhaupt keinen mehr in die Provinz zu schikken. Oft seien die Ehemänner durch die Verkehrtheiten ihrer Frauen verdorben worden! Aber seien etwa die Ehelosen sämtlich ohne Fehler? Die Oppischen Gesetze seien freilich einstmals eingeführt worden, weil die Zeitverhältnisse sie notwendig machten. Später habe man sie beschränkt und gemildert, weil das vorteilhaft war. Vergeblich versuche man, unseren Schwächen andere Namen zu geben; denn es sei die Schuld der Männer, wenn die Frau das Maß überschreite. Ferner sei es nicht richtig, wegen der Charakterschwäche der einen oder anderen Frau *allen* Ehemännern die Gefährtinnen in Glück und Unglück zu entzie-

hen; zugleich gebe man das von Natur schwache Geschlecht seiner eigenen Üppigkeit und fremden Lüsten preis. Kaum durch die persönliche Gegenwart der Männer blieben die Ehen unverletzt; was solle erst werden, wenn die Ehen mehrere Jahre lang wie durch eine Ehescheidung in Vergessenheit kämen? So sollten sie lieber des Unheils hier in Rom gedenken, wenn sie die Übelstände beseitigen wollten, die in der Fremde bestünden! Drusus fügte einige Worte über seine eigene Ehe hinzu. Die Mitglieder des Kaiserhauses hätten oft weitentlegene Teile des Reiches zu besuchen. Wie oft sei der verewigte Augustus in den Okzident und Orient in Livias Begleitung gereist! Er selbst sei in Illyrien gewesen und werde, wenn nötig, auch andere Länder aufsuchen, aber nicht immer leichten Herzens, wenn er sich dabei von seiner teuren Gattin, der Mutter so vieler gemeinsamer Kinder, trennen müsse. So wurde Caecinas Antrag abgelehnt.

35. In der nächsten Senatssitzung wurde ein Schreiben des Tiberius verlesen, worin er einen leichten Tadel gegen die Senatoren aussprach, weil sie alle Regierungssorgen an den Princeps verwiesen, und dann M'. Lepidus und Junius Blaesus namhaft machte, von denen einer als Prokonsul von Afrika erwählt werden solle. Hierauf hörte man die Erklärungen beider an. Lepidus entschuldigte sich ernstlich und sprach von seiner schlechten Gesundheit, dem jugendlichen Alter seiner Kinder und seiner heiratsfähigen Tochter. Man verstand auch das, was er verschwieg, daß nämlich Blaesus des Seianus Oheim sei und deshalb den Vorrang habe. Auch Blaesus lehnte ab, aber nur zum Schein und mit weit weniger Ernst, und fand auch die einstimmige Unterstützung des unterwürfigen Senats.

36. Hierauf wurde etwas zur Sprache gebracht, was im stillen schon bei vielen Gegenstand der Entrüstung gewesen war. Immer häufiger wagten nämlich nichtswürdige Leute, ungestraft Schimpfworte und Beleidigungen gegen achtbare Menschen auszustoßen, indem sie dabei ein Bildnis des Kaisers anfaßten und deshalb straffrei blieben. Fürchten mußte man sich sogar vor seinen eigenen Freigelassenen oder Sklaven, wenn sie auf diese Weise mit Worten, ja sogar mit den Fäusten ihre Patrone oder Herren angriffen. So führte denn der Senator C. Cestius aus, die Fürsten kämen zwar den Göttern gleich, aber auch von den Göt-

tern würden nur die gerechten Bitten der Schutzflehenden erhört. Niemand nehme eine Zuflucht zum Kapitol oder zu den anderen Tempeln der Stadt, um sich dieses Schutzes zu verbrecherischen Zwecken zu bedienen. Aufgehoben und gänzlich umgestürzt seien die Gesetze, wenn ihm auf dem Forum und an der Schwelle der Kurie von einer gewissen Annia Rufilla, die er wegen Betrugs vom Richter habe verurteilen lassen, Schimpfreden und Drohungen zugerufen würden, ohne daß er es wagen könne, sie zur Verantwortung zu ziehen, weil sie ihm ein Kaiserbild entgegenhielte. Ganz ähnliche Fälle brachten andere lärmend vor, einige noch ärgere, und baten Drusus dringend, er möge doch einmal als warnendes Beispiel eine Strafe verhängen, bis er das Weib holen und, als sie überführt war, in öffentlichen Gewahrsam bringen ließ.

37. Ferner wurden die römischen Ritter Considius Aequus und Caelius Cursor auf Veranlassung des Fürsten und auf Beschluß des Senates bestraft, weil sie den Prätor Magius Caecilianus fälschlich des Majestätsverbrechens angeklagt hatten. Beide Entscheidungen rechnete man Drusus als Verdienst an: Durch ihn, der sich in der Stadt frei bewege und an Versammlungen und Gesprächen teilnehme, werde seines Vaters geheimnisvolle Abgeschiedenheit gemildert. Selbst das Luxusleben des Jünglings mißfiel nicht so sehr. Mochte er seinen Sinn lieber darauf richten, mochte er den Tag mit seinen Bauplänen, die Nacht bei Gelagen verbringen, statt einsam, und ohne sich ein Vergnügen zu gönnen, finsterer Wachsamkeit und argen Sorgen nachzuhängen!

38. Denn Tiberius und die Ankläger wurden nicht müde. So hatte Ancharius Priscus den Prokonsul von Creta, Caesius Cordus, wegen Erpressung belangt und ihn auch noch des Majestätsverbrechens beschuldigt, was damals allen Anklagen erst den rechten Nachdruck gab. Der Kaiser zog den Antistius Vetus, einen vornehmen Makedonen, der von einer Anklage wegen Ehebruchs freigesprochen worden war, mit heftigem Tadel gegen die Richter von neuem vor Gericht, und zwar wegen Majestätsverbrechens: Er sei ein Friedensstörer und habe sich an Rhescuporis' Plänen beteiligt, zu einer Zeit, als dieser den Cotys ermordete und einen Krieg gegen uns vorhatte. Daher wurde der Bann über den Angeklagten ausgesprochen und hinzugefügt, er solle auf einer Insel festgehalten werden, die weder Makedonien noch Thra-

kien nahe liege. Denn Thrakien war seit der Aufteilung der Herrschaft zwischen Rhoemetalces und Cotys' Kindern, denen man während ihrer Minderjährigkeit Trebellenus Rufus als Vormund gegeben hatte, in Aufruhr geraten, weil es sich an unsere Regierung nicht gewöhnen konnte. Die Thraker beschuldigten den Rhoemetalces nicht weniger als den Trebellenus, daß sie die kränkende Behandlung der Eingeborenen ungestraft ließen. Die Coelaleten, Odruser und Dier, mächtige Völkerschaften, griffen zu den Waffen, jede unter einem anderen Führer, die alle gleich geringes Ansehen hatten und sich deshalb nicht zu einem ernsthaften Krieg zusammenschlossen. Ein Teil beunruhigt die nächste Umgebung, andere überschreiten den Haemus, um entferntere Völker aufzuwiegeln; der größte und noch am besten geordnete Haufen belagert den König und die von dem makedonischen König Philipp gegründete Hauptstadt Philippopolis.

39. Als dies P. Vellaeus, der Befehlshaber des nächsten römischen Heeres, erfuhr, sendet er die Flügelschwadronen und die leichtbewaffneten Kohorten gegen diejenigen, die plünderten oder umherschwärmten, um Verstärkungen heranzuholen. Er selbst führt seine Kerntruppen heran, um die belagerte Stadt zu entsetzen. Alles wurde gleichzeitig und glücklich durchgeführt, die Plünderer wurden niedergemacht, bei den Belagerern entstand Uneinigkeit, der König machte einen erfolgreichen Ausfall, und die Legion traf ein. Von einer Schlacht oder einem Treffen kann hier wohl nicht gesprochen werden, wo Halbbewaffnete und Umherirrende zusammengehauen wurden, ohne jeden Verlust auf unserer Seite.

40. Im gleichen Jahr begannen die Völkerschaften Galliens wegen ihrer großen Schuldenlast einen Aufstand, dessen eifrigster Anstifter bei den Treverern Julius Florus, bei den Haeduern Julius Sacrovir war. Beide hatten eine hohe Abkunft und (um Rom) sehr verdiente Vorfahren, weshalb man ihnen einst das römische Bürgerrecht verliehen hatte, als dies noch selten und nur als Lohn für besondere Verdienste geschah. Die beiden hielten geheime Unterredungen ab, zogen die verwegensten Leute hinzu oder solche, die sich aus Armut oder aus Furcht wegen ihrer Verbrechen am meisten zu Vergehen gedrängt fühlten, und verabredeten, es solle Florus die Belger, Sacrovir die näher wohnenden

Gallier aufwiegeln. So führten sie an ständigen Versammlungsorten und bei besonderen Zusammenkünften aufrührerische Reden über die unaufhörlichen Tribute, über die drückenden Wucherzinsen, über die Härte und den Hochmut der römischen Statthalter. Seit der Kunde von Germanicus' Ende seien die Heere in Aufruhr. Es bestehe jetzt eine treffliche Gelegenheit, die Freiheit wiederzuerlangen, wenn sie, selbst in voller Kraft, bedächten, wie hilflos Italien, wie unkriegerisch die Bevölkerung von Rom sei. Die Stärke der Heere beruhe einzig und allein auf Ausländern!

41. Fast kein Staat blieb vom Geist dieses Aufruhrs verschont, zum Ausbruch aber kam er zuerst bei den Andecaven und Turonen. Die Andecaven hielt der Legat Acilius Aviola durch den Aufruf der Kohorte, die in Lugdunum lag, in Schranken. Die Turonen wurden durch Legionssoldaten niedergehalten, die Visellius Varro, der Legat von Niedergermanien, geschickt hatte. Die Führung hatte auch hier Aviola, außerdem einige gallische Häuptlinge, die zu Hilfe kamen, um dadurch ihren Abfall zu verstecken und auf eine gelegenere Zeit zu verschieben. Man sah sogar Sacrovir, wie er mit unbedecktem Haupt zum Kampf für die Römer aufrief, um, wie er behauptete, seinen Mut zu zeigen. Aber Gefangene sagten aus, er habe sich so offen zu erkennen gegeben, um nicht durch (gallische) Geschosse gefährdet zu werden. Als man Tiberius darüber befragte, beachtete er die Anzeige nicht und gab durch seine Unschlüssigkeit dem Krieg neue Nahrung.

42. Inzwischen geht Florus eifrig auf sein Ziel los; er sucht eine Reiterabteilung, die im Trevererland ausgehoben, aber auf römische Art organisiert und geschult war, zur Ermordung römischer Kaufleute zu verleiten, um so den Krieg zu beginnen. Einige Reiter ließen sich auch verleiten, die Mehrzahl aber blieb treu. Ein anderer Haufe von Verschuldeten und Hörigen griff zu den Waffen und wollte nach dem sogenannten Arduenna-Wald ziehen, wurde aber durch die Legionen der beiden Heere, die Visellius und C. Silius auf getrennten Wegen herangeführt hatten, daran gehindert. Julius Indus, ein Treverer wie Florus, aber dessen Feind und deshalb um so eifriger am Werk, war mit einer auserlesenen Mannschaft vorausgeschickt worden und jagte die noch ungeordnete Menge auseinander. Florus hatte die Sieger zunächst durch versteckte Schlupfwinkel getäuscht, tötete sich aber zuletzt

beim Anblick der Soldaten, die alle Ausgänge besetzt hatten, durch eigene Hand. Damit endete der Aufstand der Treverer.

43. Bei den Haeduern war der Aufruhr weit bedenklicher, weil ihr Staat mächtiger und eine Heeresmacht zu seiner Unterdrükkung nicht in der Nähe war. Augustodunum, die Hauptstadt des Stammes, hatte Sacrovir mit bewaffneten Kohorten besetzt, um die adelige Jugend Galliens, die dort wissenschaftlichen Studien oblag, zu gewinnen und durch dieses Pfand auch deren Eltern und Verwandte an sich zu fesseln. Zugleich läßt er heimlich angefertigte Waffen an die Jugend verteilen. Es waren 40000 Mann, zu einem Fünftel bewaffnet wie die römischen Legionäre, die übrigen hatten nur Jagdspieße, Schlachtmesser und andere Jagdwerkzeuge. Dazu kamen Sklaven, die zu Gladiatorenkämpfen bestimmt waren, nach Landessitte ganz in Eisenpanzer gehüllt. Man nennt sie Crupellarier, weil sie ungeschickt sind, andere zu verwunden, selbst aber unverwundbar bleiben. Diese Truppen wurden noch durch die Nachbarstaaten vermehrt, die zwar noch nicht von Staats wegen beitraten, aber privat eifrige Bereitwilligkeit zeigten, wozu noch die Eifersucht der römischen Feldherren beitrug. Beide stritten sich nämlich um den Oberbefehl im bevorstehenden Krieg, bis ihn der altersschwache Varro endlich dem rüstigen Silius überließ.

44. In Rom aber hieß es, daß nicht nur die Treverer und Haeduer, sondern alle vierundsechzig Staaten Galliens abgefallen seien, daß sie mit den Germanen ein Bündnis abgeschlossen hätten und daß auch die beiden Spanien wankend geworden seien. Alle diese Nachrichten fanden, wie das bei Gerüchten üblich ist, in noch vergröberter Form Glauben. Alle Wohlgesinnten waren voller Besorgnis um den Staat. Viele, die mit den gegenwärtigen Zuständen unzufrieden waren und eine Veränderung wünschten, freuten sich sogar über ihre eigenen Gefahren und schalten Tiberius, daß er sich angesichts einer so gewaltigen Bewegung noch mit den Klageschriften der Angeber befasse. Ob etwa auch Sacrovir als Angeklagter wegen Majestätsverbrechens vor dem Senat stehen werde? Endlich seien doch Männer da, die auf Blutbefehle des Kaisers mit Waffen antworten würden. Gegen jammervollen Frieden sei Krieg immer noch ein guter Tausch. Um so sorgfältiger bewahrte Tiberius seine Gelassenheit, änderte weder seinen

Aufenthaltsort noch seine Miene, sondern verbrachte auch jene Tage wie sonst. Entweder besaß er eine so große Selbstbeherrschung, oder er hatte erfahren, daß die Sache ohne Belang und unbedeutender sei, als man sie darstellte.

45. Inzwischen rückt Silius mit zwei Legionen heran. Die vorausgeschickte bundesgenössische Reiterei verwüstet die Dörfer der Sequaner, die an der äußersten Grenze Galliens lagen und als Nachbarn und Freunde der Haeduer gleichfalls unter Waffen standen. Dann rückt er in Eilmärschen nach Augustodunum, wobei die Fahnenträger um die Wette marschieren und sogar die gemeinen Soldaten laut verlangen, man solle nicht die gewohnte Rast, nicht die Stunden der Nachtruhe einhalten. Wenn sie nur den Gegner sähen und von ihm gesehen würden, dann hätten sie den Sieg schon sicher. Beim zwölften Meilenstein, im offenen Feld, erschienen Sacrovir und seine Truppen. In der Front hatte er die Eisenmänner aufgestellt, an den Flügeln die Kohorten, im Hintertreffen die Halbbewaffneten. Er selbst reitet, von seinen Häuptlingen umgeben, auf einem stattlichen Roß daher und erinnert seine Scharen an den alten Ruhm der Gallier und an alle Niederlagen, die sie den Römern beigebracht hätten. Wie glorreich sei die Freiheit, wenn sie siegten, wie doppelt unerträglich die Knechtschaft, wenn sie von neuem unterlägen!«

46. Die Rede dauerte nicht lange und wurde auch nicht siegesfroh aufgenommen. Denn schon nahte die Schlachtreihe der Legionen, und das ungeordnete und im Kriegsdienst unerfahrene Stadtvolk war kaum dem Eindruck gewachsen, den es mit Auge und Ohr empfing. Silius dagegen hatte bei der siegesgewissen Stimmung seiner Soldaten keinen rechten Grund, sie noch mehr anzufeuern. Trotzdem rief er ihnen zu, es sei für sie eigentlich eine Schande, daß sie, die Sieger über Germanien, nun gegen die Gallier wie gegen einen wirklichen Feind geführt würden: »Eine einzige Kohorte hat neulich die aufständischen Turonen, eine einzige Schwadron die Treverer, ein kleiner Reitertrupp unseres eigenen Heeres die Sequaner geschlagen. Diese reichen, üppigen und darum so unkriegerischen Haeduer, besiegt sie völlig und verfahrt sorglich mit den Fliehenden!« Ein gewaltiger Schlachtruf war die Antwort; die Reiterei führte eine Umzingelung durch, das Fußvolk griff die Front an, auch an den Flanken war man

nicht säumig. Einigen Aufenthalt verursachten nur die Gepanzerten, da das Eisenblech den Speeren und Schwertern widerstand. Doch die Soldaten greifen zu Beilen und Äxten, als wollten sie eine Mauer durchbrechen, und zerhauen die Panzer samt den Leibern; einige werfen mit Stangen oder Gabeln die ungefügen Massen um; und lagen sie einmal da und machten keinen Versuch, sich wieder aufzurichten, so ließ man sie wie tot liegen. Sacrovir begab sich zuerst nach Augustodunum und dann aus Furcht vor der Auslieferung mit seinen treuesten Anhängern in ein nahes Landhaus. Dort fällt er durch eigene Hand; die anderen töten sich gegenseitig. Das Landhaus wurde über ihnen angezündet, und darin verbrannten alle.

47. Jetzt erst schrieb Tiberius dem Senat, daß der Krieg begonnen und gleichzeitig beendet worden sei. Ohne der Wahrheit etwas wegzunehmen oder hinzuzusetzen, erklärte er, die Legaten hätten durch ihre Treue und Tüchtigkeit, er durch seine Entschlüsse die Oberhand behalten. Er fügte auch die Gründe bei, warum weder er selbst noch Drusus persönlich an diesem Krieg teilgenommen hätten. Das Reich habe eine gewaltige Größe, und es zieme sich nicht für die Herrscher, wenn sich ein oder zwei Gebiete empörten, hinzueilen und die Hauptstadt zu verlassen, wo doch die Gesamtleitung des Staates ihren Sitz habe. Jetzt, wo es nicht mehr die Furcht sein könne, die ihn bestimme, wolle er Gallien besuchen, um die gegenwärtigen Zustände zu besichtigen und die Verhältnisse zu ordnen. Der Senat beschloß Gelübde für seine glückliche Rückkehr, Dankfeste und andere Ehrungen. Cornelius Dolabella, der alle anderen übertrumpfen wollte, ging in seiner Schmeichelei bis zur Abgeschmacktheit und stellte den Antrag, der Kaiser solle jetzt sogleich von Campanien aus im Triumph in Rom einziehen. Darauf kam ein zweiter Brief des Kaisers, worin er erklärte, er sei doch nicht so bar des Ruhmes, daß er nach all seinen Siegen über die wildesten Völkerschaften, nach all den Triumphen, die er in jungen Jahren gefeiert oder abgelehnt habe, jetzt als älterer Mann noch nötig hätte, für einen Landaufenthalt in der Nähe Roms eine nichtssagende Belohnung in Anspruch zu nehmen.

48. Um dieselbe Zeit richtete er an den Senat die Bitte, der verstorbene Sulpicius Quirinus solle auf Staatskosten feierlich be-

stattet werden. Quirinus gehörte nicht etwa zur alten Patrizierfamilie der Sulpicier, sondern stammte aus der Landstadt Lanuvium. Doch war er ein tüchtiger Kriegsmann und hatte unter Augustus durch seinen Diensteifer das Konsulat, später nach Eroberung des Kastells der Homonadenser jenseits von Kilikien auch die Triumphabzeichen erlangt. Obwohl er dem Caesar Gaius, der den Oberbefehl in Armenien führte, als Gouverneur beigegeben war, hatte er doch Tiberius während dessen Aufenthalts auf Rhodus mit Achtung behandelt. Dies führte Tiberius jetzt im Senat an, lobte Quirinus' Dienstbeflissenheit gegen ihn und tadelte den M. Lollius, dem er die Schuld gab an dem kränkenden und feindseligen Verhalten, das der Caesar Gaius gegen ihn gezeigt hatte. Bei den übrigen dagegen stand Quirinus durchaus nicht in gutem Andenken, weil er, wie bereits berichtet, die Lepida in Gefahr gebracht hatte und in seinem Alter ein Geizhals und allzu mächtiger Mann geworden war.

49. Am Ende des Jahres belangte ein Angeber den römischen Ritter Clutorius Priscus, der für ein berühmtes Gedicht, worin er Germanicus' Tod beklagte, vom Kaiser ein Geldgeschenk erhalten hatte. Der Angeber warf ihm vor, auf den erkrankten Drusus ebenfalls ein Gedicht gemacht zu haben, um es im Fall von dessen Tod für eine noch höhere Belohnung zu veröffentlichen. Clutorius hatte dieses Gedicht im Haus des P. Petronius vor dessen Schwiegermutter Vitellia und vielen vornehmen Frauen aus Eitelkeit vorgelesen. Als der Angeber nun auftrat und sich alle vor Schreck zur Ablegung ihres Zeugnisses bewegen ließen, versicherte Vitellia allein, nichts gehört zu haben. Doch fanden die Äußerungen, die ihn zu seinem Verderben belasteten, mehr Glauben, und der Angeklagte wurde auf Antrag des designierten Konsuls Haterius Agrippa zum Tode verurteilt.

50. Dagegen machte M'. Lepidus folgende Einwendungen: »Wenn wir, Senatoren, nur darauf sehen, mit wie ruchlosen Worten Clutorius Priscus seine Seele und die Ohren der Menschen besudelt hat, so dürfte weder Kerker noch Strang, ja nicht einmal die Sklavenstrafe der Kreuzigung gegen ihn genügen. Wenn aber auch Verbrechen und Schandtaten grenzenlos sind, so setzt doch des Fürsten Milde und euer eigenes sowie der Vorfahren Beispiel den Strafen und Besserungsmitteln ihre Grenzen.

Zwischen Eitelkeit und Schlechtigkeit, zwischen bloßen Worten und verbrecherischen Handlungen gibt es einen Unterschied. Darum darf ich einen Antrag stellen, nach welchem der Schuldige für sein Vergehen nicht straflos bleibt und wir uns unserer mit Strenge verbundenen Milde nicht zu schämen brauchen. Oft habe ich unseren Fürsten darüber klagen hören, wenn ein Angeklagter durch freiwilligen Tod seiner Gnade zuvorgekommen war. Clutorius lebt noch, und sein Weiterleben wird weder zu einer Gefahr für den Staat werden noch sein Tod als abschreckendes Beispiel dienen. Sein Treiben ist ebenso wahnsinnig wie nichtig und haltlos. Auch dürfte man wohl kein ernstliches Verbrechen von einem Manne zu befürchten haben, der seine eigenen Missetaten verrät und nicht Männer, sondern schwache Weiberherzen zu betören versucht. Verbieten wir ihm immerhin den Aufenthalt in Rom, schicken wir ihn unter Verlust seines Vermögens in die Verbannung! Dies ist mein Antrag, den ich ganz so stelle, als wäre er des Majestätsverbrechens für schuldig befunden worden.«

51. Rubellius Blandus war der einzige von den Konsularen, der dem Lepidus zustimmte; die übrigen schlossen sich Agrippas Antrag an, und Priscus wurde in den Kerker abgeführt und sofort hingerichtet. Tiberius machte dem Senat in seiner gewohnten zweideutigen Art Vorwürfe. Er dankte zwar für die Pflichttreue, mit der man sogar geringfügige Beleidigungen des Princeps hart bestrafe, bat aber, von einer so übereilten Bestrafung bloßer Worte künftig abzusehen. Lepidus lobte er zwar, tadelte aber Agrippa nicht. Also wurde ein Senatsbeschluß gefaßt, wonach die Entscheidungen des Senats nicht vor dem zehnten Tag in die Staatskanzlei gebracht und das Leben der Verurteilten bis dahin gefristet werden sollte. Doch erhielt der Senat dadurch weder die Befugnis, ein Urteil rückgängig zu machen, noch pflegte sich Tiberius in dieser Zwischenzeit zur Milde bestimmen zu lassen.

52. Es folgt das Konsulatsjahr des C. Sulpicius und D. Haterius, das draußen ruhig war, daheim aber Furcht vor strengen Verordnungen gegen den Luxus erregte, der in allem, was Geldverschwendung betrifft, ins Unermeßliche gestiegen war. Doch ließen sich die anderen Arten von Aufwand, auch wenn sie noch bedeutender waren, bei der üblichen Verheimlichung der gezahlten Preise verbergen. Dagegen hatten die Aufwendungen für die

Genüsse des Magens und Gaumens, über die man doch beständig sprach, die Sorge aufkommen lassen, daß der Princeps in seiner altrömischen Sparsamkeit schärfere Maßnahmen ergreifen könnte. Denn nach dem Vorgang des C. Bibulus hatten auch die übrigen Ädilen geäußert, daß das Luxusgesetz nicht beachtet werde, daß die Preise für Hausbedarf täglich stiegen und daß man bei kleineren Abhilfemitteln nicht stehen bleiben könne. Die Senatoren, die darum befragt wurden, hatten diese Sache ohne Entscheidung an den Princeps verwiesen. Tiberius hatte sich aber schon oft überlegt, ob solche ausschweifende Begierden überhaupt in Schranken gehalten werden könnten und ob nicht Gegenmaßregeln dem Staat noch größeren Schaden brächten. Ferner sah er, wie wenig ehrenvoll es sei, etwas anzufangen, was man nicht durchsetzen könne oder dessen Durchsetzung die Bloßstellung und Erniedrigung hochgestellter Männer zur Folge haben würde. Endlich verfaßte er ein Schreiben an den Senat etwa folgenden Inhalts:

53. »Bei den übrigen Fragen, Senatoren, ist es vielleicht zweckmäßiger, wenn ich persönlich befragt werde und erkläre, was ich dem Staat für dienlich erachte. Bei dem vorliegenden Antrag aber war es besser, daß ich nicht zugegen war. Wenn eure Blicke sich auf die erschrockenen Gesichter der Männer gerichtet hätten, die schmählicher Ausschweifung bezichtigt würden, so hätte auch mein Auge sie gefunden und gleichsam auf frischer Tat ertappt. Hätten sich nun diese pflichteifrigen Männer, die Ädilen, vorher mit mir beraten, vielleicht hätte ich ihnen den Rat gegeben, diese übermächtig gewordenen Laster lieber unbeachtet zu lassen als lediglich zu erreichen, daß es offenkundig würde, welchen Mißständen wir nicht mehr gewachsen sind. Doch jene Männer haben ihre Pflicht getan, wie ich nur wünschen möchte, daß auch die übrigen Beamten ihre Pflichten erfüllen. Für mich ist es aber weder schicklich zu schweigen noch leicht, mich auszusprechen, weil ich weder Ädil noch Prätor oder Konsul bin. Vom Princeps verlangt man Größeres und Erhabeneres; und während sich für richtige Maßnahmen jeder selbst den Dank aneignet, wird (bei falschen Maßnahmen) durch üble Nachrede von allen gegen einen einzigen gesündigt. Denn was soll ich zuerst verbieten oder auf das frühere Maß einzuschränken versuchen? Den grenzenlosen Um-

fang der Villen? Die riesige und aus allen Nationen zusammengesetzte Dienerschaft? Die Schwere der Silber- und Goldgefäße? Die Wunderwerke der Plastik und Malerei? Die kostbaren Gewänder, die ebenso von Männern wie von Frauen getragen werden? Und dazu noch den eigentlichen Luxus der Frauen, die Edelsteine, für die unser Gold zu entlegenen oder gar feindlichen Völkern abwandert?

54. Ich weiß wohl, daß auch bei Gelagen und geselligen Zusammenkünften über den Luxus geklagt und Einschränkungen gefordert werden. Stellt man aber ein Gesetz darüber auf und kündigt Strafen an, so werden dieselben Leute schreien, die Verfassung werde gebrochen, gerade den vornehmsten Häusern drohe Verderben, jeder sei Anschuldigungen ausgesetzt. Und doch kann man nicht einmal körperlichen Krankheiten, wenn sie alt und festverwurzelt sind, anders beikommen als durch harte und strenge Maßregeln. Die Seele aber ist zugleich Verführte und Verführerin, krank und zugleich lüstern. Ihre Heilmittel müssen ebenso kräftig sein, wie die Gelüste selbst sind, von denen sie entbrannt ist. Unsere Vorfahren haben so viele Gesetze ersonnen, der verewigte Augustus hat so viele gegeben. Aber jene sind in Vergessenheit geraten, diese, was noch schändlicher ist, durch Nichtbeachtung abgeschafft worden und haben den Luxus nur noch selbstbewußter gemacht. Denn wer begehrt, was noch nicht verboten ist, der kann doch fürchten, daß es noch verboten wird. Hat man aber einmal Verbote straflos übertreten, dann gibt es weiterhin weder Furcht noch Scham. Warum herrschte denn ehedem Sparsamkeit? Weil sich jeder selbst zu mäßigen wußte, solange wir Bürger einer einzigen Stadt waren. Auch als wir nur Italien beherrschten, war die Versuchung noch nicht so groß. Erst durch unsere Siege über fremde Länder haben wir gelernt, fremdes Gut zu verprassen, durch die Bürgerkriege sogar unser eigenes. Wie geringfügig sind die Dinge, die die Ädilen rügen! Wie leicht erscheinen sie, wenn man alles übrige bedenkt! Aber, fürwahr, niemand fällt es ein, zur Sprache zu bringen, daß Italien auswärtiger Hilfe bedarf, daß des römischen Volkes Leben täglich das unsichere Spiel der Meereswogen und der Stürme ist. Und wenn der Provinzen Überfluß uns Herren samt den Sklaven und den (wenigen) Äckern eines Tages nicht mehr erhalten kann,

so werden uns vermutlich unsere Parks und Villen erhalten!? Diese Sorge, Senatoren, hat der Princeps zu tragen. Wird sie vernachlässigt, dann wird sie den ganzen Staat ins Verderben reißen. Was die übrigen Punkte betrifft, so muß die Gesundung von innen heraus erfolgen. Möge uns, Senatoren, das Ehrgefühl, die Armen die bittere Not, die Reichen die Übersättigung zum Besseren wandeln! Verspricht aber einer der Staatsbeamten so viel Tatkraft und Strenge, um dem Übel entgegentreten zu können, so will ich ihn loben und bekennen, daß mir ein Teil meiner Arbeitslast abgenommen worden ist. Wollen sie aber die Mißstände lediglich rügen und dann, wenn sie den Ruhm dafür geerntet haben, die Mißhelligkeiten mir überlassen, so dürft ihr mir glauben, Senatoren, daß auch ich kein Verlangen habe, mich verhaßt zu machen. Da ich schon genug schwere und meist unverdiente Anfeindungen zum Wohl des Staates auf mich nehme, so habe ich das Recht, mir nichtige, zwecklose und weder für mich noch für euch nützliche zu verbitten.«

55. Nachdem man von diesem Brief des Kaisers Kenntnis genommen, wurde den Ädilen die weitere Verfolgung der Angelegenheit überlassen. Der Tafelluxus aber wurde hundert Jahre lang, von der Schlacht bei Actium bis zu der Zeit, da Servius Galba durch Waffengewalt zur Herrschaft gelangte, mit verschwenderischem Aufwand weiter geübt und verschwand dann erst allmählich. Man darf sich nach den Gründen dieses Wandels fragen. Einstmals gingen reiche Familien, die durch ihren Adel oder durch Verdienste hochgekommen waren, in ihrer Prunksucht zu weit. Denn es war damals noch erlaubt, dem Volk, den Provinzialen und den Königen Geschenke zu machen und von ihnen anzunehmen. Je mehr sich einer durch Reichtum und Aufwand seines Hauses bemerkbar machte, desto geehrter war er durch seinen Namen und seine Klientel. Als dann aber mit Mord gewütet worden war und die Größe des Rufes zum Untergang führte, wandten sich die Überlebenden einer vernünftigeren Lebensweise zu. Zugleich brachten die aus den Munizipien und Kolonien, sogar aus den Provinzen häufig in den Senat aufgenommenen Emporkömmlinge ihre heimische Sparsamkeit mit. Und wenn auch sehr viele durch Glück und Fleiß zu einem begüterten Alter gelangten, so blieb ihnen doch der frühere Sinn. In beson-

derem Maß aber gab Vespasianus Anlaß zu einer eingeschränkten Lebensweise, weil er selbst gewohnt war, in altrömischer Einfachheit zu leben. So war die Folgsamkeit gegen den Fürsten und das Streben, ihm nachzueifern, wirksamer als Strafe und Furcht auf Grund von Gesetzen. Vielleicht besteht auf der ganzen Welt ein gewisser Kreislauf. Wie die Jahreszeiten, so wechseln vielleicht auch die Sitten. Gewiß war in den älteren Zeiten nicht alles besser, unser Zeitalter hat aber auch viel Gutes und Schönes hervorgebracht, was für unsere Nachkommen nachahmenswert ist. Jedenfalls sollte dieser Wettstreit mit den Vorfahren um das Ehrenhafte für uns weiterbestehen bleiben.

56. Tiberius, der sich den Ruf weiser Mäßigung erworben, weil er die schon losbrechenden Angeber zurückgewiesen hatte, schickte nun ein weiteres Schreiben an den Senat, worin er um die Übertragung der tribunizischen Gewalt an Drusus bat. Augustus hatte diese Bezeichnung für die höchste Macht gewählt, um nicht den Namen König oder Diktator anzunehmen und doch durch irgendeinen Titel die übrigen Staatsämter zu überragen. Dann erwählte Augustus den Marcus Agrippa zum Teilhaber der tribunizischen Gewalt und nach dessen Tod den Tiberius Nero, um über seinen Nachfolger keinen Zweifel zu lassen. Auf diese Weise glaubte er verwegene Hoffnungen anderer zu zügeln; zugleich verließ er sich auf Tiberius' Zurückhaltung und seine eigene überragende Persönlichkeit. Nach diesem Beispiel brachte jetzt Tiberius den Drusus der Regentschaft näher, während er zu Germanicus' Lebzeiten seine Wahl zwischen beiden unentschieden gelassen hatte. Im Eingang des Schreibens rief er die Götter an, sie möchten sein Vorhaben dem Staat zum Segen gereichen lassen, und sprach dann mit Maß und ohne falsche Übertreibung von den Eigenschaften des jungen Mannes. Er habe eine Gattin und drei Kinder und stehe im gleichen Alter, in dem er selbst einst vom verewigten Augustus zu diesem Amt berufen worden sei. Von einer Übereilung könne nicht die Rede sein, da Drusus acht Jahre hindurch erprobt worden sei, Aufstände unterdrückt, Kriege glücklich beendet, einen Triumph gefeiert und zweimal das Konsulat bekleidet habe. Jetzt werde er als Teilhaber an einer ihm bekannten Arbeitslast herangezogen.

57. Diese Worte hatten sich die Senatoren schon vorher über-

legt; um so raffinierter war ihre Liebedienerei. Trotzdem verfielen sie auf nichts anderes, als daß sie die Aufstellung von Standbildern für die beiden Fürsten, Altäre für die Götter, Tempel, Ehrenbogen und andere übliche Dinge beschlossen. Nur M. Silanus suchte in der Herabwürdigung des Konsulats eine besondere Ehrung für die Fürsten und erklärte bei der Stimmabgabe, es sollten auf öffentlichen und privaten Denkmälern als Zeitangabe nicht mehr die Namen der Konsuln angebracht werden, sondern die Träger der tribunizischen Gewalt. Als aber vollends Q. Haterius den Antrag stellte, die Senatsbeschlüsse des heutigen Tages mit goldenen Buchstaben in der Kurie einzuschlagen, da wurde der Greis zum Gespött, weil er von dieser ekelhaften Schmeichelei nur noch die allgemeine Verachtung zu erwarten hatte.

58. Als um diese Zeit dem Junius Blaesus der Oberbefehl über die Provinz Afrika verlängert wurde, verlangte der Juppiterpriester Servius Maluginensis, daß er die Provinz Asien gemäß der Auslosung erhalte. Dabei behauptete er, die allgemeine Ansicht, Juppiterpriester dürften Italien nicht verlassen, sei irrig; er habe doch gleiches Recht wie die Priester des Mars und des Quirinus. Und wenn diese eine Provinz auslosten, warum sei das Gleiche für den Juppiterpriester verboten? Darüber gebe es keine Senatsbeschlüsse, auch finde sich nichts in den Ritualbüchern. Oft genug hätten Oberpriester den Dienst des Juppiter versehen, wenn dessen Priester durch Krankheit oder öffentliche Ämter behindert waren. Für den verstorbenen Cornelius Merula sei fünfundsiebzig Jahre lang überhaupt kein Stellvertreter erwählt worden, ohne daß dadurch in den heiligen Gebräuchen ein Stillstand eingetreten wäre. Wenn aber so lange Jahre ohne Schaden der Religion eine Wahl unterbleiben konnte, um wieviel leichter wäre dann seine Abwesenheit während einer einjährigen Statthalterschaft zu ermöglichen? Früher sei es durch private Zwistigkeiten dahin gekommen, daß ein Pontifex maximus die Übernahme von Provinzen verboten habe. Jetzt sei durch die Gnade der Götter der höchste Pontifex zugleich der erhabenste aller Menschen, der keiner Eifersucht, keinem Haß und keinen persönlichen Rücksichten unterworfen sei.

59. Als sich der Augur Lentulus und andere aus verschiedenen

Gründen dagegen aussprachen, kam man auf den Ausweg, die Entscheidung des Pontifex maximus selbst abzuwarten. Tiberius aber verschob die Entscheidung über die priesterlichen Rechte. Dann schränkte er die wegen Drusus' Erhebung zum Mitregenten beschlossenen Ehrungen ein, wobei er namentlich das Ungewöhnliche an dem Antrag (des Haterius) tadelte: Goldene Buchstaben widersprächen der hergebrachten Sitte. Auch wurde ein Brief des Drusus verlesen, den man, obgleich er bescheiden klang, doch als äußerst hochmütig empfand. So weit sei es also gekommen, daß ein junger Mann, dem eine so hohe Ehrung zuteil werde, sich nicht einmal den Göttern Roms nahe, sich nicht dem Senat vorstelle und wenigstens die Auspizien (seines Amtes) auf heimatlichem Boden vornehme! Natürlich sei angeblich Krieg oder er werde in fernen Ländern festgehalten, während er jetzt gerade an Campaniens Gestaden und Seen lustwandele! So werde der künftige Weltherrscher eingeführt, dies sei das erste, was er in der Schule des Vaters lerne! Mochte immerhin der greise Kaiser den Anblick seines Volkes meiden, sein müdes Alter und seine Arbeitslast vorschützen: Was könne den Drusus hindern? Doch nur seine Anmaßung!

60. Tiberius aber, der seine Macht als Princeps stets zu festigen suchte, ließ nun doch dem Senat einen Schatten der alten Freiheit und verwies die Wünsche der Provinzen zur Prüfung an die Senatoren. In den griechischen Städten nahm nämlich die Unsitte zu, ungestraft Asyle zu errichten. Die Tempel füllten sich mit dem schlimmsten Sklavengesindel. In denselben Schutz wurden Schuldner gegen ihre Gläubiger, sogar Leute, die todeswürdiger Verbrechen verdächtig waren, aufgenommen, und keine Obrigkeit war stark genug, die Aufstände des Volkes zu unterdrücken, wenn es menschliche Unverschämtheit ebenso wie heiligen Götterdienst in Schutz nahm. Infolgedessen wurde beschlossen, die Gemeinden sollten Gesandte mit den Dokumenten der Asylberechtigung nach Rom schicken. Darauf gaben einige Städte, die sich fälschlich die Berechtigung angemaßt hatten, diese jetzt freiwillig auf, viele aber beriefen sich auf alte religiöse Überlieferungen oder auf ihre Verdienste um das römische Volk. Es war ein glänzender Tag, als der Senat nun in die Bewilligungen der Vorfahren, in die Verträge mit den Bundesgenossen, sogar in die

Verordnungen der Könige, die vor Rom an der Macht gewesen waren, und in die heiligen Verpflichtungen gegen die Götter selber Einsicht nahm, wobei es ihm, wie ehedem, freistand, was er bestätigen oder abändern wollte.

61. Zuerst erschienen die Ephesier und erinnerten daran, daß Diana und Apollo nicht, wie die Menge glaubte, auf Delos geboren seien. Auf ihrem Gebiet fließe der Cenchreus und liege der Hain Ortygia, wo die schwangere Latona, an den noch heute stehenden Ölbaum gelehnt, die beiden Gottheiten geboren habe; und dieser Hain sei auf Geheiß der Götter geheiligt worden, auch habe sich hier Apollo selbst nach der Tötung der Zyklopen vor dem Zorn Juppiters verborgen. Später habe der Vater Liber, als Sieger im Krieg, den um Gnade flehenden Amazonen, die sich auf dem dortigen Altar niedergelassen, Verzeihung gewährt. Fernerhin sei durch Hercules' Gunst, als er sich Lydiens bemächtigte, des Tempels Heiligkeit noch gewachsen; auch unter persischer Herrschaft seien seine Rechte nicht verringert worden; später hätten die Makedonen und dann wir diese Rechte erhalten.

62. Nach ihnen traten die Einwohner von Magnesia auf, die sich auf die Verordnungen des L. Scipio und L. Sulla beriefen. Jener hatte nach dem Sieg über Antiochus, dieser nach Mithridates' Vertreibung die Treue und Tapferkeit der Magneter dadurch geehrt, daß sie den Tempel der Diana Leucophryna für eine unverletzliche Freistatt erklärten. Hierauf legten die Aphrodisienser und die Stratonicenser ein altes Beglaubigungsdekret des Diktators Caesar für ihre Verdienste um seine Sache vor und ein jüngeres des verewigten Augustus, weil sie den Einfall der Parther mit unwandelbarer Treue gegen das römische Volk ausgehalten hätten. Bei der Gemeinde von Aphrodisias war es ein Venustempel, bei der von Stratonicea ein Tempel des Juppiter und der Hecate, den sie zu schützen suchten. Weiter hinaufgehend erklärten die Hierocaesarienser, sie hätten eine persische Diana mit einem vom König Cyrus geweihten Heiligtum. Dabei erwähnten sie die Namen des Perpenna, des Isauricus und vieler anderer römischer Feldherren, die nicht nur den Tempel, sondern auch 2000 Doppelschritte im Umkreis für heilig erklärt hatten. Weiter berichteten die Cyprier über drei Heiligtümer; das älteste habe ihr Staatsgründer Aerias der paphischen Venus, das zweite dessen Sohn

Amathus der amathusischen Venus, das dritte Teucer auf der Flucht vor dem Zorn seines Vaters Telamon dem salaminischen Juppiter gestiftet.

63. Gehör erhielten auch die Gesandten anderer Gemeinden. Doch ihre große Zahl und die Parteilichkeit, mit der gestritten wurde, ermüdete die Senatoren derart, daß sie den Konsuln den Auftrag gaben, die Rechtslage vorweg genau zu prüfen und nur, wenn sich eine Rechtswidrigkeit herausstellte, die Sache ohne Entscheidung wieder vor den Senat zu bringen. Die Konsuln berichteten, daß außer bei den erwähnten Gemeinden noch in Pergamon ein Asyl des Aesculapius nachgewiesen worden sei. Die übrigen Städte beriefen sich auf uralte und nicht nachweisbare Stiftungen. So führten die Smyrnäer einen Orakelspruch Apollos an, auf dessen Geheiß sie der Venus Stratonicis einen Tempel errichtet hätten, und die Tenier einen Spruch desselben Gottes, der ihnen befohlen habe, ein Bild und einen Tempel des Neptun zu weihen. Die Einwohner von Sardes hatten jüngere Belege: Ihr Tempel sei ein Geschenk des siegreichen Alexander. Ebenso beriefen sich die Milesier auf den König Darius. Der Kult galt in beiden Städten der Diana oder dem Apollo. Die Kreter endlich baten für ein Götterbild des verewigten Augustus. So wurden diese Senatsentscheidungen getroffen, die bei aller Ehrerbietung doch ein gewisses Maßhalten vorschrieben. Zudem wurden die Gemeinden angewiesen, in den Tempeln selbst Erztafeln anzubringen, um das Andenken (an die Entscheidungen) in Ehren zu halten und nicht unter dem Deckmantel der Frömmigkeit einem falschen Ehrgeiz nachzugeben.

64. Zur selben Zeit zwang eine schwere Erkrankung der Julia Augusta den Princeps, eilig nach Rom zurückzukehren. Entweder bestand damals noch zwischen Mutter und Sohn eine wirkliche Eintracht oder doch erst ein heimlicher Groll. Julia hatte nämlich nicht lange vorher, als sie dem vergötterten Augustus ein Standbild weihte, Tiberius' Namen hinter ihren eigenen setzen lassen. Darin habe er, so glaubte man, eine Herabsetzung seiner Herrscherwürde gesehen und insgeheim einen tiefen Groll gefaßt. Jetzt aber werden vom Senat Dankgebete an die Götter und die großen Spiele beschlossen, welche die Oberpriester, Auguren und Quindezimvirn gemeinsam mit den Septemvirn und den

Augustalen begehen sollten. L. Apronius hatte beantragt, daß auch die Fetialen an der Leitung der Spiele teilnehmen sollten. Der Kaiser widersprach, indem er die Gerechtsame der einzelnen Priesterschaften unterschied und frühere Beispiele anführte. Die Fetialen hätten nämlich nie eine so hohe Würde besessen. Eben deshalb habe man die Augustalen hinzugezogen, die ja die eigentliche Priesterschaft des kaiserlichen Hauses seien, für das jetzt Gelübde dargebracht würden.

65. Über die Senatsanträge der Folgezeit ausführlich zu berichten, liegt nur dann in meiner Absicht, wenn sie besonders löblich oder bemerkenswert schimpflich sind; die Hauptaufgabe der Annalen besteht, wie ich glaube, darin, Tugenden nicht zu verschweigen und der Verworfenheit in Wort und Tat Furcht vor der Schande bei der Nachwelt einzuflößen. Übrigens waren jene Zeiten derart verderbt und von niedriger Schmeichelei befleckt, daß nicht nur die ersten Männer im Staat, die ihre Stellung durch besondere Fügsamkeit sichern mußten, sondern sämtliche Konsularen, ein großer Teil der ehemaligen Prätoren, ja sogar viele einfache Senatoren um die Wette auftraten und ekelhaft übertriebene Anträge stellten. Man erzählt, daß Tiberius, so oft er die Kurie verließ, auf griechisch die Worte auszurufen pflegte: »O diese elenden Sklavenseelen!« Es versteht sich, daß selbst den Mann, der keine bürgerliche Freiheit wünschte, vor so verächtlicher Unterwürfigkeit der Ekel packen mußte.

66. Hierauf ging man allmählich von entwürdigenden zu feindseligen Anträgen über. Den Prokonsul von Asien, C. Silanus, der wegen Erpressungen von den Bundesgenossen angeklagt war, greifen nun Mamercus Scaurus, einer der Consularen, der Prätor Junius Otho und der Ädil Bruttidius Niger gemeinsam an und werfen ihm vor, er habe die Gottheit des Augustus verletzt und die Majestät des Tiberius mißachtet. Dabei beruft sich Mamercus auf Beispiele aus der Vergangenheit, wie L. Cotta einst von Scipio Africanus, Servius Galba von Cato Censorius, P. Rutilius von M. Scaurus angeklagt worden seien. Als ob ein Scipio und ein Cato solche Dinge zu rächen pflegten, oder jener alte Scaurus, dessen Andenken sein Urenkel Mamercus, der Schandfleck seiner alten Familie, durch sein ehrloses Vorgehen beschimpfte! Junius Otho hatte ehedem eine Rhetorenschule gelei-

tet, wurde später durch Seianus' Einfluß Senator und suchte seine ruhmlosen Anfänge durch unverschämte Kühnheit vorwärtszubringen. Bruttidius war ein hochgebildeter Mann und hätte, wenn er auf geradem Weg vorgeschritten wäre, zu höchstem Ruhm (als Redner) gelangen können. Aber seine Ungeduld trieb ihn dazu, erst seinesgleichen, dann Höhergestellte und am Ende seine eigenen Wünsche überholen zu wollen. Das hat aber schon viele gutgesinnte Männer zugrunde gerichtet, die langsame und sichere Erfolge verschmähten und frühreife Früchte zum eigenen Verderben erzwingen wollten.

67. Die Zahl der Ankläger vermehrten dann noch Gellius Publicola und M. Paconius, jener Quästor des Silanus, dieser sein Legat. Auch hielt man es nicht für zweifelhaft, daß der Angeklagte wirklich der Grausamkeit und Gelderpressung schuldig war. Dabei kam aber noch vieles hinzu, was selbst einem Unschuldigen gefährlich werden konnte. Denn er sah eine Menge feindlicher Senatoren vor sich und mußte den größten Rednern ganz Asiens, die eben deshalb zu dieser Anklage auserkoren waren, Rede stehen. Er selbst war ganz allein, verstand nicht zu reden und mußte in eigener Sache sprechen, was sogar geübte Redner unsicher macht. Und Tiberius enthielt sich nicht, selbst zahlreiche Fragen an Silanus zu stellen, wobei diesen Ton und Blick in Bedrängnis brachten und ein Widerlegen oder Ausweichen nicht gestattet war. Mehrfach sah sich Silanus sogar zu einem Geständnis genötigt, damit des Kaisers Frage nur ja nicht vergeblich gewesen wäre. Auch hatte der Rentmeister der Staatskasse Silanus' Sklaven ankaufen müssen, damit sie auf der Folter vernommen werden konnten. Und um zu verhindern, daß dem Bedrohten einer seiner Verwandten zu Hilfe komme, wurde eine Klage wegen Majestätsverbrechens untergeschoben, eine Fessel, die alle zum Schweigen nötigte. So bat Silanus um einen Aufschub von wenigen Tagen und gab dann seine weitere Verteidigung auf. Er wagte nur noch eine Eingabe an den Kaiser, die Vorwürfe und Bitten durcheinander enthielt.

68. Tiberius wollte, daß das, was er gegen Silanus vorhatte, durch ein Beispiel aus der Vergangenheit noch mehr gerechtfertigt erscheine, und läßt deshalb eine Klageschrift des verewigten Augustus über Volesus Messala, ebenfalls einen Prokonsul von

Asien, und den gegen ihn gefaßten Senatsbeschluß vorlesen. Dann fragt er den L. Piso um seine Meinung. Piso stellte nach einer langen Vorrede über des Kaisers Milde den Antrag, über Silanus den Bann zu verhängen und ihn nach der Zykladeninsel Gyarus zu verweisen. Die übrigen schlossen sich dem Antrag an, nur meinte Gn. Lentulus, das mütterliche Vermögen des Silanus solle, da er dem Geschlecht der Atier entstammte, abgetrennt und dem Sohn übergeben werden, was Tiberius bewilligte.

69. Cornelius Dolabella aber trieb die Unterwürfigkeit noch weiter. Er ließ sich hart über Silanus' Charakter aus und fügte noch hinzu, es dürfe keiner um eine Provinz losen, dessen Leben gebrandmarkt und mit Schmach beladen sei, und darüber solle der Princeps entscheiden. Denn von den Gesetzen würden nur die begangenen Verbrechen bestraft: Wieviel milder handle man gegen die Täter, wieviel besser gegen die Bundesgenossen, wenn man vorsorge, daß überhaupt nichts verbrochen würde? Dagegen wandte sich der Kaiser: Auch ihm sei nicht unbekannt geblieben, was über Silanus allgemein gesprochen wurde, aber es dürfe auf Gerüchte hin nichts entschieden werden. Viele hätten sich in den Provinzen ganz anders geführt, als man von ihnen erwartet oder befürchtet habe. Die einen würden durch die Größe ihrer Aufgaben zu besseren Leistungen angespornt, die anderen erschlafften; und der Princeps sei weder imstande, alles mit dem eigenen Wissen zu umfassen, noch sei es vorteilhaft, wenn er sich von der Parteilichkeit anderer leiten lasse. Deshalb würden Gesetze nur gegen das gegeben, was geschehen *sei*, weil, was geschehen *könne*, ungewiß sei. So hätten auch die Vorfahren festgesetzt, daß Strafen erst folgen sollten, wenn Verbrechen vorausgegangen wären. Diese weise geschaffenen und stets befolgten Grundsätze solle man doch jetzt nicht umstürzen. Die Fürsten hätten Last genug, aber auch genug Macht! Das Recht aber werde geschmälert, so oft die Macht überhand nehme. Man solle nicht befehlen, wenn man nach den Gesetzen verfahren könne. Je seltener Tiberius Volksfreundlichkeit zeigte, desto freudiger wurde sie begrüßt. Und weil er klug genug war, maßvoll zu sein, wo ihn nicht persönliche Erbitterung reizte, fügte er noch hinzu, daß die Insel Gyarus unfreundlich und unbebaut sei. Sie möchten dem junischen Geschlecht und einem Mann, der vordem zu ihrem eigenen Stand

gehört habe, lieber die Insel Cythnus zugestehen. Darum bitte auch Silanus' Schwester Torquata, eine vestalische Jungfrau von edler Sittenreinheit. Diesem Antrag trat man bei.

70. Hierauf werden die Cyrenenser gehört, und Caesius Cordus wird auf Anklage des Ancharius Priscus wegen Erpressungen verurteilt. Gegen den römischen Ritter L. Ennius, der wegen Majestätsbeleidigung belangt war, weil er aus einem silbernen Bildnis des Fürsten Geschirr für den Hausgebrauch habe machen lassen, verbot der Kaiser die Anklage zu erheben, obgleich sich Ateius Capito scheinbar aus Freiheitsliebe offen dagegen wandte: Man dürfe doch den Senatoren nicht die Beschlußfreiheit nehmen und eine so schwere Untat nicht ungestraft hingehen lassen. Möge der Kaiser immerhin bei persönlicher Kränkung nachsichtig sein; doch Beleidigungen gegen den Staat dürfe er niemandem schenken! Tiberius verstand diese Worte mehr, wie sie gemeint, als wie sie gesprochen waren, und beharrte bei seinem Einspruch. Capito fiel mit seiner Ehrlosigkeit um so mehr auf, weil er ein Kenner des heiligen und profanen Rechts war und trotzdem die Ehre des Staates und seine persönlichen guten Eigenschaften der Schande preisgegeben hatte.

71. Dann kam man auf die religiöse Frage zu sprechen, in welchem Tempel das Weihgeschenk aufzustellen sei, das die römischen Ritter der Fortuna Equestris für die Genesung der Augusta gelobt hatten. Denn obgleich sich viele Tempel der Fortuna in Rom befanden, gab es doch keinen mit dem genannten Beinamen. Es stellte sich heraus, daß in Antium ein Tempel dieses Namens war und daß sämtliche Kulte in den italischen Landstädten sowie alle Tempel und Götterbilder unter Roms Recht und Herrschaft standen. Und da nun einmal über religiöse Angelegenheiten verhandelt wurde, nahm der Kaiser den neulich vertagten Spruch gegen den Juppiterpriester Servius Maluginensis vor und verlas den Beschluß der Oberpriester: Wenn ein Juppiterpriester erkranke, dürfe er mit Bewilligung des Pontifex maximus länger als zwei Nächte von Rom abwesend sein, jedoch nicht an den Tagen, wo Staatsopfer abgehalten würden, und nicht öfter als zweimal im Jahr. Diese Bestimmungen, die unter dem Princeps Augustus gegeben waren, bewiesen zur Genüge, daß eine jahrelange Abwesenheit und Übernahme einer Statthalterschaft für den Juppiter-

priester nicht gestattet war. Auch führte man das Beispiel des Pontifex maximus L. Metellus an, der den Marspriester Aulus Postumius zurückgehalten hatte. Demnach wurde die Provinz Asien dem Konsular zugewiesen, der nach Maluginensis der nächste in der Reihenfolge war.

72. In denselben Tagen bat M. Lepidus den Senat, die Basilica des Paulus, eine Stiftung der Aemilier, aus eigenen Mitteln instand setzen und ausschmücken zu dürfen. Öffentliche Freigebigkeit war nämlich damals noch Sitte. Auch Augustus hatte es Männern wie Taurus, Philippus und Balbus nicht verwehrt, die Beute aus Feindesland oder ihre gewaltigen Reichtümer zur Verschönerung der Stadt und zum Ruhm ihrer Nachkommen zu verwenden. Nach ihrem Vorbild erneuerte jetzt Lepidus, obwohl er nur wenig Vermögen besaß, das Ehrendenkmal seiner Ahnen. Dagegen erbot sich der Kaiser, das Theater des Pompeius, das zufällig durch Feuer zerstört worden war, wieder aufzubauen, weil keiner aus der Familie die dazu benötigten Mittel hatte. Doch sollte der Name des Pompeius dem Bauwerk erhalten bleiben. Dabei spendete er dem Seianus großes Lob, durch dessen Eifer und Wachsamkeit jene große Feuersbrunst auf diesen einen Schaden beschränkt geblieben sei; danach stellten die Senatoren den Antrag, es solle ein Standbild des Seianus im Pompeiustheater aufgestellt werden. Und als der Kaiser bald darauf den Prokonsul von Afrika, Junius Blaesus, mit den Triumphabzeichen ehrte, erklärte er, dies geschehe dem Seianus zu Ehren, dessen Oheim jener war. Doch waren Blaesus' Taten an sich einer solchen Auszeichnung würdig.

73. Tacfarinas war nämlich zwar öfters geschlagen worden, hatte sich aber aus dem Innern Afrikas Hilfstruppen verschafft und seine Anmaßung so weit getrieben, daß er Gesandte an Tiberius schickte und obendrein Wohnsitze für sich und sein Heer forderte, andernfalls aber mit endlosem Krieg drohte. Nichts soll den Kaiser bei dieser Beschimpfung seiner Person und des römischen Volkes mehr gekränkt haben, als daß ein Deserteur und Räuber wie ein Kriegsfeind mit ihm Verhandlungen anknüpfen wollte. Nicht einmal einem Spartacus, der nach so vielen Niederlagen konsularischer Heere Italien ungestraft verheerte, habe man, obwohl der Staat damals durch die gewaltigen Kriege gegen

Sertorius und Mithridates wankte, das Zugeständnis gemacht, seine Unterwerfung an Bedingungen zu knüpfen: Wie viel weniger könne sich das römische Volk jetzt auf der Höhe seiner Macht von dem Straßenräuber Tacfarinas durch einen Frieden und durch Bewilligung von Landbesitz loskaufen wollen! So gab er Blaesus den Auftrag, er solle allen anderen Hoffnungen machen, sie könnten die Waffen ohne Schaden niederlegen, sich aber des Anführers unter allen Umständen bemächtigen. Auf diese Nachricht hin unterwarfen sich sehr viele. Gegen die Winkelzüge des Tacfarinas führte man dann den Krieg auf ganz ähnliche Weise wie er.

74. Denn jener war mit seiner eigentlichen Heeresmacht uns nicht gewachsen, verstand sich aber besser auf Räubereien. Deshalb machte er in mehreren Haufen Einfälle, wich dann wieder zurück und legte sich in einen Hinterhalt. Ebenso rückt Blaesus auf drei Straßen heran und bildet drei Heereszüge. Einen von ihnen befehligte der Legat Cornelius Scipio da, wo die Gegner die Leptitaner plünderten und ihre Zuflucht bei den Garamanten suchten. Auf der anderen Flanke rückte des Blaesus Sohn, um eine straflose Plünderung der Cirtensergaue zu verhindern, mit einer gesonderten Truppe vor. In der Mitte stand der Feldherr selbst mit einer auserlesenen Schar, legte an geeigneten Stellen Kastelle und Verschanzungen an und trieb die Feinde in eine gefährliche Enge. Denn wohin sie sich auch wandten, überall hatten sie Teile des römischen Heeres vor sich, neben sich und oft auch im Rücken. Auf diese Weise wurden viele niedergemacht oder umzingelt. Dann löst der Feldherr die drei Heeresabteilungen in mehrere kleine Trupps auf und stellt Centurionen von erprobter Tüchtigkeit an ihre Spitze. Auch zieht er nicht, wie üblich, am Ende des Sommers seine Truppen zurück und sammelt sie auch nicht in den Winterlagern der Provinz, sondern erbaute, als finge der Krieg erst an, Kastelle und überfiel mit seinen leichtbewaffneten und an die Wüste gewöhnten Truppen den Tacfarinas, sobald dieser seine Zeltlager wechselte. Erst nachdem Tacfarinas' Bruder gefangengenommen war, zog er sich zurück, freilich schneller, als es für das Wohl der Bundesgenossen nützlich war, da noch genug Feinde übrig waren, die den Krieg von neuem beginnen konnten. Tiberius aber erklärte den Kampf für beendet

und gestand dem Blaesus die Auszeichnung zu, von den Truppen als Imperator begrüßt zu werden. Dies war eine alte Ehrung der Heerführer, die, wenn sie glücklich für den Staat gekämpft hatten, vom siegreichen Heer mit ungestümer Freude als Imperator ausgerufen wurden. Es gab dann zu gleicher Zeit mehrere Imperatoren, die aber im Rang nicht höher standen als die übrigen Bürger. Auch Augustus hat diesen Titel einigen verliehen, Tiberius jetzt bei Blaesus zum letzten Mal.

75. Im Lauf dieses Jahres starben zwei hervorragende Männer: Asinius Saloninus, dessen Großväter Marcus Agrippa und Pollio Asinius waren, der Drusus zum Bruder hatte und vom Kaiser zum Gatten seiner Enkelin auserkoren war, sowie Capito Ateius, den ich bereits erwähnt habe. Durch seine Leistungen als Rechtsgelehrter hatte er sich eine hervorragende Stellung im Staat erworben, obwohl sein Großvater nur Centurio in Sullas Heer und sein Vater nur Prätor gewesen war. Augustus hatte ihn vor der Zeit zum Konsul gemacht, um ihn dem Labeo Antistius, der sich gleichfalls als Rechtsgelehrter auszeichnete, durch die Würde dieses Amtes voranzustellen. Jenes Zeitalter hat also zwei so hervorragende Männer des Friedens zugleich hervorgebracht. Doch war Labeo ein Mann von unbestechlichem Freiheitssinn und genoß deshalb größeres Ansehen, während Capitos Gefügigkeit den Herrschern besser gefiel. Jenem erwuchs, weil er bei der Prätur stehen blieb, aus dieser Ungerechtigkeit größere Beliebtheit, dieser stieg bis zum Konsulat auf und erntete dadurch Haß und Neid.

76. In diesem vierundsechzigsten Jahr nach der Schlacht bei Philippi endete auch Junias Leben. Sie war eine Nichte des (jüngeren) Cato, die Gattin des C. Cassius und Schwester des M. Brutus. Ihr Testament veranlaßte viel Gerede beim Volk, weil sie ein großes Vermögen besaß, fast alle Großen bedacht, den Kaiser aber übergangen hatte. Tiberius nahm dies gleichmütig hin und ließ es geschehen, daß ihr Leichenbegängnis mit einer Lobrede von der Rednerbühne und allen sonstigen Ehrungen begangen wurde. Die Ahnenbilder von zwanzig hochberühmten Familien wurden vorangetragen, darunter die der Manlier, Quinctier und anderer gleich erlauchter Namen. Alle aber überstrahlten die Bilder des Cassius und Brutus – gerade deshalb, weil sie fehlten!

BUCH IV

1. Mit dem Konsulat des C. Asinius und C. Antistius begann für Tiberius das neunte Jahr der öffentlichen Ruhe und der Blüte seines Hauses – denn des Germanicus' Tod rechnete er zu den Glücksfällen –, als plötzlich das Schicksal Verwirrung anzurichten und er selbst seine Grausamkeit zu zeigen oder der Grausamkeit anderer Vorschub zu leisten begann. Der erste Anlaß ging von Aelius Seianus aus, dem Präfekten der Prätorianerkohorten, dessen Einfluß ich oben erwähnt habe. Jetzt will ich von seiner Herkunft berichten, von seinem Charakter und seinem verbrecherischen Plan, die Herrschaft an sich zu reißen. Er war in Vulsinii geboren, sein Vater war der römische Ritter Seius Strabo. Schon in früher Jugend gehörte er zum Gefolge des Augustusenkels Gaius Caesar, und man munkelte, er habe sich dem reichen und verschwenderischen Apicius für Geld preisgegeben. Später gewann er den Tiberius durch verschiedene Kunstgriffe derart für sich, daß er den gegen alle anderen verschlossenen Mann gegen sich allein sorglos und offenherzig machte. Dies verdankte er nicht so sehr seiner Gewandtheit – er wurde ja schließlich mit den gleichen Waffen geschlagen – als vielmehr dem Zorn der Götter gegen den Römerstaat, für den seine Macht ebenso verderblich war wie sein Sturz. Sein Körper war ausdauernd in Strapazen, sein Mut verwegen. Sich selbst deckte er vorsichtig, andere schwärzte er an. Unterwürfigkeit und Hochmut waren in ihm vereint. Nach außen zeigte er eine gemachte Bescheidenheit, innerlich beherrschte ihn ein hemmungsloser Ehrgeiz, der ihn manchmal zu Verschwendungssucht und Üppigkeit trieb, häufiger aber zu angespannter Tätigkeit und Wachsamkeit, die beide nicht weniger verhängnisvoll sind, sobald sie nur erheuchelt werden, um zur höchsten Macht zu gelangen.

2. Die Macht des Präfekten, die bisher nicht bedeutend war, hob er dadurch, daß er die an verschiedenen Stellen der Stadt verstreuten Kohorten in ein einziges Lager zusammenzog. Sie sollten die Befehle gleichzeitig erhalten und durch Zahl, Stärke und enges Zusammenleben mehr Vertrauen zu sich selbst gewinnen und anderen mehr Furcht einflößen. Er schützte vor, der Soldat

lasse sich, wenn er vereinzelt sei, leicht gehen; breche eine Gefahr herein, so könne man durch gleichzeitiges Eingreifen mehr Hilfe leisten; auch würden sie selbst strengere Zucht halten, wenn sie fern von den Lockungen der Stadt ein geschlossenes Lager bezögen. Sobald das Lager fertig war, schlich er sich allmählich in die Herzen der Soldaten ein, besuchte die einzelnen, redete sie mit Namen an; zugleich wählte er sich die Centurionen und Tribunen selbst aus. Auch unterließ er es nicht, sich bei den Senatoren in Gunst zu setzen, und verschaffte seinen Klienten Ämter und Statthalterposten. Tiberius zeigte sich ganz willfährig und war ihm so geneigt, daß er ihn nicht nur im Gespräch, sondern auch im Senat und vor dem Volk als seinen »Mitarbeiter« pries und die Verehrung seiner Bildnisse in den Theatern, auf den Marktplätzen und an den Lagerhauptplätzen der Legionen zuließ.

3. Aber die zahlreiche Familie der Caesaren, der Sohn im Mannesalter und die erwachsenen Enkel verzögerten sein Vorhaben. Denn so viele Personen zugleich mit Gewalt zu beseitigen war zu unsicher, die List aber erforderte Zeit zwischen den einzelnen Verbrechen. Trotzdem entschloß er sich für dieses heimliche Vorgehen und wollte mit Drusus den Anfang machen, gegen den er damals einen frischen Haß hegte. Denn Drusus duldete keinen Nebenbuhler und war ziemlich leidenschaftlich. Er hatte bei einem gelegentlichen Streit die Hand gegen Seianus erhoben und ihn, als er trotzig auf ihn zutrat, ins Gesicht geschlagen. Seianus, der nun zu allem entschlossen war, schien es am leichtesten, sich an Drusus' Gemahlin Livilla heranzumachen. Sie war eine Schwester des Germanicus, in ihrer Jugend unansehnlich, später aber eine auffallende Schönheit. Seianus tat so, als ob er von leidenschaftlicher Liebe entbrannt sei, und verführte sie zum Ehebruch. Und nachdem er einmal das erste Verbrechen begangen – ein Weib, das seine Ehre verloren hat, pflegt nichts mehr zu versagen –, machte er ihr Hoffnung auf ein Ehebündnis, auf Teilnahme an der Herrschaft und trieb sie so zum Mord an ihrem Gatten. Und diese Frau, die eine Großnichte des Augustus, die Schwiegertochter des Tiberius war und Kinder von Drusus hatte, schändete sich, ihre Vorfahren und Nachkommen mit einem niedrig geborenen Buhlen, um gegen ihre gegenwärtige hohe Stellung eine verbrecherische und unsichere Zukunft einzutau-

schen. Zum Mitwisser wird Eudemus gemacht, Livillas Freund und Leibarzt, der häufig unter dem Deckmantel der ärztlichen Kunst an ihren Geheimnissen beteiligt war. Seianus treibt seine Gattin Apicata, von der er drei Kinder hatte, aus dem Haus, um seine Buhle sicher zu machen. Aber die Größe des Verbrechens hatte Furcht, Aufschub und bisweilen sogar sich widersprechende Pläne zur Folge.

4. Inzwischen legte zu Beginn des Jahres Drusus, einer von Germanicus' Söhnen, die Männertoga an. Was der Senat für seinen (älteren) Bruder Nero beschlossen hatte, wurde jetzt wiederholt. Dazu hielt der Kaiser noch eine Rede voll des Lobes für seinen Sohn Drusus, weil er ein so väterliches Wohlwollen für seines Bruders Kinder zeige. Denn Drusus hatte sich, so schwer es auch sein mag, daß Macht und Eintracht nebeneinander wohnen, doch gerecht oder wenigstens nicht unfreundlich gegen die Jünglinge gezeigt. Hierauf bringt Tiberius seinen alten, schon so oft zum Schein vorgebrachten Entschluß zu einer Reise in die Provinzen wieder zur Sprache. Der Imperator gab die große Menge der Veteranen und die Notwendigkeit, die Heere durch Aushebungen zu ergänzen, als Grund an: Es fehle an Freiwilligen, und gäbe es ihrer auch genug, so zeigten sie doch nicht mehr die frühere Tapferkeit und Zucht, weil meist Mittellose und Landstreicher freiwillige Kriegsdienste nähmen. Dabei ging er eilig die Zahl der Legionen und ihre Verteilung auf die einzelnen Provinzen durch. Auch ich halte es für erwähnenswert, wieviel Truppen Rom damals unter Waffen hatte, welche Könige seine Verbündeten waren und um wieviel kleiner das damalige Machtgebiet war als heute.

5. Italien wurde durch je eine Flotte auf beiden Meeren (dem adriatischen und tyrrhenischen) geschützt; die eine lag bei Misenum, die andere bei Ravenna. Die nächstgelegene Küste Galliens war durch Kriegsschiffe gedeckt, die Augustus in der Schlacht bei Actium erbeutet und mit Ruderern wohl bemannt nach Forum Julium gesandt hatte. Die stärkste Heeresmacht, acht Legionen, stand am Rhein zum Schutz gegen die Germanen wie gegen die Gallier. Das neuerlich unterworfene Spanien war von drei Legionen besetzt. Mauretanien hatte der König Juba als Geschenk des römischen Volkes erhalten. In den übrigen Teilen

Afrikas hielten zwei Legionen, in Ägypten ebenso viele, dann in dem gewaltigen Landstrich von den Grenzen Syriens bis zum Euphrat hin vier Legionen die Ordnung aufrecht. Nachbarn sind dort die Könige von Iberien, Albanien und andere, die durch unsere Macht gegen auswärtige Reiche geschützt werden. Thrakien behaupteten Rhoemetalces und Cotys' Söhne, das Donauufer zwei Legionen in Pannonien und zwei in Moesien. Ebenso viele standen in Dalmatien, die nach Lage dieses Landes jenen als Rückhalt dienen und, wenn Italien Hilfe verlangte, ganz aus der Nähe herbeigerufen werden konnten. Die Hauptstadt hatte freilich ihre eigene Besatzung, drei städtische und neun prätorische Kohorten, die meist in Etrurien und Umbrien oder im alten Latium und in den altrömischen Kolonialstädten ausgehoben wurden. Außerdem gab es an geeigneten Punkten der Provinzen auch bundesgenössische Kriegsschiffe, Reitergeschwader und Hilfskohorten in nicht wesentlich geringerer Stärke. Doch dürfte ihre Aufzählung wohl schwierig sein, da sie je nach den Umständen ihren Standort wechselten und bald vermehrt, bald vermindert wurden.

6. Es scheint mir angemessen, auch von den übrigen Zweigen der Staatsverwaltung nachzuweisen, wie es damit bis zu dieser Zeit gehalten wurde, weil jenes Jahr in der Regierung des Tiberius den Umschwung zum Schlechteren brachte. Was zunächst die staatlichen Angelegenheiten und die wichtigsten privaten Sachen anlangt, so wurden sie im Senat verhandelt. Den angesehensten Senatoren war es gestattet, ihre Meinung auszusprechen, wobei der Kaiser selbst denen wehrte, die sich durch Schmeicheleien erniedrigten. Bei der Übertragung der hohen Ämter sah er auf alten Adel, auf Verdienste im Krieg und auf ausgezeichnete Eigenschaften im Frieden. So konnte man ziemlich sicher sein, daß er die tüchtigsten Männer auswählte. Die Konsuln hatten ihr gebührendes Ansehen, die Prätoren ebenfalls, auch die niederen Beamten übten ihre Amtsgewalt voll aus. Die Gesetze wurden, wenn man von den Majestätsprozessen absah, vernünftig gehandhabt. Die Getreidelieferungen freilich, die Steuern und die sonstigen Staatseinkünfte lagen in den Händen von Gesellschaften römischer Ritter. Die Verwaltung des Kronvermögens übertrug der Kaiser nur den bewährtesten Männern, einigen, die er

selbst nicht kannte, auf Grund ihres guten Rufes. Wer einmal berufen war, behielt seine Stellung ohne jede zeitliche Begrenzung, und die meisten blieben bis ins hohe Alter im gleichen Amt. Zwar hatte das Volk unter hohen Getreidepreisen zu leiden, doch traf den Princeps keine Schuld daran. Vielmehr suchte er den Mißernten und Schiffsunfällen zu begegnen, soweit er durch Geldspenden und andere Maßnahmen dazu imstande war. Auch sorgte er dafür, daß die Provinzen nicht durch neue Steuerlasten beunruhigt wurden und die alten ertragen werden konnten, ohne daß die Provinzialen unter der Habgier und Härte der Beamten leiden mußten. Körperliche Züchtigungen und Gütereinziehungen kamen nicht vor. In Italien besaß der Kaiser nur wenig Landgüter, die Zahl seiner Sklaven war bescheiden, seine Hausverwaltung auf wenige Freigelassene beschränkt. Hatte er einmal Streitigkeiten mit den Bürgern, so entschied das Forum und das Recht.

7. Dies alles blieb, obwohl Tiberius nicht leutselig, sondern abstoßend und vielfach gefürchtet war, dennoch unverändert, bis mit Drusus' Tod eine Wendung eintrat. Denn solange dieser lebte, ging alles noch gut, weil sich Seianus, da seine Macht noch im Entstehen war, erst durch gute Ratschläge bekannt machen wollte. Zudem fürchtete er den strengen Richter neben sich, der seine Abneigung nicht verhehlte, sondern sich häufig darüber beklagte, daß ein Fremder die »Stütze des Regenten« genannt werde, während doch ein leiblicher Sohn da sei. Was fehle noch daran, daß er »Mitregent« heiße? Die ersten Stufen zum Thron seien zwar steil. Habe man sie aber einmal beschritten, so fehle es nicht an Beistand und Helfershelfern. Schon sei das Lager nach dem Willen des Präfekten fertiggestellt und die Soldaten in seine Hand gegeben. Sein Standbild sehe man im Theater des Cn. Pompeius, und seine Enkel würden einst zur drusischen Familie gehören. Nach alledem müsse man noch die Götter um Seianus' Bescheidenheit bitten, daß er sich damit begnüge. Solche Äußerungen tat Drusus nicht selten und nicht nur in engem Kreis. Auch seine geheimen Reden wurden (dem Seianus) verraten, nachdem die Gattin untreu geworden war.

8. So hielt denn Seianus Eile für geboten und wählte ein Gift, das durch seine allmähliche Wirkung den Anschein einer zufälligen Erkrankung erwecken sollte. Es wurde Drusus durch den

Eunuchen Lygdus gereicht, wie man acht Jahre später erfuhr. Übrigens ging Tiberius alle Tage während der Krankheit seines Sohnes in die Kurie: entweder weil er wirklich keine Besorgnis hatte, oder um seine Seelenstärke zur Schau zu stellen. Sogar als der Sohn gestorben und noch nicht bestattet war, tat er das. Und als sich die Konsuln zum Zeichen der Trauer auf den gewöhnlichen Sitzen der Senatoren niederließen, mahnte er sie an ihre Würde und ihren gebührenden Platz. Auch die Klagen des in Tränen zerfließenden Senats dämpfte er und richtete ihn durch eine längere Ansprache auf: Er wisse wohl, man könne es tadeln, daß er in dem noch so frischen Schmerz vor dem Senat erscheine. Meist könnten die Trauernden kaum den Zuspruch der Verwandten ertragen, kaum des Tages Licht aushalten. Und doch dürfe man sie nicht der Schwäche zeihen. Er jedoch habe in der Hingabe an den Staat einen stärkeren Trost gesucht. Dann klagte er über das Greisenalter der Augusta, über die unerfahrene Jugend seiner Enkel und sein eigenes zur Neige gehendes Leben. Zuletzt bat er, man möge die Söhne des Germanicus, den einzigen Trost im gegenwärtigen Leid, hereinführen. Die Konsuln gingen hinaus, ermutigten die Knaben durch freundlichen Zuspruch, geleiteten sie dann hinein und stellten sie vor dem Kaiser auf. Dieser nahm sie bei der Hand und sprach: »Senatoren! Diese Waisen übergab ich ihrem Oheim und bat ihn, obgleich er selbst Kinder hatte, sie wie sein eigen Blut zu hegen, zu fördern und zu seinem und seiner Nachkommen Heil heranzubilden. Da ihnen Drusus nun entrissen ist, richte ich meine Bitte an euch und beschwöre euch im Angesicht der Götter und des Vaterlandes: Nehmt euch der Urenkel des Augustus, der Sprößlinge so hoher Ahnen, an! Erzieht sie und erfüllt damit eure und meine Pflicht! – Nero und Drusus, diese Männer vertreten jetzt die Stelle eurer Eltern. Ihr seid so hoher Abkunft, daß euer Glück und Unglück auch den Staat angeht.«

9. All dies hörte man mit lautem Weinen und anschließenden Segenswünschen an. Hätte der Kaiser seine Rede damit beendet, so wären die Herzen der Zuhörer mit Mitgefühl und Bewunderung erfüllt worden. Aber dadurch, daß er wieder auf die leeren und so oft verspotteten Redensarten zurückkam, er wolle die Regierung niederlegen, die Konsuln oder sonstwer solle die Leitung

des Staats übernehmen, nahm er auch dem Wahren und Würdigen seiner Worte allen Glauben. Für Drusus werden dieselben letzten Ehrungen beschlossen wie für Germanicus; doch wurde noch sehr vieles hinzugefügt, wie es die Schmeichelei in einem Wiederholungsfall geradezu liebt. Das Leichenbegängnis zeichnete sich besonders durch den feierlichen Aufzug der Ahnenbilder aus, bei dem man in langer Reihe des julischen Geschlechtes Stammvater Aeneas, sämtliche Albanerkönige und den Gründer der Stadt, Romulus, sah, danach den sabinischen Adel, den Attus Clausus und die Bilder der übrigen Claudier.

10. In meinem Bericht über Drusus' Tod habe ich mitgeteilt, was von den meisten und glaubwürdigsten Geschichtsschreibern überliefert wurde. Doch möchte ich nicht ein Gerücht aus eben jener Zeit übergehen, das so stark war, daß es sich bis heute behauptet hat. Seianus soll, nachdem er Livilla zur Mordtat verleitet, auch den Eunuchen Lygdus durch unzüchtigen Umgang an sich gefesselt haben, weil er wegen seiner jugendlichen Schönheit seinem Herrn lieb war und zu dessen obersten Dienern gehörte. Nachdem sich dann die Eingeweihten über Ort und Zeit des Giftmordes geeinigt hatten, soll Seianus in seiner Frechheit so weit gegangen sein, daß er die Sache umdrehte, den Drusus durch eine geheime Anzeige der Giftmischerei gegen den Vater beschuldigte und Tiberius vor der Annahme des Trunkes warnte, der ihm, wenn er beim Sohn speiste, zuerst angeboten würde. Durch diesen Trug verlockt, habe dann der greise Kaiser, nachdem er zum Mahl gekommen, den empfangenen Becher an den Sohn weitergereicht. Der habe ihn nichtsahnend und in jugendlicher Hast ausgetrunken und dadurch den Verdacht bestärkt, als habe er aus Furcht und Scham sich selbst den Tod gegeben, den er dem Vater zugedacht hatte.

11. Dieses allgemein verbreitete Gerede kann man, abgesehen davon, daß es von keinem sicheren Gewährsmann bestätigt wird, leicht widerlegen. Denn wie sollte ein einigermaßen verständiger Mensch, geschweige der so erfahrene Tiberius, seinem Sohn, ohne ihn gehört zu haben, den Todestrank anbieten, noch dazu mit eigener Hand und ohne zurückzukönnen, wenn ihn die Reue packte? Würde er nicht vielmehr den Diener, der das Gift brachte, gefoltert, nach dem Urheber (der Anzeige) geforscht, schließlich

die ihm angeborene, sogar gegen Fremde bewiesene zaudernde Unschlüssigkeit gegen seinen einzigen, vordem keiner Schandtat überführten Sohn angewandt haben? Aber da Seianus für den Urheber aller Verbrechen galt, so wurde bei des Kaisers übergroßer Liebe zu ihm und bei dem Haß aller übrigen gegen beide dem noch so Fabelhaften und Ungeheuerlichen Glauben geschenkt, wie denn beim Tod fürstlicher Personen immer das Gerücht ins Gräßliche übertrieben wird. Überdies ist der wahre Hergang des Verbrechens von Seianus' Gattin verraten und durch die Folterung des Eudemus und Lygdus an den Tag gebracht worden. Kein einziger Geschichtsschreiber hat sich denn auch durch seinen Haß gegen Tiberius so weit fortreißen lassen, ihm aus Drusus' Tod einen Vorwurf zu machen, so gern sie sonst alles Ungünstige über ihn ausforschten und noch übertrieben. Ich selbst habe das Gerede nur deshalb mitgeteilt und widerlegt, um an der Hand eines klaren Beispiels falsche Gerüchte abzuweisen und um alle, in deren Hände mein Werk kommen wird, zu bitten, daß sie nicht weitverbreitete Ungeheuerlichkeiten, die so begierig aufgenommen werden, der schlichten und unentstellten Wahrheit vorziehen.

12. Übrigens nahmen, als Tiberius seinem Sohn von der Rednerbühne herab die Lobrede hielt, Senat und Volk mehr zum Schein als von Herzen die Gebärden und Äußerungen von Leidtragenden an. Im stillen freute man sich, daß Germanicus' Haus nun wieder mehr zur Geltung kam. Doch dieses erste Zeichen der Volksgunst und das Benehmen der Mutter Agrippina, die ihre Hoffnungen schlecht verbarg, beschleunigten nur den Untergang der Familie. Denn sobald Seianus sah, daß der Tod des Drusus an den Mördern ungerächt blieb und keine allgemeine Trauer hervorrief, überlegte der Verruchte, dem der erste Schlag so gut gelungen war, auf welche Weise er auch Germanicus' Kinder aus dem Weg räumen könne, deren Thronfolge ganz ohne Zweifel war. Drei Menschen konnte er aber nicht gut auf einmal vergiften, zumal sie unter äußerst zuverlässiger Bewachung standen und Agrippinas Keuschheit unbezwinglich war. Er greift sie daher wegen ihres herausfordernden Wesens an und entfacht den alten Haß der Augusta und das junge Schuldgefühl der Livilla. Beide sollten die auf ihren Kinderreichtum stolze und sich auf des Vol-

kes Gunst stützende Frau beim Kaiser beschuldigen, daß sie nach der Herrschaft strebe. Diese Verleumdungen betrieb er durch geschickte Mittelspersonen, unter denen er den Julius Postumus ausgewählt hatte, der wegen seiner Buhlschaft mit Mutilia Prisca ganz besonders geeignet war. Prisca galt nämlich viel bei der Augusta und konnte der schon von Natur aus um ihre Macht ängstlich besorgten Greisin die Schwiegertochter völlig verhaßt machen. Auch verleitete man Agrippinas nächste Freunde, ihren hochfahrenden Sinn durch boshafte Reden noch mehr aufzureizen.

13. Indessen ließ Tiberius von der Sorge um den Staat nicht ab und befaßte sich, um Trost in seinen Amtsgeschäften zu finden, mit der Rechtspflege über römische Bürger und mit Bittgesuchen der Bundesgenossen. So kamen auf seine Veranlassung folgende Senatsbeschlüsse zustande: Den Städten Cibyra in Kleinasien und Aegium in Achaia, die durch Erdbeben gelitten hatten, sollte durch Erlaß der Abgaben auf drei Jahre geholfen werden. Vibius Serenus, der Prokonsul des jenseitigen Spanien, wird wegen Mißbrauchs seiner Amtsgewalt verurteilt und, weil er sich besonders grausam gezeigt hatte, auf die Zykladeninsel Amorgus verbannt. Dagegen wird Carsidius Sacerdos von der Anklage, den Staatsfeind Tacfarinas mit Getreide unterstützt zu haben, freigesprochen, ebenso C. Gracchus. Ihn hatte sein Vater Sempronius als kleines Kind in die Verbannung auf die Insel Cercina mitgenommen. Hier wuchs er unter landflüchtigen und ungebildeten Menschen auf und fand später seinen Lebensunterhalt durch Tauschhandel mit Trödlerwaren in Afrika und Sizilien. Dennoch entging er nicht den Gefahren seiner hohen Abkunft. Und hätten nicht Aelius Lamia und L. Apronius, die damaligen Statthalter Afrikas, den Unschuldigen in Schutz genommen, so wäre er durch den Ruhm seiner unglücklichen Familie und seines Vaters Mißgeschick ins Verderben gerissen worden.

14. Auch dieses Jahr wies Gesandtschaften der griechischen Gemeinden auf. Die Samier baten darum, daß für den Tempel der Juno, der Koer, daß für das Heiligtum des Aesculapius das alte Asylrecht bestätigt werde. Die Samier stützten sich auf ein Dekret der Amphiktyonen, die die letzte Entscheidung in allen Dingen zu der Zeit hatten, als die Griechen durch Gründung von

Städten in Kleinasien die Meeresküste beherrschten. Nicht weniger alt waren die Rechte der Koer, für die außerdem noch ein örtliches Verdienst sprach. Sie hatten nämlich römische Bürger im Tempel des Aesculapius verborgen, als auf Befehl des Königs Mithridates auf sämtlichen Inseln und in allen Städten Kleinasiens eine allgemeine Abschlachtung der römischen Bürger stattfand. Nachdem sodann die Prätoren mannigfache und meist fruchtlose Klagen vorgebracht hatten, verbreitete sich schließlich der Kaiser selbst über die Zügellosigkeit der Schauspieler, von denen viele Störungen der öffentlichen Ordnung und viele Schändlichkeiten in den Familien ausgingen. Das oskische Possenspiel, einst eine ganz bedeutungslose Volksbelustigung, sei zu einer so verbrecherischen Macht gelangt, daß es durch das Ansehen des Senats in Schranken gehalten werden müsse. Daraufhin wurden diese Schauspieler aus Italien verbannt.

15. Dasselbe Jahr brachte dem Kaiser noch weitere Schicksalsschläge durch das Hinscheiden eines von Drusus' Zwillingssöhnen und nicht minder durch eines Freundes Tod. Lucius Longus war in allen Leiden und Freuden sein Gefährte und der einzige Senator, der ihn in die freiwillige Verbannung nach Rhodus begleitet hatte. Daher wurde ihm, obwohl er von jungem Adel war, vom Senat ein censorisches Leichenbegängnis zuerkannt und auf Staatskosten ein Standbild auf dem Forum des Augustus errichtet. Damals wurde noch alles vor dem Senat verhandelt. Als sich der Prokurator Asiens, Lucilius Capito, gegen eine Anklage seiner Provinz vor dem Senat zu verteidigen hatte, erklärte der Princeps dabei sehr ernst, er habe ihm nur das Verfügungsrecht über die Sklaven und das Vermögen des kaiserlichen Hauses gegeben. Sollte er sich aber die Gewalt eines Prätors angemaßt und sich der bewaffneten Macht bedient haben, so liege damit eine Überschreitung seiner Befugnisse vor; man solle darüber die Bundesgenossen hören. So wird der Angeklagte nach Untersuchung des Sachverhalts verurteilt. Wegen dieser Genugtuung und der Tatsache, daß im vorigen Jahr auch über C. Silanus eine Strafe verhängt worden war, beschlossen die Städte Asiens einen Tempel für Tiberius, für dessen Mutter und für den Senat. Der Bau wurde ihnen auch gestattet, und der junge Nero sprach dafür den Senatoren und seinem Großvater den Dank aus, unter freudiger

Bewegung der Zuhörer, die im frischen Andenken an Germanicus diesen selbst zu sehen und zu hören meinten. Der Jüngling besaß auch wirklich eine wahrhaft fürstliche Bescheidenheit und Schönheit, was ihm bei seiner durch Seianus' bekannten Haß gefährdeten Lage noch größere Beliebtheit verschaffte.

16. Um dieselbe Zeit sprach der Kaiser im Senat über die Wahl eines Juppiterpriesters an Stelle des verstorbenen Servius Maluginensis und beantragte gleichzeitig eine Gesetzesänderung. Nach altem Brauch wurden nämlich drei aus priesterlich eingesegneten Familien stammende Patrizier zugleich namhaft gemacht, von denen dann einer gewählt werden sollte. Nun stehe aber diese Anzahl nicht mehr wie früher zur Verfügung, da die Gewohnheit, die Ehen priesterlich einsegnen zu lassen, abgekommen sei oder doch nur von wenigen beibehalten werde – er führte mehrere Gründe dafür an: Der Hauptgrund liege in der Gleichgültigkeit der Männer und Frauen; dazu kämen die Schwierigkeiten bei der Feier selbst, denen man mit Absicht aus dem Weg gehe –, da man aus der väterlichen Gewalt austrete, wenn man dieses Priesteramt erhalte oder einem Priester als Gattin die Hand reiche. Dagegen müsse man also durch einen Senatsbeschluß oder ein Gesetz Abhilfe schaffen, wie auch Augustus manches aus der rauhen Vorzeit den gegenwärtigen Verhältnissen angepaßt habe. Demnach wurde nach Besprechung der religiösen Fragen beschlossen, an den Vorschriften für die Juppiterpriester nichts zu ändern. Dagegen wurde ein Gesetz erlassen, wonach die Juppiterpriesterin nur hinsichtlich des Gottesdienstes in der Gewalt ihres Mannes stehen, im übrigen aber gleiche Rechte mit allen anderen Frauen haben sollte. Nun wurde Maluginensis' Sohn der Nachfolger seines Vaters. Damit sich das Ansehen der Priester hebe und sie selber eher bereit seien, Priesterämter zu übernehmen, wurde der Vestalin Cornelia, die an Stelle der Scantia gewählt wurde, ein Geschenk von zwei Millionen Sesterzen zuerkannt und beschlossen, die Augusta solle, sooft sie das Theater besuche, bei den Vestalinnen Platz nehmen.

17. Unter dem Konsulat des Cornelius Cethegus und Visellius Varro schlossen die Oberpriester und nach ihrem Beispiel auch die übrigen Priester in das übliche Gelübde für das Wohl des Princeps auch Nero und Drusus ein, nicht so sehr aus Liebe zu

den beiden Jünglingen als aus Unterwürfigkeit. Doch ist diese in verderbten Zeiten nicht weniger gefährlich, wenn sie unterlassen, als wenn sie übertrieben wird. Denn Tiberius, der dem Haus des Germanicus wohl niemals hold war, empfand es jetzt als eine unerträgliche Beleidigung, daß man solche Jünglinge ihm, dem greisen Kaiser, gleichstellte. Er ließ die Oberpriester kommen und befragte sie, ob sie darin etwa den Bitten oder Drohungen Agrippinas nachgegeben hätten. Obgleich sie dies verneinten, erhielten sie nur einen leichten Verweis; es waren nämlich großenteils seine eigenen Verwandten oder die ersten Männer des Staates. Im Senat jedoch sprach er für die Zukunft die Warnung aus, es solle keiner leicht erregbare Jünglinge durch allzu frühe Auszeichnungen zum Übermut verleiten. Seianus setzte ihm nämlich dauernd mit der Klage zu, die Bürgerschaft sei wie in einem Bürgerkrieg in zwei Parteien gespalten. Es gebe Leute, die sich offen zur Partei der Agrippina bekennten, und deren Zahl werde zunehmen, wenn man nicht einschreite. Kein anderes Mittel gebe es gegen die überhandnehmende Gärung, als daß der eine oder andere der entschlossensten Parteigänger beseitigt werde.

18. Aus diesem Grund greift er nun C. Silius und Titius Sabinus an. Die Freundschaft mit Germanicus wurde beiden zum Verhängnis. Silius war außerdem sieben Jahre lang Führer eines gewaltigen Heeres, hatte in Germanien die Triumphabzeichen erlangt und den Krieg gegen Sacrovir siegreich beendet. Je größer die Höhe war, von der er jetzt herabstürzte, desto größer mußte der Schrecken sein, der sich bei den anderen verbreitete. Sehr viele waren der Meinung, Silius habe durch seine Überheblichkeit den Anstoß noch vergrößert. Er prahlte nämlich maßlos damit, daß seine Heere im Gehorsam verharrt hätten, während sich die anderen zu Empörungen hinreißen ließen, und daß Tiberius nicht an der Herrschaft geblieben wäre, wenn auch seine Legionen Neigung zu einer Staatsumwälzung gehabt hätten. Der Kaiser glaubte, daß dadurch seine eigene Hoheit herabgewürdigt und durch so gewaltige Verdienste in den Schatten gestellt werde. Denn Wohltaten sind nur in dem Maß willkommen, als man sie noch vergelten zu können meint. Gehen sie aber weit darüber hinaus, so haben sie nicht Dank, sondern Haß zur Folge.

19. Zudem war Silius' Gattin, Sosia Galla, dem Fürsten wegen

ihrer Freundschaft mit Agrippina verhaßt. Daher beschloß man, das Ehepaar vor Gericht zu ziehen und die Sache mit Sabinus für den Augenblick aufzuschieben. Vorgeschickt wurde der Konsul Varro, der sich unter dem Vorwand einer von seinem Vater überkommenen Feindschaft (gegen Silius) herbeiließ, dem Haß des Seianus zu seiner eigenen Schande gefällig zu sein. Als der Angeklagte um kurzen Aufschub bat, bis der Kläger vom Konsulat abgehe, war der Kaiser dagegen. Es sei ein altes Recht der Staatsbeamten, Privatpersonen zu belangen; man dürfe doch das alte Recht des Konsuls nicht brechen, der darüber zu wachen habe, daß der Staat keinen Schaden erleide. Es war eben eine Eigentümlichkeit des Tiberius, neu erfundene Ungesetzlichkeiten mit schönen Worten aus der alten Zeit zu decken. Infolgedessen wird der Senat zusammengerufen, mit großem Ernst, als ob gegen Silius nach dem Gesetz verfahren würde, als ob Varro ein alter Konsul wäre und das Ganze dem Wesen der Republik entspräche. Der Angeklagte schwieg oder ließ, wenn er sich zu verteidigen begann, durchblicken, durch wessen Groll er verfolgt werde. Man warf ihm vor, er habe vom Aufstand Sacrovirs vorher gewußt und ihn lange verheimlicht, er habe seinen Sieg durch Beutegier befleckt, und seine Gattin sei daran beteiligt. Ohne Zweifel haftete an beiden der Vorwurf der Erpressung, doch wurde alles wie eine Untersuchung wegen Majestätsverbrechens gehandhabt, und Silius kam der drohenden Verurteilung durch freiwilligen Tod zuvor.

20. Trotzdem stürzte man sich nun auf sein Vermögen, nicht etwa um den Provinzialen, die gar keine Ersatzansprüche stellten, ihr Geld wiederzuerstatten. Sogar die Geschenke des Augustus zog man wieder ein und berechnete im einzelnen, was der kaiserliche Fiskus zu fordern hatte. Dies war der erste Fall, wo es Tiberius mit seinen Ansprüchen an fremdes Geld genau nahm. Sosia wurde auf Antrag des Asinius Gallus verbannt, der dafür gestimmt hatte, daß die eine Hälfte ihrer Güter eingezogen, die andere ihren Kindern belassen werden solle. Dagegen wollte M'. Lepidus nur ein Viertel den Anklägern nach der gesetzlichen Vorschrift überlassen, den ganzen Rest aber den Kindern zuteilen. Dieser Lepidus muß, wie ich sehe, einer der wenigen würdigen und klugen Männer jener Zeiten gewesen sein. Denn er hat

sehr oft den niedrigen Schmeicheleien anderer eine vernünftige Wendung gegeben. Dabei hatte er keine besondere Zurückhaltung nötig, da er bei Tiberius eine stets gleichbleibende Achtung und Gunst genoß. Dieser Umstand nötigt mich zu der Frage, ob wie alles andere so auch die Zuneigung der Herrscher gegen die einen, ihre Abneigung gegen andere durch Schicksal und Geburt bestimmt ist oder ob es nicht auch eine Selbstbestimmung gibt, die es uns erlaubt, in der Mitte zwischen starrem Trotz und entehrender Willfährigkeit seinen Lebensweg zu gehen, frei von Ehrgeiz und Gefahren. Messalinus Cotta dagegen, ein Mann von ebenso berühmter Abkunft, aber von ganz anderer Sinnesart, stellte den Antrag, es müsse durch Senatsbeschluß festgelegt werden, daß Staatsbeamte, auch wenn sie selbst schuldlos wären und um fremde Schuld nichts wüßten, dennoch für die in den Provinzen begangenen Verbrechen ihrer Frauen ebenso wie für eigene bestraft würden.

21. Weiter wurde über Calpurnius Piso verhandelt, einen vornehmen und kühnen Mann. Dieser hatte, wie früher berichtet, im Senat laut erklärt, er werde die Stadt wegen der Umtriebe der Angeber verlassen. Auch hatte er es gewagt, ohne Rücksicht auf den Einfluß der Augusta die Urgulania vor Gericht zu ziehen und aus dem Kaiserpalast heraus vorzuladen. Tiberius nahm dies für den Augenblick ruhig hin, aber in seinem Herzen, das sich den Zorn immer wieder vergegenwärtigte, lebte die Erinnerung fort, auch wenn sich die erste Wut gegen den Beleidiger gelegt hatte. Den Piso beschuldigte nun Q. Granius geheimer Schmähreden gegen den Kaiser und fügte hinzu, daß er in seinem Haus Gift habe und mit dem Schwert umgürtet in die Kurie komme. Diese Anschuldigungen ließ man fallen, weil sie zu gräßlich waren, um wahr sein zu können. Wegen der übrigen Punkte, die man in Menge gegen ihn vorbrachte, wurde das Verfahren begonnen, aber nicht durchgeführt, weil Piso zur rechten Zeit starb. Auch der Fall des verbannten Cassius Severus kam zur Sprache, der ein Mann niedrigen Standes und üblen Leumunds war. Aber er war ein tüchtiger Redner, der es durch maßlose Angriffe gegen seine Feinde dahin gebracht hatte, daß er durch einen eidlichen Spruch des Senats auf die Insel Kreta verwiesen wurde. Auch dort setzte er sein Treiben fort und lud neuen Haß zum alten auf sich. Sein

Vermögen wurde eingezogen und der Bann über ihn ausgesprochen. Er lebte bis in sein Alter auf dem Felseneiland Seriphus.

22. Um dieselbe Zeit stürzte der Prätor Plautius Silvanus seine Gattin Apronia aus unbekannten Gründen aus dem Schlafgemach herab. Von seinem Schwiegervater L. Apronius vor den Kaiser geschleppt, gab er ganz verstört die Auskunft, er habe in tiefem Schlaf gelegen und wisse deshalb von nichts. Seine Gattin müsse sich freiwillig den Tod gegeben haben. Tiberius begibt sich unverzüglich in das Haus und besichtigt das Schlafgemach, wo man noch die Spuren des Kampfes und der gewaltsamen Gegenwehr sah. Tiberius berichtet an den Senat, es werden Richter ernannt, und Urgulania, Silvanus' Großmutter, schickte ihrem Enkel einen Dolch. Das faßte man so auf, als ob es wegen der Freundschaft der Augusta mit Urgulania auf einen Wink des Kaisers geschehen sei. Der Angeklagte machte einen vergeblichen Selbstmordversuch mit dem Dolch und ließ sich dann die Adern öffnen. Hierauf wird Silvanus' erste Gattin, Numantina, angeklagt, sie habe ihren Gatten durch Zaubersprüche und Gift wahnsinnig gemacht, wird aber für schuldlos erklärt.

23. Dieses Jahr befreite das römische Volk endlich von dem langen Krieg gegen den Numider Tacfarinas. Denn die bisherigen Feldherren ließen den Feind außer acht, sobald sie glaubten, daß ihre Taten zur Erlangung der Triumphabzeichen ausreichten. In Rom gab es schon drei lorbeergeschmückte Standbilder, und immer noch plünderte Tacfarinas die Provinz Afrika. Er erhielt Zuzug von den Mauren, die, weil König Ptolemaeus, Jubas Sohn, sich wegen seiner Jugend um nichts kümmerte, den Krieg der Sklavenherrschaft ihrer königlichen Freigelassenen vorgezogen hatten. Der König der Garamanten bewahrte ihm seine Beute auf und beteiligte sich an den Raubzügen nicht so, daß er mit einem Heer eingriff, sondern dadurch, daß er nur leichte Truppen schickte, die das Gerücht aus der Ferne vergrößerte. Aus der Provinz selbst strömten viele, je dürftiger ihre Lage, je unruhiger ihr Sinn war, desto bereitwilliger dem Tacfarinas zu, weil der Kaiser nach Blaesus' Erfolgen, als ob kein Feind mehr in Afrika stünde, die neunte Legion zurückzuführen befohlen und der Statthalter dieses Jahres, P. Dolabella, diese zurückzuhalten nicht gewagt hatte, mehr aus Furcht vor den Befehlen des Princeps als vor dem

unsicheren Stand des Krieges.

24. So hatte Tacfarinas das Gerücht ausgesprengt, das römische Reich werde auch von anderen Völkern bedrängt; darum zögen sich die Römer allmählich aus Afrika zurück, und der verbleibende Rest könne leicht beseitigt werden, wenn sich alle, denen die Freiheit lieber sei als die Knechtschaft, auf ihn stürzten. Dadurch vermehrt Tacfarinas seine Streitkräfte, schlägt ein Lager auf und schließt die Stadt Thubuscum ein. Dolabella aber zog alles, was an Truppen vorhanden war, zusammen. Weil der römische Name Schrecken verbreitet und die Numider keiner geschlossenen Schlachtreihe standhalten können, machte er gleich bei seinem ersten Anmarsch der Belagerung ein Ende und befestigte günstig gelegene Plätze; zugleich läßt er die zum Abfall bereiten Häuptlinge der Musulamier mit dem Beil hinrichten. Da man in mehreren Feldzügen gegen Tacfarinas die Erfahrung gemacht hatte, daß durch einen einzigen, entscheidenden Vorstoß nichts gegen den beweglichen Feind auszurichten sei, bildete Dolabella unter Hinzuziehung des Königs Ptolemaeus und seines Volkes vier Heereszüge, deren Führung er seinen Legaten oder Tribunen übertrug. Maurenhäuptlinge machte er zu Führern von plündernden Streifscharen. Er selbst stand allen als Berater zur Seite.

25. Bald darauf kommt die Nachricht, die Numider hätten sich bei einem halb zerstörten, einst von ihnen selbst in Brand gesteckten Kastell namens Auzea festgesetzt und im Vertrauen auf die Sicherheit des Platzes, der von riesigen Waldgebirgen rings umschlossen war, ein Zeltlager aufgeschlagen. Daraufhin werden die kampfbereiten Kohorten und Reitergeschwader, ohne zu wissen, wohin es geht, in Eilmärschen vorgeschoben. Kaum war der Tag angebrochen, als sie mit Tubenklang und Kampfgeschrei vor den noch halb schlafenden Barbaren standen, während die Pferde der Numider noch an den Füßen gefesselt waren oder auf weit auseinanderliegenden Weideplätzen umherschweiften. Auf seiten der Römer stand das Fußvolk Mann an Mann, die Schwadronen wohlgeordnet, alle kampfbereit. Die Feinde dagegen waren völlig überrascht, ohne Waffen, ohne Aufstellung, ohne Schlachtplan. So wurden sie wie das Vieh weggeschleppt, getötet oder zu Gefangenen gemacht. Die Soldaten dachten voll Erbitterung an die Strapazen und an die so oft erwünschte, aber immer

wieder vereitelte Schlacht, und jeder stillte seinen Rachedurst am Blut der Feinde. Durch die Manipel geht die Losung, alle sollten den durch so viele Treffen wohlbekannten Tacfarinas greifen; nur nach dem Tod des Anführers werde der Krieg ein Ende haben. Als aber seine Leibwache um ihn herum gefallen, sein Sohn bereits gefangengenommen war und die Römer von allen Seiten auf ihn eindrangen, stürzte er sich den Geschossen entgegen und entging so der Gefangenschaft durch einen (für die Römer) nicht leicht erkauften Tod. Damit war der Krieg zu Ende.

26. Die von Dolabella erbetenen Triumphabzeichen lehnte Tiberius ab, Seianus zu Gefallen, damit nicht der Ruhm seines Onkels Blaesus verdunkelt würde. Aber Blaesus wurde dadurch nicht berühmter, und Dolabella erntete, gerade weil ihm die Ehrung versagt wurde, um so größeren Ruhm. Hatte er doch mit einem kleineren Heer bedeutende Gefangene gemacht, den Anführer getötet und das Verdienst erworben, den Krieg beendet zu haben. Nun kamen auch noch Gesandte der Garamanten, seltene Gäste in Rom. Das Volk, das durch Tacfarinas' Fall bestürzt, aber sich einer Mitschuld nicht bewußt war, hatte sie abgeschickt, um dem römischen Volk Genugtuung zu leisten. Als man dann von dem Eifer hörte, den Ptolemaeus in diesem Krieg bewiesen hatte, frischte man eine alte Ehrung auf. Ein Senator wurde hingeschickt, um Ptolemaeus einen Elfenbeinstab und eine bestickte Toga, die alten Ehrengaben des Senats, zu überreichen und ihn als König, als Bundesgenossen und Freund zu begrüßen.

27. Im gleichen Sommer erstickte der Zufall einen in ganz Italien aufkeimenden Sklavenaufstand. Der Rädelsführer, T. Curtisius, einst Soldat in einer Prätorianerkohorte, hielt anfangs in Brundisium und den umliegenden Städten heimliche Zusammenkünfte ab, erließ dann öffentliche Aufrufe und forderte die wilden, in den weit entlegenen Waldgebirgen wohnenden Sklavenhorden zur Freiheit auf. Da landeten wie durch göttliche Fügung drei Zweiruderer, die zum Schutz des Handelsverkehrs in jenem Meer kreuzten. Außerdem hielt sich gerade in dieser Gegend der Quästor Curtius Lupus auf, dem nach altem Brauch Cales als Provinz zugefallen war. Dieser bildete aus der Schiffsbesatzung eine Truppe und zersprengte die Verschworenen, als sie gerade losbrechen wollten. Dann schickte der Kaiser schleunigst

den Prätorianertribun Staius mit einer starken Mannschaft, der den Anführer und seine verwegensten Anhänger nach Rom schleppte, wo man schon in Angst schwebte wegen der großen Sklavenhaufen, die ins Ungeheure anwuchsen, während sich die freie Bevölkerung von Tag zu Tag verminderte.

28. Im gleichen Konsulatsjahr bot Rom ein furchtbares Beispiel von Elend und Verrohung. Ein Vater wurde von seinem eigenen Sohn angeklagt und vor den Senat gebracht – beide hießen Vibius Serenus. Der Vater, aus der Verbannung herbeigeholt, mit Unflat und Schmutz bedeckt und jetzt sogar in Ketten, wird dem Sohn als seinem Ankläger gegenübergestellt. Der junge Mann, in großem Staat und mit fröhlichem Gesicht, gab als Kläger und zugleich als Zeuge an, daß hochverräterische Pläne gegen den Fürsten geschmiedet und Aufwiegler nach Gallien geschickt worden seien. Er fügte noch hinzu, der ehemalige Prätor Caecilius Cornutus habe das Geld dazu gegeben. Dieser wurde der bangen Sorge überdrüssig und gab sich, da seine gefährdete Lage schon der Verurteilung gleichkam, selbst den Tod. Ganz anders der Angeklagte. Mit ungebeugtem Mut schüttelt er seine Ketten gegen den Sohn und ruft die Rachegötter an, sie sollten ihm nur die Verbannung wiedergeben, wo er fern von solcher Verruchtheit leben könne. Den Sohn aber solle dereinst das göttliche Strafgericht ereilen! Dabei beteuerte er, Cornutus sei schuldlos und habe sich nur durch die falschen Beschuldigungen in Schrecken setzen lassen; davon könne man sich leicht überzeugen, wenn noch andere Mitschuldige genannt würden. Denn er könne doch nicht die Ermordung des Princeps und den Staatsstreich mit einem einzigen Mithelfer geplant haben.

29. Darauf nennt der Ankläger den Cn. Lentulus und Seius Tubero zur großen Beschämung des Kaisers, weil damit die ersten Männer des Staates, seine vertrautesten Freunde, Lentulus im höchsten Alter, Tubero körperlich geschwächt, der Feindaufwiegelung und des versuchten Umsturzes bezichtigt wurden. Beide wurden freilich sofort wieder von der Anklage ausgenommen. Gegen den Vater fand ein Verhör seiner Sklaven statt, das für den Ankläger ungünstig ausfiel. Dieser wurde, von Gewissensbissen gepeinigt und durch die Haltung der Volksmenge, die mit Kerker, Sturz vom Tarpejischen Felsen oder den Strafen für

Vatermörder drohte, in Schrecken versetzt und wich aus der Stadt. Er wurde aber aus Ravenna zurückgeholt und gezwungen, die Anklage durchzuführen. Dabei verbarg Tiberius nicht seinen alten Haß gegen den verbannten Serenus. Dieser hatte nämlich nach Libos Verurteilung in einem Schreiben dem Kaiser vorgeworfen, seine Verdienste seien allein unbelohnt geblieben. Auch hatte er noch manches andere in trotzigerem Ton geschrieben, als es gegenüber einem hochmütigen und leicht verletzten Mann (wie Tiberius) ratsam ist. Dies brachte der Kaiser noch acht Jahre später vor und erwähnte auch aus der Zwischenzeit einige Verstöße, wenn auch die Sklaven bei der Folter hartnäckig dagegen ausgesagt hatten.

30. Als hierauf der Antrag gestellt wurde, Serenus solle nach der Weise der Vorfahren hingerichtet werden, erhob der Kaiser Einspruch, um die Gehässigkeit des Urteils abzuschwächen. Als dann Asinius Gallus beantragte, den Angeklagten nach Gyarus oder Donusa zu verbannen, wandte er sich auch dagegen. Beide Inseln hätten kein Wasser, und wenn man jemand das Leben schenke, müsse man ihm doch auch die notwendigen Lebensbedürfnisse gewähren. So wird Serenus wieder nach Amorgus zurückgebracht. Und weil Cornutus durch eigene Hand gefallen war, kam es zu einer Verhandlung über die Abschaffung von Belohnungen für die Ankläger in den Fällen, wo ein wegen Majestätsverbrechens Angeklagter sich vor Beendigung der Untersuchung das Leben genommen hatte. Diesem Antrag hätte man zugestimmt, wenn nicht der Kaiser mit besonderem Nachdruck und gegen seine Gewohnheit öffentlich für die Ankläger eingetreten wäre und sich darüber beklagt hätte, es würden dann die Gesetze verletzt und der Staat gefährdet werden. Lieber solle man doch das Recht ganz abschaffen als dessen Hüter beseitigen. So wurden die Angeber, diese Menschensorte, die zum Verderben des Staates aufgekommen war und selbst durch Strafen niemals recht in Schranken gehalten werden konnte, auch noch durch besondere Belohnungen hervorgelockt.

31. Diese so ständigen und so traurigen Vorfälle unterbricht ein kleines erfreuliches Ereignis. Der römische Ritter C. Cominius war überführt worden, ein Schmähgedicht gegen den Kaiser verfaßt zu haben. Auf Bitten seines Bruders, der Senator war, wurde

er jedoch vom Kaiser begnadigt. Um so mehr wunderte man sich, daß der Fürst, obwohl er wußte, was das Bessere war und welcher Ruf einer milden Regierung folge, dennoch die finstere Strenge vorzog. Denn Tiberius fehlte ja nicht aus Unachtsamkeit; auch ist leicht zu erkennen, wann die Taten der Herrscher aufrichtig gefeiert werden und wann nur mit erheuchelter Freude. Ja, er selbst, der sonst so gezwungen sprach und geradezu mit den Worten rang, konnte fließender und freier reden, wenn er jemandem helfen wollte. Bei P. Suillius, dem ehemaligen Quästor des Germanicus, der aus Italien verbannt wurde, weil er überführt worden war, für seine richterliche Tätigkeit Geld genommen zu haben, beantragte er Verweisung auf eine ferne Insel, und zwar mit solcher Heftigkeit, daß er unter seinem Eid beteuerte, das Wohl des Staates erfordere diese Härte. Für den Augenblick fand man dies grausam, später aber, als Suillius zurückgekehrt war, lobte man den Kaiser; denn die Folgezeit sah diesen Suillius als allmächtigen und käuflichen Mann, der von des Kaisers Claudius Freundschaft zwar lange und mit Glück, niemals aber zum Guten Gebrauch machte. Dieselbe Strafe wird über den Senator Catus Firmius verhängt, weil er seine Schwester fälschlich wegen Majestätsverbrechens angeklagt habe. Catus hatte, wie schon berichtet, den Libo in eine Falle gelockt und dann durch seine Anzeige gestürzt. In dankbarer Erinnerung an dieses Verdienst sprach Tiberius, jedoch mit einer anderen Begründung, gegen seine Verbannung, widersetzte sich jedoch nicht seiner Ausstoßung aus dem Senat.

32. Daß man sehr vieles, was ich berichtet habe und noch berichten werde, vielleicht kleinlich und unbedeutend finden kann, weiß ich sehr wohl. Allein niemand darf meine Annalen mit den Werken derer vergleichen, die über die ältere Geschichte des römischen Volkes geschrieben haben. Denn jene erzählten von gewaltigen Kriegen, von Städteeroberungen, von besiegten und gefangenen Königen oder, wenn sie sich lieber den inneren Angelegenheiten zuwenden wollten, von Zwistigkeiten der Konsuln mit den Tribunen, von Acker- und Korngesetzen, von Kämpfen zwischen den Plebejern und Optimaten und konnten sich in diesen Schilderungen frei bewegen. Meine Aufgabe dagegen ist eng begrenzt und ohne Ruhm; denn es herrschte tiefer

oder nur wenig gestörter Friede, die Verhältnisse in Rom waren trübselig, und der Princeps dachte nicht an eine Erweiterung des Reiches. Dennoch dürfte es nicht ohne Nutzen sein, jene auf den ersten Blick unbedeutenden Ereignisse näher ins Auge zu fassen, weil aus ihnen oft große Staatsumwälzungen entstehen.

33. Alle Völker und Städte haben entweder Volks- oder Adels- oder Einzelherrschaft. Eine Staatsform, die aus diesen drei Verfassungsarten mit Auswahl zusammengesetzt ist, kann man leichter loben als verwirklichen. Wenn sie sich aber verwirklicht, kann sie nicht von langer Dauer sein. Denn damals, als das Volk mächtig war oder der Adel das Übergewicht hatte, war es nötig, die Natur der unteren Volksschichten und die Art kennenzulernen, wie man sie lenken und in Schranken halten kann; damals wiederum galten diejenigen für weltklug und weise, die die Denkweise der Senatoren und Optimaten am besten kannten. Ebenso dürfte es jetzt nach der Umgestaltung der Verfassung, nach der nur ein einziger Mann über den römischen Staat so gut wie unbeschränkt herrscht, von Wert sein, die Senatsverhandlungen zu sammeln und der Nachwelt zu überliefern. Denn nur wenige Menschen wissen aus eigener Einsicht Gutes von Schlechtem, Nützliches von Schädlichem zu scheiden, die meisten lassen sich nur durch die Schicksale anderer belehren. Freilich, so nützlich eine solche Schilderung sein kann, so wenig unterhaltend ist sie. Denn die örtlichen Verhältnisse fremder Völker, die wechselvollen Kämpfe, das ruhmvolle Ende von Feldherren fesseln und beleben immer wieder des Lesers Anteilnahme. Ich reihe hier nur tyrannische Befehle, unaufhörliche Prozesse, trügerische Freundschaften, das Verderben Unschuldiger und die immer gleichen Gründe ihres Untergangs aneinander. So begegnen wir stets ähnlichen Fällen und werden von Überdruß erfüllt. Dazu kommt, daß die alten Geschichtsschreiber selten einen Tadler finden und kein Mensch danach fragt, ob du die punischen oder die römischen Kriegstaten mit größerer Liebe schilderst. Dagegen leben noch die Nachkommen von vielen Männern, die unter Tiberius Strafe oder Schmach erlitten. Und sind auch die Familien selbst ausgestorben, so finden sich doch immer Leute, deren Charaktere jenen ähnlich sind und die deshalb glauben, die Missetaten anderer würden ihnen selbst vorgeworfen. Aber auch

Ruhm und Verdienst Fremder erbittert sie, wenn ihnen dadurch ihre eigene Minderwertigkeit zu nahe vor Augen gerückt wird. Doch ich kehre jetzt wieder zu meiner Aufgabe zurück.

34. Unter den Konsuln Cornelius Cossus und Asinius Agrippa wird Cremutius Cordus wegen eines neuen und jetzt erstmalig erhörten Verbrechens vor Gericht gezogen, weil er in seinem Geschichtswerk den M. Brutus gelobt und den C. Cassius den letzten Römer genannt habe. Ankläger waren Satrius Secundus und Pinarius Natta, beide Schützlinge des Seianus. Dies war für den Angeklagten verderblich, auch daß Tiberius die Verteidigungsrede mit finsterer Miene entgegennahm, die Cremutius, der schon entschlossen war, sich das Leben zu nehmen, also begann: »Nur meine Worte werden mir zur Last gelegt, Senatoren, in meinen Handlungen bin ich völlig schuldlos. Aber auch diese sind nicht gegen den Princeps oder seinen Vater gerichtet, auf die allein sich das Majestätsgesetz erstreckt. Ich soll Brutus und Cassius gelobt haben; aber so viele auch deren Taten dargestellt haben, keiner hat sie ohne ehrende Auszeichnung genannt. Titus Livius, durch Beredsamkeit und Unparteilichkeit vor allen hochberühmt, hat dem Cn. Pompeius so hohes Lob gespendet, daß ihn Augustus einen Pompejaner genannt hat; aber ihrer Freundschaft tat dies keinen Abbruch. Und Leute wie Scipio und Afranius, wie Cassius und Brutus selbst bezeichnet er nirgends als Räuber und Vatermörder, wie man sie jetzt nennt, sondern oft als ausgezeichnete Männer. Asinius Pollios Werke stellen beide der Nachwelt als vortrefflich dar; Messalla Corvinus rühmte den Cassius als seinen Imperator. Dennoch blieben beide Geschichtsschreiber in Reichtum und Ehren. Und wie hat der Diktator Caesar auf Ciceros Buch, worin Cato in den Himmel gehoben wird, geantwortet? Nicht anders als wie vor dem Gericht mit einer Gegenschrift. Antonius' Briefe und Brutus' öffentliche Reden enthalten Vorwürfe gegen Augustus, die zwar unbegründet, aber mit großer Bitterkeit vorgebracht sind. In den Gedichten des Bibaculus und Catullus liest man lauter Schmähungen gegen die Caesaren; aber der verewigte Julius Caesar und der verewigte Augustus selbst nahmen diese Gedichte hin und ließen sie bestehen; ich vermag nicht zu entscheiden, ob aus Selbstbeherrschung oder aus Klugheit. Denn was man nicht beachtet, verliert seine Kraft,

worüber man zürnt, das scheint man dadurch als wahr anzuerkennen.

35. Ich will nicht von den Griechen sprechen, bei denen nicht nur Freiheit, sondern sogar Frechheit unbestraft blieb. Oder wenn man strafte, strafte man Worte nur mit Worten. Am freiesten und unbesorgtesten aber konnte man sich über die Männer äußern, die der Tod dem Haß oder der Gunst entrückt hatte. Stehen denn Brutus und Cassius noch unter Waffen, behaupten sie noch das Feld von Philippi, und rufe ich für sie durch öffentliche Reden das Volk zum Bürgerkrieg auf? Oder sind sie nicht in Wirklichkeit vor nunmehr siebzig Jahren gefallen und wollen nur ihren Platz in den Geschichtswerken behaupten, wie man sie doch auch aus ihren Bildnissen kennt, die nicht einmal der Sieger vernichtet hat? Einem jeden wägt doch die Nachwelt sein Maß an Ehre zu. Und wenn mich die Verurteilung trifft, so wird es nicht an Leuten fehlen, die nicht nur des Brutus und Cassius, sondern auch meiner gedenken werden!« Damit verließ er den Senat und endete sein Leben durch freiwilligen Hungertod. Die Senatoren stellten den Antrag, seine Bücher sollten durch die Ädilen verbrannt werden, doch sind sie erhalten geblieben, zunächst heimlich, dann durch Veröffentlichung. Um so mehr muß man über die Torheit derer spotten, die da glauben, sie könnten durch ihren augenblicklichen Machtspruch auch das Gedächtnis späterer Zeiten zerstören. Im Gegenteil, man bestrafe die Geisteshelden, ihr Ansehen wird damit nur größer! Auch ausländische Könige oder alle, die mit der gleichen Grausamkeit wüteten, haben nie etwas anderes erreicht, als daß sie selbst Schmach, jene aber Ruhm ernteten.

36. Übrigens folgten die Anklagen in diesem Jahr einander so ununterbrochen, daß sich Calpurnius Salvianus sogar während der Tage des Latinerfestes mit einer Klage gegen Sextus Marius an den Stadtpräfekten Drusus wandte, als dieser zur Übernahme seines Amtes ins Tribunal kam. Dieses Vorgehen wurde vom Kaiser öffentlich getadelt und zog dem Salvianus die Verbannung zu. Der Bürgerschaft von Cyzicus machte man Nachlässigkeit in der Verehrung des Augustus zum Vorwurf und fügte noch Beschuldigungen wegen Gewalttätigkeiten gegen römische Bürger hinzu. So verloren sie ihre Freiheit, die sie sich im Krieg gegen

Mithridates verdient hatten, weil sie sich belagern ließen und der König nicht weniger vor ihrer Standhaftigkeit als vor der Heeresmacht des Lucullus weichen mußte. Dagegen wird Fonteius Capito, der als Prokonsul Asien verwaltet hatte, freigesprochen, weil es offenkundig war, daß die von Vibius Serenus (dem Sohn) gegen ihn erhobenen Beschuldigungen erdichtet waren. Trotzdem hatte dies für Serenus keine schädlichen Folgen. Der allgemeine Haß gegen ihn machte seine Stellung nur noch sicherer. Denn je schärfer ein Ankläger war, desto geheiligter gleichsam war seine Person. Nur die unbedeutenden und noch nicht bekannten Angeber pflegte man zu bestrafen.

37. Zur selben Zeit schickte das jenseitige Spanien eine Gesandtschaft an den Senat und bat, man möge ihnen nach dem Vorgang Asiens gestatten, einen Tempel für Tiberius und seine Mutter zu errichten. Bei dieser Gelegenheit glaubte der Kaiser, der auch sonst gern Ehrenbezeugungen verschmähte, denen eine Antwort geben zu müssen, durch deren Gerede er einer neuerlichen Neigung zum Ehrgeiz bezichtigt wurde, und hielt etwa folgende Rede: »Ich weiß, Senatoren, daß sehr viele die nötige Folgerichtigkeit bei mir vermißt haben, weil ich neulich das gleichlautende Gesuch asiatischer Gemeinden nicht abgelehnt habe. So will ich denn mein früheres Schweigen rechtfertigen und zugleich darlegen, was ich für die Zukunft beschlossen habe. Da der verewigte Augustus es nicht verwehrt hat, daß ihm und der Stadt Rom in Pergamum ein Tempel errichtet werde, alle seine Taten und Worte aber für mich Gesetz sind, so bin ich seinem Beispiel um so bereitwilliger gefolgt, als mit dem Kult meiner Person auch eine Verehrung des Senats verbunden werden sollte. Aber wenn auch dadurch die einmalige Annahme Verständnis finden mag, so würde es doch anmaßender Ehrgeiz sein, sich in allen Provinzen als Gottheit verehren zu lassen. Auch wird die Verehrung für Augustus geschmälert werden, wenn sie durch wahllose Schmeicheleien gemein gemacht wird.

38. Senatoren! Ich bekenne vor euch und wünsche, daß auch die Nachwelt dies im Gedächtnis behält, daß ich ein Mensch bin, der seine Menschenpflichten erfüllt, und mich damit begnüge, meinen Platz als Princeps auszufüllen. Die Nachwelt wird meinem Gedächtnis Ehre genug und übergenug erweisen, wenn sie

von mir glaubt, daß ich meiner Vorfahren würdig, daß ich in euren Angelegenheiten fürsorglich, daß ich unerschrocken in Gefahren und im Kampf für die öffentliche Wohlfahrt furchtlos gewesen bin. Das werden die Tempel sein, die ich in euren Herzen errichte, das die herrlichsten und dauerhaftesten Standbilder! Denn die Bildnisse, die man aus Stein macht, werden, wenn sich das Urteil der Nachwelt in Haß verwandelt, wie Grabsteine gemieden. Daher richte ich meine Bitte an die Mitbürger, die Bundesgenossen und die Götter selbst. Diese mögen mir bis zum Ende meines Lebens einen ruhigen Sinn schenken, der erkennt, was vor ihnen und den Menschen recht ist. Jene aber mögen, wenn ich einmal aus dem Leben geschieden bin, meinen Taten und dem Ruf meines Namens Lob und ehrende Erinnerung folgen lassen.« Auch später beharrte er, selbst in privaten Gesprächen, bei der Ablehnung eines persönlichen Kults. Manche deuteten dieses Verhalten als Bescheidenheit, viele als Mangel an Selbstvertrauen, einige als ein Zeichen entarteter Gesinnung. Strebten ja doch gerade die besten Menschen nach den höchsten Ehren. So seien Hercules und Liber bei den Griechen, Quirinus bei uns den Göttern beigezählt worden. Besser habe es Augustus gemacht, der dies wenigstens erhofft habe. Alles übrige stehe doch den Fürsten sofort zu Gebote, nur nach einem müßten sie unablässig streben, nach einem gefeierten Andenken. Denn wer den Nachruhm verachte, verachte auch die Tugend.

39. Indessen verlor Seianus durch sein allzu großes Glück die ruhige Besonnenheit und wurde überdies durch die echt weibliche Ungeduld vorwärts getrieben, mit der Livilla die versprochene Eheschließung forderte. Er verfaßt also ein Schreiben an den Kaiser, da es damals Sitte geworden war, sich schriftlich an ihn zu wenden, auch wenn er sich in Rom aufhielt. Die Eingabe hatte etwa folgenden Inhalt: Durch das Wohlwollen des Vaters Augustus und später durch vielfache Anerkennung von seiten des Tiberius habe er sich daran gewöhnt, seine Hoffnungen und Wünsche selbst den Göttern nicht eher als seinem Fürsten vorzutragen. Er habe nie um glänzende Staatsämter gebeten, sondern lieber wie ein einfacher Soldat für die Sicherheit seines Imperators wachen und kämpfen wollen. Und doch sei ihm das Höchste zuteil geworden, der verwandtschaftlichen Verbindung mit ihm ge-

würdigt zu werden. Da habe er zu hoffen angefangen; und weil er gehört habe, daß Augustus einmal bei der Verheiratung seiner Tochter sogar römische Ritter in Betracht gezogen habe, so möge er, wenn für Livilla ein Gatte gesucht werde, an den Freund denken, der sich nur mit der Ehre der Verwandtschaft begnügen werde. Denn er wolle sich damit nicht der ihm aufgetragenen Pflichten entledigen. Ihm sei es genug, wenn sein Haus gegen die ungerechten Anfeindungen Agrippinas geschützt werde, und das nur seiner Kinder wegen. Denn sein eigenes Leben werde lang und überlang sein, wenn er es mit einem solchen Princeps beschließen könne.

40. In seinem Antwortschreiben lobte Tiberius die Anhänglichkeit des Seianus, wies kurz auf seine Gunstbeweise gegen ihn hin und fügte dann (in einem zweiten Schreiben), nachdem er sich Zeit erbeten, um gleichsam von neuem mit sich zu Rate zu gehen, noch folgendes hinzu: Die anderen Menschen blieben in ihren Plänen bei dem stehen, was sie für sich als dienlich erachteten. Die Fürsten aber hätten ein anderes Los: Sie müßten sich in allen wichtigen Dingen nach der öffentlichen Meinung richten. Er wähle deshalb nicht die Ausflucht, die für seine Antwort so nahe liege: Livilla könne selbst entscheiden, ob sie sich nach Drusus' Tod wieder vermählen oder in ihrer bisherigen Familie weiterleben wolle. Außerdem habe sie ihre Mutter und ihre Großmutter, die ihr für eine Beratung näher stünden als er. Er wolle ganz offen sprechen: Erstens werde Agrippinas Feindschaft noch weit heftiger werden, wenn durch eine neue Heirat Livillas das Caesarenhaus gewissermaßen in zwei Lager gespalten werde. Schon jetzt trete die Eifersucht der beiden Frauen zu Tage, und durch diese Zwietracht würden auch seine Enkel aus der ruhigen Bahn geworfen. Was solle erst werden, wenn der Streit durch ein solches Ehebündnis noch mehr verschärft werde? »Du täuschst dich nämlich, Seianus«, fuhr er fort, »wenn du glaubst, du könntest dabei in deinem jetzigen Stand verbleiben und Livilla, die einst mit Gaius Caesar und später mit Drusus vermählt war, werde gewillt sein, an der Seite eines römischen Ritters alt zu werden. Angenommen, ich gäbe das selber zu, glaubst du denn, die Welt würde es dulden, die ihren Bruder, ihren Vater und überhaupt unsere Vorfahren in den höchsten Würden gesehen hat? Dein

Wille ist es zwar, in deinem Stand zu bleiben; aber die Beamten und Würdenträger, die gegen deinen Willen bei dir eindringen und dich über alle Angelegenheiten um Rat fragen, sprechen ganz offen davon, daß du schon längst über die Rangstufe eines römischen Ritters hinausgekommen bist und die freundschaftlichen Beziehungen meines Vaters (zu römischen Rittern) weit überschritten hast. Und aus Neid gegen dich machen sie auch mir Vorwürfe. Aber Augustus hat doch daran gedacht, seine Tochter einem römischen Ritter zu geben! Es ist wahrhaftig nicht zu verwundern, daß Augustus, der durch alle möglichen Sorgen abgelenkt war und wohl voraussah, daß ein Mann, den er durch eine solche Verbindung über alle anderen erhoben hätte, zu einer unermeßlichen Höhe emporgestiegen wäre, im Gespräch auch einmal den C. Proculeius und einige andere erwähnt hat, die besonders zurückgezogen lebten und an keinerlei Staatsgeschäften beteiligt waren. Aber wenn wir schon einer beiläufigen Erwähnung des Augustus Bedeutung beimessen, von wieviel größerem Gewicht ist dann die Tatsache, daß er seine Tochter an Marcus Agrippa und dann an mich verheiratet hat. Dies habe ich dir unserer Freundschaft wegen nicht verschweigen wollen. Im übrigen will ich weder deinen noch Livillas Absichten hinderlich sein. Was ich selbst plane und durch welche Verwandtschaftsbande ich dich mit mir zu verknüpfen vorhabe, darüber möchte ich mich im Augenblick nicht äußern. Nur das eine will ich dir eröffnen, daß es keine Erhebung gibt, die du durch deine Verdienste und deine Gesinnung gegen mich nicht verdientest. Zu gegebener Zeit werde ich dies im Senat oder vor dem Volk offen bekennen.«

41. Jetzt war Seianus nicht mehr wegen der Heirat, sondern aus viel tieferen Gründen beunruhigt und beschwor den Kaiser, keinen stillen Verdacht gegen ihn zu hegen, das Gerede der Leute und den Ansturm der Neider unbeachtet zu lassen. Und um die Leute, die fortwährend in sein Haus strömten, nicht abweisen zu müssen und dadurch seinen Einfluß zu schwächen, andererseits um durch seine Empfänge keine Möglichkeit zu weiteren Verdächtigungen zu bieten, verfiel er auf den Gedanken, Tiberius dazu zu bewegen, sein Leben fern von Rom in anmutigen Gegenden zu verbringen. Davon versprach er sich nämlich mancherlei: Der Zutritt zum Kaiser werde dann von ihm abhängen

und der Schriftverkehr großenteils unter seiner Aufsicht stehen, da er durch die Hände seiner Soldaten ginge. Bei seinem hohen Alter und der Abgeschiedenheit seines Wohnsitzes werde der Kaiser dann auch so verwöhnt werden, daß er die Regierungsgeschäfte leichter an ihn übertragen würde. Auch der Neid werde nach Abschaffung der scharenweisen Besuche nachlassen und seine wirkliche Macht durch die Beseitigung dieser Äußerlichkeiten wachsen. Infolgedessen fängt er nach und nach an, auf das geschäftige Treiben in der Stadt, auf das zudringliche Volk, auf die Menge der Besucher zu schelten und die Ruhe und Einsamkeit zu preisen, wo man von Verdrießlichkeiten und Anfeindungen nichts merke und sich den wirklich wichtigen Angelegenheiten am besten widmen könne.

42. Zufällig fand in diesen Tagen eine Untersuchung gegen Votienus Montanus, einen Mann von hoher Begabung, statt. Sie brachte den noch unschlüssigen Tiberius zu der Überzeugung, daß er den Senatsverhandlungen und den sehr oft wahren und darum kränkenden Äußerungen, die in seiner Gegenwart vorgebracht wurden, aus dem Weg gehen müsse. Votienus war nämlich wegen Schmähungen gegen den Kaiser belangt worden, und der Zeuge Aemilius, ein alter Soldat, sagt im Eifer der Beweisführung alles offen heraus und beharrt, obwohl man ihm lärmend ins Wort fiel, mit großem Ernst dabei. Auf diese Weise mußte Tiberius einmal die Schmähungen selbst anhören, mit denen man ihn insgeheim überhäufte, und war davon so betroffen, daß er laut ausrief, er werde sich rechtfertigen, auf der Stelle oder im Lauf der Untersuchung. Nur mit Mühe ließ er sich durch die Bitten seiner Freunde und die Schmeicheleien aller Anwesenden beruhigen. Votienus wurde denn auch wegen Majestätsverbrechens verurteilt, und der Kaiser blieb um so hartnäckiger bei der unnachsichtigen Strenge gegen Angeklagte, die man ihm vorgeworfen hatte. So bestrafte er die Aquilia, die wegen Ehebruchs mit Varius Ligur angeklagt war, mit der Verbannung, obgleich der designierte Konsul Lentulus Gaetulicus ihr bereits das Urteil nach der Lex Julia gesprochen hatte. Den Apidius Merula ließ er aus der Senatorenliste streichen, weil er nicht auf die Verordnungen des verewigten Augustus den Amtseid geleistet hatte.

43. Darauf erhielten die Gesandtschaften der Lacedaemonier

und Messenier Gehör wegen ihres Anspruchs auf den Tempel der Diana Limnatis. Die Lacedaemonier suchten aus geschichtlichen Überlieferungen und Dichtersprüchen zu beweisen, daß er von ihren Vorfahren und in ihrem Gebiet geweiht worden sei. Zwar sei der Tempel ihnen vom makedonischen König Philipp, mit dem sie Krieg geführt hätten, entrissen, aber später durch des Diktators Caesar und des M. Antonius' Entscheidung wieder zugesprochen worden. Dagegen machten die Messenier die alte Teilung des Peloponnes unter die Nachkommen des Hercules geltend. Ihrem König sei das denthalische Gebiet, auf dem sich dieses Heiligtum befinde, zugefallen, worüber noch alte Inschriften in Stein und Erz vorhanden seien. Wenn es auf die Zeugnisse der Geschichtswerke und der Dichter ankommen sollte, so hätten sie deren noch zahlreichere und ausführlichere vorzuweisen; auch habe Philipp nicht nach Kriegsrecht, sondern der Wahrheit gemäß entschieden. Ebenso habe der König Antigonus und der Imperator Mummius geurteilt. Auch die Milesier hätten sich, als ihnen die Entscheidung öffentlich übertragen wurde, und zuletzt noch der Prätor von Achaia, Atidius Geminus, ebendahin geäußert. So fiel die Entscheidung zu Gunsten der Messenier. Ferner verlangten die Segestaner, daß der verfallene Tempel der Venus auf dem Berg Eryx wiederhergestellt werde, wobei sie die bekannten und für Tiberius schmeichelhaften Sagen in Erinnerung brachten. Er übernahm gewissermaßen als Blutsverwandter gern den Wiederaufbau. Endlich wurde das Bittgesuch der Bewohner von Massilia behandelt und ihre Berufung auf den Vorgang des P. Rutilius gebilligt. Diesen hatten nämlich die Smyrnäer in ihre Bürgerschaft aufgenommen, obgleich er durch Richterspruch verbannt war. Mit demselben Recht hatten die Massilienser den verbannten Vulcatius Moschus aufgenommen, der jetzt sein Vermögen ihrer Gemeinde als seiner Vaterstadt hinterlassen hatte.

44. An hervorragenden Männern starben in diesem Jahr Cn. Lentulus und L. Domitius. Lentulus hatte sich, abgesehen von seinem Konsulat und dem Triumph über die Geten, dadurch berühmt gemacht, daß er seine Armut mit Würde trug, dann auf rechtliche Weise großen Reichtum erwarb und ihn mit Maß genoß. Domitius war durch seinen Vater berühmt, der im Bürgerkrieg Meerbeherrscher war, bis er zur Partei des Antonius und

später zu der des Octavianus überging. Sein Großvater war in der Schlacht bei Pharsalus auf Seiten der Optimaten gefallen. Er selbst wurde zum Gatten der jüngeren Antonia, Octavias Tochter, auserkoren. Später überschritt er mit einem Heer die Elbe und drang tiefer in Germanien ein als irgendeiner seiner Vorgänger und erhielt dafür einen Triumph. Es starb auch L. Antonius, aus jenem hochberühmten, aber unglücklichen Geschlecht. Denn als sein Vater Jullus Antonius wegen seines Ehebruchs mit Julia hingerichtet worden war, schaffte Augustus den noch sehr jungen Enkel seiner Schwester nach Massilia, um durch den Anschein wissenschaftlicher Studien die Verbannung zu tarnen. Trotzdem wurden ihm jetzt die letzten Ehren erwiesen und auf Senatsbeschluß seine Gebeine im Octaviergrab beigesetzt.

45. Noch unter denselben Konsuln wurde im diesseitigen Spanien von einem Bauern aus dem Stamm der Termestiner ein abscheuliches Verbrechen verübt. Der Mann überfiel unversehens den Prätor der Provinz, L. Piso, der mitten im Frieden ohne Besorgnis reiste, und tötete ihn mit einem Streich. Durch die Schnelligkeit seines Pferdes entkam er, ließ es aber, als er die waldigen Berghöhen erreicht hatte, laufen und wich in den steilen und unwegsamen Gegenden seinen Verfolgern aus. Doch konnte er sie nicht lange täuschen; denn als man sein Pferd aufgefangen und durch die benachbarten Gaue geführt hatte, erfuhr man, wem es gehörte. Man fand auch ihn; doch als er durch die Folter gezwungen werden sollte, seine Mitwisser anzugeben, rief er mit lauter Stimme in seiner Landessprache: Das Fragen sei vergeblich; selbst wenn seine Genossen dabeistünden und zuschauten, würde keine Gewalt des Schmerzes groß genug sein, ihm die Wahrheit zu entlocken. Als er am nächsten Tag wieder zum peinlichen Verhör geschleppt wurde, riß er sich von seinen Wächtern los und stieß mit solcher Wucht seinen Kopf gegen einen Felsen, daß er auf der Stelle tot war. Übrigens schreibt man die Ermordung Pisos einem Racheakt der Termestiner zu, weil er Gelder, die sie ihrer Gemeinde hinterzogen hatten, mit einer Strenge beitrieb, die sich die Barbaren nicht gefallen lassen wollten.

46. Unter dem Konsulat des Lentulus Gaetulicus und C. Calvisius wurden dem Poppaeus Sabinus die Triumphabzeichen zuerkannt, weil er die thrakischen Stämme niedergeworfen hatte,

die auf ihren Bergen ohne Kultur und daher um so trotzigeren Mutes hausten. Der Grund zu ihrer Erhebung lag außer in ihrer besonderen Sinnesart darin, daß sie sich weigerten, Aushebungen in ihrem Land zu dulden und uns ihre kräftigsten Leute zu überlassen. Sie waren daran gewöhnt, selbst ihren Königen nur nach Gutdünken zu gehorchen, Hilfstruppen nur unter eigenen Führern zu schicken und überhaupt nur mit ihren Nachbarn Krieg zu führen. Zudem hatte sich damals noch das Gerücht verbreitet, sie würden verstreut und mit anderen Völkern vermischt in entlegene Länder verschleppt werden. Bevor sie jedoch zu ihren Waffen griffen, schickten sie Gesandte nach Rom, die ihre bisherige Freundschaft und ihren Gehorsam in Erinnerung bringen und das Gleiche auch für die Zukunft versprechen sollten, falls man ihnen nicht neue Lasten aufbürde; wenn man sie aber wie ein besiegtes Volk zu Sklaven machen wolle, so hätten sie Schwerter und Kriegsvolk und ein zur Freiheit ebenso wie zum Tod bereites Herz. Dabei wiesen sie auf ihre Felsenburgen hin, wohin sie ihre Eltern und Frauen gebracht hätten, und drohten mit einem unbequemen, schwierigen und blutigen Krieg.

47. Sabinus aber gab ihnen, um inzwischen seine Truppen zusammenzuziehen, eine freundliche Antwort. Als jedoch Pomponius Labeo mit einer Legion aus Mösien und der König Rhoemetalces mit Hilfstruppen der treu gebliebenen Thraker angekommen waren, rückt er mit diesen und den schon bereitstehenden Truppen gegen den Feind, der sich bereits in den Engpässen der Waldgebirge aufgestellt hatte. Einige waren kühner und ließen sich auf den freien Höhen blicken. Sie wurden von dem in Schlachtordnung anrückenden römischen Feldherrn ohne Mühe vertrieben, hatten aber nur geringe Verluste, weil sie sich in die nahen Schlupfwinkel zurückziehen konnten. Darauf schlägt Sabinus an Ort und Stelle ein befestigtes Lager und besetzt mit einer starken Mannschaft einen schmalen Berg, der sich in gleichmäßiger Erhebung bis zum nächsten Kastell hinzog, das eine gewaltige Menge von Bewaffneten und Mitläufern verteidigte; zugleich schickt er gegen die Kampflustigen, die sich nach der Sitte ihres Stammes mit Kampfgesängen und Kriegstänzen vor dem Wall herumtummelten, eine auserlesene Schar seiner Bogenschützen. Diese konnten, solange sie aus der Ferne kämpften, ohne eigene

Verluste vielen Barbaren Wunden beibringen. Als sie aber näher herankamen, wurden sie durch einen plötzlichen Ausfall (des Feindes) in Verwirrung gebracht und mußten von einer Kohorte der Sugambrer aufgenommen werden, die der Feldherr in der Nähe aufgestellt hatte, weil sie in Gefahren entschlossen und nicht minder durch Waffenlärm und Schlachtgesang furchtbar war.

48. Hierauf verlegte man das Lager nahe an den Feind heran und ließ die Thraker, die sich, wie erwähnt, uns angeschlossen hatten, in den bisherigen Schanzen zurück. Sie erhielten die Erlaubnis, zu verwüsten, zu brennen und Beute zu machen, wenn sie nur das Plündern auf den Tag beschränkten und die Nacht wachsam und sicher im Lager zubrächten. Dies wurde auch zuerst beachtet; aber bald ergeben sich die Thraker dem Wohlleben, bereichern sich durch ihre Räubereien, verlassen ihre Posten, feiern ausgelassene Gelage und liegen schlafend und berauscht umher. Infolgedessen bilden die Feinde, die von dem sorglosen Treiben erfahren hatten, zwei Truppenabteilungen, von denen die eine die Plündernden im ersten Lager angreifen, die andere das jetzige römische Lager bekämpfen sollte. Dieses zu nehmen, erwarteten sie nicht, vielmehr sollte nur ein jeder im Kampfgeschrei und Geschoßhagel an seine eigene Gefahr denken und nicht auf die Laute der anderen Schlacht achten. Außerdem hatten sie, um den Schrecken zu vergrößern, die Nachtzeit gewählt. Doch wurden die Angreifer des Legionslagers leicht abgeschlagen. Die durch den plötzlichen Angriff erschreckten thrakischen Hilfstruppen jedoch, die teils in den Schanzwerken lagen, zum größten Teil aber außerhalb umherschwärmten, wurden mit um so größerer Erbitterung niedergemacht, weil man ihnen vorwarf, daß sie als Überläufer und Verräter die Waffen ergriffen hätten, um sich und das Vaterland in die Knechtschaft zu stürzen.

49. Am folgenden Tag ließ Sabinus sein Heer auf ebenem Feld antreten, falls die Barbaren, durch ihren nächtlichen Erfolg ermutigt, ein Treffen wagen sollten. Aber als sie von ihrer Burg und den mit ihr verbundenen Höhen nicht herabkamen, begann er die Belagerung durch Kastelle, die er jeweils an geeigneten Stellen anlegen ließ; dann verband er sie durch Graben und Brustwehr und schuf so eine Umwallung im Umkreis von vier Meilen. Um

(die Belagerten) von Wasser und Viehfutter abzuschneiden, zieht er darauf die Einschließungslinie allmählich zusammen und verengert sie ringsum; auch wurde ein Damm errichtet, um von da aus Steine, Lanzen und Feuerbrände auf die schon nahen Feinde zu werfen. Nichts quälte diese jedoch so sehr wie der Durst, da für die gewaltige Menge von Kriegern und Nichtkriegern nur eine einzige Quelle übrig war. Zugleich verendeten die Pferde und Rinder, die nach Barbarensitte miteingeschlossen waren, durch Mangel an Futter; daneben lagen die Leichen der Menschen, die ihren Wunden und dem Durst erlegen waren; alles war durch Verwesung, Gestank und Seuche verpestet.

50. Zu dieser allgemeinen Not gesellte sich noch als schlimmstes Unheil die Zwietracht, da die einen an Übergabe, die anderen an gegenseitige Tötung dachten; manche rieten, man solle, um nicht ungerächt unterzugehen, einen Ausfall machen. Und diese Verschiedenheit der Meinungen beschränkte sich nicht nur auf die weniger Angesehenen, sondern einer der Führer, Dinis, ein hochbetagter Mann, aus langer Erfahrung mit der Macht und der Milde der Römer vertraut, erklärte, man müsse die Waffen niederlegen, und dies sei in ihrer Bedrängnis das einzige Rettungsmittel; er war auch der erste, der sich mit Weib und Kind den Siegern ergab. Es folgten alle, die durch Alter oder Geschlecht kampfunfähig waren, und diejenigen, die das Leben mehr liebten als die Ehre. Die junge Mannschaft dagegen war zwischen Tarsa und Turesis geteilt. Beide waren entschlossen, zugleich mit der Freiheit unterzugehen. Aber Tarsa riet, ein schnelles Ende zu machen, rief laut aus, man müsse die Hoffnung ebenso wie die Furcht verbannen, und gab selber das Beispiel, indem er seine Brust mit dem Schwert durchbohrte; und einige gingen auf gleiche Weise in den Tod. Turesis aber wartet mit seiner Schar die Nacht ab, was der römische Feldherr sehr wohl wußte. Daher verstärkte er die Postenkette, indem er die Abteilungen enger zusammenzog. Die Nacht brach mit furchtbaren Regengüssen herein. Die Feinde hatten die Belagerer bald durch wildes Geschrei, bald durch unheimliche Stille unsicher gemacht, als Sabinus durch ihre Reihen schreitet und mahnt, sie sollten sich weder bei dem irreführenden Lärm noch bei der trügerischen Ruhe den Angreifern gegenüber eine Blöße geben. Vielmehr solle jeder unentwegt

seine Pflicht tun und die Geschosse nicht ziellos verschleudern.

51. Inzwischen rennen die Barbaren in Scharen herab und werfen bald Steine aus der Hand, zugespitzte Pfähle und abgehauene Baumstämme gegen den Wall, bald füllen sie die Gräben mit Reisig, Flechtwerk und Leichnamen aus. Einige legen vorher angefertigte Brücken und Leitern an die Brustwehren, erfassen sie, reißen sie herab und drängen die Verteidiger im Handgemenge zurück. Die römischen Soldaten dagegen stürzen die Angreifer mit ihren Speeren herab, stoßen sie mit den Schildbuckeln zurück und werfen Mauerlanzen und gehäufte Steinmassen über sie. Die sichere Hoffnung auf den Sieg und die jetzt um so größere Schande, falls sie wichen, erhöht ihren Mut. Bei den Feinden war es die letzte Aussicht auf Rettung sowie die Anwesenheit und das Klagegeschrei der vielen Mütter und Gattinnen, was sie anfeuerte. Die Nacht erhöhte bei den einen die Verwegenheit, bei den anderen die Furcht. Unsicher traf die Waffe, unvermutet saß die Wunde. Daß man den Feind so wenig wie die eigenen Leute erkennen konnte, daß die feindlichen Rufe von den Bergen widerhallten und vom Rücken her zu kommen schienen, hatte alles derart in Verwirrung gebracht, daß die Römer einige Schanzen als schon durchbrochen aufgaben. Trotzdem gelang es nur sehr wenigen Feinden durchzubrechen. Die übrigen wurden, als die Tapfersten getötet oder verwundet waren, bei Morgengrauen auf die Höhe des Kastells hinaufgedrängt, wo endlich die Übergabe erzwungen wurde. Die Eingeborenen aus der Nachbarschaft ergaben sich freiwillig. Daß die übrigen nicht mit Gewalt oder durch Belagerung unterjocht wurden, hatten sie dem frühzeitigen und harten Winter auf dem Haemusgebirge zu verdanken.

52. In Rom jedoch, wo Unfriede im kaiserlichen Haus herrschte, wird als erstes Glied des Verderbens, das Agrippina treffen sollte, eine Anklage gegen ihre Tante Claudia Pulchra erhoben, und zwar von Domitius Afer. Dieser Mann, der eben erst Prätor geworden war, nur geringes Ansehen besaß und sich durch irgendeine Schandtat berühmt machen wollte, warf ihr unsittlichen Lebenswandel, Ehebruch mit Furnius, Giftmischerei und Verwünschungen gegen den Fürsten vor. Agrippina, wie immer heftig und jetzt durch die ihrer Verwandten drohende Gefahr aufgebracht, eilt zu Tiberius und findet ihn gerade mit einem Op-

fer für seinen Vater beschäftigt. Das veranlaßt sie sogleich zu gehässigen Bemerkungen: Es schicke sich doch nicht, so meint sie, für einen und denselben Mann, dem verewigten Augustus Opfer darzubringen und gleichzeitig dessen Nachkommen zu verfolgen. Nicht auf leblose Standbilder sei sein göttlicher Geist übergegangen; sie selbst sei sein wahres Abbild, seinem göttlichen Blut entsprossen; gar wohl erkenne sie die Gefahr und lege selbst die Trauerkleider an. Vergeblich schiebe man Pulchra vor, für deren Verderben der einzige Grund darin bestehe, daß sie sich töricht genug eine Agrippina zur Verehrung ausgesucht habe, ohne an Sosia zu denken, die aus demselben Grund ins Unglück kam. Diese Worte entlockten Tiberius' verschlossener Brust einen seltsamen Ausspruch. Er faßte sie an und sagte mit einem griechischen Vers, sie könne sich doch nicht deshalb verletzt fühlen, weil sie nicht herrsche. Pulchra und Furnius werden verurteilt. Afer galt seitdem als einer der hervorragendsten Redner, da sein Talent bekannt geworden war und der Kaiser selbst eine Bestätigung folgen ließ, indem er ihn einen »Redner eigenen Rechts« nannte. Alle Prozesse, die er später als Kläger oder Verteidiger übernahm, verstärkten noch den Ruf seiner Beredsamkeit, weniger den seines Charakters. Nur verlor er im hohen Alter viel von seiner Beredsamkeit, weil er sich, obgleich sein Geist schon erschlafft war, nicht entschließen konnte zu schweigen.

53. Agrippina aber verharrte bei ihrem Groll. Als der Kaiser sie während einer Krankheit besuchte, fing sie nach langem stummem Weinen endlich mit Vorwürfen und Bitten an: Er solle sich doch ihrer Verlassenheit annehmen und ihr wieder einen Gatten geben; sie sei noch jung genug dazu, und ehrbare Frauen könnten nur in der Ehe Trost finden. Es gäbe gewiß Männer in Rom, die es für eine Ehre ansehen würden, des Germanicus' Gattin und Kinder in sein Haus aufzunehmen. Der Kaiser, der sehr wohl wußte, von wie großer politischer Tragweite diese Bitte war, wollte aber seinen Unwillen und seine Angst nicht verraten. Deshalb verließ er sie, ohne ihr eine Antwort zu geben, so sehr sie auch darauf drang. Diesen von den Geschichtsschreibern nicht erwähnten Bericht habe ich in den Denkwürdigkeiten der jüngeren Agrippina, der Mutter Neros, gefunden, in denen sie der Nachwelt ihr Leben und die Schicksale der Ihrigen mitgeteilt hat.

54. Übrigens war es Seianus, der die unglückliche und unbedachte Frau immer noch mehr erschütterte. Er schickte Leute zu ihr, die ihr scheinbar aus Freundschaft zu verstehen geben sollten, es sei schon Gift für sie bereitet und sie müsse ihres Schwiegervaters Tafel meiden. Jeder Verstellung unfähig, blieb sie, als sie einmal ihren Platz neben ihm hatte, starr in Miene und Rede. Sie rührte keine Speise an, bis Tiberius aufmerksam wurde, zufällig oder weil er von ihrem Verdacht gehört hatte. Um sich zu vergewissern, lobte er die Früchte, die eben aufgetragen wurden, und reichte sie eigenhändig seiner Schwiegertochter. Dadurch verschärfte sich noch Agrippinas Argwohn, und ohne die Früchte mit ihrem Mund zu berühren, gab sie sie an die Sklaven weiter. Dennoch äußerte sich Tiberius nicht gegen sie persönlich, sondern wandte sich zu seiner Mutter und sagte, es sei kein Wunder, wenn er eben etwas härter gegen jemand verfahren sei, der ihn der Giftmischerei beschuldigte. Daraus entstand das Gerücht, man bereite ihren Untergang vor, der Kaiser wage es aber nicht, offen gegen sie vorzugehen, sondern suche das Ziel auf geheimen Wegen zu erreichen.

55. Der Kaiser aber erschien, um das Gerede abzulenken, häufig im Senat und hörte mehrere Tage lang die Gesandten aus Kleinasien an, die darüber stritten, in welcher Gemeinde der Tempel errichtet werden sollte. Elf Städte wetteiferten mit gleichem Ehrgeiz, aber mit ungleichen Kräften. Alle brachten ungefähr dieselben Gründe vor, vom hohen Alter ihres Stammes und von ihren Verdiensten um das römische Volk während der Kriege mit Perseus, Aristonicus und anderen Königen. Doch wurden Hypaepa und Tralles samt Laodicea und Magnesia als zu unbedeutend ausgeschieden. Auch die Bewohner von Ilium, die von Troia als der Mutterstadt Roms sprachen, konnten nichts anderes anführen als ihren alten Ruhm. Wegen Halicarnassus war man eine Zeitlang im Zweifel, weil die Stadt versichert hatte, daß sie in den ganzen 1200 Jahren (ihres Bestehens) von keinem Erdbeben heimgesucht worden sei und der Tempel auf natürlichen Felsen stehen würde. Pergamum stützte sich auf den Augustustempel, der dort stünde, man war aber der Meinung, daß es damit genug erhalten habe. In Ephesus, meinte man, nehme der Apollokult, in Milet der Dianakult die Gemeinde vollauf in Anspruch.

So schwankte man nur noch zwischen Sardes und Smyrna. – Die Gesandten aus Sardes verlasen ein etrurisches Dekret zum Beweis ihrer Stammesverwandtschaft (mit den Etruriern). Die Söhne des Königs Arys, Tyrrhenus und Lydus, hätten nämlich den Volksstamm wegen seiner Größe geteilt. Lydus sei im Heimatland geblieben, dem Tyrrhenus sei gestattet worden, neue Wohnsitze zu gründen. Von diesen Führern hätten die beiden Volksstämme ihren Namen erhalten, jene in Asien, diese in Italien. Die Macht der Lyder habe sich dann noch weiter ausgedehnt durch Sendung von Kolonisten nach Griechenland, das später von Pelops seinen Namen erhielt. Außerdem erwähnten sie die Erlasse unserer Feldherren, die im makedonischen Krieg mit uns geschlossenen Bündnisse, ferner die Größe ihrer Flüsse, die Milde ihres Klimas, die Fruchtbarkeit und den Reichtum der Nachbargebiete.

56. Die Smyrnäer dagegen führten wiederum das hohe Alter ihrer Stadt an, die entweder Juppiters Sohn Tantalus oder der ebenfalls gottentsprossene Theseus oder eine der Amazonen gegründet habe. Dann gingen sie auf ihre Verdienste um das römische Volk über, von denen sie sich am meisten versprachen. Sie hätten eine Flotte entsandt, nicht nur zu auswärtigen Kriegen, sondern auch zu denen, die die Römer innerhalb Italiens führen mußten. Sie seien die ersten gewesen, die der Stadt Rom einen Tempel errichtet hätten, zur Zeit, als M. Porcius Konsul war und das römische Volk zwar schon mächtig, aber noch nicht auf den höchsten Gipfel seiner Macht gelangt war; denn die Stadt Karthago stand damals noch, und in Asien gab es noch große Könige. Außerdem führten sie L. Sulla als Zeugen an: Als das Heer wegen der Strenge des Winters und des Mangels an Bekleidung in größter Not war und dies der Volksversammlung in Smyrna gemeldet wurde, hätten alle Anwesenden ihre Kleider ausgezogen und unseren Legionen geschenkt. Bei der Abstimmung gaben die Senatoren denn auch Smyrna den Vorzug. Vibius Marsus beantragte noch, man möge M'. Lepidus, dem diese Provinz zugefallen war, einen überzähligen Legaten mitgeben, der die Aufsicht über den Tempelbau zu übernehmen habe. Da Lepidus aus Bescheidenheit ablehnte, diesen Legaten selbst zu ernennen, wurde der gewesene Prätor Valerius Naso ausgelost und mitgeschickt.

57. Unterdessen führte der Kaiser seinen lange überlegten und

immer wieder aufgeschobenen Plan aus und reiste endlich nach Campanien ab, angeblich um in Capua den Juppitertempel, in Nola den Augustustempel zu weihen, in Wahrheit mit dem Entschluß, dauernd von Rom fernzubleiben. Als Ursache seines Weggangs habe ich zwar oben im Anschluß an die meisten Geschichtsschreiber die Ränke des Seianus angeführt. Doch wenn ich bedenke, daß er nach dessen Hinrichtung noch weitere sechs Jahre in der gleichen Abgeschiedenheit gelebt hat, so schwanke ich oft, ob man den Grund nicht richtiger in ihm selbst suchen muß, der seine Grausamkeit und Wollust, obgleich er sie durch Taten bewies, wenigstens durch seinen Aufenthaltsort verbergen wollte. Manche glaubten auch, er habe sich im Alter seiner äußeren Erscheinung geschämt. Denn seine hohe Gestalt war sehr hager und gebeugt, sein Scheitel kahl, sein Gesicht voller Geschwüre und gewöhnlich mit Pflastern wie besät. Auch hatte er sich in seiner Abgeschiedenheit auf Rhodus daran gewöhnt, Geselligkeit zu meiden und seine Lüste zu verbergen. Erzählt wird außerdem, er sei durch die Herrschsucht seiner Mutter vertrieben worden, weil er sie als Mitherrscherin nicht dulden wollte, aber auch nicht ganz von der Herrschaft ausschließen konnte, die er aus ihrer Hand als Geschenk erhalten hatte. Augustus hatte nämlich daran gedacht, den Enkel seiner Schwester, den von aller Welt gerühmten Germanicus, an die Spitze des römischen Staates zu stellen. Aber auf Bitten seiner Gattin ließ er den Germanicus durch Tiberius adoptieren und nahm selbst den Tiberius als Sohn an. Dieses Geschenk rückte ihm die Augusta immer wieder vor, forderte es sogar zurück.

58. Die Abreise ging mit kleinem Gefolge vor sich: ein einziger Senator, der das Konsulat bekleidet hatte, Cocceius Nerva, als Rechtsgelehrter; außer Seianus noch ein Ritter höheren Ranges, Curtius Atticus; sonst nur Gelehrte, meist Griechen, durch deren Gespräche er Erholung finden wollte. Sternkundige erklärten, Tiberius habe Rom unter einer Konstellation verlassen, nach der es für ihn keine Rückkehr gebe. Diese Behauptung brachte vielen Verderben, die aus ihr auf ein nahes Ende des Kaisers schlossen und öffentlich davon sprachen. Denn sie konnten ja einen so unglaublichen Fall nicht voraussehen, daß er elf Jahre hindurch freiwillig auf seine Heimatstadt verzichten würde. Nachher wurde

es klar, wie eng Wissenschaft und Trug aneinander grenzen und wie die Wahrheit sich in Dunkel hüllt. Denn daß er in die Stadt nicht wieder zurückkehren würde, das war nicht bloß erraten. Von allem anderen aber konnten die Astrologen nichts wissen, da er ganz in der Nähe, auf dem Land oder Gestade, oft sogar an den Mauern der Stadt, verweilte und dabei das höchste Greisenalter erreichte.

59. Zufällig verstärkte in diesen Tagen eine dem Kaiser zustoßende Lebensgefahr noch das törichte Gerede (von seinem baldigen Ende) und gab ihm selbst Veranlassung, der Freundschaft und Hingabe des Seianus noch mehr zu vertrauen. Man war auf einem Landgut namens Spelunca, zwischen dem Meer von Amunclae und den Fundanerbergen, und speiste in einer natürlichen Grotte. Da fielen am Eingang plötzlich Felsstücke herab und begruben unter sich einige Diener. Alles geriet in Angst, die Tischgäste flohen. Seianus dagegen beugte sich über den Kaiser und stemmte sich mit Knie und Händen gegen die herabfallenden Steine. In dieser Stellung fanden ihn die Soldaten, die zur Hilfe herbeieilten. Seitdem stand Seianus noch größer da. Mochte er noch so grausame Ratschläge geben, als selbstloser Freund fand er vertrauensvolles Gehör. Bei den Angriffen gegen Germanicus' Haus spielte er immer nur den unparteiischen Richter, indem er andere als Ankläger auftreten und vor allem gegen Nero, den nächsten Anwärter auf den Thron, vorgehen ließ. Nero war noch ein bescheidener Jüngling, der aber oft vergaß, was für ihn im Augenblick das Klügste war. Auch wurde er von seinen Freunden und Klienten, die es eilig hatten, zur Macht zu kommen, gedrängt, er solle Mut und Selbstvertrauen zeigen: Das erwarte das römische Volk von ihm, das sei der Wunsch der Heere, und auch Seianus werde nichts dagegen wagen, der jetzt ebenso mit der Geduld eines Greises wie mit der Schlaffheit eines Jünglings sein freches Spiel treibe.

60. Derlei Reden hörte Nero an, ohne sich dabei etwas Arges zu denken. Doch entfuhren ihm zuweilen trotzige und unbedachte Worte, die von eigens bestellten Aufpassern aufgefangen und übertrieben hinterbracht wurden, ohne daß man Nero Gelegenheit zur Rechtfertigung gab. Überdies ergaben sich für ihn weitere Anlässe zur Gereiztheit. Die einen suchten jede Begeg-

nung mit ihm zu vermeiden, andere wandten sich gleich nach der Begrüßung von ihm ab, viele brachen ein begonnenes Gespräch ab. Wenn aber Anhänger des Seianus zugegen waren, so blieben sie stehen und lachten ihn aus. Selbst Tiberius blickte ihn mit finsterer oder tückisch lächelnder Miene an. Mochte der Jüngling reden oder schweigen, Verbrechen war sein Reden wie sein Schweigen. Nicht einmal bei Nacht war er sicher, da seine Gattin ihrer Mutter Livia anvertraute, ob er wachte, ob er schlief, ob er seufzte, und diese wieder alles dem Seianus weitererzählte. Seianus zog sogar Neros Bruder Drusus auf seine Seite und machte ihm Hoffnung auf den Kaiserthron, wenn er den älteren und schon in seiner Stellung erschütterten Bruder beseitigen helfe. Drusus' gewalttätiger Sinn wurde außer durch seine Herrschsucht und die unter Brüdern übliche Abneigung noch durch Neid aufgestachelt, weil die Mutter Agrippina mehr an Nero hing. Doch ging die Vorliebe des Seianus für Drusus nicht so weit, daß er nicht darauf bedacht gewesen wäre, auch gegen ihn den Samen des künftigen Verderbens auszustreuen. Er wußte sehr wohl, daß sich jener bei seiner ungestümen Art noch leichter Blößen geben werde.

61. Am Endes des Jahres starben von hervorragenden Männern Asinius Agrippa, mehr von berühmtem als altem Adel und von würdigem Lebenswandel, sowie Q. Haterius, aus senatorischer Familie, bei seinen Lebzeiten ein gefeierter Redner. Von den Denkmälern seines Geistes hält man jedoch nicht so viel. Seine Stärke lag nämlich mehr im Temperament als in der sorgfältigen Ausarbeitung. Und wie der durchdachte Fleiß anderer bei der Nachwelt gewinnt, so ist jene Klangfülle und jener Redefluß des Haterius mit ihm selbst zu Grabe gegangen.

62. Unter den Konsuln M. Licinius und L. Calpurnius trat ein unvorhergesehener Unglücksfall ein, der einer Niederlage in großen Kriegen gleichkam. Er fing an und war auch gleich zu Ende. Ein gewisser Atilius, ein Freigelassener, hatte nämlich bei Fidena ein Amphitheater errichtet, um dort Gladiatorenspiele zu veranstalten. Dabei war aber weder das Fundament auf festen Boden gelegt noch der hölzerne Bau durch starke Klammern gesichert worden. Atilius hatte nämlich die Sache unternommen, nicht weil er viel Geld besaß, auch nicht, um sich bei seinen Mit-

bürgern beliebt zu machen, sondern lediglich aus schmutziger Gewinnsucht. Da solche Vergnügungen unter Tiberius' Herrschaft selten geboten wurden, strömten alle Schaulustigen, Männer und Frauen, alt und jung, herbei, um so zahlreicher, weil der Ort nicht weit von Rom entfernt ist. Desto größer war das Unheil, als der dichtbesetzte Bau aus den Fugen ging, indem er in sich zusammenstürzte oder nach außen niederbrach und eine ungeheure Menge Menschen, Zuschauer oder außen Umherstehende, zu Boden riß und unter sich begrub. Jene, die gleich der erste Zusammensturz in den Tod gerissen hatte, waren, soweit es bei einem solchen Geschick möglich war, weniger schlimm daran. Mehr zu bedauern waren diejenigen, die nach Verlust eines Gliedes noch weiterlebten und ihre Frauen und Kinder bei Tag leiden sehen und bei Nacht stöhnen und ächzen hören mußten. Nun trieb die Kunde von dem Unglück auch die Angehörigen herbei. Hier klagte dieser um seinen Bruder, jener um einen anderen Verwandten, da einer um seine Eltern. Auch diejenigen, deren Freunde oder Angehörigen aus anderen Gründen von Hause abwesend waren, schwebten in Angst. Solange man noch nicht wußte, wen jenes Unglück das Leben gekostet hatte, breitete sich die Furcht infolge der Ungewißheit noch weiter aus.

63. Als man mit der Wegräumung des Schuttes begann, drängte sich alles zu den Toten hin, um sie zu umarmen und zu küssen. Nicht selten kam es zum Streit, wenn das Gesicht zu sehr entstellt war, aber Gestalt und Alter stimmten und die Suchenden irreführten. 50000 Menschen sind durch diese Katastrophe verstümmelt oder erdrückt worden. Für die Zukunft wurde durch Senatsbeschluß die Abhaltung von Gladiatorenspielen untersagt, wenn der Veranstalter weniger als 400000 Sesterzen im Vermögen hatte, ebenso der Bau von Amphitheatern, falls der Baugrund nicht von erprobter Festigkeit war. Atilius mußte in die Verbannung gehen. Übrigens öffneten sich unmittelbar nach dem Unglück die Häuser der Vornehmen, Heilmittel und Ärzte wurden allenthalben angeboten. Rom erinnerte in jenen Tagen, wenn es auch einen traurigen Anblick bot, doch an die alten Zeiten, wo man nach einer großen Schlacht den Verwundeten Spenden und Pflege zukommen ließ.

64. Dieses furchtbare Ereignis war noch nicht in Vergessenheit

geraten, als eine gewaltige Feuersbrunst einen ungewöhnlich großen Schaden in der Stadt anrichtete und den ganzen Mons Caelius in Asche legte. Schon hieß es, das sei ja ein Unglücksjahr und der Kaiser habe unter ungünstigen Vorzeichen den Plan gefaßt, Rom zu verlassen. Wie es beim Volk Sitte ist, so hätte es auch in diesem Zufall ein persönliches Verschulden erblickt, wenn der Kaiser dem nicht durch Verteilung von Geldmitteln nach Maßgabe des entstandenen Schadens selbst entgegengetreten wäre. Im Senat wurde ihm von den Vornehmen Dank gesagt, und beim Volk stieg seine Beliebtheit, weil er ohne Ansehen der Person und ohne Fürbitte seiner nächsten Umgebung sogar Unbekannte und ohne ihr Verlangen Herangezogene freigebig unterstützt hatte. Dazu kamen noch ehrende Anträge, unter anderen, daß der Mons Caelius künftig Mons Augustus heißen sollte, weil, während alles ringsum verbrannte, allein Tiberius' Bild, das im Haus des Senators Junius stand, unversehrt geblieben war. Dasselbe sei einst der Claudia Quinta geschehen, deren Standbild später zweimal der Gewalt des Feuers entgangen und von den Vorfahren im Tempel der Göttermutter aufgestellt worden sei. Die Claudier stünden eben unter göttlichem Schutze, und man müsse dem Platz eine besondere Heiligkeit geben, an dem die Himmlischen dem Fürsten so sichtbare Ehre erwiesen hätten.

65. Es dürfte wohl hier die rechte Stelle sein zu erwähnen, daß dieser Berg in früheren Zeiten Mons Querquetulanus genannt wurde, weil er dicht und reich mit Eichen bewachsen war. Später habe er den Namen Caelius bekommen nach dem etruskischen Stammeshäuptling Caeles Vibenna, der wegen geleisteter Kriegshilfe hier von Tarquinius Priscus oder einem anderen König angesiedelt wurde; denn in diesem Punkt sind die Geschichtsschreiber verschiedener Ansicht. Dagegen unterliegt es keinem Zweifel, daß auch in der Ebene nahe dem Forum große Mengen Etrusker gewohnt haben, nach denen das tuskische Viertel seinen Namen hat.

66. Doch wie der Eifer der Vornehmen und die Freigebigkeit des Fürsten bei den Unglücksfällen Trost gebracht hatten, so wütete die von Tag zu Tag größer und gefährlicher werdende Macht der Ankläger unaufhaltsam fort. Schon hatte Domitius Afer den reichen und mit dem Kaiser verwandten Varus Quintilius vor

Gericht gezogen, derselbe Mann, der dessen Mutter, Claudia Pulchra, gestürzt hatte. Und niemand wunderte sich, daß dieser lange Zeit mittellose Mann, der mit der jüngst erhaltenen Belohnung schlecht gewirtschaftet hatte, sich jetzt zu noch größeren Schandtaten rüstete. Dagegen fand man es merkwürdig, daß Publius Dolabella als Mitankläger auftrat und trotz seiner berühmten Ahnen und seiner Verwandtschaft mit Varus seinen eigenen Adel und sein eigenes Geschlecht verderben wollte. Doch widersetzte sich der Senat und beschloß, die Anwesenheit des Kaisers abzuwarten. Dies war für einige Zeit der einzige Schutz gegen das andringende Verderben.

67. Aber obgleich der Kaiser nach der Einweihung der Tempel in Campanien in einem Edikt gebeten hatte, es solle keiner seine Ruhe stören, alle Ansammlungen von Leuten aus den Landstädten sollten durch aufgestellte Soldaten verhindert werden, waren ihm dennoch die Landstädte, die Kolonien und überhaupt das ganze Festland verhaßt. So zog er sich auf die Insel Capreae zurück, die durch eine drei Meilen breite Meerenge von der Spitze des Vorgebirges von Surrentum getrennt ist. Die Abgeschiedenheit dieser Insel mag ihm, wie ich glaube, am meisten gefallen haben, weil das Meer ringsum keinen Hafen und selbst für kleinere Fahrzeuge nur wenige Anlegeplätze hat, an denen wohl keiner ohne einen kundigen Lotsen landen kann. Das Klima ist auch im Winter mild, da das vorgelagerte Gebirge die rauhen Winde abhält. Der Sommer ist überaus angenehm, weil die Insel dem Westwind zugänglich und das Meer ringsum offen ist. Und bevor der Ausbruch des Vesuvs die Gestalt der Landschaft veränderte, hatte die Insel einen Ausblick auf den wunderschönen Golf. Die Sage erzählt, Griechen hätten diese Gegend bewohnt und Capreae sei von den Teleboërn besiedelt worden. Jetzt hatte Tiberius mit seinen zwölf verschieden benannten Villen und Bauten Besitz von ihr genommen. Und wie er früher mit Eifer den Regierungssorgen oblag, so gab er sich jetzt heimlichen Ausschweifungen und verwerflichem Müßiggang hin. Jedoch blieb er bei seinem Argwohn und seiner Leichtgläubigkeit, und Seianus, der schon in Rom beides zu steigern bemüht war, brachte ihn nun in noch ärgere Verwirrung, wobei er aus seinen Anfeindungen gegen Agrippina und Nero keinen Hehl mehr machte. Ihnen wurde

eine Wache beigegeben, die über alle Botschaften und Besuche, über offene und geheime Dinge gewissermaßen Buch führte. Überdies wurden Leute angestiftet, die ihnen raten mußten, zu den Heeren in Germanien ihre Zuflucht zu nehmen oder zur Zeit, wo das Forum am belebtesten war, das Bild des verewigten Augustus zu umfassen und Volk und Senat um Hilfe anzuflehen. Und wenn sie auch diese Zumutungen zurückwiesen, so warf man ihnen trotzdem vor, daß sie dergleichen im Sinn hätten.

68. Das Konsulatsjahr des Iunius Silanus und Silius Nerva begann auf schmähliche Weise damit, daß der erlauchte Ritter Titius Sabinus wegen seiner Freundschaft mit Germanicus in den Kerker geworfen wurde. Er hatte nämlich nicht aufgehört, der Gattin und den Kindern des Germanicus ergeben zu sein, sie in ihrem Haus zu besuchen und auf der Straße zu begleiten. Er war von so vielen Klienten noch der einzige und wurde deshalb von den Gutgesinnten gelobt, von den Übelgesinnten als lästig empfunden. Seine Ankläger waren Lucanius Latiaris, Porcius Cato, Petilius Rufus und M. Opsius, alles ehemalige Prätoren, die nach dem Konsulat strebten, das nur durch Seianus zu erreichen war; und die Gunst des Seianus konnte man nur durch ein Verbrechen erringen. Sie verabredeten miteinander, Latiaris, der einigen Verkehr mit Sabinus hatte, sollte ihn in eine Falle locken, die anderen als Zeugen auftreten und dann mit der Klage beginnen. Latiaris begann also ein gleichgültiges Gespräch mit Sabinus und lobte dann seine Beständigkeit, weil er nicht wie die anderen ein Haus, dem er im Glück ein Freund war, im Unglück verlassen habe; dabei sprach er mit Verehrung von Germanicus, mit Bedauern von Agrippina. Als nun Sabinus, weich wie die Menschenherzen im Unglück sind, in Tränen ausbrach und Klagen laut werden ließ, wagt Latiaris schon kühnere Angriffe auf Seianus, seine Grausamkeit, seinen Hochmut, seine Hoffnungen und enthält sich auch nicht, Tiberius zu schmähen. Diese Gespräche riefen, als ob sie Verbotenes miteinander ausgetauscht hätten, den Anschein einer engen Freundschaft hervor. Jetzt sucht Sabinus schon von selbst den Latiaris auf, verkehrt in seinem Haus und trägt ihm wie dem vertrautesten Freund seinen ganzen Kummer zu.

69. Nun erwägen die genannten Männer, auf welche Weise derartige Äußerungen von mehreren Zeugen mitangehört wer-

den könnten. Denn dem Ort, wo die beiden zusammenkamen, mußte der Schein der Einsamkeit weiter bewahrt werden. Wollte man hinter der Tür stehen, so war zu befürchten, daß man gesehen wurde, ein Geräusch verursachte oder zufällig Verdacht erregte. Deshalb verstecken sich die drei Senatoren zwischen dem Dach und der Zimmerdecke – ein Versteck, das ebenso schimpflich war wie die List abscheulich – und legen ihr Ohr an die Ritzen und Spalten (der Kassettendecke). Inzwischen trifft Latiaris den Sabinus auf der Straße, nimmt ihn, als ob er ihm etwas eben Gehörtes erzählen wollte, mit nach Hause, zieht ihn ins Schlafzimmer und häuft nun vergangene und gegenwärtige Ereignisse, deren es ja in Menge gab, sowie die neuesten Schreckensnachrichten an. Dasselbe tut Sabinus, und um so ausführlicher, weil traurige Dinge, wenn man erst einmal auf sie zu sprechen kommt, noch schwerer verschwiegen werden können. Darauf beeilten sie sich mit der Anklage und berichteten in einem Brief an den Kaiser den Hergang des Betrugs und ihre eigene Schande. Niemals lebte die Bürgerschaft in größerer Angst und Scheu. Man suchte sich selbst gegen die nächsten Freunde zu decken. Man mied Zusammenkünfte und Gespräche und hütete sich vor bekannten und unbekannten Lauschern. Sogar nach stummen und leblosen Dingen, nach Zimmerdecken und Wänden sah man sich scheu um.

70. Der Kaiser aber kam gleich in dem Schreiben, worin er am 1. Januar die feierlichen Wünsche für Neujahr aussprach, auf Sabinus zu sprechen, beschuldigte ihn, daß er einige kaiserliche Freigelassene bestochen sowie einen Anschlag gegen ihn geplant habe, und verlangte ganz offen seine Bestrafung. Man säumte auch nicht, sie zu beschließen. Sabinus wurde verurteilt und zum Tod geführt, wobei er, soweit das über seinen Kopf gezogene Tuch und die zusammengeschnürte Kehle es gestatteten, laut ausrief, das sei des neuen Jahres Weihe, solch ein Schlachtopfer falle dem Seianus! Wohin er seine Augen wandte, wohin seine Stimme drang, überall war Menschenleere, verlassen lagen Straßen und Märkte. Manche kehrten zurück und zeigten sich von neuem, weil sie schon davor zitterten, daß sie Furcht gezeigt hätten. Welcher Tag werde noch frei von Bestrafungen bleiben, wenn mitten unter Opfern und Gelübden, an einem Tag, wo man sich sogar unheiliger Worte enthalten mußte, Fesseln und Stricke

gezeigt würden? Nicht ohne Absicht habe Tiberius einen so gehässigen Schritt getan, sondern ihn genau überlegt, damit niemand glaube, die neu angetretenen Amtspersonen könnten irgendwie gehindert werden, wie Tempel und Altäre so auch den Kerker aufzuschließen. Obendrein kam noch ein Brief des Kaisers, worin er dafür dankte, daß sie einen Staatsfeind bestraft hätten, und hinzufügte, sein Leben sei in Gefahr, er habe Anschläge seiner Feinde zu fürchten. Es war kein Name genannt, aber man zweifelte nicht daran, daß Nero und Agrippina gemeint waren.

71. Hätte ich mir nicht vorgenommen, alle Ereignisse nach ihren Jahren zu berichten, so würde ich gern vorauseilen und sogleich das Ende erzählen, das Latiaris, Opsius und die übrigen Anstifter jener Schandtat nicht erst nach dem Regierungsantritt des Kaisers Caligula, sondern noch zu Tiberius' Lebzeiten genommen haben. Dieser liebte es zwar nicht, daß Werkzeuge seiner Verbrechen von anderen gestürzt wurden, ließ sie jedoch meist als zu alt und lästig fallen, wenn sich neue Leute zu gleichen Diensten darboten. Doch wir wollen über die Bestrafung dieser und anderer Schandbuben zu ihrer Zeit berichten. Damals beantragte Asinius Gallus, dessen Kinder Agrippina zur Tante mütterlicherseits hatten, man möge den Princeps ersuchen, dem Senat seine Besorgnisse zu eröffnen und ihre Beseitigung zu gestatten. Nun liebte aber Tiberius von seinen (vermeintlichen) Vorzügen keinen so sehr wie die Verstellungskunst. Um so übler nahm er es auf, daß man offen aussprach, was er noch verschweigen wollte. Seianus jedoch beruhigte ihn, nicht weil er Gallus liebte, sondern weil er den zaudernden Tiberius nicht drängen wollte. Er wußte, daß der Kaiser langsam im Überlegen war, daß er aber, wenn er erst einmal losbrach, unheilverkündenden Worten unmittelbar furchtbare Taten folgen ließ. – Zur selben Zeit starb Julia, die Enkelin des Augustus, die dieser wegen erwiesenen Ehebruchs verurteilt und auf die Insel Trimerus, unweit der apulischen Küste, verstoßen hatte. Dort lebte sie zwanzig Jahre in der Verbannung, wurde aber von der Augusta mit Lebensmitteln versorgt, die ihre Stiefkinder zwar durch geheime Machenschaften ins Unglück stürzte, dann aber ihr Mitleid mit den Gefallenen zur Schau zu stellen pflegte.

72. Im gleichen Jahr brachen die Friesen, ein rechtsrheinischer

Volksstamm, den Frieden, mehr wegen unserer Habsucht als aus Unbotmäßigkeit. Drusus hatte ihnen ihren ärmlichen Verhältnissen entsprechend einen mäßigen Tribut auferlegt. Sie mußten zu militärischen Zwecken Ochsenhäute liefern, ohne daß jemand darauf sah, von welcher Dauerhaftigkeit und Größe sie waren. Als aber der Primipilar Olennius Präfekt des Friesenlandes geworden war, stellte er die Haut eines Auerochsen als Maßstab für die Größe der zu liefernden Häute auf. Dies wäre auch für andere Völker hart gewesen, fiel aber den Germanen besonders schwer, weil sie zwar Waldungen voll riesiger Jagdtiere haben, ihr Zuchtvieh aber von mäßiger Größe ist. So mußten sie zuerst die Rinder selbst, dann ihre Felder verpfänden, zuletzt ihre Frauen und Kinder als Sklaven verkaufen. Das schuf Erbitterung und Klagen; als keine Erleichterung gewährt wurde, suchten sie ihr Heil im Krieg. Die Soldaten, die zur Tributerhebung anwesend waren, wurden überfallen und an den Galgen gehängt. Olennius kam den Wütenden durch die Flucht zuvor und rettete sich in ein Kastell namens Flevum, wo eine beträchtliche Besatzung römischer und bundesgenössischer Truppen lag, die die Küste des Ozeans deckte.

73. Sobald L. Apronius, der Statthalter von Niedergermanien, dies erfahren hatte, zog er die Veteranenabteilungen aus Obergermanien nebst auserlesenen bundesgenössischen Fuß- und Reitertruppen zusammen und fuhr mit beiden Heeren zugleich den Rhein hinab gegen die Friesen. Die Belagerung des Kastells war bereits aufgehoben, die Aufständischen waren abgezogen, um ihre Habe zu schützen. Er befestigt also die nächsten Uferniederungen durch Dämme und Brücken, um die schwereren Teile des Heeres hinüberzuführen. Da sich inzwischen Furten gefunden hatten, befiehlt er dem Reitergeschwader der Canninefaten und den germanischen Fußtruppen, die in unserem Heer dienten, die Feinde im Rücken zu umgehen. Diese hatten bereits eine Schlachtreihe gebildet und schlugen die bundesgenössischen Truppen und die zu Hilfe geeilte Legionsreiterei in die Flucht. Jetzt wurden drei leichte Kohorten, dann wieder zwei, darauf nach einer Weile die bundesgenössische Reiterei ins Treffen geführt. Sie wären stark genug gewesen, wenn sie alle zugleich angegriffen hätten; aber da sie in Zwischenräumen kamen, konnten

sie die Verwirrten nicht zum Stehen bringen und wurden von den angstvoll Flüchtenden mitgerissen. Der Statthalter übergibt dem Legaten der fünften Legion, Cethegus Labeo, den Rest der bundesgenössischen Truppen. Aber auch dieser geriet bei der bedrohten Stellung seiner Leute in eine mißliche Lage, schickte Boten und bat um den Einsatz der Legionen. Sie rücken an, den anderen voraus die fünfte, werfen die Feinde nach hartem Kampf zurück und nehmen die durch Wunden erschöpften Kohorten und Geschwader auf. Aber der römische Feldherr wagte keine Racheschlacht und begrub auch die Leichen nicht, obgleich viele Tribunen, Präfekten und Centurionen höheren Ranges gefallen waren. Später erfuhr man durch Überläufer, daß 900 Römer durch den bis zum nächsten Tag anhaltenden Kampf bei dem sogenannten Hain der Göttin Baduhenna aufgerieben worden seien und daß weitere 400 Mann, da nach der Besetzung des Gehöftes des Cruptorix, eines ehemaligen römischen Söldners, Verrat zu befürchten war, sich gegenseitig den Tod gegeben hätten.

74. Seitdem war der Name der Friesen bei den Germanen berühmt, während Tiberius von den Verlusten schwieg, um keinem den Oberbefehl über ein (größeres) Kriegsheer anvertrauen zu müssen. Auch der Senat machte sich darüber keine Sorge, ob dem Reich an seinen äußersten Grenzen Schande widerfuhr. Im Innern aber hatte ein Schrecken die Gemüter erfaßt, gegen den man kein anderes Heilmittel wußte als niedrige Schmeichelei. So stellte man, obwohl über ganz andere Dinge beraten wurde, den Antrag, einen Altar der Gnade und einen Altar der Freundschaft zu errichten, eingerahmt von den Bildnissen des Tiberius und Seianus; außerdem sprach man wiederholt die dringende Bitte aus, beide möchten Gelegenheit geben, sie wiederzusehen. Aber sie kamen nicht nach Rom, auch nicht in die Nähe der Stadt. Es schien ihnen schon genug, die Insel zu verlassen und sich in den nächsten Orten Campaniens zu zeigen. Dorthin zogen dann Senatoren, Ritter und eine Menge Volkes, ängstlich bemüht um Seianus, bei dem der Zutritt noch schwieriger war (als beim Kaiser) und deshalb nur durch Buhlen um seine Gunst und durch Teilnahme an seinen Plänen erreicht werden konnte. Es war nicht zu verkennen, daß die Anmaßung des Seianus noch größer wurde, wenn er diese ekelhafte Unterwürfigkeit so offen vor sich

sah. In Rom ist man ja das Hin- und Herrennen gewöhnt, und bei der Größe der Stadt bleibt es ungewiß, zu welchem Geschäft ein jeder eilt. Dort aber lagen die Männer ohne Standesunterschied Tag und Nacht auf dem Feld oder am Strand und ließen sich der Torhüter Gunst oder Übermut gefallen, bis schließlich auch dies verboten wurde. Und zitternd kehrte nach Hause zurück, wer keines Wortes und keines Blickes gewürdigt worden war. Andere wieder waren froh, aber sehr zu ihrem Unglück; denn die Freundschaft mit Seianus war verhängnisvoll und nahm bald ein furchtbares Ende.

75. Übrigens verlobte Tiberius seine Enkelin Agrippina, eine Tochter des Germanicus, persönlich mit Cn. Domitius und ordnete an, daß die Hochzeit in Rom gefeiert werde. Den Domitius hatte er, abgesehen von dem alten Adel seines Geschlechts, wegen seiner nahen Blutsverwandtschaft mit dem Caesarenhaus gewählt; denn Domitius hatte Octavia als Großmutter und durch sie Augustus als Großoheim aufzuweisen.

BUCH V

1. Unter dem Konsulat des Rubellius und Fufius, beide mit dem Beinamen Geminus, starb im höchsten Greisenalter Julia Augusta, durch ihre claudische Familie und durch Adoption in die livische und julische von höchstem Adel. Ihr erster Gatte und Vater ihrer Kinder war Tiberius Nero, der im perusinischen Krieg landflüchtig wurde und nach Abschluß des Friedens zwischen Sex. Pompeius und den Triumvirn nach Rom zurückkehrte. Dann nahm sie Augustus, durch ihre Schönheit entflammt, ihrem Gatten weg, ob gegen ihren Willen, ist unbestimmt. Jedenfalls hatte er es so eilig, daß er nicht einmal die Zeit der Niederkunft abwartete, sondern sie schwanger in sein Haus führte. Sie hatte nachher keine Kinder mehr, wurde aber durch die Ehe Agrippinas mit Germanicus dem Blut des Augustus eng verwandt und hatte gemeinsame Urenkel mit ihm. Durch ihren keuschen Wandel näherte sie sich der alten, strengen Sitte, war aber umgänglicher, als es die Frauen der alten Zeit gutgeheißen hätten. In ihrer Mutterliebe (zu Tiberius) war sie unbeherrscht, als Gattin (des Augustus) nachsichtig und in gutem Einklang mit den Ränken des Gatten und der Heuchelei des Sohnes. Ihr Leichenbegängnis war einfach, ihr Testament blieb lange unvollstreckt. Die Leichenrede hielt von der Rednerbühne herab ihr Urenkel C. Caesar, der bald darauf Kaiser wurde.

2. Tiberius entschuldigte sich brieflich, daß er dringender Geschäfte wegen seiner Mutter nicht die letzte Ehre erweisen konnte, änderte aber nichts an seiner behaglichen Lebensweise. Die Ehrungen, die der Senat zu ihrem Gedächtnis in reichlichem Maß beschlossen hatte, beschränkte Tiberius, angeblich aus Bescheidenheit. Nur ganz wenige nahm er an und fügte hinzu, man möge keine göttliche Verehrung beschließen, weil sie es selbst so gewünscht habe. An einer Stelle seines Briefes sprach er sogar tadelnd von Weiberfreundschaften und wollte damit dem Konsul Fufius einen versteckten Hieb versetzen. Dieser hatte bei der Augusta in hoher Gunst gestanden und war überhaupt wohlgeeignet, Frauenherzen zu gewinnen. Dabei war er auch spottlustig und verhöhnte Tiberius gern mit bitteren Scherzen, wofür

Machthaber ein langes Gedächtnis haben.

3. Übrigens wurde von jetzt an die Tyrannei hart und drükkend. Denn solange die Augusta lebte, gab es noch immer eine Zuflucht, weil Tiberius die altgewohnte Fügsamkeit gegen seine Mutter beibehalten hatte und auch Seianus nicht wagte, ihren mütterlichen Einfluß übertreffen zu wollen. Jetzt aber brachen beide los, wie vom Zaum befreit, und es lief ein Brief gegen Agrippina und Nero ein, von dem das Volk glaubte, daß er schon früher angekommen, aber von der Augusta zurückgehalten worden sei; er wurde nämlich kurz nach ihrem Tod im Senat verlesen. Es standen Ausdrücke von ausgesuchter Härte darin, doch warf Tiberius seinem Enkel nicht bewaffneten Aufstand, nicht Hochverrat vor, sondern nur Liebschaften mit Jünglingen und Unzucht. Gegen seine Schwiegertochter wagte er nicht einmal solche erdichteten Anschuldigungen, sondern beschwerte sich nur über ihre anmaßenden Reden und ihren trotzigen Sinn. Lange bebte der Senat in schweigender Furcht, bis einige Senatoren, die von ehrenhaftem Verhalten nichts zu hoffen hatten – allgemeines Unglück wird von einzelnen ja immer benutzt, um sich in Gunst zu setzen –, Berichterstattung verlangten. Am schnellsten war Cotta Messalinus mit einem harten Antrag bei der Hand. Doch andere Große und am meisten die Staatsbeamten zögerten voller Angst: Hatte doch Tiberius, so heftig auch sein Angriff war, alles Weitere in der Schwebe gelassen.

4. Nun befand sich im Senat Junius Rusticus, der vom Kaiser ernannte Bearbeiter der Senatsprotokolle, dem man deshalb einen tieferen Einblick in die Absichten des Kaisers zutraute. Mochte dieser einer unglücklichen Eingebung folgen – denn bisher hatte er noch keinen Beweis von Charakterfestigkeit gegeben – oder einem übelangebrachten Eifer, jedenfalls vergaß er die drohende Gegenwart und bebte vor der unsicheren Zukunft. So trat er den Unschlüssigen bei und warnte die Konsuln davor, mit der Berichterstattung zu beginnen, wobei er sich darüber ausließ, in wie kurzer Zeit die größten Veränderungen vorgehen könnten; es sei doch auch möglich, daß der Kaiser einmal den Untergang der Familie des Germanicus bereue. Zugleich umstellt das Volk mit den Bildern Agrippinas und Neros in den Armen die Kurie und schreit unter Heilrufen auf den Kaiser, der Brief sei

gefälscht und man versuche gegen den Willen des Fürsten das Haus des Germanicus zu stürzen. Infolgedessen wurde an diesem Tag noch nichts Unheilvolles zur Ausführung gebracht. Es wurden sogar im Namen von Konsularen erdichtete Anträge gegen Seianus verbreitet, wobei sehr viele im geheimen und deshalb um so dreister ihrer Lust an Erfindungen freien Spielraum gaben. Dadurch wurde der Zorn des Seianus noch heftiger und sein Anklagestoff noch reichhaltiger: Des Fürsten Unwille werde vom Senat für nichts geachtet, das Volk sei abgefallen, schon höre und lese man hochverräterische Volksreden und Senatsbeschlüsse. Was fehle noch dazu, daß sie zum Schwert griffen und diejenigen zu Anführern und Befehlshabern machten, deren Bildern sie jetzt wie einer Fahne folgten?

5. Daher wiederholte der Kaiser seine Anschuldigungen gegen Enkel und Schwiegertochter, erteilte dem Volk in einem Edikt einen Verweis und beschwerte sich beim Senat, daß durch den Trug eines einzigen Senators des Kaisers Majestät öffentlich verhöhnt worden sei, behielt sich aber in allem die Entscheidung vor. So besann man sich nicht länger und faßte zwar nicht entscheidende Beschlüsse – denn das war ja verboten worden –, beteuerte aber, man sei bereit zur Rache und fühle sich nur durch das Verbot des Kaisers gebunden . . .

V 6. . . . Vierundzwanzig Reden wurden über diese Angelegenheit gehalten, von denen einige aus Furcht, die anderen aus Gewohnheit . . .

». . . Ich habe geglaubt, daß mir dies Schande oder dem Seianus Haß zuziehen werde. Nun hat sich das Glück gewendet. Er, der sich Seianus als Mitregenten und Schwiegersohn erwählt hatte, entschuldigt das vor sich selbst, und die übrigen verfolgen jetzt mit verbrecherischen Mitteln den Mann, dem sie mit Schande gehuldigt haben. Ob es jämmerlicher ist, als treuer Freund angeklagt zu werden oder selbst einen Freund anzuklagen, will ich nicht entscheiden. Ich werde nicht auf die Grausamkeit, auch nicht auf die Gnade irgendeines Menschen warten, sondern frei und vor mir selbst gerechtfertigt der Gefahr zuvorkommen. Euch aber beschwöre ich, gedenkt meiner nicht mit Trauer, sondern mit Freude! Zählt auch mich zu denen, die durch einen schönen Tod dem allgemeinen Elend entkommen sind.«

V 7. Dann ließ er jeden, der Verlangen danach hatte, herantreten und das Wort an ihn richten, behielt die einen noch bei sich, verabschiedete die anderen und verbrachte damit einen Teil des Tages. Viele waren noch um ihn versammelt und sahen seine Miene so gefaßt, daß sie das Äußerste noch ferne wähnten. Da stürzte er sich plötzlich in sein Schwert, das er im Gewand verborgen hatte. Selbst der Kaiser verfolgte den Toten mit keinen Anklagen oder Vorwürfen, während er dem Blaesus viel Schimpfliches vorgeworfen hatte.

V 8. Hierauf wurde die Sache des P. Vitellius und Pomponius Secundus vorgenommen. Jenen beschuldigten die Angeber, die Schlüssel der Staatskasse, deren Präfekt er war, und die Kriegskasse für die hochverräterischen Pläne angeboten zu haben, diesem machte der frühere Prätor Considius seine Freundschaft mit Aelius Gallus zum Vorwurf. Nach der Hinrichtung des Seianus habe sich Gallus in Pomponius' Park als den sichersten Zufluchtsort geflüchtet. Die beiden Gefährdeten fanden keine Hilfe außer bei ihren treuen Brüdern, die Bürgschaft für sie leisteten. Vitellius wurde infolge der häufigen Vertagung seiner Sache der

Hoffnung wie der Furcht müde, ließ sich, scheinbar um zu schreiben, ein Federmesser geben, versetzte sich einen leichten Stich in die Adern und endete dann sein Leben in geistiger Umnachtung. Pomponius dagegen, ein feingebildeter und hochbegabter Mann, trug sein widriges Geschick mit Gleichmut und überlebte noch den Tiberius.

V 9. Ferner wurde beschlossen, die noch übrigen Kinder des Seianus zu bestrafen, obgleich sich die Erbitterung des Volkes schon legte und die meisten durch die bisherigen Hinrichtungen befriedigt waren. Die Kinder werden also in den Kerker gebracht. Der Knabe begriff schon, was ihm bevorstand, das Mädchen war aber noch so unwissend, daß es häufig fragte, was es denn verbrochen habe und wohin man es fortschleppe. Sie wolle es auch nicht wieder tun und könne ja mit der Rute ihre Strafe bekommen. Zeitgenössische Geschichtsschreiber berichten, sie sei, weil es als unerhört galt, daß eine Jungfrau von dem Triumvirn für Kapitalverbrechen hingerichtet werde, kurz vor der Hinrichtung vom Henker geschändet worden. Dann habe man die beiden Jugendlichen erdrosselt und ihre Leichen auf die gemonische Treppe geworfen.

V 10. Um dieselbe Zeit wurden Asien und Achaia durch das mehr stürmische als anhaltende Gerücht in Bestürzung versetzt, daß Drusus, der Sohn des Germanicus, in der Gegend der Zykladen, nachher auf dem Festland gesehen worden sei. Es war auch wirklich ein Jüngling von fast gleichem Alter, der von einigen kaiserlichen Freigelassenen erkannt worden sein sollte. Da sich ihm diese in betrügerischer Absicht anschlossen, ließen sich Unkundige durch den berühmten Namen herbeilocken, da ja die Griechen für neue und wunderbare Dinge stets empfänglich sind. Er sei aus dem Gefängnis (in Rom) entwichen und gehe zu den Heeren seines Vaters, um in Ägypten oder Syrien einzufallen, so fabelten sie und glaubten auch daran. Schon strömte ihm die Jugend zu, schon bemühten sich die Provinzgemeinden um ihn, er selbst war der Gegenwart froh und baute Luftschlösser, als diese Vorgänge dem Poppaeus Sabinus gemeldet wurden. Dieser war damals über Makedonien gesetzt und verwaltete auch Achaia. Um den wahren oder falschen Gerüchten zuvorzukommen, fuhr er eilig durch den Toronäischen und Thermäischen Meerbusen, gelangte nach Euböa, der Insel im Ägäischen Meer, dann nach dem Piräus an der Küste Attikas, weiter nach Korinth und über die Meerenge des Isthmus hinaus. Als er auf hoher See nach der römischen Kolonie Nicopolis gekommen war, erfährt er erst jetzt, daß jener Mensch, über seine Persönlichkeit etwas geschickter ausgefragt, erklärt habe, er sei ein Sohn des M. Silanus. Als sich daraufhin viele seiner Anhänger verloren hatten, habe er ein Schiff bestiegen, um sich angeblich nach Italien zu begeben. Darüber berichtete Sabinus schriftlich dem Kaiser. Doch habe ich über Ursprung und Ende dieser Geschichte nichts Näheres erfahren können.

V 11. Mit dem Ende des Jahres kam die lange gehegte Zwietracht der beiden Konsuln zum Ausbruch. Denn Trio, der zu Anfeindungen leicht geneigt und ein tüchtiger Redner war, hatte dem Regulus in versteckter Form vorgeworfen, er sei in der Verfolgung der Anhänger des Seianus lässig gewesen. Regulus blieb bei seiner ruhigen Haltung, solange man ihn nicht reizte. Jetzt aber wies er seinen Amtsgenossen nicht nur zurück, sondern verlangte sogar eine Untersuchung gegen ihn wegen Beteiligung an der Verschwörung. Und obgleich viele Senatoren baten, sie sollten doch die Anfeindungen unterlassen, die nur zu ihrem Verderben führen würden, blieben sie doch bei ihrer feindlichen und drohenden Haltung, bis sie ihr Amt niederlegten.

VI 1. Cn. Domitius und Camillus Scribonianus hatten ihr Konsulat angetreten, als der Kaiser über den Meeresarm zwischen Capreae und Surrentum fuhr und die campanische Küste hinaufsegelte. Entweder war er noch unschlüssig, ob er Rom betreten solle, oder er hatte sich schon zum Gegenteil entschlossen, wollte aber den Anschein erwecken, daß er kommen werde. So machte er denn öfters Ausflüge bis in die Nähe Roms, besuchte auch die Gärten am Tiber, kehrte dann aber wieder nach seiner Felseninsel und in die Meereseinsamkeit zurück, da er sich seiner verbrecherischen Lüste schämte, denen er so zügellos nachgab, daß er nach Despotensitte auch freigeborene Knaben schändete. Dabei reizten ihn nicht allein Wohlgestalt und körperliche Schönheit, sondern bei manchen jugendliche Unschuld, bei anderen vornehme Herkunft. Damals kamen auch zuerst die bisher unbekannten Namen der »Sellarier« und »Spintrier« auf, Bezeichnungen nach der Scheußlichkeit der Stellungen und der verschiedenen Arten des geschlechtlichen Verkehrs. Es waren auch besondere Sklaven angestellt, die die Opfer aussuchen und herbeischleppen mußten. Bei Bereitwilligen wandten sie Geschenke an, gegen Ablehnende Drohungen. Und wenn Verwandte oder Eltern Widerstand leisten wollten, so wurden die Knaben gewaltsam entführt und mußten wie Kriegsgefangene auch den Sklaven zur Befriedigung ihrer Lüste dienen.

2. Indessen wurden in Rom zu Beginn des Jahres harte Anträge gegen Livillas Bildnisse und Gedächtnis gestellt, als hätte man ihre Verbrechen eben erst entdeckt und nicht schon längst bestraft. Des Seianus (eingezogenes) Vermögen sollte dem Staat weggenommen und der Kammer überwiesen werden, als ob das einen Unterschied ausmachte. Männer, die den Namen Scipio, Silanus und Cassius trugen, stimmten allen Ernstes mit den gleichen oder wenig veränderten Worten dafür. Da kam plötzlich Togonius Gallus, der sich mit seiner dunklen Herkunft in die Reihe der erlauchten Namen eindrängen wollte, mit einem ganz lächerlichen Antrag: Er bat nämlich den Princeps, eine Auswahl aus den Senatoren zu treffen, von denen zwanzig ausgelost und jedesmal, wenn er in die Kurie käme, mit Schwertern bewaffnet werden sollten, um sein Leben zu beschützen. Dieser Mensch hatte tatsächlich den Brief des Kaisers ernst genommen, worin er sich einen der beiden Konsuln zur Bedeckung ausgebeten hatte, um von Capreae nach Rom reisen zu können. Tiberius, der Ernst und Scherz durcheinanderzumischen gewohnt war, dankte den Senatoren für ihr Wohlwollen, fragte aber, wen er dabei übergehen und wen er auswählen solle? Ob immer dieselben oder von Zeit zu Zeit andere? Ferner, ob solche, die ihre Beamtenlaufbahn bereits beendet hätten, oder jüngere Männer? Ob Privatleute oder aktive Beamte? Und wie es wohl aussehen würde, wenn sie an der Schwelle der Kurie zu den Schwertern griffen? Auch sei ihm am Leben nicht mehr so viel gelegen, daß er es durch Waffen schützen möchte. Dies schrieb er mit gelindem Tadel gegen Togonius, und so, daß er nur die Streichung des Antrags (aus dem Senatsprotokoll) empfahl.

3. Dagegen gab er dem Junius Gallio, der beantragt hatte, daß die Prätorianer nach Beendigung ihrer Dienstzeit auf den ersten vierzehn Bänken des Theaters zu sitzen berechtigt sein sollten,

einen heftigen Verweis. Er fragte ihn, als ob er ihn persönlich vor sich hätte, was *er* denn mit den Soldaten zu schaffen habe, die von keinem anderen Befehle oder Belohnungen anzunehmen hätten als von ihrem Oberbefehlshaber. Er habe da etwas ganz und gar Neues ausfindig gemacht, woran selbst der verewigte Augustus nicht gedacht habe. Oder beabsichtige etwa ein Trabant des Seianus dadurch Zwietracht und Aufruhr zu stiften, um unerfahrene Menschen durch scheinbare Ehrung zur Auflösung der Manneszucht zu verleiten? Sofortige Ausstoßung aus dem Senat, später Verbannung aus Italien war der Lohn, den Gallio für seine ausgeklügelte Schmeichelei erhielt; und da man ihm zur Last legte, er mache sich die Verbannung zu leicht – er hatte nämlich Lesbus, die berühmte und schöne Insel, gewählt –, wurde er nach Rom zurückgebracht und in Häusern von Staatsbeamten bewacht. Im gleichen Schreiben brachte der Kaiser zur großen Freude der Senatoren den ehemaligen Prätor Sextius Paconianus zu Fall, einen verwegenen und boshaften Menschen, der aller Leute Geheimnisse ausspähte und von Seianus dazu ausersehen worden war, mit seiner Hilfe dem Caesar Gaius eine Schlinge zu legen. Als dies bekannt geworden war, kam der schon lange gegen ihn gehegte Haß zum Ausbruch. Und man hätte die Todesstrafe über ihn verhängt, wenn er nicht erklärt hätte, er wolle Aussagen (über Mitschuldige) machen.

4. Als er nun den Lucanius Latiaris angriff, war es ein köstliches Schauspiel, als sich diese beiden gleich verhaßten Männer als Kläger und Beklagter gegenüberstanden. Latiaris, der, wie schon berichtet, ehemals der Anstifter jener Umgarnung des Titius Sabinus gewesen war, war jetzt auch der erste, der büßen mußte. Bei dieser Gelegenheit griff Haterius Agrippa die Konsuln des vergangenen Jahres an, weil sie sich damals gegenseitig angeschuldigt hätten, jetzt aber schwiegen: Furcht und beiderseitiges Schuldbewußtsein sei freilich so gut wie ein Abkommen. Die Senatoren aber dürften doch nicht über etwas schweigen, was sie selbst angehört hätten. Regulus erwiderte, es sei noch Zeit zur Rache, und er werde sie üben, sobald der Kaiser anwesend sei. Trio antwortete, Eifersüchteleien zwischen Amtsgenossen, und was sie etwa im Streit hingeworfen hätten, streiche man besser aus dem Gedächtnis. Als Agrippa hartnäckig blieb, bat der Konsular Sanqui-

nius Maximus den Senat, die Sorgen des Kaisers nicht noch durch hervorgesuchte Zänkereien zu vermehren. Der Kaiser sei doch stark genug, selbst Abhilfe zu schaffen. So wurde für Regulus Freisprechung, für Trio Aufschub des Verderbens erreicht. Haterius aber war deshalb noch verhaßter, weil er ein schlaffer, durch Ausschweifungen entnervter Mensch war, der sich vor den Grausamkeiten des Princeps aus Trägheit nicht fürchtete und unter Schlemmerei und Unzucht auf das Verderben erlauchter Männer zu sinnen pflegte.

5. Hierauf werden gegen Cotta Messalinus, von dem gerade die grausamsten Anträge herrührten und der deshalb von jeher verhaßt war, bei der ersten Gelegenheit Anschuldigungen erhoben. Er habe sehr vieles gegen den Caesar Gaius vorgebracht, als hätte er sich selbst geschändet. Als er am Geburtstag der Augusta mit den Priestern speiste, habe er von einem »Leichenmahl« gesprochen. Einer Beschwerde über die allzu mächtigen M'. Lepidus und L. Arruntius, mit denen er einen Streit in Geldangelegenheiten hatte, sollte er hinzugefügt haben: »Jene wird zwar der Senat schützen, mich aber mein Freundchen Tiberius.« Alle diese Äußerungen wurden ihm durch die Großen des Staates nachgewiesen. Als ihn diese weiter bedrängten, legte er beim Kaiser Berufung ein. Und nicht lange darauf läuft ein Schreiben ein, worin der Kaiser wie in einer Verteidigungsrede zunächst die Entstehung seiner alten Freundschaft mit Cotta darstellte, dann die zahlreichen Verdienste, die sich der Freund um ihn erworben, aufzählte und endlich forderte, man solle doch nicht aus boshaft verdrehten Worten und harmlosen Tischgesprächen ein Verbrechen machen.

6. Bezeichnend erschien mir der Anfang dieses kaiserlichen Schreibens, das mit folgenden Worten begann: »Was ich euch schreiben soll, Senatoren, oder wie ich schreiben soll oder was ich in dieser Zeit überhaupt nicht schreiben soll, alle Götter und Göttinnen mögen mich noch ärger zugrunde richten, als ich täglich mein Zugrundegehen fühle, wenn ich das weiß!« In solchem Grad waren seine Untaten und Laster ihm selber schon zur Qual geworden. Nicht umsonst pflegte der weiseste aller Philosophen zu behaupten, man könne, wenn man die Herzen der Tyrannen aufschlösse, sehen, wie zerfleischt und voller Striemen sie wären,

da ja, wie der Körper von Geißelhieben, so die Seele von Grausamkeit, Wollust und Arglist zerrissen werde. So schützte auch den Tiberius nicht sein Thron, nicht seine Einsamkeit davor, daß er die Qualen seiner Seele und seine eigenen Strafen selbst bekennen mußte.

7. Darauf erhielt der Senat Vollmacht, gegen den Senator Caecilianus vorzugehen, der das meiste gegen Cotta vorgebracht hatte. Man beschloß, über ihn dieselbe Strafe zu verhängen wie über Aruseius und Sanquinius, die Ankläger des L. Arruntius. Das war die größte Ehrung, die dem Cotta jemals zuteil geworden ist, weil er, zwar von Adel, aber durch Verschwendung verarmt und seiner Laster wegen berüchtigt, der gleichen Genugtuung gewürdigt wurde wie der fleckenlose Lebenswandel des Arruntius. Darauf wurden Q. Servaeus und Minucius Thermus vorgeführt. Servaeus war Prätor gewesen und hatte einst den Germanicus begleitet, Minucius gehörte dem Ritterstand an, da er von Seianus' Freundschaft nur bescheidenen Gebrauch gemacht hatte. Daher empfand man mit beiden größeres Mitleid. Tiberius dagegen beschimpfte sie als Rädelsführer des Verbrechens und forderte den Prätor C. Cestius auf, dem Senat vorzutragen, was er ihm geschrieben habe. Cestius übernahm denn auch die Anklage. Gerade das war ja das schlimmste Verderben jener Zeiten, daß sich die Häupter des Senats mit den niedrigsten Angebereien befaßten, einige vor aller Welt, viele insgeheim. Dabei war kein Unterschied mehr zu erkennen zwischen Fremden und Verwandten, zwischen Freunden und Unbekannten, zwischen eben vorgefallenen und fast vergessenen Ereignissen. Man mochte sich auf dem Forum oder bei einem Gelage über irgend etwas unterhalten, sofort wurde man angeklagt. Jeder beeilte sich, dem anderen zuvorzukommen und sich ihn als Angeklagten vorzunehmen, teils um sich selbst zu retten, meist aber, weil sie gewissermaßen von einer ansteckenden Krankheit befallen waren. Als Minucius und Servaeus verurteilt wurden, schlugen sie sich ebenfalls zu den Angebern. In denselben Abgrund wurden auch Julius Africanus, aus dem gallischen Stamm der Santonen, und Seius Quadratus hineingezogen, dessen Herkunft ich nicht ermitteln konnte. Ich weiß sehr wohl, daß die meisten Geschichtsschreiber viele Prozesse und Verurteilungen übergangen

haben. Sie ermüden bei deren großer Menge und befürchten, es würde das, was sie selbst als zu viel und zu niederdrückend empfunden hatten, auch ihre Leser mit gleichem Widerwillen erfüllen. Mir ist aber doch vieles als wissenswert erschienen, was andere unerwähnt ließen.

8. In dieser Zeit nämlich, wo alle anderen ihre Freundschaft mit Seianus verleugneten, wagte ein römischer Ritter, M. Terentius, der dieser Freundschaft wegen angeklagt wurde, sich zu ihr zu bekennen, und begann im Senat folgende Rede: »Für mein Schicksal mag es wohl weniger vorteilhaft sein, die Beschuldigung anzuerkennen, als sie zu leugnen. Aber wie die Sache auch ausgehen mag, ich will gestehen, des Seianus Freund gewesen zu sein, danach gestrebt zu haben, es zu werden, und, als ich es geworden war, mich darüber gefreut zu haben. Ich hatte gesehen, daß er Amtsgenosse seines Vaters im Oberbefehl über die prätorischen Kohorten wurde, daß er später sowohl städtische wie militärische Verwaltungsämter bekam. Seine Verwandten und Angehörigen sahen sich durch Ehrenstellungen gehoben. Je vertrauter einer mit Seianus stand, desto mehr galt er auch beim Kaiser. Wer dagegen mit ihm verfeindet war, der hatte mit Furcht und Armut zu kämpfen. Ich will keinen als Beispiel nennen, sondern alle, die wir an seinem letzten Anschlag unbeteiligt waren, auf meine alleinige Gefahr hin zu verteidigen suchen. Denn wir haben nicht irgendeinen Seianus aus Vulsinii verehrt, sondern ein Mitglied der claudischen und julischen Familie, in die er durch Verschwägerung gelangt war. Deinen Schwiegersohn, Caesar, deinen Mitkonsul, deinen Vertreter in der Führung der Staatsgeschäfte haben wir verehrt. Nicht unsere Sache ist es ja zu beurteilen, wen du über alle anderen setztest und aus welchen Gründen. Dir haben die Götter die letzte Entscheidung über alles gegeben, uns blieb als einzige Ehre nur treuer Gehorsam! Wir müssen ferner doch auf das sehen, was vor aller Augen liegt, wer von dir Macht und Ehrenstellen hat, wer die größte Gewalt besitzt, zu helfen oder zu schaden. Daß Seianus alles dies besessen hat, wird niemand leugnen wollen. Die verborgenen Gedanken und etwaigen geheimen Absichten des Fürsten zu erforschen ist unerlaubt, gefährlich und überdies unmöglich. Nicht an Seianus' letzte Tage sollt ihr denken, Senatoren, sondern an die vorausliegenden

sechzehn Jahre. Auch einem Satrius und Pomponius haben wir Ehrerbietung gezeigt. Selbst mit seinen Freigelassenen und Türhütern bekannt zu sein galt schon für eine große Ehre. Wie nun? Soll denn eine solche Verteidigung jedem ohne Unterschied gestattet sein? O nein, man ziehe nur die rechte Grenze! Hochverrat, Anschläge gegen das Leben des Herrschers möge man bestrafen. Aber Freundschaft und Aufmerksamkeiten gegen Seianus sollten straflos bleiben, da diese für dich, Caesar, wie für uns mit dem gleichen Tag geendet haben.«

9. Die Festigkeit dieser Rede und die Tatsache, daß sich endlich ein Mann gefunden hatte, der offen aussprach, was alle im stillen dachten, machte einen solchen Eindruck, daß seine Ankläger unter Anrechnung ihrer früheren Vergehen mit der Verbannung oder mit dem Tod bestraft wurden. – Darauf kam ein Schreiben des Tiberius gegen den ehemaligen Prätor Sex. Vistilius, den er als vertrauten Freund seines Bruders Drusus in sein Gefolge aufgenommen hatte. Der Grund seiner Ungnade gegen Vistilius lag darin, daß dieser entweder etwas (Wahres) über Caligulas Unzucht geschrieben hatte oder daß es, wenn es erfunden war, doch Glauben fand. Als er daraufhin vom Umgang mit dem Fürsten ausgeschlossen wurde, versuchte der Greis mit schwacher Hand das Messer gegen sich, ließ aber die Adern wieder verbinden und bat schriftlich um Gnade. Als er eine ungnädige Antwort erhielt, öffnete er die Adern wieder. – Jetzt wird ein Massenverfahren wegen Majestätsverbrechens gegen Annius Pollio, Appius Silanus zugleich mit Scaurus Mamercus und Sabinus Calvisius eröffnet und dem Pollio sein Sohn Vinicianus beigesellt; alle stammten aus berühmten Familien, einige hatten die höchsten Staatsämter bekleidet. Schon zitterte der ganze Senat – denn wer war nicht mit so vielen erlauchten Männern verwandt oder befreundet? –, da wurden Appius und Calvisius durch Celsus, den Tribun einer städtischen Kohorte, der sich damals unter den Angebern befand, von der Anklage ausgenommen. Die Sache des Pollio, Vinicianus und Scaurus verschob der Kaiser, um sie persönlich mit dem Senat zu prüfen, wobei er jedoch einige unheilvolle Andeutungen gegen Scaurus machte.

10. Nicht einmal die Frauen blieben unangefochten. Konnte man sie auch nicht gut wegen hochverräterischer Pläne belangen,

so machte man ihnen doch ihre Tränen zum Vorwurf. So wurde die greise Vitia, die Mutter des Fufius Geminus, hingerichtet, weil sie über den Tod ihres Sohnes geweint hatte. – Alle diese Urteile gingen vom Senat aus. Beim Princeps war es aber nicht anders. Aus der Zahl seiner ältesten Freunde läßt er Vescularius Flaccus und Julius Marinus, die ihm schon nach Rhodus gefolgt und auf Capreae seine unzertrennlichen Begleiter waren, zum Tode führen. Vescularius war (noch dazu) einst beim Prozeß gegen Libo Zwischenträger gewesen, mit Marinus' Hilfe hatte Seianus den Curtius Atticus gestürzt. Mit desto größerer Freude nahm man es auf, daß ihre eigenen Ratschläge auf sie selbst zurückgefallen waren. – Zur selben Zeit starb der Oberpriester L. Piso – eine Seltenheit bei einem so berühmten Mann – eines natürlichen Todes; er stellte niemals von sich aus einen entwürdigenden Antrag, und wenn ihn die Notwendigkeit dazu zwang, so wußte er ihn weise zu mildern. Daß sein Vater Censor gewesen war, erwähnte ich bereits. Er erreichte ein Alter von achtzig Jahren und hatte sich in Thrakien die Triumphabzeichen verdient. Sein größter Ruhm bestand jedoch darin, daß er sein Amt als Stadtpräfekt, das erst neulich ständig geworden war und von der Bevölkerung, die sich an Gehorsam nicht gewöhnen konnte, als besonders drückend empfunden wurde, mit bewundernswerter Mäßigung ausgeübt hatte.

11. In früheren Zeiten wurde nämlich bei Abwesenheit der Könige und später der Konsuln, um die Stadt nicht ohne Regierung zu lassen, ein zeitweiliger Vertreter ernannt, der Recht zu sprechen und in eiligen Fällen Abhilfe zu schaffen hatte. So soll von Romulus Denter Romulius, später von Tullus Hostilius Numa Marcius und von Tarquinius Superbus Spurius Lucretius eingesetzt worden sein. Nachher ernannten die Konsuln ihren Vertreter; und noch jetzt ist ein Schatten davon geblieben, wenn während des Latinerfestes ein Stellvertreter zur Ausübung des Konsulamtes bestellt wird. Augustus hat nun während der Bürgerkriege den Cilnius Maecenas aus dem Ritterstand zum Verweser von Rom und Italien eingesetzt. Als er später zur Alleinherrschaft gelangt war, berief er wegen der Größe der Bevölkerung und der langsamen Hilfe der Strafgesetze einen ehemaligen Konsul, um die Sklavenmassen und alle die Bürger

in Schranken zu halten, die aus Verwegenheit zum Aufruhr geneigt sind, wenn sie keine Gewalt zu fürchten haben. Messala Corvinus war der erste, der dieses Amt erhielt, aber schon nach wenigen Tagen wieder aufgeben mußte, als ob er es nicht zu verwalten verstünde. Dann hat Taurus Statilius, obwohl er schon in hohem Alter stand, das Amt vortrefflich geführt und nach ihm Piso, der sich fünfzehn Jahre hindurch einer immer gleichen Beliebtheit erfreute und jetzt auf Senatsbeschluß durch ein Staatsbegräbnis geehrt wurde.

12. Darauf erstattete der Volkstribun Quintilianus im Senat über ein Buch der Sibylle Bericht. Caninius Gallus, einer der Quindezimvirn, hatte die Aufnahme des Buches unter die übrigen Bücher dieser Seherin und einen Senatsbeschluß über diese Frage gefordert. Als der Beschluß durch einfache Abstimmung erfolgt war, sandte der Kaiser ein Schreiben, worin er den Tribunen, der wegen seiner Jugend mit den alten Gebräuchen nicht genügend bekannt sei, nur leicht tadelte. Dem Gallus aber machte er den Vorwurf, daß er als alter Kenner des Zeremonienwesens die Aufnahme des Buches, dessen Verfasser nicht feststehe, vor den nicht einmal vollzähligen Senat gebracht habe, statt vorher das Gutachten des sibyllinischen Kollegiums einzuholen und, wie es Sitte ist, die Weissagung durch die Vorsitzenden verlesen und prüfen zu lassen. Dabei erinnerte er daran, daß Augustus, weil so viel Unechtes unter dem berühmten Namen der Sibylle in Umlauf gekommen war, festgesetzt habe, innerhalb welcher Frist ein solches Buch dem Stadtprätor übergeben werden müsse und daß es nicht bei einem Privatmann bleiben dürfe. Das war auch schon von den Vorfahren beschlossen worden. Nach Einäscherung des Kapitols während des Bürgerkrieges wurden in Samus, Ilium, Erythrae, in Afrika, Sizilien und in den italischen Provinzstädten die Weissagungen der Sibylle, gleich ob es eine oder mehrere waren, gesammelt und die Priester beauftragt, soweit es in menschlichen Kräften stand, die echten Bücher herauszusuchen. Infolgedessen wurde jetzt auch dieses Buch einer Untersuchung durch die Quindezimvirn unterworfen.

13. Im gleichen Konsulatsjahr kam es infolge einer drückenden Teuerung beinahe zu Unruhen. Im Theater wurden mehrere Tage lang viele Forderungen mit einer Dreistigkeit gestellt, wie

man sie dem Kaiser gegenüber nicht gewohnt war. Dadurch betroffen, machte er den Senatoren und Beamten Vorwürfe, daß sie nicht kraft ihrer staatlichen Autorität das Volk in seine Schranken zurückgewiesen hätten. Dabei führte er an, aus welchen Provinzen und wie große Mengen er an Getreide, weit größere als Augustus, heranschaffen ließ. Daher wurde, um die Volksmenge zurechtzuweisen, ein Senatsbeschluß von der alten strengen Art gefaßt, und nicht gelinder lautete ein Edikt der Konsuln. Sein eigenes Schweigen wurde ihm aber nicht als Leutseligkeit, wie er gehofft hatte, sondern als Hochmut ausgelegt.

14. Am Ende des Jahres fielen noch die römischen Ritter Geminius, Celsus und Pompeius, die der Teilnahme an der Verschwörung des Seianus beschuldigt waren. Von diesen war Geminius nur wegen seiner Verschwendungssucht und üppigen Lebensweise Seianus' Freund gewesen, aber nicht zu einem ernsthaften Zweck. Der Tribun Julius Celsus brach sich selbst das Genick, indem er im Kerker seine Kette löste, sie um den Hals legte und dann nach beiden Seiten anzog. Rubrius Fabatus aber wurde, als ob er an Roms Sache verzweifelnd in den Schutz der Parther flüchten wollte, ins Gefängnis gebracht. In der Tat wußte er, als er in der sizilischen Meerenge aufgegriffen und durch einen Centurio zurückgebracht worden war, keine annehmbaren Gründe für eine längere Auslandsreise anzugeben. Er blieb jedoch am Leben, mehr weil er vergessen als weil er begnadigt worden war.

15. Unter dem Konsulat des Ser. Galba und L. Sulla wählte der Kaiser nach langer Überlegung, welche Ehemänner er seinen beiden heiratsfähigen Enkelinnen geben solle, den L. Cassius und den M. Vinicius aus. Vinicius stammte aus einer Landstadt, er war in Cales geboren. Sein Vater und sein Großvater waren Konsulare, sonst gehörte das Geschlecht dem Ritterstand an. Er war sanft von Charakter und ein gewandter Redner. Cassius stammte aus einer römischen Plebejerfamilie, die aber alt und angesehen war, wuchs in der strengen Zucht seines Vaters auf und empfahl sich mehr durch Liebenswürdigkeit als durch Fleiß. Ihm vermählt er Drusilla, dem Vinicius Julia, beides Töchter des Germanicus, und schreibt davon dem Senat mit einigen empfehlenden Worten für die jungen Leute. Dann ging er nach ziemlich unklarer Be-

gründung seiner Abwesenheit auf wichtigere Dinge über, und zwar auf die Anfeindungen, die er um des Staates willen auf sich genommen habe. Er bat darum, daß der Präfekt Macro und einige Centurionen und Tribunen ihn begleiten möchten, so oft er die Kurie betrete. Obwohl nun der Senat willig und ohne nähere Bestimmung von Rang und Zahl der Begleiter demgemäß beschlossen hatte, kam der Kaiser dennoch niemals in ein römisches Haus, geschweige in den Staatsrat. Er mied weiter seine Vaterstadt und umkreiste sie nur, meist auf abgelegenen Wegen.

16. Währenddessen stürzte sich eine große Schar von Anklägern auf die Wucherer, die sich durch Ausleihen von Geld gegen das Gesetz des Diktators Caesar bereicherten. Dieses Gesetz enthält für den Geldverkehr und die Besitzverhältnisse innerhalb Italiens gewisse Einschränkungen, wurde aber schon längst nicht mehr beachtet, weil jeder das allgemeine Beste dem persönlichen Vorteil nachsetzte. In der Tat war der Geldwucher für Rom ein altes Übel und am häufigsten die Ursache von Aufständen und Unruhen. Deshalb suchte man ihm schon in den alten, noch weniger verderbten Zeiten Schranken zu setzen. Zuerst wurde durch das Zwölftafelgesetz bestimmt, daß der Zinsfuß nicht mehr als ein Prozent betragen dürfe, während seine Höhe vordem vom Belieben der Reichen abhing. Später wurde er auf Antrag der Tribunen auf ein halbes Prozent herabgesetzt; zuletzt wurde das Zinsnehmen ganz verboten. Durch eine Reihe von Volksbeschlüssen trat man Umgehungen des Gesetzes entgegen, die trotz aller Gegenmaßnahmen immer wieder durch erstaunliche Schliche versucht wurden. Jetzt aber wurden die Untersuchungen dieser Art dem Prätor Gracchus übertragen. Der sah sich durch die große Menge der Bedrohten veranlaßt, die Sache vor den Senat zu bringen, und die ängstlichen Senatoren – von denen sich keiner ganz frei von Schuld fühlte – baten den Princeps um Nachsicht. Mit seiner Bewilligung wurde noch eine Frist von eineinhalb Jahren festgesetzt, innerhalb welcher ein jeder seine Vermögensangelegenheiten den Bestimmungen des Gesetzes gemäß ordnen sollte.

17. Hieraus entstand eine Geldknappheit, da allen Schuldnern zu gleicher Zeit die Darlehen gekündigt wurden und infolge der so zahlreichen Verurteilungen und Güterversteigerungen das ge-

prägte Silber beim Kronschatz oder beim Staatsschatz still lag. Für diesen Fall hatte der Senat zwar verordnet, daß ein jeder zwei Drittel seines Kapitals zum Ankauf von Gütern in Italien anlegen und die Schuldner den gleichen Teil ihrer Schuld zurückzahlen sollten. Aber die Gläubiger kündigten doch das ganze Kapital, und die Schuldner mußten zahlen, um ihren Kredit nicht zu schwächen. Anfangs versucht man es mit Verhandlungen und Bitten; dann gibt es zahllose Prozesse vor dem Prätor; aber gerade das gesuchte Aushilfsmittel, nämlich Verkauf und Kauf, schlägt ins Gegenteil um, weil die Kapitalisten das gesamte Geld zum Kauf von Ländereien eingezogen hatten. Da die Menge der Verkaufsangebote Wohlfeilheit zur Folge hatte, mußte jeder, je verschuldeter er war, desto ungünstiger verkaufen, und viele verloren ihren ganzen Besitz. Die Zerrüttung des Vermögens untergrub aber wieder Stellung und Ruf, bis der Kaiser Abhilfe schaffte. Er verteilte 100 Millionen Sesterzen an die öffentlichen Wechslerbanken und ließ sie zinslose Darlehen für drei Jahre ausgeben, wenn der Schuldner dafür dem Volksvermögen Grundstücke von doppeltem Wert verpfändete. So wurde der Kredit wieder hergestellt, und allmählich fanden sich auch wieder Privatleute als Geldgeber. Aber der Ankauf von Ländereien wurde nicht nach der Vorschrift des Senatsbeschlusses vorgenommen, weil man dabei, wie gewöhnlich in solchen Dingen, nur am Anfang streng vorging, zuletzt aber gleichgültig wurde.

18. Dann kehren die alten Schrecknisse wieder. Considius Proculus wurde wegen Majestätsverbrechens belangt. Während er nichtsahnend seinen Geburtstag feierte, wurde er in die Kurie geschleppt, verurteilt und sofort hingerichtet. Über seine Schwester Sancia wurde auf Anklage des Q. Pomponius der Bann ausgesprochen. Dieser unruhige Mann gab vor, er beschäftige sich mit diesen und ähnlichen Dingen nur, um die Gunst des Princeps zu gewinnen und so den drohenden Gefahren für seinen Bruder Pomponius Secundus zu begegnen. Auch gegen Pompeia Macrina wird auf Verbannung erkannt, deren Ehegatten Argolicus und Schwiegervater Laco, beides Griechen von hohem Ansehen, der Kaiser bereits beseitigt hatte. Ihr Vater, ein erlauchter römischer Ritter, und ihr Bruder, ein ehemaliger Prätor, gaben sich selbst den Tod, als auch ihnen die Verurteilung bevorstand. Man

hatte ihnen vorgeworfen, daß Pompeius Magnus ihren Urahn, Theophanes aus Mytilene, zu seinen vertrautesten Freunden gezählt habe und griechische Schmeichelsucht diesem Theophanes nach seinem Tod göttliche Verehrung erwiesen hatte.

19. Nach ihnen wird Sex. Marius, der reichste Mann Spaniens, wegen Blutschande mit seiner Tochter verklagt und vom Tarpejischen Felsen herabgestürzt. Und damit kein Zweifel übrig bleibe, daß ihn sein gewaltiger Reichtum ins Unglück gebracht hatte, behielt Tiberius seine Gold- und Silbergruben für sich, obwohl sie Staatseigentum wurden. Und durch diese Hinrichtungen gereizt, gibt er Befehl, sämtliche wegen Mitschuld an Seianus' Verschwörung Angeklagte und Verhaftete hinzurichten. Da lag denn nun eine Unzahl von Leichen (auf der gemonischen Treppe), Männer und Frauen, Alte und Junge, Berühmte und Unberühmte, verstreut oder aufeinandergehäuft. Und den Verwandten oder Freunden war es nicht gestattet, heranzutreten und zu weinen, ja nicht einmal, sie längere Zeit anzusehen. Vielmehr waren ringsum Wächter aufgestellt, die jeden Klagenden beobachteten und von den schon verwesenden Leichen nicht wichen, bis sie endlich in den Tiber geschleift wurden, wo sie stromabwärts schwammen oder ans Ufer getrieben wurden; keiner durfte einen Leichnam verbrennen oder auch nur berühren. Durch die Macht des Schreckens war jede Teilnahme am menschlichen Geschick geschwunden. Je mehr die Grausamkeit wuchs, desto mehr wurde das Mitleid verwehrt.

20. Um dieselbe Zeit wurde der Caesar Gaius, der seinem Großvater beim Weggang nach Capreae gefolgt war, mit Claudia, der Tochter des M. Silanus, verheiratet. Er verbarg seine Herzensroheit unter einer geheuchelten Bescheidenheit. Nicht die Verurteilung seiner Mutter, nicht der Sturz seiner Brüder hatten ihm einen Klagelaut entlockt. Welche Laune Tiberius haben mochte, Gaius zeigte die gleiche Haltung und paßte sich sogar seiner Redeweise an. Daher die treffende Bemerkung des Redners Passienus, die später in Umlauf kam: Es habe nie einen besseren Sklaven, nie einen schlechteren Herrn gegeben. – Nicht übergehen möchte ich des Tiberius prophetisches Wort über Servius Galba, der damals Konsul war. Der Kaiser ließ ihn zu sich kommen, forschte ihn durch verschiedene Gespräche aus und

sagte ihm zuletzt auf griechisch ungefähr die Worte: »Auch du, Galba, wirst einst noch von der Herrschaft kosten.« Damit deutete er auf Galbas späte und kurze Regierung hin, die er als erfahrener Astrologe voraussah. Auf Rhodus hatte er Muße gehabt, sich diese Wissenschaft anzueignen. Sein Lehrer war damals Thrasyllus, dessen Kunst er auf folgende Weise erprobt hatte.

21. So oft sich Tiberius mit solchen Dingen abgab, pflegte er einen hochgelegenen Teil seines Palastes aufzusuchen und nur einen einzigen Freigelassenen hinzuzuziehen. Dieser Mann, der zwar ganz ungebildet, aber körperlich besonders kräftig war, mußte auf einem unwegsamen und abschüssigen Pfad – der Palast erhebt sich auf den Felsen am Meer – dem Astrologen vorangehen, dessen Kunst Tiberius auf die Probe zu stellen beschlossen hatte. Wenn der Astrologe den Eindruck eines Prahlers oder Betrügers gemacht hatte, wurde er von dem Freigelassenen auf dem Rückweg ins Meer hinabgestürzt, damit er das Geheimnis nicht verrate. So wurde auch Thrasyllus diesen Felsenweg hinaufgeführt. Nachdem er dem Kaiser auf seine Fragen die künftige Herrschaft geschickt prophezeit und damit Eindruck gemacht hatte, wird er gefragt, ob er sich schon selbst das Horoskop gestellt habe und wisse, was das laufende Jahr, was der heutige Tag ihm bringen werde. Jener maß die Stellungen und Abstände der Gestirne aus, stutzte zuerst, erbleichte dann, zitterte immer mehr vor Staunen und Furcht, je tiefer er Einblick nahm, und bricht schließlich in den Ruf aus, es stehe ihm eine furchtbare, ja beinahe tödliche Gefahr bevor. Da umarmt ihn Tiberius und beglückwünscht ihn, daß er Gefahren vorauszubestimmen wisse und nun ungefährdet bleiben werde. Seitdem nimmt er alles, was Thrasyllus sagte, wie ein Orakel hin und macht ihn zu einem seiner vertrautesten Freunde.

22. Wenn ich von diesen und ähnlichen Dingen höre, schwankt mein Urteil, ob das Schicksal und die unabänderliche Notwendigkeit oder der Zufall die menschlichen Geschicke lenkt. Man findet ja, daß die alten Weisen und die späteren Nachfolger ihrer Schulen ganz verschiedener Meinung sind. Viele von ihnen haben den festen Glauben, daß sich die Götter weder um unser Werden noch um unser Vergehen noch überhaupt um uns Menschen kümmern; daher sei sehr häufig den Guten Unheil, den Bösen

aber Glück beschieden. Dagegen glauben andere, das Schicksal stehe zwar im Einklang mit den Dingen, lasse sich aber nicht aus dem Lauf der Planeten ablesen, sondern offenbare sich in der ursprünglichen Verkettung natürlicher Ursachen. Doch lassen uns (die Stoiker) die freie Wahl unseres Lebens und behaupten nur, daß es, nachdem man einmal gewählt habe, nach bestimmten Gesetzen verlaufe. Und was das Volk dafür hält, seien in Wirklichkeit keine Güter oder Übel. Denn viele, die vom Unglück bedrängt schienen, seien glücklich, die meisten dagegen bei noch so großem Reichtum am unglücklichsten. Denn jene ertrügen ihr schweres Geschick mit Standhaftigkeit, diese machten von ihrem Glück einen törichten Gebrauch. Jedenfalls läßt sich aber der größte Teil der Menschen nicht den Glauben nehmen, daß einem jeden gleich bei der Geburt das künftige Schicksal bestimmt sei; nur falle manches anders aus, als es verkündet worden sei infolge der falschen Prophezeiungen derer, die Dinge voraussagen, die sie nicht wissen. Dadurch werde der Glaube an eine Wissenschaft (die Astrologie) geschwächt, die in alter wie in neuerer Zeit klare Beweise (ihrer Richtigkeit) geliefert habe. Wie von einem Sohn dieses Thrasyllus auch die Erhebung Neros auf den Thron richtig prophezeit worden ist, werde ich seinerzeit berichten, um jetzt nicht noch mehr von meinem Thema abzuschweifen.

23. Unter denselben Konsuln wird der Tod des Asinius Gallus bekannt. Ohne Zweifel ist er durch Verhungern zugrunde gegangen, ob freiwillig oder gezwungen, galt als zweifelhaft. Als man den Kaiser befragte, ob er ein standesgemäßes Begräbnis gestatte, schämte er sich nicht, seine Erlaubnis zu geben und obendrein das Mißgeschick zu beklagen, das den Angeklagten hinweggerafft habe, bevor er in seiner Gegenwart überführt worden sei. Also ganze drei Jahre hatte es an der Zeit gefehlt, einen greisen Konsular, den Vater so vieler Konsulare, vor ein ordentliches Gericht zu stellen! Hierauf starb auch Drusus, nachdem er sich mit der kümmerlichsten Nahrung – er aß von dem Heupolster seines Lagers – die letzten neun Tage am Leben erhalten hatte. Einige Schriftsteller berichten, Macro habe damals den Auftrag gehabt, falls Seianus eine bewaffnete Erhebung versuche, den Jüngling aus der Haft zu entlassen – er wurde nämlich im kaiserlichen Palast in einem Keller gefangen gehalten – und zum Herrscher aus-

zurufen. Als sich aber später das Gerücht verbreitete, der Kaiser werde sich mit Schwiegertochter und Enkel wieder versöhnen, entschloß er sich gerade darum lieber zur Härte als zur Reue.

24. Ja, er verfolgte sogar noch den Toten, indem er ihm unnatürliche Laster, Mordabsichten gegen seine Verwandten und feindliche Gesinnung gegen den Staat vorwarf. Auch ließ er ein Tagebuch vorlesen, das man über seine Worte und Taten (während der Haft) geführt hatte. Dabei fand man es besonders empörend, daß all die Jahre Menschen um ihn waren, die seine Miene, seine Seufzer, sogar jedes leise Wort auffingen, und daß der Großvater es über sich gebracht hatte, diese Berichte anzuhören, zu lesen und dann zu veröffentlichen! Das war kaum zu glauben, aber die Aufzeichnungen des Centurionen Attius und des Freigelassenen Didymus enthielten sogar jedesmal den Namen des Sklaven, der den Drusus, wenn er sein Schlafgemach verlassen wollte, geschlagen oder zurückgescheucht hatte. Der Centurio hatte seine eigenen Schimpfworte (gegen Drusus) als besonderes Heldenstück beigefügt, ebenso die Worte des dahinsiechenden Drusus. Anfangs stieß dieser wie ein Wahnsinniger Wehrufe über Tiberius aus; als er aber später jede Hoffnung auf Rettung seines Lebens aufgegeben hatte, sprach er wohlüberlegte und zusammenhängende Verwünschungen gegen ihn aus: So wie er seine Schwiegertochter, seinen Bruderssohn, seine Enkel getötet und gegen sein ganzes Haus mit Mord gewütet habe, so möge er auch selbst dem Namen und Geschlecht seiner Ahnen und den Nachkommen als Racheopfer fallen! Darüber gaben zwar die Senatoren lärmend ihren Abscheu kund, aber nur zum Schein. In Wahrheit erfüllte sie Entsetzen und Staunen, daß Tiberius, der vordem mit so viel Schlauheit seine Freveltaten in Dunkel zu hüllen pflegte, jetzt schon so sicher geworden war, daß er gewissermaßen die Scheidewände wegnahm und offen zeigte, wie sein Enkel unter den Schlägen eines Centurio und den Stößen der Sklaven gelitten und um die notdürftigste Nahrung vergeblich gefleht hatte.

25. Die Empörung darüber hatte man noch nicht verwunden, als auch Agrippinas Tod gemeldet wurde. Ich glaube, daß sie sich nach der Hinrichtung des Seianus mit neuer Hoffnung am Leben erhalten, dann aber, als die Härte gegen sie keineswegs nachließ,

freiwillig den Tod gesucht hat, falls man ihr nicht die Nahrungsmittel entzogen und den Selbstmord nur vorgetäuscht hat. Tiberius erging sich nämlich in den abscheulichsten Beschuldigungen gegen sie. Er warf ihr Unkeuschheit und ehebrecherischen Verkehr mit Asinius Gallus vor, nach dessen Tod sie Lebensüberdruß befallen habe. Dabei hatte Agrippina, die keinen auf gleicher Höhe neben sich dulden wollte und stets nach der Herrschaft gierte, über ihren durchaus männlichen Bestrebungen die weiblichen Schwächen völlig abgelegt. Der Kaiser fügte noch hinzu, daß sie am gleichen Tage gestorben sei, an welchem Seianus zwei Jahre vorher seine Schuld gebüßt habe, und daß dies besondere Erwähnung verdiene. Auch rühmte er sich damit, daß sie nicht mit dem Strang erdrosselt und auf die gemonische Treppe geworfen worden sei. Daraufhin wurde ihm Dank abgestattet und beschlossen, es sollte am 18. Oktober, dem Todestag der beiden, dem Juppitertempel alljährlich ein Weihgeschenk gestiftet werden.

26. Nicht lange danach faßte Cocceius Nerva, des Kaisers ständiger Begleiter, ein Kenner des gesamten göttlichen und menschlichen Rechts, bei unerschütterter Stellung und ungeschwächter Gesundheit den Entschluß zu sterben. Sobald Tiberius dies erfuhr, setzte er sich zu ihm, fragte nach den Gründen und fing an zu bitten. Zuletzt gestand er, wie drückend es für sein Gewissen, wie drückend für seinen Ruf sei, wenn sein bester Freund ohne jede Ursache den Tod suche. Nerva lehnte eine Erörterung ab und fuhr fort, keine Nahrung zu sich zu nehmen. Die Menschen, die seine Gedanken kannten, erzählten, er habe sich, je näher er die Leiden des Staates sah, um so mehr aus Zorn und Besorgnis ein ehrenvolles Ende gewünscht, solange er noch rein und unangetastet dastand. – Übrigens riß, was kaum glaublich war, Agrippinas Sturz auch Plancina mit. Sie war einst die Gattin des Cn. Piso und hatte über Germanicus' Tod offen frohlockt. Als Piso zu Fall kam, fand sie durch die Fürsprache der Augusta, nicht minder durch ihre Feindschaft gegen Agrippina, Schutz. Als aber Haß und Gunst aufgehört hatten, siegte das Recht. Sie wurde wegen ihrer bekannten Verbrechen angeklagt und vollzog an sich selbst die Todesstrafe, die mehr verspätet als unverdient war.

27. Als die Bürgerschaft schon durch so viel Leid heimgesucht

war, kam noch das traurige Ereignis hinzu, daß Drusus' Tochter Julia, einst Neros Gattin, in das Haus des Rubellius Blandus einheiratete, dessen Großvater, einen römischen Ritter aus Tibur, noch viele gekannt hatten. – Am Ende des Jahres starb Aelius Lamia und wurde durch ein censorisches Leichenbegängnis geehrt. Er war der scheinbaren Ernennung zum Statthalter Syriens entledigt worden und hatte endlich die Stellung als Stadtpräfekt erhalten. Seine Abkunft war hervorragend, sein Alter rüstig, sein Ansehen durch die Vorenthaltung der Provinz noch erhöht. Darauf wurde nach dem Ableben des Statthalters von Syrien, Flaccus Pomponius, ein Schreiben des Kaisers verlesen, worin er den Vorwurf erhob, daß alle hervorragenden Männer und tüchtigen Heerführer dieses Amt ablehnten. Er sehe sich durch diesen Übelstand gezwungen, einige Konsulare um Übernahme von Provinzen zu bitten. Dabei vergaß er aber, daß Arruntius jetzt schon das zehnte Jahr von der Abreise in seine Provinz Spanien zurückgehalten wurde. Im gleichen Jahr starb auch M'. Lepidus, von dessen weiser Mäßigung ich schon in den früheren Büchern genug berichtet habe; auch sein Adel braucht nicht weiter nachgewiesen zu werden, da das Geschlecht der Aemilier ja stets reich an trefflichen Staatsmännern war und auch seine sittlich verderbten Mitglieder wenigstens in äußerem Glanz lebten.

28. Unter dem Konsulat des Paulus Fabius und L. Vitellius erschien nach einer Pause von vielen Jahrhunderten in Ägypten wieder der Vogel Phoenix, was den gelehrten Ägyptern und Griechen Gelegenheit gab, ausführlich über dieses Wunder zu sprechen. Worin sie übereinstimmten, auch mehrere zweifelhafte, aber nicht uninteressante Punkte, darf man wohl vorbringen. Daß der Vogel dem Sonnengott heilig ist und nach Gesicht und Federnfarbe von den übrigen Vögeln absticht, darin stimmen alle überein, die seine Gestalt nachgebildet haben; über die Zahl der Jahre (seines Wiedererscheinens) wird aber verschieden berichtet. Am meisten verbreitet ist der Zeitraum von 500 Jahren; einige versichern, daß 1461 Jahre dazwischen liegen und daß die früheren Vögel zum ersten Mal unter der Regierung des Sesosis, später des Amasis, darauf des Ptolemaeus, der als dritter Makedone regierte, in die Stadt Heliopolis eingeflogen seien, begleitet von vielen anderen Vögeln, die die neue Erscheinung bewunder-

ten. Aber die Geschichte des Altertums ist dunkel: Zwischen Ptolemaeus und Tiberius lagen weniger als 250 Jahre. Daher glaubten einige, daß dies ein falscher Phoenix gewesen und nicht aus dem Land der Araber gekommen sei. Auch habe er nichts von dem gehabt, was die alte Geschichte versichert hat. Wenn die Zahl seiner Jahre vollendet sei, baue er, sobald er sich dem Tod nahe fühle, in seinem Land ein Nest und lege seine Zeugungskraft hinein, aus der ein Junges entstehe. Sobald er (der junge Vogel) herangewachsen sei, bestehe seine erste Sorge darin, den Vater zu beerdigen. Das tue er aber nicht unbedacht, sondern hebe eine Last von Myrrhen auf und erprobe durch einen langen Flug, ob er der Last, ob er der Reise gewachsen sei. Dann nehme er die väterliche Leiche auf, trage sie zum Altar des Sonnengottes (in Heliopolis) und verbrenne sie dann. Diese Berichte sind unsicher und märchenhaft ausgeschmückt; doch daß dieser Vogel bisweilen in Ägypten gesehen wird, ist nicht zu bezweifeln.

29. In Rom dauerte indessen das Morden fort. Pomponius Labeo, der, wie berichtet, Statthalter von Moesien war, schnitt sich die Adern auf und verblutete; seine Gattin Paxaea folgte dem Beispiel. Zu solchen Todesarten entschloß man sich nämlich leicht, weil man den Henker fürchtete. Auch wurde den Verurteilten das Familienvermögen genommen und die Bestattung verweigert, während diejenigen, die freiwillig in den Tod gingen, beerdigt wurden und ihre Testamente in Kraft blieben, zum Lohn für ihre Eile. Der Kaiser aber erklärte in einem Schreiben an den Senat, es sei bei den Vorfahren Sitte gewesen, wenn man jemandem die Freundschaft kündigte, ihm sein Haus zu verschließen und damit dem guten Einvernehmen ein Ende zu setzen. Nur dies habe er auch bei Labeo getan, der aber habe, weil er wegen schlechter Verwaltung der Provinz und wegen anderer Vergehen hart bedrängt war, seine Schuld mit dem angeblichen Haß (des Kaisers) zu bemänteln gesucht und auch seine Gattin ohne Not in Schrecken gejagt, die zwar auch schuldig, aber außer Gefahr gewesen sei. Hierauf wird Mamercus Scaurus, der durch Adel und Tüchtigkeit als Prozeßredner ausgezeichnet, aber durch seinen Lebenswandel mit Schimpf beladen war, von neuem belangt. Ihn brachte nicht seine Freundschaft mit Seianus zu Fall, sondern Macros Haß, der zum Verderben nicht minder wirksam

war. Macro wandte dieselben Mittel an (wie Seianus), nur vorsichtiger. Er hatte Tiberius den Inhalt einer von Scaurus verfaßten Tragödie mitgeteilt und ein paar Verse daraus angeführt, die auf Tiberius bezogen werden konnten. Von seinen Anklägern Servilius und Cornelius wurden ihm Ehebruch mit Livilla und geheimer Verkehr mit Magiern vorgeworfen. Scaurus kam, wie es einem Aemilier ziemte, der Verurteilung auf Zureden seiner Gattin Sextia zuvor. Sie hatte den Gatten zum Tod angetrieben und starb mit ihm.

30. Doch wurden auch die Angeber bestraft, wenn sich Gelegenheit dazu bot. So wurden die durch Scaurus' Sturz berüchtigten Ankläger Servilius und Cornelius mit dem Bann belegt und auf entlegene Inseln geschafft, weil sie von Varius Ligur für die Unterdrückung einer Klage Geld genommen hatten. Ebenso wurde der frühere Ädil Abudius Ruso verurteilt und aus Rom verwiesen, weil er den Lentulus Gaetulicus, unter dem er eine Legion befehligt hatte, durch die Anklage in Gefahr brachte, er habe Seianus' Sohn zu seinem Schwiegersohn erkoren. Gaetulicus befehligte zu dieser Zeit die Legionen in Obergermanien und hatte sich dort eine außergewöhnliche Beliebtheit erworben, weil er eine unbegrenzte Güte besaß und, wenn er streng sein mußte, stets Maß zu halten verstand. Auch beim benachbarten Heer war er durch L. Apronius, seinen Schwiegervater, nicht unbeliebt. Daher stammt das feststehende Gerücht, er habe es gewagt, dem Kaiser einen Brief folgenden Inhalts zu schicken: Nicht aus eigenem Entschluß, sondern auf Tiberius' Rat sei er in ein verwandtschaftliches Verhältnis zu Seianus getreten. So gut wie Tiberius habe auch er sich täuschen können, und nun dürfe doch der gleiche Irrtum nicht für jenen ohne Nachteil bleiben, anderen aber zum Verderben ausschlagen. Seine Treue sei unerschüttert und werde es auch bleiben, falls er nicht hinterlistig angegriffen werde. Die Ernennung eines Nachfolgers werde er aber nicht anders auffassen als ein Todesurteil. Darum sollten sie eine Art Vertrag schließen, wonach der Fürst die Herrschaft über das Reich habe, er aber seine Provinz behalte. Dieses Schreiben ist auffallend, fand aber doch deshalb Glauben, weil Gaetulicus allein von allen, die mit Seianus verschwägert waren, unangefochten und in hoher Gunst blieb. Tiberius dachte wohl daran, wie

allgemein er verhaßt war, in wie hohem Alter er stand und daß sich seine Herrschaft mehr auf seinen Ruf als auf wirkliche Macht stützte.

31. Unter dem Konsulat von C. Cestius und M. Servilius kamen vornehme Parther nach Rom, ohne daß ihr König Artabanus davon wußte. Dieser war aus Furcht vor Germanicus den Römern treu und gegen sein Volk milde gewesen, nahm aber später gegen uns ein übermütiges, gegen sein Volk ein grausames Verhalten an. Die glücklichen Kriege, die er gegen die benachbarten Stämme geführt hatte, stärkten sein Selbstbewußtsein, den Tiberius verachtete er als einen unkriegerischen Greis und begehrte den Besitz Armeniens, über das er nach Artaxias' Tod seinen ältesten Sohn Arsaces einsetzte. Zudem beschimpfte er uns noch, indem er Gesandte schickte und die Rückgabe des Schatzes forderte, den Vonones in Syrien und Kilikien zurückgelassen hatte. Auch sprach er von den alten persischen und makedonischen Grenzen und erging sich in prahlerischen Drohungen: Er werde in die Länder einbrechen, die einst Cyrus und dann Alexander besessen hätten. Die geheime Gesandtschaft der Parther aber war hauptsächlich von Sinnaces veranlaßt, einem Parther von vornehmer Abkunft und großem Reichtum, daneben von dem Eunuchen Abdus – ein Eunuch ist bei den Barbaren nicht verachtet, sondern hat sogar erhöhtes Ansehen –. Diese beiden zogen nun noch andere Edle hinzu und erbaten, weil sie kein anderes Mitglied des Arsacidenhauses auf den Thron setzen konnten, da die meisten von ihnen von Artabanus ermordet oder noch nicht erwachsen waren, von Rom den Phraates, den Sohn des Königs Phraates: Es bedürfe nur eines Namens und des Anstoßes, es genüge, wenn sich ein Arsacidensproß mit des Kaisers Bewilligung am Euphratufer zeige.

32. Das war ganz nach Tiberius' Wunsch. Er stattet Phraates aus und versieht ihn mit den nötigen Mitteln zur Einnahme des väterlichen Thrones, getreu seinem alten Grundsatz, in der auswärtigen Politik mit Klugheit und List zu verfahren und bewaffnetes Eingreifen zu vermeiden. Artabanus, der inzwischen von diesen hinterhältigen Plänen erfahren hatte, läßt sich bald durch Furcht einschüchtern, bald durch Rachgier entflammen. Bei den Barbaren gilt ja Zaudern für knechtisch, sofortiges Handeln für

königlich. Doch gab bei ihm der Vorteil den Ausschlag, so daß er den Abdus scheinbar freundschaftlich zum Mahl lud und ihn durch ein langsam wirkendes Gift unschädlich machte, während er den Sinnaces durch Heuchelei, Geschenke und besondere Aufträge hinhielt. Phraates wurde in Syrien von einer Krankheit hingerafft; er hatte nämlich die römische Lebensweise, an die er sich so viele Jahre hindurch gewöhnt, aufgegeben und die Gebräuche der Parther wieder angenommen, war aber der heimischen Lebensweise nicht mehr gewachsen. Doch Tiberius gab darum die Sache nicht auf. Er wählt jetzt den aus gleichem Geschlecht stammenden Tiridates zum Gegenkönig des Artabanus, ruft den Iberer Mithridates zur Wiedereroberung Armeniens auf und versöhnt ihn mit seinem Bruder Pharasmanes, der die heimische Herrschaft innehatte. Die Leitung aller dieser Unternehmungen übertrug er dem L. Vitellius. Mir ist wohl bekannt, daß der Ruf dieses Mannes in Rom nicht gut war und daß viel Schändliches von ihm erzählt wurde; aber bei der Verwaltung von Provinzen zeigte er die Tüchtigkeit der alten Zeit. Als er wieder heimgekehrt war, wandelte er sich jedoch aus Angst vor Gaius Caesar und durch vertraute Freundschaft mit Claudius zu einem niedrigen Sklaven. Bei der Nachwelt gilt er als das Musterbeispiel eines niedrigen Schmeichlers: So sehr verschwand sein früheres Leben hinter seinem späteren, so sehr brachte er seine tüchtige Jugend durch ein schändliches Alter in Vergessenheit.

33. Mithridates bewog nun von den Kleinkönigen zunächst den Pharasmanes durch List und Gewalt, seine Pläne zu unterstützen; es fanden sich auch Verführer, die die Dienerschaft des Arsaces durch viel Gold zu einem Verbrechen bestimmen. Zugleich brechen die Hiberer mit großen Heerhaufen in Armenien ein und bemächtigen sich der Hauptstadt Artaxata. Als Artabanus dies erfuhr, rüstet er seinen Sohn Orodes zu einem Rachezug aus, gibt ihm parthische Truppen mit und schickt ihm Leute nach, die Hilfstruppen gegen Sold aufbringen sollten. Dagegen verbindet sich Pharasmanes mit den Albanern und zieht Streitkräfte der Sarmaten an sich, deren Herrscher von beiden Seiten Geschenke nehmen und es nach der Art dieser Stämme mit beiden Parteien halten. Aber die Hiberer, die diese Gegend beherrschen, entsenden die Sarmaten auf der kaspischen Paßstraße eiligst in das

Gebiet der Armenier. Als sie sich jedoch den Parthern näherten, wurden sie leicht aufgehalten. Der Feind hatte nämlich die anderen Zugänge versperrt, und den einzigen übrig bleibenden zwischen dem Meer und den letzten Albanerbergen behinderte der Sommer, weil er die Furten durch das Wehen der Passatwinde überflutet; der winterliche Südwind wälzt die Fluten wieder zurück und legt die niederen Strecken des Gestades trocken, nachdem die Meeresflut einwärts getrieben worden ist.

34. Inzwischen fordert Pharasmanes, durch Zuzug verstärkt, den Orodes, der keine Bundesgenossen hatte, zur Schlacht heraus. Als dieser ausweicht, rückt er gegen ihn vor, berennt sein Lager und stört die Futterholer. Oft umschloß er ihn wie bei einer Belagerung mit einer Postenkette, bis endlich die an eine so kränkende Behandlung nicht gewöhnten Parther ihren König umringten und eine Schlacht forderten. Nun beruhte aber ihre Stärke nur auf der Reiterei, während Pharasmanes auch ein starkes Fußvolk hatte. Denn die Hiberer und Albaner, die Waldgebirge bewohnen, waren mehr an Härte und Ausdauer gewöhnt. Man erzählt, daß sie von den Thessalern abstammen aus jenen Zeiten, da Jason nach dem Weggang der Medea und ihrer Kinder die verlassene Königsburg des Aeetes und das leere Gebiet der Kolchier später wieder besetzte. Vieles, was nach ihm benannt ist, auch das Orakel des Phrixus, verehren sie, und keiner hat wohl je mit einem Widder geopfert, von dem man glaubt, daß er den Phrixus getragen hat, mag das nun ein Tier oder ein Schiffsabzeichen gewesen sein. Als man sich übrigens auf beiden Seiten zur Schlacht geordnet hatte, sprach der parthische Führer von der Herrschaft über den Orient, vom Ruhm des Arsacidenhauses im Gegensatz zu den ganz unberühmten Hiberern mit ihren Söldnerhaufen. Pharasmanes dagegen wies darauf hin, daß die Hiberer noch vom parthischen Joch frei seien und daß sie als Sieger, je höher ihre Ziele wären, um so größere Ehre, wollten sie aber fliehen, Schmach und Gefahr davontragen würden. Zugleich verglich er sein rauhes Kriegsvolk mit den goldgeschmückten Scharen der Meder: Wie hier Männer, so seien dort nur Beutestücke zu sehen!

35. Bei den Sarmaten jedoch erscholl nicht nur das Wort des einen Heerführers, sondern jeder spornte den anderen an, keinen

Fernkampf mit Pfeilen zuzulassen, sondern in Sturm und Nahkampf die Oberhand zu gewinnen. Daher boten die Kämpfenden ein buntes Schauspiel: Die Parther, mit gleicher Gewandtheit zu verfolgen und zurückzuweichen gewohnt, zogen ihre Geschwader auseinander, um Raum für ihre Geschosse zu gewinnen, die Sarmaten dagegen ließen ihre Bogen, mit denen sie nicht so weit schießen können, unbenutzt und stürmten mit Spießen und Schwertern heran. Wie es im Reiterkampf Sitte ist, wechselten sie zwischen Angriff und Flucht, dann wieder drängten sie in dichtgeschlossener Reihe mit ihren Leibern und Waffen bald vorwärts, bald wurden sie geworfen. Schon greifen auch die Albaner und Hiberer an, stoßen die Feinde von den Pferden herab und setzen sie einem doppelten Kampf aus, indem die Reiter von obenher, das Fußvolk aus größerer Nähe auf sie einhieben. Pharasmanes und Orodes feuern indessen die Tapferen an oder eilen den Wankenden zu Hilfe. Und weil sie überall sichtbar sind, erkennen sie sich auch gegenseitig und gehen mit Schlachtruf, Geschoß und Roß aufeinander los, Pharasmanes jedoch mit größerer Wucht; denn er versetzte seinem Gegner einen Hieb durch den Helm, konnte aber den Schlag nicht wiederholen, da ihn sein Pferd mit fortriß und die tapfersten Gefolgsmänner den Verwundeten schützten. Trotzdem gerieten die Parther durch die falsche Nachricht von seinem Tod in Schrecken und gaben den Kampf auf.

36. Alsbald zog Artabanus mit dem ganzen Aufgebot seines Reiches zur Rache heran. Aber die Hiberer kämpften infolge ihrer Ortskenntnis mit größerem Glück. Trotzdem wäre er nicht zurückgewichen, wenn nicht Vitellius seine Legionen zusammengezogen und ihm durch Verbreitung des Gerüchts, er wolle in Mesopotamien einfallen, Angst vor einem Krieg mit Rom gemacht hätte. Artabanus gab nun Armenien auf, und sein Glück wandte sich, da Vitellius die Aufforderung ergehen ließ, die Armenier sollten sich von einem König lossagen, der im Frieden grausam und durch seine unglücklichen Schlachten verderbenbringend sei. Infolgedessen bringt Sinnaces, der schon vorher, wie erwähnt, gegen ihn feindlich gesinnt war, seinen Vater Abdagaeses und andere, die zunächst ihre Pläne geheimgehalten hatten, aber jetzt durch die fortwährenden Niederlagen entschlossen waren, zum Abfall. Allmählich schlossen sich alle an, die sich dem

Artabanus mehr aus Furcht als aus Neigung unterworfen und jetzt, wo andere vorangingen, wieder Mut gefaßt hatten. Dem Artabanus blieb niemand mehr treu außer seiner ausländischen Leibwache, einem heimatlosen Gesindel, das, ohne Sinn für Recht, ohne Sorge um Unrecht, für schnöden Lohn zu jeglichem Verbrechen bereit war. Von diesen Leuten begleitet, floh er eilends in die entlegenen skythischen Grenzgebiete. Er hoffte auf Hilfe, weil er mit den Hyrcanern und Carmaniern in verwandtschaftlichen Beziehungen stand, und hielt es auch für möglich, daß die Parther inzwischen zur Reue umgestimmt würden, weil sie gewöhnlich gegen Abwesende gerecht und nur gegen Anwesende wankelmütig seien.

37. Als Artabanus geflohen war und die Stimmung des Volkes sich dem neuen König zugewandt hatte, mahnte Vitellius den Tiridates, die Gelegenheit zu ergreifen, und führte selbst den Kern der Legionen und der bundesgenössischen Truppen ans Euphratufer. Beim Opfer brachte der eine nach römischer Sitte die Suovetaurilien dar, der andere schmückte sein Roß, um den Flußgott gnädig zu stimmen. Da meldeten die Anwohner, der Euphrat schwelle ohne vorangegangenen Regen von selbst mächtig an; dabei bilde er in weißglänzendem Schaum diademähnliche Kreise, das Vorzeichen eines glücklichen Stromüberganges. Andere gaben eine noch feinere Deutung: Das Unternehmen werde glücklich anfangen, aber keinen dauernden Erfolg haben, da auf Zeichen, die auf der Erde oder am Himmel gegeben würden, mehr Verlaß sei, während der Flüsse unstetes Wesen im gleichen Augenblick Vorzeichen erscheinen und wieder verschwinden lasse. Doch wurde eine Schiffsbrücke geschlagen und das Heer übergesetzt. Der erste, der mit vielen tausend Reitern ins römische Lager kam, war (der Parther) Ornospades. Er war früher verbannt gewesen und hatte Tiberius bei der Beendigung des dalmatinischen Krieges rühmenswerte Dienste geleistet und dafür das Bürgerrecht erhalten. Später hatte er die Freundschaft seines Königs wiedergewonnen, stand bei ihm in hohen Ehren und wurde Statthalter des von den berühmten Flüssen Euphrat und Tigris eingeschlossenen Flachlandes, das danach den Namen Mesopotamien führt. Nicht lange nachher verstärkt auch Sinnaces seine Truppen, und Abdagaeses, die Hauptstütze seiner Partei,

bringt dem Tiridates auch noch den Schatz und den königlichen Schmuck. Vitellius hielt es für hinreichend, die römischen Waffen gezeigt zu haben, und ermahnt den Tiridates, seines Großvaters Phraates, seines kaiserlichen Pflegevaters und der trefflichen Eigenschaften beider eingedenkte zu sein; die Edlen mahnt er, sie sollten ihrem König gehorchen, Rom die schuldige Ehrerbietung und sich selber die Ehre und Treue bewahren. Darauf kehrte er mit den Legionen nach Syrien zurück.

38. Ich habe die Ereignisse zweier Sommer im Zusammenhang erzählt, damit sich der Geist einmal von den traurigen Zuständen in der Heimat erholen könne. Obwohl nun drei Jahre nach der Hinrichtung des Seianus vergangen waren, was andere zu besänftigen pflegt, so konnten doch weder Zeit noch Bitten noch das Gefühl der Übersättigung einen Tiberius so weit mäßigen, daß er nicht Ungewisses oder Verjährtes ebenso hart bestrafte wie das Schwerste und eben erst Geschehene. In der Furcht davor schrieb Fulcinius Trio, als er sich der andringenden Ankläger nicht mehr erwehren konnte, in seinem Testament (kurz vor dem Freitod) viele harte Anschuldigungen gegen Macro und die bevorzugten Freigelassenen des Kaisers nieder. Ihm selber warf er Altersschwachsinn vor und verglich seine ständige Abwesenheit von Rom mit einer Verbannung. Dieses Schriftstück, das die Erben geheimhalten wollten, ließ Tiberius im Senat vorlesen. Entweder wollte er damit seine Duldsamkeit gegen den Freimut anderer oder seine Verachtung gegen üble Nachrede zur Schau stellen. Vielleicht schien es ihm, weil er von den Verbrechen des Seianus so lange nichts gewußt hatte, ratsamer, jetzt jedes Wort bekannt werden zu lassen und wenigstens durch Beschimpfungen die Wahrheit zu erfahren, der die Schmeichelei doch nur im Weg steht. In denselben Tagen legte der Senator Granius Marcianus, der von C. Gracchus wegen Majestätsverbrechens belangt worden war, selbst Hand an sich, der ehemalige Prätor Tarius Gratianus wurde nach dem gleichen Gesetz zum Tod verurteilt.

39. Ähnlich war das Ende des Trebellenus Rufus und des Sextius Paconianus: Trebellenus fiel durch eigene Hand, Paconianus wurde im Kerker, wo er Spottverse gegen den Princeps gemacht hatte, erdrosselt. Dies erfuhr Tiberius nicht wie sonst jenseits des Meeres (auf Capreae), auch nicht durch Boten aus der Ferne. Er

befand sich nämlich in der Nähe der Stadt und konnte die Berichte der Konsuln noch am selben Tag oder nur mit einer Nacht dazwischen beantworten. So sah er die Ströme von Blut, die (bei den Selbstmorden) in den Häusern flossen, und die würgenden Hände der Henker gleichsam mit eigenen Augen. – Am Ende des Jahres starb Poppaeus Sabinus, der nicht von bedeutender Herkunft war, aber als Freund des Fürsten das Konsulat und die Triumphabzeichen errungen hatte. Er war vierundzwanzig Jahre lang Statthalter der bedeutendsten Provinzen gewesen, nicht etwa wegen besonderer Tüchtigkeit, sondern nur, weil er seinen Aufgaben gerade noch gewachsen war und nichts darüber.

40. Es folgen die Konsuln Quintus Plautius und Sex. Papinius. Daß in diesem Jahr L. Arusius und andere mit dem Tod bestraft wurden, fand man bei der Gewöhnung an solches Unglück nicht besonders grausig. Entsetzen aber erregte es, als der römische Ritter Vibulenus Agrippa nach den Reden seiner Ankläger noch in der Kurie Gift aus dem Gewand zog und verschluckte. Als er zu Boden sank und schon im Sterben lag, wurde er eilig von den Liktoren gepackt und in den Kerker geschleppt, wo man dem bereits Entseelten die Kehle mit dem Strang zuschnürte. Nicht einmal Tigranes, der einst Herrscher von Armenien und jetzt Angeklagter war, entging trotz seiner königlichen Würde der einfachen bürgerlichen Strafe. Der Konsular C. Galba wiederum und die beiden Blaesus endeten durch Selbstmord. Galba war durch ein ungnädiges Schreiben des Kaisers verhindert worden, an der Verlosung der Provinzen teilzunehmen. Den beiden Blaesus hatte der Kaiser die Priesterämter, die ihnen vor dem Sturz ihres Hauses zugesagt waren, nachher wieder entzogen und vergab sie jetzt als erledigt an andere. Darin erblickten sie die Aufforderung zum Freitod und vollzogen ihn. So auch Aemilia Lepida, die, wie berichtet, mit dem jungen Drusus verheiratet war und ihren Gatten durch zahlreiche Anschuldigungen verfolgt hatte. Obgleich sie deshalb verhaßt war, blieb sie doch unbestraft, solange ihr Vater Lepidus lebte. Später aber wurde sie von Angebern wegen Ehebruchs mit einem Sklaven angegriffen, und man zweifelte nicht an ihrer Schuld. Darum gab sie die Verteidigung auf und endete freiwillig ihr Leben.

41. Um dieselbe Zeit zogen sich die Cliten, ein von dem kappa-

dokischen König Archelaus abhängiger Volksstamm, auf die Höhen des Taurusgebirges zurück. Man wollte sie nämlich zwingen, sich nach römischem Brauch schätzen zu lassen und Abgaben zu zahlen. Das bergige Gelände schützte sie gegen die unkriegerischen Truppen des Königs. Da sandte der Statthalter Syriens, Vitellius, den Legaten M. Trebellius mit 4000 Mann Legionssoldaten und ausgewählten Hilfstruppen ab. Er schloß zwei Hügel, die die Barbaren besetzt hielten – der kleinere heißt Cadra, der andere Davara –, durch Schanzwerke ein, ließ diejenigen, die auszubrechen versuchten, niedermachen und zwang die übrigen durch Durst zur Übergabe. Tiridates nahm inzwischen im Einverständnis mit ihren parthischen Bewohnern Nicephorium, Anthemusias und die übrigen von Makedonen gegründeten Städte mit griechischen Namen in Besitz, ebenso die parthischen Städte Halus und Artemita. Alle, die den bei den Skythen erzogenen Artabanus wegen seiner Grausamkeit verwünscht hatten, wetteiferten nun, ihre Freude kundzutun, und hofften, Tiridates werde infolge seiner römischen Bildung einen menschenfreundlichen Charakter haben.

42. Am meisten Unterwürfigkeit brachte ihm Seleucia entgegen, eine mächtige ummauerte Stadt, die noch nichts Barbarisches angenommen hatte, sondern ihrem Gründer Seleucus treu geblieben war. 300 Bürger, die wegen ihres Reichtums oder ihrer Einsicht gewählt waren, bilden eine Art Senat, das Volk behält dabei seine Selbständigkeit. Solange diese beiden einig sind, können die Parther nichts ausrichten; liegen sie aber im Streit und holen beide gegen ihre Nebenbuhler Hilfe herbei, so gelangen die Parther, von einer Partei herbeigeholt, gegen alle zur Macht. So war es in letzter Zeit, als Artabanus König war, der Fall gewesen. Er lieferte das Volk dem Adel aus und hatte seinen Vorteil dabei; denn Volksherrschaft steht der Freiheit nahe, die Herrschaft weniger nähert sich schon der Willkür eines Königs. Als jetzt Tiridates einzieht, empfangen sie ihn mit den Ehren ihrer alten Könige und mit denen, die die neue Zeit noch reichlicher ersonnen hat. Zugleich überschütteten sie den Artabanus mit Schmähungen, weil er zwar von mütterlicher Seite Arsacide, aber sonst entartet war. Tiridates überläßt der Volkspartei die Regierung von Seleucia. Als er darauf erwägt, an welchem Tag er die Krönungs-

feierlichkeiten abhalten solle, erhält er von Phraates und Hiero, den Inhabern der wichtigsten Statthalterschaften, einen Brief, worin sie um kurzen Aufschub baten. Er beschloß, diese einflußreichen Männer abzuwarten, und zog inzwischen nach der Residenzstadt Ktesiphon. Als sie ihn aber von Tag zu Tag hinhielten, krönte der Kronfeldherr den Tiridates im Beisein und unter Zustimmung einer großen Volksmenge nach der Sitte des Landes mit dem königlichen Diadem.

43. Wäre er nun sofort ins Innere des Landes und zu den übrigen Stämmen geeilt, so hätte er die Zweifel der Zögernden unterdrückt, und alle wären ihm zugefallen. Er belagerte jedoch ein Kastell, in das Artabanus sein Geld und seinen Harem gebracht hatte, und ließ dadurch den anderen Zeit, sich den Abmachungen zu entziehen. Denn Phraates und Hiero sowie alle übrigen, die den verabredeten Krönungstag nicht mitgefeiert hatten, wenden sich teils aus Furcht, teils aus Neid gegen Abdagaeses, der jetzt den Hof und den neuen König zu beherrschen suchte, wieder dem Artabanus zu. Man fand diesen im Land der Hyrcanier, mit Schmutz bedeckt und sein Leben als Jäger fristend. Anfangs war er erschreckt und vermutete eine List. Als man ihm aber versicherte, man sei gekommen, um ihm die Herrschaft wiederzugeben, faßt er Mut und fragt, wie es zu diesem plötzlichen Umschwung gekommen sei. Darauf schilt Hiero, daß Tiridates noch im Knabenalter und die Herrschaft nicht in den Händen eines Arsaciden sei. Vielmehr habe Tiridates, durch ausländische Verzärtelung zum Weichling geworden, nur den leeren Namen des Herrschers, die eigentliche Gewalt aber sei im Besitz der Familie des Abdagaeses.

44. Artabanus merkte als erfahrener Despot sehr wohl, daß ihre Liebe zu ihm nur erheuchelt, ihr Haß gegen jenen aber echt sei. Er wartet nur so lange, bis er die Hilfstruppen der Skythen an sich gezogen hatte, und bricht dann eilig auf, um den Ränken seiner Feinde, der Reue seiner Freunde zuvorzukommen. Auch behielt er sein schmutziges Äußeres bei, um beim Volk Mitleid zu erregen. Keinen Betrug, keine Bitten, nichts ließ er unversucht, um die Schwankenden an sich zu ziehen und den Entschlossenen Mut zu machen. Schon kam er mit einem großen Heer in die Nähe von Seleucia, als Tiridates, durch das Gerücht

und das gleichzeitige Erscheinen des Artabanus selbst erschreckt, sich nicht recht klar darüber werden konnte, ob er ihm entgegenrücken oder den Ausbruch des Krieges verzögern solle. Die Freunde einer Schlacht und sofortigen Entscheidung setzten auseinander, daß die Feinde ungeordnet, durch den langen Marsch erschöpft und nicht einmal ihrem Kampfwillen nach zu einem einheitlichen Heereskörper zusammengewachsen seien, da sie ja erst unlängst Verräter und Feinde dessen waren, den sie jetzt wieder begünstigten. Abdagaeses dagegen war der Meinung, man solle sich nach Mesopotamien zurückziehen, um, durch den Tigrisfluß gedeckt, inzwischen die Armenier, die Elymäer und die übrigen Stämme im Rücken aufzubieten. Durch bundesgenössische und vom römischen Feldherrn übersandte Truppen verstärkt, könne man dann sein Glück versuchen. Diese Meinung ging durch, weil Abdagaeses den größten Einfluß hatte und Tiridates vor Gefahren feige zurückwich. Aber sein Abzug glich einer Flucht; nachdem die Araber den Anfang gemacht hatten, zieht das ganze Heer in die Heimat oder ins Lager des Artabanus ab, bis Tiridates mit wenigen Reitern wieder in Syrien eintraf und so alle vom Schimpf des Verrates (an Rom) reinigte.

45. Im gleichen Jahr wurde Rom von einer schweren Feuersbrunst heimgesucht. Der Teil des Circus Maximus, der an den Aventin grenzt, und dieser selbst brannten ab. Diesen Schaden wußte der Kaiser zu seiner Ehre zu wenden, indem er den Wert der Paläste und Mietshäuser ersetzte. 100 Millionen Sesterzen wandte er für diese Freigebigkeit auf. Dies rechnete ihm das Volk um so höher an, je sparsamer er bei seinen eigenen Bauten war. Auch von öffentlichen Bauwerken ließ er nicht mehr als zwei aufführen, einen Tempel für Augustus und ein neues Bühnenhaus des Pompeiustheaters; als diese Bauten fertig waren, weihte er sie nicht einmal selbst ein, weil er eitles Gepränge haßte oder weil er sich zu alt fühlte. Zur Abschätzung der Verluste, die jeder einzelne erlitten hatte, wurden die vier Schwiegerenkel des Kaisers, Cn. Domitius, Cassius Longinus, M. Vinicius und Rubellius Blandus, ausgewählt und ihnen nach Vorschlag des Senats noch P. Petronius beigesellt. Jeder suchte und beantragte nach seinem Geschmack Ehrungen für den Princeps. Welche davon er ausgeschlagen oder angenommen hat, blieb wegen seines nahen Le-

bensendes ungewiß. Nicht lange darauf traten nämlich die letzten Konsuln, die Tiberius erlebt hat, Cn. Acerronius und C. Pontius, ihr Amt an. Macro, dessen Einfluß damals schon ins Maßlose gestiegen war, bemühte sich von Tag zu Tag eifriger um Gaius Caesars Gunst, die er auch früher nie vernachlässigt hatte. Nach Claudias Tod, die, wie berichtet, die Gattin des Gaius war, hatte Macro seine eigene Frau Ennia dazu gedrängt, den Jüngling durch erheuchelte Liebe an sich zu locken und durch ein Eheversprechen zu binden. Gaius schlug ja auch nichts ab, wenn es ihm nur zur Herrschaft verhalf. Denn er hatte trotz seines leidenschaftlichen Wesens die Kunst der Verstellung in der Schule seines Großvaters gründlich erlernt.

46. Der Princeps wußte das wohl und war deshalb unentschlossen, wem er das Reich übergeben sollte. In erster Linie dachte er an seine beiden Enkel, von denen ihm Drusus' Sohn durch die Bande des Blutes und der Liebe näher stand, aber noch nicht erwachsen war, während Germanicus' Sohn im blühenden Alter stand und die Gunst des Volkes besaß, was für den Großvater allerdings Grund genug zum Haß war. Als er auch an Claudius dachte, der in gesetztem Alter war und sich der Künste und Wissenschaften befleißigte, stand ihm wieder dessen Geistesschwäche im Weg. Sollte aber außerhalb seiner Familie ein Nachfolger gesucht werden, so befürchtete er, es könnte dadurch das Andenken des Augustus und der Name der Caesaren zu Spott und Schande werden. Ihm lag ja nicht so sehr der Dank der Zeitgenossen als der Ruhm bei der Nachwelt am Herzen. Schließlich überließ er, da er im Geist unschlüssig und körperlich geschwächt war, die Entscheidung, der er sich nicht gewachsen fühlte, dem Schicksal. Doch ließ er Worte fallen, aus denen zu erkennen war, wie richtig er die Zukunft voraussah. Macro machte er nämlich mit offener Anspielung den Vorwurf, er wende sich vom Niedergang ab und blicke nach dem Aufgang. Und als Gaius Caesar in einem zufälligen Gespräch über L. Sulla spottete, prophezeite er ihm, er werde alle Laster Sullas haben, aber keine einzige seiner Tugenden. Zugleich umarmte er unter vielen Tränen seinen jüngeren Enkel und sagte, als der andere dazu finster blickte: »Diesen wirst du ermorden, und dich wird wieder ein anderer ermorden.« Obwohl sein Zustand immer bedenklicher wurde, ließ er

dennoch keineswegs von seinen Ausschweifungen ab. Er wollte noch in seinen Leiden Kraft heucheln und pflegte die ärztliche Kunst und alle Leute zu verlachen, die nach ihrem dreißigsten Jahr noch fremden Rates bedürften, um zu unterscheiden, was für ihren Körper zuträglich oder schädlich sei.

47. Inzwischen wurde in Rom schon der Same für das künftige Blutvergießen nach Tiberius' Tod ausgestreut. Laelius Balbus hatte Acutia, die Witwe des P. Vitellius, wegen Majestätsverbrechens belangt. Als nach ihrer Verurteilung dem Ankläger eine Belohnung bewilligt werden sollte, erhob der Volkstribun Junius Otho Einspruch. Daraus folgte der Haß zwischen beiden und Othos späterer Untergang. Darauf wird die durch viele Liebeshändel berüchtigte Albucilla, die ehemalige Gattin des Satrius Secundus, der die Verschwörung des Seianus angezeigt hatte, wegen unehrbietigen Verhaltens gegen den Princeps angeklagt. Als ihre Mitwisser und Buhlen wurden Cn. Domitius, Vibius Marsus und L. Arruntius hineingezogen. Von Domitius' Adel habe ich oben gesprochen. Auch Marsus hatte schon vor langer Zeit die hohen Ehrenämter bekleidet und sich durch wissenschaftliche Tätigkeit ausgezeichnet. Die dem Senat übersandten Protokolle zeigten jedoch, daß bei dem Verhör der Zeugen und der Folterung der Sklaven Macro den Vorsitz hatte. Daß sich gar kein Schreiben des Kaisers gegen die Angeklagten vorfand, erregte den Verdacht, Macro habe bei der Schwäche des Kaisers und vielleicht sogar ohne dessen Wissen das meiste wegen seiner bekannten Feindschaft gegen Arruntius erfunden.

48. So fristeten nun Domitius, der an Verteidigung dachte, und Marsus, als habe er sich zum Hungertod entschlossen, ihr Leben. Arruntius aber gab den Freunden, die auch ihm rieten, abzuwarten und sich nicht zu übereilen, zur Antwort, daß sich eines nicht für alle schicke. *Er* habe lange genug gelebt und bereue nichts anderes, als daß er unter Possen und Gefahren sein geängstigtes Greisenalter so lange ertragen habe. Stets sei er einem der Machthaber, lange Zeit dem Seianus, jetzt dem Macro verhaßt gewesen, nicht um einer Schuld willen, sondern nur deshalb, weil er ihre Schandtaten nicht ertragen konnte. Die wenigen Tage bis zum Ableben des Princeps könne er wohl noch überstehen, aber auf welche Weise werde er dem jugendlichen Nachfolger entgehen

können? Tiberius sei trotz seiner bedeutenden Erfahrungen dennoch durch seine Stellung als Alleinherrscher aus der Bahn gerissen und völlig verwandelt worden. Werde da etwa der kaum dem Knabenalter entwachsene, noch völlig unerfahrene oder gründlich verdorbene Gaius Caesar unter Macros Anleitung ein besserer Herrscher werden? Dieser sei doch als der noch Verruchtere zu Seianus' Sturz ausersehen worden und habe durch noch mehr Verbrechen den Staat zerrüttet. Er sehe eine noch furchtbarere Knechtschaft kommen und wolle deshalb beiden zugleich entfliehen, der Vergangenheit und der Zukunft! Nach diesen prophetischen Worten öffnete er sich die Adern. Die Folgezeit sollte beweisen, wie gut Arruntius daran tat, in den Tod zu gehen. Albucilla wird durch einen Fehlstoß von eigener Hand verwundet und auf Befehl des Senats in den Kerker geworfen. Von den Gehilfen ihres ehebrecherischen Treibens wird der ehemalige Prätor Carsidius Sacerdos zur Verbannung auf eine Insel, Pontius Fregellanus zum Verlust seines Senatorenranges und Laelius Balbus zur gleichen Strafe verurteilt; letzteres geschah zur allgemeinen Freude, weil Balbus als ein gefährlicher Redner galt, der gegen Unschuldige schnell bei der Hand war.

49. In denselben Tagen wählte Sex. Papinius, ein junger Mann aus konsularischer Familie, einen plötzlichen und schrecklichen Tod, indem er sich in die Tiefe stürzte. Die Schuld wurde auf seine Mutter zurückgeführt. Sie war seit langem geschieden und sollte den Jüngling durch Schmeichelei und Üppigkeit zur Blutschande verlockt haben, vor der er sich nur durch den Tod zu retten wußte. Sie wurde deshalb im Senat angeklagt. Obwohl sie sich den Senatoren zu Füßen warf und die allgemeine menschliche Trauer sowie die bei einem solchen Unglück noch schwächeren Frauenherzen und andere traurige und beklagenswerte Dinge mit gleichem Schmerz lange Zeit hindurch vorbrachte, wurde sie dennoch auf zehn Jahre aus Rom verwiesen, bis ihr jüngerer Sohn die gefährlichen Jünglingsjahre hinter sich hätte.

50. Schon verließen den Tiberius die Kräfte, aber immer noch nicht die Verstellungskunst. Er behielt die Frische des Geistes, seine Lebhaftigkeit in Wort und Blick und suchte bisweilen den offensichtlichen Kräfteverfall durch eine erheuchelte Heiterkeit zu verbergen. Öfters wechselte er seinen Aufenthaltsort und be-

zog schließlich eine Villa am Kap Misenum, die einst L. Sulla gehört hatte. Daß es hier mit ihm zu Ende gehe, erfuhr man auf folgende Weise: Er hatte einen sehr geschickten Arzt namens Charicles bei sich, der zwar die Krankheiten des Princeps nicht regelmäßig behandelte, aber zur Erteilung von Ratschlägen stets bereit war. Als dieser angeblich in eigenen Angelegenheiten verreiste und dem Kaiser anscheinend in schuldiger Ehrfurcht die Hand reichte, fühlte er ihm den Puls. Die Täuschung gelang ihm aber nicht. Denn Tiberius läßt, man weiß nicht, ob er sich beleidigt fühlte und deshalb erst recht seinen Unmut unterdrückte, ein Mahl auftragen und bleibt länger als gewöhnlich bei Tisch, als täte er dies dem scheidenden Freund zu Ehren. Charicles jedoch gab Macro die Versicherung, es gehe zu Ende und könne nicht mehr länger als zwei Tage dauern. Nun wurden durch Verabredung unter den Anwesenden und durch Boten an die Legaten der Heere alle Vorbereitungen eilig getroffen. Am 16. März, als der Atem aussetzte, glaubte man, daß der Tod eingetreten sei. Schon trat Gaius Caesar aus dem Gemach, um unter den Glückwünschen der herbeieilenden Freunde die Regierung anzutreten. Da wird plötzlich gemeldet, dem Tiberius kehre Stimme und Blick wieder und man rufe nach Dienern, die Speisen herbeibringen sollten, um der Entkräftung entgegenzuwirken. Alle erbleichen vor Schreck und stieben nach allen Richtungen auseinander. Die einen stellen sich betrübt (über die Krankheit des Kaisers), die anderen tun, als wüßten sie von nichts. Gaius war in Schweigen versunken und erwartete unmittelbar nach der höchsten Hoffnung seine letzte Stunde. Macro allein bleibt gefaßt und befiehlt, den Greis durch eine Menge von Decken, die man auf ihn warf, zu ersticken und dann das Gemach zu verlassen. So endete Tiberius im achtundsiebzigsten Jahr seines Lebens.

51. Sein Vater war Tiberius Claudius Nero; er stammte väterlicher- und mütterlicherseits aus der claudischen Familie, obwohl seine Mutter durch Adoption in die livische, später in die julische Familie übergegangen war. Sein Leben war schon von frühester Kindheit an wechselvoll. Er folgte seinem geächteten Vater in die Verbannung. Als er in Augustus' Haus als Stiefsohn eintrat, hatte er mit vielen Nebenbuhlern zu kämpfen, solange Marcellus und Agrippa, später die Caesaren Gaius und Lucius lebten. Auch war

sein Bruder Drusus beim Volk beliebter. Am gefährdetsten aber war seine Stellung, als er, mit Julia vermählt, die Unkeuschheit der Gattin ertragen oder ihr aus dem Weg gehen mußte. Nach seiner Rückkehr aus Rhodus lebte er zwölf Jahre im kinderlos gewordenen Haus des Princeps und war dann fast dreiundzwanzig Jahre Alleinherrscher des römischen Reiches. Auch sein Charakter war in den einzelnen Zeiträumen ganz verschieden. Solange er als Privatmann oder Feldherr unter Augustus lebte, war sein Wandel und Ruf vortrefflich. (Als Kaiser) suchte er, solange noch Germanicus und Drusus am Leben waren, (seine Laster) zu verbergen und Tugendhaftigkeit zu heucheln. Ebenso waren zu Lebzeiten seiner Mutter noch gute und schlechte Eigenschaften in ihm geteilt. Wenn auch seine Grausamkeit fluchwürdig war, so wußte er doch seine Lüste zu verstecken, während er den Seianus liebte oder fürchtete. Zuletzt ließ er sich aber in Verruchtheit und Lasterhaftigkeit gehen, seitdem er nach Beseitigung von Scham und Furcht nur noch seiner wahren Natur folgte.

BUCH XI

1. (. . . Messalina, die Gattin des Claudius) glaubte nämlich, Valerius Asiaticus, der zweimal Konsul war, sei einst Poppaea Sabinas Buhle gewesen. Da sie zugleich nach seinem Park gierte, den Lucullus angelegt hatte und Valerius Asiaticus mit ausgesuchter Pracht verschönern ließ, hetzt sie den Suillius auf, beide anzuklagen. Beigegeben wird ihm Sosibius, Britannicus' Erzieher, der dem Claudius den scheinbar wohlwollenden Rat geben sollte, sich vor einem Gewaltstreich der reichen Leute zu hüten, die für die Monarchie stets gefährlich seien. Asiaticus sei der Hauptanstifter der Ermordung Gaius Caesars gewesen, habe sich auch nicht gescheut, dies in öffentlicher Versammlung des römischen Volkes zu bekennen und obendrein mit seiner Untat zu prahlen. Seitdem sei er in Rom ein berühmter Mann, sein Ruf sei auch in die Provinzen gedrungen, und jetzt habe er vor, sich zu den germanischen Heeren zu begeben. Aus der Stadt Vienna gebürtig und auf viele einflußreiche Verwandte gestützt, sei es für ihn leicht, die Stämme seiner Heimat aufzuwiegeln. Claudius schickte, ohne irgendwie nachzuforschen, den Präfekten der Prätorianer, Crispinus, so eilig mit einem Trupp Soldaten ab, als ob er einen Krieg unterdrücken wollte. Von ihm wurde Valerius in Baiae aufgefunden, in Fesseln gelegt und nach Rom geschleppt.

2. Man ließ ihn nicht einmal vor den Senat. Er wird in einem Schlafzimmer in Messalinas Gegenwart verhört. Suillius warf ihm vor, daß er die Soldaten bestochen und durch bezahlte Unzucht zu jeglicher Schandtat verpflichtet habe, ferner daß er Ehebruch mit Poppaea getrieben und zuletzt den eigenen Körper preisgegeben habe. Bei diesem Punkt brach der Angeklagte endlich sein Schweigen und rief aus: »Frage nur deine Söhne, Suillius, sie werden gestehen, daß *ich* ein Mann bin!« Darauf begann er seine Verteidigung, versetzte den Claudius in ungewöhnliche Rührung und entlockte sogar der Messalina Tränen. Um diese zu trocknen, verläßt sie das Schlafgemach, schärft aber Vitellius ein, er solle den Angeklagten ja nicht entweichen lassen. Sie selbst beeilt sich, Poppaea zu verderben, und schickt Leute zu ihr, die sie durch die Drohung mit dem Kerker zum Selbstmord treiben

sollten. Der Kaiser war darüber so wenig unterrichtet, daß er Poppaeas Gatten, Scipio, einige Tage später bei der Tafel fragte, warum er denn ohne seine Gattin zu Tisch gekommen sei; worauf dieser antwortete, sie sei gestorben.

3. Als der Kaiser dann eine Beratung darüber abhielt, ob Asiaticus freizusprechen wäre, sprach Vitellius unter Tränen von ihrer alten Freundschaft, von ihrer gemeinsamen Verehrung für des Fürsten Mutter Antonia. Dann brachte er Asiaticus' Verdienste um den Staat, namentlich bei seinem letzten Feldzug gegen Britannien, vor sowie vieles andere, was der Erweckung von Mitleid (mit dem Angeklagten) zu dienen schien. Schließlich beantragte er, man solle ihm die freie Wahl der Todesart gestatten. Claudius schloß sich mit Worten an, die dieselbe Gnade aussprachen. Als darauf einige dem Asiaticus zum Hungertod als einer leichten Todesart rieten, lehnte er diese Freundlichkeit ab; dann machte er seine gewohnten Leibesübungen, badete und ging heiter zu Tisch. Mit den Worten, es wäre für ihn ehrenvoller gewesen, durch Tiberius' Hinterlist oder Gaius Caesars Jähzorn umzukommen, als daß er jetzt durch Weibertücke oder des Vitellius schamlosen Mund falle, öffnete er sich die Pulsadern. Vorher besichtigte er jedoch den Scheiterhaufen und ließ ihn an eine andere Stelle schaffen, damit die schattenspendenden Bäume seines Parkes nicht unter dem Rauch zu leiden hätten. So groß war seine Seelenruhe noch im allerletzten Augenblick.

4. Darauf beruft man den Senat, und Suillius fordert weiter zwei erlauchte römische Ritter namens Petra vor Gericht. Der Grund zu ihrer Beseitigung lag darin, daß sie ihr Haus für die Zusammenkünfte Mnesters mit Poppaea zur Verfügung gestellt haben sollten. Dem einen wurde aber auch ein Traumgesicht vorgeworfen: Er habe Claudius mit einem Ährenkranz geschmückt gesehen, dessen Ähren nach rückwärts gekehrt waren, und aus diesem Traumbild eine schwere Teuerung vorausgesagt. Andere berichteten, er habe einen Rebenkranz mit fahlen Blättern gesehen und dann so gedeutet, es werde damit der Tod des Fürsten für das Ende des Herbstes angekündigt. Jedenfalls steht so viel fest, daß irgendein Traum beide Brüder ins Verderben gestürzt hat. Dem Crispinus wurden anderthalb Millionen Sesterzen und der Prätorenrang zuerkannt. Vitellius beantragte außerdem eine

Million Sesterzen für Sosibius, weil er dem Britannicus als Lehrer, dem Claudius als Berater zur Seite stand. Als auch Scipio um seine Meinung befragt wurde, sagte er: »Da ich über Poppaeas Vergehen ebenso wie alle denke, so nehmt an, daß ich mich auch ebenso wie alle erkläre.« So wußte er fein die rechte Mitte zu halten zwischen Gattenliebe und Senatorenpflicht.

5. Von nun an ließ Suillius nicht ab, mit wahrer Wut seine Angebereien zu betreiben, und viele eiferten seiner Frechheit nach. Denn dadurch, daß der Kaiser alle gesetzlichen und obrigkeitlichen Befugnisse an sich riß, hatte er die Bahn für Räubereien freigemacht. Und keine staatliche Ware war so käuflich wie die Treulosigkeit der Sachwalter. Das ging so weit, daß sich Samius, ein erlauchter römischer Ritter, der den Suillius mit 40000 Sesterzen bestochen hatte, in dessen Wohnung in sein Schwert stürzte, nachdem die Bestechung bekannt geworden war. Daraufhin erheben sich die Senatoren, auf Anregung des designierten Konsuls C. Silius, von dessen Macht und Sturz ich seinerzeit berichten werde, und dringen auf die Beachtung des Cincischen Gesetzes, nach dem von alters her die Annahme von Geld oder Geschenken für die Führung von Prozessen verboten war.

6. Als hierauf diejenigen, denen diese Beleidigung angetan werden sollte, lärmend Einspruch erhoben, legte sich Silius, der mit Suillius verfeindet war, heftig ins Mittel und führte das Beispiel der alten Redner an, die im Ruhm bei der Nachwelt den Lohn für ihre Beredsamkeit gesehen hätten. Die schönste und erhabenste der schönen Künste werde ja sonst zu einer schmutzigen Magd erniedrigt. Auch die Redlichkeit bleibe nicht gewahrt, wenn man auf die Größe des Gewinns sehe. Wenn die Prozesse niemandem Geld einbrächten, so würden sie weit seltener werden: Jetzt aber würden Feindschaften, Angebereien, Haß und Ungerechtigkeit geradezu gezüchtet, auf daß, wie schwere Krankheiten den Ärzten, so die Prozeßseuche den Sachwaltern Geld einbringe. Man solle sich doch eines Asinius und Messala, aus der jüngeren Zeit eines Arruntius und Aeserninus erinnern! Die höchsten Ehren hätten diese Männer erreicht, ohne ihr Leben und ihre Beredsamkeit befleckt zu haben. Als der designierte Konsul so sprach und die anderen ihm beistimmten, bereitete man schon einen Beschluß vor, wonach die Sachwalter durch das

Erpressungsgesetz gefaßt werden sollten. Da merkten Suillius, Cossutianus und ihre Genossen, daß hier nicht eine gerichtliche Untersuchung gegen sie eingeleitet werden – denn sie waren ja schon überführt –, sondern ihre Bestrafung beschlossen werden solle. Sie bestürmen also den Kaiser und erbitten sich zunächst Straflosigkeit für ihre bisherige Tätigkeit.

7. Nachdem er zugesagt hatte, beginnen sie von neuem zu verhandeln. Wer sei so hochmütig, daß er schon im voraus auf ewigen Nachruhm zu hoffen wage? Nur für das Bedürfnis und um der Sache willen suche man Hilfe zu leisten, damit niemand aus Mangel an Sachwaltern den Mächtigen unterliege. Auch gelange man doch nicht ohne Opfer in den Besitz der Beredsamkeit. Man lasse seine eigenen Angelegenheiten im Stich, um sich fremden Geschäften zu widmen. Viele lebten vom Kriegsdienst, andere vom Ackerbau. Keiner setze sich irgend etwas zum Ziel, von dem er nicht vorher wisse, daß es ihm Früchte tragen werde. Leicht hätten Asinius und Messala, die sich in den Kriegen zwischen Antonius und Augustus die Taschen füllten, oder die Aeserniner und Arruntier als Erben reicher Familien großartigen Sinn zeigen können. Man habe Beispiele an der Hand, für welche Riesensummen P. Clodius oder C. Curio öffentlich zu sprechen gewohnt waren. Sie selber, Senatoren von mäßigem Vermögen, in einem befriedeten Staat, suchten weiter nichts als die Vorteile friedlicher Zeiten. Bedenken möge er doch die Lage der ärmeren Bürger, die nur durch Rechtsgelehrsamkeit emporkommen könnten. Nehme man ehrlichem Streben den verdienten Lohn, so würde auch das Streben selbst bald aufhören. Der Kaiser, der diese Rede zwar nicht besonders würdevoll, aber auch nicht ganz unberechtigt fand, ließ einen Höchstbetrag von 10000 Sesterzen als Vergütung (für die Sachwalter) festsetzen. Wer dieses Maß überschreite, solle wegen Erpressung belangt werden.

8. Um dieselbe Zeit kehrte Mithridates, der, wie erwähnt, Armenien beherrscht hatte und auf Gaius Caesars Befehl gefangengehalten worden war, auf Claudius' Aufforderung und im Vertrauen auf Pharasmanes' Macht in sein Reich Armenien zurück. Pharasmanes, König der Hiberer und Bruder des Mithridates, berichtete, die Parther seien im Aufruhr, der Thron sei strittig, und um das Land kümmere sich niemand. Denn Gotarzes hatte

unter vielen anderen Grausamkeiten auch seinen Bruder Artabanus, dessen Gattin und Sohn eilends umbringen lassen. Die anderen fürchteten sich daher vor ihm und riefen Vardanes zurück. Dieser war zu großen Wagnissen immer gleich bereit, rückt in zwei Tagen 3000 Stadien vor und verjagt den nichts ahnenden und erschreckten Gotarzes. Ohne Zögern bemächtigt er sich der nächsten parthischen Provinzen, wobei nur die Bewohner von Seleucia seine Herrschaft ablehnten. Gegen diese, die schon von seinem Vater abgefallen waren, war er mehr, als es seiner augenblicklichen Lage diente, von Zorn entbrannt und läßt sich auf eine Belagerung der mächtigen Stadt ein, die durch den vorgelagerten Tigrisstrom, durch Mauern und reichliche Vorräte gesichert war. Inzwischen nimmt Gotarzes, durch die Daher und Hycaner verstärkt, den Krieg wieder auf. Vardanes sah sich gezwungen, Seleucia aufzugeben, und bezog ein Lager in der Ebene von Bactra.

9. Als so die Kräfte des Orients gespalten waren und Unsicherheit bestand, wem sie zufallen würden, bot sich für Mithridates die günstige Gelegenheit, Armenien zu besetzen. Römische Soldaten zerstörten die hochgelegenen Kastelle, während gleichzeitig die hiberische Reiterei die Ebenen durchstreifte. Die Armenier leisteten auch keinen Widerstand mehr, nachdem ihr Präfekt Demonax, der eine Schlacht wagte, geschlagen war. Geringe Verzögerung verursachte nur Cotys, der König von Kleinarmenien, dem sich einige Edle angeschlossen hatten, wurde aber bald durch ein Schreiben des Kaisers zur Ruhe gewiesen. Jetzt fiel alles dem Mithridates zu, obwohl er härter vorging, als es für einen neuen Herrscher vorteilhaft war. Indessen entschlossen sich die beiden parthischen Thronbewerber, während sie zum Kampf rüsteten, plötzlich zu einem Vergleich, nachdem sie von der Verschwörung im Volk erfahren hatten, die Gotarzes seinem Bruder gemeldet hatte. Sie kamen zuerst zögernd zusammen, reichten sich aber dann die Hände und verpflichteten sich an den Altären der Götter, den Trug ihrer Feinde zu rächen und sich miteinander zu vertragen. Berechtigter zur Behauptung des Reiches schien Vardanes zu sein, und Gotarzes begab sich, um keine Eifersucht aufkommen zu lassen, ins Innere Hyrcaniens. Als Vardanes nun zurückgekommen war, ergibt sich ihm auch die Stadt Seleucia, sieben Jahre nach ihrem Abfall, nicht ohne Schande für die Parther, mit

denen eine einzige Stadt so lange ihr Spiel getrieben hatte.

10. Hierauf besuchte Vardanes die wichtigsten Provinzen und hatte auch Lust, Armenien wiederzuerlangen, wenn ihn nicht Vibius Marsus, der syrische Legat, mit Krieg bedroht und dadurch zurückgehalten hätte. Inzwischen bereut aber Gotarzes, die Herrschaft abgetreten zu haben. Da ihn auch der Adel zurückruft, dem ja in Friedenszeiten die Knechtschaft noch schwerer fällt, zieht er Truppen zusammen. Von der anderen Seite rückt man ihm bis an den Fluß Erindes entgegen. Nach langem Kampf um den Flußübergang siegte Vardanes und unterwarf in glücklichen Treffen die dazwischen liegenden Stämme bis zum Sindesfluß, der die Daher und Arier trennt. Hier wurde seinem glücklichen Vordringen ein Ziel gesetzt; denn die Parther waren zwar siegreich, verweigerten aber den Heeresdienst in so weite Ferne. Vardanes ließ also Denksteine errichten, die von seiner Macht Kunde gaben und bezeugten, daß kein Arsacide vor ihm jene Völker tributpflichtig gemacht habe. Darauf kehrte er heim, mit Ruhm bedeckt, aber dadurch um so gewalttätiger und für seine Untertanen unerträglicher. Man verabredete einen Anschlag und ermordete ihn, als er sich, nichts Böses ahnend, der Jagd hingab. Er stand in der ersten Jugendblüte, wäre aber an Ruhm auch den bejahrtesten Herrschern gleichgekommen, wenn er sich bemüht hätte, von seinem Volk ebenso geliebt wie von seinen Feinden gefürchtet zu werden. Durch Vardanes' Tod entstanden Unruhen im Partherreich, da man schwankte, wer auf den Thron erhoben werden solle. Viele neigten dem Gotarzes zu, einige dem Meherdates, einem Phraatessproß, der uns als Geisel ausgeliefert worden war. Hierauf behielt Gotarzes die Oberhand und bemächtigte sich der Hauptstadt, brachte aber die Parther durch seine Grausamkeit und Üppigkeit dazu, daß sie eine Gesandtschaft an den römischen Kaiser schickten, mit der geheimen Bitte, doch Meherdates auf den väterlichen Thron gelangen zu lassen.

11. Im gleichen Konsulatsjahr wurden die Säkularspiele gefeiert, achthundert Jahre nach der Gründung Roms, vierundsechzig Jahre, nachdem sie Augustus veranstaltet hatte. Die verschiedenen Berechnungsweisen der beiden Fürsten übergehe ich, da davon genügend in den Büchern gehandelt worden ist, in denen ich die Regierung des Kaisers Domitian beschrieben habe. Denn der

hat auch Säkularspiele gefeiert, denen ich mit besonderer Aufmerksamkeit beigewohnt habe, weil ich Mitglied des Priesterkollegiums der Quindezimvirn und damals außerdem Prätor war. Ich erwähne dies nicht aus Prahlerei, sondern weil dem Kollegium der Quindezimvirn von alters her die Sorge um diese Spiele obliegt und namentlich die Staatsbeamten unter ihnen die heiligen Handlungen vorzunehmen pflegen. Claudius war bei den Circusspielen zugegen, während adelige Knaben zu Pferde das Troja-Spiel aufführten. Unter ihnen befanden sich Britannicus, der leibliche Sohn des Kaisers, und L. Domitius, der später durch Adoption die Herrschaft unter dem Namen Nero erhielt. Das Volk zeigte lebhaftere Zuneigung für Domitius, was als eine Art Vorbedeutung aufgefaßt wurde. Man erzählte sich auch, in seiner Kindheit seien Schlangen bei ihm gewesen und hätten ihn bewacht. Das waren Märchen und Nachbildungen fremdländischer Wundergeschichten. Denn er selbst, der sich gewiß nicht zu verkleinern pflegte, erzählte immer nur von einer einzigen Schlange, die in seinem Schlafgemach gesehen worden sei.

12. Die Liebe des Volkes rührte aber noch von dem Andenken an Germanicus her, dessen einziger noch lebender männlicher Nachkomme Nero war. Und das Mitleid mit seiner Mutter Agrippina wurde noch durch Messalinas Grausamkeit gesteigert, die gegen sie von jeher feindlich gesinnt und jetzt besonders aufgebracht war. Nur eine neue, an Wahnsinn grenzende Liebschaft hielt sie davon ab, Beschuldigungen und Anklagen gegen Agrippina anzustiften. Sie war nämlich für C. Silius, den schönsten der römischen Jünglinge, derart entbrannt, daß sie seine Gattin, Junia Silana, eine Frau aus edlem Geschlecht, aus der Ehe mit ihm verdrängte, um den Ledigen zu ihrem Buhlen zu machen. Silius war sich der Unwürdigkeit und Gefährlichkeit seiner Lage durchaus bewußt. Aber wenn er sich weigerte, war es sein sicheres Verderben; auch bestand einige Hoffnung, daß die Sache unentdeckt blieb. Da er außerdem reiche Geschenke erhielt, tröstete er sich damit, die Zukunft ruhig abzuwarten und die Gegenwart zu genießen. Messalina besuchte ihn nicht etwa heimlich, sondern mit großem Gefolge in seinem Haus, hängte sich an ihn, sobald er ausging, und beschenkte ihn mit Geld und Ehrenstellen. Schließlich fanden sich die Sklaven, die Freigelassenen und der

ganze Hofstaat bei ihrem Liebhaber ein, als wäre die Herrschaft bereits auf ihn übergegangen.

13. Claudius war, was seine Ehe anging, blind, dafür aber sehr tätig in seinem Censorenamt. Er tadelte das Volk in strengen Erlassen wegen seiner Ungebühr im Theater, wo es gegen den Konsular Publius Pomponius – er dichtete für die Bühne – und gegen adelige Frauen Schmähungen ausgestoßen hatte. Auch setzte er der Zügellosigkeit der Geldverleiher durch ein Gesetz Schranken. Sie sollten nicht an noch unmündige Söhne in Erwartung des Todes ihrer Eltern Geld auf Zinsen verleihen. Ferner ließ er das Quellwasser von den simbruinischen Hügeln in die Stadt leiten. Auch erfand er neue Buchstaben und führte sie ein, nachdem er erfahren hatte, daß auch das griechische Alphabet nicht gleich am Anfang vollständig gewesen sei.

14. Die Ägypter waren die ersten, die ihre Gedanken durch bildliche Darstellungen von Tieren ausdrückten – diese ältesten Denkmäler des menschlichen Geistes sieht man dort in Felsen gehauen –, sie halten sich aber auch für die Erfinder der Buchstaben. Von ihnen hätten die Phönizier als meerbeherrschendes Volk die Buchstaben nach Griechenland gebracht und dadurch den Ruhm erlangt, als hätten sie erfunden, was sie nur übernommen hatten. Es geht nämlich die Sage, Cadmus sei mit einer phönizischen Flotte (nach Griechenland) gekommen und habe die noch rohen griechischen Stämme mit dieser Kunst vertraut gemacht. Andere erzählen, der Athener Cecrops oder der Thebaner Linus, ferner in der trojanischen Zeit der Argiver Palamedes hätten sechzehn Buchstaben erfunden. Nachher hätten wieder andere, vornehmlich Simonides, die übrigen hinzugefügt. In Italien aber lernten die Etrusker die Buchstaben von dem Korinther Demaratus, die Aboriginer von dem Arcader Euander. Diese lateinischen Buchstaben haben die Form der ältesten griechischen. Aber auch wir hatten zuerst nur wenige, die später vermehrt wurden. Nach diesem Beispiel fügte jetzt Claudius noch drei Buchstaben hinzu, die während seiner Regierungszeit in Gebrauch waren, später aber wieder abkamen. Man kann sie jetzt noch auf den ehernen Tafeln sehen, die auf den Marktplätzen und in den Tempeln angebracht sind.

15. Darauf hielt Claudius im Senat einen Vortrag über das Kol-

legium der Haruspices. Man möge diese älteste Wissenschaft Italiens nicht aus Nachlässigkeit in Vergessenheit geraten lassen. In unglücklichen Zeiten des Staates seien oft die Opferschauer berufen worden, nach deren Weisung die heiligen Handlungen erneuert und fürderhin genauer beobachtet worden seien. Die Großen Etruriens hätten von sich aus oder auf Betreiben des römischen Senats diese Kunst bewahrt und in ihren Familien fortgepflanzt. Dies geschehe jetzt lässiger, weil man sich in der Öffentlichkeit wenig um die Wissenschaften kümmere und fremdländischem Aberglauben huldige. Gegenwärtig stehe zwar alles gut, aber man müsse den gnädigen Göttern dadurch seine Dankbarkeit beweisen, daß man die in mißlichen Zeiten beobachteten heiligen Gebräuche im Glück nicht aus dem Gedächtnis tilge. Demzufolge wurde ein Senatsbeschluß gefaßt: Die Pontifices sollten untersuchen, welche Gebräuche der Opferschauer beizubehalten und einzuprägen seien.

16. Im gleichen Jahr erbaten die Cherusker von Rom einen König, da sie in inneren Wirren ihre Edlen verloren hatten und nur noch einer von königlichem Stamm übrig war, der in Rom lebte und Italicus hieß. Sein Vater war Flavus, der Bruder des Arminius; mütterlicherseits stammte er vom Chattenfürsten Actumerus ab. Er war eine stattliche Erscheinung und im Fechten und Reiten auf heimische und römische Art geübt. Der Kaiser stattet ihn daher mit Geldmitteln aus, gibt ihm eine Leibwache mit und ermahnt ihn, die seiner Familie zukommende Würde mit Stolz entgegenzunehmen: Er sei der erste, der, in Rom geboren, nicht als Geisel, sondern als römischer Bürger ein ausländisches Reich übernehme. Die Germanen waren anfangs über seine Ankunft erfreut. Da er in keine Streitigkeiten verwickelt war und alle mit gleicher Freundlichkeit behandelte, wurde er gefeiert und verehrt. Manchmal war er leutselig und mäßig, was niemandem unangenehm ist, häufiger aber betrunken und ausschweifend, was die Barbaren gern sehen. Schon wurde er bei den Nachbarn, schon weithin berühmt, als Männer, die sich beim Parteihader wohl befunden hatten, aus Neid auf seine wachsende Macht zu den benachbarten Völkern gingen und beteuerten, Germaniens alte Freiheit sei verloren und die Römermacht stehe auf. Gebe es denn gar keinen im Heimatland geborenen Mann, der den ersten

Rang im Staat einzunehmen fähig sei? Müsse denn ein Abkömmling des Kundschafters Flavus über alle erhoben werden? Vergebens berufe man sich auf Arminius; denn selbst wenn dessen eigener im feindlichen Lager aufgewachsener Sohn zur Herrschaft gekommen wäre, so würde man ihn fürchten als einen, der durch fremde Ernährung, Knechtschaft, Lebensweise und alle anderen fremdländischen Dinge angesteckt sei. Habe aber Italicus die Gesinnung seines Vaters, so habe niemand mit so viel Erbitterung gegen sein Vaterland und gegen seine Stammesgötter gekämpft als eben dieser Vater!

17. Durch diese und ähnliche Reden brachten sie ein großes Heer zusammen; aber Italicus hatte nicht weniger Anhänger. Er erklärte, daß er nicht gegen ihren Willen ins Land eingefallen, sondern berufen worden sei, weil er durch seine Abkunft vor allen anderen den Vorrang habe. Sie sollten ihn nur auf die Probe stellen, ob er sich seines Oheims Arminius und seines Großvaters Actumerus würdig erweise. Auch brauche er sich seines Vaters nicht zu schämen, weil dieser die Treue, die er den Römern im Einverständnis mit den Germanen einmal gelobte, niemals gebrochen habe. Das Wort Freiheit werde fälschlich nur von den Leuten gebraucht, die, für ihre Person entartet und für die Gemeinschaft verderblich, lediglich von Zwistigkeiten etwas zu hoffen hätten. Das freudig bewegte Volk jubelte ihm zu. In einer für die Verhältnisse der Barbaren großen Schlacht blieb der König Sieger. Dann ließ er sich aber durch sein Glück zum Übermut verleiten, wurde vertrieben und kehrte mit Hilfe langobardischer Truppen wieder zurück. So zerrüttete er durch seine Erfolge ebenso wie durch seine Mißerfolge den Staat der Cherusker.

18. Um dieselbe Zeit fielen die Chauken, die daheim keinen Parteihader hatten und durch den Tod des Statthalters Sanquinius ermutigt waren, in Niedergermanien ein, während Corbulo noch im Anmarsch war. Ihr Führer war Gannascus vom Stamm der Canninefaten. Er hatte in unserem bundesgenössischen Heer gedient, war dann entlaufen, trieb jetzt mit leichten Fahrzeugen Seeräuberei und verwüstete namentlich die Küste der Gallier, deren Reichtum und unkriegerische Art er genau kannte. Als Corbulo in der Provinz angelangt war, verfuhr er mit großer Vorsicht und erntete später hohen Ruhm, zu dem dieser Feldzug den

Grund legte. Er führte die Kriegsschiffe auf dem Rhein und die übrigen Schiffe, soweit sie brauchbar waren, durch die Küstengewässer und Kanäle heran. Die Kähne der Feinde wurden in den Grund gebohrt, Gannascus vertrieben. Sobald die Ruhe für den Augenblick wieder hergestellt war, brachte er die Legionen, die von Schanzarbeiten und Strapazen nichts mehr wissen wollten und nur Freude am Plündern hatten, wieder zur alten strengen Zucht zurück. Es sollte keiner mehr die Marschkolonne verlassen und sich ohne Befehl in Scharmützel einlassen. Der Wach- und Postendienst, überhaupt alle dienstlichen Verrichtungen mußten bei Tag und bei Nacht bewaffnet ausgeführt werden. Man erzählt, daß ein Soldat, weil er ohne Schwert, ein anderer, weil er nur mit einem Dolch bewaffnet schanzte, mit dem Tod bestraft worden sei. Das war zu hart, ist vielleicht auch nur erfunden, kann aber seinen Grund nur in der Strenge des Feldherrn haben. Denn man darf wohl annehmen, daß ein Führer genau aufpaßte und gegen schwere Vergehen unnachsichtig war, wenn man ihm sogar bei kleinen Vergehen so große Härte zutraute.

19. Übrigens wirkte diese Strenge auf die Soldaten und auf die Feinde ganz verschieden. Sie erhöhte unsere Tapferkeit und brach den wilden Mut der Barbaren. Auch die Friesen, die seit ihrer Empörung, die mit der Niederlage des L. Apronius begann, feindselig oder doch unzuverlässig waren, stellten Geiseln und ließen sich willig auf dem Gebiet ansiedeln, das ihnen Corbulo zuwies. Er gab ihnen einen Senat, Beamte und Gesetze. Damit sie sich seinen Befehlen nicht wieder entzögen, legte er bei ihnen einen befestigten Platz an, nachdem er Gesandte geschickt hatte, die die Großchauken zur Übergabe veranlassen und zugleich Gannascus heimlich beseitigen sollten. Diese Anschläge gegen einen Überläufer und Wortbrüchigen waren nicht erfolglos oder unedel. Aber die Ermordung des Gannascus erregte die Gemüter der Chauken, und Corbulo war es, der den Samen der Empörung ausstreute, was seinen Ruf bei vielen erhöhte, bei manchen aber verdunkelte. Warum er denn den Feind reize? Ein Mißerfolg werde dem Reich schaden; habe er aber Erfolg, so sei ein kriegsberühmter Mann für den Frieden gefährlich und für einen unkriegerischen Fürsten lästig. Claudius widersetzte sich denn auch einem neuen Angriff auf die Germanen in dem Grad, daß er den

Befehl gab, die vorgeschobenen Truppen auf das diesseitige Rheinufer zurückzunehmen.

20. Corbulo war schon damit beschäftigt, sein Lager auf feindlichem Gebiet aufzuschlagen, als man ihm diesen schriftlichen Befehl überbrachte. Obgleich ihn bei dieser Überraschung mehrere Dinge zugleich bestürmten: Ehrfurcht vor dem Kaiser, Verachtung von seiten der Barbaren und Spott der Bundesgenossen, sagte er doch nichts weiter als: »Wie glücklich waren doch einst die Feldherren Roms!« und gab das Zeichen zum Rückzug. Um aber dem faulen Leben der Soldaten ein Ende zu machen, ließ er zwischen Mosa und Rhein einen 23 Meilen langen Kanal graben, um die unsichere Fahrt auf dem Ozean unnötig zu machen. Der Kaiser bewilligte die Triumphabzeichen, obgleich er ihm die Weiterführung des Krieges verweigert hatte. Bald darauf wird die gleiche Auszeichnung dem Curtius Rufus zuteil, weil er im Gebiet der Mattiaker Schächte zur Aufdeckung von Silberadern graben ließ. Die Ausbeute war nur gering und nicht von langer Dauer, die Legionen aber hatten Schaden und große Mühe, wenn sie Abzugsstollen graben und unter Tage Arbeiten verrichten mußten, die schon über Tage anstrengend sind. Unter diesem Druck schicken die Soldaten, da auch in mehreren anderen Provinzen ähnliche Anforderungen gestellt wurden, ein geheimes Schreiben im Namen der römischen Heere an den Kaiser und bitten darum, er möge den Männern, welchen er ein Heer anvertrauen wolle, schon im voraus die Triumphabzeichen verleihen.

21. Über die Herkunft des Curtius Rufus, von dem einige behauptet haben, er sei der Sohn eines Gladiators gewesen, möchte ich nichts Falsches vorbringen, scheue mich aber auch, auf die Wahrheit näher einzugehen. Als er herangewachsen war, begleitete er den Quästor, dem Afrika als Provinz zugefallen war. Während er in der Stadt Hadrumetum in den um die Mittagszeit leeren Säulengängen weilte, erschien ihm eine weibliche Gestalt in übermenschlicher Größe, und er vernahm die Worte: »Du bist es, Rufus, der einst in diese Provinz als Prokonsul kommen wird.« Durch diese Prophezeiung zu großen Hoffnungen erhoben, kehrte er nach Rom zurück und gelangte durch die Unterstützung seiner Freunde und durch eigene Befähigung zur Quästur, später auf Empfehlung des Kaisers zusammen mit adeligen

Bewerbern zur Prätur, da Tiberius seine niedrige Herkunft mit den Worten verhüllt hatte: »Curtius Rufus scheint mir sein eigener Vater zu sein.« Nachher erlangte er durch sein langes Leben, durch erbärmliche Schmeichelei gegen Höherstehende, Anmaßung gegenüber Geringeren und Unverträglichkeit mit Gleichgestellten die Konsulwürde, die Triumphabzeichen und schließlich die Provinz Afrika. Dort starb er auch und erfüllte so jenes prophetische Wort.

22. Inzwischen wird in Rom der Ritter Cn. Nonius, ohne daß irgendwelche Gründe zu erkennen waren oder später bekannt wurden, im Kreis der den Kaiser Begrüßenden mit einem Schwert umgürtet betroffen. Als er auf der Folter gemartert wurde, legte er für sich selbst ein Geständnis ab, nannte aber keine Mitwisser; man wußte nicht, ob er sie absichtlich verschwieg. – Unter denselben Konsuln beantragte Dolabella, es solle jedes Jahr ein Gladiatorenspiel auf Kosten der Bewerber um die Quästur gegeben werden. Bei unseren Vorfahren war das Amt der Quästoren der Lohn für ihre Verdienste, auch war es allen Bürgern, die lobenswerte Eigenschaften aufzuweisen hatten, gestattet, sich um die hohen Staatsämter zu bewerben. Nicht einmal das Lebensalter bildete ein Hindernis, schon in jungen Jahren das Konsulat und die Diktatur zu bekleiden. Doch wurden schon in der Königszeit Quästoren eingesetzt, wie das von L. Brutus erneuerte Kuriengesetz beweist. Den Konsuln verblieb das Recht, die Quästoren zu ernennen, bis auch dieses Ehrenamt vom Volk verliehen wurde. Erstmalig wurden Valerius Potitus und Aemilius Mamercus im dreiundsechzigsten Jahr nach der Vertreibung der Tarquinier gewählt, um sich militärischen Aufgaben zu widmen. Als dann die Geschäfte zunahmen, wurden zwei weitere Quästoren hinzugewählt, die in Rom amtieren sollten. Später wurde ihre Zahl verdoppelt, als bereits ganz Italien steuerpflichtig war und die Abgaben der Provinzen noch hinzukamen. Durch Sullas Gesetzgebung wurden nachher zwanzig gewählt, die den Senat ergänzen sollten, dem er die richterlichen Obliegenheiten übertragen hatte. Obgleich das Richteramt später wieder an die Ritter zurückfiel, wurde das Quästorenamt trotzdem nach der Würdigkeit der Bewerber oder nach der Bereitwilligkeit des verleihenden Volkes ohne jede Gegenleistung besetzt, bis es jetzt durch Dola-

bellas Antrag gleichsam zum Kauf feilgeboten wurde.

23. Unter dem Konsulat des Aulus Vitellius und L. Vipstanus wurde über die Ergänzung des Senats verhandelt. Dabei strebte der Adel der sogenannten Gallia Comata, die schon längst mit uns verbündet war und das römische Bürgerrecht erlangt hatte, nach dem Recht, zu den hohen Staatsämtern in Rom zugelassen zu werden, worüber mancherlei allgemein geredet wurde. Auch vor dem Kaiser wurde für und wider den Antrag gestritten. Die einen versicherten, Italien sei doch noch nicht so heruntergekommen, daß es nicht imstande wäre, den Senat seiner Hauptstadt zu ergänzen. Vor Zeiten hätten die Eingeborenen trotz der Blutsverwandtschaft anderer Völker dazu genügt. Und dieser alten Verfassung hätten wir uns doch nicht zu schämen. Sogar noch jetzt würden die rühmlichen Taten erwähnt, die die römischen Landeskinder in den guten alten Zeiten für Roms Größe und Ruhm vollbracht hätten. Oder sei es etwa nicht genug, daß sich die Veneter und Insubrer in die Kurie eingedrängt hätten? Müßten auch noch Ausländer in Scharen kommen und uns gewissermaßen zu Gefangenen machen? Welche Ehren würden den Resten des Adels noch bleiben, oder welcher unbegüterte Mann aus Latium werde noch Senator werden? Alles würden jene reichen Gallier in Beschlag nehmen, deren Großväter und Urgroßväter als Führer feindlicher Stämme unsere Heere mit bewaffneter Hand niedergemacht, den göttlichen Julius Caesar in Alesia belagert hätten. Dies seien Vorgänge der jüngsten Vergangenheit. Wie stehe es erst, wenn wir uns jener erinnerten, die unter dem Kapitol und der römischen Stadtburg von den Händen ebendieser (Gallier) vernichtet worden seien. Möchten sie immerhin dem Namen nach Bürger heißen, aber die Abzeichen der Senatoren, die Ehrenzeichen der hohen Staatsbeamten dürften sie nicht gemein machen!

24. Durch diese und ähnliche Reden ließ sich der Princeps nicht beeinflussen. Er sprach sich sofort dagegen aus, berief dann den Senat und begann also: »Meine Vorfahren, deren ältester, Clausus, ein gebürtiger Sabiner, das römische Bürgerrecht erhielt und zugleich unter die Patrizierfamilien aufgenommen wurde, mahnen mich, als Staatsoberhaupt nach den gleichen Grundsätzen zu verfahren und alles nach Rom zu verpflanzen, was sich irgendwo

hervorgetan hat. Auch weiß ich genau, daß die Julier aus Alba, die Coruncanier aus Camerium, die Porcier aus Tusculum, daß ferner, um nicht erst in der alten Geschichte nachzuforschen, Familien aus Etrurien, Lucanien, überhaupt aus ganz Italien in den Senat berufen wurden, ja, daß Italien selbst bis an die Alpen vorgeschoben wurde, so daß nicht bloß einzelne Männer, sondern ganze Landschaften und Stämme zu einem einheitlichen römischen Volk zusammenwuchsen. Damals hatten wir dauernde Ruhe im Innern und eine blühende Macht dem Ausland gegenüber, als die Transpadaner in die Bürgergemeinschaft aufgenommen wurden, als man dadurch, daß die Legionen scheinbar auf dem ganzen Erdkreis angesiedelt und die tapfersten Leute aus den Provinzen eingereiht wurden, dem erschöpften Reich einen Rückhalt gab. Haben wir es etwa zu bereuen, daß die Cornelii Balbi aus Spanien und nicht minder ausgezeichnete Männer aus dem narbonensischen Gallien herübergekommen sind? Ihre Nachkommen leben noch heute hier und stehen uns in ihrer Liebe zum jetzigen Vaterland nicht nach. Was wurde denn den Lacedaemoniern und den Athenern trotz ihrer kriegerischen Erfolge zum Verhängnis? Nichts anderes, als daß sie die Unterworfenen als fremdstämmig von sich fernhielten. Der Gründer unseres Reiches, Romulus, war dagegen so weise, daß er sehr viele Völkerschaften, die eben noch unsere Feinde waren, am gleichen Tag zu Mitbürgern machte. Fremdlinge haben doch einmal über uns geherrscht. Den Söhnen von Freigelassenen hohe Staatsämter zu übertragen ist nicht, wie manche irrtümlich annehmen, etwas Neues, sondern von alters her beim Volk gebräuchlich. Aber mit den Senonen haben wir doch gekämpft! Freilich, aber haben uns denn die Volsker und Aequer niemals in einer Schlacht gegenübergestanden? Von den Galliern wurde unsere Stadt erobert! Ja, aber auch den Tuskern haben wir Geiseln stellen müssen und sind durch das Joch der Samniter geschritten. Gleichviel, wenn wir auch alle unsere Kriege durchgehen, keiner ist so schnell zu Ende gekommen wie der gegen die Gallier. Seitdem leben wir in einem ununterbrochenen und zuverlässigen Frieden mit ihnen. Jetzt, da sie durch Sitte, Kunst und Verwandtschaftsbande mit uns verbunden sind, sollen sie doch lieber ihr Gold und ihre Schätze zu uns bringen, als daß sie sie für sich allein behalten. Alles, was man heute für uralt hält, ist einmal eine Neuerung gewesen. Nach den patrizischen Beamten kamen die plebejischen, auf diese folgten die latinischen, nach den latinischen kamen Beamte aus allen anderen italischen Stämmen. Auch die jetzige Neuerung wird zu etwas Altem werden, und was wir heute durch Beispiele aus der Vergangenheit zu verteidigen suchen, wird eines Tages selbst als Beispiel angeführt werden.«

25. Dieser Rede des Kaisers folgte der Senatsbeschluß, und die Haeduer erhielten als die ersten das Recht zur Aufnahme in den Senat. Das war ein Zugeständnis an ihr altes Bundesverhältnis; außerdem sind sie der einzige gallische Stamm, der den Titel »Brüder des römischen Volkes« führt. – In denselben Tagen nahm der Kaiser alle ältesten Senatoren, außerdem diejenigen, deren Väter berühmt gewesen waren, in die Reihe der Patrizierfamilien auf. Es waren nur noch wenige von den Familien übrig, die Romulus die älteren, L. Brutus die jüngeren Geschlechter genannt hatte. Zusammengeschmolzen waren schon die Familien, die der Diktator Caesar durch das Cassische Gesetz und der Princeps Augustus durch das Saenische Gesetz hinzugewählt hatten. Diese für den Staat erfreulichen Maßnahmen wurden denn auch zur großen Freude des Censors (Claudius) durchgeführt. Ängstlich besorgt, auf welche Weise er übel beleumundete Mitglieder aus dem Senat stoßen solle, wählte er lieber einen milden, erst neuerdings geschaffenen Weg als den alten strengen, indem er darauf hinwies, jeder Senator möge mit sich zu Rate gehen und selbst um seine Entlassung aus dem Senatorenstand bitten. Die Erlaubnis dazu werde man leicht erhalten. Auch wolle er die Namen der ausgestoßenen und freiwillig ausscheidenden Mitglieder zu gleicher Zeit bekanntgeben, damit die Verbindung des censorischen Richterspruchs mit der Bescheidenheit der freiwillig Ausscheidenden die Schande verringere. Dafür stellte der Konsul Vipstanus den Antrag, Claudius solle den Titel »Vater des Senats« erhalten, da ja der Titel »Vater des Vaterlandes« zu abgebraucht sei. Ungewöhnliche Verdienste um den Staat müßten auch durch ungebräuchliche Benennungen gefeiert werden. Claudius selbst lehnte aber den Antrag des allzu schmeichlerischen Konsuls ab. Dann beschloß er seine fünfjährige Amtszeit als Censor, in der 5984672 Bürger gezählt wurden. Damit fand

auch seine Unwissenheit über die Vorgänge im eigenen Haus ihr Ende. Nicht lange darauf sah er sich nämlich gezwungen, das schändliche Treiben seiner Gattin aufzudecken und zu bestrafen, entschloß sich dann aber selbst zu einer blutschänderischen Ehe.

26. Messalina fühlte sich durch den geringen Widerstand gegen ihre Buhlschaften bereits gelangweilt und fing an, sich bisher nicht bekannten Lüsten zu ergeben. Da drängte auch Silius darauf, den Heimlichkeiten ein Ende zu machen, entweder in einem verhängnisvollen Wahn oder weil er eine wirkliche Gefahr für das letzte Rettungsmittel gegen noch drohende Gefahren hielt. Es stehe ja nicht so, daß man bis zum Ende von Claudius' Greisenalter zuwarten könne. Für Schuldlose seien bedächtig angelegte Pläne ohne Gefahr, für offenbare Verbrechen aber müsse man die Verwegenheit zu Hilfe nehmen. Auch fehle es nicht an Mitwissern, die Gleiches wie er zu fürchten hätten. Er sei unvermählt, kinderlos und bereit, Messalina zu heiraten und Britannicus zu adoptieren. Sie werde ihren vollen Einfluß behalten und überdies außer Gefahr sein, wenn man Claudius zuvorkomme, der zwar gegen Nachstellungen sorglos, aber ebenso rasch in seinem Zorn sei. Messalina nahm diese Äußerungen nur zögernd auf, aber nicht, weil sie ihren Gatten liebte, sondern weil sie befürchtete, daß Silius, hätte er den Thron erreicht, sie, die Buhlerin, abschütteln und das in der Not gebilligte Verbrechen nachher im wahren Licht sehen würde. Doch reizte es sie, Silius' Gattin zu heißen, weil dies die größte Schändlichkeit war, an der Leute, die sich ganz weggeworfen haben, die letzte Wollust zu finden pflegen. Sie wartete nur noch ab, bis Claudius einer Opferhandlung wegen nach Ostia reiste; dann feierte sie in aller Form die Hochzeit mit Silius.

27. Ich weiß wohl, es wird wie ein Märchen klingen, daß in einer Stadt, die alles weiß und nichts verschweigt, irgendwelche Menschen sich derart sicher gefühlt haben sollen, geschweige ein designierter Konsul mit der Gemahlin des Kaisers! Man habe einen Tag festgesetzt, Zeugen zur Unterschrift des Ehevertrages hinzugezogen, als wollte man eine wirkliche Ehe schließen, und Messalina habe die Worte der Zeichendeuter angehört, den Brautschleier genommen und den Göttern geopfert. Man habe sich mit geladenen Gästen zum Hochzeitsmahl gesetzt, Küsse

und Umarmungen getauscht und schließlich die Nacht in ehelicher Freiheit verbracht! Aber hieran ist nichts erdichtet, um etwas Wunderbares zu erzählen. Ich berichte nur, was ältere Leute gehört und schriftlich niedergelegt haben.

28. Der kaiserliche Hof war entsetzt. Besonders die einflußreichen Männer, die eine Wendung der Dinge befürchteten, äußerten nicht mehr in geheimen Gesprächen, sondern ganz offen ihren Unwillen. Solange nur ein Schauspieler mit dem Schlafgemach des Fürsten sein Spiel getrieben habe, sei das Kaiserhaus zwar geschändet, aber nicht dem Untergang nahe gebracht worden. Jetzt aber lasse sich ein adeliger Jüngling durch die Würde seines Äußeren, die Kraft seines Geistes und das bevorstehende Konsulat zu noch höheren Hoffnungen verleiten. Denn es sei doch klar, was man nach dieser Eheschließung noch zu erwarten habe. Zweifellos beschlich manche auch Furcht, wenn sie an Claudius' Schwachsinn, an seine Abhängigkeit von der Gattin und an die Hinrichtungen dachten, die auf Messalinas Befehl vollzogen worden waren. Auf der anderen Seite flößte gerade die Lenksamkeit des Kaisers Vertrauen ein. Wenn sie durch die Furchtbarkeit der Anklage bei ihm die Vorhand gewännen, dann könne die Kaiserin verurteilt und gestürzt sein, bevor sie noch angeklagt sei. Aber wenn der Kaiser ihre Verteidigung anhöre, bestehe die Gefahr, daß selbst ihr Geständnis bei ihm taube Ohren finde.

29. Callistus, den ich schon bei der Ermordung Gaius Caesars erwähnt habe, Narcissus, der die Schuld an der Hinrichtung des Appius hatte, sowie Pallas, der zu dieser Zeit den größten Einfluß besaß, erwogen also vorerst, ob sie nicht Messalina durch geheime Drohungen von der Liebe zu Silius abbringen, alles übrige aber verheimlichen sollten. Dann aber fürchteten Pallas und Callistus, dadurch mit ins Verderben gerissen zu werden. Pallas stand also aus Feigheit von seinem Plan ab, Callistus, weil er schon beim vorigen Hof die Erfahrung gemacht hatte, daß man seine Machtstellung besser durch vorsichtiges als durch energisches Handeln bewahren könne. Dagegen blieb Narcissus fest und änderte den Plan nur insoweit, als er die Kaiserin nicht durch eine Unterredung von der Anklage und deren Urheber vorher in Kenntnis setzen wollte. Er wartete eine günstige Gelegenheit ab;

und da Claudius lange in Ostia verweilte, überredete er zwei Mätressen des Kaisers, denen dieser besonders zugetan war, durch Geschenke, Versprechungen und den Hinweis auf Erhöhung ihres Einflusses nach dem Sturz der Gattin, die Anzeige zu erstatten.

30. Darauf fällt Calpurnia – so hieß die eine Mätresse –, der eine geheime Unterredung gewährt wurde, dem Kaiser zu Füßen und ruft laut aus, Messalina habe sich mit Silius vermählt. Zugleich wendet sie sich an Cleopatra, die wartend daneben stand, und fragt, ob sie dasselbe gehört habe. Als diese bejaht, verlangt Calpurnia, daß Narcissus herbeigerufen werde. Dieser bittet (den Kaiser) um Verzeihung, daß er ihm nicht schon früher von Messalinas Liebeshändeln mit Vettius und Plautius Mitteilung gemacht habe. Er wolle ihr auch jetzt nicht ihr ehebrecherisches Treiben zum Vorwurf machen, damit der Kaiser nicht etwa den Palast, die Dienerschaft und den übrigen Hofstaat zurückverlange. All das solle Silius immerhin genießen, aber die Gemahlin wieder herausgeben und den Ehevertrag zerreißen: »Oder weißt du etwa nichts von deiner Scheidung? Hat doch Volk, Senat und Heer die Vermählung des Silius mitangesehen. Wenn du nicht schnell handelst, ist der junge Gatte im Besitz Roms!«

31. Jetzt läßt der Kaiser seine nächsten Freunde kommen. Zuerst befragt er den Präfekten der Kornlieferungen Turranius, dann Lusius Geta, den einen Befehlshaber der Prätorianer. Als diese die Angaben bestätigen, bestürmen ihn die anderen um die Wette, er solle in die Kaserne gehen, sich der Garde versichern und eher auf seine Sicherheit bedacht sein als auf Rache. Wie feststeht, wurde Claudius von einer solchen Angst befallen, daß er immer wieder fragte, ob er selbst noch Kaiser, ob Silius noch Privatmann sei. Messalina dagegen war nie zügelloser als jetzt. Da der Herbst schon weit vorgeschritten war, feierte man in ihrem Palast ein Weinlesefest. Die Keltern preßten, die Weinkufen füllten sich, daneben tanzten Weiber in Tierfellen, wie opfernde oder rasende Bacchantinnen. Sie selbst erschien mit aufgelöstem Haar, den Thyrsusstab schwingend, an ihrer Seite Silius, mit Efeu bekränzt. Sie schritten auf Kothurnen einher, warfen das Haupt empor, und ringsum tobte der freche Chor. Man erzählt sich, Vettius Valens sei vor Übermut auf einen hohen Baum geklettert.

Als man ihn fragte, was zu sehen sei, soll er geantwortet haben: »Von Ostia her naht ein schweres Unwetter!« Mag nun wirklich ein solches Unwetter aufgestiegen sein, mag er seine Äußerung ganz zufällig gemacht haben, jedenfalls wurde sie zu einer Vorhersage.

32. Inzwischen kommen nicht Gerüchte, sondern zahlreiche Boten an, Claudius wisse alles und nahe als Rächer. Infolgedessen begibt sich Messalina in die lucullischen Gärten, Silius, um seine Angst zu verbergen, zu seinen Amtsgeschäften auf das Forum. Als sich die übrigen nach allen Richtungen zerstreuten, waren schon die Centurionen zur Stelle. Man legte ihnen, wo man sie fand, Fesseln an, auf der Straße oder in Verstecken. Messalina jedoch war, während sonst das Unglück die ruhige Besinnung zu rauben pflegt, schnell entschlossen, dem Gatten entgegenzugehen und sich ihm zu zeigen, womit sie sich oft geholfen hatte. Auch schickte sie nach Britannicus und Octavia, sie sollten sich aufmachen und ihren Vater begrüßen. Außerdem bat sie Vibidia, die älteste der Vestalinnen, sich beim Pontifex maximus Gehör zu verschaffen und um Gnade zu flehen. Inzwischen ging sie zu Fuß mit nur drei Begleitern – so verlassen sah sie sich plötzlich – durch die ganze Stadt und fuhr dann auf einem Karren, mit dem der Unrat aus den Gärten fortgeschafft wird, die Landstraße nach Ostia entlang. Niemand hatte Mitleid mit ihr, weil man nur an die Abscheulichkeit ihrer Laster dachte.

33. Trotz alledem war man in der Umgebung des Kaisers voller Besorgnisse. Dem Prätorianerpräfekten Geta traute man nicht recht, weil er sich ebenso leicht zum Guten wie zum Bösen entschloß. Narcissus zog daher alle anderen, die seine Furcht teilten, hinzu und versichert dem Kaiser, es gebe keine andere Hoffnung für sein Leben, als daß er den Befehl über die Truppen für den einen Tag einem seiner Freigelassenen übertrage; er selbst erklärt sich zur Übernahme bereit. Und um zu verhindern, daß der Kaiser während der Fahrt von L. Vitellius und Largus Caecina umgestimmt werde, verlangt er einen Sitz im gleichen Wagen und nimmt ihn auch ein.

34. Später wurde vielfach erzählt, der Kaiser habe widersprechende Äußerungen gemacht und bald auf seine schändliche Gattin gescholten, bald sich in Erinnerungen an seine Ehe und seine

unmündigen Kinder ergangen. Darauf habe Vitellius immer nur ausgerufen: »Welche Schandtat, welcher Frevel!« Narcissus verlangte, er solle doch seine zweideutigen Reden näher erklären und offen die Wahrheit sagen, konnte sich aber nicht durchsetzen. Vitellius gab immer nur ausweichende, so oder so zu deutende Antworten, und Largus Caecina folgte seinem Beispiel. Messalina war schon in Sehweite und rief laut, Claudius möge Britannicus' und Octavias Mutter Gehör schenken. Da schrie ihr Narcissus die Anklage entgegen und sprach von Silius und der Hochzeit. Gleichzeitig überreichte er dem Kaiser ein Verzeichnis ihrer Ehebrüche, um seine Blicke von ihr abzuziehen. Bald darauf wären ihm beim Eintritt in die Stadt die gemeinsamen Kinder entgegengeführt worden, wenn nicht Narcissus den Befehl gegeben hätte, sie fortzuschaffen. Nur Vibidia konnte er nicht zurückweisen. Sie forderte mit sehr beschämenden Worten, er solle doch nicht seine Gattin dem Verderben preisgeben, ohne ihre Verteidigung gehört zu haben. Narcissus gab darauf zur Antwort, der Princeps werde sie schon hören und ihr Gelegenheit zur Rechtfertigung geben; jetzt solle die Jungfrau nur gehen und ihren heiligen Dienst wahrnehmen.

35. Claudius verhielt sich dabei auffallend still. Vitellius tat, als wisse er von nichts, alles hörte auf den Freigelassenen. Dieser befiehlt, den Palast des Ehebrechers zu öffnen und den Kaiser hineinzuführen. In der Vorhalle zeigt er ihm zuerst das Bildnis von Silius' Vater, dessen Aufstellung durch Senatsbeschluß verboten worden war, dann alle Erbstücke der Neronen und Drusi, die als Bezahlung der Schande hierher gewandert waren. Dann führt er den Kaiser, der wütend war und Drohungen ausstieß, ins Prätorianerlager, wo die Soldaten schon versammelt waren. Nach einigen einleitenden Worten des Narcissus hielt der Kaiser nur eine kurze Ansprache; denn seinen Unwillen, so berechtigt er auch war, hemmte das Schamgefühl. Darauf folgte ein andauerndes Lärmen der Kohorten, die die Namen der Schuldigen und ihre Bestrafung forderten. Als Silius vor das Tribunal geführt worden war, versuchte er keine Rechtfertigung, auch keinen Strafaufschub, sondern bat, daß man seinen Tod beschleunige. Die gleiche Standhaftigkeit zeigten auch die erlauchten römischen Ritter. Nun befiehlt der Kaiser, Titius Proculus, den Silanus der

Messalina als Ehrenwächter beigegeben hatte und der sich zu weiteren Anzeigen erbot, ferner Vettius Valens, der geständig war, endlich die Mitverschworenen Pomponius Urbicus und Saufeius Trogus zum Tod zu führen. Auch Decrius Calpurnianus, der Präfekt der Brandwache, Sulpicius Rufus, der Leiter der Gladiatorenschule, und der Senator Iuncus Vergilianus erlitten die gleiche Strafe.

36. Mnester war der einzige, der einen Aufschub versuchte. Er zerriß sein Kleid und rief aus, Claudius möge nur seine Striemen ansehen und sich der Worte erinnern, mit denen er ihn Messalinas Befehlen unterworfen habe. Andere hätten sich aus Gewinnsucht oder glänzender Aussichten wegen schuldig gemacht, er nur aus Zwang; und keiner hätte eher sterben müssen als er, wenn Silius zur Macht gekommen wäre. Der Kaiser war dadurch gerührt und zum Mitleid geneigt, die Freigelassenen aber bestürmten ihn, er solle doch nach der Hinrichtung so vieler erlauchter Männer nicht einen einfachen Schauspieler verschonen. Ob er freiwillig oder gezwungen so große Verbrechen begangen habe, mache doch keinen Unterschied. Nicht einmal die Verteidigung des römischen Ritters Traulus Montanus wurde angenommen. Als anspruchsloser, aber sehr schöner Jüngling war er von Messalina selbst herbeigerufen und nach einer einzigen Nacht wieder verstoßen worden, da ihre Rücksichtslosigkeit in der Begierde wie im Überdruß gleich groß war. Nur dem Suillius Caesoninus und Plautius Lateranus wird die Todesstrafe erlassen, dem letzteren wegen der hervorragenden Dienste seines Oheims; Caesoninus rettete sich durch seine Lasterhaftigkeit: Er habe sich in jenem verruchten Kreis nur als Weib gebrauchen lassen.

37. Messalina fristet inzwischen ihr Leben in den Gärten des Lucullus; sie verfaßte eine Bittschrift, war manchmal voller Hoffnung, zuweilen von Zorn entbrannt: So groß war ihr Hochmut noch in äußerster Gefahr. Und hätte Narcissus nicht ihre Hinrichtung beschleunigt, so würde das Verderben ihren Ankläger getroffen haben. Claudius war in den Palast zurückgekehrt, hatte früh gespeist und sich beruhigt. Vom Wein erhitzt, befiehlt er, hinzugehen und der Unglücklichen – diesen Ausdruck soll er gebraucht haben – zu sagen, daß sie am folgenden Tag zu ihrer Verteidigung erscheinen solle. Sobald man das hörte und merkte,

daß der Zorn allmählich schwinde und die Liebe wieder erwache – die Nacht war nahe, und man mußte bei weiterem Zögern befürchten, daß ihm das eheliche Schlafgemach in Erinnerung komme –, da eilt Narcissus hinaus und gibt den Centurionen und dem wachhabenden Tribun den Auftrag, die Hinrichtung zu vollziehen: So befehle es der Kaiser. Als Aufseher und Vollstrekker wird ihnen der kaiserliche Freigelassene Euodus mitgegeben. Als dieser schnell in den Park vorausgeeilt war, fand er Messalina auf die Erde hingesunken, neben ihr sitzend ihre Mutter Lepida, die mit ihrer Tochter, solange diese im Glück war, durchaus nicht einträchtig lebte, ihr aber jetzt in der äußersten Not ihr Mitleid nicht zu versagen vermochte. Sie riet ihr, den Mörder nicht abzuwarten: Abgelaufen sei ihr Leben, nichts anderes sei für sie zu erstreben als ein edler Tod. Aber in Messalinas durch alle Lüste verderbter Seele wohnte nichts Edles mehr. Sie gab sich nur Tränen und nutzlosen Klagen hin, bis das Tor durch die anstürmenden Soldaten aufgebrochen wurde und der Tribun schweigend vor ihr stand, während der Freigelassene viele gemeine Schimpfworte ausstieß.

38. Jetzt endlich begriff Messalina ihre Lage. Sie nahm das Schwert entgegen und drückte es zitternd und erfolglos bald an die Kehle, bald an die Brust. Da erstach sie der Tribun. Die Leiche überließ man der Mutter. Claudius erhielt bei der Tafel die Meldung, Messalina sei ums Leben gekommen. Man erklärte nicht näher, ob durch eigene oder durch fremde Hand. Er fragte auch nicht, verlangte einen Becher und hielt sein gewohntes Trinkgelage ab. Auch an den folgenden Tagen gab er keinerlei Zeichen des Hasses oder der Freude, des Zornes oder der Trauer von sich, ließ überhaupt kein einziges menschliches Gefühl erkennen, weder wenn er die triumphierenden Ankläger noch wenn er seine betrübten Kinder vor Augen hatte. Der Senat kam seiner Vergeßlichkeit zu Hilfe, daß er beantragte, den Namen (Messalina) zu tilgen und ihre Standbilder aus der Öffentlichkeit und aus den Privathäusern zu entfernen. Narcissus erhielt die Abzeichen der Quästur, bei seinem Hochmut eine sehr geringe Auszeichnung, da er sich mehr dünkte als Pallas und Callistus. ⟨Seine Pläne waren⟩ an sich zu loben, aber sie sollten furchtbare Folgen haben!

BUCH XII

1. Messalinas Hinrichtung bewirkte eine Spaltung am kaiserlichen Hof, weil die Freigelassenen in Streit gerieten, wer für Claudius, dem ein eheloses Leben unerträglich und ein Weiberregiment Bedürfnis war, eine neue Gattin auswählen solle. Von nicht geringerem Ehrgeiz waren auch die Frauen entbrannt: Eine jede stellte ihren Adel, ihre Schönheit und ihren Reichtum zum Vergleich und suchte zu beweisen, daß alles dies einer so hohen Eheverbindung würdig sei. Am meisten schwankte man jedoch zwischen Lollia Paulina, der Tochter des Konsulars M. Lollius, und Julia Agrippina, des Germanicus Tochter. Für jene trat Pallas ein, für diese Callistus, wogegen Narcissus die Aelia Paetina aus dem Haus der Tuberonen begünstigte. Claudius war bald für die eine, bald für die andere eingenommen, je nach dem Ratgeber, den er eben gehört hatte. Er lädt daher die uneinigen Berater zu einer gemeinsamen Besprechung und fordert sie auf, nacheinander ihre Meinung zu sagen und ihre Gründe vorzubringen.

2. Narcissus sprach von des Kaisers früherer Ehe mit Paetina, von ihrer gemeinsamen Tochter – denn Antonia war Paetinas Tochter – und hob hervor, daß keine Änderung in seinem Haus eintrete, wenn er die vertraute Gattin zurückholte, die auch Britannicus und Octavia gewiß nicht mit stiefmütterlichem Haß, sondern ihren eigenen Kindern am nächsten ansehen würde. Callistus aber meinte, sie sei wegen der langen Scheidung unerwünscht und werde, nahm man sie wieder auf, eben dadurch übermütig werden. Es sei weit richtiger, ihm Lollia zuzuführen: Die habe keine Kinder, sei deshalb frei von Eifersucht und werde ihren Stiefkindern eine gute Mutter sein. Pallas dagegen hob an Agrippina besonders lobend hervor, daß sie einen Enkel des Germanicus mit in die Ehe bringe. Dieser, ein des Kaiserhauses wahrhaft würdiger Sproß, vereinige die Nachkommen der julischen und der claudischen Familie. Claudius solle nicht zugeben, daß diese Frau von erwiesener Fruchtbarkeit und noch blühender Jugend die Hoheit des Caesarengeschlechts einem anderen Haus zubringe.

3. Diese Gründe gewannen die Oberhand und wurden noch

durch Agrippinas Lockungen unterstützt. Unter dem Vorwand der Verwandtschaft besucht sie häufig den Oheim und lockt ihn derart an sich, daß sie allen anderen vorgezogen wurde und schon die Herrschaft einer Gattin übte, als sie noch gar nicht seine Gattin war. Denn sobald sie ihrer Ehe sicher war, strebte sie nach noch Höherem und wollte die Vermählung des Domitius, den sie dem Cn. Domitius Ahenobarbus geboren hatte, mit Octavia, der Tochter des Kaisers, durchsetzen. Diese Vermählung ließ sich aber nicht ohne Verbrechen bewerkstelligen, weil der Kaiser Octavia bereits mit L. Silanus verlobt, diesen auch sonst schon berühmten jungen Mann durch die Triumphabzeichen geehrt und ihn durch die Pracht eines Gladiatorenspiels beim Volk beliebt gemacht hatte. Aber nichts schien unerreichbar zu sein bei der Sinnesart eines Fürsten, der kein eigenes Urteil, auch keinen Haß kannte, wenn ihm nicht beides von anderen eingegeben und befohlen war.

4. Vitellius, der unter der Maske eines Censors die Verlogenheit eines Sklaven verbarg, sah voraus, wer der künftige Herrscher sein werde. Daher läßt er sich in Agrippinas Pläne einweihen, um sich ihre Gunst zu sichern, und streut Beschuldigungen gegen Silanus aus, dessen schöne, aber leichtfertige Schwester, Junia Calvina, vor einiger Zeit Vitellius' Schwiegertochter gewesen war. Davon ging die Anklage aus; Vitellius suchte die nicht blutschänderische, aber unvorsichtige Liebe der Geschwister in Verruf zu bringen. Und der Kaiser lieh ihm sein Ohr, weil er für die Verdächtigungen gegen den künftigen Schwiegersohn aus Liebe zur Tochter zu sehr empfänglich war. Silanus, der von diesen Machenschaften nichts ahnte und zufällig in diesem Jahr Prätor geworden war, wird plötzlich durch ein censorisches Edikt des Vitellius aus dem Senatorenstand ausgestoßen, obwohl der Senat längst gemustert und die Amtszeit des Censors abgelaufen war. Zugleich hob Claudius die Verlobung des Silanus mit seiner Tochter auf, und dieser wurde gezwungen, sein Amt niederzulegen; der eine noch übrige Tag seiner Prätur wurde dem Eprius Marcellus übertragen.

5. Unter dem Konsulat des C. Pompeius und Q. Veranius wurde das zwischen Claudius und Agrippina verabredete Ehebündnis schon durch den Ruf, schon durch den verbotenen Ver-

kehr befestigt. Doch wagten sie noch nicht, das feierliche Hochzeitsfest zu begehen, weil es noch kein Beispiel dafür gab, daß ein Oheim die Tochter seines Bruders als Gattin heimgeführt hatte. Man hielt das sogar für Blutschande und befürchtete, es könne, wenn man sich darüber hinwegsetzte, zum allgemeinen Unglück ausschlagen. Die Bedenklichkeiten schwanden erst, als Vitellius es unternahm, die Sache mit seinen schlauen Kniffen durchzusetzen. Er richtete an den Kaiser die Frage, ob er sich den Befehlen des Volkes und den Beschlüssen des Senats fügen wolle. Als jener antwortete, er sei nur ein einzelner Bürger und könne sich nicht gegen den Willen der Gesamtheit auflehnen, bittet ihn Vitellius, im Palast zu warten. Er selbst begibt sich in die Kurie, versichert, es handle sich um das höchste Staatsinteresse, und verlangt, vor allen anderen das Wort zu erhalten. Dann beginnt er von den sehr schweren Regierungssorgen des Fürsten zu reden, die den ganzen Erdkreis umfaßten; er bedürfe einer Hilfe, um sich, von häuslichen Sorgen befreit, ganz der Allgemeinheit widmen zu können. Welche Erleichterung sei ferner einem Censorenherzen angemessener, als sich eine Gattin zu nehmen, eine Gefährtin im Glück und in Gefahren, der er seine geheimsten Gedanken und seine kleinen Kinder anvertrauen könne. Denn er habe sich ja nicht Ausschweifungen oder Vergnügungen hingegeben, sondern von früher Jugend an den Gesetzen Folge geleistet.

6. Nach diesem gewinnenden Eingang seiner Rede, der die Senatoren lebhaft zustimmten, hob er von neuem an: Weil alle insgesamt zur Wiedervermählung des Fürsten rieten, so müsse man ihm eine Frau erwählen, die sich durch Adel, Fruchtbarkeit und Sittenreinheit auszeichne. Und man könne nicht lange zweifeln, daß Agrippina durch ihre erlauchte Herkunft den Vorrang habe. Auch habe sie Beweise ihrer Fruchtbarkeit gegeben, und ihr lauterer Lebenswandel stimme damit überein. Ganz vortrefflich aber sei es, daß hier durch göttliche Fügung eine verwitwete Frau mit einem Fürsten verbunden werde, der sich stets nur mit seinen eigenen Frauen begnügt habe. Gehört hätten sie doch von ihren Eltern und mit eigenen Augen gesehen, wie Ehefrauen entführt wurden, um den Lüsten der Caesaren zu dienen. So etwas liege der Mäßigung des jetzigen Fürsten ganz fern. Fürwahr, es möge nun ein Beispiel aufgestellt werden, wie sich ein Kaiser eine Ge-

mahlin vom Senat geben lassen solle. Aber für uns seien doch Ehen mit Bruderstöchtern neu! Ja, aber bei anderen Völkern ganz gewöhnlich und durch kein Gesetz verboten. Auch Ehen zwischen Geschwisterkindern seien lange Zeit nicht üblich gewesen, hätten sich aber doch im Lauf der Zeit eingebürgert. Die Sitte passe sich eben dem jeweiligen Bedürfnis an. Auch der jetzige Fall werde bald allgemeiner Brauch werden.

7. Es fehlte nicht an Senatoren, die um die Wette beteuerten, sie würden den Kaiser zwingen, wenn er noch zögere; damit stürzten sie aus der Kurie. Draußen rottet sich ein bunter Menschenhaufe zusammen und schreit, das römische Volk habe dieselbe Bitte. Jetzt zaudert auch Claudius nicht länger und nimmt auf dem Forum die Glückwünsche entgegen. Dann geht er in den Senat und fordert einen Beschluß, wonach auch in Zukunft Ehen zwischen Oheim und Bruderstochter gesetzlich erlaubt sein sollten. Doch fand sich nur ein einziger Mann, der eine derartige Verbindung wünschte, der römische Ritter Alledius Severus, von dem sehr viele meinten, er habe sich Agrippinas wegen dazu bestimmen lassen. – Umgewandelt war von nun an die Stadt, und alles gehorchte dieser Frau. Sie spielte nicht mutwillig mit Rom wie die leichtfertige Messalina, ihr Regiment war straff und gleichsam männlich. Vor der Welt zeigte sie Ernst und häufig Hochmut; ihr Haus blieb frei von Sittenlosigkeit, außer wenn diese der Herrschsucht diente. Für ihre maßlose Geldgier hatte sie den Vorwand, sie wolle Mittel für das Reich schaffen.

8. Am Hochzeitstag gab sich Silanus selbst den Tod. Entweder hatte er bis dahin noch Hoffnung für sein Leben, oder er wählte gerade diesen Tag, um den peinlichen Eindruck noch zu verstärken. Seine Schwester Calvina wurde aus Italien verwiesen. Claudius ordnete dann noch an, es sollten nach den Gesetzen des Königs Tullus Hostilius von den Pontifices im Hain der Diana Sühneopfer dargebracht werden. Alle Welt spottete darüber, daß gerade zu diesem Zeitpunkt noch Strafen und Reinigungszeremonien für Blutschande gesucht wurden! Jedoch wollte sich Agrippina nicht nur durch Übeltaten bekannt machen. Sie bewirkte deshalb für Annaeus Seneca die Aufhebung der Verbannung und zugleich die Übertragung der Prätur. Sie hoffte, daß dies für die Öffentlichkeit erfreulich sein werde, weil er ein be-

rühmter Schriftsteller war. Auch wünschte sie, daß der junge Domitius unter einem solchen Lehrer heranwachse und daß man sich bei Domitius' Absichten auf den Thron Senecas kluger Ratschläge bediene. Seneca werde wohl Agrippina aus Dankbarkeit für ihre Verwendung treu und dem Claudius aus Schmerz über die erlittene Kränkung feindlich gesinnt sein.

9. Darauf beschloß man, nicht lange zu zögern, sondern brachte den designierten Konsul Mammius Pollio durch ungeheure Versprechungen dazu, im Senat den Antrag zu stellen, Claudius solle gebeten werden, Octavia mit Domitius zu verloben; die Verlobung sei für das Alter beider passend und werde den Weg zu noch größeren Hoffnungen frei machen. Pollio stellte seinen Antrag mit ganz ähnlichem Wortlaut wie kürzlich Vitellius. Die Verlobung Octavias findet statt, und Domitius, der jetzt außer den bisherigen verwandtschaftlichen Beziehungen zum Kaiserhaus auch noch Verlobter und Schwiegersohn war, wurde nun mit Britannicus gleichgestellt. Dies geschah durch die Bemühungen seiner Mutter und die Ränke jener, die als Ankläger Messalinas die künftige Rache ihres Sohnes zu fürchten hatten.

10. Zur selben Zeit erscheinen die Gesandten der Parther, die, wie berichtet, nach Rom geschickt worden waren, um den Meherdates als König zu erbitten, vor dem Senat und entledigen sich ihres Auftrages durch folgende Rede: Sie erschienen hier nicht, ohne an das Bündnis (mit Rom) zu denken, auch nicht, weil sie vom Haus der Arsaciden abtrünnig seien. Vielmehr wollten sie Vonones' Sohn, Phraates' Enkel, holen, da die Tyrannei des Gotarzes dem Adel ebenso unerträglich sei wie dem Volk. Schon habe er seine Brüder, schon seine näheren, schon seine entfernteren Verwandten samt ihren schwangeren Frauen und kleinen Kindern hinmorden lassen. Er selbst sei im Frieden untätig, im Feld ohne Glück und verberge seine Feigheit hinter Grausamkeiten. Sie hätten eine alte und durch einen Staatsvertrag besiegelte Freundschaft mit den Römern, und diese müßten ihren Bundesgenossen zu Hilfe kommen, die sich wohl an Kraft mit ihnen messen könnten, aber aus Ehrerbietung vor ihnen zurückträten. Deshalb gäben sie die Kinder ihrer Könige als Geiseln: Wenn sie mit ihrem Herrscher zu Hause unzufrieden seien, so könnten sie ihre Zuflucht zum Princeps und zum Senat nehmen, um einen

besseren, an römische Sitten gewöhnten Herrscher zu bekommen.

11. Nachdem sie diese und ähnliche Ausführungen gemacht hatten, beginnt der Kaiser seine Rede mit einem Hinweis auf die römische Weltherrschaft und auf die Fügsamkeit der Parther; er verglich seine Lage mit der des verewigten Augustus, den man ebenfalls um einen König gebeten habe, überging aber den Tiberius, der doch ebenfalls (einen König) geschickt hatte. Dazu gab er dem Meherdates – er war nämlich anwesend – gute Lehren, er solle nicht an Tyrannen und Sklaven, sondern an Staatslenker und Mitbürger denken und nur Milde und Gerechtigkeit üben, für die die Barbaren um so dankbarer sein würden, weil sie ihnen unbekannt seien. Dann wendet er sich wieder an die Gesandten und lobt den Zögling Roms, der sich bisher als bescheidener Jüngling bewährt habe. Doch müsse sich das Volk mit der Eigenart seiner Könige abfinden, da ein häufiger Wechsel unnütz sei. Das römische Volk habe sein Bedürfnis nach Kriegsruhm so völlig befriedigt, daß es auch fremden Ländern den Frieden wünsche. Darauf wurde dem Statthalter Syriens, C. Cassius, der Auftrag erteilt, den Prinzen an das Euphratufer zu geleiten.

12. Zu dieser Zeit überragte Cassius alle anderen als Kenner der Gesetze. Im Frieden gerät ja die Kriegskunst in Vergessenheit, der Friede stellt Tatkräftige und Schlaffe gleich. Trotzdem führte er, soweit das ohne Krieg möglich war, die alte soldatische Zucht wieder ein. Er übte die Legionen und verfuhr mit gleicher Sorgfalt und Voraussicht, als ob der Feind drohte. So hielt er es seiner Vorfahren und des Geschlechts der Cassier für würdig, das auch bei den dortigen Stämmen bekannt war. Daher rief er den Teil der Parther, auf deren Verlangen der König erbeten wurde, zu den Waffen und schlug ein Lager bei Zeugma auf, wo der Übergang über den Strom am leichtesten war. Als die vornehmen Perser und der Araberkönig Acbarus eingetroffen waren, macht er den Meherdates darauf aufmerksam, daß der ungestüme Eifer der Barbaren (für seine Erhebung) durch längeres Zögern erkalten oder gar in Treulosigkeit umschlagen könne: Er möge daher schleunigst handeln. Diese Mahnung blieb aber unbeachtet. Der hinterlistige Acbarus hielt den unerfahrenen Jüngling, der das Wesen der Königsstellung in ausschweifendem Genuß sah, viele

Tage in der Stadt Edessa fest. Als ihn dann Carenes herbeirief und schnelle Erfolge verhieß, falls sie sich beeilten, zog er nicht geraden Wegs nach Mesopotamien, sondern auf einem Umweg nach Armenien, das zu dieser Zeit unwegsam war, weil der Winter einsetzte.

13. Dann erst näherten sie sich, durch Schnee und Gebirgsmärsche erschöpft, den Ebenen und vereinigten sich mit den Truppen des Carenes. Sie überschritten den Tigris und durchzogen das Land der Adiabener, deren König Izates sich öffentlich für das Bündnis mit Meherdates erklärt hatte, heimlich aber und mit mehr Treue zu Gotarzes neigte. Auf dem Marsch wurde die Stadt Ninive, die älteste assyrische Siedlung, genommen sowie eine hochberühmte Feste, bei der in der letzten Schlacht zwischen Darius und Alexander die Macht der Perser zusammengebrochen war. Inzwischen brachte Gotarzes auf einem Berg namens Sanbulos den Lokalgottheiten Opfer dar. Vor allem wird dort Hercules verehrt, der zu bestimmten Zeiten die Priester durch einen Traum auffordert, Rosse zur Jagd zu zäumen und neben dem Tempel aufzustellen. Die Rosse erhalten mit Pfeilen gefüllte Köcher, streifen dann durch die Wälder und kehren erst in der Nacht mit leeren Köchern und heftig schnaubend zurück. Durch einen zweiten Traum gibt der Gott dann die Wege an, auf denen er durch die Wälder gestreift ist, und dort findet man das überall erlegte Wild.

14. Übrigens benutzt Gotarzes, weil sein Heer noch nicht genügend verstärkt war, den Fluß Corma als Schutzwehr, sucht, obwohl er durch Spottreden und Herolde zur Schlacht herausgefordert wurde, immer neuen Aufschub, ändert mehrmals seine Stellung und läßt die Feinde durch Bestechungen zum Abfall verleiten. Von ihnen zieht Izates mit dem adiabenischen, bald auch Acbarus mit dem arabischen Heer ab. Diese Stämme sind eben leichtsinnig, und man hat durch Erfahrung erkannt, daß die Barbaren Könige aus Rom lieber holen als behalten. Meherdates, der so mächtige Hilfsvölker verloren hatte und argwöhnte, daß ihn auch die übrigen Truppen verraten würden, fand nun den einzig möglichen Entschluß, seine Sache dem Zufall zu überlassen und eine Schlacht zu wagen. Gotarzes lehnte den Kampf nicht ab, da er durch die Schwächung des Feindes ermutigt war. Der Zusam-

menstoß war blutig und zunächst von zweifelhaftem Ausgang, bis Carenes, der den ihm gegenüberstehenden Flügel geschlagen hatte und zu weit vorgedrungen war, von einem frischen Heerhaufen angegriffen wurde. Da alle Hoffnung verloren war, folgte Meherdates den Versprechungen des Parraces, eines Klienten seines Vaters, wird aber durch dessen Hinterlist gefesselt und dem Sieger ausgeliefert. Dieser nennt ihn nicht einen Verwandten, auch nicht einen Arsacidensproß, sondern schmäht ihn als einen Fremden, einen Römling, und befiehlt, er solle mit abgeschnittenen Ohren weiterleben, womit er seine Milde und zugleich seine Verachtung gegen uns zur Schau stellen wollte. Darauf starb Gotarzes an einer Krankheit, und Vonones, der damals über die Meder herrschte, wurde auf den Thron berufen. Von ihm sind keine glücklichen oder unglücklichen Schicksale zu erwähnen. Er starb nach kurzer und ruhmloser Regierung, und das Reich der Parther ging auf seinen Sohn Vologaeses über.

15. Indes führte der Bosporaner Mithridates nach Verlust seiner Herrschaft ein unstetes Leben. Als er aber erfahren hatte, daß der römische Führer Didius mit dem Kern seines Heeres abgezogen und nur der junge, unerfahrene Cotys mit wenigen Kohorten unter dem römischen Ritter Julius Aquila in seinem neuen Reich zurückgeblieben sei, verachtet er beide, wiegelt die Stämme auf und zieht Überläufer an sich. Als er endlich ein Heer beisammen hatte, vertreibt er zunächst den König der Dandariden und bemächtigt sich seines Reiches. Als man dies erfahren hatte und glaubte, er werde sehr bald in den Bosporus einfallen, suchten Aquila und Cotys, die der eigenen Kraft mißtrauten, weil Zorsines, der König der Siraker, die Feindseligkeiten erneuert hatte, ebenfalls auswärtige Verbindungen und schickten Gesandte an Eunones, den Herrscher der Aorser. Dieses Bündnis wurde ohne Schwierigkeit abgeschlossen, weil man auf das mächtige Rom im Gegensatz zu dem Rebellen Mithridates hinweisen konnte. Man verabredete daher, daß Eunones Reitergefechte liefern und die römischen Truppen die Städte belagern sollten.

16. Darauf setzen sie sich in geordnetem Heereszug in Bewegung; Spitze und Rücken deckten die Aorser, in der Mitte marschierten die Kohorten und die auf römische Art bewaffneten Bosporaner. So wurde der Feind zurückgetrieben, und man ge-

langte nach Soza, einer Stadt in Dandarica, die Mithridates im Stich gelassen hatte. Wegen der zweideutigen Haltung ihrer Bewohner beschloß man, die Stadt zu behaupten und dort eine Besatzung zurückzulassen. Dann rücken sie gegen die Siraker, überschreiten den Fluß Panda und schließen die Hauptstadt Uspe ein. Sie lag auf einer Anhöhe und war mit Mauern und Gräben befestigt. Doch waren die Mauern nicht aus Stein, sondern aus Flechtwerk und Reisig, ausgefüllt mit Erde, und boten so den Eindringenden nur geringen Widerstand. Auch brachten die zu bedeutender Höhe aufgeführten Türme durch Feuerbrände und Lanzen die Belagerten in Verwirrung. Und hätte die Nacht den Kampf nicht unterbrochen, so wäre die Belagerung am selben Tag zu Ende gewesen, an dem sie begonnen hatte.

17. Am nächsten Tag kamen Gesandte (aus der Stadt), baten um Gnade für die Freigeborenen und boten 10000 Sklaven an. Die Sieger lehnten dieses Anerbieten ab; denn es sei zu grausam, wehrlose Gefangene niederzumachen, eine so große Menschenmenge aber zu bewachen, zu schwierig; dann sollten sie lieber nach Kriegsrecht fallen. Damit wurde den Soldaten, die schon auf Leitern emporgestiegen waren, das Zeichen zum Niedermetzeln gegeben. Durch die Vernichtung von Uspe wurde den übrigen Schrecken eingejagt. Nichts hielten sie mehr für sicher, wenn Waffen und Schanzen, unzugängliche und hochgelegene Orte, Flüsse und Städte gleichermaßen durchbrochen würden. Zorsines gab daher nach langer Überlegung, ob er für den äußerst bedrängten Mithridates oder für sein väterliches Reich eintreten solle, den Interessen seines Volkes den Vorzug, stellte Geiseln und warf sich vor dem Bildnis des Kaisers nieder. Dies geschah zum großen Ruhm des römischen Heeres, das, wie feststand, ohne Verluste und siegreich nur noch drei Tagesmärsche vom Fluß Tanais entfernt war. Aber auf dem Rückmarsch wandte sich das Glück. Einige Schiffe wurden – man kehrte ja auf dem Seeweg zurück – an das taurische Gestade verschlagen und von den Barbaren umzingelt, wobei der Präfekt einer Kohorte und sehr viele Soldaten den Tod fanden.

18. Indessen überlegt Mithridates, der auf Waffenhilfe nicht mehr rechnen konnte, wessen Mitleid er in Anspruch nehmen könne. Vor seinem Bruder Cotys, dem einstigen Verräter und

späteren Feind, hatte er Furcht; unter den anwesenden Römern war aber keine so einflußreiche Persönlichkeit zur Stelle, daß ihre Versprechungen großes Gewicht haben konnten. Deshalb wandte er sich an Eunones, der keinen persönlichen Haß gegen ihn hegte und durch seine jüngst geschlossene Freundschaft mit Rom Einfluß gewonnen hatte. Er paßt also Kleidung und Miene möglichst seiner gegenwärtigen Lage an und betritt den Königspalast. Zu des Königs Füßen liegend, sprach er: »Mithridates, nach dem die Römer so viele Jahre zu Lande und zu Wasser gefahndet haben, steht aus freien Stücken vor dir. Tu mit mir, dem Abkömmling des großen Achaemenes – das allein haben mir meine Feinde nicht nehmen können –, was du willst!«

19. Eunones aber war durch die Berühmtheit des Mannes, durch den Wechsel des Glücks und seine nicht unedle Art des Bittens gerührt. Er hebt den Bittflehenden auf, lobt ihn, daß er das Volk der Aorser, daß er seine Hand gewählt habe, um sich Begnadigung zu erbitten. Zugleich schickt er Gesandte mit einem Brief folgenden Inhalts an den Kaiser: Die Herrscher des römischen Volkes schlössen mit den Königen großer Volksstämme vor allem wegen der Ähnlichkeit ihres Ranges Freundschaft. Er und Claudius teilten miteinander auch den Sieg. Herrlich aber sei der Ausgang eines Krieges, wenn man ihn mit einer Verzeihung beende. So sei auch dem Zorsines nichts genommen worden. Mithridates habe freilich ein härteres Los verdient. Deshalb erbitte er für ihn nicht die Wiedereinsetzung in seine Herrschaft. Man möge ihn nur nicht im Triumphzug aufführen und nicht mit dem Tod bestrafen.

20. Claudius war sonst milde gegen auswärtige Fürsten. Hier aber besann er sich doch, ob es richtiger wäre, (Mithridates') Übergabe unter Zusicherung des Lebens anzunehmen oder ihn mit Waffengewalt herbeizuholen. Zu letzterem trieb ihn seine Entrüstung über die Rechtsbrüche und (des Königs) Rachsucht. Dagegen wurde aber geltend gemacht, daß man dann einen Krieg in unwegsamer Gegend und auf einem hafenlosen Meer beginnen müsse. Zudem seien die Könige dort voll trotzigen Mutes, die Völker unstet, der Boden unergiebig. Ferner werde aus einer langen Kriegsdauer Unzufriedenheit, aus einer Übereilung Gefahr entstehen. Nur gering werde im Fall des Sieges der Ruhm sein,

groß aber die Schande, wenn man zurückgeschlagen werde. Man solle nur das Angebot annehmen und den Landflüchtigen am Leben lassen! Für den Hilflosen werde die Strafe um so größer sein, je länger er lebe. Durch diese Gründe bewogen, schrieb der Kaiser an Eunones: Mithridates habe zwar die härtesten Strafen verdient, und ihm selbst fehle es nicht an der Macht, diese auch zu vollziehen. Doch hätten es seine Vorfahren immer so gehalten, gleich große Güte gegen Bittflehende zu beweisen wie Unerbittlichkeit gegen Feinde. Und Triumphe feierte Rom nur über ungeschwächte Völker und Reiche.

21. Daraufhin wurde Mithridates ausgeliefert und von Junius Cilo, dem Prokurator von Pontus, nach Rom gebracht. Er soll sich trotziger, als es seiner Lage entsprach, vor dem Kaiser ausgesprochen haben. Folgendes Wort von ihm drang sogar in die Öffentlichkeit: »Ich bin nicht zu dir zurückgeschickt worden, sondern selbst zurückgekommen. Glaubst du das nicht, so laß mich gehen und suche mich dann!« Auch seine Miene blieb unbewegt, als er neben der Rednertribüne, von Wachen umgeben, dem Volk zur Schau gestellt wurde. Die Konsularabzeichen werden dem Cilo zuerkannt, dem Aquila die prätorischen.

22. Im gleichen Konsulatsjahr bietet Agrippina, in ihrem Haß furchtbar und gegen Lollia besonders erbittert, weil sie bei der Heirat des Princeps ihre Nebenbuhlerin war, Beschuldigungen und einen Ankläger auf. Dieser mußte ihr Umgang mit Chaldäern und Magiern sowie die Befragung des Apollo-Orakels von Clarus über die Vermählung des Kaisers vorwerfen. Darauf hielt Claudius, ohne die Angeklagte gehört zu haben, im Senat eine längere Rede über ihre berühmte Abkunft. Sie sei eine Schwestertochter von L. Volusius, Cotta Messalinus sei ihr Großoheim und Memmius Regulus einst ihr Gatte gewesen – von ihrer Ehe mit Caligula schwieg er absichtlich. Darauf erklärte er, ihre Pläne seien staatsgefährlich, man müsse ihr die Gelegenheit zu verbrecherischen Handlungen nehmen. Demnach möge man sie nach Einziehung ihres Vermögens aus Italien verweisen. Der Verbannten wurden von ihrem ungeheuren Vermögen nur fünf Millionen Sesterzen belassen. Auch Calpurnia, eine erlauchte Frau, wird gestürzt. Der Princeps hatte ihre Schönheit gelobt, nicht weil er sie begehrte, sondern nur zufällig im Gespräch; deshalb

ging Agrippinas Wut auch nicht bis zum Äußersten. Zu Lollia dagegen sendet sie einen Tribunen, der sie zum Selbstmord zwingen mußte. (Der Statthalter) Cadius Rufus wurde auf Anklage der Bithynier wegen Erpressung verurteilt.

23. Das narbonensische Gallien erhielt wegen seiner besonderen Ehrerbietung gegen den Senat die Erlaubnis, daß die aus dieser Provinz stammenden Senatoren ohne besondere Erlaubnis des Princeps nach dem gleichen Recht, das in Sizilien galt, ihre Güter besuchen durften. Die Ituräer und die Juden wurden nach dem Tod ihrer Könige Sohaemus und Agrippa der Provinz Syrien einverleibt. Ferner wurde beschlossen, die Zeichendeutung für die öffentliche Wohlfahrt nach fünfundzwanzigjähriger Unterbrechung wieder vorzunehmen und dann beizubehalten. Auch erweiterte der Kaiser das Ringmauergebiet der Stadt gemäß dem uralten Recht, das denen, die das Reich vergrößerten, auch die Erweiterung der Stadtgrenzen gestattet. Freilich hatten die römischen Heerführer mit Ausnahme von L. Sulla und dem göttlichen Augustus auch nach Unterwerfung großer Völkerschaften diesen Brauch nicht befolgt.

24. Über das ehrgeizige oder wirklich rühmenswerte Verhalten der alten Könige in diesem Punkt lauten die Berichte verschieden. Doch halte ich es nicht für ungereimt, den Beginn der Gründung und die von Romulus festgesetzte Stadtgrenze hier zu bezeichnen. Beim Rindermarkt also, auf dem man das eherne Standbild eines Stieres sieht, weil die Rinder den Pflug zu ziehen haben, begann die Furche, die das Stadtgebiet so umzieht, daß sie den großen Altar des Hercules einschloß. Dann ging sie an den in bestimmten Abständen aufgerichteten Gemarkungssteinen am Fuß des Palatins entlang, am Altar des Consus vorüber, darauf bis zu den alten Kurien und dem Larenheiligtum. Aber der Vestatempel, das Forum Romanum und das Kapitol sind nicht, wie man geglaubt hat, durch Romulus, sondern erst nach Titus Tatius zur Stadt hinzugekommen. Nachmals wurde das Ringmauergebiet immer dem Anwachsen des Reiches entsprechend vergrößert. Welche Grenzen Claudius damals festgesetzt hat, ist leicht zu erkennen und in öffentlichen Urkunden verzeichnet.

25. Unter dem Konsulat des C. Antistius und M. Suillius wurde Domitius' Adoption auf Pallas' Betreiben eilig ins Werk

gesetzt. Er war mit Agrippina als Vermittler ihrer Ehe eng verbunden und bald auch durch ein ehebrecherisches Verhältnis an sie gekettet. Daher trieb er Claudius an, doch an das Wohl des Staates zu denken und dem Knaben Britannicus einen kräftigen Jüngling an die Seite zu stellen. Auch beim verewigten Augustus hätten die Stiefsöhne in hohem Ansehen gestanden, obgleich er sich auf seine Enkelsöhne stützen konnte; Tiberius habe neben seinem leiblichen Sohn noch den Germanicus adoptiert. Daher möge auch er jetzt den jungen Domitius zu sich nehmen, der einen Teil seiner Sorgen übernehmen könne. Claudius läßt sich dadurch überreden und setzt den drei Jahre älteren Domitius über seinen eigenen Sohn, nachdem er im Senat eine Rede ganz im Sinne des Freigelassenen Pallas gehalten hatte. Sachkundige bemerkten dazu, daß sich bisher im Patriziergeschlecht der Claudier keine Adoption finde und daß diese von Attus Clausus an in *einer* Linie fortbestanden hätten.

26. Übrigens sagte man dem Princeps Dank und erging sich in ganz ausgesuchten Schmeicheleien gegen Domitius; es wurde sogar ein Gesetz beantragt, wonach er in die Familie der Claudier aufgenommen wurde und den Namen Nero bekam. Auch Agrippina wurde erhöht und erhielt den Beinamen Augusta. Als dies geschehen war, war kein Mensch so mitleidslos, daß ihn das Schicksal des Britannicus nicht mit Wehmut erfüllte. Allmählich wurde der Knabe sogar von seiner Dienerschaft vernachlässigt und hatte nur Spott für die unangebrachten Zärtlichkeiten seiner Stiefmutter, deren Falschheit er durchschaute. Denn er soll kein unbegabtes Kind gewesen sein, mag das wirklich so sein oder mag ihm nur seine gefährdete Lage diesen Ruf unverdientermaßen eingetragen haben.

27. Agrippina aber, die auch den verbündeten Völkern ihre Macht zeigen wollte, setzt es durch, daß in der Hauptstadt der Ubier, wo sie geboren war, eine Veteranenansiedlung und eine Kolonie auf ihren eigenen Namen gegründet wurde. Dabei war es ganz zufällig geschehen, daß ihr Großvater Agrippa diesen Stamm, der über den Rhein gekommen war, in seinen Schutz genommen hatte. – Zur selben Zeit geriet man in Obergermanien durch die Ankunft der auf Raub ausziehenden Chatten in Aufregung. Darauf entsendet der Legat P. Pomponius die Hilfstruppen

der Vangionen und Nemeter samt der bundesgenössischen Reiterei mit dem Auftrag, sie sollten die Räuber überholen oder unvermutet umzingeln, wenn sie sich zerstreut hätten. Mit Eifer befolgten die Soldaten die Anordnung ihres Befehlshabers und bildeten zwei getrennte Züge. Der eine, der nach links marschiert war, umzingelte die eben Heimgekehrten, die in ihrer Beute geschwelgt hatten und in tiefem Schlafe lagen. Ihr Erfolg war um so erfreulicher, als sie einige Leute von Varus' Niederlage her nach vierzigjähriger Gefangenschaft befreien konnten.

28. Die andere Abteilung aber, die auf kürzeren Richtwegen nach rechts gezogen war, bereitet dem Feind, der ihnen begegnete und eine Schlacht wagte, eine noch schlimmere Niederlage. Dann kehren sie, mit Beute und Ruhm beladen, nach dem Taunusgebirge zurück, wo Pomponius mit den Legionen wartete, ob nicht die Chatten in ihrer Rachsucht eine Gelegenheit zum Kampf böten. Die aber fürchteten, die Römer würden ihnen auf der einen Seite, die Cherusker, mit denen sie in ewigem Streit liegen, von der anderen den Weg verlegen, und schickten Gesandte und Geiseln nach Rom. Für Pomponius wurde die Ehre des Triumphes beschlossen, der aber nur einen geringen Teil seines Ruhmes bei der Nachwelt darstellt, bei der er als hervorragender Dichter bekannt ist.

29. Um dieselbe Zeit wird Vannius, den der Caesar Drusus über die Sueben gesetzt hatte, aus seinem Reich vertrieben. Im Anfang seiner Herrschaft war er ruhmreich und bei seinem Volk beliebt, wurde aber mit der Zeit hochmütig und erlag dem Haß der Nachbarn und inneren Zwistigkeiten. Die Bewegung war von Vibilius, dem König der Hermunduren, und von Vannius' Schwestersöhnen, Vangio und Sido, ausgegangen. Claudius mischte sich, obgleich er mehrfach darum gebeten wurde, nicht in die Kämpfe der Barbaren ein, versprach aber dem Vannius einen sicheren Zufluchtsort, falls er vertrieben würde. An den Statthalter Pannoniens, Palpellius Hister, schrieb er, er solle eine Legion und die aus der Provinz selbst ausgehobenen Hilfstruppen am Donauufer aufstellen, um die Besiegten zu schützen und die übermütigen Sieger zurückzuscheuchen, falls sie unseren Frieden stören sollten. Denn eine gewaltige Menschenmasse, Lugier und andere Völkerschaften, rückten auf die Kunde vom

Reichtum des Suebenlandes, den Vannius dreißig Jahre lang durch Raubzüge und Zwangszölle noch vermehrt hatte, heran. Er selbst besaß an eigener Heeresmacht nur Fußvolk, die Reiterei stammte von den sarmatischen Jazugen, so daß er der Menge seiner Feinde nicht gewachsen war; deshalb hatte er den Entschluß gefaßt, sich in Kastellen zu verteidigen und den Krieg in die Länge zu ziehen.

30. Doch die Jazugen konnten eine Belagerung nicht ertragen, durchstreiften die nächsten Felder und zwangen Vannius zur Schlacht, weil die Lugier und Hermunduren an jener Stelle eingefallen waren. Vannius mußte also die Kastelle räumen und wird in offener Schlacht geschlagen. Trotz seines Unglücks erntete er jedoch Ruhm, weil er in der Schlacht mitgefochten und Wunden an der Brust erhalten hatte. Im übrigen nahm er seine Zuflucht zu der auf der Donau bereitliegenden (römischen) Flotte. Bald folgten ihm seine Anhänger, erhielten Äcker und wurden in Pannonien angesiedelt. Sein Reich teilten Vangio und Sido unter sich, gegen uns waren sie von hervorragender Treue, bei ihren Untertanen sehr beliebt, bis sie die Herrschaft in den Händen hatten, und noch mehr verhaßt, nachdem sie sie erlangt, mag das nun an ihnen selbst gelegen haben oder an dem Wesen der Knechtschaft.

31. In Britannien aber fand der Proprätor P. Ostorius unruhige Verhältnisse vor. Die Feinde fielen in das Gebiet der Bundesgenossen ein, und dies um so ungestümer, als sie darauf vertrauten, der neue Feldherr werde ihnen mit einem ihm noch unbekannten Heer und zu Beginn des Winters nicht entgegentreten. Er aber wußte wohl, daß Furcht oder Selbstvertrauen von den ersten Erfolgen abhängt. Deshalb dringt er mit schnellen Kohorten eilig vor, ließ niederhauen, was sich ihm entgegenstellte, und verfolgte, was auseinanderlief. Und damit sie sich nicht wieder zusammenscharten, ferner damit kein gefährlicher und trügerischer Friede abgeschlossen würde, der weder dem Feldherrn noch seinen Soldaten Ruhe verschafft hätte, geht er daran, die Verdächtigen zu entwaffnen und die ganze Strecke zwischen den Flüssen Avona und Sabrina durch verschanzte Lager zu befestigen. Die Icener waren die ersten, die sich widersetzten; sie sind ein kräftiger, durch Kämpfe noch nicht geschwächter Stamm und hatten

sich freiwillig mit uns verbündet. Auf ihre Veranlassung wählten die benachbarten Stämme einen Platz für die Schlacht aus, der von einem Felddamm eingehegt war und nur einen schmalen Zugang hatte, der für die Reiterei unzugänglich sein sollte. Der römische Feldherr versucht, obwohl er nur bundesgenössische Truppen ohne den Kern der Legionen führte, diese Verschanzungen zu durchbrechen. Er verteilt die Kohorten und rüstet auch die Schwadronen zum Fußkampf aus. Dann durchbrechen sie auf ein gegebenes Zeichen den Damm und bringen die Gegner in Verwirrung, die durch ihre eigene Umzäunung behindert waren. Doch vollbrachten jene in dem Bewußtsein, daß sie Empörer seien und daß ihnen alle Auswege versperrt waren, viele Heldentaten. In diesem Kampf erwarb sich der Sohn des Legaten, M. Ostorius, den Ehrenschmuck der Bürgerkrone.

32. Übrigens wurden durch die Niederlage der Icener diejenigen Stämme zur Ruhe gebracht, die noch zwischen Krieg und Frieden schwankten, und das Heer wurde in das Gebiet der Decanger geführt. Man verwüstete ihr Land und machte allenthalben Beute, ohne daß die Feinde eine Schlacht wagten. Wenn sie von einem Versteck aus den Heereszug anzufallen versuchten, wurde ihre List bestraft. Schon war man dem Meer nicht mehr fern, das in der Richtung auf die Insel Hibernia liegt, als Unruhen bei den Briganten ausbrachen und den Feldherrn zurückriefen, der fest entschlossen war, nichts Neues zu unternehmen, bevor er nicht des Alten sicher sein konnte. Die Briganten beruhigten sich allerdings, nachdem wenige, die zu den Waffen griffen, getötet waren und die übrigen Verzeihung erhalten hatten. Aber das Volk der Siluren ließ sich weder durch Strenge noch durch Milde von einem Krieg abbringen und mußte durch die Legionen, die man in ihr Land legte, gebändigt werden. Um dies rascher zustande zu bringen, legt er eine starke Veteranenkolonie, Camulodunum, in das eroberte Gebiet, die zum Schutz gegen die Rebellen dienen und die Bundesgenossen an die Befolgung der Gesetze gewöhnen sollte.

33. Von da zog man gegen die Siluren, die neben ihrem eigenen wilden Mut auch auf die Macht des Caratacus vertrauten. Der war durch viele unglückliche und glückliche Ereignisse so hoch gestiegen, daß er alle anderen britannischen Heerführer überragte.

Jetzt war er durch das tückische Gelände im Vorteil, an Streitmacht aber zu schwach. Deshalb spielt er den Krieg ins Gebiet der Ordoviker hinüber, zieht alle an sich, die den römischen Frieden fürchteten, und wagt die letzte Entscheidung. Dabei wählt er ein Schlachtfeld, wo Anmarsch und Rückzug für uns ungünstig und für seine Leute vorteilhaft waren. Auf einer Seite waren nämlich steile Berge, wo aber ein bequemer Anstieg möglich war, baut er Felsstücke nach Art eines Walles vor. Vor ihm lag ein Fluß mit unsicherer Furt, und vorn auf den Schanzen standen Scharen von Bewaffneten.

34. Zudem schreiten die Stammeshäuptlinge durch die Reihen, ermahnen und ermutigen ihre Leute, indem sie ihre Furcht zu zerstreuen, ihre Hoffnungen zu beleben versuchen und noch andere Reizmittel zum Kampf anwenden. Caratacus aber eilte hierhin und dorthin und beteuerte, die heutige Schlacht werde für sie der Anfang der wiederzugewinnenden Freiheit oder der ewigen Knechtschaft sein. Dabei rief er die Namen der Vorfahren an, die einst den Diktator Caesar verjagt hätten, durch deren Tapferkeit sie von Liktoren und Tributen frei geblieben seien und ihre Weiber und Kinder noch ungeschändet sähen. Auf diese und ähnliche Worte spendet ihm die Menge lärmenden Beifall; jeder Stamm verpflichtet sich nach seinem religiösen Brauch eidlich, daß ihn weder Geschosse noch Wunden zum Weichen bringen würden.

35. Diese Kampflust machte den römischen Feldherrn stutzig. Zugleich schreckte ihn der vor ihm liegende Strom, der aufgetürmte Wall dahinter, die vorspringenden Bergkuppen und daß alles ein furchtbares Aussehen hatte und mit Streitern dicht besetzt war. Trotzdem fordern die Soldaten den Kampf und rufen laut, alles sei durch Tapferkeit zu überwinden; die Präfekten und Tribunen stimmten ein und erhöhten noch die Kampflust des Heeres. Da erkundet Ostorius, was undurchdringlich und was gangbar war, geht seinen erbitterten Leuten voran und überschreitet den Fluß ohne Schwierigkeit. Als man an den Wall gekommen war, gab es, solange man mit Wurfspeeren kämpfte, auf unserer Seite mehr Wunden und sehr viele Verluste. Als aber die Römer ihre Schilddächer bildeten, als die roh aufgetürmten Steinmassen auseinandergerissen waren und nun ein Nahkampf unter gleichen Bedingungen begann, da ziehen die Barbaren auf

die Höhen ab. Aber auch dahin drangen die Leichtbewaffneten und die Schwerbewaffneten nach. Jene stürmten mit ihren Wurfgeschossen an, diese rückten in geschlossener Linie vor, und die Reihen der Britannier, die kein Panzer und kein Helm deckte, gerieten in Unordnung. Wenn sie den leichten Truppen Widerstand leisteten, wurden sie von den Schwertern und Speeren der Legionäre, wenn sie sich gegen diese wandten, von den Säbeln und Lanzen der leichten Hilfstruppen niedergestreckt. Glänzend war dieser Sieg; Caratacus' Gattin und Tochter wurden gefangengenommen, seine Brüder ergaben sich.

36. Er selbst wurde, wie in der Regel Schutzlosigkeit mit dem Unglück verbunden ist, als er den Schutz der Königin der Briganten, Cartimandua, erbeten hatte, gefesselt und den Siegern ausgeliefert, im neunten Jahr nach dem Beginn des britannischen Krieges. Daher war auch sein Ruhm über die Insel hinausgedrungen, hatte sich in den benachbarten (gallischen) Provinzen verbreitet und wurde auch in Italien gefeiert; alles war begierig, den Mann zu sehen, der so viele Jahre Roms Macht getrotzt hatte. Selbst in Rom war Caratacus' Name nicht unbekannt, und der Kaiser, der seine eigene Ehre erhöhen wollte, erhöhte dadurch nur des Besiegten Ruhm. Er ließ nämlich das Volk wie zu einem großen Schauspiel einladen; in voller Rüstung standen die prätorischen Kohorten auf dem Feld, das vor ihrer Kaserne liegt. Dann zog das königliche Gefolge auf, Schmuckstücke und Halsketten, die der König in auswärtigen Kriegen erbeutet hatte, wurden einhergetragen. Darauf folgten im Schauzug seine Brüder, seine Gattin und Tochter, zuletzt er selbst. Alle anderen baten ängstlich und unwürdig um Gnade, Caratacus dagegen suchte weder durch Niederschlagen seines Blickes noch durch Worte Mitleid zu erregen, sondern sprach, als er vor dem Tribunal stand, etwa folgendes:

37. »Wenn meine Mäßigung im Glück ebenso groß gewesen wäre wie mein Adel und mein Glück, so wäre ich wohl als Freund in diese Stadt gekommen, nicht als Gefangener, und du, Caesar, hättest es nicht für unter deiner Würde gehalten, den Sproß berühmter Ahnen, den Herrscher über sehr zahlreiche Volksstämme in ein Friedensbündnis aufzunehmen. Mein augenblickliches Los ist für mich ebenso schmählich wie für dich erhebend. Besessen habe ich Rosse und Mannen, Waffen und Schätze. Ist

es zu verwundern, daß ich all das ungern verlor? Wenn ihr über die ganze Welt herrschen wollt, folgt daraus etwa, daß sich alle diese Knechtschaft gefallen lassen? Wäre ich nach sofortiger Ergebung hierher geschleppt worden, so wäre weder mein Schicksal noch dein Ruhm verherrlicht worden. Auch wird durch meine Hinrichtung beides bald vergessen sein; läßt du mir aber das Leben, so werde ich ein ewiges Denkmal deiner Milde sein.« Hierauf begnadigte der Kaiser ihn selbst, seine Gattin (samt Tochter) und seine Brüder. Als man ihnen die Fesseln abgenommen hatte, huldigten sie auch der Agrippina, die nicht fern auf einer anderen Tribüne thronte, mit den gleichen Lob- und Danksprüchen wie dem Kaiser. Es war natürlich ganz neu und mit den alten Sitten unvereinbar, daß eine Frau vor den römischen Feldzeichen saß. Sie aber wollte als Mitinhaberin der von ihren Vorfahren geschaffenen Herrschaft gelten.

38. Dann wurden die Senatoren gerufen und hielten viele stolze Reden über Caratacus' Gefangennahme, die nicht weniger ruhmvoll sei als die des Syphax durch P. Scipio, des Perseus durch L. Paulus und aller anderen Könige, die dem römischen Volk in Fesseln vorgeführt wurden. Für Ostorius werden die Triumphabzeichen beantragt. Er war bisher erfolgreich gewesen, später aber schwankte sein Glück, weil der Krieg nach Caratacus' Beseitigung beendet schien und deshalb von unserer Seite mit geringerer Energie geführt wurde oder weil die Feinde aus Schmerz über ihren großen König noch heftiger zur Rache entbrannten. Sie umzingeln den Lagerpräfekten mit den Legionskohorten, die zur Anlage von Befestigungswerken im Gebiet der Siluren zurückgeblieben waren. Und wenn man nicht auf Grund von Meldungen der nächsten Kastelle den belagerten Truppen schnell zu Hilfe gekommen wäre, so wären sie erlegen. Trotzdem fiel der Präfekt sowie acht Centurionen und die tapfersten Soldaten. Bald darauf schlagen die Feinde sogar unsere Leute beim Futterholen in die Flucht, ebenso die Reitergeschwader, die ihnen zu Hilfe geschickt wurden.

39. Daraufhin stellte Ostorius seine leichten Kohorten dem Feind entgegen. Aber auch dadurch konnte er die Flucht nicht aufhalten, wenn die Legionen nicht eingegriffen hätten. Erst durch die Kerntruppe kam der Kampf zum Stehen und nahm

dann für uns eine günstigere Wendung. Doch entkamen die Feinde mit leichten Verlusten, weil sich der Tag neigte. Seitdem kam es zu zahlreichen Gefechten, häufig nach Art von Raubzügen in Wäldern und Sümpfen, wie Zufall oder Mut es jedem eingab, blindlings oder mit Bedacht, bald aus Rachedurst, bald aus Beutelust, bald auf Befehl und nicht selten auch ohne Wissen der Führer. Besonders groß war die Hartnäckigkeit der Siluren, die ein bekannt gewordenes Wort des römischen Feldherrn reizte: Wie einst die Sugambrer ausgerottet oder nach Gallien verpflanzt worden wären, so müsse auch der Siluren Name gänzlich vertilgt werden. Daher fingen sie zwei bundesgenössische Kohorten ab, deren habgierige Präfekten beim Plündern zu unvorsichtig waren. Auch verleiteten sie durch Verschenken von Beute und Gefangenen andere Stämme zum Abfall. Da ermattete Ostorius unter der Last der Sorgen und starb. Die Feinde jubelten, weil hier zwar keine Schlacht, aber der Krieg einen bedeutenden Heerführer dahingerafft habe.

40. Als der Kaiser vom Tod des Legaten erfahren hatte, setzte er den A. Didius an seine Stelle, um die Provinz nicht ohne Oberhaupt zu lassen. Dieser machte sich eilends auf den Weg, fand jedoch die Verhältnisse nicht mehr so, wie sie vorher waren, weil die unter dem Befehl des Manlius Valens stehende Legion inzwischen eine Schlacht verloren hatte. Die Feinde übertrieben diesen Vorfall, um den Feldherrn gleich bei seiner Ankunft in Schrecken zu setzen. Und dieser wiederum übertrieb noch das, was er gehört hatte, damit sein Ruhm um so größer sei, wenn er die Ruhe wiederherstellte, und die Nachsicht um so verdienter scheine, wenn er nichts ausgerichtet hätte. Auch diese Schlappe hatten uns die Siluren beigebracht und schweiften nun weit und breit umher, bis sie durch Didius' Einschreiten vertrieben wurden. Aber nach der Gefangennahme des Caratacus war Venutius, aus dem Stamm der Briganten, der hervorragendste Kriegsheld. Wie ich früher berichtet habe, war er den Römern lange treu und wurde von unseren Truppen beschützt, da er die Königin Cartimandua heiratete. Als sich die beiden aber später nach erfolgter Scheidung sofort bekriegten, begann er auch gegen uns die Feindseligkeiten. Anfangs stritten sie jedoch nur unter sich, und Cartimandua brachte Venutius' Bruder und Verwandte durch List in ihre Ge-

walt. Darüber waren die Feinde empört, wurden durch den Gedanken an die Schande, der Herrschaft eines Weibes unterworfen zu werden, noch weiter erregt und dringen mit einer starken und ausgezeichnet bewaffneten Jungmannschaft in ihre Königsburg ein. Dies hatten wir vorausgesehen, und unsere zu Hilfe geschickten Kohorten lieferten einen scharfen Kampf, der anfangs unentschieden, schließlich aber erfolgreich war. Mit gleichem Ausgang kämpfte auch die Legion, die unter Caesius Nasicas Befehl stand. Denn Didius, der in hohem Greisenalter stand und reich genug an Ehren war, beschränkte sich darauf, seine Untergebenen handeln zu lassen und den Feind hinzuhalten. – Obwohl diese Ereignisse unter zwei Proprätoren, Ostorius und Didius, stattfanden und sich über mehrere Jahre erstreckten, habe ich sie doch zusammengefaßt, damit sie nicht durch die Trennung an geschichtlicher Bedeutung verlieren. Jetzt kehre ich zur zeitlichen Abfolge zurück.

41. Unter dem fünften Konsulat des Ti. Claudius und dem des Servius Cornelius gab man Nero vor der Zeit die Männertoga, um ihn zur Übernahme von Staatsgeschäften fähig erscheinen zu lassen. Und der Kaiser gab willig dem unterwürfigen Antrag des Senats nach, daß Nero schon mit zwanzig Jahren das Konsulat antreten, inzwischen als designierter Konsul die prokonsularische Gewalt außerhalb Roms erhalten und Princeps der Jugend genannt werden solle. In seinem Namen wurde für die Soldaten ein Geldgeschenk, für das Volk eine Spende hinzugefügt, und bei einem Circusspiel, das gegeben wurde, um ihm die Gunst des Volkes zu erwerben, fuhr Britannicus in der Praetexta, Nero im Triumphgewand einher. Das Volk sollte diesen im Schmuck des Imperators, jenen im Knabenkleid sehen und daraus Schlüsse auf die Stellung beider ziehen. Gleichzeitig wurden einige Centurionen und Tribunen (der Garde), die Britannicus' Los bemitleideten, entfernt, teils auf falsche Anschuldigungen hin, teils unter einem ehrenvollen Vorwand. Auch wer sich von den Freigelassenen noch unbestechlich und treu erwiesen hatte, wurde aus folgendem Anlaß (aus seiner Nähe) verscheucht: Bei einer Begegnung begrüßte Nero den Britannicus mit seinem richtigen Namen, Britannicus aber redete ihn mit »Domitius« an. Diesen Vorfall hielt Agrippina für den Beginn der Zwietracht und be-

richtete ihn dem Gatten mit beweglichen Klagen: Das sei ja ein Hohn auf die Adoption, dadurch werde das, was der Senat beschlossen, was das Volk befohlen, im eigenen Haus wieder aufgehoben. Wehre man die verruchten Leute, die ihm zu diesen Feindseligkeiten rieten, nicht ab, so würden sie den ganzen Staat ins Unglück stürzen. Durch diese vagen Beschuldigungen erregt, bestraft Claudius gerade die besten Erzieher seines Sohnes mit der Verbannung oder mit dem Tod und bestellt ihm neue Aufseher, die die Stiefmutter auswählte.

42. Doch wagte es Agrippina noch nicht, die äußersten Schritte zu unternehmen, wenn nicht vorerst Lusius Geta und Rufrius Crispinus, die nach ihrer Meinung dem Andenken Messalinas und deren Kindern ergeben waren, des Oberbefehls über die prätorischen Kohorten enthoben würden. Sie versicherte, die Nebenbuhlerschaft der beiden Präfekten schaffe Uneinigkeit unter den Kohorten. Wenn ihre Leitung in *einer* Hand läge, wäre die Disziplin weit besser. Daraufhin wird der Befehl über die Prätorianer dem Afranius Burrus übertragen, einem Mann von ausgezeichnetem militärischen Ruf, der aber sehr wohl wußte, auf wessen Wunsch er erhoben wurde. Auch ihr eigenes Ansehen suchte Agrippina zu steigern. Sie fuhr in einem Wagen aufs Kapitol, eine Ehre, die von alters her nur den Priestern und dem Allerheiligsten eingeräumt ist. Diese Ehre erhöhte noch die Würde einer Frau, die als Tochter eines Imperators, als Schwester, Gattin und Mutter von Kaisern bis auf den heutigen Tag einzig dasteht. Inzwischen wird aber Vitellius, ihr vornehmster Vorkämpfer, der am unerschütterlichsten in ihrer Gunst stand, dazu ein Mann von höchstem Alter – so unsicher ist das Schicksal der Mächtigen –, durch eine Anklage vor Gericht gezogen. Sie ging vom Senator Junius Lupus aus, der ihm Majestätsverbrechen und Streben nach der Herrschaft vorwarf. Der Kaiser hätte dieser Beschuldigung auch Gehör geschenkt, wenn ihn nicht Agrippina mehr durch Drohungen als durch Bitten derart umgestimmt hätte, daß er über den Ankläger den Bann aussprach. Mehr hatte auch Vitellius nicht gewünscht.

43. In diesem Jahr gab es viele Wunderzeichen. Unheil verkündende Vögel nisteten auf dem Kapitol. Häuser stürzten durch häufige Erdstöße ein, und die aus Furcht vor dem weiteren Um-

sichgreifen des Bebens ängstlich erregten Massen traten alle Schwächlichen zu Boden. Auch ein Getreidemangel und eine daraus entstehende Hungersnot wurden als Wunderzeichen angesehen. Und es blieb nicht bloß bei heimlichen Klagen. Claudius wurde, während er auf dem Forum Recht sprach, mit stürmischem Geschrei umringt. Man trieb ihn bis in den äußersten Winkel des Forums und setzte ihm mit Gewalt zu, bis eine Abteilung Soldaten die erbitterte Menge durchbrach. Es stand fest, daß für die Stadt Rom nur noch für fünfzehn Tage, nicht länger, Lebensmittel vorhanden waren. Nur durch die große Gnade der Götter und den milden Winter wurde die äußerste Gefahr abgewendet. Wahrhaftig, einst konnte Italien die Legionen in weit entlegenen Provinzen versorgen, und auch heute kann man sich über Unfruchtbarkeit (unseres Landes) nicht beklagen. Aber wir bearbeiten lieber afrikanischen und ägyptischen Boden und geben das Leben des römischen Volkes den Zufälligkeiten der Schiffahrt preis.

44. Im gleichen Jahr brach ein Krieg zwischen den Armeniern und Hiberern aus, der auch die heftigsten Zusammenstöße zwischen den Parthern und Römern verursachte. Über das parthische Volk gebot Vologaeses, der ein griechisches Kebsweib zur Mutter hatte, aber doch mit Zustimmung seiner Brüder zur Herrschaft gelangt war. Die Hiberer hatte Pharasmanes in altem Besitz, die Armenier beherrschte Mithridates mit römischer Unterstützung. Nun hatte Pharasmanes einen Sohn namens Radamistus, einen Jüngling von hohem Wuchs und gewaltiger Körperkraft, der in den heimischen Fertigkeiten wohl bewandert war und bei den Nachbarvölkern in vortrefflichem Ruf stand. Dieser beklagte sich wiederholt heftig darüber, daß ihm durch seinen langlebigen Vater der armselige Thron Armeniens vorenthalten werde, und konnte sein Verlangen danach nicht verbergen. Pharasmanes fürchtete daher den jungen Mann, der es mit der Machtstellung so eilig hatte und die Liebe des Volkes genoß, während sich seine Jahre schon dem Ende zuneigten. Infolgedessen lenkt er ihn auf eine andere Aussicht ab und weist ihn auf Armenien hin, wobei er daran erinnerte, daß *er* es gewesen sei, der dieses Land nach der Vertreibung der Parther dem Mithridates gegeben habe. Doch müsse man nicht Gewalt, sondern lieber List anwenden,

um diesen, bevor er noch etwas ahnte, zu verdrängen. Radamistus geht also an den Hof seines Onkels Mithridates, unter dem Vorwand, er sei mit seinem Vater entzweit und dem Haß seiner Stiefmutter nicht gewachsen. Dort wird er mit großer Freundlichkeit wie ein Sohn aufgenommen und verleitet nun die vornehmen Armenier zum Hochverrat, während Mithridates von nichts wußte und ihn noch obendrein auszeichnete.

45. Unter dem Vorwand einer erfolgten Wiederversöhnung kehrte Radamistus zu seinem Vater zurück und meldet, daß alles, was sich durch List erreichen ließ, ins Werk gesetzt sei; alles übrige müsse mit Gewalt durchgesetzt werden. Inzwischen erfindet Pharasmanes Gründe zum Krieg: Als er mit dem König der Albaner gekämpft und die Römer zu Hilfe gerufen habe, sei ihm der Bruder feindlich entgegengetreten, und jetzt komme er, um diese Beleidigung zu rächen und ihn zu vernichten. Damit übergab er seinem Sohn eine große Truppenmacht. Der treibt den Mithridates, der durch den plötzlichen Überfall erschreckt und aus dem Feld geschlagen war, in das Kastell Gorneae, das durch seine Lage und eine römische Besatzung gesichert war, die der Präfekt Caelius Pollio und der Centurio Casperius befehligten. Nichts ist den Barbaren so unbekannt wie die Maschinen und Finten der Belagerungskunst, während uns dieser Teil des Kriegswesens besonders vertraut ist. Radamistus entschließt sich also nach verlustreichen und vergeblichen Stürmen gegen die Befestigungswerke zur Belagerung. Da er aber mit Gewalt nichts ausrichten konnte, besticht er den habsüchtigen Präfekten, während ihn der Centurio beschwor, er solle doch nicht den verbündeten König und Armenien, das Geschenk des römischen Volkes, um des verbrecherischen Geldes wegen zugrunde richten. Da Pollio demgegenüber auf die Menge der Feinde und Radamistus auf die Befehle seines Vaters hinwies, schloß Casperius schließlich einen Waffenstillstand und zog dann ab, um, wenn er auch Pharasmanes vom Krieg nicht abbringen konnte, wenigstens den Statthalter von Syrien, Ummidius Quadratus, davon zu unterrichten, in welchem Zustand Armenien sich befinde.

46. Durch den Weggang des Centurio fühlte sich der Präfekt wie von einem Aufpasser befreit und riet dem Mithridates zum Abschluß eines Vertrages. Dabei sprach er von der engen Verbin-

dung unter Brüdern, von dem höheren Alter des Pharasmanes und von den übrigen verwandtschaftlichen Beziehungen: Mithridates habe doch eine Tochter seines Bruders zur Frau und sei selbst Radamistus' Schwiegervater. Die Hiberer würden den Frieden nicht ablehnen, obgleich sie im Augenblick die stärkeren seien. Auch kenne er doch die Treulosigkeit der Armenier gut genug und habe keinen anderen Rückhalt als das schlecht verproviantierte Kastell. Daher solle er eine zweifelhafte Entscheidung durch die Waffen nicht einem unblutigen Vertrag vorziehen! Während Mithridates daraufhin zögerte und den Ratschlägen des Präfekten mißtraute, der sich an einem königlichen Kebsweib vergangen hatte und als käuflich zu jeglicher Schlechtigkeit galt, kommt Casperius inzwischen bei Pharasmanes an und fordert dringend, die Hiberer sollten von der Belagerung des Kastells abstehen. Jener gibt ihm öffentlich unbestimmte und meist versöhnliche Antworten, ermahnt aber den Radamistus durch geheime Boten, die Belagerung auf jede Weise zu beschleunigen. Dieser erhöht den Lohn der Schandtat, und Pollio bringt seine Soldaten durch heimliche Bestechungen dahin, Frieden zu fordern und mit dem Abzug der Besatzung zu drohen. Unter diesem Zwang nimmt Mithridates Tag und Ort für den Abschluß des Vertrages an und verläßt das Kastell.

47. Anfangs stürzte sich Radamistus in seine Arme, heuchelte Folgsamkeit, nannte ihn Schwiegervater und Vater und gab ihm die eidliche Versicherung, er wolle ihm weder durch das Schwert noch durch Gift Gewalt antun; dabei zieht er ihn in einen nahen Hain mit der wiederholten Äußerung, daß dort bereits das Opfer gerüstet sei, um den Frieden durch die Zeugenschaft der Götter zu festigen. So oft Könige ein Bündnis schließen wollen, ist es Sitte, die Hände ineinanderzuschlingen, die Daumen zusammenzubinden und durch einen Knoten fest zuzuschnüren. Wenn dann das Blut in die äußersten Fingerspitzen gedrungen ist, lassen sie es durch einen leichten Schnitt herausfließen und lecken es gegenseitig auf. Dies halten sie für eine geheimnisvolle, gewissermaßen durch das Blut beider geheiligte Bindung. Hier aber läßt Radamistus die Schnur, die er anlegen wollte, scheinbar fallen, faßt Mithridates an den Knien und wirft ihn zu Boden. Sofort laufen Leute herbei und legen ihn in Ketten. An den Füßen gefes-

selt, was bei den Barbaren als besonders entehrend gilt, wurde er fortgeschleppt, und das Volk, das er in harter Unterwürfigkeit gehalten hatte, bedrohte ihn mit Schmähungen und Mißhandlungen. Freilich fanden sich auch einige, die ihn wegen eines solchen Umschwungs seines Glückes bemitleideten. Seine Gattin, die ihm mit den Kindern folgte, erfüllte alles mit ihrem Wehklagen. Man legte die Gefangenen in verschiedene verdeckte Wagen, während man Pharasmanes' Befehle einholte. Diesem lag an seiner Herrschsucht mehr als an Bruder und Tochter, sein Herz war zu jedem Verbrechen bereit. Sein Auge wollte er jedoch nicht durch eine Hinrichtung in seiner Gegenwart verletzen. Radamistus aber bleibt gewissermaßen seinem Schwur treu und bringt Schwester und Oheim nicht durch das Schwert, nicht durch Gift um, sondern läßt sie auf den Boden legen und durch viele schwere Dekken, die man auf sie warf, ersticken. Auch Mithridates' Söhne wurden niedergemacht, weil sie über die Hinrichtung ihrer Eltern geweint hatten.

48. Als aber Quadratus erfuhr, daß Mithridates verraten und sein Reich von den Mördern in Besitz genommen war, beruft er einen Kriegsrat, legt die Vorgänge dar und erwägt, ob er einen Rachezug unternehmen solle. Nur wenigen lag die Ehre des Staates am Herzen; die meisten sprachen nur von dessen Sicherheit. Über jede Schandtat des Auslandes müsse man sich doch freuen; man müsse sogar den Samen der Zwietracht ausstreuen, wie schon oft römische Kaiser gerade Armenien unter dem Vorwand der Schenkung an auswärtige Fürsten vergeben hätten, nur um die Barbaren gegeneinander aufzuhetzen. Möge doch Radamistus seinen Raub genießen, wenn er sich nur verhaßt und verrufen mache! Das sei für Rom weit nützlicher, als wenn er das Land ruhmvoll erobert hätte. Dieser Ansicht trat man bei. Um aber nicht den Anschein zu erwecken, daß man mit dem Verbrechen einverstanden sei, während der Kaiser vielleicht etwas ganz anderes befehle, wurden Gesandte an Pharasmanes geschickt, er solle Armenien räumen und seinen Sohn zurückrufen.

49. Prokurator von Kappadokien war damals Julius Paelignus, ein Mensch, der durch seine Feigheit ebenso verächtlich war wie durch sein lächerliches Äußeres. Er war aber ein vertrauter Freund des Claudius aus der Zeit, als dieser noch Privatmann war

und sich in seiner trägen Muße am Verkehr mit Possenreißern vergnügte. Dieser Paelignus zog die Hilfstruppen seiner Provinz zusammen, als wolle er Armenien erobern. Als er aber die Bundesgenossen ärger brandschatzt als die Feinde, wird er von seinen Scharen im Stich gelassen, von den Barbaren angegriffen und gelangt schließlich ohne jede Bedeckung bei Radamistus an. Durch dessen Geschenke bestochen, fordert ihn Paelignus nun selbst auf, sich den Königsschmuck aufzusetzen, und steht ihm dabei als Bürge und Trabant zur Seite. Sobald sich davon das schändliche Gerücht verbreitete, wollte man verhindern, daß auch die übrigen Römer nach Paelignus beurteilt würden, und entsandte den Legaten Helvidius Priscus mit einer Legion, der je nach den Umständen in die Unruhen eingreifen sollte. Er überschritt also eilig das Taurusgebirge und hatte bereits mehr durch Mäßigung als durch Gewalt erreicht, als er den Befehl erhält, nach Syrien zurückzukehren, damit kein Krieg mit den Parthern entstünde.

50. Vologaeses hielt nämlich den Zeitpunkt für gekommen, in Armenien einzubrechen, das einst Eigentum seiner Vorfahren gewesen sei und jetzt von einem auswärtigen König durch ein Verbrechen besetzt gehalten werde. Er zieht Truppen zusammen und schickt sich an, seinen Bruder Tiridates auf den Thron zu setzen, damit kein Mitglied seiner Familie ohne Reich wäre. Beim Einrücken der Parther wichen die Hiberer kampflos zurück, und die Hauptstädte der Armenier, Artaxata und Tigranocerta, unterwarfen sich. Darauf hatten aber ein strenger Winter und unzureichende Vorsorge für den Proviant eine Seuche zur Folge, die Vologaeses zwingt, den erreichten Besitz aufzugeben. In das frei gewordene Armenien drang wiederum Radamistus ein, zeigte sich noch herrischer als vordem und behandelte das Volk wie Abtrünnige, die sich zu gelegener Zeit wieder empören würden. Da verlieren die Armenier, so sehr sie auch an Knechtschaft gewöhnt waren, doch die Geduld und umringen mit bewaffneter Macht die Königsburg.

51. Radamistus blieb kein anderes Rettungsmittel als die Schnelligkeit seiner Rosse, mit denen er sich selbst und seine Gattin zu retten suchte. Die schwangere Frau hielt zwar anfangs aus Furcht vor den Feinden und aus Liebe zum Gatten die Flucht einigermaßen aus; als aber später durch die andauernde schnelle

Bewegung ihr Leib erschüttert wird und ihr Inneres erzittert, bittet sie ihn, er möge sie doch durch einen ehrenvollen Tod einer schmählichen Gefangenschaft entreißen. Zuerst umarmt er sie, richtet sie auf und redet ihr zu; bald bewundert er ihren Heldensinn, bald wird er von der Furcht geplagt, man könnte sich ihrer bemächtigen, wenn er sie zurückließe. Endlich zieht er in seiner leidenschaftlichen Liebe – er war ja in furchtbaren Taten nicht unerfahren – seinen persischen Säbel. Die Schwerverwundete schleppt er dann an das Ufer des Araxes und übergibt sie dem Fluß, damit auch ihr Leichnam (dem Feind) entzogen werde. Er selbst gelangt in schleuniger Flucht nach Hiberien ins Reich seines Vaters. Inzwischen bemerken Hirten, daß Zenobia – so hieß die Frau – im ruhigen Wasser noch atmete und Lebenszeichen von sich gab. Aus ihrer edlen Schönheit schließen sie, daß sie nicht niedriger Herkunft sei, verbinden ihre Wunde, wenden ländliche Heilmittel an und bringen die Frau, nachdem sie Namen und Umstände erfahren hatten, in die Hauptstadt Artaxata. Von dort aus wurde sie durch die Bürgerschaft zu Tiridates gebracht, der sie freundlich aufnahm und wie eine Königin behandelte.

52. Unter den Konsuln Faustus Sulla und Salvius Otho wird Furius Scribonianus in die Verbannung geschickt, weil er angeblich bei den Chaldäern nach dem Ende des Princeps geforscht habe. Damit wurde eine Anklage gegen seine Mutter Vibia verbunden, weil sie sich in ihr früheres Schicksal – sie war aus Rom verwiesen worden – nicht schicken könne. Scribonianus' Vater Camillus hatte in Dalmatien einen Aufstand erregt; daher rechnete es sich der Kaiser als besondere Milde an, wenn er den Sohn eines Staatsfeindes verschonte. Doch lebte der Verbannte dann nicht mehr lange. Ob er eines zufälligen Todes starb oder durch Gift beseitigt wurde, hat jeder nach seiner Auffassung berichtet. Über die Ausweisung der Astrologen aus Italien wurde ein scharfer, aber erfolgloser Senatsbeschluß gefaßt. Darauf lobte der Princeps in einer Rede die Senatoren, die wegen beengter Vermögensverhältnisse freiwillig aus dem Senatorenstand ausschieden. Dagegen wurden diejenigen, die blieben und so zur Armut noch die Unverschämtheit fügten, ausgestoßen.

53. Bei dieser Gelegenheit stellt der Kaiser auch den Antrag auf Bestrafung der Frauen, die sich mit Sklaven verheirateten. Man

faßt den Beschluß, daß diese Frauen, wenn sie ohne Wissen des betreffenden Herrn so tief gesunken waren, ebenfalls als Sklavinnen angesehen werden sollten, mit Einwilligung des Herrn aber als Freigelassene. Für Pallas, den der Kaiser als geistigen Urheber dieses Antrages bezeichnet hatte, beantragte der designierte Konsul Barea Soranus die Prätorenabzeichen und eine Schenkung von fünf Millionen Sesterzen. Cornelius fügte hinzu, es solle auch eine öffentliche Danksagung an ihn erfolgen, weil er trotz seiner Abkunft von arkadischen Königen seinen uralten Adel dem Staatswohl opfere und sich zu den Dienern des Princeps zählen lasse. Claudius aber versicherte, Pallas wolle sich mit der ihm zugedachten Ehrung begnügen und in seiner bisherigen Armut verbleiben. In der Tat wurde der Senatsbeschluß auf einer ehernen Tafel öffentlich ausgestellt, wonach der Freigelassene, der ein Vermögen von 300 Millionen Sesterzen besaß, mit Lobsprüchen auf seine altrömische Sparsamkeit überhäuft wurde!

54. Nicht so bescheiden zeigte sich sein Bruder mit dem Beinamen Felix, der schon seit längerer Zeit Statthalter von Judäa war und sich in seiner hohen Stellung alle möglichen Übeltaten glaubte leisten zu dürfen. Nun hatten die Juden allerdings durch einen Aufstand den Verdacht einer Empörung erweckt, ⟨nachdem sie von Gaius Caesar den Befehl erhalten hatten, sein Standbild in ihrem Tempel aufzustellen⟩. Und obwohl sie nach der Ermordung des Gaius (dem Befehl) keine Folge geleistet hatten, blieb doch die Besorgnis, daß ein anderer Princeps von ihnen dasselbe verlangen könnte. Inzwischen verleitete Felix die Juden durch unzeitige Maßnahmen zu weiteren Übergriffen und fand einen Schüler in der Schurkerei an Ventidius Cumanus, dem ein Teil der Provinz unterstellt war. Sie war nämlich so geteilt, daß Ventidius über die Galiläer herrschte, Felix über die Samariter. Diese Stämme waren seit jeher miteinander verfeindet und hielten jetzt, da sie ihre Gebieter verachteten, ihren Haß noch weniger zurück. So berauben sie sich gegenseitig, senden Räuberbanden aus, machen Überfälle, stoßen gelegentlich auch in Gefechten zusammen und überbringen dann Beute und Raub ihren Statthaltern. Diese freuen sich anfangs darüber; als aber das Unwesen später zunahm und man allgemein mit Waffen aufeinander losging, wurden die Soldaten (ebenfalls) niedergemacht; und es wäre

ein regelrechter Krieg in der Provinz entbrannt, hätte nicht Quadratus, der Statthalter Syriens, Hilfe geleistet. Mit den Juden, die sich zur Ermordung römischer Soldaten hatten hinreißen lassen, machte er keine langen Umstände und ließ sie mit dem Tod büßen. Cumanus und Felix aber verursachten ihm Bedenken, weil Claudius, als er die Gründe des Aufstandes erfuhr, dem Quadratus das Recht gegeben hatte, auch über die beiden Prokuratoren das Urteil zu sprechen. Doch Quadratus nahm Felix mit auf das Tribunal und ließ ihn offensichtlich unter den Richtern Platz nehmen, um diejenigen abzuschrecken, die ihn etwa anklagen wollten. So mußte Cumanus allein für die Schandtaten büßen, die beide gemeinschaftlich begangen hatten, und die Ruhe in der Provinz war wieder hergestellt.

55. Nicht lange darauf empörten sich die Völkerschaften des wilden Kilikien, die den Namen Cliten führen und auch sonst häufig in Aufruhr waren. Damals nahmen sie unter der Führung Troxobors in den rauhen Bergen eine befestigte Stellung ein und wagten es, von da aus Streifzüge an die Meeresküste oder in die Städte zu unternehmen und die Landleute und Städter, namentlich aber die Kaufleute und Seefahrer, zu berauben. So belagerten sie auch die Stadt Anemurium und sprengten die aus Syrien zum Entsatz geschickte Reiterei auseinander, weil die ringsum rauhe und nur zum Kampf für Fußtruppen geeignete Gegend ein Reitertreffen nicht gestattete. Als dann aber der König dieser Küstenlandschaft, Antiochus, das Volk durch Versprechungen an sich gelockt, den Anführer hintergangen und so die Streitkräfte der Barbaren geteilt hatte, ließ er den Troxobor mit wenigen Häuptlingen töten und brachte die übrigen durch Milde zur Ordnung zurück.

56. Um dieselbe Zeit wurde der Berg zwischen dem Fucinersee und dem Lirisfluß durch einen Kanal durchbrochen. Um die Großartigkeit dieses Werkes recht vielen vor Augen zu führen, wird auf dem See ein Schiffskampf aufgeführt, wie ihn auch Augustus einst auf einem jenseits des Tibers ausgegrabenen Teich veranstaltet hatte, aber nur mit leichten Fahrzeugen und geringerem Aufwand. Claudius rüstete Drei- und Vierruderer mit 19000 Mann Besatzung aus und faßte den ganzen Umkreis mit Kähnen ein, um ein Entkommen (der Kämpfer) ins Freie zu verhindern.

Doch blieb der Raum groß genug, um die ganze Macht der Ruderer, die Kunst der Steuerleute, die Angriffe einzelner Schiffe und überhaupt des Kampfes Brauch zu ermöglichen. Auf den Kähnen standen Manipel und Geschwader der Prätorianerkohorten, davor waren Schutzwehren aufgerichtet, von denen aus Katapulte und Ballisten in Tätigkeit treten konnten. Der übrige Teil des Sees wurde von Kriegsschiffen und ihrer Bemannung eingenommen. Die Ufer, Hügel und Berghöhen füllte wie in einem Amphitheater eine unzählbare Menge, die aus den Nachbarstädten und auch aus Rom zusammengeströmt war, teils aus Schaulust, teils dem Princeps zu Gefallen. Er selbst in prächtigem Feldherrnmantel und neben ihm Agrippina in golddurchwirktem Gewand führten den Vorsitz. Gekämpft wurde, wenn auch unter Verbrechern, mit dem Mut tapferer Männer; und erst nach vielen Verwundungen entzog man die Streitenden der völligen Vernichtung.

57. Nach Beendigung des Schauspiels wurden die Abzugskanäle geöffnet. Und nun zeigte es sich, wie sorglos das ganze Werk ausgeführt war, das nicht bis zur Tiefe des Sees hinabging. Deshalb wurden auch nach einiger Zeit die Kanäle tiefer ausgegraben. Um wieder eine Volksmenge herbeizuziehen, veranstaltet man ein Gladiatorenspiel, nachdem Brücken für einen Landkampf geschlagen waren. Am Ausfluß des Sees wurde sogar ein Festmahl aufgetragen, bei dem aber eine allgemeine Panik ausbrach, weil die hervorbrechenden Wassermassen die nächste Umgebung mit sich fortrissen, auch die entfernter Stehenden zum Wanken brachten oder doch durch Krachen und Getöse in Furcht versetzten. Die Bestürzung des Fürsten benützte Agrippina gleich, um den Unternehmer des Werkes, Narcissus, der Habsucht und Unterschlagung zu beschuldigen. Aber auch er schweigt nicht, sondern wirft ihr weibliche Herrschgier und zügellose Wünsche vor.

58. Unter dem Konsulat des D. Junius und Q. Haterius wurde der sechzehnjährige Nero mit des Kaisers Tochter Octavia vermählt. Um durch edlen Eifer und Beredsamkeit zu glänzen, nahm Nero sich der Bewohner von Neu-Ilium an, führte mit großer Beredsamkeit aus, daß die Römer aus Troia stammten, daß Aeneas der Ahnherr des julischen Geschlechts sei, und erzählt

noch andere beinahe dem mythischen Zeitalter angehörige Geschichten. So setzt er wirklich durch, daß die Bewohner von Ilium von allen staatlichen Leistungen befreit wurden. Ebenfalls auf eine Rede Neros hin wurde die durch Feuer zerstörte Kolonie Bononia durch eine Schenkung von zehn Millionen Sesterzen unterstützt. Die Rhodier erhielten die Freiheit wieder, die man ihnen wiederholt genommen und dann wieder bestätigt hatte, je nachdem sie sich in auswärtigen Kriegen verdient gemacht oder durch innere Unruhen vergangen hatten. Der Stadt Apamea, die durch ein Erdbeben gelitten hatte, wurde der Tribut auf fünf Jahre erlassen.

59. Claudius aber wurde durch Agrippinas Ränke zu den schlimmsten Grausamkeiten getrieben; sie wußte den Statilius Taurus, einen sehr reichen Mann, nach dessen Park sie gierte, zu Fall zu bringen, auf Anklage des Tarquitius Priscus. Dieser war der Legat des Taurus, als er das Prokonsulat von Afrika verwaltete. Nach ihrer Rückkehr warf ihm Tarquitius einige Erpressungen vor, vor allem aber den Glauben an magische Prophezeiungen. Taurus, der nicht länger die falschen Anklagen und seine unwürdige Lage ertragen konnte, nahm sich selbst das Leben, noch bevor der Senat sein Urteil gesprochen hatte. Dennoch wurde Tarquitius aus dem Senat gestoßen; dies setzten die Senatoren trotz Agrippinas Machenschaften durch, weil sie diesen Angeber haßten.

60. Im gleichen Jahr hörte man öfters den Ausspruch des Kaisers, daß die richterlichen Entscheidungen seiner Prokuratoren dieselbe Geltung haben müßten wie seine eigenen. Und damit man nicht annehme, er sei zufällig darauf gekommen, wurden auch durch Senatsbeschluß ausführlichere und weitergehende Bestimmungen als zuvor darüber getroffen. Der verewigte Augustus hatte nämlich angeordnet, daß die römischen Ritter, die Ägypten verwalteten, mit gesetzlicher Wirkung verhandeln sollten. Ihre Erlasse sollten die gleiche Geltung haben, als wenn sie von den Staatsbeamten des römischen Volkes gegeben worden wären; später erhielten die Ritter auch in den anderen Provinzen und in Rom selbst sehr viele Befugnisse, die früher den Prätoren vorbehalten waren. Claudius aber gab ihnen jetzt die volle Gerichtsbarkeit, über die man so oft in Aufständen oder mit Waf-

fengewalt gestritten hatte. Durch die Gesetze der Sempronier war der Ritterstand in den Besitz der Kriminalgerichte gelangt, die durch die Gesetze des Servilius wiederum dem Senat übertragen wurden; und um diese Frage drehte sich hauptsächlich auch der Kampf zwischen Marius und Sulla. Aber damals stritten ganze Stände miteinander, und ihr Sieg hatte allgemeine Geltung. C. Oppius und Cornelius Balbus waren dann die ersten, die durch Caesars Allmacht die Befugnis erhielten, über Krieg und Frieden (in ihrem Gebiet) nach Gutdünken zu bestimmen. Die Namen Matius und Vedius und andere römische Ritter anzuführen, die später zu größtem Einfluß gelangten, dürfte überflüssig sein, da Claudius sogar Freigelassene, die nur sein Hausvermögen verwalteten, sich und den Gesetzen gleichgestellt hat.

61. Ferner beantragte der Kaiser, den Bewohnern der Insel Cos Abgabenfreiheit zu bewilligen, und erzählte viel aus der alten Geschichte der Insel: Die Argiver oder Coeus, Latonas Vater, seien die ältesten Ansiedler gewesen; später sei dort durch Aesculapius' Ankunft die Heilkunde eingeführt worden, die dann besonders unter seinen Nachkommen in großer Blüte gestanden habe. Dabei führte er die Namen jedes einzelnen an und setzte hinzu, sein Leibarzt Xenophon stamme noch aus diesem Geschlecht, und man müsse dessen Bitten erfüllen, daß die Coer, von allen Abgaben befreit, in Zukunft auf ihrer heiligen und nur dem Gott dienstbaren Insel lebten. Auch bezweifelt niemand, daß man viele Verdienste der Coer um das römische Volk und viele gemeinsam erfochtene Siege hätte anführen können. Aber Claudius wollte, was er nach seiner gewohnten Willfährigkeit einer einzelnen Person zugestanden hatte, nicht durch irgendwelche äußeren Gründe verdecken.

62. Aber die Byzantier beschwerten sich, als sie das Wort erhalten hatten, vor dem Senat über die drückende Steuerlast und holten alle möglichen Gründe hervor. Sie begannen mit dem Bündnis, das sie mit uns zu der Zeit geschlossen hatten, als wir gegen den König von Makedonien, dem man als einem Bastard den Namen Pseudophilippus gegeben hatte, Krieg führten. Dann gedachten sie der Hilfstruppen, die sie gegen Antiochus, Perseus und Aristonicus geschickt, ferner der Unterstützung des Antonius im Seeräuberkrieg, und was sie für Sulla, Lucullus und Pom-

peius getan hätten. Dazu erinnerten sie an die Verdienste, die sie sich in neuerer Zeit um die Caesaren erwarben. Sie bewohnten ja eine Gegend, die für die zu Wasser und zu Lande durchziehenden Feldherren und ihre Heere sowie für die Versorgung mit Lebensmitteln äußerst günstig gelegen sei.

63. Denn da, wo die Meerenge zwischen Europa und Asien am schmalsten ist, am äußersten Ende von Europa, haben die Griechen Byzantium gegründet. Als sie den pythischen Apollo befragten, wo sie die neue Stadt gründen sollten, gab das Orakel die Antwort, sie sollten sich ihren Wohnort gegenüber dem Land der »Blinden« suchen. Dieser rätselhafte Ausspruch sollte auf die Stadt der Chalkedonier hindeuten. Denn diese hätten, obwohl sie früher dort gelandet waren und die Vorteile der Lage zuerst entdeckt hatten, doch die schlechtere Seite gewählt. Byzantium hat nämlich einen fruchtbaren Boden und ein fischreiches Meer, weil die ungeheuren Fischmengen, die aus dem Pontus herausströmen, die störenden Klippen unter dem Wasser fürchten und von der gekrümmten jenseitigen Küste in die diesseitigen Buchten hinüberkommen. Daher hatte die Stadt anfangs Gewinn und Reichtum, später aber fühlte sie sich durch die Last der Abgaben bedrückt und bat um gänzlichen Erlaß oder Ermäßigung. Der Kaiser unterstützte das Gesuch und beantragte, daß die durch den thrakischen und bosporanischen Krieg erschöpften Bewohner unterstützt werden sollten. So wurden ihnen die Steuern auf fünf Jahre erlassen.

64. Im Konsulatsjahr des M. Asinius und M'. Acilius erkannte man an häufigen Wunderzeichen, daß eine unglückliche Wendung der Dinge bevorstehe. Feldzeichen und Zelte der Soldaten wurden durch Blitze in Brand gesteckt. Auf dem Gipfel des Capitols ließ sich ein Bienenschwarm nieder. Doppelgeschlechtige Menschen kamen zur Welt, und ein Schwein warf ein Junges, das Habichtsklauen hatte. Zu den schlimmen Vorzeichen rechnete man auch die zahlenmäßige Abnahme aller Beamtenklassen. Innerhalb weniger Monate starb ein Quästor, ein Ädil, ein Tribun, ein Prätor und ein Konsul. Am meisten jedoch schwebte Agrippina in Angst, weil Claudius in der Trunkenheit die Äußerung fallen ließ, es sei ihm vom Schicksal bestimmt, an den Lastern seiner Frauen zuerst Geduld, dann aber Rache zu üben. Sie beschloß

daher, schnell zu handeln. Vorher mußte aber noch Domitia Lepida fallen, auf die sie eifersüchtig war. Lepida war nämlich eine Tochter der jüngeren Antonia, einer Nichte des Augustus, Agrippinas Tante und Schwester ihres ersten Gatten Cn. Domitius. Sie dünkte sich deshalb nicht weniger vornehm als Agrippina. Auch in Schönheit, Lebensalter und Reichtum war der Unterschied nicht groß. Zudem waren beide zügellos, verrufen und heftig. Sie wetteiferten nicht weniger in Lastern als in allem, was sie an Glücksgütern vom Schicksal empfangen hatten. Am heftigsten aber entbrannte der Wettstreit, ob die Tante oder die Mutter bei Nero den Vorrang haben sollte. Denn Lepida suchte durch Zärtlichkeit und Geschenke den Jüngling an sich zu fesseln, während ihn Agrippina mit finsterer Sorge behandelte, weil sie dem Sohn zwar die Herrschaft zu geben, ihn aber als Herrscher nicht zu ertragen vermochte.

65. Im übrigen warf man Lepida vor, sie habe der Gattin des Kaisers durch Zauberei nach dem Leben getrachtet, und ihre zuchtlosen Sklavenhorden in Calabrien störten den Frieden Italiens. Aus diesen Gründen wurde sie zum Tod verurteilt, obwohl Narcissus stark dagegen arbeitete. Er mißtraute Agrippina mehr und mehr und hatte im Kreis seiner nächsten Vertrauten angeblich geäußert, für ihn sei der Untergang gewiß, ganz gleich, ob sich Britannicus oder Nero der Herrschaft bemächtige. Doch habe sich der Kaiser so um ihn verdient gemacht, daß er sein Leben gern für ihn hingebe. Messalina und Silius seien von ihm überführt worden. Falls Nero Herrscher werden sollte, so habe er abermals Ursache, als Ankläger aufzutreten, folge aber Britannicus, so habe er zwar keine Sorge um den Fürsten, aber durch die Nachstellungen der Stiefmutter werde das ganze Kaiserhaus auf noch schändlichere Weise zerrüttet, als wenn er die Ausschweifungen der ehemaligen Kaiserin verschwiegen hätte. Freilich fehle es auch jetzt nicht an Unkeuschheit. Pallas sei Agrippinas Buhle, damit niemand mehr im Zweifel sei, daß ihre Ehre, Keuschheit und der eigene Leib, kurzum alles weniger gelte als die Macht. Mit diesen und ähnlichen Worten umarmt er den Britannicus, betet, daß er möglichst früh zum Mann reife, erhebt seine Hände bald zu den Göttern, bald zum Kaisersohn selbst, daß er groß und stark werden, seines Vaters Feinde vertreiben

und an den Mördern seiner Mutter Rache nehmen möge.

66. Unter einer solchen Last von Sorgen wird Claudius krank und begibt sich, um seine Kräfte durch die Milde des Klimas und die Heilwirkung der Bäder wiederherzustellen, nach Sinuessa. Agrippina war schon längst zum Verbrechen entschlossen und beeilte sich nun, die gebotene Gelegenheit zu nutzen. Auch fehlte es ihr nicht an Helfershelfern; nur über die Art des Giftes dachte sie noch nach. Ein plötzlich und unmittelbar wirkendes Gift konnte das Verbrechen verraten; wählte sie aber ein langsames und schleichendes, so war zu befürchten, bei Claudius könnte, wenn er sich dem Tod nahe fühlte und die Machenschaften durchschaute, die Liebe zu seinem Sohn wiederkehren. Daher entschloß sie sich zu einem ganz besonderen Gift, das eine Geistesstörung hervorrief und erst allmählich zum Tod führte. Man wählt eine Meisterin in diesen Dingen namens Locusta, die erst neulich wegen Giftmischerei verurteilt worden war, aber noch lange als Werkzeug der Regierung diente. Durch dieses Weibes Erfindungsgabe wurde ein Gift bereitet, das der Eunuch Halotus, der die Speisen vorzusetzen und zu kosten pflegte, dem Kaiser beibringen mußte.

67. Diese Vorgänge wurden bald so bekannt, daß die zeitgenössischen Geschichtsschreiber zu erzählen wußten, das Gift sei einem leckeren Pilzgericht beigemischt worden. Die Wirkung der Mischung sei aber nicht sofort bemerkt worden, weil Claudius sorglos oder trunken war. Auch schien ihm ein Abführmittel geholfen zu haben. Agrippina erschrak und wandte sich, da alles auf dem Spiel stand, ohne Rücksicht auf den im Augenblick peinlichen Eindruck an den Arzt Xenophon, den sie bereits ins Vertrauen gezogen hatte. Dieser soll dann dem Kaiser, scheinbar um das Erbrechen zu erleichtern, eine mit schnell wirkendem Gift bestrichene Feder in den Hals eingeführt haben. Er wußte wohl, daß die größten Verbrechen zwar mit Gefahr begonnen, aber mit Belohnung vollendet werden.

68. Unterdessen wurde der Senat berufen. Die Konsuln und Priester taten Gelübde für das Leben des Princeps, der schon entseelt, mit Tüchern und Umschlägen bedeckt, dalag, während alle Vorbereitungen getroffen wurden, um Neros Herrschaft zu sichern. Das erste war, daß Agrippina den Britannicus umarmte,

als ob sie von Schmerz überwältigt wäre und Trost suchen wollte. Sie nannte ihn das wahre Ebenbild des Vaters und hinderte ihn unter allerlei Vorwänden, das Zimmer zu verlassen. Auch seine Schwestern Antonia und Octavia hielt sie zurück, hatte außerdem alle Zugänge durch Wachen absperren lassen und gab öfters bekannt, es gehe mit der Gesundheit des Fürsten besser. Sie wollte, daß die Soldaten bei guter Stimmung blieben und die von den Chaldäern angekündigte glückliche Stunde herankäme.

69. Endlich, am 13. Oktober mittags, wurden plötzlich die Tore des Kaiserpalastes geöffnet. Nero tritt in Burrus' Begleitung zu der Kohorte heraus, die nach des Dienstes Brauch die Wache hatte. Hier wird er auf Weisung des Präfekten mit Jubelrufen empfangen und in eine Sänfte gesetzt. Einige sollen gezögert, sich umgeschaut und gefragt haben, wo denn Britannicus sei. Schließlich aber folgten sie, da keiner etwas anderes veranlaßte, in der angegebenen Richtung nach. Nero wurde ins Prätorianerlager getragen, sagte einige dem Augenblick angemessene Worte, versprach nach dem Beispiel seines Adoptivvaters eine Schenkung und wird dann zum Imperator ausgerufen. Der Willensmeinung der Soldaten schloß sich der Senat an, und auch die Provinzen zögerten nicht. Für Claudius beschließt man göttliche Verehrung und feiert sein Leichenbegängnis ganz so wie beim verewigten Augustus, wobei Agrippina mit dem Prunk ihrer Urgroßmutter Livia wetteiferte. Das Testament wurde aber nicht verlesen, weil die ungerechte und gehässige Bevorzugung des Stiefsohns vor dem Sohn das Volk nicht in Aufregung versetzen sollte.

BUCH XIII

1. Die erste Mordtat unter der neuen Regierung wird an Junius Silanus, dem Prokonsul von Asien, ohne Wissen Neros durch Agrippinas Hinterlist verübt, nicht etwa, weil er durch Schroffheit des Charakters seinen Sturz herausgefordert hatte. Er war ein untätiger Mensch und galt bei den früheren Herrschern so wenig, daß ihn Caligula das »goldene Vieh« zu nennen pflegte. Agrippina aber hatte seines Bruders L. Silanus Tod verursacht und fürchtete nun den Rächer; denn im Volk hörte man öfters sagen, dem kaum dem Knabenalter entwachsenen Nero, der die Herrschaft durch ein Verbrechen an sich gerissen habe, sei doch ein älterer, unbescholtener, hochadeliger Mann vorzuziehen, der ebenfalls, worauf man damals Wert legte, ein Abkomme der Caesaren sei; Silanus war nämlich ein Urenkel des göttlichen Augustus. Das war der Grund der Mordtat. Die Mordgesellen waren P. Celer, ein römischer Ritter, und der Freigelassene Helius. Beide waren Prokuratoren des kaiserlichen Privatbesitzes in Asien. Von ihnen wurde dem Prokonsul beim Mahl Gift beigebracht, und zwar so offen, daß sie nicht unentdeckt bleiben konnten. Nicht minder eilig wird Narcissus, der Freigelassene des Claudius, von dessen Zwistigkeiten mit Agrippina ich berichtet habe, durch strenge Haft und furchtbarste Hungerqualen in den Tod getrieben, allerdings gegen den Willen Neros, mit dessen bis jetzt noch verborgenen lasterhaften Neigungen Narcissus durch seine Habgier und Verschwendungssucht wunderbar zusammenstimmte.

2. Man hätte mit dem Morden fortgefahren, wenn nicht Afranius Burrus und Annaeus Seneca dem entgegengewirkt hätten. Beide waren die Führer des jungen Kaisers und außerdem, was bei gemeinschaftlicher Machtstellung selten ist, untereinander einträchtig. Durch entgegengesetzte Mittel vermochten sie gleich vieles, Burrus durch seine militärische Tüchtigkeit und Sittenstrenge, Seneca durch den Unterricht in der Beredsamkeit und durch seine ehrenhafte Umgänglichkeit. Sie unterstützten sich gegenseitig, um desto leichter den Fürsten auf der schlüpfrigen Bahn seiner Jugend wenigstens bei erlaubten Genüssen festzu-

halten, wenn er schon von der Tugend nichts wissen wollte. Beide führten einen und denselben Kampf gegen Agrippinas wilden Übermut, die von allen schlechten Herrschgelüsten entbrannt war und den Pallas zur Seite hatte, auf dessen Betreiben Claudius durch seine blutschänderische Vermählung und Neros verderbliche Adoption sich selbst den Untergang bereitet hatte. Doch Nero wollte sich keinem Sklaven unterordnen, und Pallas hatte durch sein düsteres und anmaßendes Wesen die Schranken eines Freigelassenen überschritten und sich schon bei ihm mißliebig gemacht. Vor der Welt jedoch wurde Agrippina mit Ehren überhäuft, und als der Tribun nach des Dienstes Brauch um die Parole bat, gab Nero die Losung: »Der besten Mutter.« Auch erkannte ihr der Senat zwei Liktoren und das Claudiuspriesteramt zu. Zugleich wurde für Claudius selbst ein censorisches Leichenbegängnis und später die göttliche Verehrung beschlossen.

3. Am Tag der Beisetzung hielt der Princeps die Leichenrede. Solange er vom hohen Alter des Geschlechts sprach und die Konsulate und Triumphe der Vorfahren aufzählte, waren er und alle übrigen bei der Sache. Auch die Würdigung seiner wissenschaftlichen Tätigkeit und die Feststellung, daß der Staat während seiner Regierung keinerlei Verluste durch äußere Feinde erlitten habe, wurde mit Beifall angehört. Als er dann aber auf die Umsicht und Weisheit des Kaisers überging, konnte niemand ernst bleiben, obwohl die Rede von Seneca verfaßt war und viel Feinheit aufwies. Seneca besaß ja ein gefälliges und dem Geschmack seiner Zeit zusagendes Talent. Übrigens machten ältere Leute, die Zeit hatten, Vergangenheit und Gegenwart miteinander zu vergleichen, die Bemerkung, daß Nero der erste römische Machthaber gewesen sei, der sich fremder Redegabe bedienen mußte. Denn der Diktator Caesar konnte mit den größten Rednern wetteifern, auch Augustus besaß eine schlagfertige und fließende Beredsamkeit, wie sie einem Fürsten gut ansteht. Tiberius verstand sich auch auf die Kunst, seine Worte genau abzuwägen, außerdem sprach er gehaltvoll oder mit Absicht zweideutig. Selbst Caligulas Geisteszerrüttung konnte nicht die Kraft seiner Rede schwächen, und auch bei Claudius fand man, so oft er vorbereitet sprach, eine gewisse Gewähltheit des Ausdrucks. Nero dagegen wandte schon in den Knabenjahren seinen noch bildsamen Geist

ganz anderen Dingen zu: Er meißelte, malte, übte sich im Gesang und im Rosselenken. Die Gedichte, die er bisweilen verfaßte, zeigten, daß es ihm an den Grundlagen des Wissens nicht fehlte.

4. Übrigens ging Nero, als die Trauerkomödie beendet war, in die Kurie, sprach zunächst vom Beschluß der Senatoren und der Zustimmung der Soldaten und erwähnte dann, daß er Ratschläge und Vorbilder einer trefflichen Staatsverwaltung besitze. Seine Jugend wisse nichts von Bürgerkriegen und inneren Zwistigkeiten, keinen Haß, keine erlittenen Kränkungen und keine Rachegelüste bringe er mit. Darauf entwarf er ein Bild seiner künftigen Regierung und wies dabei vor allem die Dinge ab, die in letzter Zeit Erbitterung erregt hatten. Er werde sich nicht zum Richter in allen Händeln machen, so daß, wenn sich Ankläger und Angeklagte unter *einem* Dach befänden, nur die Macht einiger weniger schalte. In seinem Haus werde nichts käuflich oder einer Günstlingswirtschaft zugänglich sein. Getrennt seien (bei ihm) Hof und Staat. Der Senat solle seine alten Rechte behalten. Italien und die Senatsprovinzen hätten sich an das Tribunal der Konsuln zu wenden, die sie dann in den Senat einführen würden. Er selbst werde für die ihm anvertrauten Heere sorgen.

5. Es fehlte nicht an Vertrauen, und vieles wurde tatsächlich nach den Entscheidungen des Senats geordnet: Niemand dürfe sich durch Bezahlung oder Geschenke zur Führung von Prozessen erkaufen lassen, die designierten Quästoren sollten nicht verpflichtet sein, Fechterspiele zu geben. Dagegen erhob Agrippina zwar Einspruch, als ob damit Claudius' Gesetze umgestoßen würden, der Senat aber setzte sich durch. Zu dieser Verhandlung wurden die Senatoren in den Palast berufen, damit sie ihr selber beiwohnen könne. Hinter den Sitzen der Senatoren wurde eine Wand durchgebrochen und mit Tüchern verkleidet, so daß Agrippina zwar nichts sehen, aber alles hören konnte. Ja, als die Gesandten der Armenier die Sache ihres Volkes vor Nero führen wollten, war sie schon im Begriff, auf des Kaisers Thronsitz hinaufzusteigen und gemeinsam mit dem Sohn den Vorsitz zu übernehmen, hätte Seneca, während alle anderen vor Schreck erstarrten, ihn nicht gebeten, der eintretenden Mutter entgegenzueilen. So wurde unter dem Schein kindlicher Ehrfurcht die Erniedrigung des Senats verhindert.

6. Am Ende des Jahres trafen aufregende Gerüchte ein, die Parther seien neuerlich vorgedrungen und hätten nach Vertreibung des Radamistus Armenien wieder an sich gerissen. Dieser hatte sich schon oft der Königsherrschaft bemächtigt, war dann wieder flüchtig geworden und hatte auch jetzt den Krieg aufgegeben. Nun warf man im klatschsüchtigen Rom die Frage auf, wie denn der kaum siebzehnjährige Fürst eine solche Gefahr auf sich nehmen oder abwehren könne, was für eine Stütze man von einem jungen Mann zu erwarten habe, der von einem Weib geleitet werde, ob etwa auch Schlachten, Belagerungen und sonstige kriegerische Operationen durch Lehrmeister besorgt werden könnten? Andere dagegen meinten, es sei so besser gekommen, als wenn sich der altersschwache und unfähige Claudius, der doch nur den Befehlen seiner Freigelassenen gehorcht habe, nun zu diesen Kriegen hätte entschließen müssen. Burrus und Seneca seien doch als Männer von vielseitiger Erfahrung bekannt, und was fehle denn dem Kaiser an seiner vollen Reife? Habe nicht Cn. Pompeius mit achtzehn Jahren, der Caesar Octavianus mit neunzehn Jahren Bürgerkriege führen können? An der höchsten Stelle werde doch das meiste mehr durch göttliche Weihe und kluge Ratschlüsse erreicht als durch Waffen und persönliches Eingreifen. Der Kaiser werde nun den klaren Beweis liefern, ob ihm würdige Freunde zur Seite stünden oder nicht, wenn er unter Ausschaltung aller Neidgefühle lieber einen tüchtigen als einen reichen und durch Popularitätshascherei beliebten Heerführer erwähle.

7. Während man sich so oder ähnlich aussprach, befiehlt Nero, die in den Nachbarprovinzen ausgehobene Jungmannschaft zur Ergänzung der Legionen des Ostens zu verwenden und die Legionen selbst näher an Armenien heranzuschieben. Auch sollten die beiden schon länger regierenden Könige, Herodes Agrippa und Antiochus, ihre Truppen marschbereit machen, um mit ihnen sogar in das Gebiet der Parther einzudringen; zugleich sollten Brücken über den Euphrat geschlagen werden. Das Land Kleinarmenien übergibt er dem Aristobulus, die Landschaft Sophene dem Sohaemus, beiden unter Verleihung der Königswürde. Zur rechten Zeit erstand jetzt auch dem Vologaeses ein Nebenbuhler in seinem Sohn Vardanes. Daraufhin räumten die

Parther Armenien und schienen den Krieg aufschieben zu wollen.

8. Im Senat jedoch wurden alle diese Maßnahmen Neros in den Himmel gehoben. Einige Senatoren beantragten, daß Dankfeste abgehalten würden und der Princeps dabei im Triumphalkleid erscheine. Ferner solle er im Triumph in Rom einziehen und sein Bild im Tempel des Mars Ultor in gleicher Größe wie das des Gottes aufgestellt werden. Abgesehen von der gewohnten niedrigen Schmeichelei waren sie wirklich froh, daß er die Aufgabe, Armenien zu behaupten, dem Domitius Corbulo übertragen hatte und so dem Verdienst die Bahn geöffnet zu sein schien. Die Truppen des Ostens werden so verteilt, daß ein Teil der Bundestruppen mit zwei Legionen in Syrien und bei dem Legaten Quadratus Ummidius zurückbleiben sollte, während an Corbulo die gleiche Zahl von Bürger- und Bundestruppen übergeben wurde, dazu die Kohorten und Reitergeschwader, die in Kappadokien im Winterquartier lagen. Die verbündeten Könige erhielten den Befehl, den beiden Führern, je nachdem es der Krieg erfordere, zur Verfügung zu stehen; doch hatten sie mehr Vorliebe für Corbulo. Um seinem Ruf zu dienen, was beim Beginn eines Unternehmens von größter Wichtigkeit ist, legte er die Reise eilig zurück und wurde in Aegeae, einer Stadt Kilikiens, von Quadratus empfangen, der ihm bis hierher entgegengekommen war, damit Corbulo bei seinem Einzug in Syrien und bei der Übernahme der Truppen nicht die Augen aller auf sich ziehe. Corbulo war nämlich ein Mann von hohem Wuchs und von großartiger Beredsamkeit und machte, abgesehen von seiner Erfahrung und Umsicht, schon durch seine bloße Erscheinung einen gewaltigen Eindruck.

9. Übrigens ermahnten sie nun den Vologaeses durch eine gemeinsame Botschaft, lieber den Frieden als den Krieg zu wählen, Geiseln zu stellen und an der bei ihren Vorgängern gewohnten Ehrerbietung gegen das römische Volk festzuhalten. Um sich mit aller Bequemlichkeit zum Krieg zu rüsten oder verdächtige Nebenbuhler als Geiseln loszuwerden, lieferte Vologaeses die vornehmsten Mitglieder des Arsacidenhauses aus. Der Centurio Insteius nahm sie in Empfang, der von Ummidius geschickt worden war, weil er zufällig schon in einer früheren Sache zum König ge-

gangen war. Als Corbulo dies erfuhr, befiehlt er dem Kohortenpräfekten Arrius Varus, sich aufzumachen und dem Insteius die Geiseln wieder abzunehmen. Daraus entstand ein Streit zwischen dem Präfekten und dem Centurio. Um den Ausländern dieses Schauspiel nicht länger zu gönnen, überließ man die Entscheidung den Geiseln und ihren parthischen Begleitern. Diese gaben dem Corbulo den Vorzug, weil sie seinen jüngst erworbenen Ruhm kannten und selbst als Feinde eine gewisse Zuneigung für ihn hatten. Daraus entstand wieder ein Streit zwischen beiden Feldherren, wobei sich Ummidius beschwerte, daß man ihm entzogen habe, was er durch seine Politik erreicht habe, während Corbulo behauptete, der König habe sich erst dann zur Stellung von Geiseln verstanden, als er selbst die Leitung des Krieges übernahm und dadurch des Königs Hoffnungen in Befürchtungen wandelte. Um die beiden Gegner zu versöhnen, ließ Nero bekanntmachen, daß die kaiserlichen Fasces anläßlich der von Ummidius *und* Corbulo errungenen Erfolge mit dem Lorbeer geschmückt würden. Diese Ereignisse, die in das folgende Konsulatsjahr übergreifen, habe ich hier zusammengezogen.

10. Noch im gleichen Jahr forderte der Kaiser vom Senat ein Standbild für seinen Vater Cn. Domitius und die Konsularabzeichen für seinen ehemaligen Vormund Asconius Labeo. Die Errichtung eigener Standbilder aus lauterem Silber oder Gold, die man ihm anbot, schlug er jedoch ab. Und obwohl die Senatoren beantragt hatten, das Jahr solle mit dem Monat Dezember beginnen, in welchem Nero geboren war, behielt er doch den alten religiösen Brauch des Jahresbeginns am 1. Januar bei. Ebenso wurde weder der Senator Carrinas Celer, den ein Sklave anschuldigte, noch der Ritter Junius Densus, dem man Begünstigung der Thronfolge des Britannicus vorwarf, gerichtlich belangt.

11. Als unter dem folgenden Konsulat des Claudius Nero und L. Antistius die Beamten den Treueid auf die kaiserlichen Verordnungen leisten sollten, verbot Nero, daß sein Amtsgenosse den Eid auf *seine* Verordnungen leiste. Der Senat sprach ihm daraufhin seine Anerkennung aus, damit der Jüngling, durch das Lob selbst so geringfügiger Taten gehoben, zu größeren Taten angespornt werde. Die Folge davon war die Begnadigung des Plautius Lateranus, der wegen Ehebruchs mit Messalina aus dem

Senatorenstand ausgestoßen war. Nero nahm ihn wieder in den Senat auf und beteuerte seine Milde in wiederholten Reden, die Seneca durch des Fürsten Mund veröffentlichte, um zu beweisen, wie tugendhaft seine Lehren seien, oder um seinen Geist leuchten zu lassen.

12. Übrigens nahm der Einfluß seiner Mutter allmählich ab, weil sich Nero in eine Liebschaft mit einer Freigelassenen namens Acte einließ und zugleich M. Otho und Claudius Senecio, zwei schöne Jünglinge, ins Vertrauen zog, von denen Otho aus einer konsularischen Familie stammte, während Senecio nur der Sohn eines Freigelassenen des Kaisers war. Zunächst ohne Wissen der kaiserlichen Mutter, dann ihrem Widerstand zum Trotz hatte sich Acte durch üppige Gelage und zweideutige Heimlichkeiten ganz beim Kaiser einzuschleichen gewußt. Auch waren seine älteren Freunde nicht dagegen, weil das Mädchen niemandem etwas zu Leide tat, sondern lediglich die Begierden des Fürsten befriedigte. Von seiner Gemahlin Octavia hielt er sich trotz ihrer hohen Abkunft und erprobten Sittsamkeit ganz fern, weil es das Schicksal so wollte oder weil das Verbotene mehr Reiz hat. Auch befürchtete man, er könne sich zur Schändung vornehmer Frauen hinreißen lassen, wenn man ihm seine Lust verwehrte.

13. Agrippina aber tobt in weiblicher Eifersucht, daß eine Freigelassene ihre Nebenbuhlerin, daß eine Magd ihre Schwiegertochter sei, und gebraucht noch andere Ausdrücke der gleichen Art. Sie wartet nicht die Reue oder den Überdruß ihres Sohnes ab und macht ihn natürlich um so verliebter, je häßlicher ihre Vorwürfe waren. Seine Leidenschaft überwältigte ihn schließlich derart, daß er der Mutter den Gehorsam verweigerte und sich ganz Seneca anvertraute. Einer von dessen Freunden, Annaeus Serenus, hatte nämlich durch geheuchelte Liebe zu der gleichen Freigelassenen die ersten Begierden des Jünglings bemäntelt und seinen Namen dazu hergegeben, das, was der Fürst dem Mädchen heimlich verehrte, öffentlich zum Geschenk zu machen. Nun ändert Agrippina ihr Vorgehen, sucht dem Jüngling durch Liebkosungen beizukommen und bietet ihm lieber ihr eigenes Schlafgemach und ihre Umarmung an, um zu verhüllen, wozu ihn sein jugendliches Alter und sein hoher Stand antreibe. Ja, sie gestand sogar ein, daß ihre Strenge unberechtigt gewesen sei, und stellte

ihm ihr eigenes Vermögen zur Verfügung, das dem des Kaisers wenig nachstand. Wie sie bisher den Sohn allzu streng gehalten, so gab sie ihm jetzt wieder ohne Maß nach. Diese Verwandlung konnte aber Nero nicht täuschen; auch seine nächsten Freunde wurden besorgt und baten ihn, er solle sich vor den Nachstellungen dieser stets furchtbaren und jetzt auch noch falschen Frau hüten. Als der Fürst in jenen Tagen zufällig den Schmuck besichtigte, den die Gattinnen und Mütter der Kaiser getragen hatten, wählte er einige Gewänder und Edelsteine aus und sandte sie seiner Mutter als Geschenk. Dabei sparte er nicht, sondern ließ ihr ungebeten sehr kostbare Dinge überreichen, die sich jede andere Frau gewünscht hätte. Allein Agrippina rief nur laut aus, dadurch werde sie nicht an Schmuck bereichert, sondern vom Besitz ihrer übrigen Schmuckstücke ausgeschlossen. Der Sohn wolle nur das teilen, was er alles von ihr selbst habe. Und es fehlte nicht an Leuten, die ihm diese Vorwürfe in noch schlimmeren Ausdrücken hinterbrachten.

14. Nero, der besonders gegen diejenigen erbittert war, auf die sich der Hochmut dieser Frau stützte, enthebt Pallas seines Amtes, durch das er, seitdem ihn Claudius eingesetzt hatte, eine geradezu königliche Gewalt ausübte. Man erzählte sich, Nero habe, als Pallas mit großem Geleit den Palast verließ, recht witzig geäußert, nun gehe Pallas hin, um sein Amt abzuschwören. In der Tat hatte sich Pallas ausbedungen, daß er für keine seiner Amtshandlungen zur Verantwortung gezogen werden dürfe und seine Abrechnungen mit dem Staat als richtig anerkannt würden. – Danach geht Agrippina unvermittelt zu schrecklichen Drohungen über, schont selbst des Fürsten Ohr nicht und erklärt, Britannicus sei nun herangewachsen, er sei der wahre und würdige Erbe der väterlichen Herrschaft, die jetzt der nur dazwischen geschobene Adoptivsohn ausübe, der seine eigene Mutter beleidige. Sie habe nichts dagegen, wenn nun alles Unheil des unglücklichen Hauses ans Licht komme, vor allem ihre eigene Ehe und ihre eigene Giftmischerei. Dafür allein hätten die Götter und sie selbst gesorgt, daß der Stiefsohn noch am Leben sei. Mit ihm wolle sie nun ins Prätorianerlager gehen. Hören solle man des Germanicus Tochter, als Gegenpartei den verkrüppelten Burrus und den landesverwiesenen Seneca, die jetzt, der eine mit seinem Armstumpf,

der andere mit seiner Schulmeisterzunge, die Herrschaft über die ganze Welt in Anspruch nähmen. Dabei erhebt sie die Hände gegen ihren Sohn, überhäuft ihn mit Vorwürfen, ruft den verewigten Claudius sowie die Manen der beiden Silanus an und klagt, daß sie so viele Verbrechen vergeblich begangen habe.

15. Nero war durch diese Szene und durch die Nähe des Tages, an dem Britannicus das vierzehnte Lebensjahr beendete, sehr beunruhigt. Bald denkt er an die Heftigkeit der Mutter, bald an den Charakter seines Stiefbruders, der sich neulich bei einem allerdings unbedeutenden Anlaß gezeigt, ihm aber allgemeine Beliebtheit verschafft hatte. Als nämlich an den Saturnalien die jungen Leute allerlei Kurzweil trieben und unter anderem durch die Würfel einen König wählten, war das Los auf Nero gefallen. Demnach ließ er die anderen Verschiedenes, nicht gerade Beschämendes tun. Schließlich gebot er dem Britannicus, aufzustehen, in die Mitte zu treten und ein Lied anzustimmen. Er hoffte, der Knabe werde sich dabei lächerlich machen, da ihm selbst nüchterne Gesellschaften, geschweige denn Trinkgelage, unbekannt waren. Doch der Knabe stimmte ohne Befangenheit ein Lied an, in dem er darauf anspielte, daß er aus dem väterlichen Erbe und aus der höchsten Machtstellung verdrängt worden sei. Dadurch erweckte er um so unverkennbarer das allgemeine Mitleid, als die Nacht und die Ausgelassenheit jede Verstellung aufgehoben hatte. Nero, der die Anfeindung sehr wohl verstand, empfand noch stärkeren Haß; auch drängten ihn Agrippinas Drohungen zur Tat. Da er es, ohne daß irgendein Vergehen vorlag, nicht wagte, des Bruders Ermordung offen zu befehlen, sinnt er auf verborgene Mittel und befiehlt, Gift vorzubereiten. Dabei war ihm Pollio Julius, der Präfekt einer Prätorianerkohorte, behilflich, in dessen Gewahrsam sich die wegen Giftmischerei verurteilte und wegen vieler Verbrechen berüchtigte Locusta befand. Man hatte nämlich längst dafür gesorgt, daß Britannicus' nächste Umgebung nichts mehr auf Recht und Treue gab. Das erste Mal brachten ihm seine eigenen Erzieher das Gift bei, doch gab er es durch Erbrechen wieder von sich, sei es, daß es nicht stark genug war oder daß etwas beigemischt war, was die sofortige Wirkung verhinderte. Aber Nero, dem das Verbrechen zu langsam vorwärts ging, droht dem Tribun und befiehlt die Hinrichtung der

Giftmischerin. Während sie auf das Gerede der Leute achteten, während sie bereits ihre eigene Verteidigung vorbereiteten, dächten sie nicht an *seine* Sicherheit! Als sie daraufhin versprachen, den Bruder so schnell zu beseitigen wie durch einen Schwertstreich, wird neben dem Schlafgemach des Kaisers aus vorher erprobten Giften ein Saft gekocht, der augenblicklich wirken sollte.

16. Es bestand die Sitte, daß die fürstlichen Kinder, mit dem übrigen Adel gleichen Alters angesichts der älteren Verwandten bei Tisch sitzend, an besonderer und sparsamer besetzter Tafel aßen, an der auch Britannicus mitspeiste. Da nun ein Diener zum Vorkosten seiner Speisen und Getränke bestellt war, ersann man, um nicht von diesem Brauch abzugehen oder durch den Tod beider den Frevel zu verraten, folgende List: Ein noch unvergiftetes, aber sehr heißes Getränk, das bereits vorgekostet war, wird dem Britannicus gereicht. Als er dieses zurückweist, weil es zu heiß war, wird das Gift in kaltem Wasser zugegossen. Es drang derart durch alle seine Glieder, daß es ihm Stimme und Atem zugleich benahm. Zittern ergreift seine Tischgenossen, die Ahnungslosen entfliehen. Die tiefer Schauenden aber bleiben wie angewurzelt sitzen und sehen Nero an. Dieser beharrt in seiner bequemen Stellung, tut, als wüßte er von nichts, und erklärt, es sei dies etwas ganz Gewöhnliches, ein Anfall von Epilepsie, an der Britannicus schon von der ersten Kindheit an leide. Allmählich würden Blick und Empfindung wiederkehren. Agrippina aber ergriff ein solcher Schrecken, eine solche Bestürzung, so sehr sie diese durch eine gleichgültige Miene zu verdecken suchte, daß ersichtlich wurde, sie habe ebenso wenig wie Britannicus' Schwester Octavia etwas davon gewußt. Freilich erkannte sie wohl, daß ihr nun der letzte Rückhalt geraubt und das Vorbild zum Muttermord geschaffen war. Auch Octavia hatte, so jung an Jahren sie noch war, doch bereits gelernt, Schmerz und Liebe wie überhaupt jede Gefühlsregung zu verbergen. So wurde nach kurzem Schweigen die Fröhlichkeit des Mahles wieder aufgenommen.

17. Dieselbe Nacht sah des Britannicus Ermordung und Verbrennung, da man die Vorbereitungen zu seiner recht bescheidenen Begräbnisfeier schon vorher getroffen hatte. Doch wurde seine Asche auf dem Marsfeld beigesetzt, unter so stürmischen Regengüssen, daß das Volk glaubte, darin zeige sich der Zorn der

Götter über die Freveltat, die jedoch sehr viele Menschen sogar entschuldigten, wobei sie die alten Bruderkämpfe und die Unmöglichkeit in Anschlag brachten, daß zwei einen Thron teilen. Viele zeitgenössische Geschichtsschreiber überliefern, Nero habe sich in den letzten Tagen vor der Mordtat mehrfach an dem Knaben Britannicus sittlich vergangen. Danach könne sein Tod nicht als verfrüht und grausam erscheinen. Freilich am gastlichen Tisch, vor den Augen seines Feindes, der ihm nicht einmal die Zeit zur Umarmung seiner Schwester gönnte, wurde der letzte Sprößling des claudischen Hauses in den Tod getrieben und vor der Vergiftung auch noch durch Schändung befleckt! – Das eilige Begräbnis suchte der Kaiser in einem Erlaß zu rechtfertigen und führte aus, es sei eine von den Vorfahren überkommene Sitte, jung Verstorbene schnell aus den Augen zu schaffen und ihre Bestattung nicht durch Lobreden oder Gepränge zu verzögern. Im übrigen beruhten für ihn nach dem Verlust der brüderlichen Hilfe alle Hoffnungen auf dem Staat, andererseits müßten Senat und Volk einen Fürsten um so inniger verehren, der allein von dem zur höchsten Macht geborenen Geschlecht noch übrig sei.

18. Darauf beschenkte Nero seine nächsten Freunde reichlich. Und es fehlte nicht an Leuten, die gewissen tiefen Ernst zur Schau tragenden Männern den Vorwurf machten, daß sie in dieser Zeit Paläste und Landhäuser wie Beute geteilt hätten. Andere glaubten, der Kaiser habe dabei Zwang angewendet, weil er seiner Schuld wohl bewußt war und dadurch Verzeihung zu finden hoffte, daß er sich die einflußreichsten Leute durch Schenkungen verpflichtete. – Aber der Mutter Zorn läßt sich durch keine Freigebigkeit besänftigen. Vielmehr schließt sie Octavia noch mehr in ihr Herz, hat häufige Zusammenkünfte mit ihren Freunden, rafft noch über ihre angeborene Habsucht hinaus von allen Seiten Gelder zusammen, gewissermaßen als Kriegsschatz. Sie empfängt mit großer Freundlichkeit Tribunen und Centurionen und hält die Namen und Verdienste des alten Adels in Ehren, soweit er damals noch vorhanden war, als ob sie nach einem Parteiführer und einer Partei suchte. Als Nero dies bekannt wurde, läßt er die Wachen, die sie früher als Gemahlin des Imperators und jetzt noch als dessen Mutter hatte, abtreten, ebenso die Germanen, die ihr jüngst zu gleicher Ehrung als Leibwache beigegeben worden

waren. Damit ihr die Scharen der Höflinge nicht mehr aufwarteten, trennt er ihre Hofhaltung ab und bringt seine Mutter in das Haus, das ihrer Großmutter Antonia gehört hatte. Und wenn er selbst sie dort besuchte, kam er umringt von einer Schar Centurionen und verließ sie dann wieder mit einem flüchtigen Kuß.

19. Nichts auf der Welt ist so unbeständig und vergänglich wie der bloße Ruf einer Macht, die nicht auf eigener Stärke beruht. Verlassen war sofort Agrippinas Schwelle: Niemand tröstet sie, niemand besucht sie, außer wenigen Frauen, von denen man nicht wußte, ob sie aus Haß oder aus Liebe kamen. Zu ihnen gehörte auch Julia Silana, von der ich oben erzählt habe, daß sie durch Messalina aus der Ehe mit C. Silanus verdrängt wurde. Sie war ausgezeichnet durch Herkunft, Schönheit und Zügellosigkeit. Mit Agrippina war sie lange Zeit sehr vertraut, später aber bestand eine heimliche Feindschaft zwischen beiden, weil Agrippina den Sextus Africanus, einen adeligen Jüngling, von der beabsichtigten Vermählung mit Silana abgebracht hatte. Agrippina nannte sie oft unzüchtig und nicht mehr jung, nicht weil sie Africanus für sich behalten, sondern nur verhindern wollte, daß er als Ehemann in den Besitz des Reichtums der kinderlosen Silana käme. Silana, die sich jetzt rächen zu können hoffte, stellt nun zwei ihrer Klienten, Iturius und Calvisius, als Ankläger gegen Agrippina auf, aber nicht mit den alten und oft erhobenen Anschuldigungen, daß sie Britannicus' Tod betrauere oder in der Öffentlichkeit von (Neros) Beleidigungen gegen Octavia spreche. Nein, Agrippina sollte den Plan gefaßt haben, den Rubellius Plautus, der mütterlicherseits im gleichen Verwandtschaftsgrad mit dem verewigten Augustus stand wie Nero, zum Sturz des Kaisers zu veranlassen und als seine Gemahlin und Teilhaberin der Herrschaft den Staat wiederum in ihre Gewalt zu bekommen. Diese Dinge erzählen Iturius und Calvisius einem Freigelassenen der Domitia, einer Tante Neros, namens Atimetus. Dieser war froh über die Gelegenheit, die sich ihm bot – zwischen Agrippina und Domitia herrschte nämlich feindselige Eifersucht –, und bewog den Schauspieler Paris, ebenfalls einen Freigelassenen der Domitia, eiligst zum Kaiser zu gehen und ihm den verbrecherischen Anschlag in besonders gehässiger Darstellung zu hinterbringen.

20. Es war tief in der Nacht, und Nero brachte sie im Rausch zu, als Paris eintritt. Sonst pflegt er um diese Zeit des Fürsten Ausschweifungen noch zu steigern. Damals aber machte er eine betrübte Miene und setzte durch genaue Wiedergabe jener Aussagen den Kaiser derart in Schrecken, daß er sich entschloß, nicht nur die Mutter und Rubellius Plautus hinrichten zu lassen, sondern auch den Gardepräfekten Burrus abzusetzen, weil er durch Agrippinas Gunst hochgekommen sei und ihr jetzt Gegendienste leiste. Fabius Rusticus berichtet, es sei bereits ein Schreiben an Caecina Tuscus ergangen gewesen, worin diesem der Befehl über die Gardetruppen übertragen worden sei; doch durch Senecas Bemühungen habe Burrus seine Stellung behalten. Dagegen berichten Plinius und Cluvius, man habe überhaupt nicht an der Treue des Präfekten gezweifelt. Doch neigt Fabius in der Tat zum Lob Senecas, dessen Freundschaft ihn hochgebracht hatte. Ich jedenfalls will den Gewährsmännern folgen, wo ihre Berichte gleichlautend sind, was sie aber voneinander abweichend erzählt haben, unter ihrem eigenen Namen überliefern. – Nero ließ sich in seiner Angst und im Verlangen nach der Ermordung der Mutter nicht eher zu einem Aufschub bewegen, als bis Burrus ihren Tod versprach, falls sie des Frevels überführt werde: Man müsse doch jedem, besonders aber der Mutter, Gelegenheit zur Verteidigung geben. Auch seien noch keine eigentlichen Ankläger da, man habe erst eine einzige Stimme vernommen, und zwar aus einem (mit Agrippina) verfeindeten Haus. Er solle doch bedenken, daß es jetzt finstere Nacht sei, die man bei einem Gelage zugebracht habe, kurz, daß alles der Übereilung und dem Irrtum ausgesetzt sei.

21. Als sich der Kaiser dadurch etwas beruhigt hatte und der Tag angebrochen war, begibt man sich zu Agrippina. Sie solle die Anklage hören und widerlegen oder ihre Schuld büßen. Burrus entledigte sich dieses Auftrages im Beisein Senecas; auch einige Freigelassene waren als Zeugen der Unterredung zugegen. Nachdem Burrus darauf die Beschuldigungen und ihre Urheber genannt hatte, ging man zu Drohungen über. Agrippina verleugnete nicht ihren Trotz und sagte: »Ich wundere mich nicht, daß einer Silana, die nie ein Kind geboren hat, die Gefühle einer Mutter unbekannt sind; eine Mutter wechselt ja ihre Kinder nicht

ebenso wie ein liederliches Weib seine Buhlen. Und wenn Iturius und Calvisius nach Vergeudung ihres gesamten Vermögens ihre letzte Anstrengung, nämlich als Ankläger aufzutreten, einem alten Weib verkaufen, so brauche weder ich die Schande des Kindermordes auf mich zu nehmen noch der Kaiser die Reue über den Muttermord. Denn ich wäre meiner Feindin Domitia sehr dankbar, wenn sie mit mir in der Liebe zu meinem Nero wetteifern wollte. *Sie* vergrößerte damals die Fischteiche ihrer Besitzungen in Baiae, als *ich* durch meine Pläne Neros Adoption, die Übertragung der prokonsularischen Gewalt, seine Ernennung zum Konsul und alles übrige durchsetzte, was ihm den Weg zum Kaiserthron ebnete! Jetzt aber setzt sie durch ihren Buhlen Atimetus und den Schauspieler Paris eine Art Bühnenstück in Szene. Oder es soll doch einer auftreten, der beweisen kann, daß ich die städtischen Kohorten aufgewiegelt, die Treue der Provinzen ins Wanken gebracht, endlich Sklaven oder Freigelassene (des Kaisers) zum Verbrechen bestochen habe! Konnte *ich* denn am Leben bleiben, wenn Britannicus zur Herrschaft gelangt wäre? Und wenn Plautus oder irgendein anderer zur Regierung käme und über micht richten würde, würde es mir dann etwa an Anklägern fehlen, die mir nicht Worte, aus liebevoller Empfindlichkeit unvorsichtige Worte, vorwürfen, sondern wirkliche Verbrechen, von denen mich nur mein eigener Sohn freisprechen kann?« Als die Anwesenden gerührt waren und sogar noch ihren Zorn besänftigen wollten, forderte sie eine Unterredung mit ihrem Sohn, bei der sie nichts von ihrer Unschuld sagte, als vertraute sie ihr nicht ganz, auch nichts von ihren Wohltaten, als rücke sie ihm diese vor, sondern nur die Bestrafung der Angeber und die Belohnung ihrer Freunde verlangte.

22. Danach wird dem Faenius Rufus die Verwaltung der Getreidelieferungen, dem Arruntius Stella die Aufsicht über die Spiele, die der Kaiser veranstaltete, dem Ti. Balbillus die Provinz Ägypten übertragen. P. Anteius erhielt Syrien, wurde aber später durch allerhand Ränke getäuscht und in Rom zurückgehalten. Dagegen wurde Silana verbannt; auch Calvisius und Iturius wurden aus Rom verwiesen. An Atimetus wurde die Todesstrafe vollzogen, während Paris für die Ausschweifungen des Fürsten zu unentbehrlich war, als daß ihn eine Strafe treffen konnte.

Plautus überging man fürs erste mit Stillschweigen.

23. Darauf werden Pallas und Burrus angezeigt, sie hätten sich darüber geeinigt, daß Cornelius Sulla auf Grund seiner vornehmen Abstammung und seiner nahen Verwandtschaft mit Claudius, dessen Schwiegersohn er durch seine Verheiratung mit Antonia wurde, auf den Thron berufen werde. Diese Anklage ging von einem gewissen Paetus aus, der als Wiederverkäufer eingezogener Güter berüchtigt war und in diesem Fall offenbar log. Doch machte sich Pallas dabei durch seinen Hochmut derart lästig, daß seine Unschuld für niemanden erfreulich war. Als nämlich einige seiner Freigelassenen als Mitwisser bezeichnet wurden, gab er zur Antwort, er habe niemals in seinem Haus einen Befehl anders als durch Nicken oder eine Handbewegung erteilt. Sei eine genauere Anweisung nötig gewesen, so habe er sich stets der Schrift bedient, um nicht mit seiner Dienerschaft sprechen zu müssen. Burrus saß mit zu Gericht, obwohl er selbst angeklagt war. So wurde gegen den Ankläger die Verbannung ausgesprochen, auch verbrannte man die Rechnungen, durch die er in Vergessenheit geratene Forderungen der Staatskasse (aus Eigennutz) einzuklagen pflegte.

24. Am Ende des Jahres wird die militärische Wache zurückgezogen, die den öffentlichen Spielen beizuwohnen pflegte. Die Spiele sollten den Anschein größerer Freiheit haben, der Soldat sollte mit der Zügellosigkeit des Theaters nicht in Berührung kommen und dadurch unverdorbener bleiben. Das Volk aber sollte den Beweis liefern, ob es sich auch ohne Überwachung in Schranken zu halten wisse. Für die Stadt brachte der Fürst nach einem Entscheid der Zeichendeuter Sühnopfer dar, weil die Tempel des Juppiter und der Minerva vom Blitz getroffen worden waren.

25. Unter dem Konsulat des Q. Volusius und P. Scipio war nach außen hin Ruhe, in Rom aber herrschte eine furchtbare Zügellosigkeit. Nero trieb sich in den Straßen der Stadt, in den Bordellen und Wirtshäusern herum, als Sklave verkleidet, um unkenntlich zu sein. Begleitet war er von einer Rotte, die die Verkaufsstände plünderte und Begegnende mißhandelte. Dabei griff man unbekannte Menschen derart an, daß Nero selbst Schläge bekam und die Spuren davon im Gesicht trug. Als dann

bekannt wurde, daß es der Kaiser sei, der sich so herumraufe, und sich die Belästigungen angesehener Männer und Frauen häuften, als auch andere, nachdem einmal die Zügellosigkeit eingerissen war, unter Neros Namen mit eigenen Banden ungestraft gleiche Ausschreitungen verübten, da ging es des Nachts in Rom zu wie in einer eroberten Stadt. Zufällig stieß auch Julius Montanus, der Senatorenrang besaß, aber noch kein Staatsamt bekleidet hatte, in der Dunkelheit mit dem Kaiser zusammen. Weil er dessen gewalttätigen Angriff zurückgewiesen und erst dann, als er ihn erkannte, um Verzeihung gebeten hatte, wurde er in den Tod getrieben, als ob er ihm Vorwürfe gemacht habe. Nero wurde nun doch etwas ängstlicher und umgab sich späterhin mit Soldaten und einer Menge Gladiatoren, die den Raufereien, soweit sie mäßig und gleichsam rein persönlich blieben, ruhig zusehen sollten. Wenn sich aber die Angegriffenen zu heftig wehrten, mußten sie mit den Waffen einschreiten. Auch den Unfug bei den Spielen und die Streitigkeiten unter den Anhängern der Schauspieler ließ Nero zu förmlichen Schlachten ausarten, wobei die Streitenden unbestraft blieben und sogar belohnt wurden. Er selbst schaute heimlich und oft auch ganz offen zu. Da sich das Volk in Parteien spaltete und größere Unruhen zu befürchten waren, fand sich schließlich kein anderes Mittel, als die betreffenden Schauspieler aus Italien zu verbannen und die Soldaten wieder im Theater Wache halten zu lassen.

26. Um dieselbe Zeit wurde im Senat über das unwürdige Verhalten der Freigelassenen verhandelt. Man drang darauf, daß den Patronen das Recht gegeben werde, die Freilassung zu widerrufen, wenn man sich ihrer unwürdig zeigte. Und es gab Männer, die diesen Antrag stellten. Doch wagten die Konsuln nicht, ohne Wissen des Fürsten eine Berichterstattung vorzunehmen, und teilten ihm nur die Willensmeinung des Senats mit. Der Kaiser zweifelte, ob er eine entsprechende Anordnung erlassen solle, da nur wenige dem Antrag widersprachen und einige sogar darüber klagten, daß die aus der Freiheit erwachsene Frechheit so weit gehe, daß sich die Freigelassenen die Frage erlaubten, ob sie gegen ihren Herrn mit Gewalt oder auf dem Rechtsweg vorgehen sollten, ja so weit, daß sie ungestraft ihre Faust zum Schlag erhoben oder dem Herrn zu ihrer eigenen Bestrafung zuredeten. Denn

welche andere Bestrafung sei denn dem beleidigten Patron gestattet als die Verweisung des Freigelassenen über die 100-Meilen-Grenze, also an die campanische Küste? Im übrigen aber sei das Verfahren ganz dasselbe wie gegen Gleichgestellte. Die Patrone müßten aber eine Waffe in die Hand bekommen, die nicht verachtet werden könne. Es sei ja auch für die Freigelassenen nicht schwer, durch den gleichen Gehorsam ihre Freiheit zu bewahren, durch den sie sie erworben hätten. Offenbare Schurken würden dagegen mit Recht in den Sklavenstand zurückverwiesen. Durch Furcht müsse in Schranken gehalten werden, wer sich durch Wohltaten nicht gebessert habe.

27. Dagegen wurde folgendes vorgebracht: Die Schuld weniger dürfe nur für diese selbst nachteilig sein, dem Recht aller nichts entzogen werden. Denn die Körperschaft der Freigelassenen sei doch recht zahlreich. Aus ihr setzten sich großenteils die Tribus, die Decurien, die Dienerschaften für die hohen Beamten und Priester, ja sogar die städtischen Kohorten zusammen. Die meisten Ritter und sehr viele Senatoren stammten nicht anderswoher. Wenn man die Freigelassenen aussondere, werde der Mangel an Freigeborenen zutage treten. Nicht umsonst hätten die Vorfahren, obwohl sie einen Rangunterschied der Stände feststellten, doch die Freiheit zum Gemeingut gemacht. Ja, man habe sogar für die Freilassung zwei verschiedene Grade festgesetzt, damit für eine etwaige Willensänderung oder für eine weitere Wohltat Raum geschaffen werde. Wen der Patron noch nicht durch Berührung mit dem Freiheitsstab befreit habe, der trage doch immer noch gewissermaßen die Sklavenkette. Es solle eben ein jeder die Verdienste prüfen und nur langsam das gewähren, was nicht mehr zurückgenommen werden könne, wenn es einmal gegeben sei. Diese Meinung behielt die Oberhand, und der Kaiser schrieb dem Senat, man solle die Sache der Freigelassenen, sooft sie von ihren Patronen beschuldigt würden, in jedem einzelnen Fall prüfen, aber keine allgemeine Entscheidung treffen. Nicht lange darauf wurde (der Domitia), einer Tante Neros, ihr Freigelassener Paris gewissermaßen nach bürgerlichem Recht weggenommen, was den Ruf des Princeps schädigte, auf dessen Befehl die gerichtliche Entscheidung dahin lautete, Paris sei als Freier geboren.

28. Trotz allem blieb immer noch ein gewisser Schein republi-

kanischen Staatslebens. So erhob sich zwischen dem Prätor Vibullius und dem Volkstribun Antistius ein Streit, weil der Tribun zügellose Parteigänger von Schauspielern, die der Prätor ins Gefängnis werfen ließ, wieder freizulassen befohlen hatte. Der Senat billigte das Vorgehen des Prätors und tadelte die Eigenmächtigkeit des Antistius. Zugleich wurde den Tribunen untersagt, in die Rechte der Prätoren und Konsuln einzugreifen oder Personen aus Italien vor Gericht zu ziehen, gegen die nach dem Gesetz verfahren werden konnte. L. Piso, der designierte Konsul, setzte noch hinzu, daß die Tribunen keine Strafgewalt gegen ihre Hausgenossen haben sollten, ferner, daß die Quästoren der Staatskasse keine von den Tribunen verhängte Geldstrafe früher als nach vier Monaten in die öffentlichen Rechnungen eintragen dürften. In der Zwischenzeit solle eine Beschwerde dagegen zulässig sein, über die die Konsuln zu entscheiden hätten. Auch die Amtsgewalt der Ädilen wurde eingeschränkt und die Summe festgesetzt, die die kurulischen und plebejischen Ädilen als Pfand nehmen und als Strafe zahlen lassen dürften. Als dann der Volkstribun Helvidius Priscus selbständig eine Klage gegen Obultronius Sabinus, einen Quästor der Staatskasse, durchführte, weil dieser das Versteigerungsrecht gegen Mittellose mit Härte weiter ausdehnte, nahm der Kaiser den Quästoren die Sorge für die staatlichen Rechnungen weg und übertrug sie den Präfekten.

29. Diese Sache wurde verschieden gehandhabt und häufig geändert. Denn Augustus überließ die Wahl der Präfekten dem Senat. Als später der Verdacht auf Wahlumtriebe entstand, wurden Wahlvorsteher aus der Zahl der Prätoren durch das Los bestimmt. Aber auch dabei blieb man nicht lange, weil das Los mitunter auf weniger Taugliche fiel. Dann setzte Claudius wieder Quästoren ein und versprach ihnen Beförderungen außer der Reihe, damit sie nicht aus Furcht vor Beleidigung weniger streng vorgingen. Doch fehlte ihnen das reife Alter, da sie ja dieses Amt als erstes bekleideten. Infolgedessen ernannte jetzt Nero ehemalige Prätoren, die sich bereits bewährt hatten.

30. Unter denselben Konsuln wurde Vipsanius Laenas wegen seiner Habsucht bei der Verwaltung der Provinz Sardinien verurteilt, dagegen Cestius Proculus, der von den Kretern wegen Erpressung angeklagt war, freigesprochen. Clodius Quirinalis,

der als Präfekt der Flottenmannschaft von Ravenna durch Ausschweifungen und Grausamkeiten Italien wie das niedrigste Barbarenland bedrückt haben sollte, kam der Verurteilung durch Gift zuvor. Caninius Rebilus, ein hervorragender Rechtsgelehrter und sehr reicher Mann, öffnete sich die Adern, um den Qualen eines siechen Alters zu entgehen. Man hatte ihm den Mut, sich selbst den Tod zu geben, nicht zugetraut, weil er als weibischer Lüstling berüchtigt war. L. Volusius dagegen starb in hohen Ehren; er erreichte ein Alter von dreiundneunzig Jahren, besaß ein großes, auf anständige Weise erworbenes Vermögen und genoß die ungetrübte Freundschaft so vieler Kaiser.

31. Unter Neros zweitem Konsulat und dem des L. Piso hat sich wenig Denkwürdiges ereignet. Denn niemand will die Seiten mit dem Lob der Fundamente und des Gebälks füllen, worauf der Kaiser den Riesenbau des Amphitheaters auf dem Marsfeld errichtet hatte. Hat man doch, der Würde des römischen Volkes entsprechend, die Einrichtung getroffen, in den Annalen nur wichtige Ereignisse zu berichten, derartige Kleinigkeiten aber dem täglichen Staatsanzeiger zu überlassen. Übrigens wurden die Kolonien Capua und Nuceria durch neue Veteranen verstärkt. An das Volk wurde eine Spende von 400 Sesterzen auf den Mann verteilt. 40 Millionen wurden dem Staatsschatz einverleibt, um den Kredit des Volkes zu erhalten. Auch die Abgabe von 4 Prozent beim Sklavenverkauf wurde erlassen, mehr zum Schein als in Wirklichkeit, weil, was nunmehr der Verkäufer zahlen mußte, den Käufern auf den Preis geschlagen wurde. Ferner verbot der Kaiser durch einen Erlaß, es solle kein Staatsbeamter oder Prokurator in den Provinzen, die sie verwalteten, Gladiatorenkämpfe, Tierhetzen oder andere Spiele geben. Bis dahin bedrückten sie nämlich die Untertanen durch solche Freigebigkeit nicht minder als durch Gelderpressungen, wenn sie das, was sie durch ihre Zügellosigkeit verbrochen hatten, durch Bestechungen zu verteidigen suchten.

32. Weiter kam ein Senatsbeschluß zustande, der ebenso der Gerechtigkeit wie der Sicherheit dienen sollte. Wenn jemand durch seine Sklaven ermordet wurde, sollten auch die durch Testament Freigelassenen, die noch im Haus verblieben waren, samt den Sklaven hingerichtet werden. – In den Senat wieder aufge-

nommen wird Lurius Varus, ein Konsular, der auf eine Erpressungsklage hin vor längerer Zeit ausgestoßen worden war. Pomponia Graecina, eine vornehme Frau, die Gattin des A. Plautius, von dessen Triumph über die Britannier ich berichtet habe, wurde als Anhängerin ausländischen Aberglaubens beschuldigt und dem Urteilsspruch ihres Mannes überantwortet; dieser richtete nach altem Brauch in der Gegenwart der Familie über Leben und Ehre seiner Frau und erklärte sie für unschuldig. Ein langes Leben voller Trauer war dieser Pomponia beschieden. Seitdem Julia, Drusus' Tochter, durch Messalina hinterlistig ums Leben gebracht worden war, brachte sie vierzig Jahre nur in Trauerkleidung und kummervollen Herzens zu. Während Claudius' Regierung blieb dieses Verhalten ungestraft, später gereichte es ihr zur Ehre.

33. Dieses Jahr sah noch mehr Angeklagte. Die Klagesache der Provinz Asien gegen P. Celer zog der Kaiser, weil er ihn nicht freisprechen konnte, so lange hin, bis der Angeklagte an Altersschwäche starb. Celer hatte nämlich, wie erwähnt, den Prokonsul Silanus ermordet, und diese Schandtat deckte alle seine anderen Verbrechen. Den Cossutianus Capito hatten die Kiliker verklagt, einen Mann von schmutziger Habsucht, der in der Provinz dasselbe Recht zur Frechheit zu haben meinte, das er in Rom geübt. Aber die hartnäckigen Kläger setzten ihm jetzt so zu, daß er zuletzt seine Verteidigung aufgab und nach dem Erpressungsgesetz verurteilt wurde. Zugunsten des Eprius Marcellus, von welchem die Lykier Wiedererstattung verlangten, nahm die Parteilichkeit derart überhand, daß einige seiner Ankläger mit der Verbannung bestraft wurden, als ob sie einen völlig Unschuldigen in Gefahr gebracht hätten.

34. Im dritten Konsulatsjahr Neros war Valerius Messala sein Amtsgenosse. Nur wenige alte Leute erinnerten sich noch, daß dessen Urgroßvater, der Redner Corvinus, mit dem verewigten Augustus, Neros Ururgroßvater, ebenfalls die Konsulwürde bekleidet hatte. Diese Ehre für das edle Haus wurde noch dadurch erhöht, daß der Kaiser für Messala eine jährliche Schenkung von einer halben Million Sesterzen bewilligte, um seiner unverschuldeten Armut aufzuhelfen. Auch für Aurelius Cotta und Haterius Antonius setzte der Fürst ein Jahresgehalt aus, obwohl sie durch

Ausschweifungen das Vermögen ihrer Väter vergeudet hatten. – Zu Anfang dieses Jahres bricht der Krieg zwischen Römern und Parthern um den Besitz Armeniens, der sich bisher mit leichten Plänkeleien hingezogen hatte, mit aller Schärfe aus. Vologaeses wollte es nicht zulassen, daß sein Bruder Tiridates den Thron, den er ihm übertragen, verliere oder als Geschenk einer fremden Macht erhalte. Und Corbulo fand es des großen römischen Volkes würdig, das, was einst Lucullus und Pompeius erwarben, wiederzuerlangen. Dazu kam die schwankende Haltung der Armenier, die beide Völker zum Waffengang aufforderten. Freilich standen sie den Parthern wegen der Lage ihres Landes und der Ähnlichkeit ihrer Sitten näher, waren vielfach mit ihnen verschwägert und neigten mehr zur Despotie jener, weil sie die Freiheit nicht kannten.

35. Doch hatte Corbulo einen schwereren Kampf mit der Disziplinlosigkeit der Soldaten als mit der Treulosigkeit der Feinde. Die Legionen, die aus Syrien entnommen waren, ertrugen den Lagerdienst, da sie durch eine lange Friedenszeit lässig geworden waren, nur sehr widerwillig. Es war ganz bekannt, daß es in diesem Heer Veteranen gab, die noch auf keinen Posten, auf keine Wache gezogen waren, die Wall und Graben als neue und wundersame Dinge anstaunten, weder Helme noch Panzer besaßen. Aufgeputzte und (durch Handel) reich gewordene Leute waren sie, die ihren Dienst nur in Städten verrichtet hatten. Infolgedessen entließ er alle, die alt oder krank waren, und bat um Ersatz. Es wurden Aushebungen in Galatien und Kappadokien vorgenommen und eine Legion aus Germanien hinzugezogen, verstärkt durch bundesgenössische Reiterei und Fußtruppen. Das ganze Heer mußte in Zelten lagern, obgleich ein so strenger Winter herrschte, daß der Boden gefroren war und aufgehackt werden mußte, um die Aufstellung von Zelten zu ermöglichen. Vielen erfroren die Glieder in der harten Kälte, und einige fanden auf Wache den Tod. Von einem Soldaten, der ein Holzbündel trug, wurde erzählt, daß ihm die Hände derart erfroren waren, daß sie an dem Bündel festhafteten und sich von den Armstümpfen ablösten. Corbulo selbst ist fast immer zur Stelle, auf dem Marsch und bei den Arbeiten, stets in leichter Kleidung und mit bloßem Kopf. Den Eifrigen spendet er Lob, den Schwachen Trost, allen geht er

mit seinem Beispiel voran. Als sich dann aber viele gegen die Härte des Klimas und des Dienstes auflehnten und desertierten, schaffte er durch harte Strafen Abhilfe. Er ließ nämlich nicht, wie in anderen Heeren, das erste und zweite Dienstvergehen straflos hingehen, sondern jeder, der die Fahne verlassen hatte, büßte dafür sofort mit dem Leben. Das erwies sich durch die Erfahrung als heilsam und besser als Nachsicht: Die Zahl der Fahnenflüchtigen war in seinem Lager weit geringer als dort, wo man Verzeihung gewährte.

36. Corbulo hielt inzwischen seine Legionen im Lager, bis der Frühling anbrach, verteilte die bundesgenössischen Truppen auf geeignete Plätze und befiehlt ihnen, die Feinde nicht zu einem Kampf herauszufordern. Den Befehl über diese Truppen überträgt er dem ehemaligen Primipilar Paccius Orfitus. Dieser wird, obgleich er gemeldet hatte, daß die Barbaren unvorsichtig seien und Gelegenheit zu einem glücklichen Unternehmen böten, angewiesen, sich innerhalb der Verschanzungen zu halten und Verstärkungen abzuwarten. Er hielt sich jedoch nicht an den Befehl, sondern ließ sich, als einige Reitergeschwader aus den nächsten Kastellen herangekommen waren und in ihrer Unerfahrenheit eine Schlacht forderten, auf einen Kampf mit dem Feind ein und wird in die Flucht geschlagen. Durch seine Verluste erschreckt, zogen sich die übrigen Truppen, die ihm hätten Hilfe bringen müssen, in ängstlicher Flucht auf ihre Lagerplätze zurück. Darüber war Corbulo heftig erzürnt, gab dem Paccius einen harten Verweis und befahl ihm, mit seinen Präfekten und Soldaten außerhalb des Walles zu lagern. In dieser schimpflichen Lage mußten sie aushalten und wurden nur auf die Bitten des gesamten Heeres aus ihr befreit.

37. Tiridates aber, der außer über seinen eigenen Anhang auch über die Machtmittel seines Bruders Vologaeses verfügte, beunruhigt nicht mehr im geheimen, sondern ganz offen Armenien durch Kriegsmaßnahmen. Er verwüstet die Gebiete, die er uns treu glaubte, weicht den Truppen aus, die gegen ihn geführt wurden, eilt bald hierhin, bald dorthin und verbreitet durch seinen Ruf mehr Schrecken als durch seine Waffen. Corbulo, der sich um den lange gesuchten Kampf betrogen und gezwungen sah, den Krieg nach dem Beispiel der Feinde in die Breite zu ziehen, teilt

daher seine Streitkräfte, um seine Legaten und Präfekten an verschiedenen Punkten zugleich angreifen zu lassen. Zugleich fordert er den König Antiochus auf, in die ihm zunächst liegenden Provinzen einzufallen. Denn Pharasmanes, der seinen Sohn Radamistus angeblich wegen Verrats getötet hatte, bemühte sich, um seine Treue gegen uns zu beweisen, schon von selbst darum, seinen alten Haß gegen die Armenier zu betätigen. Jetzt wurden auch erstmalig die Moscher, als ein vor allen anderen den Römern treu ergebener Stamm, gewonnen und drangen in die unwegsamen Teile Armeniens ein. Daher änderte Tiridates seine Pläne ganz und gar und schickte Unterhändler, um in seinem und der Parther Namen Aufklärung zu fordern, warum man ihn aus seinem alten Besitz Armeniens vertreibe. Er habe doch erst jüngst Geiseln gestellt und die Freundschaft mit Rom erneuert, von der er auch neue Wohltaten erwarten dürfe. Aus demselben Grund habe sich doch Vologaeses selbst noch nicht erhoben, weil sie Verhandlungen der Gewalttätigkeit vorzögen; beharre man jedoch beim Krieg, so werde es den Arsaciden nicht an Tapferkeit und an dem Glück fehlen, das sie schon oft durch römische Niederlagen erprobt hätten. Daraufhin gibt Corbulo, der recht gut wußte, daß Vologaeses durch den Abfall Hyrcaniens gebunden war, dem Tiridates den Rat, sich mit Bitten an den Kaiser zu wenden. Er könne ein dauerhaftes Reich ohne Blutvergießen gewinnen, wenn er seine weitschauenden und sich spät erfüllenden Hoffnungen aufgebe und das Bessere, das ihm die Gegenwart biete, ergreifen wolle.

38. Weil man aber durch das Hin und Her von Boten doch nicht zu einem entscheidenden Friedensschluß gelangen konnte, beschloß man, Ort und Zeit für eine persönliche Unterredung festzusetzen. Tiridates gab an, er werde mit einer Bedeckung von 1000 Reitern eintreffen. Über Zahl und Waffengattung der Soldaten, die Corbulo zur Seite stehen sollten, wolle er nichts festsetzen, wenn sie nur ohne Panzer und Helm als friedliche Leute kämen. Jedem Menschen, geschweige einem alten und erfahrenen Heerführer, wäre diese Barbarenlist klar geworden: Es wurde nur deshalb auf der einen Seite eine beschränkte Anzahl festgesetzt, auf der anderen aber eine größere freigestellt, um uns einen Hinterhalt zu legen. Denn wenn einer im Bogenschießen geübten

Reiterschar ungeschützte Leute gegenüberstanden, so nützte diesen die größere Zahl gar nichts. Corbulo aber stellte sich so, als merke er nichts, und antwortete nur, ihm scheine es richtiger, wenn sie über Dinge, die die Allgemeinheit angingen, in Gegenwart der ganzen Heere verhandelten. Und er wählte eine Gegend, die teils aus sanft ansteigenden Hügeln bestand, um die Reihen des Fußvolkes aufzunehmen, teils als Ebene sich ausbreitete, so daß sich die Reitergeschwader entfalten konnten. Am verabredeten Tag stellt Corbulo als erster die bundesgenössischen Kohorten und die Hilfstruppen der verbündeten Könige auf den Flügel, die sechste Legion in der Mitte auf. 3000 Mann der dritten Legion, die er während der Nacht aus dem anderen Lager herangezogen hatte, reihte er mit ein, aber unter *einem* Adler, um den Eindruck zu erwecken, als sähe man eine und dieselbe Legion. Tiridates blieb, als sich der Tag schon neigte, in solcher Entfernung stehen, daß er zwar gesehen, aber kaum gehört werden konnte. Daher läßt der römische Feldherr, ohne daß eine Zusammenkunft stattgefunden hatte, seine Soldaten wieder in ihre einzelnen Standquartiere einrücken.

39. Mochte der König eine List argwöhnen, weil die Truppen zugleich nach mehreren Richtungen abmarschierten, mochte er beabsichtigen, unsere Zufuhren, die vom pontischen Meer und von der Stadt Trapezus her unterwegs waren, abzufangen, jedenfalls zieht er eilig ab. Aber er war nicht imstande, über die Transporte herzufallen, weil sie über die von uns besetzten Gebirge geleitet wurden. Corbulo bereitet nun, um den Krieg nicht vergeblich in die Länge zu ziehen und die Armenier zur Verteidigung ihres eigenen Landes zu zwingen, die Erstürmung der Kastelle vor und behält sich das stärkste Kastell dieser Provinz, mit Namen Volandum, selbst vor, während er die kleineren dem Legaten Cornelius Flaccus und dem Lagerpräfekten Insteius Capito überläßt. Nachdem er die Befestigungen genau besichtigt und alle Vorbereitungen zu ihrer Erstürmung getroffen hatte, ermahnt er seine Soldaten, sie sollten den schwankenden Feind, der sich weder zum Frieden noch zur Schlacht entscheiden könne, sondern seine Treulosigkeit und Feigheit durch die Flucht verrate, aus seinem Land jagen und sich ebenso viel Ruhm wie Beute holen. Dann teilt er sein Heer in vier Haufen, führt die einen unter dem

Schilddach zusammengedrängt heran, um den Wall einzureißen, befiehlt anderen, die Leitern an die Mauern zu legen, und einer größeren Abteilung, aus den Wurfmaschinen Feuerbrände und Lanzen zu schleudern. Den Wurfschützen und Schleuderern weist er einen Platz an, von wo sie aus der Ferne ihre Schleuderkugeln werfen konnten; es sollte nicht irgendeine Seite den Bedrängten Schutz bieten und überall der gleiche Sturm herrschen. Die Begeisterung des kämpfenden Heeres war nun so groß, daß schon im ersten Drittel des Tages die Mauern von Verteidigern entblößt, die Riegel der Tore gesprengt, die Schanzen im Sturm genommen waren. Alle erwachsenen Männer wurden niedergemacht, während es bei uns gar keine Tote und nur sehr wenige Verwundete gab. Die nicht waffenfähige Jugend wurde in die Sklaverei verkauft, die übrige Beute fiel den Siegern zu. Das gleiche Glück hatten der Legat und der Präfekt, so daß an *einem* Tag drei Kastelle erstürmt wurden. Die übrigen ergaben sich vor Schreck, einige aus freiem Entschluß der Einwohner. Dadurch gewann man Vertrauen zum Angriff auf Artaxata, die Hauptstadt des Landes. Doch wurden die Legionen nicht auf dem nächsten Weg herangeführt, weil sie sich, wenn sie die Brücke über den an den Stadtmauern vorüberfließenden Araxes überschritten, den Geschossen aussetzen mußten. Daher gingen sie in größerer Entfernung und auf günstigeren Furten hinüber.

40. Tiridates aber schämte sich und fürchtete, er könnte, wenn er die Belagerung zuließe, den Anschein erwecken, als ob er zu keiner Hilfe fähig wäre, wenn er sich ihr aber widersetzte, sich selbst und seine Reiterscharen auf dem ungünstigen Gelände in Schwierigkeiten bringen. Zuletzt entschloß er sich, eine Schlacht anzubieten und an einem geeigneten Tag den Kampf zu beginnen oder sich durch vorgetäuschte Flucht die Gelegenheit zu einem Hinterhalt zu verschaffen. Daher umschwärmt er plötzlich den römischen Heereszug, ohne freilich unseren Heerführer überraschen zu können, der sein Heer in gleicher Weise zum Marsch wie zum Kampf geordnet hatte. Auf dem rechten Flügel marschierte die dritte Legion, auf dem linken die sechste, in der Mitte der Kern der zehnten Legion; den Troß hatte man zwischen die Reihen genommen, den Rücken deckten 1000 Reiter, die Befehl hatten, Angreifende auf der Stelle abzuwehren, Weichende aber

nicht zu verfolgen. Die Flanken deckten die Bogenschützen zu Fuß und der Rest der Reiterei, wobei der linke Flügel am Fuß der Anhöhen breiter aufgestellt war, um den andringenden Feind zugleich von vorn und von der Flanke fassen zu können. Tiridates ließ seine Reiterei aus verschiedenen Richtungen heransprengen, aber nicht bis auf Schußweite, sondern bald drohend, bald zum Schein furchtsam zögernd, immer in der Hoffnung, die Reihen auflösen und die Zerstreuten verfolgen zu können. Als aber nirgends durch Unbedachtsamkeit eine Lücke entstand und nur ein einziger Reiterhauptmann sich zu kühn vorgewagt und, von Pfeilen durchbohrt, durch sein warnendes Beispiel die übrigen im Gehorsam gefestigt hatte, zog er bei Einbruch der Dunkelheit ab.

41. Corbulo ließ nun an Ort und Stelle ein Lager abstecken und überlegte, ob er noch in derselben Nacht mit den kampfbereiten Legionen Artaxata erreichen und die Stadt einschließen solle, weil er glaubte, daß sich Tiridates dahin zurückgezogen habe. Als dann aber Kundschafter meldeten, der König sei weitermarschiert und man wisse nicht, ob nach Medien oder nach Albanien hin, wartet er den Tagesanbruch ab; nur die Leichtbewaffneten wurden vorausgeschickt, um inzwischen die Mauern zu umschwärmen und die Belagerung im Fernkampf zu beginnen. Aber die Bewohner öffneten freiwillig die Tore und ergaben sich mit ihrer Habe den Römern. Dies rettete ihnen selbst das Leben. Artaxata aber wurde in Brand gesteckt, zerstört und dem Erdboden gleichgemacht, weil es wegen des großen Umfangs seiner Mauern ohne starke Besatzung nicht gehalten werden konnte, unsere Streitkräfte aber nicht groß genug waren, daß man sie hätte teilen und die Besetzung zugleich mit der Kriegführung hätte verwirklichen können. Lasse man aber die Stadt unversehrt und unbewacht zurück, so sei doch kein Nutzen und kein Ruhm durch ihre Einnahme gewonnen. Dazu ereignet sich auch noch ein wie von Gott gesandtes Wunder. Bisher war die ganze Gegend hell von der Sonne beleuchtet. Da wurde das von den Mauern umschlossene Gebiet von einer schwarzen Wolke so plötzlich verdunkelt und von Blitzen durchzuckt, daß man glauben konnte, es werde gleichsam durch den Zorn der Götter dem Untergang geweiht. – Wegen dieser Erfolge wurde Nero als Imperator begrüßt. Auf

Senatsbeschluß fanden Dankfeste statt. Außerdem wurden Standbilder, Triumphbogen und die dauernde Übertragung der Konsulswürde an den Princeps beantragt. Der Tag, an dem der Sieg erfochten, an dem er nach Rom gemeldet und an dem er vom Senat zur Kenntnis genommen worden war, alle diese Tage wurden unter die Festtage eingereiht. Es gab noch mehr derartige Beschlüsse von solcher Maßlosigkeit, daß sich C. Cassius, der den übrigen Ehrenbezeugungen beistimmte, dahin äußerte: Wenn den Göttern entsprechend der Gunst des Schicksals gedankt werden solle, so reiche das ganze Jahr nicht für die Dankfeste aus. Deshalb sei es notwendig, Festtage und Werktage zu unterscheiden; dann könne man an jenen die Götter verehren, ohne die irdischen Aufgaben zu vernachlässigen.

42. Darauf wird ein Mann, der von mancherlei Schicksalen hin und her geworfen war und sich vieler Menschen Haß zugezogen hatte, angeklagt und verurteilt, aber nicht ohne böse Folgen für Senecas Ruf. Es war Publius Suillius, der unter Claudius' Regierung als gefürchtet und käuflich galt. Nach dem Regierungswechsel zeigte er sich nicht so unterwürfig, wie es seine Feinde wünschten, und wollte lieber als schuldig erscheinen denn um Gnade flehen. Gegen ihn, so glaubte man, sei der Senatsbeschluß und die Bestrafung nach dem Cincischen Gesetz gegen diejenigen wieder aufgenommen worden, die Privatprozesse gegen Geld übernommen hätten. Suillius sparte (bei der Verteidigung) nicht mit Klagen und Vorwürfen. Außer seiner angeborenen Rücksichtslosigkeit machte ihn sein hohes Alter noch freimütiger. Er schalt Seneca einen Feind aller Freunde des Claudius, unter dem jener mit Recht die Verbannung erduldet habe. Zudem sehe Seneca, nur an unfruchtbare Studien und an den Verkehr mit unerfahrenen Jünglingen gewöhnt, scheel auf alle, die ihre lebendige und ungekünstelte Beredsamkeit in den Dienst ihrer Mitbürger stellten. Er sei Quästor des Germanicus, jener aber nur ein Ehebrecher in dessen Haus gewesen. Oder müsse man es etwa für ein größeres Verbrechen halten, sich aus freien Stücken von einer streitenden Partei für eine ehrenhafte Bemühung den verdienten Lohn auszahlen zu lassen als das Ehegemach fürstlicher Frauen zu verunehren? Durch welche Weisheit, durch welche philosophischen Grundsätze habe Seneca denn während der vier Jahre

seiner kaiserlichen Freundschaft 300 Millionen Sesterzen zusammengerafft? In Rom wisse jener kinderlose Erblasser in seine Netze zu locken, Italien und die Provinzen sauge er durch unermeßlichen Zinswucher aus. Er dagegen besitze nur ein kleines, durch Arbeitsamkeit erworbenes Vermögen. Beschuldigungen, Gefahren und alles andere wolle er lieber ertragen als sich mit seinem alten und selbsterworbenen Ansehen vor einem Glücksritter beugen.

43. Einige unterließen es nicht, diese Äußerungen mit den gleichen oder noch schärferen Worten dem Seneca zu hinterbringen. Man wußte aber Ankläger zu finden, die Suillius vorwarfen, er habe, während er die Provinz Asien verwaltete, die Bundesgenossen ausgeplündert und staatliche Gelder unterschlagen. Weil jedoch die Ankläger ein ganzes Jahr Frist erhalten hatten, hielt man es nachher für einfacher, mit den in Rom begangenen Verbrechen zu beginnen, wofür die Zeugen bei der Hand waren. Diese warfen dem Suillius vor, er habe durch seine wüsten Anklagen den Q. Pomponius in den Bürgerkrieg getrieben, er habe Julia, Drusus' Tochter, sowie Sabina Poppaea zum Tod gezwungen, Valerius Asiaticus, Lusius Saturninus und Cornelius Lupus gestürzt. Ganze Scharen von römischen Rittern seien verurteilt worden, und jegliche Grausamkeit des Claudius falle auf ihn zurück. Suillius führte zu seiner Verteidigung an, er habe keine einzige dieser Anklagen aus eigenem Antrieb erhoben, sondern lediglich dem Fürsten gehorcht. Schließlich gebot der Kaiser solcher Rede Einhalt, indem er bemerkte, er habe aus den Tagebüchern seines Vaters in Erfahrung gebracht, daß dieser niemals die Erhebung einer Anklage erzwungen habe. Darauf beruft sich Suillius auf Befehle Messalinas, und damit kommt seine Verteidigung ins Wanken. Warum sei denn kein anderer erkoren worden, um diesem rasenden und unzüchtigen Weib seine Stimme zu leihen? Die Werkzeuge grausiger Taten müßten bestraft werden, sobald sie ihre Verbrechen, für die sie den Lohn angenommen, auf andere abwälzen wollten. So verlor denn Suillius einen Teil seines Vermögens – ein Teil verblieb seinem Sohn und seiner Enkelin, auch wurde von der Einziehung des Vermögens abgesehen, das ihnen ihre Mutter und Großmutter hinterlassen hatten –, er selbst wird auf die Balearen verbannt, war aber weder während

des Prozesses noch nach der Verurteilung irgendwie gebrochen. Ja, man erzählte sich, er habe sein abgeschiedenes Leben genußreich und behaglich hingebracht. Als die Ankläger seinen Sohn Nerullinus aus Haß gegen den Vater angriffen und auch ihm Erpressungen vorwarfen, erhob der Princeps Einspruch: Der Rache sei nun genug geschehen.

44. Zur selben Zeit entbrennt der Volkstribun Octavius Sagitta in wahnsinniger Liebe zu Pontia, einer verheirateten Frau, erkauft durch ungeheure Geschenke den Ehebruch und später auch die Scheidung von ihrem Gatten, indem er ihr die Ehe versprach und dasselbe Versprechen von ihr erhielt. Als die Frau aber frei war, sucht sie die Heirat hinauszuschieben, gibt vor, daß ihr Vater nicht einverstanden sei, und entzieht sich ihren Versprechungen, als sie Aussicht auf einen reicheren Mann hatte. Octavius dagegen versucht es bald mit Klagen, bald mit Drohungen, beteuert, daß sein Ruf vernichtet, sein Vermögen erschöpft sei, und gibt zuletzt sein Leben, das ihm allein noch geblieben sei, in ihre Hände. Als er wieder zurückgewiesen wurde, erbittet er sich zum Trost noch eine einzige Nacht, um sich, durch diese besänftigt, in Zukunft mäßigen zu können. Die Nacht wird verabredet, und Pontia läßt eine vertraute Dienerin vor dem Schlafgemach Wache halten. Octavius erscheint mit einem Freigelassenen und bringt, unter dem Gewand versteckt, einen Dolch mit. Es folgen nun die bei eifersüchtigen Liebhabern üblichen Zänkereien und Bitten, Anklagen und Entschuldigungen; nur ein Teil der Nacht war dem Liebesgenuß geweiht. Durch diesen angeblich erregt, ersticht er die Ahnungslose mit dem Dolch, vertreibt die herbeieilende Dienerin durch einen Hieb und stürzt dann aus dem Gemach. Am folgenden Tag wurde die Mordtat bekannt; am Mörder bestand kein Zweifel, da ihm ja nachgewiesen wurde, daß er die Nacht bei ihr verbracht hatte. Doch der Freigelassene bekennt, *er* habe die Tat vollbracht, er habe die Beleidigungen seines Herrn rächen wollen. Schon hatte er einige durch das erhabene Beispiel von Treue gerührt, als die Dienerin, die sich von ihrer Verwundung erholt hatte, den wahren Vorgang erzählte. Octavius wurde nun vom Vater der Ermordeten vor die Konsuln gebracht und nach seinem Ausscheiden aus dem Volkstribunat durch den Spruch der Senatoren nach dem Gesetz über Meuchelmord verurteilt.

45. Nicht weniger Aufsehen erregte in diesem Jahr ein anderes ehebrecherisches Verhältnis, das den Anfang eines großen Unglücks für den Staat machte. In Rom lebte eine Poppaea Sabina, Tochter des T. Ollius, die den Namen ihres Großvaters mütterlicherseits angenommen hatte, da Poppaeus Sabinus ein berühmter Mann gewesen war, der im Ehrenschmuck des Konsuls und Triumphators strahlte. Ollius dagegen war durch seine Freundschaft mit Seianus zu Fall gekommen, ehe er noch die höheren Ämter bekleidet hatte. Diese Frau besaß alles, nur keine Ehrbarkeit. Ihre Mutter, die alle Frauen ihrer Zeit an Schönheit übertraf, hatte ihr Ruhm und Schönheit in gleicher Weise vererbt. Ihr Vermögen entsprach dem Adel ihres Geschlechts, ihre Rede war anziehend, ihr Verstand nicht unwitzig. Nach außen hin war sie tugendhaft, in Wirklichkeit aber leichtfertig. Selten ging sie aus dem Haus, dann aber nur mit halbverschleiertem Gesicht, um das Auge (der Männer) nicht ganz zu befriedigen oder weil es ihr gut stand. Niemals aber schonte sie ihren Ruf und behandelte ihre Ehemänner und Buhlen ganz gleich. Und da sie sich weder eigener noch fremder Leidenschaft hingab, suchte sie die Befriedigung ihrer Lüste da, wo sich ihr eigener Vorteil zeigte. Als sie so in der Ehe mit Rufrius Crispinus, einem römischen Ritter, lebte, von dem sie einen Sohn hatte, ließ sie sich durch Othos Jugend und Luxus verlocken, auch dadurch, daß jener als Neros intimster Freund galt. Es dauerte auch nicht lange, bis aus dem Ehebruch eine neue Vermählung wurde.

46. Otho preist nun vor dem Fürsten die Schönheit und feine Bildung seiner Gattin, entweder weil er in seiner Verliebtheit unvorsichtig war oder um ihn zu reizen und durch dieses Band, wenn sie beide dieselbe Frau besäßen, seinen Einfluß zu erhöhen. Oft hörte man ihn beim Aufstehen von der kaiserlichen Tafel sagen, er gehe jetzt zu ihr, ihm sei Schönheit und Adel zuteil geworden, alles, was die Welt sich wünsche, alles, was Glückliche erfreue. Nach diesen und ähnlichen Anlockungen wird nicht lange gezögert. Nachdem Poppaea Zutritt erhalten, sucht sie zunächst durch Schmeichelei und Verstellung Einfluß zu gewinnen, wobei sie sich so stellt, als unterliege sie ihrer Leidenschaft und sei durch Neros Schönheit ganz gefesselt. Als aber bald des Fürsten Liebe leidenschaftlich wurde, spielt sie die stolze Frau. Wenn

er sie über eine oder zwei Nächte bei sich behalten wollte, erklärt sie immer wieder, sie sei doch verheiratet, sie könne ihre Ehe nicht aufgeben, sie sei an Otho gefesselt durch seine Lebenskunst, in der ihm niemand gleichkomme. Das sei ein Mann von Geschmack und großartiger Prachtliebe, bei ihm finde sie alles, was ihr das höchste Glück gewähre. Nero dagegen liege in den Banden seiner Buhlerin und Magd Acte und habe aus dieser Sklavenehe nichts anderes angenommen als gemeine und schmutzige Angewohnheiten. Otho wird nun von Neros Freundschaft, später auch von dessen Umgang und Gefolge ausgeschlossen und zuletzt, um den Nebenbuhler in Rom loszuwerden, zum Statthalter der Provinz Lusitanien ernannt. Dort lebte er bis zum Ausbruch des Bürgerkrieges nicht nach seiner früheren schandbaren Weise, sondern unbescholten und rechtschaffen, ruhebedürftig und in seiner Amtsführung zurückhaltend.

47. Bis dahin suchte Nero noch Beschönigungen seiner Schandtaten und Verbrechen. Damals richtete sich sein Verdacht hauptsächlich gegen Cornelius Sulla, dessen träges Wesen er ins Gegenteil deutete und als schlaue Heuchelei zu erkennen glaubte. Diese Besorgnis steigerte noch ein kaiserlicher Freigelassener, Graptus, der infolge seiner Erfahrung und seines hohen Alters den Caesarenhof seit Tiberius durch und durch kannte. Er erfand folgende lügenhafte Geschichte: Die mulvische Brücke war damals der Sammelplatz für nächtliche Liebesabenteuer. Nero besuchte ihn häufig, um außerhalb der Stadt desto ausgelassener zu sein. Graptus lügt ihm nun vor, bei seiner Rückkehr sei ihm auf der Flaminischen Straße ein Hinterhalt gelegt und nur durch Schicksalsfügung vereitelt worden, weil er auf einem anderen Weg durch die Sallustischen Gärten zurückgekehrt sei. Der Urheber dieser Hinterlist sei Sulla gewesen, weil zufällig einige junge Leute in der Ausgelassenheit, die damals allenthalben herrschte, den heimkehrenden Dienern des Fürsten einen leeren Schrecken eingejagt hatten. Es war aber kein Sklave oder Klient Sullas erkannt worden, und Sullas verachtetes und keines Wagestückes fähiges Wesen widersprach am meisten der Beschuldigung. Dennoch wird ihm ganz, als ob er überführt wäre, befohlen, die Vaterstadt zu verlassen und sich auf den Aufenthalt in den Mauern Massilias zu beschränken.

48. Unter den gleichen Konsuln erhielten zwei Gesandtschaften der Puteolaner Gehör. Die eine hatten die städtischen Behörden, die andere die Bevölkerung an den Senat geschickt. Jene beschwerten sich über die Gewalttätigkeit der Menge, diese über die Erpressungen der Beamten und besonders des ersten Standes. Dieser Aufruhr hatte sich bis zu Steinwürfen und Androhungen von Brandstiftungen gesteigert. Um es nicht zu Mord und Bürgerkrieg kommen zu lassen, wurde C. Cassius bestimmt, Abhilfe zu schaffen. Da aber die Puteolaner dessen Strenge nicht ertrugen, wurden auf seine eigene Bitte die Brüder Scribonius mit der Angelegenheit betraut und bekamen eine Prätorianerkohorte mit. Durch die Furcht vor dieser und mit Hilfe einiger Hinrichtungen wurde die Eintracht in der Stadt wieder hergestellt.

49. Einen ganz unbedeutenden Senatsbeschluß, durch den der Stadt Syrakus erlaubt wurde, die für die Veranstaltung von Gladiatorenspielen festgesetzte Zahl zu überschreiten, würde ich an sich nicht erwähnen. Aber Thrasea Paetus widersprach ihm und gab dadurch seinen Neidern Anlaß, seine Stellungnahme zu verdächtigen. Wenn er glaube, daß es unserem Staat an einem freien Senat fehle, warum verfolge er dann solche Kleinigkeiten? Warum erhebe er nicht seine mahnende oder warnende Stimme, wenn über Krieg und Frieden, über Zölle und Gesetze sowie über andere für den römischen Staat entscheidende Dinge verhandelt werde? Jedem Senator sei es doch erlaubt, so oft er das Recht zur Meinungsäußerung erhalten habe, das vorzubringen, was er wünsche, und über jeden beliebigen Gegenstand eine Verhandlung zu fordern. Oder sei etwa das allein verbesserungswürdig, daß in Syrakus nicht zu viele Fechterspiele veranstaltet würden? Seien denn alle anderen Verhältnisse des Reiches so vortrefflich, als ob nicht Nero, sondern Thrasea selbst die Leitung in Händen hätte? Wenn man schon die wichtigsten Angelegenheiten mit absichtlichem Schweigen übergehe, um wieviel mehr müsse man sich dann bei Kleinigkeiten zurückhalten! Darauf entgegnete Thrasea, als seine Freunde eine Erklärung wünschten, daß er nicht aus Unkenntnis der gegenwärtigen Zustände derartige Beschlüsse zu bessern versuche, sondern zu Ehren des Senats. Es solle dadurch deutlich werden, daß Männer, die auch den unerheblichsten Dingen ihre Aufmerksamkeit schenkten, ihre Sorge um

die wichtigsten Angelegenheiten niemals verleugnen würden.

50. Als sich im gleichen Jahr die Beschwerden des Volkes über die Härte der Zolleinnehmer häuften, kam Nero auf den Gedanken, ob er nicht alle Zölle abschaffen und damit der Menschheit das herrlichste Geschenk machen könne. Nachdem man zunächst seinen Edelmut gepriesen hatte, zügelten dann doch die älteren Senatoren seinen Eifer und belehrten ihn, daß es die Auflösung des Reiches bedeuten würde, wenn die Einkünfte, durch die der Staat erhalten wird, vermindert werden sollten. Eine Aufhebung der Zölle würde zur Folge haben, daß auch die Abschaffung der Steuern gefordert würde. Die meisten Gesellschaften für Zollerhebungen seien schon von den Konsuln und Volkstribunen zu einer Zeit gegründet worden, als das römische Volk noch völlig frei war; die übrigen Zölle habe man mit Rücksicht darauf geschaffen, daß die Einnahmen und die notwendigen Ausgaben miteinander übereinstimmten. Allerdings, gegen die Übergriffe der Zollpächter müsse man einschreiten, damit nicht das, was das Volk so lange Jahre geduldig getragen habe, jetzt durch neue Härten zur Unzufriedenheit führe.

51. Daher erließ der Kaiser ein Edikt: Es sollten die bisher geheimgehaltenen Bestimmungen über alle Staatssteuern öffentlich bekanntgemacht werden; nicht erhobene Forderungen dürften nach Ablauf eines Jahres nicht mehr nachgeholt werden; Rechtsbeschwerden gegen die Steuerpächter müßten in Rom vom Prätor, in den Provinzen vom Proprätor oder Prokonsul außer der Reihe entschieden werden; den Soldaten solle die Abgabenfreiheit gewahrt bleiben, ausgenommen für Waren, mit denen sie handelten. Dazu kamen noch andere, durchaus billige Beschränkungen, die kurze Zeit beobachtet, dann aber wieder außer acht gelassen wurden. Bis heute ist es jedoch bei der Abschaffung der Abgaben von 2½ und 2 Prozent sowie anderer ungesetzlicher Erhebungen geblieben, die die Steuerpächter erfunden hatten. Auch ermäßigte man die Abgaben für die Getreideausfuhr aus den überseeischen Provinzen und setzte fest, daß die Frachtschiffe nicht zum Vermögen der Kaufleute gerechnet und für sie keine Steuern gezahlt werden sollten.

52. Zwei Angeklagte der Provinz Afrika, Sulpicius Camerinus und Pompeius Silvanus, die dort Statthalter gewesen waren, ließ

der Kaiser freisprechen. Die Anklage gegen Camerinus ging nur von wenigen Privatleuten aus, die ihm mehr Grausamkeit als Erpressung vorwarfen. Den Silvanus hatte eine große Menge von Anklägern umlagert, die Zeit zur Herbeirufung von Zeugen verlangten. Der Angeklagte forderte, sich sofort verteidigen zu dürfen, und setzte dies auch durch, weil er ein reicher und kinderloser Greis war. Er hat dann aber noch länger gelebt als die Erbschleicher, durch deren Bemühungen er so gut davongekommen war.

53. In Germanien war es bis zu dieser Zeit ruhig geblieben infolge der Denkungsart der Heerführer, die sich, da Triumphabzeichen etwas ganz Gewöhnliches geworden waren, größeren Ruhm von der Erhaltung des Friedens erhofften. Paulinus Pompeius und L. Vetus führten damals die dortigen Heere. Um aber die Soldaten nicht ohne Beschäftigung zu lassen, vollendete Pompeius den Wall, den Drusus vor fünfundsechzig Jahren zur Eindämmung des Rheins begonnen hatte, und Vetus traf Anstalten, die Mosella und den Arar durch einen Kanal zu verbinden, damit Vorräte vom Mittelländischen Meer durch den Rhodanus und den Arar, dann durch den Kanal in die Mosella, weiter in den Rhein und den Ozean befördert werden könnten. So sollten die Schwierigkeiten des Landweges beseitigt und die Küsten des West- und Nordmeeres durch Schiffsverkehr miteinander verbunden werden. Auf dieses Unternehmen war der Legat von Belgien, Aelius Gracilis, neidisch und warnte Vetus davor, seine Legionen in eine fremde Provinz zu führen und sich bei den gallischen Parteien beliebt machen zu wollen, wobei er immer wieder erklärte, dies werde beim Kaiser Besorgnis erregen. Auf diese Weise werden fast immer edle Bestrebungen vereitelt.

54. Übrigens verbreitete sich bei der dauernden Untätigkeit der Heere bei den Germanen das Gerücht, den Legaten sei die Berechtigung genommen worden, gegen den Feind zu ziehen. Infolgedessen führten die Friesen ihre junge Mannschaft durch Waldgebirge oder Sümpfe, das wehrlose Alter über die Seen dem Rheinufer zu. Sie besetzten die leeren, den Soldaten vorbehaltenen Gebiete, unter Führung von Verritus und Malorix, die dieses Volk regierten, soweit sich Germanen regieren lassen. Schon hatten sie sich Hütten gebaut, die Aussaat gemacht und bearbeiteten den Boden, als wäre es der heimische, da drohte Dubius Avitus,

der Nachfolger des Paulinus, mit der römischen Heeresmacht, falls die Friesen nicht in ihr altes Land abzögen oder vom Kaiser neue Wohnsitze erbäten. So brachte er Verritus und Malorix dazu, daß sie sich zu Bitten bequemten. Sie begaben sich nach Rom und besuchten, während sie auf Nero, der mit anderen Sorgen beschäftigt war, warten mußten, unter anderen Sehenswürdigkeiten, die man Ausländern zu zeigen pflegt, das Theater des Pompeius, wo sie eine Anschauung von der Größe des römischen Volkes bekommen sollten. Aus Langeweile – denn an den Spielen, die sie nicht verstanden, hatten sie keinen Gefallen – erkundigten sie sich nach den Zuschauern und den Unterschieden der Stände, welches die Ritter wären und wo die Senatoren säßen. Da bemerkten sie auf den Sitzen der Senatoren Leute in fremdländischer Tracht. Auf die Frage, wer das sei, hörten sie, daß diese Ehre den Gesandten derjenigen Völker zuteil werde, die sich durch Tapferkeit und als Freunde Roms hervortäten. Da rufen sie aus, kein Volk auf der Welt könne an Tapferkeit und Treue die Germanen übertreffen, steigen hinab und nehmen unter den Senatoren Platz. Die Zuschauer nahmen das freundlich auf, weil es an biedere Aufwallung und den edlen Wettstreit der alten Zeit erinnerte. Nero schenkte beiden das römische Bürgerrecht, befahl aber, die Friesen sollten das Land räumen. Als sich jene nicht an den Befehl hielten, wurde die bundesgenössische Reiterei gegen sie ausgeschickt, die die Durchführung erzwang. Wer hartnäckigen Widerstand leistete, wurde gefangengenommen oder niedergemacht.

55. Dasselbe Gebiet besetzten nun die Ampsivarier, ein Stamm, der nicht nur durch seine eigene Zahl stärker war, sondern auch durch den Anteil, den die benachbarten Stämme an ihnen nahmen. Sie waren nämlich von den Chauken vertrieben worden und baten als Heimatlose um einen sicheren Unterschlupf. Für sie sprach ein bei jenen Völkern berühmter und uns treu ergebener Häuptling namens Boiocalus. Er sei, wie er erzählte, beim Aufstand der Cherusker auf Arminius' Befehl gefesselt worden, habe dann unter Tiberius und Germanicus gedient und wolle seine fünfzigjährige Treue gegen uns dadurch krönen, daß er seinen Stamm unserer Botmäßigkeit unterwerfe. Wie gering sei doch der Teil des brachliegenden Landes, auf den die Sol-

daten einmal ihre Schaf- und Rinderherden treiben wollen! Sie sollten es immerhin unter einer hungernden Bevölkerung als Weideplätze für ihre Herden behalten, aber nicht lieber eine Wüste, eine Einöde haben wollen als befreundete Volksstämme. Den Chamaven hätten einst diese Weidetriften gehört, später den Tubanten und nach diesen den Usipern. Wie der Himmel den Göttern, so gehöre die Erde dem Geschlecht der Menschen, und wo sie leer stehe, sei sie Allgemeingut. Dann blickte er zur Sonne auf, rief die übrigen Gestirne an und fragte sie, als wären sie gegenwärtig, ob sie auf ein leeres Land herabschauen wollten. Lieber sollten sie das Meer darüber hinströmen lassen, um die Landräuber zu strafen!

56. Avitus war von diesen Worten ergriffen, sagte aber, man müsse sich nun einmal den Befehlen der Stärkeren fügen. Den Göttern, die sie anriefen, habe es gefallen, daß die Römer die Entscheidung darüber behielten, was sie geben und was sie nehmen wollten, und daß sie keinen anderen Richter darüber duldeten als sich selber. Dies antwortete er den Ampsivariern öffentlich; Boiocalus selbst werde als Lohn für seine Treue Land erhalten. Boiocalus lehnte aber dieses Anerbieten als einen Verräterlohn ab und fügte hinzu, Land zum Leben könne man ihnen nehmen, Land zum Sterben aber nicht. So gingen sie in gegenseitiger Erbitterung voneinander. Und die Ampsivarier riefen die Bructerer, Tencterer und noch entferntere Völkerschaften zum gemeinsamen Kampf auf. Avitus schrieb an den Legaten des oberrheinischen Heeres, Curtilius Mancia, er solle den Rhein überschreiten und seine Truppen dem Feind in den Rücken führen. Er selbst ließ seine Legionen ins Gebiet der Tencterer einrükken und drohte ihnen mit Vernichtung, wenn sie sich nicht von der Kampfgemeinschaft lossagten. Als diese infolgedessen zurücktraten, wurden die Bructerer durch die gleiche Drohung erschreckt. Da sich auch die übrigen nicht für andere in Gefahr bringen wollten, blieb der Stamm der Ampsivarier allein übrig und wich ins Land der Usiper und Tubanten zurück. Aus deren Gebieten vertrieben, wanderten sie zu den Chatten, dann zu den Cheruskern und gingen nach langen Irrfahrten, wo sie bald als Gäste, bald als Bettler, bald als Feinde aufgenommen wurden, in der Fremde zugrunde. Die wehrfähige Mannschaft wurde er-

schlagen, was nicht wehrhaft war, als Beute verteilt.

57. Im gleichen Sommer kam es zu einer großen Schlacht zwischen den Hermunduren und Chatten, die sich einen für die Salzgewinnung ergiebigen Grenzfluß anzueignen versuchten. Außer der germanischen Neigung, alles mit Waffen auszumachen, wirkte auch der angestammte Volksglaube mit, diese Gegenden seien dem Himmel besonders nahe, und menschliche Gebete würden von den Göttern nirgends so deutlich gehört wie dort. Deshalb entsteht durch die Gnade der Gottheit in jenem Fluß und seinen Wäldern auch das Salz, nicht wie bei anderen Völkern durch Austrocknen des übergetretenen Meerwassers. Hier werde nämlich das Wasser über einen brennenden Holzstoß gegossen und die Flüssigkeit durch den Kampf der feindlichen Elemente, Wasser und Feuer, erhärtet. Dieser Krieg war nur für die Hermunduren glücklich, wurde aber für die Chatten um so verderblicher, als beide Teile für den Fall des Sieges die Gegner dem Mars und Merkur geweiht hatten. Durch dieses Gelübde verfällt alles Lebendige, Roß und Mann, dem Tod. Somit fielen die Drohungen unserer Feinde auf sie selbst zurück. Doch wurde auch der mit uns verbündete Gau der Ubier von einem unvorhergesehenen Unglück betroffen. Aus der Erde brachen nämlich Flammen hervor, ergriffen weit und breit die Landgüter, Felder und Dörfer und drangen sogar in den Mauerring der neu gegründeten römischen Kolonie ein. Und das Feuer konnte nicht gelöscht werden, weder durch Regenfälle noch durch das Wasser der Ströme oder durch eine andere Flüssigkeit. Endlich warfen die Landleute aus Mangel an einem anderen Rettungsmittel und aus Wut über ihre Verluste aus der Ferne Steine. Dann rückten sie, als die Flammen standhielten, näher heran, schlugen sie mit Stöcken und Prügeln wie wilde Tiere und suchten sie so zu vertreiben. Schließlich rissen sie sich die Kleider vom Leib und warfen sie darauf, weil sie glaubten, je abgebrauchter und schmutziger sie wären, desto eher würden sie das Feuer ersticken.

58. Im gleichen Jahr hielt man es für ein böses Vorzeichen, daß der ruminalische Baum auf dem Comitium, der vor 830 Jahren den Romulus und Remus als Säuglinge beschattet hatte, durch Absterben der Äste und Verdorren des Stammes verkümmerte, bis er mit neuen Trieben wieder ausschlug.

BUCH XIV

1. Unter dem Konsulat des C. Vipstanus und C. Fonteius schob Nero die Ausführung des lange geplanten Verbrechens nicht länger auf. Mit der langen Dauer seiner Regierung war seine Verwegenheit gestiegen und seine Leidenschaft für Poppaea von Tag zu Tag größer geworden. Solange aber Agrippina lebte, konnte Poppaea auf eine Ehe mit Nero und seine Scheidung von Octavia nicht hoffen. Sie machte dem Fürsten häufig Vorwürfe, verspottete ihn mitunter auch und nannte ihn ein unmündiges Kind, das fremden Befehlen gehorche und keinen Kaiserthron besitze, nicht einmal freien Willen. Warum schiebe man denn die Vermählung mit ihr hinaus? Gewiß mißfielen ihre Schönheit und ihre ruhmreichen Ahnen. Oder etwa ihre Fruchtbarkeit und Aufrichtigkeit? Man fürchte wohl, daß sie ihm als Gattin die Kränkungen der Senatoren und den Zorn des Volkes über seine stolze und habsüchtige Mutter hinterbringe. Wenn aber Agrippina nur eine Schwiegertochter ertragen könne, die ihren Sohn hasse, so solle er sie doch ihrem Gatten Otho wiedergeben! Sie wolle irgendwohin in die Welt gehen, wo sie des Imperators Schmach nur zu hören, aber nicht als Gefährtin seines bedrohten Lebens mitanzusehen bekomme! Solchen und ähnlichen Reden, die durch Tränen und alle Künste einer Ehebrecherin unterstützt wurden, wehrte niemand. Denn alle wünschten, daß der Einfluß der Mutter gebrochen werde. Daß des Sohnes Haß bis zur Ermordung der eigenen Mutter gehen werde, glaubte keiner.

2. Cluvius berichtet, Agrippina sei in dem leidenschaftlichen Verlangen, ihre Macht festzuhalten, so weit gegangen, daß sie sich um die Mittagszeit, als Nero von Wein und Tafelfreuden erhitzt war, wiederholt dem Trunkenen angeboten habe, geschmückt und zur Blutschande bereit. Als die nächste Umgebung lüsterne Küsse und Liebkosungen als Vorboten des Verbrechens bemerkte, habe Seneca gegen diese weiblichen Verführungskünste bei einer anderen Frau Hilfe gesucht und die Freigelassene Acte hineingeschickt. In scheinbarer Angst um sich selbst und um Neros Schande sollte sie ihm hinterbringen, die Blutschande sei allgemein bekannt geworden, da sich die Mutter ihrer rühme, und

die Soldaten weigerten sich, einem so ruchlosen Herrscher zu gehorchen. Fabius Rusticus dagegen erzählt, nicht Agrippina, sondern Nero habe dieses Gelüst gehabt, das durch die List der Freigelassenen vereitelt worden sei. Doch die übrigen Geschichtsschreiber haben Cluvius' Bericht bestätigt, auch die mündliche Überlieferung pflichtet ihm bei. Entweder hat also Agrippina eine solche Ungeheuerlichkeit wirklich vorgehabt, oder man hat die Erfindung einer solchen neuen Lust eher ihr als Nero zugetraut. Hatte sie doch schon in ihren Mädchenjahren in der Hoffnung auf künftige Macht mit M. Lepidus gebuhlt, hatte sich später aus gleicher Herrschsucht sogar an einen Pallas weggeworfen und war durch die Vermählung mit ihrem Oheim auf jeden Frevel vorbereitet.

3. Demnach vermied nun Nero geheime Zusammenkünfte mit der Mutter; wenn sie sich in ihren Park oder aufs Land nach Tusculum oder Antium zurückzog, lobte er, daß sie Ruhe suche. Schließlich fand er sie lästig, wo sie sich auch aufhalten mochte, und beschloß ihren Tod, wobei nur die Frage war, ob er sie durch Gift oder durch das Schwert oder auf eine andere gewaltsame Weise beseitigen solle. Zuerst dachte er an Gift. Doch wenn ihr dies an der kaiserlichen Tafel gereicht wurde, so konnte man nicht dem Zufall die Schuld geben, weil schon Britannicus so geendet hatte; und ihre persönliche Dienerschaft zu bestechen schien schwierig bei einer Frau, die als erfahrene Verbrecherin gegen Nachstellungen immer auf der Hut war; außerdem hatte sie sich vorweg durch Einnahme von Gegengiften gesichert. Wie man einen Mord durch Erstechen heimlich vollziehen könne, wußte niemand zu sagen. Auch fürchtete Nero, es könnte, wer zu einer so entsetzlichen Tat ausgewählt würde, den Befehl nicht ausführen. Da bot der Freigelassene Anicetus seine Erfindungsgabe an. Er war Befehlshaber der Flotte vor Misenum, hatte Nero als Kind erzogen und war Agrippina so verhaßt wie sie ihm. Anicetus setzt nun auseinander, es lasse sich ein Schiff bauen, von dem sich ein Teil auf hoher See künstlich loslösen und die Ahnungslose versenken könnte. Nichts biete dem Zufall so viel Raum wie das Meer. Und wenn sie durch einen Schiffbruch umgekommen sei, wer werde dann so unbillig sein, einem Verbrechen das zuzuschreiben, was Winde und Wogen verschuldet? Hinterher werde

der Kaiser ja doch der Verblichenen einen Tempel, Altäre und andere Dinge weihen, um seine kindliche Liebe zur Schau zu stellen.

4. Diese listige Erfindung fand Beifall und kam auch zu gelegener Zeit, weil Nero das fünftägige Fest der Minerva bei Baiae begehen wollte. Er lädt nun auch seine Mutter dazu ein und erklärt wiederholt, man müsse den Zorn der Eltern zu ertragen und sich selbst zu mäßigen wissen. Dadurch sollte sich das Gerücht von einer Wiederversöhnung verbreiten und auch von Agrippina geglaubt werden, da ja die Frauen leicht glauben, was sie freut. Als sie dann eintraf, ging er ihr bis ans Gestade entgegen – sie kam von Antium her –, empfing sie mit Händedruck und Umarmung und geleitet sie nach Bauli. So heißt nämlich die Villa, die zwischen dem Vorgebirge Misenum und dem Golf von Baiae liegt und von einer Meeresbucht bespült wird. Hier lag neben anderen Fahrzeugen ein besonders stattliches Schiff, anscheinend, um die Mutter auch dadurch zu ehren. Sie war nämlich früher gewöhnt, auf einem Dreiruderer mit Kriegsschiffbemannung zu fahren. Vorerst war sie jedoch zu einem Mahl geladen, um zur besseren Verheimlichung der Schandtat die Nacht herankommen zu lassen. Es steht fest, daß Agrippina durch einen Verräter gewarnt war und sich im Zweifel, ob sie an den Anschlag glauben solle, in einem Tragsessel nach Baiae bringen ließ. Aber Nero zerstreute dort ihre Furcht durch seine Schmeicheleien. Freundlich empfing er sie und wies ihr den Platz über seinem eigenen an. Dann zog er durch immer mehr Gespräche, bald in jugendlicher Vertraulichkeit, bald wieder zurückhaltender, als ob er ihr wichtige Dinge mitteilen wollte, das Zusammensein in die Länge, begleitete sie, als sie ging, blickt sie innig an und umarmt sie herzlich. Wollte er damit die Heuchelei auf die Spitze treiben, oder bewegte der letzte Anblick der todgeweihten Mutter selbst dieses unmenschliche Herz?

5. Eine sternhelle und bei unbewegter See ruhige Nacht sandten die Götter, als ob sie die Schandtat enthüllen wollten. Das Schiff war noch nicht weit gefahren – zwei ihrer Vertrauten begleiteten Agrippina: Crepereius Gallus, der nicht weit vom Steuerruder stand, und Acerronia, die sich zu Füßen der Ruhenden hinlehnte und freudig erregt der Reue des Sohnes und der wieder

versöhnten Mutter gedachte –, da stürzte auf ein verabredetes Zeichen das mit Blei beschwerte Dach der Kajüte herab. Crepereius wurde erdrückt und starb auf der Stelle. Agrippina und Acerronia wurden durch die Lehnen des Ruhesofas geschützt, die hervorstanden und zufällig so stark waren, daß sie der Last nicht nachgaben. Auch das Auseinanderbrechen des Schiffes erfolgte nicht, da alles in Verwirrung geriet und die Ausführenden von der Menge der Uneingeweihten behindert wurden. Darauf wollten einige Ruderer das Schiff auf die Seite legen und so zum Kentern bringen. Aber teils waren sie selber zu rascher Tat nicht einig genug, teils stemmten sich die Uneingeweihten dagegen und ermöglichten einen sanfteren Sturz ins Meer. Acerronia aber, die in ihrer Torheit schreit, sie sei Agrippina und man solle doch der Mutter des Kaisers zu Hilfe kommen, wird mit Stangen, Rudern und Schiffswaffen, wie sie der Zufall bot, erschlagen. Agrippina, die sich ruhig verhielt und deshalb nicht erkannt wurde – dennoch erhielt sie eine Wunde an der Schulter –, gelangte zunächst schwimmend und dann mit Hilfe entgegenkommender Barken in den Lukriner Golf und wird in ihr Landhaus gebracht.

6. Hier wurde ihr nun klar, weshalb sie durch das heuchlerische Schreiben herbeigelockt und mit so besonderer Auszeichnung behandelt worden war. Sie erwog ferner, daß das Schiff unweit der Küste, nicht vom Sturm getrieben, nicht auf Klippen gestoßen, vom Verdeck aus wie ein Bauwerk auf fester Erde zusammengebrochen sei. Sie hielt sich auch Acerronias Tod vor Augen, betrachtete zugleich ihre eigene Wunde und sah ein, daß es keine andere Rettung vor weiteren Nachstellungen gebe, als sich nichts anmerken zu lassen. Deshalb schickte sie ihren Freigelassenen Agerinus an Nero und ließ dem Sohn mitteilen, sei sei durch die Gnade der Götter und ihm zum Glück einem schweren Unfall entronnen. Wenn er auch durch die Todesgefahr seiner Mutter erschreckt sei, so bitte sie doch, seinen Krankenbesuch aufzuschieben, da sie augenblicklich der Ruhe bedürfe. Inzwischen legt sie mit erheuchelter Sorglosigkeit Heilkräuter auf ihre Wunde und wärmende Umschläge auf den Leib. Sie läßt auch das Testament der Acerronia hervorsuchen und deren Nachlaß versiegeln – dies aber nicht aus Heuchelei!

7. Indes wird Nero, der auf die Nachricht von der vollzogenen

Schandtat wartete, gemeldet, daß Agrippina mit einer leichten Verwundung davongekommen, aber der Todesgefahr so nahe gewesen sei, daß am Anstifter der Tat kein Zweifel bestehen könne. Daraufhin war Nero außer sich vor Angst und versicherte, jetzt gleich werde sie da sein und sofort zur Rache schreiten, mochte sie nun ihre Sklaven bewaffnen oder die Soldaten aufhetzen oder sich an den Senat und das Volk wenden, um ihm den Schiffbruch, ihre Verwundung und den Tod ihrer Freunde vorzuwerfen. Was für eine Hilfe stehe ihm dagegen zu Gebote? Keine, wenn nicht Burrus und Seneca irgend etwas (erfänden); er hatte sie sofort rufen lassen, wobei es ungewiß war, ob sie schon vorher eingeweiht waren. Beide blieben nun lange Zeit stumm, weil sie nicht einen vergeblichen Versuch machen wollten, ihm abzuraten, oder glaubten, die Sache sei schon so weit gediehen, daß Nero verloren sei, wenn man Agrippina nicht zuvorkomme. Danach war Seneca insofern entschlossener, als er Burrus einen Blick zuwarf und ihn fragte, ob man nicht den Soldaten den Mord befehlen könne. Burrus erwiderte, die Prätorianer hätten dem ganzen Haus der Caesaren den Treueid geleistet und würden in der Erinnerung an Germanicus dessen Tochter keinesfalls ein Leid antun: Anicetus solle das zu Ende führen, was er versprochen habe. Dieser fordert, ohne zu zögern, die Oberleitung des Verbrechens. Auf diese Erklärung hin bekennt Nero offen, erst an diesem Tag sei ihm die wirkliche Herrschaft gegeben, und dieses große Geschenk habe er einem Freigelassenen zu verdanken. Anicetus solle nur eilen und Leute mitnehmen, die ihm blindlings gehorchten. Er selbst führt, als er gehört, Agerinus sei mit einer Botschaft von Agrippina gekommen, eine Komödie auf, um Agrippina seinerseits zu beschuldigen. Während Agerinus seinen Auftrag ausrichtet, wirft er ihm ein Schwert vor die Füße. Darauf läßt er ihn, als ob er auf frischer Tat ertappt wäre, in Fesseln legen, um vorgeben zu können, die Mutter habe die Ermordung des Fürsten ins Werk gesetzt und sich dann aus Scham über die Entdeckung des Frevels selbst den Tod gegeben.

8. Als sich inzwischen das Gerücht von Agrippinas angeblich zufälliger Todesgefahr verbreitet hatte, eilt jeder, sowie er davon vernommen, zum Gestade hinab. Die einen klettern auf die vorgebauten Dämme, die andern steigen in die nächsten Kähne;

manche gehen so weit wie möglich ins Wasser; wieder andere strecken ihre Hände klagend aus; von Klagen und Gebeten, vom Durcheinander verwirrter Fragen oder unbestimmter Antworten hallt die ganze Küste wider; eine gewaltige Menschenmenge eilt mit Lichtern herbei. Und sobald bekannt wurde, daß Agrippina gerettet sei, machen sich alle auf, um sie zu beglückwünschen. Aber nun erschien ein drohend bewaffneter Haufe und zerstreute sie. Anicetus umstellt die Villa mit Wachen, läßt das Tor erbrechen und die Sklaven, die ihm entgegentreten, wegschleppen. So gelangt er bis zur Tür des Schlafgemachs, vor der nur wenige standen, da das Entsetzen über den Einbruch alle übrigen verscheucht hatte. Im Schlafgemach war schwaches Licht und nur eine einzige Magd. Agrippina geriet immer mehr in Angst, weil kein Bote von ihrem Sohn kam und nicht einmal Agerinus zurückkehrte. Ganz anders sehe eine erfreuliche Entwicklung aus; jetzt herrsche Öde und plötzlicher Lärm als Anzeichen des schlimmsten Unheils. Als darauf die Magd hinausging, rief ihr Agrippina nach: »Auch du verläßt mich?« Dann erblickt sie sich umsehend den Anicetus, begleitet vom Schiffshauptmann Herculeius und dem Flottencenturio Obaritus. Wenn er gekommen sei, um sie zu besuchen, so solle er melden, daß sie sich erholt habe, wenn er aber eine Mordtat vorhabe, so glaube sie nicht, daß sie von ihrem Sohn ausgehe. Befohlen könne der Muttermord nicht sein! Die Mörder umstellen das Bett. Als erster schlug ihr der Schiffshauptmann mit einem Knüppel auf den Kopf. Als der Centurio schon sein Schwert zum Todesstoß zog, streckte sie ihm ihren Schoß hin und schrie: »In den Leib stoße!« Dann verblutete sie unter vielen Wunden.

9. Diese Vorgänge werden übereinstimmend berichtet. Ob Nero aber seine entseelte Mutter betrachtet und die Schönheit ihres Körpers gelobt haben soll, wird von einigen Schriftstellern behauptet, von anderen bestritten. Agrippina wurde noch in der gleichen Nacht eingeäschert. Man bahrte sie auf einem Speisepolster auf, die Leichenfeier war dürftig. Auch erhielt sie, solange Nero regierte, keinen Grabhügel und keine Umfriedung. Später bekam sie durch die Fürsorge ihrer Dienerschaft einen kleinen Grabhügel unweit der Straße nach Misenum und der Villa des Diktators Caesar, die hochragend auf die Meeresbuchten in die

Tiefe herabschaut. Als der Scheiterhaufen brannte, durchbohrte sich einer ihrer Freigelassenen namens Mnester mit dem Schwert; man weiß nicht, ob aus Liebe zu seiner Schutzherrin oder aus Furcht vor der drohenden Hinrichtung. Daß sie einmal so enden werde, hatte Agrippina schon viele Jahre vorher geglaubt, aber nicht beachtet. Als sie nämlich einmal die Chaldäer über Nero befragte, gaben sie ihr die Antwort, er werde Kaiser werden und seine Mutter ermorden, worauf sie sagte: »Mag er mich töten, wenn er nur Kaiser wird!«

10. Erst jetzt, nachdem die Tat geschehen war, begriff Nero ihre Ungeheuerlichkeit. Den Rest der Nacht verbrachte er bald in dumpfem Schweigen, noch öfter vor Angst aufspringend. Ganz verstört erwartete er den Morgen, als werde er ihm den Untergang bringen. Da richteten ihn auf Burrus' Veranlassung zuerst die Schmeicheleien der Centurionen und Tribunen zu neuer Hoffnung auf. Sie ergriffen seine Hand und beglückwünschten ihn, daß er der unvorhergesehenen Gefahr und dem schändlichen Anschlag der Mutter entronnen sei. Dann besuchten seine Freunde die Tempel, und die nächstgelegenen Landstädte Campaniens bezeugten nach so gegebenem Beispiel ihre Freude durch Opfer und Gesandtschaften. Er selbst heuchelt auch, aber in entgegengesetztem Sinne: Er stellt sich betrübt, tut so, als ob ihm seine eigene Lebensrettung leid sei, und beweint den Tod der Mutter. Weil sich aber das Aussehen einer Landschaft nicht so leicht ändert wie das Antlitz der Menschen und weil er immer den beängstigenden Anblick jenes Meeres und Strandes vor sich hatte – auch glaubten manche, man höre von den umliegenden Höhen Tubaklänge und vom Grab der Mutter her Klagetöne –, brach er nach Neapel auf und schickte an den Senat ein Schreiben folgenden Inhalts: Agerinus, einer der vertrautesten Freigelassenen Agrippinas, sei bei einem Mordanschlag gegen ihn mit dem Schwert in der Hand ertappt worden, und die Mutter habe aus Schuldbewußtsein selbst die Strafe an sich vollzogen, da sie die Tat angestiftet habe.

11. Er fügte noch andere weiterher geholte Beschuldigungen hinzu. Sie habe gehofft, Mitregentin zu werden, habe die Prätorianerkohorten den Treueid auf ein Weib schwören lassen wollen und die gleiche Schmach auch dem Senat und dem Volk zuge-

dacht. Nachdem diese Hoffnung vereitelt worden, habe sie aus Wut gegen die Soldaten, den Senat und das Volk die üblichen Geschenke und Spenden abgelehnt und erlauchte Männer in Gefahren zu stürzen versucht. Was habe es ihn für Mühe gekostet, daß sie nicht in die Kurie eindrang und fremden Gesandtschaften Bescheide erteilte! Nebenbei griff er auch die Zeiten des Claudius an und schob in Seitenhieben alle Schändlichkeiten dieser Regierung auf die Mutter, wobei er erklärte, ihr Tod sei ein wahres Glück für den Staat. Er erzählte sogar von dem Schiffbruch. Doch wer könnte so schwachsinnig sein zu glauben, daß dieser zufällig war und daß eine schiffbrüchige Frau einen einzigen Mann mit einer Waffe geschickt habe, der sich den Weg durch die kaiserlichen Kohorten und Flottenmannschaften bahnen sollte? So stand denn nicht mehr Nero, dessen Unmenschlichkeit die Klagen aller noch überstieg, sondern Seneca in üblem Ruf, der in einer solchen Rede nur sein eigenes Schuldbekenntnis niedergelegt habe.

12. Trotzdem beantragten die führenden Männer mit erstaunlichem Wetteifer Dankgebete in allen Tempeln. Das fünftägige Minervafest, an dem die Nachstellungen entdeckt wurden, sollte alljährlich durch Spiele gefeiert werden. In der Kurie sollte ein goldenes Standbild der Minerva und daneben ein Bild des Kaisers aufgestellt, der Geburtstag der Agrippina aber unter die Unglückstage gerechnet werden. Thrasea Paetus, der schon früher solche Schmeicheleien mit Schweigen oder knapper Zustimmung zu übergehen pflegte, verließ diesmal den Senat und brachte sich dadurch selbst in Gefahr, ohne damit den anderen den Weg zur Freiheit zu öffnen. Auch viele schlimme Vorzeichen, die aber ohne Folgen blieben, wurden beobachtet: So gebar eine Frau eine Schlange, eine andere wurde in der Umarmung des Gatten vom Blitz erschlagen. Die Sonne verfinsterte sich plötzlich, und in allen vierzehn Bezirken der Stadt schlug der Blitz ein. Alle diese Ereignisse gingen aber keineswegs von den Göttern aus; denn Nero hat noch viele Jahre weitergeherrscht und Frevel verübt. Um übrigens den Haß gegen die Mutter zu verstärken und zu beweisen, daß seine Milde nach ihrer Beseitigung größer geworden sei, rief er zwei erlauchte Frauen, Junia und Calpurnia, sowie die ehemaligen Prätoren Valerius Capito und Licinius Gabolus, die auf Agrippinas Betreiben verbannt worden waren, wieder in die

Heimat zurück. Er gestattete sogar, daß Lollia Paulinas Asche heimgebracht und ihr ein Grabmal gesetzt werde. Auch Männer, die er selbst vor kurzem verwiesen hatte, Iturius und Calvisius, befreite er von ihrer Strafe. Silana war inzwischen gestorben; sie hatte sich aus ihrem weit entfernten Verbannungsort nach Tarentum begeben, als Agrippina, durch deren Feindschaft sie gefallen war, schon nicht mehr feststand oder sich mit ihr versöhnt hatte.

13. Doch hielt er sich weiter in den campanischen Städten auf, weil er in Sorge war, wie er in Rom einziehen solle und ob er beim Senat Gehorsam, ob er beim Volk Liebe finden werde. Dagegen geben ihm seine verruchtesten Höflinge, an denen kein anderer Hof jemals so reich war, die Versicherung, Agrippinas Name sei verhaßt, und seine Beliebtheit beim Volk sei durch ihren Tod noch größer geworden. Er solle sich nur ohne Scheu auf den Weg machen und sich persönlich von der Verehrung, die man ihm entgegenbringe, überzeugen. Zugleich bitten sie, selbst vorausreisen zu dürfen. Und sie finden eine noch größere Bereitwilligkeit, als sie versprochen hatten. Die Stadtbevölkerung zieht dem Kaiser entgegen, im Festschmuck der Senat, Scharen von Frauen und Kindern, nach Geschlecht und Alter geordnet. Wo er einziehen soll, sind Tribünen aufgebaut, von wo man wie bei Triumphen zusieht. Stolz aufgerichtet, als Sieger über eine versklavte Welt, fuhr er dann aufs Kapitol hinauf, verrichtete ein Dankgebet – und stürzte sich in alle Ausschweifungen, die er freilich auch früher nicht ganz zurückgehalten, aber aus Scheu vor der Mutter, mochte sie sein, wie sie wollte, gemäßigt hatte.

14. Eine alte Lieblingsbeschäftigung war es für ihn, ein Viergespann zu lenken, und ein nicht minder schimpfliches Vergnügen, wie ein Schauspieler zur Kithara zu singen. Wagenrennen, pflegte er zu sagen, seien eine wahrhaft königliche und von den Herrschern der alten Zeit häufig geübte Gepflogenheit. Diese Rennen seien durch die Siegeslieder der Dichter gefeiert und zu Ehren der Götter veranstaltet worden. Die Sangeskunst sei dem Apollo heilig, und im Sängerschmuck stehe nicht nur in den Städten Griechenlands, sondern auch in den Tempeln Roms der große Gott der Seherkunst. Und er war schon nicht mehr zu halten, als es Seneca und Burrus ratsam schien, ihm *eines* zu gestatten, damit

er nicht beides durchsetze. Es wurde also im vatikanischen Tal ein Platz eingefriedet, wo er Rosse lenken konnte, ohne daß jedermann zuschauen durfte. Bald aber lädt er das ganze römische Volk ein, das ihm Beifall klatscht. Die Menge liebt ja die Vergnügungen und freut sich, wenn der Fürst ihr gleichgeartet ist. Übrigens hatte die Preisgabe des Schamgefühls nicht, wie man glaubte, bei ihm Überdruß zur Folge, sondern spornte ihn nur noch mehr an. Und da er annahm, die Schande werde gemildert, wenn er mehrere damit beflecke, brachte er auch die Nachkommen adeliger Familien, die aus Armut käuflich waren, auf die Bühne. Obgleich diese heute nicht mehr leben, glaube ich es ihren Ahnen schuldig zu sein, sie nicht namentlich anzuführen. Auch kommt ja die Schande auf den, der ihnen Geld gab, um sie zum Schlechten zu verleiten, anstatt sie vom Schlechten abzuhalten. Ebenso brachte er bekannte römische Ritter durch riesige Geschenke dazu, in der Arena (als Gladiatoren und Tierkämpfer) aufzutreten; aber ein Lohn von seiten desjenigen, der die Macht hat zu befehlen, ist so gut wie ein Zwang.

15. Um sich jedoch noch nicht durch öffentliches Auftreten zu entehren, ordnete er unter dem Namen »Juvenalien« Spiele an, zu welchen Meldungen in Menge eingingen. Nicht Adel, nicht Alter oder frühere Ehrenämter waren für irgendwen ein Hindernis, die Kunst eines griechischen oder römischen Schauspielers auszuüben, selbst bis zu ganz unmännlichen Gesten und Weisen. Ja, selbst vornehme Frauen lassen sich auf entehrende Dinge ein. In dem Hain, den Augustus um den Teich für Seegefechte herum angelegt hatte, wurden Lustzelte und Schankbuden aufgestellt und verführerische Dinge feilgeboten. Man stellte auch Geldspenden zur Verfügung, die die Vernünftigen notgedrungen, die Hemmungslosen voller Stolz ausgaben. Seitdem nehmen Lasterhaftigkeit und Schamlosigkeit überhand; und nichts hat den schon längst verderbten Sitten mehr Ausschweifungen hinzugefügt, als jener Wirrwarr (der Juvenalien). Schon bei ehrenwerten Beschäftigungen ist das Schamgefühl schwer zu bewahren. Wie sollte im Wettstreit der Laster noch Keuschheit, Bescheidenheit oder eine Spur von guter Sitte gewahrt werden können! Zuletzt betritt Nero selbst die Bühne, schlägt mit großer Sorgfalt die Kithara an und läßt sich von mehreren Gesangmeistern den Einsatz

angeben. Hinzugezogen war eine Prätorianerkohorte, Centurionen und Tribunen, darunter auch Burrus, kummervoll, doch lobend. Damals wurden auch zuerst römische Ritter unter dem Namen Augustianer angeworben, durch Jugend und Körperkraft ausgezeichnet. Einige waren von Natur aus frech, andere in der Hoffnung auf Machteinfluß. Diese lassen Tage und Nächte Beifallklatschen erschallen und erheben des Fürsten Schönheit und Stimme bis in den Himmel. Dafür lebten sie, wie um eines wirklichen Verdienstes willen, in Ruhm und Ehre.

16. Um aber nicht nur als Schauspieler bekannt zu werden, versuchte sich Nero auch als Dichter und versammelte alle um sich, die einiges Talent zum Versemachen besaßen, aber noch kein auffallendes. Diese setzen sich mit ihm zusammen, schmieden die mitgebrachten oder eben erst gefundenen Verse zurecht und ergänzen seine eigenen Verse, die er irgendwie hervorgebracht hatte. Dafür ist die Form seiner Gedichte der beste Beweis, denen es an Schwung, Begabung und Einheitlichkeit fehlt. Auch den Philosophen widmete er nach dem Mahl einige Zeit, um sich an dem Widerstreit ihrer entgegengesetzten Lehrmeinungen zu ergötzen. Und es fehlte nicht an Leuten, die sich dazu drängten, bei den Belustigungen des Kaisers eine ernste Miene zur Schau zu tragen.

17. Zur selben Zeit entstand aus einem unbedeutenden Streit ein blutiger Kampf zwischen den Bewohnern von Nuceria und Pompei anläßlich eines Gladiatorenspiels, das Livineius Regulus veranstaltete, von dessen Ausstoßung aus dem Senat ich berichtet habe. Mit kleinstädtischem Mutwillen neckten sie sich zuerst, beschimpften sich dann, griffen zu Steinen und zuletzt zum Schwert. Die Pompeianer, auf deren Gebiet die Spiele stattfanden, behielten dabei die Oberhand. Viele Nuceriner wurden nun verwundet und verstümmelt nach Rom gebracht, und gar mancher hatte den Verlust seines Kindes oder Vaters zu beklagen. Die gerichtliche Entscheidung über diesen Fall überließ der Kaiser dem Senat, der Senat den Konsuln. Bei der Rückverweisung der Sache an den Senat verbot man von Staats wegen den Pompeianern den Besuch solcher Veranstaltungen und löste die ungesetzlichen Vereine auf, die sie gegründet hatten. Livineius, und wer sonst noch den Aufruhr veranlaßt hatte, wurde mit der Verbannung bestraft.

18. Aus dem Senat gestoßen wurde auch Pedius Blaesus, weil ihn die Bewohner von Cyrene beschuldigten, daß er den Tempelschatz des Aesculapius angegriffen habe und daß bei der Aushebung von Soldaten Bestechungen und Begünstigungen vorgekommen seien. Ebenso brachten die Cyrenenser den Acilius Strabo auf die Anklagebank, der als gewesener Prätor von Claudius zu ihnen geschickt worden war, um über den altererbten Landbesitz des Königs Apion zu entscheiden, den dieser samt seinem Reich den Römern vermacht hatte. Diese Ländereien hatten sich die angrenzenden Besitzer angeeignet und stützten sich nun auf diese verjährte Gesetzwidrigkeit wie auf billiges Recht. Als ihnen demnach dieser Landbesitz (von Strabo) abgesprochen war, erhoben sie Beschwerde gegen den Richter. Der Senat antwortete, daß ihm von diesem Auftrag des Claudius nichts bekannt sei und der Princeps befragt werden müsse. Nero billigte zwar Strabos Entscheidung, schrieb aber dem Senat, er wolle sich trotzdem der Bundesgenossen annehmen und ihnen den angeeigneten Besitz überlassen.

19. Es folgt noch der Tod zweier berühmter Männer, des Domitius Afer und des M. Servilius, die die höchsten Ämter bekleidet und sich durch große Beredsamkeit ausgezeichnet hatten, jener als Prozeßredner, Servilius lange Zeit auf dem Forum. Später war Servilius als Geschichtsschreiber Roms und als Mann von geschmackvoller Lebensführung bekannt. Als solcher fand er um so mehr Bewunderung, als er dem Afer an Geist ebenso gleichkam, wie er ihm an Charakter überlegen war.

20. Unter dem vierten Konsulat des Nero und dem des Cornelius Cossus wurden in Rom fünfjährige Kampfspiele nach Art der griechischen Wettspiele eingeführt. Man sprach mancherlei darüber, wie es fast bei allen Neuerungen geschieht. Einige erzählten, auch Cn. Pompeius sei von älteren Leuten getadelt worden, als er das erste stehende Theater gebaut hatte. Denn vordem seien für die Spiele eilig errichtete Sitzplätze und eine behelfsmäßig aufgeschlagene Bühne errichtet worden. Wenn man auf noch ältere Zeiten zurückgehen wolle, so habe das Volk einst stehend zuschauen müssen, damit es nicht auf Sitzplätzen ganze Tage im Theater mit Nichtstun zubringe. Die althergebrachten Spiele, sooft sie die Prätoren gäben, sollten immerhin beibehalten wer-

den, wobei doch kein Bürger gezwungen wäre, mit aufzutreten. Übrigens stürben die heimischen Sitten allmählich ab und würden durch die (aus Griechenland) eingeführte Zuchtlosigkeit völlig ausgerottet, damit man alles, was überhaupt verführt werden und verführen könne, auch in Rom zu sehen bekomme und die Jugend durch diese ausländische Liebhaberei entarte, wenn sie in die Ringschulen laufe, müßig gehe und schändliche Liebesabenteuer suche. Dabei gingen Fürst und Senat voran, die diese Laster nicht nur frei gewähren ließen, sondern sogar Gewalt gebrauchten, um vornehme Römer, scheinbar um der Rede- und Dichtkunst willen, durch ihr Auftreten auf der Bühne zu entehren! Was fehle da noch, daß sie sich entkleideten, die Fechterhandschuhe nähmen und solche Kampfspiele an die Stelle des Kriegsdienstes und Waffenhandwerks treten ließen? Oder werde etwa die Gerechtigkeit gefördert werden, würden die Ritterdecurien ihr hohes Richteramt besser verwalten, wenn sie ein kundiges Ohr für schmelzende Töne und süße Stimmen hätten? Auch die Nächte gehörten dem schändlichen Treiben, damit ja keine Zeit für edlere Regungen bleibe. Nein, in gemischten Haufen sollten gerade die Verworfensten in der Finsternis alles wagen können, wonach es sie während des Tages gelüstet habe!

21. Noch mehr Leuten gefiel gerade diese Ungebundenheit, doch gaben sie ihr schöne Bezeichnungen. Auch die Vorfahren seien den Ergötzlichkeiten dieser Spiele dem damaligen Wohlstand gemäß nicht abhold gewesen. Deshalb hätten sie sich von den Etruskern die Schauspieler geholt, von den Thuriern die Pferderennen übernommen, und nach der Eroberung von Griechenland und Kleinasien seien die Spiele mit noch mehr Aufwand veranstaltet worden. Aber es habe sich kein Römer von vornehmer Abkunft zum Schauspieler von Beruf erniedrigt, obgleich seit dem Triumph des Memmius, der zuerst die griechischen Spiele in Rom eingeführt habe, bereits 200 Jahre verflossen seien. Aber auch für Sparsamkeit habe man dadurch gesorgt, daß ein ständiger Theaterbau errichtet wurde, anstatt alljährlich ein Theater mit gewaltigen Kosten aufzubauen und wieder abzureißen. Ebenso würden auch die hohen Staatsbeamten nicht mehr ihr Vermögen erschöpfen und das Volk keinen Grund mehr haben, von den Beamten griechische Spiele zu fordern, wenn der

Staat diesen Aufwand bestreite. Die Siege der Redner und Dichter würden anderen Talenten zum Ansporn dienen; und für keinen Richter sei es erniedrigend, edlen Bestrebungen und erlaubten Vergnügungen sein Ohr zu leihen. Mehr der Freude als der Ausschweifung seien die wenigen Nächte in ganzen fünf Jahren gewidmet, und bei dem hellen Fackelschein könne nichts Unpassendes verborgen bleiben. In der Tat gingen die sogenannten Nerospiele ohne auffallendes Ärgernis vorüber. Ja, die Begeisterung des Volkes war nicht einmal besonders groß, weil die Pantomimen, die sonst bei der Bühne wieder zugelassen waren, an diesen heiligen Spielen nicht teilnehmen durften. In der Beredsamkeit (und der Poesie) erhielt keiner den ersten Preis, vielmehr wurde der Kaiser als Sieger ausgerufen. Die griechische Tracht, in der die meisten in diesen Tagen einhergingen, kam dann aus der Mode.

22. Während dieser Zeit erschien ein Komet; nach der Meinung des Volkes deutete das auf einen Regierungswechsel hin. Daher beschäftigte man sich, als ob Nero schon abgesetzt wäre, mit der Frage, wer wohl sein Nachfolger sein würde. In aller Munde ist der Name des altadeligen Rubellius Plautus, der mütterlicherseits aus dem julischen Haus stammte. Er befolgte die Grundsätze seiner Vorfahren durch strenge Haltung, durch ein züchtiges und zurückgezogenes Familienleben. Aber je mehr er sich aus Furcht abschloß, desto mehr gewann er an Ansehen. Das Gerede wuchs noch durch die aus gleicher Einfalt entstandene Deutung eines Blitzschlages. Als Nero nämlich einmal bei den simbruinischen Seen in seiner Sublaqueum benannten Villa beim Mahl saß, schlug der Blitz in die Speisen und zertrümmerte den Tisch. Weil sich dies im Gebiet von Tibur ereignet hatte, woher Plautus väterlicherseits stammte, so glaubte man, Plautus sei der von der Gottheit bestimmte Nachfolger. Und viele, die den lebhaften und meist trügerischen Ehrgeiz besaßen, einer ungewissen Zukunft schon im voraus zu huldigen, erwiesen ihm Aufmerksamkeiten. Nero, der dadurch beunruhigt war, verfaßt also ein Schreiben an Plautus, er möge doch auf die Ruhe der Stadt Rücksicht nehmen und sich denen entziehen, die so üble Gerüchte verbreiteten. Er habe ja in Asien von seinen Vorfahren ererbte Güter, auf denen er eine sichere und ruhige Jugend verleben könne. So machte sich denn Plautus mit seiner Gattin Antistia und wenigen vertrauten

Freunden dorthin auf. – In denselben Tagen kam Nero durch allzu große Zügellosigkeit in Verruf und Gefahr. Er war in das Quellwasser der Aqua Marcia, die bis nach Rom führt, hineingeschwommen. Man fand, er habe das heilige Wasser und den weihevollen Ort durch dieses Bad verunreinigt. Eine gefährliche Krankheit, die ihn bald darauf befiel, bestätigte den Zorn der Götter.

23. Indessen glaubte Corbulo nach der Zerstörung von Artaxata den frischen Schrecken zur Eroberung von Tigranocerta benutzen zu sollen. Wenn er diese Stadt zerstöre, so werde er die Furcht der Feinde noch vergrößern, wenn er sie aber schonte, den Ruhm der Milde erlangen. Er setzt sich also dahin in Marsch, das Heer nicht in drohender Haltung, um den Bewohnern die Hoffnung auf Gnade nicht zu benehmen, aber doch nicht ohne die nötige Vorsicht. Er kannte die Unbeständigkeit dieses Volkes, das in Gefahren ebenso mutlos wie bei sich bietenden Gelegenheiten treulos war. Die Barbaren jedoch, jeder nach seiner Eigenart, nähern sich teils mit Bitten, teils verlassen sie ihre Dörfer und zerstreuen sich in die Wildnis; auch gab es manche, die sich mit ihren Kostbarkeiten in Höhlen verbargen. Der römische Feldherr wendet also auch verschiedene Maßregeln an, Mitleid mit Bittflehenden, Schnelligkeit gegen Flüchtige und schonungslose Härte gegen diejenigen, die sich in Verstecken hielten. Er läßt die Ein- und Ausgänge der Höhlen mit Reisig und Strauchwerk versperren und dieses dann anzünden. Als er am Gebiet der Marser vorbeizog, griffen ihn diese an; sie waren in Raubzügen geübt und durch ihre Berge gegen jeden Feind geschützt. Corbulo schickte ihnen die Hiberer ins Land, ließ es verwüsten und rächte so der Feinde Verwegenheit mit fremdem Blut.

24. Seine Soldaten hatten zwar keine Verluste durch Kampf, ermatteten aber durch Mangel und Strapazen, da sie gezwungen waren, ihren Hunger nur durch das Fleisch von Schlachtvieh zu stillen. Dazu kamen Wassermangel, sommerliche Hitze und Gewaltmärsche, die nur durch die persönliche Ausdauer des Feldherrn erträglich wurden. Er hielt dasselbe und noch Schlimmeres aus als die einfachen Soldaten. Weiterhin gelangte das Heer in bebaute Gegenden, wo das Getreide abgeerntet wurde. Von zwei Kastellen, in die sich die Armenier geflüchtet hatten, wurde das

eine im Sturm genommen, das andere, das den ersten Angriff abgeschlagen hatte, durch Belagerung bezwungen. Von da aus zog er ins Land der Taurauniten hinüber, wo er einem unvermuteten Mordanschlag entging. Man ergriff nämlich nicht weit von seinem Zelt einen bewaffneten Barbaren höheren Standes, der auf der Folter den Plan des Anschlages, seine Mitverschworenen und sich selbst als Rädelsführer angab. So wurden die Männer, die unter dem Schein der Freundschaft hinterlistige Absichten verborgen hatten, überführt und bestraft. Nicht lange danach kommen Gesandte aus Tigranocerta mit der Nachricht, daß die Tore offen stünden und die Einwohner seine Befehle erwarteten; zugleich überbrachten sie als Geschenk eine goldene Krone. Corbulo nahm sie mit Dank an und ließ die Stadt unbehelligt, damit die Bewohner, wenn sie unversehrt blieben, desto williger im Gehorsam verharrten.

25. Dagegen wurde der Waffenplatz Legerda, den eine entschlossene Mannschaft gesperrt hatte, nicht ohne Widerstand erobert. Sie hatte nämlich einen Kampf vor den Mauern gewagt und wich, in die Befestigungswerke zurückgeworfen, erst dann, als man einen Wall aufgeworfen hatte und kämpfend eindrang. Dies alles gelang so leicht, weil die Parther durch einen Krieg mit den Hyrcanern in Anspruch genommen waren. Und zwar hatten die Hyrcaner Gesandte an den Kaiser nach Rom geschickt, um ihn um Bundesgenossenschaft zu bitten. Als Beweis ihrer Treue wiesen sie darauf hin, daß Vologaeses von ihnen festgehalten werde. Bei ihrer Rückkehr gab ihnen Corbulo eine Schutztruppe mit, damit sie nicht nach Überschreitung des Euphrats von feindlichen Wachtposten abgefangen würden. Er ließ sie bis an die Küste des Roten Meeres geleiten, von wo sie, ohne parthisches Gebiet zu berühren, in ihre Heimat gelangten.

26. Als jetzt Tiridates sogar durch das medische Gebiet in die Grenzgebiete Armeniens eindrang, schickte er ihm den Legaten Verulanus mit den bundesgenössischen Truppen entgegen, folgte ihm dann selbst in Eilmärschen mit den Legionen nach und zwang ihn, weit zurückzugehen und seine kriegerischen Hoffnungen aufzugeben. Alle, die er uns als feindlich gesinnt erkannt hatte, rottete er durch Mord und Brand aus und war schon dabei, Armenien völlig in Besitz zu nehmen. Da erschien Tigranes, den

Nero zur Übernahme des armenischen Thrones ausersehen hatte. Er stammte als Urenkel des Königs Archelaus aus kappadokischem Königsgeschlecht, war aber, weil er lange als Geisel in Rom geweilt hatte, zu knechtischer Unterwürfigkeit herabgesunken. Auch wurde er nicht von allen anerkannt, weil einige dem Arsacidenhaus ihre Anhänglichkeit bewahrten. Doch sehr viele, denen der Übermut der Parther verhaßt war, wollten lieber den von Rom geschickten König hinnehmen. Man gab ihm auch eine Schutztruppe mit, 1000 Legionssoldaten, drei bundesgenössische Kohorten und zwei Reitergeschwader. Damit er den neuen Thron leichter behaupten könne, wurde ein Teil Armeniens den angrenzenden Königen unterstellt, dem Pharasmanes, Polemo, Aristobulus und Antiochus. Corbulo zog nach Syrien ab, das durch den Tod des Legaten Ummidius erledigt war und jetzt ihm zufiel.

27. Im gleichen Jahr wurde eine bedeutende Stadt Asiens, Laodicea, durch ein Erdbeben zerstört, half sich aber ohne irgendwelche Hilfe unsererseits nur durch eigene Kraft wieder auf. In Italien erhält die alte Stadt Puteoli die Rechte einer Kolonie und den Namen nach Nero. In Tarentum und Antium wurden Veteranen angesiedelt, konnten aber der Entvölkerung dieser Städte nicht abhelfen, da sich sehr viele von ihnen wieder in die Provinzen zerstreuten, wo sie ihren Kriegsdienst abgeleistet hatten. Da sie nicht gewöhnt waren, Ehen zu schließen und Kinder aufzuziehen, ließen sie verwaiste Häuser ohne Erben zurück. Es wurden nämlich nicht mehr wie früher ganze Legionen mit ihren Tribunen, Centurionen und geschlossenen Manipeln angesiedelt, so daß sie in Eintracht und Liebe eine Gemeinschaft bildeten. Vielmehr waren es Leute, die einander nicht kannten, aus verschiedenen Manipeln stammend, ohne einen Führer, ohne gegenseitige Zuneigung, gleichsam Menschen verschiedener Rassen, die plötzlich auf einem Punkt zusammengeballt waren: mehr ein Menschenhaufen als eine Kolonie!

28. Bei den Prätorenwahlen, die der Senat in eigener Verantwortung abzuhalten hatte, war es zu ungewöhnlich heftigen Wahlkämpfen gekommen. Der Princeps schaffte daher Ruhe, indem er die drei überzähligen Bewerber zu Legionslegaten ernannte. Ferner erhöhte er das Ansehen des Senats durch die Ver-

ordnung, daß alle, die von den Zivilrichtern an den Senat appellierten, die gleiche Summe als Pfand hinterlegen sollten wie diejenigen, die an den Princeps appellierten. Bisher war nämlich jene Berufung frei und ohne Strafsumme gewesen. – Am Ende des Jahres wird der römische Ritter Vibius Secundus auf Anklage der Mauren wegen Erpressung verurteilt und aus Italien verwiesen. Daß er keine härtere Strafe erhielt, hatte er dem Einfluß seines Bruders Vibius Crispus zu verdanken.

29. Unter den Konsuln Caesennius Paetus und Petronius Turpilianus erlitten wir in Britannien eine schwere Niederlage. Hier hatte der Legat Didius, wie berichtet, nur die eroberten Teile gehalten. Sein Nachfolger Veranius verheerte in unbedeutenden Streifzügen das Gebiet der Siluren, wurde aber durch den Tod verhindert, den Krieg weiter vorzutragen. Solange er lebte, stand er im Ruf strenger Rechtlichkeit, aber kurz vor seinem Tod verriet er im Testament niedrige Ehrsucht. Den vielen Schmeicheleien gegen Nero fügte er nämlich noch hinzu, er würde ihm die Provinz unterworfen haben, wenn er noch die nächsten zwei Jahre gelebt hätte. Jetzt war nun Paulinus Suetonius Befehlshaber in Britannien, der nach seiner militärischen Erfahrung und dem Gerede des Volkes, das ja für jeden Mann einen Nebenbuhler bereit hat, dem Corbulo ebenbürtig war. Er strebte danach, dessen Ruhm der Wiedereroberung Armeniens durch Unterwerfung der rebellischen Stämme (Britanniens) gleichzukommen. Deshalb entschließt er sich, die stark bevölkerte Insel Mona, eine Zufluchtsstätte für Überläufer, anzugreifen. Er läßt für die seichten und unsicheren Gewässer Schiffe mit flachem Kiel bauen und setzt so das Fußvolk über. Die Reiter folgten durch eine Furt nach oder schwammen an tieferen Stellen neben ihren Pferden hinüber.

30. Am Gestade stand schon die feindliche Schlachtreihe, eine dichte Folge bewaffneter Männer. Zwischendurch liefen Weiber umher, die nach Art der Furien in schwarzen Gewändern und mit aufgelösten Haaren Fackeln in den Händen trugen. Ringsherum stießen Druiden, die Hände zum Himmel erhoben, schreckliche Verwünschungen aus. Dieser ungewohnte Anblick brachte unsere Soldaten so in Verwirrung, daß sie sich wie gelähmt und unbeweglich den Waffen der Feinde aussetzten. Dann aber feuerte sie der Feldherr an, und sie selbst ermahnten sich gegenseitig,

doch nicht vor einer Schar von Weibern und Verzückten zu zittern. Sie greifen an, schlagen die Gegner zu Boden und treiben sie in das Feuer ihrer eigenen Fackeln. Später erhielten die besiegten Inselbewohner eine Besatzung, und die heiligen Haine, die grauenhaften Kulthandlungen dienten, wurden zerstört. Denn das Blut der Kriegsgefangenen auf ihren Opferaltären zu vergießen und den Willen der Götter aus menschlichen Eingeweiden zu erfragen, hielten sie für ihr heiliges Recht. – Während Suetonius noch damit beschäftigt war, wird ihm der plötzliche Abfall der ganzen Provinz gemeldet.

31. Der König der Icener, Prasutagus, der seit langem durch seinen Reichtum berühmt war, hatte den Kaiser neben seinen beiden Töchtern zum Erben eingesetzt, weil er glaubte, Reich und Familie durch eine solche Unterwürfigkeit sicherstellen zu können. Es trat aber das Gegenteil ein: Sein Land wurde von Centurionen, sein Palast von Sklaven wie nach einer Eroberung verwüstet. Gleich anfangs wurde seine Gattin Boudicca mißhandelt, seine Töchter wurden geschändet. Die vornehmsten Icener beraubte man ihrer Erbgüter, die Verwandten des Königs behandelte man wie Sklaven. Infolge dieser Schmach und der Furcht vor noch ärgeren Bedrückungen greifen die Icener, die man schon förmlich zu Provinzialen gemacht hatte, zu den Waffen und bewegen auch die Trinobanten zur Wiederaufnahme des Krieges, ebenso alle anderen Stämme, die sich, durch das Sklavenjoch noch nicht gebrochen, heimlich verschworen hatten, ihre Freiheit wiederzugewinnen. Besonders erbittert waren sie gegen die Veteranen, die unlängst in Camulodunum angesiedelt worden waren. Diese trieben nämlich die Einwohner aus ihren Häusern, verjagten sie von ihren Grundstücken und nannten sie Kriegsgefangene und Sklaven. Und die Soldaten begünstigten diese Ausschreitungen der Veteranen, da sie ja ein ähnliches Leben führten und dieselbe Ungebundenheit für später erhofften. Zudem wurde der Tempel, den man dem vergötterten Claudius erbaut hatte, wie ein Zwinger ewiger Tyrannei angesehen. Und die für ihn bestellten Priester vergeudeten unter dem Vorwand religiöser Pflichten alles Vermögen des Landes. Auch schien es nicht allzu schwierig, die Kolonie zu zerstören, die mit keinerlei Befestigungswerken umgeben war. Unsere Heerführer hatten zu wenig dafür gesorgt;

man war mehr auf die Annehmlichkeiten als auf die Sicherheit des Platzes bedacht gewesen.

32. Währenddessen fiel in Camulodunum das Standbild der Siegesgöttin ohne ersichtlichen Grund um, und zwar nach rückwärts, als weiche es vor den Feinden zurück. Rasende Weiber weissagten daraus, (den Römern) stehe der Untergang bevor. Auch wollte man barbarische Rufe in ihrem Rathaus gehört, im Theater Wehgeschrei vernommen und im Mündungsgebiet der Tamesa das Bild der zerstörten Kolonie gesehen haben. Ja, der Ozean habe eine blutige Färbung gezeigt, und beim Rücktritt der Flut seien Gebilde wie menschliche Leichen zurückgeblieben. Alles das machte die Britannier ebenso zuversichtlich wie die Veteranen ängstlich. Da aber Suetonius fern war, erbaten sie vom Prokurator Catus Decianus Hilfe. Dieser schickte jedoch nicht mehr als 200 Mann, die nicht einmal regelrecht bewaffnet waren; in der Kolonie selbst lag nur eine unbedeutende Besatzung. Im Vertrauen auf den Schutz des Tempels ließ sich diese durch geheime Mitwisser des Aufstandes, die alle Gegenmaßnahmen zu hintertreiben suchten, von ihren Plänen abbringen, zog weder einen Wall oder Graben, noch blieb nach Entfernung der Greise und Frauen die junge Mannschaft (wie üblich) allein zurück. So lassen sie sich sorglos, als herrsche tiefer Friede, von der Menge der Barbaren einschließen. Alles andere wurde im ersten Ansturm genommen, geplündert oder in Brand gesteckt. Nur der Tempel, in dem sich die Soldaten zusammengeschart hatten, wurde zwei Tage lang belagert und dann erstürmt. Darauf zogen die siegreichen Britannier Petilius Cerealis, dem Legaten der neunten Legion, der zum Entsatz herbeieilte, entgegen, schlugen die Legion in die Flucht und machten das gesamte Fußvolk nieder. Cerealis entkam mit der Reiterei ins Lager und fand in den Befestigungswerken Schutz. Durch diese Niederlage und den Haß der Provinz, die er durch seine Habsucht in den Krieg getrieben hatte, wurde der Prokurator Catus in Angst versetzt und schiffte sich nach Gallien ein.

33. Suetonius dagegen zog mit bewundernswerter Entschlossenheit mitten durch die Feinde nach Londinium, das zwar nicht durch den Namen einer Kolonie ausgezeichnet, aber durch die Menge seiner römischen Kaufleute und den lebhaften Handels-

verkehr sehr bedeutend war. Dort überlegte er zunächst, ob er Londinium zum Waffenplatz erwählen solle, erwog dann aber, daß die Zahl seiner Soldaten zu gering und Petilius' Verwegenheit schon gründlich genug bestraft worden sei. Daher beschloß er, durch Aufopferung der *einen* Stadt das Ganze zu retten. Er ließ sich auch durch keine Klagen und Tränen der um Hilfe flehenden Bewohner davon abbringen, das Zeichen zum Aufbruch zu geben und nur diejenigen mitzunehmen, die sich als Teil des Heeres anschließen wollten. Alle Weiber, Greise, und wer sich durch die Annehmlichkeiten der Stadt zurückhalten ließ, wurden vom Feind niedergemacht. Dasselbe Schicksal hatte die Stadt Verulamium, weil die Barbaren die Kastelle und bewaffneten Plätze beiseite ließen und sich nur auf die beutereichsten und schwach verteidigten Kriegsspeicher stürzten, froh der Beute und allen Anstrengungen abgeneigt. Daß an 70000 römische Bürger und Bundesgenossen an den genannten Orten umgekommen sind, steht fest. Denn die Britannier machten keine Gefangenen, trieben auch keinen Sklavenhandel oder andere im Krieg übliche Handelsgeschäfte, vielmehr mordeten sie in aller Eile, hängten an den Galgen, verbrannten und kreuzigten, als ob sie sich bewußt wären, daß sie (später) mit dem Tod büßen würden, aber erst nach vorab geübter Rache.

34. Suetonius hatte schon die vierzehnte Legion mit den Veteranen der zwanzigsten, dazu die bundesgenössischen Truppen aus der Nachbarschaft, etwa 10000 Mann, beisammen. Da entschließt er sich, seine abwartende Haltung aufzugeben und eine offene Schlacht zu wagen. Als Kampfplatz wählt er eine Ebene mit engen Schluchten und Wald im Hintergrund; er hatte sich nämlich davon überzeugt, daß er dann nur vor sich Feinde habe und die offene Ebene keinen Hinterhalt befürchten lasse. Daher stellten sich die Legionssoldaten in dichten Reihen auf, zu beiden Seiten die leichten Kohorten, an den (äußersten) Flügeln zusammengedrängt die Reiterei. Die Truppen der Britannier dagegen schwärmten allenthalben in Haufen und Geschwadern umher. Es war eine sonst noch nie gesehene Masse, von so trotzigem Mut beseelt, daß sie als Zeugen ihres Sieges sogar ihre Weiber mitbrachten und auf Wagen setzten, die am äußersten Rand der Ebene standen.

35. Boudicca, ihre Töchter auf dem Wagen vor sich, fuhr von Stamm zu Stamm und beteuerte, es sei zwar bei den Britanniern nichts Neues, von ihren Frauen in die Schlacht geführt zu werden; heute aber kämpfe sie, von so hohen Ahnen entsprossen, nicht um ihr Reich und ihre Schätze, sondern räche wie eine Frau aus dem Volk ihre verlorene Freiheit, ihren mißhandelten Leib und ihre geschändeten Töchter. Die Römer trieben ihre Lüste so weit, daß sie keine Leiber, nicht einmal das ehrwürdige Alter oder die Jungfräulichkeit, ungeschändet ließen. Doch die Götter übten eine gerechte Rache: Die Legion, die den Kampf wagte, sei vernichtet, die anderen versteckten sich im Lager oder sännen auf Flucht. Sie würden nicht einmal das tosende Kampfgeschrei so vieler Tausende aushalten, geschweige ihren Angriff und ihren Arm. Wenn sie die Masse der Bewaffneten und dieses Krieges Ursachen bei sich erwögen, so könne es in diesem Kampf nur Sieg oder Tod geben. Das sei *ihr*, eines Weibes, Vorsatz; die Männer möchten am Leben bleiben und Sklaven werden!

36. Auch Suetonius schwieg nicht vor einer so großen Entscheidung. Obwohl er der Tapferkeit (seiner Soldaten) vertraute, mahnte und bat er sie doch, das Kampfgetöse und die leeren Drohungen der Barbaren zu verachten. Man sehe ja drüben mehr Weiber als Krieger. Die unkriegerische und waffenlose Menge, die so oft von uns geschlagen wurde, werde sofort die Flucht ergreifen, sobald sie die Schwerter und die Tapferkeit unserer sieggewohnten Truppen wiedererkannt hätten. Auch wenn zahlreiche Legionen auf dem Platz wären, seien es doch immer nur wenige Kämpfer, die die Schlachten entschieden; und ihr Ruhm werde um so größer sein, wenn sie als kleine Schar den Ruf eines ganzen Heeres gewännen. Sie sollten nur in dicht gedrängten Reihen und nach dem Abwurf der Speere mit den Schildbuckeln und Schwertern die Feinde niederstoßen, immer nur morden und nicht an Beute denken. Nach errungenem Sieg werde alles nur ihnen zufallen. Der Kampfeseifer, der diesen Worten des Heerführers folgte, war so groß, und die alten, in vielen Kämpfen erprobten Soldaten hatten sich schon mit solchem Eifer zum Abwurf der Speere bereit gemacht, daß Suetonius des Erfolges sicher das Zeichen zum Angriff gab.

37. Anfangs blieb die Legion unbeweglich stehen und benutzte

die engen Schluchten als Deckung. Als sie aber ihre Speere mit sicherem Wurf auf die nähergerückten Feinde abgeworfen hatte, brach sie in der Form eines Keiles vor. Der Ansturm der bundesgenössischen Truppen war ebenso ungestüm; und die Reiterei durchbrach mit eingelegten Lanzen alles, was ihr entgegentrat und Widerstand leistete. Die übrigen wandten sich zur Flucht; das Entkommen war aber schwierig, weil die herumstehenden Wagen die Ausgänge versperrten. Die Soldaten schonten nicht einmal das Leben der Weiber; und die ebenfalls von den Geschossen durchbohrten Zugtiere hatten den Leichenhaufen noch mehr anwachsen lassen. Glänzend und den Siegen der alten Zeit nicht nachstehend war der an diesem Tag erworbene Ruhm. Einige berichten nämlich, daß 80000 Britannier gefallen seien, während von unseren Soldaten nur ungefähr 400 getötet und nicht viel mehr verwundet wurden. Boudicca endete ihr Leben durch Gift. Als Poenius Postumus, der Lagerpräfekt der zweiten Legion, von den Erfolgen der vierzehnten und zwanzigsten Legion hörte, stürzte er sich, weil er seine Legion um den gleichen Ruhm gebracht und gegen des Dienstes Brauch die Befehle des Oberfeldherrn nicht ausgeführt hatte, in sein eigenes Schwert.

38. Darauf wurde das ganze Heer zusammengezogen und mußte in Zelten lagern, um den Krieg vollends zu beenden. Auch vermehrte der Kaiser noch die Truppenzahl und schickte aus Germanien 2000 Legionssoldaten, acht Kohorten Hilfsvölker und 1000 Reiter. Nach deren Eintreffen wurde die neunte Legion durch die Legionssoldaten ergänzt, die Kohorten und Reitergeschwader wurden in ein neues Winterlager verlegt und sämtliche Stämme, die sich schwankend oder feindlich gesinnt gezeigt hatten, mit Feuer und Schwert ausgerottet. Doch wütete unter den Britanniern am schlimmsten der Hunger. Man hatte sich um die Aussaat des Getreides nicht gekümmert, weil jung und alt in den Krieg gezogen war und alles auf die römische Zufuhr gerechnet hatte. Trotzdem entschlossen sich die mutigsten Stämme nur zögernd zum Frieden. Julius Classicianus, Catus' Nachfolger und Suetonius' Feind, opferte nämlich den Nutzen des Ganzen seinen persönlichen Gehässigkeiten. So hatte er verbreitet, man müsse den neuen Legaten abwarten, der ohne feindselige Erbitterung und Siegerhochmut mit den Unterworfenen milde verfahren

werde. Zugleich berichtete er nach Rom, man könne auf ein Ende der Kämpfe nicht rechnen, wenn nicht für Suetonius ein Nachfolger bestimmt werde. Suetonius' Mißerfolge schrieb er der Untüchtigkeit, die Erfolge dem Glück zu.

39. Infolgedessen wurde, um die Lage in Britannien zu untersuchen, ein Freigelassener, Polyclitus, abgesandt, da Nero stark hoffte, es werde dessen Einfluß gelingen, nicht nur die Eintracht zwischen dem Legaten und dem Prokurator herzustellen, sondern auch die aufrührerischen Barbaren zum Frieden zu bringen. Und Polyclitus ließ es nicht daran fehlen, zunächst durch sein zahlloses Gefolge Italien und Gallien zur Last zu fallen und nach seiner Überfahrt über den Ozean unserem Heer Angst einzujagen. Die Feinde aber lachten nur über ihn, weil sie damals noch für die Freiheit glühten und die Allgewalt der (kaiserlichen) Freigelassenen nicht kannten. Sie wunderten sich, daß ein Feldherr und ein Heer, die einen so großen Krieg durchgefochten hatten, jetzt einem Sklaven gehorchten. Doch wurde dem Kaiser alles in gemilderter Form berichtet und Suetonius in seiner Stellung belassen. Weil er dann aber an der Küste einige Schiffe samt der Rudermannschaft verloren hatte, tat man, als ob der Krieg noch fortdauere, und gab ihm den Befehl, das Heer dem Petronius Turpilianus zu übergeben, der bereits sein Konsulat niedergelegt hatte. Dieser reizte die Feinde nicht, wurde auch seinerseits nicht angegriffen und deckte seine träge Ruhe mit dem ehrenvollen Namen des Friedens.

40. Im gleichen Jahr wurden in Rom zwei auffallende Verbrechen begangen, das eine von einem Senator, das andere von einem verwegenen Sklaven. Domitius Balbus war ein ehemaliger Prätor, der durch hohes Alter, Kinderlosigkeit und Reichtum Nachstellungen ausgesetzt war. Ein Verwandter von ihm, Valerius Fabianus, der für ein hohes Ehrenamt bestimmt war, fälschte das Testament (des Balbus) und zog die römischen Ritter Vinicius Rufinus und Terentius Lentinus hinzu. Diese hatten sich wiederum mit Antonius Primus und Asinius Marcellus verbunden. Antonius war zu jeder Verwegenheit schnell entschlossen. Marcellus war durch seinen Urgroßvater Asinius Pollio berühmt und galt eigentlich nicht als sittlich anrüchig, nur hielt er die Armut für das schlimmste Übel. Fabianus läßt also die Urkunde von den

genannten Spießgesellen und drei anderen, weniger bedeutenden Männern unterzeichnen. Dieser Tatbestand wurde vor dem Senat festgestellt; Fabianus und Antonius werden mit Rufinus und Terentius nach dem Cornelischen Gesetz (gegen Testamentsfälscher) verurteilt. Den Marcellus befreite die Rücksicht auf seine Vorfahren und die Fürbitte des Kaisers mehr von der Strafe als von der Schande.

41. Derselbe Tag stürzte auch den Pompeius Aelianus, einen jungen Mann und ehemaligen Quästor, weil er angeblich um Fabianus' Schändlichkeiten gewußt hatte. Ihm wurde der Aufenthalt in Italien und seinem Geburtsland Spanien untersagt. Mit der gleichen entehrenden Strafe wird Valerius Ponticus belegt, der die genannten Angeklagten, damit sie nicht vom Stadtpräfekten verurteilt würden, vor den Prätor gebracht hatte. Dies tat er zunächst anscheinend gesetzmäßig, hatte aber die Absicht, später durch Scheinklage die Bestrafung zu vereiteln. Diesem Senatsbeschluß wird noch hinzugefügt, es solle jeder, der jemanden zu einem so gemeinen Dienst erkauft oder sich selbst dazu hergegeben habe, mit der gleichen Strafe belegt werden wie einer, der wegen wissentlich falscher Anklage vor Gericht verurteilt wäre.

42. Nicht lange darauf wurde der Stadtpräfekt Pedanius Secundus von einem eigenen Sklaven ermordet. Entweder hatte er ihm die Freilassung verweigert, für die er mit ihm schon den Preis ausgemacht hatte, oder der Sklave war von leidenschaftlicher Liebe zu einem Buhlknaben entbrannt und wollte seinen Herrn nicht als Nebenbuhler dulden. Als nun nach altem Recht die gesamte Sklavenschaft, die unter dem gleichen Dach geweilt hatte, zur Hinrichtung geführt werden sollte, kam es durch Zusammenrottung des Volkes, das so viele Unschuldige retten wollte, zu offenem Aufruhr. Auch der Senat wurde berufen, indem Stimmen laut wurden, die diese allzu harte Strenge verwarfen, während sich die Mehrzahl gegen jegliche Änderung (des Gesetzes) erklärte. Von letzteren führte C. Cassius bei der Abstimmung folgendes aus:

43. »Senatoren! Ich war oftmals in dieser Versammlung zugegen, wenn Anträge auf Abänderung der Verordnungen und Gesetze unserer Vorfahren gestellt wurden. Und ich habe mich nicht dagegen gewandt, obwohl ich nie daran zweifelte, daß ehemals

für alle Angelegenheiten besser und zweckmäßiger gesorgt worden ist und deshalb jede Veränderung nur eine Verschlechterung sein kann. Doch wollte ich nicht den Anschein erwecken, als wünschte ich, durch allzu große Vorliebe für die alte Sitte meinem Rechtsstudium einen vornehmeren Anstrich zu geben. Zugleich glaubte ich das Ansehen, das ich etwa (als Rechtsgelehrter) besitze, nicht durch zu häufige Gegenreden untergraben zu dürfen. Es sollte ungeschwächt bleiben, bis der Senat einmal einen wirklichen Ratgeber nötig hätte. Dieser Fall ist heute eingetreten, wo ein gewesener Konsul in seinem eigenen Haus durch die Hinterlist eines Sklaven ermordet worden ist. Und keiner hat ihn zurückgehalten oder verraten, obwohl doch der Senatsbeschluß noch nicht abgeschafft ist, der die gesamte Sklavenschaft dafür mit der Todesstrafe bedroht. Nun gut, beschließt die Straflosigkeit der Sklaven! Aber wen wird dann noch seine Stellung schützen können, wenn sie nicht einmal dem Stadtpräfekten genützt hat? Wen wird die Zahl seiner Sklaven sichern, wenn den Pedanius Secundus seine 400 Sklaven nicht schützen konnten? Wem wird eine Dienerschaft in Zukunft Hilfe bringen, die nicht einmal aus Furcht (vor der Todesstrafe) unsere Gefahren abwendet? Oder hat etwa der Mörder, wie einige uns ohne Erröten weismachen wollen, für erlittenes Unrecht Rache genommen, weil er einen Vertrag über sein väterliches Vermögen abgeschlossen oder weil ihm gar ein vom Großvater ererbter Sklave entzogen wurde? So sprechen wir es doch lieber offen aus, daß der Mord an dem Herrn nach unserer Meinung zu Recht geschehen ist!

44. Müssen wir denn wirklich noch Gründe aufsuchen für eine Sache, die schon klügere Männer erwogen haben? Aber selbst wenn wir jetzt erstmalig darüber zu entscheiden hätten, glaubt ihr denn wirklich, der Sklave habe den Mordplan gegen seinen Herrn gefaßt, ohne ein drohendes Wort auszusprechen, ohne aus Unbedachtsamkeit irgend etwas vorher verlauten zu lassen? Mag er immerhin seinen Plan verborgen haben, mag er sich ohne Wissen anderer die Waffe beschafft haben: Wie konnte er aber durch die Wachen gelangen, die Tür des Schlafzimmers öffnen, Licht hineintragen und den Mord vollbringen, ohne daß alle davon wußten? Viele Anzeichen gehen jedem Verbrechen voraus: Nur wenn die Sklaven *sterben* müssen, falls sie (den Anschlag) nicht

verraten, können wir wenigen unter den vielen, sicher unter den ängstlichen, schließlich, wenn sie sterben müssen, nicht ungerächt unter Schuldigen leben. Unsere Vorfahren trauten der Gesinnung ihrer Sklaven nicht, auch als diese noch auf denselben Landgütern oder in denselben Häusern mit ihnen geboren wurden und die Liebe zu ihren Herren von Kindheit an in sich aufnahmen. Seitdem wir aber in unserer Sklavenschaft verschiedene Nationen haben, die andere Gebräuche als wir, die eine fremde Religion oder gar keine haben, kann wohl ein solches Gesindel nur durch Furcht in Schranken gehalten werden. Aber es werden dabei doch auch einige Unschuldige ums Leben kommen! Nun ja, aber auch in einem geschlagenen Heer, wenn jeder zehnte Mann zu Tode gepeitscht wird, trifft selbst Tapfere das Los. So schließt jedes große Strafverfahren eine gewisse Ungerechtigkeit in sich, der Schaden aber, den der einzelne erleidet, wird durch den Nutzen für die Gesamtheit aufgewogen.«

45. Gegen diese Meinung des Cassius wagte keiner als einzelner aufzutreten, aber es wurden doch verworrene Stimmen laut, die mit der Zahl, der Jugend, dem Geschlecht und der unzweifelhaften Unschuld sehr vieler Mitleid äußerten. Dennoch gewann die Partei, die für die Hinrichtung stimmte, die Oberhand. Die Durchführung war jedoch nicht möglich, weil das Volk in dichten Massen dastand und mit Steinhagel und Brandstiftung drohte. Darauf erließ der Kaiser ein tadelndes Edikt an die Bürgerschaft, und die ganze Straße, auf der man die Verurteilten zum Tod führte, wurde durch Soldaten abgesperrt. Cingonius Varro hatte den Antrag gestellt, auch die Freigelassenen, die unter demselben Dach gelebt hatten, aus Italien auszuweisen. Dies gab der Kaiser aber nicht zu, damit das alte Recht, dem das Mitleid keinen Abbruch getan, nicht noch durch Grausamkeit verschärft werde.

46. Unter denselben Konsuln wurde Tarquitius Priscus auf Antrag der Bithynier wegen Erpressung verurteilt, zur großen Freude des Senats, weil man sich daran erinnerte, daß er einst gegen seinen eigenen Prokonsul Statilius Taurus als Kläger aufgetreten war. – In Gallien wurde von Q. Volusius, Sextius Africanus und Trebellius Maximus eine Vermögensschätzung vorgenommen. Während Volusius und Africanus miteinander an

Vornehmheit wetteiferten, lief ihnen Trebellius, der von beiden verachtet wurde, den Rang ab.

47. Im gleichen Jahr starb Memmius Regulus, ein Mann von hohem Ansehen, großer Charakterstärke und bedeutendem Ruf, soweit das bei der alles überschattenden Hoheit des Imperators möglich war. Er besaß so hohen Ruhm, daß selbst Nero, als er krank lag und die Schmeichler seiner Umgebung klagten, daß des Reiches Ende da sei, wenn ihm etwas zustoße, die Antwort gab, der Staat habe ja eine Stütze. Auf die Frage, an wem am meisten, hatte er hinzugesetzt: an Memmius Regulus. Trotzdem durfte Regulus danach noch weiter am Leben bleiben. Ihn schützte sein ruhiges Verhalten, auch daß sein Adel nicht alt, sein Vermögen nicht beneidenswert war. – Im selben Jahr wurde von Nero eine Ringschule gestiftet und das nötige Öl mit griechischer Freigebigkeit an Ritter und Senatoren geliefert.

48. Unter dem Konsulat des M. Marius und L. Afinius verfaßte der Prätor Antistius, von dessen eigenmächtigem Auftreten während seines Volkstribunats berichtet wurde, Schmähgedichte gegen den Fürsten und trug sie in einer zahlreichen Gesellschaft vor, die bei Ostorius Scapula speiste. Darauf wurde er von Cossutianus Capito, der unlängst auf Bitten seines Schwiegervaters Tigellinus den Senatorenrang wiedererlangt hatte, wegen Majestätsverbrechens angeklagt. Damals trat dieses Gesetz erstmalig wieder in Wirksamkeit, und man hoffte, es sei dabei nicht so sehr auf das Verderben des Antistius als auf den Ruhm des Kaisers abgesehen, der den vom Senat Verurteilten kraft seines tribunizischen Einspruchs vom Tod erretten sollte. Als nun Ostorius als Zeuge behauptete, nichts gehört zu haben, schenkte man dessen Gegenzeugen mehr Glauben. Daraufhin beantragte der designierte Konsul Junius Marullus, den Angeklagten seines Prätorenamtes zu entheben und nach der Weise der Vorfahren hinzurichten. Die übrigen schlossen sich ihm an, nur Paetus Thrasea erklärte mit sehr ehrerbietigen Äußerungen über den Kaiser und dem schärfsten Tadel gegen Antistius: Unter einem so trefflichen Fürsten habe es ein Senat, der keinem Zwang unterworfen sei, nicht nötig, eine solche Strafe zu verhängen, wenn sie auch ein schuldig befundener Angeklagter verdiene. Henker und Strang seien längst abgeschafft; und es gebe doch bestimmte Strafge-

setze, nach denen ohne Grausamkeit der Richter und ohne Schande für unsere Zeit Strafen verhängt werden könnten. Ja, der Angeklagte werde, je länger er nach Einziehung seiner Güter auf einer Insel sein schuldbeladenes Leben friste, für seine Person um so unglücklicher sein, von der Milde des Staates aber das beste Beispiel bieten.

49. Thraseas Freimut zerbrach die Sklavenfesseln der anderen. Als der Konsul die Abstimmung freigegeben hatte, traten alle mit wenigen Ausnahmen Thraseas Meinung bei. Unter ihnen befand sich A. Vitellius, der geschmeidigste Schmeichler, der gerade mit den besten Männern Streit anzufangen pflegte und, wenn sie ihm Antwort gaben, verstummte, wie das die Art feiger Naturen ist. Die Konsuln wagten es aber nicht, den Senatsbeschluß auszuführen, und berichteten dem Kaiser nur über die einmütige Willensmeinung des Senats. Jener schwankte zwischen Scham und Zorn und schrieb schließlich zurück: Antistius habe, durch keinerlei Beleidigungen gereizt, die schlimmsten Schmähungen gegen den Princeps ausgesprochen; seine Bestrafung sei vom Senat gefordert worden, und es wäre gerecht gewesen, daß man auf eine der Schwere des Vergehens angemessene Strafe erkannt hätte. Übrigens wolle er, der einem zu strengen Beschluß Einhalt getan hätte, auch ihrer Milde nicht wehren. Sie möchten nur beschließen, wie sie wollten. Sogar einen Freispruch stelle er ihnen anheim. Obgleich dies und ähnliches vorgelesen und damit offenkundig geworden war, daß sich der Kaiser beleidigt fühle, änderten die Konsuln dennoch nicht ihren Vorschlag, und Thrasea nahm seinen Antrag nicht zurück, wie auch die übrigen ihre Zustimmung nicht rückgängig machten. Die einen taten dies, um nicht den Anschein zu erwecken, als wollten sie den Kaiser verhaßt machen, die meisten fühlten sich durch ihre große Zahl sicher, Thrasea bewies seine gewohnte Festigkeit und wollte auch nicht seinen Ruhm einbüßen.

50. Eine ähnliche Beschuldigung traf den Fabricius Veiento, weil er viel Ehrenrühriges gegen die Senatoren und Priester in den Büchern gesagt habe, denen er den Namen »Testamente« gegeben hatte. Sein Ankläger, Tullius Geminus, fügte noch hinzu, er habe mit Gnadenbeweisen des Kaisers und Berechtigungen zur Beamtenlaufbahn Handel getrieben. Dies war für Nero ein

Grund, die Untersuchung selbst zu übernehmen. Er überführte den Veiento, verwies ihn aus Italien und ließ seine Bücher verbrennen. Sie waren sehr gesucht und wurden viel gelesen, solange man sie sich nur mit Gefahr beschaffen konnte. Als man sie später wieder haben durfte, gerieten sie bald in Vergessenheit.

51. Während sich so die Zustände im Staat von Tag zu Tag verschlechterten, verminderte sich auch noch die Gegenwirkung. Es schied nämlich Burrus aus dem Leben, man weiß nicht, ob durch Krankheit oder durch Gift. Eine Erkrankung vermutete man deshalb, weil allmählich eine innere Schwellung des Halses eintrat und durch Behinderung des Atems den Tod herbeiführte. Die Mehrzahl behauptete dagegen, man habe ihm auf Neros Befehl, angeblich um ihn zu heilen, die Kehle mit einer schädlichen Arznei bestrichen. Als Burrus den Frevel bemerkt hatte, soll er sich, als ihm der Fürst einen Krankenbesuch machte, von seinem Anblick abgewendet und auf seine Frage nur dies geantwortet haben: »*Ich* befinde mich wohl!« In der Bürgerschaft blieb eine lebhafte Sehnsucht nach Burrus. Man erinnerte sich seiner Verdienste, während von seinen beiden Nachfolgern der eine ein gutartiger, aber energieloser Mann war, der andere ein grundverdorbener Mensch. Der Kaiser hatte nämlich zwei Befehlshaber für die Prätorianerkohorten ernannt, den Faenius Rufus, der beim Volk beliebt war, weil er das Getreidewesen ohne Eigennutz verwaltete, den Ofonius Tigellinus, weil er dessen altbekannter Lasterhaftigkeit und Ruchlosigkeit nachstrebte. Ihre Stellung gestaltete sich entsprechend ihren bekannten Charakteren. Tigellinus stand in höherer Gunst beim Kaiser und wurde zu dessen geheimsten Ausschweifungen hinzugezogen, während Rufus beim Volk und bei den Soldaten in gutem Ruf stand, was bei Nero nachteilige Folgen für ihn hatte.

52. Burrus' Tod brach auch Senecas Einfluß, weil das Gute nicht mehr die gleiche Wirkung hatte, nachdem gleichsam der eine Führer ausgeschieden war und Nero den schlechtesten Elementen zuneigte. Diese erheben verschiedene Anschuldigungen gegen Seneca: Seine ungeheuren, das Maß eines Privatmanns weit übersteigenden Reichtümer vergrößere er immer mehr, suche der Bürger Gunst auf sich selbst zu lenken und durch die Anmut seiner Gärten und die Pracht seiner Landhäuser den Fürsten

gleichsam zu überbieten. Ferner warfen sie ihm vor, daß er sich den Ruhm der Beredsamkeit allein anmaße und häufiger Verse mache, seitdem Nero Freude am Dichten habe. Den Lieblingsbeschäftigungen des Fürsten vor aller Welt abhold, rede er geringschätzig von Neros Kunst, die Rosse zu lenken, und lache über seine Stimme, sooft er singe. Wie lange noch solle denn nichts im Staat berühmt sein, wovon man nicht glaube, daß es von *ihm* erfunden sei? Nero habe doch seine Knabenjahre hinter sich und sei zum Mann herangereift. Er solle nun endlich seinen Hofmeister entlassen, da er ja vollauf genügende Lehrer in seinen Ahnen besitze.

53. Seneca kannte aber seine Ankläger sehr wohl, da sie ihm diejenigen verrieten, denen das Gute noch einigermaßen am Herzen lag. Und da der Kaiser immer mehr seinen Umgang mied, bittet Seneca um eine Unterredung. Als sie ihm gewährt war, beginnt er also: »Es ist jetzt das vierzehnte Jahr, Caesar, seitdem ich deiner hoffnungsvollen Jugend zur Seite gestellt bin, das achte, seit du Kaiser bist. Im Laufe dieser Zeit hast du so viele Ehrungen und Reichtümer auf mich gehäuft, daß nichts zu meinem Glück fehlt als das rechte Maß und Ziel. Ich will an große Vorbilder nicht meines, sondern deines Standes erinnern. Dein Urgroßvater Augustus gestattete dem M. Agrippa, sich nach Mytilene zurückzuziehen, dem C. Maecenas, in Rom selbst so ungestört zu leben, als ob er in der Fremde wäre. Und doch war jener des Augustus Kriegskamerad, dieser hatte mehr als ein mühevolles Amt bekleidet, beiden waren zwar ansehnliche, aber doch nur ihren hohen Verdiensten eben entsprechende Belohnungen zuteil geworden. Was konnte *ich* dir für deine Freigebigkeit anderes bieten als meine Studien, die, wie ich mich ausdrücken möchte, im Schatten aufgewachsen und nur dadurch zur Berühmtheit gelangt sind, weil ich vielleicht den ersten Grund zu deiner Bildung legen durfte, was für mich schon ein hoher Lohn ist! Du aber hast mich mit so überschwenglicher Gunst und so unübersehbaren Gütern beschenkt, daß ich mich gar oft selber frage: Ich, im Ritterstand und in der Provinz geboren, werde den Großen des Staates beigezählt? Ich, der Emporkömmling, stehe neben den Hochadeligen, die eine lange Reihe ruhmvoller Ahnen aufzuweisen haben? Wo bleibt da die berühmte Bescheidenheit und Ge-

nügsamkeit? Ist sie es denn, die solche Gärten anlegt, die sich in diesen prachtvollen Villen bei der Stadt ergeht, die in so endlosen Kornfeldern, in so weit verbreiteten Zinsgeschäften schwelgt? Mir fällt nur eine einzige Entschuldigung dafür ein, daß ich deine Geschenke nicht ablehnen durfte.

54. Aber nun ist für uns beide das Maß voll, für dich, wie viel ein Fürst einem Freund schenken, für mich, wie viel der Freund von seinem Herrscher annehmen darf. Was darüber hinausgeht, wird nur den Neid vermehren, der allerdings wie alle menschlichen Gebrechen nicht an deine Größe heranreicht. Auf mir aber lastet er, mir also muß geholfen werden. Wie ich im Feld oder auf einer Reise ermattet um eine Stütze bitten würde, so bitte ich, ein lebensmüder Greis, der auch den geringsten Anstrengungen nicht mehr gewachsen ist, um deinen Beistand, da ich meine Reichtümer nicht weiterhin zu tragen vermag. Lasse meine Güter durch deine Prokuratoren verwalten, schlage sie zu deinem Vermögen! Ich will mich nicht selbst in Armut stürzen, ich will nur das abtun, von dessen Glanz ich geblendet werde, und alle Zeit, die mir die Verwaltung von Gärten und Villen raubt, für mich selbst verwenden. Du stehst in voller Manneskraft und hast so viele Jahre Erfahrungen als Staatsoberhaupt gesammelt. Also können wir bejahrten Freunde uns ganz der Ruhe überlassen. Auch das wird ja deinem Ruhm zugute kommen, daß du Männer so hoch erhoben hast, die auch ein bescheideneres Los zu ertragen wissen.«

55. Hierauf erwiderte Nero etwa folgendes: »Daß ich deiner wohlüberlegten Rede aus dem Stegreif entgegnen kann, ist das erste, was ich als Geschenk von dir besitze. Du hast mich ja nicht nur vorher bekannte, sondern auch plötzlich gestellte Aufgaben zu lösen gelehrt. Mein Urgroßvater Augustus hat dem Agrippa und Maecenas gestattet, sich von ihren Anstrengungen zu erholen. Dabei war er aber selbst schon in einem Alter, wo sein Ansehen jede beliebige Wohltat (gegen jene) rechtfertigte. Trotzdem hat er keinem die von ihm verliehenen Belohnungen wieder genommen. Freilich hatten sie sich in Krieg und Gefahren verdient gemacht; denn in ihnen bewegte sich des Augustus Jugend. Auch mir würde dein Schwert und dein Arm nicht gefehlt haben, hätte ich mit Waffen zu tun. Aber du hast, da es die gegenwärtigen Verhältnisse so forderten, durch Überlegung, Rat und Lehre zu-

erst den Knaben und dann den Jüngling gefördert. Und darum werden deine Verdienste um mich, solange mein Leben währt, unvergessen bleiben. Was du von mir hast, Gärten, Renten und Landhäuser, ist vom Zufall abhängig. Und mögen diese Gaben auch sehr reich erscheinen, sehr viele, die sich keineswegs mit dir messen können, haben mehr erhalten. Ich schäme mich, Freigelassene zu nennen, die man in größerem Reichtum erblickt. Ich muß daher erröten, daß du, der du mir vor allen teuer bist, noch nicht alle an Reichtümern übertriffst.

56. Aber du bist auch noch in einem rüstigen, der Tätigkeit und ihrem Lohn durchaus gewachsenen Alter, während ich in den Anfängen meiner Regierung stehe. Es müßte denn sein, daß du dich geringer einschätzest als den Vitellius, der dreimal Konsul war, oder mich für weniger dankbar hältst als den Claudius und daß, was Volusius durch langjährige Sparsamkeit eingebracht hat, meine Freigebigkeit bei dir nicht zu erreichen vermag. Du bist es doch, der mich zurückruft, wenn ich irgendwie in der Unsicherheit meiner Jugend vom Weg abkomme, du wappnest meine Kraft durch deine Einsicht und lenkst sie in strengere Bahnen. Nicht deine Mäßigung, wenn du mir dein Vermögen zurückgibst, nicht dein stilles Leben, wenn du deinen Fürsten verläßt, wird in aller Munde sein, sondern meine angebliche Habsucht und die Furcht vor meiner Grausamkeit. Und wenn auch deine Enthaltsamkeit noch so sehr gepriesen würde, so kann es doch für einen Weisen nicht ehrenvoll sein, sich durch eine Tat berühmt zu machen, durch die man seinen Freund in üblen Ruf bringt.« Hierauf umarmt und küßt ihn Nero, von Natur dazu geschaffen und durch lange Übung daran gewöhnt, seinen Haß hinter falschen Schmeicheleien zu verstecken. Seneca spricht ihm seinen Dank aus, was ja der Abschluß aller Unterredungen mit einem Herrscher ist. Fortan aber ändert er alle Gepflogenheiten seiner bisherigen Machtstellung, empfängt nicht mehr so viele Besucher, geht ohne Gefolge aus, läßt sich selten in der Stadt sehen und tut so, als ob geschwächte Gesundheit und philosophische Studien ihn zu Hause zurückhielten.

57. Nach dem Fall Senecas war es leicht, auch Faenius Rufus' Einfluß zu schwächen, indem man seine Freundschaft mit Agrippina als Verbrechen hinstellte. Dagegen wurde Tigellinus von

Tag zu Tag mächtiger. Er glaubte, daß seine Gemeinheit, in der allein er Meister war, ihm noch mehr einbringen werde, wenn er sich den Fürsten durch Teilnahme an Verbrechen verpflichtete, und suchte deshalb Neros Befürchtungen zu erforschen. Als er herausgebracht hatte, daß Plautus und Sulla am meisten gefürchtet wurden, macht er darauf aufmerksam, daß Plautus jüngst nach Asien, Sulla ins narbonensische Gallien verwiesen wurden. Beide seien von altem Adel, jener habe die Heere Asiens, dieser die Heere Germaniens in seiner Nähe. *Er* habe nicht, wie Burrus, verschiedene Eisen im Feuer, sondern ausschließlich Neros Wohl im Auge. Dieses sei vor Nachstellungen in der Stadt einigermaßen durch seine persönliche Aufmerksamkeit geschützt. Wie könnte man aber weit entfernte Empörungen unterdrücken? Gallien sei beim Klang des vertrauten Diktatornamens Sulla in Bewegung geraten, nicht weniger aufgeregt seien Asiens Völker durch den erlauchten Namen von Plautus' Großvater Drusus. Dabei sei Sulla mittellos, aber darum von bedenkenloser Kühnheit. Trägheit heuchle er nur so lange, bis sich eine Gelegenheit zu einer verwegenen Tat finde. Der reiche Plautus tue nicht einmal so, als ob er sich nach Ruhe sehne, sondern trage die alten Römertugenden zur Schau. Er habe sogar die anmaßende Lehre der Stoiker angenommen, die die Leute aufrührerisch und tatendurstig mache. Nero säumte auch nicht länger. Sechs Tage später waren schon die Mörder nach Massilia unterwegs, und Sulla wurde, bevor er noch etwas befürchtete oder wußte, umgebracht, während er bei Tische lag. Man brachte seinen Kopf mit zurück, und Nero spottete, wie häßlich doch ein so früh Ergrauter aussehe.

58. Der Mordplan gegen Plautus konnte nicht so geheim bleiben, weil mehr Menschen um seine Wohlfahrt besorgt waren. Auch war der Weg über das Meer weit, und die dazwischen liegende Zeit hatte (in Rom) Gerüchte aufkommen lassen. Man nahm in der Öffentlichkeit an, Plautus habe sich zu Corbulo begeben, der damals große Heere befehligte und besonderen Gefahren ausgesetzt war, wenn berühmte und dabei schuldlose Männer umgebracht würden. Ja, auch die Provinz Asien habe aus Neigung für den jungen Mann zu den Waffen gegriffen. Selbst die zur Freveltat beorderten Mannschaften seien nicht stark oder

entschlossen genug gewesen. Da sie nicht imstande gewesen seien, die Befehle zu vollziehen, hätten sie sich Hoffnungen auf einen Umsturz gemacht. Diese haltlosen Berichte wurden, wie das bei Gerüchten zu geschehen pflegt, durch leichtgläubige Müßiggänger noch übertrieben. In Wahrheit kam ein Freigelassener des Plautus durch günstige Winde dem ausgesandten Centurio zuvor und überbrachte jenem Aufträge von seinem Schwiegervater L. Antistius: Er solle sich nicht widerstandslos ermorden lassen, solange noch Rettung möglich sei. Durch das Mitleid mit seinem großen Namen werde er Gutgesinnte finden und sich mit Wagemutigen verbinden können. Inzwischen solle er kein Mittel unversucht lassen. Habe er erst die 60 Soldaten – so viele waren unterwegs – davongejagt, so werde, bis Nero benachrichtigt sei und ein zweiter Haufe herüberkomme, mancherlei geschehen, was bis zu einem Krieg führen könne. In jedem Fall werde durch einen solchen Plan entweder Rettung gewonnen, oder der Kühne werde nichts Schlimmeres zu erdulden haben als der Feigling.

59. Plautus ließ sich aber nicht dazu bewegen. Entweder konnte er als wehrloser Verbannter keine Hilfe absehen, oder er hatte einen Widerwillen gegen unsichere Wagnisse. Vielleicht war es auch die Liebe zu Frau und Kindern, denen der Fürst, wie er meinte, eher Schonung gewähren würde, wenn er ihn durch nichts reizte. Andere wieder berichten, es sei eine zweite Botschaft von seinem Schwiegervater gekommen, daß er nichts Schlimmes zu befürchten habe. Auch stoische Philosophen, wie der Grieche Coeranus und der Etrusker Musonius, hätten ihm Standhaftigkeit in Erwartung des Todes statt eines ungewissen und angstvollen Lebens angeraten. Jedenfalls traf man ihn an, wie er um die Mittagszeit zu Leibesübungen entkleidet war. So erstach ihn der Centurio in Gegenwart des Eunuchen Pelago, dem Nero den Centurio und die Soldatenabteilung unterstellt hatte, wie Trabanten dem Beauftragten eines Königs. Das Haupt des Ermordeten wurde nach Rom zurückgebracht. Als es Nero erblickte – ich will des Fürsten eigene Worte anführen –: »Warum«, sagte er, »Nero . . .« Und er schickt sich an, als er dieser Sorge ledig war, seine wegen solcher Schreckgespenster lange aufgeschobene Vermählung mit Poppaea eilig zu vollziehen und seine Gattin Octavia zu verstoßen, weil sie ihm, so bescheiden sie sich

auch führte, wegen ihres Vaters und ihrer Beliebtheit beim Volk lästig war. An den Senat aber schickte er ein Schreiben über Sulla und Plautus, worin er sich durchaus nicht als ihren Mörder bekannte, sondern nur von dem aufrührerischen Geist der beiden und von seiner aufrichtigen Sorge für das Wohl des Staates sprach. Daraufhin wurden Dankgebete und die Ausstoßung des Sulla und Plautus aus dem Senat beschlossen. Ein solches Gaukelspiel war (für den Senat) schwerer zu ertragen als die Untat selbst!

60. Als Nero nach Annahme dieses Senatsbeschlusses sah, daß alle seine Verbrechen wie Großtaten aufgenommen wurden, verstößt er Octavia, angeblich wegen Unfruchtbarkeit, und vermählt sich dann mit Poppaea. Die langjährige Buhlerin Neros, die ihn zunächst als Ehebrecher, bald auch als Gatten beherrschte, veranlaßte einen Diener der Octavia, sie wegen einer Liebschaft mit einem Sklaven anzuzeigen. Als Schuldiger wird ein Mann namens Eucaerus aus Alexandria, ein geschickter Flötenspieler, ausersehen. Ihre Dienerinnen wurden in dieser Sache verhört. Wenn sich auch einige auf der Folter zu falschen Aussagen bestimmen ließen, so blieb doch die Mehrzahl standhaft dabei, die Unschuld ihrer Herrin zu beteuern. Eine von ihnen antwortete dem drängenden Tigellinus, Octavias Scham sei reiner als sein Mund. Dennoch erfolgt die Verbannung, zunächst nur in der Form einer gewöhnlichen Ehescheidung (wegen Unfruchtbarkeit); sie erhält des Burrus Haus und des Plautus Güter, recht verhängnisvolle Geschenke! Später wurde sie jedoch unter militärischer Bewachung nach Campanien verwiesen. Dagegen erhoben sich zahlreiche und nicht immer stille Klagen des Volkes, das weniger Einsicht besitzt, aber in seinen beschränkten Verhältnissen weniger zu befürchten hat. Aus diesen Äußerungen entstand das Gerücht, als ob Nero aus Reue über seine Schandtat Octavia wieder als Gattin zurückgerufen habe.

61. Daraufhin eilen die Menschen voller Freude auf das Kapitol und huldigen endlich wieder den Göttern. Man reißt Poppaeas Statuen nieder, trägt Octavias Bildnisse auf den Schultern umher, schmückt sie mit Blumen und stellt sie auf dem Forum und in den Tempeln auf. Dann schickt man sich sogar an, dem Fürsten unter lauten Kundgebungen der Verehrung zu danken. Schon füllte

sich der Kaiserpalast mit einer lärmenden Menge, als Soldatenhaufen hingeschickt wurden, die die aufgeregten Menschen mit Schlägen und gezückten Schwertern zerstreuten. Alles wurde wieder geändert, was man im Aufruhr angestellt hatte, und Poppaeas Ehrensäulen wurden wieder aufgerichtet. Poppaea, stets grimmig voller Haß, war jetzt auch voller Angst, daß sich die Volksbewegung noch mehr verstärke oder Nero sich vom Volk umstimmen lasse. Sie warf sich zu seinen Füßen nieder und erklärte, so stehe es mit ihrer Sache nicht, daß sie jetzt um ihre Ehe kämpfe, obwohl ihr diese lieber sei als das Leben. Vielmehr sei ihr Leben selbst durch Octavias Klienten- und Dienerscharen in äußerste Gefahr gebracht. Diese hätten den Namen des Volkes als Deckmantel genommen und im Frieden Dinge gewagt, die kaum in Kriegszeiten vorkämen. Jene Waffen seien gegen den Fürsten selbst ergriffen worden, und es habe nur ein Führer gefehlt, der sich im Aufruhr leicht finden werde. Octavia brauche nur Campanien zu verlassen und selbst nach Rom zu kommen, auf deren bloßen Wink schon aus der Ferne Unruhen erregt würden. Was sei denn ihr eigenes Verbrechen? Womit habe *sie* irgend jemand beleidigt? Etwa damit, daß sie dem Caesarenhaus ebenbürtige Kinder schenken werde? Wolle es denn das römische Volk lieber haben, daß eines ägyptischen Flötenspielers Nachwuchs zur Kaiserhoheit gelange? Schließlich solle er doch, wenn es der Lage diene, lieber freiwillig als gezwungen seine Herrin zurückholen oder aber für seine eigene Sicherheit sorgen. Durch gerechte Rache und mäßige Strafen hätten sich die ersten Unruhen schon gelegt. Doch wenn man die Hoffnung aufgebe, daß Octavia wieder Neros Frau werde, dann werde man schon einen anderen als Gatten für sie finden.

62. Diese doppelzüngigen Reden, die Furcht und Zorn zu erregen geeignet waren, ängstigten Nero ebenso sehr, wie sie ihn in Wut brachten. Doch war der Verdacht mit dem Sklaven zu wenig stichhaltig und durch das Verhör der Sklavinnen als lächerlich erwiesen. Daher beschließt man, das Geständnis eines Mannes zu suchen, dem man auch das Verbrechen des Hochverrats andichten konnte. Dazu schien der Vollstrecker des Muttermordes, Anicetus, geeignet, der, wie oben berichtet, die Flotte bei Misenum befehligte. Er stand nach geschehener Mordtat bei Nero zunächst

ein wenig in Gunst, war ihm aber später um so grimmiger verhaßt, weil Menschen, die man zu einem Verbrechen gebraucht hat, immer wie ein lebendiger Vorwurf erscheinen. Ihn läßt der Kaiser also kommen und erinnert ihn an seine früheren Dienste. Er sei der einzige gewesen, der ihn vor seiner ränkevollen Mutter errettet habe. Jetzt sei die Gelegenheit zu einem nicht geringeren Verdienst gegeben, wenn er ihm die feindselige Gattin aus dem Weg räumte. Gewalt und Waffen seien diesmal gar nicht vonnöten, er brauche sich nur zum Ehebruch mit Octavia zu bekennen. Nero verspricht ihm hohe Belohnungen, die aber für den Augenblick noch geheim bleiben müßten, und einen anmutigen Aufenthalt in der Fremde. Falls er sich aber weigern sollte, droht er ihm mit dem Tod. Jenem war die Tollheit angeboren, und da ihm das erste Verbrechen so gut gelungen war, erdichtet und bekennt er in Gegenwart der Höflinge, die der Fürst zu einer Art Staatsrat berufen hatte, mehr, als ihm befohlen war. Hierauf wird er nach Sardinien verwiesen, wo er eine sorgenfreie Verbannung verlebte und eines natürlichen Todes starb.

63. Nero aber erklärt in einem Erlaß, Octavia habe in der Hoffnung, die Flotte für sich zu gewinnen, den Präfekten verführt und im Schuldbewußtsein ihrer Lüste die Leibesfrucht abgetrieben; daß er ihr eben noch Unfruchtbarkeit vorgeworfen hatte, vergaß er dabei. Er behauptet, für alles Beweise zu haben, und verbannt Octavia auf die Insel Pandateria. Keine andere Verbannte hat jemals die Blicke der Zuschauer mit größerem Mitleid erfüllt. Freilich erinnerten sich noch einige, wie Agrippina von Tiberius verbannt wurde. In noch frischerem Andenken stand Julias Verbannung durch Claudius. Aber diese beiden hatten eine Stütze in ihrem reiferen Alter. Beide hatten noch bessere Tage gesehen und konnten die Bitterkeit der Gegenwart durch die Erinnerung an eine glücklichere Vergangenheit mildern. Für Octavia aber war gleich der Hochzeitstag wie eine Leichenfeier gewesen. Sie war in ein Haus geführt worden, in dem sie nichts als Gram erleben sollte. Erst wurde ihr der Vater durch Gift entrissen, gleich darauf der Bruder. Dann wurde ihr, der Herrin, eine Magd vorgezogen und eine Poppaea, nur um sie zu verderben, von Nero geheiratet. Schließlich kam die Beschuldigung, unerträglicher noch als jegliches Verderben.

64. Und dennoch konnte sich die junge Frau, erst zwanzig Jahre alt, umgeben von Centurionen und Soldaten und in der Vorahnung des kommenden Unglücks schon dem Leben entrückt, immer noch nicht mit dem Gedanken an den Tod abfinden. Aber wenige Tage später kommt der Mordbefehl, während sie beteuerte, daß sie ja schon ledig und nur noch des Kaisers Schwester sei, und ihre gemeinsamen Vorfahren mit dem Namen Germanicus, zuletzt den Namen der Agrippina anrief, bei deren Lebzeiten sie zwar eine unglückliche Ehe geführt habe, aber doch am Leben bleiben durfte. Man fesselt sie und öffnet ihr die Adern an allen Gliedern; und da ihr durch Angst zurückgedrängtes Blut zu langsam floß, wird sie schließlich durch den Dampf eines überhitzten Bades getötet. Dazu wird eine noch empörendere Grausamkeit verübt. Ihr Haupt wird abgeschlagen und nach Rom geschickt, wo es Poppaea anschaute. Daß daraufhin Geschenke für die Tempel beschlossen wurden, wozu soll man das noch erwähnen? Wer die grauenvollen Geschehnisse jener Zeiten durch mich oder andere Geschichtsschreiber kennenlernen will, soll vorweg wissen, daß für jede Verbannung und jeden Mord, den der Princeps befahl, den Göttern Dank abgestattet wurde. Selbst alles, was ehedem zu den glücklichen Ereignissen gehörte, diente jetzt dazu, das Unglück des Staates besonders sichtbar zu machen. Trotzdem werde ich keinen Senatsbeschluß verschweigen, der durch Schmeichelei besonders auffällt oder für niedrige Unterwürfigkeit den äußersten Beweis liefert.

65. Im gleichen Jahr soll Nero seine mächtigsten Freigelassenen durch Gift beseitigt haben, den Doryphorus, weil er sich der Vermählung mit Poppaea widersetzt hatte, den Pallas, weil er ihm sein unermeßliches Vermögen durch ein langes Greisenalter vorenthalte. Romanus hatte durch geheime Anschuldigungen Seneca als Mitverschworenen des C. Piso angeschwärzt; Seneca war aber stärker und schlug ihn durch den gleichen Vorwurf zurück. Dies erregte bei Piso Befürchtungen, und aus ihnen entstand die gewaltige, aber unglücklich ausgehende Verschwörung gegen Nero.

BUCH XV

1. Unterdessen hatte der Partherkönig Vologaeses von Corbulos Erfolgen gehört: Der fremdstämmige Tigranes sei zu Armeniens König gemacht und zugleich sein Bruder Tiridates verjagt worden. Für die Nichtachtung des hohen Arsacidenhauses hätte Vologaeses gern Rache genommen, aber die Macht des römischen Reiches und die Achtung vor dem noch bestehenden Bündnis veranlaßten einen Widerstreit der Gefühle. Zudem war er von Natur unschlüssig und durch den Abfall der Hyrcaner, eines mächtigen Volksstammes, sowie zahlreiche daraus entstandene kriegerische Unternehmungen abgelenkt. Als er nun so schwankt, reizt ihn obendrein die Nachricht von einem neuen Schimpf: Tigranes hatte nämlich Armeniens Grenze überschritten und das Land der benachbarten Adiabener weiterhin und länger verwüstet als durch gewöhnliche Raubzüge. Und es verdroß die Häuptlinge der Parherstämme, so tief in der Achtung gesunken zu sein, daß ihnen nicht der römische Feldherr, sondern ein verwegener Mensch ins Land falle, der so lange Jahre in Rom als Geisel gelebt habe und wie ein Sklave gehalten worden sei. Ihr Unwille steigerte sich noch, als Monobazus, der Satrap von Adiabene, anfragen ließ, welche Hilfe und woher er sie holen solle: Schon sei Armenien geräumt, jetzt kämen die Nachbarländer dran. Wenn die Parther sie nicht schützten, würden sie sich ergeben und bei den Römern eine leichtere Knechtschaft finden, als wenn sie erobert wären. Auch die stummen oder zurückhaltenden Klagen des vertriebenen Königs Tiridates waren noch kränkender. Große Reiche (so erklärte jener) würden nicht durch Untätigkeit behauptet; mit Männern und Waffen müsse man den Kampf wagen. Auf den Thronen sei die stärkere Seele auch die gerechtere. Das Seinige zu erhalten sei des Privatmannes Lob, um Fremdes zu streiten der Könige Ruhm.

2. Durch alles dieses gedrängt, beruft Vologaeses eine Adelsversammlung, läßt den Tiridates an seine Seite treten und beginnt dann also: »Diesen Mann, der von demselben Vater stammt wie ich, habe ich, da er mir als dem Älteren den Thron überlassen hatte, in den Besitz Armeniens gesetzt, was für die dritte Stelle

der Macht gilt; denn die Herrschaft über Medien hatte Pacorus schon vorher erhalten. So glaubte ich im Gegensatz zum herkömmlichen Bruderhaß und -zwist die Verhältnisse unserer Familie auf gerechte Weise geordnet zu haben. Aber die Römer erheben Einspruch und brechen den Frieden, den sie noch nie zu ihrem Glück gestört haben und auch jetzt zu ihrem Verderben stören. Ich will nicht leugnen, daß ich lieber durch Vertrag als durch Blut, lieber durch das Recht als durch die Waffen die Eroberungen meiner Vorfahren behauptet hätte. Aber was ich durch mein Zögern versehen habe, das werde ich durch Tapferkeit wieder gutmachen. Eure Kraft und Ehre ist ja unverletzt; dazu habt ihr noch den Ruhm der Mäßigung gewonnen, der selbst von den mächtigsten Sterblichen nicht gering geachtet werden darf und auch von den Göttern hoch geschätzt wird.« Mit diesen Worten band er dem Tiridates das Diadem um die Stirn und übertrug den Befehl über eine schlagfertige Reitertruppe, die nach der Landessitte des Königs Gefolge bildet, dem Edlen Monaeses. Dann gab er ihm noch die Hilfstruppen der Adiabener bei und beauftragte ihn, Tigranes aus Armenien zu vertreiben. Er selbst wollte nach Beilegung der Streitigkeiten mit den Hyrcanern seine inneren Kräfte und die Wucht des Krieges in Bewegung setzen und die römischen Provinzen bedrohen.

3. Sobald Corbulo darüber sichere Nachrichten hatte, schickt er zwei Legionen unter Verulanus Severus und Vettius Bolanus dem Tigranes zu Hilfe, mit dem geheimen Auftrag, alles mehr mit Gelassenheit als mit Eile zu betreiben: Er wollte nämlich lieber den Kriegszustand haben als wirklich Krieg führen. An den Kaiser hatte er geschrieben, es sei zur Verteidigung Armeniens ein eigener Feldherr nötig, da Syrien, wenn Vologaeses einbreche, in größter Gefahr sei. Indessen stellt er seine übrigen Legionen auf dem Euphratufer auf, ruft den Landsturm der Provinz zu den Waffen und fängt die feindlichen Einfälle durch Grenzposten auf. Und weil die Gegend wasserarm ist, errichtet er an den Quellen Kastelle; einige Wasserläufe ließ er mit Sand zuschütten.

4. Während Corbulo diese Vorkehrungen zum Schutz Syriens traf, rückte Monaeses in Eilmärschen (nach Armenien), um eher da zu sein als die Kunde von seinem Herannahen, fand aber doch nicht den Tigranes ununterrichtet oder unvorbereitet. Er hatte

Tigranocerta besetzt, jene durch die Menge der Verteidiger und die Größe der Mauern stark befestigte Stadt. Zudem umfließt der Nicephorius, ein Fluß von erheblicher Breite, einen Teil der Mauern. Und wo der Fluß nicht ausreichte, war ein gewaltiger Graben gezogen. In der Stadt lagen (römische) Soldaten, für Lebensmittel war schon vorweg gesorgt worden. Bei deren Heranschaffung waren einige wenige Leute, die sich zu weit vorgewagt hatten, plötzlich von den Feinden umzingelt worden, was aber die übrigen mehr mit Erbitterung als mit Furcht erfüllte. Die Parther sind jedoch nicht fähig, eine Belagerung durchzuführen, weil sie zum Nahkampf keinen Mut haben. Mit wenigen Pfeilen kann er die Eingeschlossenen nicht schrecken und bleibt selbst ohne Erfolg. Die Adiabener wurden, als sie Leitern und Belagerungsmaschinen heranbrachten, leicht abgewiesen und später, als die Römer einen Ausfall machten, niedergehauen.

5. Dennoch glaubte Corbulo, so gut auch seine Sache stand, sich doch im Glück mäßigen zu müssen, und schickte Gesandte zu Vologaeses, um darüber Beschwerde zu führen, daß die Provinz gewaltsam angegriffen worden sei und ein (mit Rom) verbündeter und befreundeter König sowie römische Kohorten von ihm belagert würden. Vologaeses solle lieber die Belagerung aufgeben, sonst werde auch er sein Lager im feindlichen Gebiet aufschlagen. Der Centurio Casperinus, der für diese Gesandtschaft ausersehen war, traf bei der Stadt Nisibis, 37 Meilen von Tigranocerta entfernt, den König an und richtete seinen Auftrag mit schroffen Worten aus. Es war Vologaeses' alter und eingewurzelter Grundsatz, den römischen Waffen aus dem Weg zu gehen. Auch nahmen ja seine gegenwärtigen Unternehmungen keinen glücklichen Fortgang. Die Belagerung kam nicht vorwärts; Tigranes war durch Truppen und Vorräte gesichert; die Truppen, die die Erstürmung der Stadt unternommen hatten, waren abgeschlagen, einige Legionen befanden sich auf dem Weg nach Armenien, und andere standen an der Grenze Syriens, jederzeit zum Einbruch bereit. Er selbst sah sich auf seine durch Futtermangel entkräftete Reiterei beschränkt; denn ein Heuschreckenschwarm war eingefallen und hatte alles Gras und Laub aufgefressen. Daher verbarg er seine Furcht, schützte eine freundliche Haltung vor und antwortete, er werde Gesandte an den römischen Kaiser ab-

schicken, um über seinen Anspruch auf Armenien und den Friedensschluß zu verhandeln. Monaeses befiehlt er, Tigranocerta aufzugeben, und zieht sich selbst zurück.

6. Diese Vorgänge faßten die meisten als Wirkung der Angst des Königs und der Drohungen Corbulos auf und priesen sie als ruhmeswürdig. Andere meinten, es sei ein geheimer Vertrag zustande gekommen, wonach beide den Krieg aufgeben sollten; Vologaeses sollte abziehen und ebenso Tigranes Armenien verlassen. Warum sei denn das römische Heer von Tigranocerta zurückgezogen worden? Warum habe man durch die Waffenruhe aufgegeben, was man im Krieg verteidigt habe? Oder hätten etwa die Truppen im äußersten Kappadokien in eilig aufgeschlagenen Hütten besser überwintert als in der Hauptstadt des eben erst wiedergewonnenen Königreichs? Offenbar sei der Krieg deshalb aufgeschoben worden, damit Vologaeses mit einem anderen Gegner als Corbulo kämpfe und Corbulo seinen so viele Jahre hindurch erworbenen Ruhm nicht aufs Spiel setze! Wie erwähnt, hatte er für die Verteidigung Armeniens einen eigenen Heerführer angefordert, und Caesennius Paetus war, wie man hörte, schon unterwegs. Bald war er auch da, und die Truppen wurden so geteilt, daß die vierte und zwölfte Legion samt der kürzlich aus Mösien herbeigezogenen fünften Legion, ebenso die pontischen, galatischen und kappadokischen Bundestruppen dem Paetus unterstellt wurden, während die dritte, sechste und zehnte Legion sowie die ehemaligen syrischen Hilfstruppen Corbulo verblieben. Den übrigen Kriegsbedarf sollten sie je nach den Umständen gemeinsam haben oder ebenfalls teilen. Doch Corbulo duldete keinen Nebenbuhler, und Paetus, der sich doch mit dem Ruhm begnügen konnte, gleich hinter Corbulo zu stehen, suchte dessen Erfolge herabzusetzen. Corbulo habe, so erklärte er immer wieder, weder Siege noch Beute aufzuweisen, und Städteeroberungen seien nur dem Namen nach gemacht worden. *Er* dagegen werde jetzt den Besiegten Abgaben und Gesetze sowie statt eines Schattenkönigs das römische Recht auferlegen.

7. Um dieselbe Zeit kehrten Vologaeses' Gesandte, die, wie oben erwähnt, zum Kaiser geschickt worden waren, unverrichteter Dinge zurück, und die Parther schritten nun offen zum Krieg. Paetus lehnte ihn nicht ab, sondern rückt mit zwei Legionen, von

denen die vierte zu dieser Zeit Funisulanus Vettonianus, die zwölfte Calavius Sabinus befehligten, in Armenien unter schlimmen Vorzeichen ein. Beim Übergang über den Euphrat auf einer Brücke scheute ohne ersichtlichen Grund das Pferd, das die konsularischen Abzeichen trug, und brach rückwärts aus. Ferner stürmte ein Opfertier beim Anlegen des Winterlagers fliehend durch die halbfertigen Verschanzungen und entkam über den Wall hinweg. Endlich fingen einige Soldatenspeere Feuer, ein hier um so auffälligeres Wunder, als Wurfgeschosse die Hauptwaffe der Parther sind.

8. Paetus aber beachtete diese Vorzeichen nicht und führte, obgleich das Winterlager noch nicht fertiggestellt und für die Getreidezufuhr überhaupt nicht gesorgt war, das Heer in Eilmärschen über das Taurusgebirge. Er wollte, wie er sagte, Tigranocerta wiedergewinnen und die Gebiete verwüsten, die Corbulo unversehrt gelassen hatte. In der Tat eroberte man einige Kastelle und hätte reichlich Ruhm und Beute gewonnen, wenn Paetus seinen Ruhm mit mehr Mäßigung und seine Beute mit mehr Sorgfalt behandelt hätte. Aber er durcheilte auf weiten Märschen Gegenden, die nicht behauptet werden konnten, ließ die erbeuteten Vorräte verbrauchen und mußte, da der Winter nahe war, sein Heer wieder zurückführen. An den Kaiser setzte er einen Bericht auf, daß der Krieg so gut wie beendet sei. Das waren hochtrabende Worte, die aber den Tatsachen nicht entsprachen.

9. Inzwischen legte Corbulo an das Euphratufer, das er nie vernachlässigt hatte, zahlreichere Wachtposten. Damit die feindlichen Reiterscharen – schon schwärmten sie auf den anliegenden Ebenen in prächtigem Aufzug umher – den Brückenbau nicht störten, läßt er mächtige, durch Balken verbundene und mit Türmen gekrönte Schiffe über den Strom vorfahren und verjagt die Barbaren durch Katapulte und Ballisten. Die geschleuderten Steine und Lanzen reichten weiter als die von drüben abgeschossenen Pfeile. Hierauf ließ er den Brückenbau vollenden und die jenseitigen Hügel mit bundesgenössischen Truppen, nachher mit den Legionslagern besetzen. Dies geschah mit solcher Schnelligkeit und eindrucksvoller Machtentfaltung, daß die Parther ihre Rüstungen für einen Einfall in Syrien aufgaben und ihre ganze

Hoffnung auf Armenien setzten. Paetus wußte nichts von dem, was ihm bevorstand. Seine fünfte Legion lag fern in Pontus, die übrigen hatte er durch unbeschränkte Beurlaubung geschwächt. Da hörte er, daß Vologaeses mit einem großen und kampfbegierigen Heer im Anmarsch sei.

10. Er zieht die zwölfte Legion heran in der Hoffnung, diese Verstärkung seines Heeres werde Eindruck machen, während sie gerade dessen geringe Zahl verriet. Trotzdem hätte Paetus sein Lager behaupten und durch hinhaltende Kriegführung die Parther täuschen können, wenn er fest bei seinen eigenen oder von anderen übernommenen Plänen geblieben wäre. So aber griff er, nachdem ihn kriegserfahrene Männer gegenüber den bevorstehenden Gefahren beruhigt hatten, wieder zu ganz entgegengesetzten und schlechteren Maßnahmen, nur um nicht den Anschein zu erwecken, daß er fremden Rates bedürfe. Jetzt verließ er das Winterlager, rief laut aus, ihm seien zum Kampf gegen die Feinde nicht Graben und Wälle, sondern Leiber und Waffen übergeben worden, und führte die Legionen vor, als ob er eine offene Schlacht liefern wolle. Als dann aber ein Centurio und einige Soldaten gefallen waren, die er vorausgeschickt hatte, um die Stärke des Feindes zu erkunden, kehrte er wieder ängstlich um. Weil aber Vologaeses weniger energisch nachrückte, gewann er sein eitles Selbstvertrauen wieder und besetzte den nächsten Bergrücken des Taurus mit 3000 Mann auserlesener Fußtruppen, um den Übergang des Königs zu verhindern. Ferner stellt er die pannonischen Flügelschwadronen, den Kern seiner Reiterei, auf einer Seite der Ebene auf. Seine Gattin und seinen Sohn brachte er in einem Kastell namens Arsamosata unter und gab ihnen eine Kohorte als Bedeckung mit. So zersplitterte er seine Streitkräfte, die zusammengehalten den ordnungslosen Feind leichter zurückgewiesen hätten. Mit Mühe soll er dazu gebracht worden sein, Corbulo zu gestehen, daß er vom Feind bedrängt werde. Corbulo beeilte sich nicht; es sollte sich ja, wenn sich die Gefahren vergrößerten, auch der Ruhm seiner Hilfeleistung erhöhen. Doch befahl er, von jeder der drei Legionen sollten sich je 1000 Mann, dazu 800 Mann Flügelreiterei und eine gleiche Anzahl aus den bundesgenössischen Kohorten marschbereit halten.

11. Vologaeses hatte erfahren, daß ihm Paetus hier mit Fuß-

volk, dort mit Reiterei den Weg verlegt hatte. Trotzdem änderte er keineswegs seinen Plan, sondern vertrieb mit Gewalt und Drohungen die Flügelreiter und rieb die Legionssoldaten auf. Nur ein einziger Centurio, Tarquitius Crescens, wagte den Turm, in dem er mit einer Besatzung stand, zu verteidigen, machte häufiger Ausfälle und hieb die allzu nahe kommenden Barbaren nieder, bis auch er den geschleuderten Feuerbränden erlag. Wer vom Fußvolk unverwundet war, floh in weit entfernte und unwegsame Gegenden, die Verwundeten kehrten ins Lager zurück und erzählten von der Tapferkeit des Königs, von der Kampfeswut und Menge seiner Scharen, wobei sie in ihrer Furcht alles übertrieben, aber leichten Glauben bei denen fanden, die sich ebenso fürchteten. Nicht einmal der Heerführer stemmte sich gegen das Unglück, vielmehr hatte er seine Dienstpflichten völlig vernachlässigt und erneut Boten an Corbulo mit der Bitte gesandt, er möge schleunigst kommen und Feldzeichen, Adler und das unglückliche Heer, von dem nur noch der Name übrig sei, beschützen. Inzwischen würden sie, solange sie noch das Leben hätten, treu ausharren.

12. Corbulo blieb unerschüttert, ließ einen Teil seiner Truppen in Syrien zurück, um die am Euphrat angelegten Befestigungen zu halten, und marschierte auf dem nächsten Weg, der genügende Zufuhren gestattete, in die Gegend von Commagene, dann nach Kappadokien und von da nach Armenien. Das Heer begleitete außer dem gewöhnlichen Troß eine große Menge kornbeladener Kamele, um den Feind und zugleich den Hunger zu vertreiben. Unterwegs stieß er auf die Versprengten, zunächst auf den Primipilar Paccius, dann auf sehr viele Soldaten. Als diese verschiedene Gründe für ihre Flucht angaben, forderte er sie auf, zu ihren Feldzeichen zurückzukehren und Paetus um Begnadigung zu bitten. Er selber könne nur mit Siegern Nachsicht haben. Zugleich tritt er vor seine eigenen Legionen, spornt sie an, erinnert sie an frühere Erfolge und stellt ihnen neuen Kriegsruhm vor Augen. Nicht armenische Dörfer oder Städte, sondern die Rettung eines römischen Lagers mit zwei Legionen sei jetzt der Preis ihrer Mühen. Wenn jedem Soldaten für die Rettung eines einzelnen Bürgers als besondere Auszeichnung die Bürgerkrone aus der Hand des Imperators überreicht werde, wie große Ehren

würden dann ihnen zuteil werden, wenn man ebenso viele Retter erblicken würde wie Gerettete! Diese und ähnliche Worte schufen allgemeine Freudigkeit – für manche waren die Gefahren ihrer Brüder und Verwandten noch ein besonderer Antrieb. So ging es Tag und Nacht in Eilmärschen vorwärts.

13. Um so heftiger bedrängt Vologaeses die Belagerten, bekämpft bald das Lager der Legionen, bald das Kastell, wo man die Alten und Schwachen untergebracht hatte, und wagt sich dabei näher heran, als es bei den Parthern Sitte ist. Er hoffte, die Feinde durch seine Verwegenheit zur Schlacht herauszulocken. Aber die Römer mußten fast aus den Zelten herausgezogen werden und taten weiter nichts, als daß sie die Schanzen verteidigten, teils, weil es der Feldherr so wünschte, teils, weil sie selbst zu feige waren oder auch Corbulos Ankunft abwarten wollten. Würden sie überwältigt, so beriefen sie sich auf das Beispiel der Friedensschlüsse von Caudium und Numantia. Dabei hätten doch die Samniten, ein einfacher Volksstamm Italiens, nicht die gleiche Macht gehabt wie die Parther, die Nebenbuhler der römischen Weltmacht. Auch in jenen alten glorreichen Zeiten sei man, wenn das Schicksal ungünstig entschied, auf die Rettung des Lebens bedacht gewesen. Durch diese Verzweiflung seines Heeres niedergeschlagen, verfaßte der Heerführer dennoch zuerst kein bittflehendes Schreiben an Vologaeses, sondern beschwerte sich gewissermaßen nur darüber, daß er für die Armenier zu den Waffen greife, die stets unter römischer Oberhoheit oder doch unter einem vom Kaiser ernannten König gestanden hätten: Friede sei für beide Teile das Beste. Vologaeses solle doch nicht bloß die Gegenwart im Auge haben: Er sei jetzt gegen zwei römische Legionen mit seiner gesamten Streitmacht ausgerückt; den Römern stehe aber der ganze Erdkreis zur Verfügung, um den Krieg durchzukämpfen.

14. Hierauf schrieb Vologaeses nichts zu seiner Rechtfertigung und antwortete nur, er müsse hier auf seine Brüder Pacorus und Tiridates warten. Sie hätten bereits Ort und Zeit für eine Beratung gewählt, um über das Schicksal Armeniens zu beschließen. Zugleich hätten die Götter noch den weiteren, der Arsaciden würdigen Beratungsgegenstand hinzugefügt, welches Schicksal sie den römischen Legionen bereiten wollten. Darauf schickte

Paetus wieder Boten und bat um eine Unterredung mit dem König, der aber nur seinen Reiterpräfekten Vasaces beauftragte, zu Paetus zu gehen. Dieser spricht nun von Lucullus und Pompeius und darüber, was die Kaiser für die Behauptung oder Vergebung Armeniens getan hätten. Vasaces meint, die Römer könnten Armenien nur zum Schein halten oder verschenken, die Parther aber hätten in Wahrheit die Macht dazu. Nachdem man lange hin und her gestritten, wird der Adiabener Monobazus für den folgenden Tag als Zeuge für die getroffenen Vereinbarungen bestellt. Man beschloß, die Belagerung der Legionen aufzuheben; alle römischen Soldaten sollten das Gebiet der Armenier verlassen, die Kastelle und Vorräte müßten den Parthern übergeben werden. Nach Erfüllung dieser Bedingungen solle es Vologaeses gestattet sein, Gesandte an Nero zu schicken.

15. Inzwischen schlug Paetus über den Fluß Arsanias, der am Lager vorbeifloß, eine Brücke, angeblich, weil er sie für sein Heer benutzen wollte; in Wirklichkeit aber hatten ihm die Parther den Brückenbau als Denkmal ihres Sieges befohlen. Denn *sie* machten Gebrauch von der Brücke, während die Römer nach der anderen Seite abzogen. Das Gerücht fügte hinzu, die Legionen seien unter das Joch geschickt worden, und sprach noch von anderen Erniedrigungen, die sich die Armenier (gegen die Römer) erlaubten. Sie rückten nämlich in die Befestigungswerke ein, bevor sie noch von den Römern verlassen waren, standen an der Straße und nahmen ehemals kriegsgefangene Sklaven oder die Zugtiere weg, die sie für ihr Eigentum erklärten. Auch Kleidungsstücke wurden geraubt und Waffen zurückbehalten, während die Soldaten zitterten und alles preisgaben, um nur keinen Anlaß zu Feindseligkeiten zu geben. Vologaeses ließ die Waffen und Leichname der Gefallenen auf einen Haufen schichten, um unsere Niederlage recht deutlich zu machen, schaute aber dem Abzug der Legionen nicht zu. Er suchte den Ruf der Mäßigung, nachdem er seinen Übermut gestillt hatte. Den Fluß Arsanias überschritt er auf einem Elefanten sitzend, die nächste Umgebung des Königs auf Pferden, weil sich das Gerücht verbreitet hatte, die Brücke werde infolge der Hinterlist der Erbauer unter der Last zusammenbrechen. Aber Leute, die sie zu betreten wagten, sahen ein, daß sie fest und zuverlässig war.

16. Übrigens ist festgestellt worden, daß die Belagerten so reichlich mit Lebensmitteln versorgt waren, daß sie die Speicher in Brand steckten. Andererseits hat Corbulo (in seinen Memoiren) berichtet, die Parther hätten keine Lebensmittel mehr gehabt und ihre Futtervorräte seien so aufgebraucht gewesen, daß sie die Belagerung bald hätten aufgeben müssen, während er selbst nur noch drei Tagesmärsche entfernt gewesen sei. Er setzt noch hinzu, Paetus habe vor den Feldzeichen und im Beisein derer, die der König als Zeugen geschickt hatte, das eidliche Versprechen gegeben, daß kein Römer Armenien betreten werde, bis das Antwortschreiben Neros einlaufe, ob er in den Frieden einwillige. Mag dies auch erdichtet sein, um die Schmach noch größer erscheinen zu lassen, so gilt doch alles übrige als ganz gewiß, daß nämlich Paetus an *einem* Tag eine Strecke von 40 Meilen zurückgelegt hat, daß überall Verwundete zurückgelassen wurden und die Angst der Fliehenden nicht weniger schimpflich war, als wenn sie in einer Schlacht geflohen wären. Corbulo zeigte, als er ihm mit seinen Truppen am Euphratufer begegnete, militärischen Schmuck und Waffen nicht in solchem Glanz, daß der Gegensatz zu einem Vorwurf (für Paetus) werden konnte. Niedergeschlagen und der Kameraden Los beklagend, konnten sich seine Soldaten nicht einmal der Tränen enthalten; kaum ließ das Schluchzen die gewohnte Begrüßung zu. Zurückgetreten war der Wettstreit der Tapferkeit und das ehrgeizige Streben nach Ruhm, Gefühle, von denen nur glückliche Menschen erfüllt sind; allein Mitleid machte sich geltend, und zwar am meisten bei den niedrigeren Dienstgraden.

17. Es folgte eine kurze Unterredung der beiden Feldherren. Corbulo klagte darüber, daß seine Anstrengungen vergeblich gewesen seien und daß der Krieg mit der Flucht der Parther hätte enden können; Paetus antwortete, sie hätten beide noch in allem freie Hand. Sie brauchten nur die Adler umzuwenden und vereint Armenien anzugreifen, das durch Vologaeses' Abmarsch wehrlos sei. Corbulo erklärte, dazu habe er vom Kaiser keinen Auftrag, nur durch die Gefahr für die Legionen sei er veranlaßt worden, seine Provinz zu verlassen. Da man über die Absichten der Parther im unklaren sei, werde er nach Syrien zurückkehren. Dabei müsse man noch um das besondere Glück flehen, daß unsere

durch die weiten Märsche erschöpften Fußtruppen die frische und durch das ebene Gelände begünstigte, vorauseilende Reiterei einzuholen vermöchten. Darauf überwinterte Paetus in Kappadokien. Von Vologaeses aber wurden Boten an Corbulo geschickt, er solle die jenseits des Euphrat angelegten Kastelle niederreißen und den Strom wie früher zur Grenze machen. Dafür verlangte Corbulo, daß auch Armenien von feindlichen Besatzungen frei gemacht werde. Schließlich willigte der König ein; die Befestigungen, die Corbulo jenseits des Euphrat angelegt hatte, wurden zerstört, und die Armenier blieben ohne Herrn.

18. In Rom aber wurden Siegestrophäen über die Parther und ein Triumphbogen auf der Mitte des kapitolinischen Hügels errichtet. Der Senat hatte ihre Aufstellung schon beschlossen, als der Krieg noch unentschieden war, und gab sie auch jetzt nicht auf. Man setzte sich eben über das Bewußtsein der wahren Lage hinweg und war nur auf den äußeren Schein bedacht. Nero ließ sogar, um seine Sorgen wegen der auswärtigen Angelegenheiten zu verbergen, das für das niedere Volk bestimmte Getreide in den Tiber werfen, weil es durch langes Liegen unbrauchbar geworden sei, um dadurch die (allgemeine) Sorglosigkeit in Bezug auf den Getreidepreis aufrecht zu erhalten. Das Getreide wurde nicht teurer, obwohl ein heftiger Sturm ungefähr 200 Schiffe im Hafen (von Ostia) selbst und eine Feuersbrunst 100 andere während der Fahrt auf dem Tiber zerstört hatte. Dann übertrug er drei Konsularen, L. Piso, Ducenius Geminus und Pompeius Paulinus, die Aufsicht über die staatlichen Steuern und tadelte die früheren Herrscher, die durch ihren übergroßen Aufwand die regelrechten Einkünfte überschritten hätten, während er dem Staat alljährlich 60 Millionen Sesterzen schenkte.

19. In dieser Zeit hatte eine ganz verwerfliche Sitte um sich gegriffen. Wenn die Wahlen oder die Verlosung der Provinzen herannahten, nahmen sehr viele Kinderlose durch Scheinadoption Söhne an. Hatten sie dann als Väter die Prätur oder eine Provinz erhalten, so entließen sie die adoptierten Söhne sofort wieder aus ihrer Gewalt. Mit großer Erbitterung wendet man sich daher an den Senat und macht das natürliche Recht und die Mühen der Kindererziehung gegen den Betrug und die Kniffe der kurzen Adoption geltend. Gewinn genug sei es doch für die Kinderlosen,

daß sie ganz sorglos und ohne Lasten lebten und dabei Ansehen, hohe Ehrenämter, überhaupt alles bequem in die Hand bekämen. Sie aber müßten lange warten und die gesetzlichen Vorrechte zum Gespött werden lassen, wenn man ohne Beschwerden Vater, ohne Trauer wieder kinderlos werden könne und auf der Stelle das erreiche, worum sich die leiblichen Väter so lange bemühten. Demzufolge wurde ein Senatsbeschluß gefaßt, wonach eine Scheinadoption in keiner Weise zu einem öffentlichen Amt verhelfen und nicht einmal zum Antritt von Erbschaften von Nutzen sein sollte.

20. Hierauf wurde Claudius Timarchus aus Kreta vor Gericht gezogen. Die Anklage bezog sich, wie gewöhnlich, auf Beleidigungen, wie sie übermächtige und allzu reich gewordene Provinzialen sich gegen geringere Mitbürger so oft zuschulden kommen lassen. *Eine* Äußerung aber hatte er getan, die bis zu einer Beleidigung des Senats gegangen war. Er soll nämlich gesagt haben, es liege in seiner Macht, ob den Prokonsuln von Kreta für ihre Tätigkeit der Dank (der Provinz) ausgesprochen werde. Paetus Thrasea, der diese Gelegenheit zum allgemeinen Besten zu benützen suchte, hatte beantragt, der Angeklagte solle aus der Provinz Kreta verbannt werden, und fügte dann folgendes hinzu: »Senatoren, es ist durch Erfahrung bewiesen, daß treffliche Gesetze, gute Beispiele tüchtiger Männer aus den Verfehlungen anderer hervorgehen. So ließ die Zügellosigkeit der Redner den cincischen Gesetzesvorschlag, die Umtriebe bei den Wahlen die julischen Gesetze, die Habsucht der Beamten die calpurnischen Verordnungen entstehen. Denn die Schuld ist eher da als die Strafe, die Besserung tritt später ein als die Verfehlung. Daher laßt uns jetzt gegen den unerhörten Übermut der Provinzialen einen Beschluß fassen, wie er der römischen Rechtlichkeit und Festigkeit würdig ist. Durch ihn soll dem Schutz der Bundesgenossen nichts entzogen werden, man soll aber von uns nicht mehr glauben, daß die Schätzung jedes einzelnen Provinzialen von etwas anderem abhänge als vom Urteil der römischen Bürger.

21. In früheren Zeiten schickte man zwar nicht nur Prätoren oder Konsuln, sondern auch einfache Privatpersonen, um die Provinzen zu besichtigen und zu berichten, was sie vom Gehorsam jeder einzelnen hielten. So zitterten ganze Völker vor dem

Gutachten eines einzelnen Mannes. Heute aber sind wir zuvorkommend gegen die Ausländer und schmeicheln ihnen! Auf den bloßen Wink eines Provinzialen beschließt man eine Danksagung und noch bereitwilliger eine Anklage. Mag sie beschlossen werden, mag den Provinzialen das Recht bleiben, auf diese Weise ihre Macht zur Schau zu stellen. Aber ein falsches und durch Bitten erpreßtes Lob muß ebenso zurückgewiesen werden wie Bosheit und Grausamkeit. Oft wird mehr durch Gefälligkeit als durch Härte gesündigt. Ja, gewisse Tugenden rufen sogar Haß hervor, nämlich unbeugsame Strenge und Unzugänglichkeit gegen Begünstigungen. Daher sind auch unsere Beamten in der Regel zu Anfang gewissenhaft, später aber geht es abwärts, weil wir wie Amtsbewerber Stimmen für uns sammeln. Könnte dies ferngehalten werden, so würden unsere Provinzen gerechter und gleichmäßiger verwaltet werden. Denn wie die Habsucht (der Statthalter) durch die Furcht vor den Erpressungsgesetzen verschwunden ist, so würde durch ein Verbot der Dankgesandtschaften die ungerechte Liebedienerei aufhören.«

22. Diese Darlegung wurde mit großem Beifall aufgenommen. Dennoch konnte kein Senatsbeschluß darüber gefaßt werden, weil die Konsuln erklärten, es liege über diese Sache kein Antrag vor. Später wurde doch auf Veranlassung des Kaisers festgesetzt, es dürfe niemand in einer Versammlung der Bundesgenossen den Antrag stellen, den Proprätoren oder Prokonsuln vor dem Senat den Dank der Provinz abzustatten, es dürfe auch keiner eine solche Gesandtschaft übernehmen. – Im gleichen Konsulatsjahr brannte die neue Ringschule durch Blitzschlag ab, und Neros Standbild zerschmolz dabei zu einem formlosen Erzklumpen. Durch ein Erdbeben wurde die volkreiche campanische Stadt Pompei zum großen Teil zerstört. Es starb die vestalische Jungfrau Laelia, an deren Stelle Cornelia aus der Familie der Cosser gewählt wurde.

23. Unter dem Konsulat des Memmius Regulus und Verginius Rufus hatte Nero eine übermenschliche Freude, daß ihm Poppaea eine Tochter gebar, der er den Namen Augusta gab, den auch Poppaea erhalten hatte. Der Ort der Niederkunft war die Kolonie Antium, wo er selbst geboren war. Ferner hatte der Senat bereits Poppaeas Schwangerschaft den Göttern anempfohlen und

öffentliche Gelübde getan, die jetzt verdoppelt eingelöst wurden. Auch Dankgebete wurden hinzugefügt und ein Tempel der Fruchtbarkeit sowie ein Kampfspiel von gleicher Heiligkeit wie das actische gestiftet. Auf dem Thron des kapitolinischen Juppiter sollten goldene Bilder der Glücksgöttinnen aufgestellt werden. Und wie in Bovillae für das julische Geschlecht, sollte nun auch in Antium ein Circusspiel für das claudische Geschlecht und Domitia gegeben werden. Dies alles zerfloß in nichts, da das Kind schon im Verlauf des vierten Monats starb. Nun begannen die widerlichen Schmeicheleien von neuem. Man trug auf göttliche Ehren, Götterpolster, Tempel und Priester an. Nero selbst benahm sich wie in der Freude so auch in seinem Schmerz maßlos. Es findet sich ein Bericht, daß Thrasea, als der ganze Senat gleich nach Poppaeas Niederkunft (zur Gratulationscour) nach Antium hinausströmte, nicht vorgelassen worden sei, diese Zurückweisung aber, die ihm den baldigen Tod ankündigte, mit vollkommener Ruhe hingenommen habe. Nachher, so erzählt man, habe der Kaiser Seneca gegenüber damit geprahlt, daß er sich mit Thrasea ausgesöhnt habe; man erzählt ferner, Seneca habe den Kaiser dazu beglückwünscht. Diese Äußerungen mehrten den Ruhm der beiden vortrefflichen Männer, aber auch ihre Gefahren.

24. Inzwischen überbrachten zu Beginn des Frühlings die Gesandten der Parther mündliche Aufträge und ein gleichlautendes Schreiben des Königs Vologaeses: Er wolle auf die früher und oft genug erhobenen Ansprüche auf Armenien jetzt nicht näher eingehen, da ja die Götter, die Schiedsrichter selbst der mächtigsten Völker, dieses Land den Parthern nicht ohne Demütigungen für die Römer zugesprochen hätten. Er habe Tigranes unlängst belagert, darauf Paetus mit seinen Legionen unversehrt abziehen lassen, obwohl er sie vernichten konnte. So habe er seine Macht hinreichend bewiesen, ebenso für seine Milde Beweise geliefert. Auch würde sich Tiridates nicht weigern, zum Empfang des Diadems nach Rom zu kommen, wenn ihn sein hohes Priesteramt nicht daran hinderte. Er wolle sich aber zu den Fahnen und Bildnissen des Kaisers begeben, um in Gegenwart der Legionen die Königswürde zu übernehmen.

25. So lautete das Schreiben des Vologaeses. Da aber Paetus

ganz entgegengesetzt berichtet hatte, als sei die Lage noch unverändert, befragte Nero den Centurio, der mit den Gesandten gekommen war, wie die Dinge in Armenien stünden. Dieser antwortete, alle Römer hätten das Land geräumt. Da merkte man den Hohn der Barbaren, die um ein Land baten, das sie bereits genommen hatten. Nero beriet also mit den ersten Männern des Staates, ob man einen zweifelhaften Krieg oder einen schimpflichen Frieden wählen solle. Natürlich wurde der Krieg gewählt und Corbulo, der mit dem Heer und dem Feind schon seit Jahren vertraut war, zum Oberbefehlshaber ernannt, damit nicht durch die Unerfahrenheit irgendeines anderen von neuem Fehlschläge einträten; mit Paetus hatte man genug Verdruß gehabt. Die Gesandten wurden also unverrichteter Dinge zurückgeschickt, aber nicht ohne Geschenke, um dadurch die Hoffnung zu erwecken, Tiridates werde keine Fehlbitte tun, wenn er seine Bitten persönlich überbringe. Die vollziehende Gewalt in Syrien wurde C. Cestius, der Befehl über die Truppen Corbulo übertragen und ihm noch die fünfzehnte Legion unter der Führung des Marius Celsus aus Pannonien zugeschickt. Die Tetrarchen, Könige, Präfekten, Prokuratoren und Prätoren, die die benachbarten Provinzen verwalteten, wurden angewiesen, Corbulos Befehlen Folge zu leisten. Seine Befugnisse waren etwa in dem Maß ausgedehnt worden, wie sie das römische Volk dem Cn. Pompeius verliehen hatte, als er den Seeräuberkrieg führen sollte. Während Paetus nach seiner Rückkehr Schlimmes befürchtete, begnügte sich der Kaiser, ihn etwa mit folgenden Scherzworten zu bestrafen: Er wolle ihm nur sofort verzeihen, damit er bei seinem ängstlichen Gemüt ja nicht durch eine längere Ungewißheit krank werde.

26. Corbulo aber verlegte die vierte und zwölfte Legion, die nach dem Verlust ihrer tapfersten Leute und bei der Einschüchterung der übrigen zum Kampf nicht recht geeignet erschienen, nach Syrien und führte von dort die sechste und dritte Legion, deren Soldaten ungeschwächt und durch zahlreiche glückliche Unternehmungen geübt waren, nach Armenien. Dazu kam noch die fünfte Legion, die in Pontus gestanden hatte und an der Niederlage unbeteiligt war, ebenso die neu herangeführte fünfzehnte Legion, auserlesene Veteranenabteilungen aus Illyrien und Ägypten, alle bundesgenössischen Geschwader und Kohorten,

endlich die Hilfstruppen der verbündeten Könige, die sich bei Melitene versammelt hatten, wo Corbulo den Euphrat zu überschreiten gedachte. Hierauf entsühnt er das Heer in der üblichen Weise, beruft es zur Versammlung und hält eine stolze Rede über die Macht des Kaisers und seine eigenen Kriegstaten. Die Mißerfolge schiebt er auf die Unerfahrenheit des Paetus und wirkt mächtig durch seine Persönlichkeit, die bei einem solchen Kriegsmann die Stelle der Beredsamkeit vertrat.

27. Dann folgt er dem Weg, auf dem einst L. Lucullus vorgedrungen war, nachdem die Stellen ausgebessert waren, die die Länge der Zeit unpassierbar gemacht hatte. Die Gesandten, die jetzt von Tiridates und Vologaeses kamen, um Friedensvorschläge zu machen, weist er keineswegs ab und gibt ihnen Centurionen mit versöhnlichen Aufträgen mit: Es sei noch nicht so weit gekommen, daß ein entscheidender Kampf nötig wäre. Die Römer hätten viele, die Parther einige Erfolge gehabt; das sei für beide eine Warnung vor Übermut. Jedenfalls sei es auch für Tiridates vorteilhafter, ein von Verheerungen unberührtes Reich als Geschenk zu empfangen, und auch Vologaeses werde durch ein Bündnis mit Rom für das Parthervolk besser sorgen als durch gegenseitig zugefügten Schaden. Vologaeses wisse doch, wieviel Zwietracht er im Innern seines Landes habe und wie unbändig und wild die Volksstämme seien, die er beherrsche. Dagegen habe sein Herrscher überall ungestörten Frieden und nur diesen einen Krieg. Mit diesen Ratschlägen verbindet Corbulo auch schrekkenerregende Maßnahmen. Er vertreibt die armenischen Großen, die zuerst von uns abgefallen waren, aus ihren Wohnsitzen, zerstört ihre Bergschlösser und erfüllt die Ebene wie das Bergland, die Starken wie die Schwachen mit gleichem Schrecken.

28. Corbulos Name wurde auch bei den Barbaren nicht mit Erbitterung oder feindseligem Haß genannt, weshalb sie seinen Rat für redlich hielten. Vologaeses nimmt also überhaupt keine feindliche Haltung ein und bittet für einige seiner Provinzen um Waffenstillstand. Tiridates verlangt Ort und Tag für eine Unterredung. Ein naher Zeitpunkt und der Ort, wo vor kurzem die Legionen mit Paetus belagert worden waren, wurde von den Barbaren wegen der für sie erfreulichen Erinnerung ausgewählt. Corbulo hatte nichts dagegen, um seinen Ruhm durch den Un-

terschied von damals und jetzt noch zu erhöhen. Auch erregte ihm die Schmach des Paetus keine abergläubische Furcht, was sich darin am deutlichsten zeigte, daß er Paetus' Sohn, einen Tribunen, beauftragte, einige Abteilungen dorthin zu führen und die Gefallenen jener unglücklichen Schlacht zu bestatten. Am verabredeten Tag erschienen Tiberius Alexander, ein erlauchter römischer Ritter, der als Kriegskommissar zugeteilt war, und Corbulos Schwiegersohn Vinicianus Annius, der noch nicht das senatorische Alter erreicht hatte und als Prolegat die fünfte Legion befehligte, im Lager des Tiridates, um ihn dadurch zu ehren und ihm durch ein solches Pfand die Furcht vor einem Überfall zu nehmen. Außerdem wurden je 20 Reiter mitgenommen. Als Corbulo in Sicht kam, sprang der König als erster vom Pferd, auch Corbulo zögerte nicht, sondern beide reichten sich stehend die Hände.

29. Darauf lobt Corbulo den jungen Mann, daß er gefährliche Pläne aufgegeben habe und das Sichere und Rettungbringende wähle. Tiridates sprach zunächst viel von seinem vornehmen Geschlecht, fährt dann aber bescheiden fort: Er wolle sich in der Tat nach Rom begeben und dem Kaiser zu dem neuen Ruhm verhelfen, daß ein Arsacide als demütig Bittender komme, obgleich die Lage der Parther nicht ungünstig sei. Darauf beschloß man, Tiridates solle bei des Kaisers Bildnis seinen königlichen Schmuck niederlegen und ihn nur aus Neros Hand zurückerhalten. Die Unterredung endete mit einem Kuß. Wenige Tage darauf versammelten sich die beiden Heere mit großer Prachtentfaltung. Hier stand die parthische Reiterei, in Geschwader geordnet und mit dem heimischen Schmuck geziert, dort standen die Reihen der Legionen mit ihren glänzenden Adlern, Feldzeichen und Götterbildern, die zu einer Art heiliger Stätte zusammengestellt waren. In der Mitte sah man eine Bühne mit einem kurulischen Sessel, der Neros Bild trug. Nachdem man die üblichen Opfertiere geschlachtet hatte, trat Tiridates heran, nahm sein Diadem vom Haupt und legte es zu Füßen des Bildnisses nieder. Die Bewegung der ganzen Versammlung war groß und wurde verstärkt durch die allen immer noch vor Augen stehende Niedermetzelung oder Einschließung (zweier) römischer Legionen: Wie habe sich doch das Schicksal gewendet! Werde jetzt Tiridates zum

Schauspiel für die Völker (nach Rom) gehen, kaum mehr als ein Gefangener?

30. Bei dieser ruhmvollen Szene zeigte sich Corbulo sehr freundlich und schloß noch ein Gastmahl an. Und als ihn der König nach den Gründen fragte, sobald ihm etwas Neues aufgefallen war, zum Beispiel, weshalb die einzelnen Nachtwachen durch einen Centurio gemeldet wurden, weshalb das Gelage durch einen Trompetenstoß aufgehoben, weshalb der vor dem Feldherrnzelt errichtete Altar mit einer Fackel angezündet wurde, schmückte Corbulo alle diese Dinge noch weiter aus und erfüllte den König mit Bewunderung für unsere alten Sitten. Am folgenden Tag erbat sich dieser eine Frist, um vor dem Antritt einer so großen Reise noch seine Brüder und seine Mutter zu besuchen. Für die Zwischenzeit übergibt er seine Tochter als Geisel und überreicht ein demütiges Schreiben an Nero.

31. Dann reiste er ab und fand Pacorus in Medien, Vologaeses in Ecbatana vor. Der war nicht ohne Sorge um den Bruder. Hatte er doch Corbulo durch besondere Boten ersucht, Tiridates keine Zeichen der Knechtschaft zuzumuten, nicht die Übergabe des Schwertes zu verlangen, ihn nicht von der Begrüßung durch die Provinzstatthalter auszuschließen oder ihn beim Empfang warten zu lassen und ihm in Rom die gleichen Ehren zu erweisen wie einem Konsul. Man sieht, er war an den Hochmut der Barbaren gewöhnt und konnte sich nicht denken, daß bei uns nur die wirkliche Macht des Reiches Geltung hat und über Unwesentliches hinweggesehen wird.

32. Im gleichen Jahr nahm der Kaiser die Völkerschaften der Seealpen in die latinische Rechtsgemeinschaft auf. Den römischen Rittern verlieh er besondere Plätze im Circus vor denen des Volkes. Bis dahin hatten sie nämlich keine abgetrennten Plätze, da das Roscische Gesetz nur für die ersten vierzehn Sitzreihen (der Senatoren) galt. Die Gladiatorenspiele dieses Jahres waren ebenso prächtig wie die früheren, aber die Zahl der vornehmen Frauen und Senatoren, die sich durch öffentliches Auftreten entehrten, war noch größer.

33. Im Konsulatsjahr des C. Laecanius und M. Licinius wurde Neros Verlangen, auch auf öffentlichen Bühnen aufzutreten, von Tag zu Tag dringlicher. Denn bis jetzt hatte er nur in seinem Pa-

last oder Park an den Juvenalien gesungen, die er aber nicht mehr leiden mochte, weil sie zu wenig besucht und für eine so mächtige Stimme zu beschränkt seien. Doch wagte er nicht, in Rom anzufangen, und wählte Neapel, das gewissermaßen eine griechische Stadt sei. Von dort aus wolle er den Anfang machen, um dann nach Griechenland hinüberzufahren, die berühmten altgeheiligten Siegerkränze zu erringen und so durch seinen wachsenden Ruhm die Teilnahme seiner Mitbürger zu erwecken. So füllten denn in dichtgedrängter Menge die Neapolitaner, ferner die Leute, die der Ruf des Ereignisses aus den nächsten Kolonien und Munizipien herbeigelockt hatte, dann die Höflinge, die dem Kaiser ehrenhalber oder als Hofstaat und Dienerschaft folgten, sogar einige Abteilungen Prätorianer, das Theater von Neapel.

34. Dort ereignete sich ein Unfall, der, wie die meisten glaubten, Unheil verkündete, nach Neros Meinung aber eher von der Fürsorge und Gunst der Götter zeugte. Als nämlich alle Zuschauer weggegangen waren, stürzte das Theater in sich zusammen, ohne einen Menschen zu verletzen. Daher dichtete Nero ein sorgsam ausgearbeitetes Danklied an die Götter und pries darin das Glück im neuerlichen Unglück. Schon mit dem Gedanken an die Überfahrt über das Adriatische Meer beschäftigt, machte er einstweilen in Beneventum halt, wo von Vatinius ein stark besuchtes Gladiatorenspiel veranstaltet wurde. Vatinius war eines der größten Scheusale dieses Hofes, ursprünglich Schusterlehrling, ein verwachsener Mensch und pöbelhafter Possenreißer. Anfangs als Hofnarr beschäftigt, kam er durch Verdächtigungen gegen alle ehrenwerten Männer bald zu solchem Ansehen, daß er durch seine Beliebtheit beim Fürsten, seinen Reichtum und seine Macht, anderen zu schaden, selbst die Schlechtesten noch übertraf.

35. Nero, der Vatinius' Spiel beiwohnte, ließ nicht einmal während dieser Belustigungen von seinen Verbrechen ab. Gerade an jenen Tagen wird nämlich Torquatus Silanus in den Tod getrieben, weil er außer dem Adel der junischen Familie auch noch den verewigten Augustus als Urgroßvater aufzuweisen hatte. Seine Ankläger mußten ihm vorwerfen, daß er verschwenderisch in Spenden sei und auf nichts anderes mehr hoffe als auf einen Umsturz: Ja, er habe Freigelassene, die er Sekretäre für Briefver-

kehr, Bittschriften und Finanzen nenne. Das seien alles Titel und Vorübungen für das höchste Amt. Hierauf wurden seine vertrautesten Freigelassenen gefesselt und fortgeschleppt. Als seine Verurteilung bevorstand, durchschnitt sich Torquatus die Pulsadern, worauf die übliche Erklärung Neros folgte, Torquatus wäre, wenn er auch schuldig gewesen sei und seine Verteidigung mit Recht aufgegeben habe, dennoch am Leben geblieben, wenn er die Gnade seines (höchsten) Richters abgewartet hätte.

36. Bald darauf gab er die Reise nach Griechenland fürs erste auf – warum, wußte man nicht – und kehrte nach Rom zurück, spielte aber im geheimen mit dem Gedanken an eine Reise in die Provinzen des Ostens, besonders nach Ägypten. Sodann versicherte er in einem Erlaß, seine Abwesenheit werde nicht lange dauern und im Staat alles ebenso unverändert wie glücklich bleiben. Dieser Reise wegen begab er sich auch aufs Kapitol. Als er dort zu den Göttern gebetet und auch den Vestatempel besucht hatte, zitterte er plötzlich an allen Gliedern. Entweder erschreckte ihn die Gottheit, oder er war im Bewußtsein seiner Freveltaten niemals frei von Angst. Jedenfalls gab er seinen Plan auf und erklärte wiederholt, die Liebe zu seiner Vaterstadt stehe ihm höher als alle seine Wünsche: Er habe die betrübten Gesichter seiner Mitbürger gesehen und höre ihre geheimen Klagen, daß er eine so große Reise antreten wolle. Sie ertrügen nicht einmal seine unbedeutenden Ausflüge, weil sie gewohnt seien, gegen Schicksalsschläge in des Fürsten Anblick Trost zu finden. Und wie in den Familien die Lieblingskinder den Vorrang hätten, so habe auch bei ihm das römische Volk das meiste Gewicht. Er müsse also bleiben, wenn es ihn zurückhalte. Solche Redensarten waren dem Volk erwünscht. Es wollte die öffentlichen Lustbarkeiten nicht entbehren und fürchtete, was seine größte Sorge ist, Schwierigkeiten in der Getreideversorgung, wenn er fort wäre. Der Senat und die Großen waren in Ungewißheit, ob man ihn mehr zu fürchten habe, wenn er fern oder wenn er da wäre. Später dachten sie, wie es bei großen Befürchtungen zu geschehen pflegt, daß das, was eintrat, das Schlimmere war.

37. Nero selber wollte zeigen, daß ihm nirgends so wohl sei (wie in Rom). Deshalb hielt er auf öffentlichen Plätzen Trinkgelage ab und benutzte die ganze Stadt wie sein eigenes Haus. Am

berühmtesten wurde ein durch seine Üppigkeit viel berufenes Gastmahl, das Tigellinus veranstaltete. Ich will es als einziges Beispiel anführen, um nicht öfters von derartiger Verschwendung berichten zu müssen. Tigellinus ließ also auf dem Teich des Agrippa ein Floß herstellen, das durch andere Schiffe von der Stelle fortbewegt werden konnte, während das Gastmahl stattfand. Die Schiffe waren mit Gold und Silber ausgelegt; als Ruderer wurden Buhlknaben verwendet, die nach dem Alter und nach ihren Erfahrungen in der Unzucht zusammengestellt wurden. Geflügel und Wild hatte er aus fernen Ländern, Fische sogar aus dem Ozean kommen lassen. An den Ufern des Teiches standen Bordelle, die voll von vornehmen Frauen waren. Gegenüber konnte man nackte Lustdirnen sehen. Schon gab es unzüchtige Gebärden und Bewegungen; und als der Abend anbrach, hallten der ganze benachbarte Hain und die umliegenden Häuser von Gesang wider und strahlten im Fackelglanz. Nero selber hatte sich bereits durch alle erlaubten und unerlaubten Ausschweifungen geschändet, es gab für ihn keine Schandtat mehr, durch die er sich noch verderbter zeigen konnte. Dennoch ließ er sich wenige Tage später einem aus der Schar der Lustbefleckten – er hieß Pythagoras – unter feierlichen Hochzeitsbräuchen als Ehefrau antrauen. Der Kaiser wurde mit einem Brautschleier angetan, Zeichendeuter wurden bestellt; Mitgift, Brautbett und Hochzeitsfackeln, überhaupt alles war zur Schau gestellt, auch das, was selbst bei einer Frau mit dem Dunkel der Nacht verhüllt wird.

38. Darauf ereignete sich ein Unglück, ob durch Zufall oder des Kaisers Hinterlist veranlaßt, ist ungewiß – die Geschichtsschreiber haben beides berichtet. Jedenfalls war es schwerer und entsetzlicher als alles, was unsere Stadt durch des Feuers Gewalt getroffen hat. Es brach in dem Teil des Circus aus, der nach dem Palatinus und Caelius hin gelegen ist. Dort in den Verkaufsbuden, wo die Waren den Flammen Nahrung boten, entstand es, breitete sich vom Wind begünstigt sofort aus und ergriff den Circus in seiner ganzen Länge. Es lagen ja keine mit Brandmauern versehene Paläste oder mit Mauern umgebene Tempel dazwischen oder sonst etwas, was das Feuer hätte aufhalten können. Der Brand rückte nun mit Ungestüm weiter vor, stieg zuerst in die Ebene hinab, dann auf die Höhen hinauf und verheerte wie-

der die Niederungen. So machte er alle Rettungsversuche zunichte, weil er zu schnell fortschritt und die Stadt mit ihren engen, winkeligen Straßen und unregelmäßigen Häuserreihen – so war eben das alte Rom – der Gefahr besonders ausgesetzt war. Dazu das Wehgeschrei der verängstigten Frauen, die schwachen Greise und die kleinen Kinder, dazu die Leute, die sich selbst oder anderen helfen wollten, die Kranke wegschleppten oder auf sie warteten, das Zögern der einen, die Eile der anderen: Dies alles war (den Rettungsarbeiten) hinderlich. Oft wurden Leute, die nach rückwärts sahen, durch Flammen von der Seite oder von vorn umzingelt. Und floh man nur bis in die nächsten Gassen, so wurden auch diese vom Feuer ergriffen. Selbst die Straßen, die man für zu weit entfernt gehalten hatte, sah man doch in der gleichen Gefahr. Schließlich wußte keiner, welche Gegend er meiden, welche er aufsuchen sollte. Man füllt die Straßen, man wirft sich auf den Feldern hin. Manche hatten ihre ganze Habe verloren und nicht einmal für einen Tag zu essen. Manche kamen aus Liebe zu ihren Angehörigen, die sie nicht retten konnten, um, obgleich ihnen selbst ein Rettungsweg offen stand. Dabei wagte es keiner, dem Feuer Einhalt zu tun, da viele Menschen dauernd Drohungen ausstießen und alle Löschversuche verhinderten. Einige warfen ganz offen Feuerbrände und schrien, sie wüßten wohl, von wem sie Auftrag hätten. Entweder wollten sie nur hemmungslos plündern oder handelten wirklich auf Befehl.

39. Nero war damals in Antium und kehrte nicht eher nach Rom zurück, als bis sich das Feuer seinem eigenen Haus näherte, durch das er das Palatium mit den Gärten des Maecenas verbunden hatte. Dennoch konnte nicht verhindert werden, daß der Kaiserpalast, die Gebäude und ihre ganze Umgebung vom Feuer verzehrt wurden. Um das obdachlose und flüchtige Volk zu beruhigen, überließ ihm Nero das Marsfeld und die Bauten des Agrippa. Er ließ sogar seinen eigenen Park öffnen und Baracken errichten, um die hilflose Menge aufzunehmen. Auch wurden aus Ostia und den Nachbarorten Lebensmittel herbeigeschafft. Der Preis des Getreides wurde auf drei Sesterzen herabgesetzt. Diese Maßnahmen, so menschenfreundlich sie auch waren, blieben dennoch ohne Erfolg. Es war nämlich das Gerücht durchgedrungen, er sei gerade zur Zeit des Brandes der Stadt auf seiner Haus-

bühne aufgetreten und habe die Zerstörung Trojas besungen, wobei er das gegenwärtige Unglück mit den Vernichtungsszenen der grauen Vorzeit verglich.

40. Erst am sechsten Tag wurde der Feuersbrunst am Fuß des Esquilin ein Ende gemacht. Man riß nämlich auf große Strecken hin die Gebäude ab, so daß die verheerende Gewalt des Feuers auf freies Feld und gewissermaßen auf leere Luft stieß. Aber die Angst hatte sich noch nicht gelegt, und das Volk wagte noch nicht, wieder zu hoffen. (Tatsächlich) brach das Feuer von neuem aus, und zwar in den freier gelegenen Stadtteilen. Dabei war der Verlust an Menschen weniger groß, dafür aber stürzten die Tempel der Götter und die dem Vergnügen gewidmeten Säulenhallen weithin zusammen. Bei diesem zweiten Brand war Neros Schande noch größer, weil er in den aemilianischen Grundstükken des Tigellinus ausgebrochen war und es den Anschein hatte, als suche Nero den Ruhm, eine neue Stadt zu bauen und nach seinem Namen zu benennen. Denn von den vierzehn Stadtteilen Roms blieben nur vier unversehrt. Drei waren bis auf den Grund niedergebrannt, in den übrigen sieben standen nur noch wenige Trümmer von Gebäuden, zerrissen und halbverbrannt.

41. Die Zahl der vernichteten Paläste, Mietshäuser und Tempel festzustellen ist nicht leicht gewesen. Jedenfalls sind mitverbrannt: das uralte Heiligtum, das Servius Tullus der Luna, der große Altar und Tempel, die der Arkader Euander dem damals in Rom weilenden Herakles geweiht hatte, der Tempel des Juppiter Stator, den Romulus stiftete, die Königsburg Numas und das Heiligtum der Vesta mit den Penaten des römischen Volkes. Ferner waren die durch so viele Siege erworbenen Beutestücke vernichtet, die Denkmäler der griechischen Kunst sowie alte und unverfälschte Originale von Büchern großer Schriftsteller. Bei aller Schönheit der neu erstandenen Stadt erinnerten sich die älteren Leute dennoch vieler Werte, die sich nicht ersetzen ließen. Manche haben auch die Bemerkung gemacht, daß der Brand am 19. Juli begann, am gleichen Tag, an dem auch die Senonen das eroberte Rom in Asche legten. Andere sind in ihrem Forschungseifer so weit gegangen, daß sie zwischen beiden Feuersbrünsten gleichviel Jahre, Monate und Tage zählten.

42. Übrigens machte sich Nero den Untergang seiner Vater-

stadt zunutze und erbaute sich einen Palast, der nicht so sehr durch Edelsteine und Gold, die ja längst etwas Gewöhnliches und durch Verschwendung Gemeines waren, ein Wunderwerk sein sollte als durch Wiesen und Teiche, durch den Wechsel von einsamen Wäldern, freien Plätzen und Ausblicken. Leiter und Erfinder dieser Anlage waren Severus und Celer, begabte und kühne Männer, die auch das, was die Natur verweigerte, künstlich schufen und so die Reichtümer des Fürsten vergeudeten. Denn sie hatten sich auch erboten, einen schiffbaren Kanal vom Avernersee bis zur Tibermündung zu schaffen, entlang der wüsten Meeresküste oder mitten durch die dazwischen liegenden Berge. In der Tat trifft man hier, um Kanäle zu ziehen, kein anderes Wasser als die pomptinischen Sümpfe. Alles übrige ist Felsen oder Sand; selbst wenn der Durchbruch möglich gewesen wäre, so hätte er doch unsägliche und zwecklose Arbeit gekostet. Nero, der stets nach dem Unglaublichen trachtete, machte aber dennoch den Versuch, die nächsten Höhen am Avernersee durchstechen zu lassen; und man sieht noch jetzt die Spuren dieser sinnlosen Unternehmung.

43. Der Raum, den diese Palastanlagen noch von der Stadt übrig ließen, wurde übrigens nicht, wie nach dem gallischen Brand, mit ungleichmäßigen und planlos aufgeführten Bauten ausgefüllt. Vielmehr wurden regelmäßige Häuserzeilen und breite Straßen angelegt, man beschränkte die Höhe der Häuser, ließ Hofräume frei und baute Säulengänge an, um die Front der Mietshäuser zu verdecken. Diese Säulengänge versprach Nero auf eigene Kosten zu bauen und die Bauplätze den Hausbesitzern abgeräumt zu übergeben. Ferner setzte er je nach dem Stand und Vermögen eines jeden verschieden hohe Preise aus und legte eine Zeit fest, innerhalb der sie die Paläste oder Mietshäuser vollendet haben mußten, um sie zu erlangen. Zur Aufnahme des Schuttes bestimmte er die Sümpfe bei Ostia. Die Schiffe, die mit Getreide den Tiber aufwärts gefahren waren, mußten den Schutt als Rückfracht nehmen. Die Häuser selbst sollten bis zu einer bestimmten Höhe ohne Gebälk, nur aus Sabiner- oder Albanersteinen, erbaut werden, weil diese feuerfest sind. Ferner sollte das Leitungswasser, das bisher von Privatleuten willkürlich abgefangen wurde, staatliche Aufseher bekommen, damit es der Allgemeinheit reichlicher

und an zahlreicheren Stellen zur Verfügung stehe. Auch mußte ein jeder Feuerlöschgeräte in seinem Vorhof bereit halten. Die Häuser sollten auch keine gemeinsamen Wände mehr haben, jedes Gebäude ringsum eigene Brandmauern. Alle diese Maßnahmen wurden aus praktischen Gründen getroffen, verschönerten aber auch die neue Stadt. Trotzdem waren einige der Meinung, es sei die alte Bauart der Gesundheit zuträglicher gewesen, weil die engen Straßen und hohen Häuser die Sonnenglut besser abhielten. Jetzt aber glühten die breiten und durch keinen Schatten geschützten Straßen in weit drückenderer Hitze.

44. Dies waren die Maßregeln, die von der menschlichen Vernunft ergriffen wurden. Bald suchte man aber auch nach Sühnemitteln für die Götter. Man befragte die sibyllinischen Bücher, nach welchen Gebete an Vulcanus, Ceres und Proserpina gerichtet wurden. Juno wurde durch die Frauen versöhnt, zuerst auf dem Kapitol, dann an der nächstgelegenen Küste des Meeres, aus dem man Wasser schöpfte, um Tempel und Bild der Göttin zu besprengen. Und die Ehefrauen, deren Männer noch lebten, feierten Speiseopfermahle und Nachtmetten. Aber nicht durch humane Hilfsmaßnahmen, nicht durch die Schenkungen des Fürsten oder die Sühneopfer für die Götter ließ sich die Schande bannen, daß man glaubte, der Brand sei befohlen worden. Also schob Nero, um diesem Gerede ein Ende zu machen, die Schuld auf andere und bestrafte sie mit den ausgesuchtesten Martern. Es waren jene Leute, die das Volk wegen ihrer Schandtaten haßte und mit dem Namen »Christen« belegte. Dieser Name stammt von Christus, der unter Tiberius vom Prokurator Pontius Pilatus hingerichtet worden war. Dieser verderbliche Aberglaube war für den Augenblick unterdrückt worden, trat aber später wieder hervor und verbreitete sich nicht nur in Judäa, wo er aufgekommen war, sondern auch in Rom, wo alle Greuel und Abscheulichkeiten der ganzen Welt zusammenströmen und geübt werden. Man faßte also zuerst diejenigen, die sich öffentlich als Christen bekannten, dann auf deren Anzeige hin eine gewaltige Menge Menschen. Sie wurden weniger der Brandstiftung als des Hasses gegen das ganze Menschengeschlecht überführt. Bei der Hinrichtung wurde auch noch Spott mit ihnen getrieben, indem sie in Tierhäute gesteckt und von wilden Hunden zerfleischt wurden.

Andere wurden ans Kreuz geschlagen oder, zum Feuertod bestimmt, nach Einbruch der Dunkelheit als nächtliche Fackeln verbrannt. Für dieses Schauspiel hatte Nero seinen eigenen Park hergegeben und veranstaltete gleichzeitig ein Circusspiel, wobei er sich in der Tracht eines Wagenlenkers unter das Volk mischte oder auf einem Rennwagen stand. Daher wurde mit jenen Menschen, obwohl sie schuldig waren und die härtesten Strafen verdient hatten, doch Mitleid rege, als würden sie nicht dem Gemeinwohl, sondern der Grausamkeit eines einzelnen geopfert.

45. Um die gewaltigen Geldsummen (für Neros Bauten) aufzubringen, wurde nun Italien ausgesogen, die Provinzen zugrunde gerichtet, die Bundesgenossen und die sogenannten freien Staaten geplündert. Dieser Ausplünderung verfielen sogar die Götter, indem man die Tempel in Rom beraubte und das Gold wegschleppte, welches das ganze römische Volk zu allen Zeiten bei Triumphen und Gelübden, im Glück und in Gefahren geweiht hatte. Ja, in Asien und in Griechenland wurden nicht nur die Weihgeschenke, sondern die Götterbilder selbst beraubt, nachdem man Acratus und Secundus Carrinas in jene Provinzen entsandt hatte. Jener war ein Freigelassener (des Kaisers), zu jeder Schandtat bereit; dieser war durch griechischen Unterricht ein zungenfertiger Redner geworden, hatte sich aber von wahrer Bildung nichts angeeignet. Seneca habe, wie man sich erzählte, um die Gehässigkeit eines solchen Tempelraubes von sich abzuwenden, um Urlaub nach einem weit entfernten Landgut gebeten. Als er diesen nicht erhielt, habe er sich nervenkrank gestellt und sein Schlafgemach nicht mehr verlassen. Einige haben berichtet, es sei ihm von einem seiner Freigelassenen namens Cleonicus auf Neros Befehl Gift gereicht worden. Seneca sei aber dem Anschlag entgangen, entweder durch eine Warnung des Freigelassenen oder durch seine eigene ängstliche Vorsicht. Er fristete nämlich sein Leben mit der einfachsten Kost, mit Feldobst, und gegen den Durst mit fließendem Wasser.

46. Zur selben Zeit versuchten die Gladiatoren in der Stadt Praeneste auszubrechen, wurden aber mit Hilfe der Soldaten, die dort zu ihrer Bewachung lagen, gebändigt. Das Volk sprach schon von Spartacus und den alten Sklavenaufständen, neuerungssüchtig und schreckhaft wie es ist. Nicht lange darauf erlitt

die Flotte einen Verlust, aber nicht etwa im Krieg – es war ja zu keiner anderen Zeit der Friede so ungestört –, vielmehr hatte Nero die Rückkehr der Flotte nach Campanien auf einen bestimmten Tag festgesetzt, ohne Rücksicht auf ungünstige Wetterverhältnisse. Die Steuerleute fuhren also, obwohl das Meer tobte, von Formiae los. Während sie bei heftigem Südwind das Vorgebirge von Misenum zu umschiffen versuchten, wurden sie an den Strand von Cumae geworfen und verloren zahlreiche Dreiruderer und eine Menge kleinerer Fahrzeuge.

47. Am Ende des Jahres sprach man allgemein von Wunderzeichen als Vorboten nahenden Unheils. Nie waren Blitzschläge so häufig, und ein Komet erschien am Himmel, wofür Nero immer das Blut eines hervorragenden Mannes zu vergießen pflegte. Zweiköpfige Mißgeburten von Menschen oder Tieren fand man auf der Straße hingeworfen oder bei den Opfern, wo man trächtige Tiere zu schlachten pflegt. Im Gebiet von Placentum wurde an der Heerstraße ein Kalb geboren, dessen Kopf an den Schenkel angewachsen war. Darauf lautete die Deutung der Opferschauer, ein anderer strebe danach, das Haupt der Welt zu werden, aber er werde nicht stark genug sein und vorher entdeckt werden, weil das Kalb schon im Mutterleib erstickt und an der Straße zur Welt gekommen sei.

48. Als darauf Silius Nerva und Atticus Vestinus ihr Konsulat antraten, begann eine Verschwörung und breitete sich zugleich aus. Zu ihr drängten sich wetteifernd Senatoren, Ritter, Soldaten und sogar Frauen, teils aus Haß gegen Nero, teils aus Neigung zu C. Piso. Dieser stammte aus dem Geschlecht der Calpurnier und war durch seinen hochadeligen Vater mit vielen ausgezeichneten Familien verwandt. Beim Volk stand er in glänzendem Ruf wegen seiner Tugend oder seines anscheinend tugendhaften Lebens. Denn er verwandte seine Redegabe zur Verteidigung der Mitbürger, war freigebig gegen Freunde und auch gegen Unbekannte von freundlichem und umgänglichem Wesen. Auch äußere Vorzüge kamen ihm zustatten, eine hohe Gestalt und ein schönes Gesicht. Aber fern war ihm sittlicher Ernst und Mäßigung in Genüssen; er gab sich dem Leichtsinn und der Prachtliebe, manchmal auch der Schwelgerei hin. Und das gerade gefiel den meisten, die bei so großer Süßigkeit der Laster keinen sparsa-

men und allzu strengen Herrscher über sich haben wollen.

49. Ihren Ursprung hatte die Verschwörung aber nicht in Pisos eigener Herrschsucht. Doch wüßte ich nicht recht zu sagen, wer der eigentliche Urheber gewesen ist, auf wessen Antrieb etwas angeregt wurde, was dann so viele aufgegriffen haben. Daß Subrius Flavus, Tribun einer Prätorianerkohorte, und der Centurio Sulpicius Asper die tätigsten Mitglieder waren, bewies die Festigkeit, mit der sie in den Tod gingen. Annaeus Lucanus und Plautius Lateranus brachten einen starken Haß gegen Nero mit. Den Lucanus entflammten persönliche Gründe, weil Nero den Ruhm seiner Gedichte zu unterdrücken suchte und deren öffentliche Vorlesung aus törichter Eifersucht verboten hatte. Den designierten Konsul Lateranus brachte keine persönliche Kränkung, sondern nur seine Vaterlandsliebe zum Anschluß. Daß aber Flavius Scaevinus und Afranius Quintianus, beide aus dem Senatorenstand, den Anfang mit dem gewaltigen Unternehmen gemacht haben, steht im Widerspruch mit dem Ruf, in dem beide standen. Denn Scaevinus' Geist war durch Schwelgerei zerrüttet, so daß er sein Leben nur noch im Halbschlaf hinschleppte; Quintianus, der durch widernatürliche Unzucht in Verruf gekommen und von Nero in einem Schmähgedicht verspottet worden war, wollte sich für diese Schmähungen rächen.

50. Diese Männer sprachen nun untereinander oder mit ihren Freunden über die Verbrechen des Fürsten, dessen Herrschaft jetzt zu Ende gehe und an dessen Stelle man einen Mann erwählen müsse, der dem erschöpften Staat wieder aufhelfen könne. Inzwischen zogen sie auch die römischen Ritter Claudius Senecio, Cervarius Proculus, Vulcatius Araricus, Iulius Augurinus, Munatius Gratus, Antonius Natalis und Marcius Festus hinzu. Unter ihnen gehörte Senecio zu Neros engsten Vertrauten und hatte, da er den Schein der Freundschaft auch jetzt noch festhielt, mit um so größeren Gefahren zu kämpfen. Natalis war in jedes Geheimnis Pisos eingeweiht, die übrigen hofften lediglich für sich auf einen Umsturz. Hinzugezogen wurden von militärischen Kräften außer den bereits genannten Subrius und Sulpicius noch die Tribunen der Prätorianerkohorten Gavius Silvanus und Statius Proxumus sowie die Centurionen Maximus Scaurus und Venetus Paulus. Die Hauptstütze aber sah man in dem Präfekten

Faenius Rufus. Obwohl sein Leben und Ruf gelobt wurde, stand (sein Amtsgenosse) Tigellinus durch seine Grausamkeit und Schamlosigkeit beim Princeps in weit höherer Gunst. Tigellinus überhäufte ihn mit Beschuldigungen und hatte Nero schon oft vor ihm Angst gemacht, als ob er Agrippinas Buhle gewesen sei und nun aus Sehnsucht nach ihr auf Rache sinne. Als daher die Verschworenen durch häufige Besprechungen mit dem Präfekten der Garde zu dem Glauben gelangt waren, daß auch er auf ihre Seite getreten sei, begannen sie entschlossener über Zeit und Ort des Mordes zu verhandeln. Subrius Flavus soll sogar den raschen Entschluß gefaßt haben, Nero anzugreifen, als er auf der Bühne sang oder als er in der Nacht, da sein Haus (beim großen Brand) in Flammen stand, unbewacht hierhin und dorthin eilte. Hier hatte ihn die günstige Einsamkeit, dort gerade die Menschenmenge als schönste Zeugin seiner Heldentat verlockt. Aber es hielt ihn die Sorge um sein eigenes Leben zurück, die ja stets großen Taten hinderlich ist.

51. Während sie so zögerten und sich immer länger mit Hoffnungen und Furcht trugen, beginnt eine gewisse Epicharis – man weiß nicht, auf welche Weise sie von dem Plan Kenntnis erlangte, denn sie hatte sich bisher an keiner ehrenhaften Sache beteiligt –, die Verschworenen anzufeuern und zurechtzuweisen. Als sie dieser Zaudertaktik schließlich ganz überdrüssig war und sich gerade in Campanien aufhielt, versuchte sie die Flottenoffiziere in Misenum in ihrer Treue wankend zu machen und ins Vertrauen zu ziehen. Sie begann damit in folgender Weise: In dieser Flotte stand als Nauarch Volusius Proculus, der an der Ermordung von Neros Mutter beteiligt war, aber glaubte, er sei nicht entsprechend der Größe des Verbrechens befördert worden. Dieser eröffnet der Epicharis, mit der er seit langem bekannt war oder eben erst Freundschaft geschlossen hatte, daß er sich Verdienste um Nero erworben habe, die ihm aber nichts eingebracht hätten. Als er dann noch Klagen und den Entschluß hinzufügte, Rache zu nehmen, wenn sich ihm die Gelegenheit dazu böte, erregte er in ihr die Hoffnung, man könne ihn gewinnen und noch weitere Teilnehmer heranziehen: Die Mitwirkung der Flotte sei von großer Bedeutung und biete zahlreiche Gelegenheiten, weil sich Nero bei Puteoli und Misenum oft mit Seefahrten belustigte.

Epicharis geht also weiter und fängt an, alle Verbrechen des Fürsten aufzuzählen; es bleibe überhaupt nichts von ihm unangetastet. Aber man habe schon dafür gesorgt, wie man den Ruin des Staates an ihm rächen könne. Proculus solle sich nur selbst zur Mitwirkung entschließen und die mutigsten Soldaten zur Teilnahme bewegen, dann könne er reiche Belohnungen erwarten. Die Namen der Verschworenen verschwieg sie ihm jedoch. Deshalb blieb auch die Anzeige des Proculus ergebnislos, obgleich er alles, was er gehört, Nero hinterbracht hatte. Als Epicharis nämlich herbeigeholt und dem Angeber gegenübergestellt wurde, widerlegte sie ihn leicht, weil er sich auf keine Zeugen stützen konnte. Sie selbst behielt man aber in Gewahrsam, da Nero dachte, auch was sich nicht beweisen lasse, sei darum noch nicht falsch.

52. Aus Furcht vor Verrat beschlossen nun die Verschwörer, die Ermordung zu beschleunigen und bei Baiae in der Villa Pisos durchzuführen, die der Kaiser wegen ihrer anmutigen Lage sehr liebte und häufig besuchte. Dort pflegte er ohne Wachen und ohne das lästige kaiserliche Gefolge zu baden und zu speisen. Aber Piso lehnte ab und schützte die üble Nachrede vor, wenn die Heiligkeit des Tisches und die Götter des Gastrechts durch den Mord am Princeps, so schlecht er auch sein mochte, befleckt würden. Es sei besser, wenn sie in Rom, in jenem verhaßten und vom Raub an den Bürgern erbauten Palast oder auf der Straße die Tat vollbrächten, die sie sich zum Nutzen des Staates vorgenommen hätten. So sprach er sich öffentlich aus, der eigentliche Grund aber war seine geheime Befürchtung, L. Silanus, ein hochadeliger, durch die Unterweisung des C. Cassius, in dessen Haus er aufgewachsen war, zu höchstem Ansehen erhobener Mann, werde die Herrschaft an sich reißen und dabei die Unterstützung aller derer finden, die an der Verschwörung nicht beteiligt wären und Nero noch bedauern würden, als ob er einem Verbrechen zum Opfer gefallen sei. Viele glaubten auch, Piso habe vermeiden wollen, daß der energische Konsul Vestinus die Republik ausrufe oder einen anderen zum Kaiser erwähle und so den Staat nach eigenem Gutdünken verschenke. Er war nämlich nicht an der Verschwörung beteiligt, obwohl man ihm später diese Beteiligung vorwarf und Nero seinen alten Haß an dem Unschuldigen ausließ.

53. Endlich beschlossen die Verschwörer, an dem Tag der Circusspiele, der der Ceres heilig ist, ihr Vorhaben auszuführen, weil der Kaiser, der sonst selten ausging und sich in seinem Palast oder Park abschloß, zu den Circusspielen zu erscheinen pflegte, bei deren Fröhlichkeit ihm leichter beizukommen war. Für den Anschlag hatten sie folgenden Plan verabredet: Lateranus sollte, als ob er um eine Geldunterstützung bitten wolle, dem Kaiser flehentlich zu Füßen fallen und ihn dabei unversehens umwerfen und niederhalten, da er ein unerschrockener Mensch von gewaltiger Körperkraft war. Dann sollten sich die Tribunen, die Centurionen, und wer von den übrigen am meisten Mut besaß, auf den wehrlos Daliegenden stürzen und ihn niederstechen. Scaevinus bat sich den ersten Stoß aus. Er hatte sich aus dem Tempel der Salus oder, wie andere berichten, aus dem der Fortuna in der Stadt Ferentinum einen Dolch beschafft und trug ihn wie zu einer großen Tat geweiht bei sich. Währenddessen sollte Piso im Cerestempel warten, von wo ihn der Präfekt Faenius mit den anderen abholen und ins Prätorianerlager bringen würde. Begleiten sollte ihn Antonia, die Tochter des Kaisers Claudius, um das Volk günstiger zu stimmen; dies berichtet C. Plinius. Ich hatte die Absicht, keinen noch so auffälligen Bericht zu verschweigen. Doch dürfte es widersinnig erscheinen, daß Antonia auf eine eitle Hoffnung hin Namen und Leben aufs Spiel gesetzt habe oder daß sich Piso bei der bekannten Liebe zu seiner Gattin zu einer anderen Ehe entschlossen habe – es müßte denn sein, daß die Herrschsucht stärker ist als jede andere Leidenschaft.

54. Jedenfalls muß man sich wundern, wie unter Menschen so verschiedenen Herkommens, Standes, Alters und Geschlechts, unter Reichen wie Armen, alles dies so geheim gehalten werden konnte, bis der Verrat vom Haus des Scaevinus ausging. Am Tag vor dem Attentat hatte dieser eine lange Unterredung mit Antonius Natalis, kehrte dann nach Hause zurück, versiegelte sein Testament, zog den oben erwähnten Dolch aus der Scheide und schalt, daß er gar so alt und stumpf sei. Dann befahl er, ihn auf einem Schleifstein zu schärfen und die Spitze im Feuer zu härten. Den Auftrag hierzu gab er seinem Freigelassenen Milichus. Zugleich nahm er eine ungewöhnlich reiche Mahlzeit ein und beschenkte seine liebsten Sklaven mit der Freiheit, die anderen mit

Geld. Dabei war er selbst traurig und offensichtlich mit wichtigen Gedanken beschäftigt, obgleich er in zerstreuten Reden Frohsinn heuchelte. Zuletzt befiehlt er, Verbandszeug und blutstillende Mittel bereitzuhalten, und gibt diese Aufträge wieder demselben Milichus. Dieser war entweder in die Verschwörung eingeweiht und bis dahin treu, oder er wußte nichts und schöpfte erst jetzt Verdacht, wie die meisten berichtet haben. Über die weiteren Vorgänge herrscht Übereinstimmung. Sobald nämlich Milichus in seiner Sklavenseele die Belohnungen der Treulosigkeit erwog und ihm zugleich unermeßlicher Reichtum und eine hohe Stellung vor Augen schwebten, da mußte das Pflichtgefühl, das Leben seines Schutzherrn und die Erinnerung an die geschenkte Freiheit weichen. Überdies ließ er sich auch von seiner Frau beraten, die in weiblicher Art zum Bösen riet; sie machte ihm obendrein noch Angst. Viele Freigelassenen und Sklaven hätten doch dabeigestanden und dasselbe gesehen wie er; nichts werde das Schweigen eines einzelnen nützen; dagegen werde er allein den Lohn bekommen, wenn er den anderen mit der Anzeige zuvorkomme.

55. So begibt sich denn Milichus bei Tagesanbruch in den servilianischen Park. Da er am Tor zurückgewiesen wurde, versichert er immer wieder, daß er wichtige und furchtbare Nachrichten bringe. Nun wurde er von den Türhütern zu Neros Freigelassenem Epaphroditus geführt und von diesem dann zum Kaiser, dem er die drohende Gefahr, die gefährliche Verschwörung und alles übrige berichtete, was er gehört oder vermutet hatte. Auch die zur Mordtat vorbereitete Waffe zeigte er vor und verlangte, daß der Beschuldigte herbeigerufen werde. Scaevinus wurde von Soldaten herangeschleppt, suchte sich zu rechtfertigen und erklärte, der Dolch, aus dem ihm ein Verbrechen gemacht werde, sei ein heiliges Erbstück seiner Familie, das in seinem Schlafzimmer aufbewahrt wurde und ihm von dem Freigelassenen gestohlen worden sei. Sein Testament habe er schon öfters versiegelt, ohne auf den Tag besonders zu achten. Ebenso habe er seinen Sklaven auch früher schon Freiheit und Geld geschenkt. Allerdings sei er diesmal freigebiger gewesen, aber nur deshalb, weil er bei seinem schon zusammengeschmolzenen Vermögen und dem Drängen der Gläubiger dem Testament nicht recht traue.

Seine Tafel sei immer reich besetzt gewesen und seine Lebensweise vergnüglich, strengen Sittenrichtern wenig zu Gefallen. Blutstillende Mittel bereitzuhalten, habe er überhaupt nicht befohlen. Vielmehr füge Milichus, der alles andere offenbar aus der Luft gegriffen habe, diese Beschuldigung nur deshalb hinzu, um als Angeber und zugleich als Zeuge aufzutreten. Diese Aussagen bringt Scaevinus mit großer Festigkeit vor und bezeichnet Milichus obendrein als einen ganz ehrlosen und verruchten Menschen. Dabei bleibt seine Stimme und Miene so ruhig, daß es mit der ganzen Anzeige mißlich stand, wenn nicht Milichus' Frau ihren Mann darauf aufmerksam gemacht hätte, daß Antonius Natalis eine lange und geheime Unterredung mit Scaevinus hatte und daß beide Pisos vertrauteste Freunde seien.

56. Infolgedessen ruft man Natalis herbei und fragt beide getrennt über diese Unterredung und deren Inhalt aus. Da sich ihre Aussagen widersprachen, schöpfte man jetzt Verdacht und ließ beide verhaften. Als sie die Folterwerkzeuge sahen und mit ihnen bedroht wurden, hielten sie nicht stand. Den Anfang machte jedoch Natalis, der mit der ganzen Verschwörung besser vertraut und zugleich im Anschuldigen erfahrener war. Er macht zunächst ein Geständnis über Piso und fügt dann noch Annaeus Seneca hinzu. Entweder war er Unterhändler zwischen diesem und Piso gewesen oder wollte sich Neros Gunst erwerben, der gegen Seneca feindlich gesinnt war und alle Mittel aufbot, um ihn zu verderben. Als dann Scaevinus von Natalis' Geständnis hörte, zeigte er aus gleicher Schwäche, oder weil er alles bereits für entdeckt hielt und sich von weiterem Verschweigen keinen Erfolg mehr versprach, alle anderen an. Unter diesen leugneten Lucanus, Quintianus und Senecio lange alles ab, dann ließen sie sich dadurch umstimmen, daß ihnen Straffreiheit zugesichert wurde. Um ihr langes Zögern zu entschuldigen, gab nun Lucanus seine Mutter Acilia an, Quintianus den Glitius Gallus, Senecio den Annius Pollio, ihre besten Freunde.

57. Inzwischen erinnerte sich Nero an Epicharis, die auf Volusius Proculus' Anzeige hin verhaftet worden war. Da er glaubte, daß eine Frau körperlichen Martern nicht gewachsen sei, befiehlt er, sie zu foltern. Epicharis aber ließ sich weder durch Geißelhiebe noch durch Feuerqualen noch durch die Wut der Folter-

knechte, die sich nicht von einem Weib Trotz bieten lassen wollten, zu einem Geständnis bewegen. So blieb der erste Tag ihres peinlichen Verhörs ergebnislos. Als sie tags darauf auf einem Tragsessel zur gleichen Folterung geschleppt wurde – sie konnte nämlich mit ihren verrenkten Gliedern nicht mehr gehen –, zog sie ihr Busenband hervor, knüpfte es als Schlinge an die Stuhllehne und steckte ihren Hals hinein. Dann stemmte sie sich mit dem ganzen Körpergewicht dagegen und preßte so ihren schon schwachen Lebensatem aus. Damit gab eine Freigelassene, eine Frau ein leuchtendes Beispiel, daß sie trotz der Folterung fremde, ihr fast unbekannte Männer nicht preisgab, während Freigeborene und Männer, römische Ritter und Senatoren, von der Folter unberührt, ihre teuersten Angehörigen verrieten.

58. Denn auch Lucanus Senecio und Quintianus nannten unausgesetzt weitere Teilnehmer, wobei Nero immer mehr erbebte, obgleich er sich mit verdoppelten Wachen umgeben hatte. Er nahm sogar die ganze Stadt gleichsam in Verwahrung, indem er die Mauern mit Manipeln besetzen, auch Meer und Strom gewissermaßen sperren ließ. Über die Plätze, durch die Häuser, selbst durch die Fluren und die nächsten Landstädte zogen Fußvolk und Reiter einher, untermischt mit Germanen, denen der Fürst gleichsam als Ausländern besonderes Vertrauen schenkte. Darauf schleppten sie endlose Scharen von Gefangenen herbei und ließen sie vor den Toren des Parks liegen. Waren sie dann zum Verhör eingelassen, so wurde nicht nur eine freundliche Äußerung gegen die Verschwörer, sondern sogar ein zufälliges Gespräch oder ein unvermutetes Zusammentreffen bei einem Gelage oder Schauspiel als Verbrechen angesehen. Außer den grausamen Untersuchungsrichtern Nero und Tigellinus beteiligte sich auch Faenius Rufus sehr eifrig an den Verhören. Er war nämlich noch nicht von den Angebern genannt worden und zeigte sich besonders hart gegen seine Mitverschworenen, um dadurch glaubhaft zu machen, daß er nichts von der Sache wisse. Und als ihm der dabeistehende Subrius Flavus durch einen Wink zu verstehen gab, er wolle jetzt noch während der Untersuchung sein Schwert ziehen und den Mord ausführen, winkte er ihm ab und zerbrach so dem Mann, der bereits seine Hand an den Schwertgriff gelegt hatte, den mutigen Entschluß.

59. Unmittelbar nach der Aufdeckung der Verschwörung, während Milichus vernommen wurde und Scaevinus noch unschlüssig war, forderten einige Verschwörer den Piso auf, ins Prätorianerlager zu gehen oder die Rednertribüne zu besteigen, um Soldaten und Volk für sich zu gewinnen. Wenn die Mitverschworenen sich seinem Versuch anschlössen, so würden auch Unbeteiligte nachfolgen. Jede Umsturzbewegung werde durch ihren Ruf vergrößert, der ja bei neuen Plänen alles ausmache. Nero sei gegen ein solches Auftreten völlig unvorbereitet. Selbst tapfere Männer ließen sich durch einen plötzlichen Angriff schrecken. Wie sollte sich ein solcher Bühnenheld, Hand in Hand mit einem Tigellinus und seinen Buhlerinnen, bewaffnet dagegen erheben! Vieles komme durch einen entschlossenen Versuch zustande, was Unentschlossenen nicht erreichbar erscheine. Vergebens hoffe man auf Verschwiegenheit und Treue bei der seelischen und körperlichen Verschiedenheit so vieler Mitverschworenen: Martern oder Belohnungen seien stärker als alles. Kommen werde man, um auch ihn zu fesseln und zuletzt schmachvoll sterben zu lassen. Wieviel herrlicher würde sein Tod sein, wenn er sich des Staates annähme und zum Kampf für die Freiheit aufriefe! Mochten wirklich die Soldaten versagen, mochte ihn das Volk im Stich lassen, wenn er nur selbst sich seiner Vorfahren, seiner Nachkommen, falls er sein Leben verlöre, durch seinen Tod würdig erwiese! Durch all das ließ sich Piso doch nicht bewegen, blieb nur noch kurze Zeit in der Öffentlichkeit, zog sich dann in sein Haus zurück und sammelte Kraft für seine letzten schweren Stunden. Dann kam ein Soldatenhaufe, den Nero aus Rekruten und jüngeren Soldaten ausgewählt hatte; denn bei den älteren fürchtete er, sie könnten für Piso gewonnen sein. Er starb, indem er sich die Pulsadern aufschnitt. Sein Testament, voll von niedrigen Schmeicheleien für Nero, verfaßte er aus Liebe zu seiner Gattin, einer entarteten und nur durch körperliche Schönheit bestechenden Frau, die er einem seiner Freunde abspenstig gemacht hatte. Ihr Name war Satria Galla, ihr erster Gatte hieß Domitius Silus. Seine Nachgiebigkeit und ihre Unkeuschheit hatten Piso in Verruf gebracht.

60. Als nächste Hinrichtung läßt Nero die des designierten Konsuls Plautius Lateranus folgen. Dabei hatte er es so eilig, daß

er dem Verurteilten nicht den Abschied von seinen Kindern, nicht die kurze Frist gestattete, selbst die Todesart zu wählen. Er wird nach dem nur zur Hinrichtung von Sklaven bestimmten Platz geschleppt und vom Tribunen Statius niedergestochen. Dabei bewahrte er ein durchaus standhaftes Schweigen und warf dem Tribunen nicht einmal die Mitwisserschaft vor. Darauf folgt die Ermordung des Annaeus Seneca, die für den Fürsten am erfreulichsten war, nicht weil sich seine Teilnahme an der Verschwörung erweisen ließ, sondern weil er jetzt mit dem Schwert erreichen konnte, was ihm durch Gift nicht gelungen war. Natalis sagte nämlich als einziger aus und nur so viel, daß er zum kranken Seneca geschickt worden sei, um ihn zu besuchen und sich zu beschweren, daß er Piso nicht vorgelassen habe: Es sei doch besser, wenn sie ihre Freundschaft in vertrautem Verkehr pflegten. Seneca habe darauf geantwortet, mündlicher Gedankenaustausch und häufige Unterredungen brächten für beide Teile keinen Nutzen, im übrigen beruhe ja sein Heil auf dem Heil Pisos. Dies sollte der Prätorianertribun Gavius Silvanus dem Seneca überbringen und anfragen, ob er Natalis' Worte und seine eigene Antwort anerkenne. Seneca war in diesen Tagen, zufällig oder absichtlich, aus Campanien zurückgekehrt und auf seinem Landgut vier Meilen von Rom geblieben. Dorthin kam am nächsten Abend der Tribun und sperrte die Villa mit Soldatenhaufen ab. Dann überbrachte er ihm die Befehle des Kaisers, während Seneca gerade mit seiner Gattin Pompeia Paulina und zwei Freunden speiste.

61. Seneca antwortete, Natalis sei allerdings zu ihm geschickt worden, um sich im Namen Pisos zu beklagen, daß er seinen Besuch nicht angenommen habe. Darauf habe er sich mit seinem Gesundheitszustand und seinem Ruhebedürfnis entschuldigt. Einen Grund, die Rettung eines Privatmannes seiner eigenen Wohlfahrt vorzuziehen, habe er nie gehabt, und Schmeicheleien zu sagen, sei nicht seine Art. Dies wisse niemand besser als Nero, der viel öfter seinen Freimut als seine Unterwürfigkeit kennengelernt habe. Als der Tribun diesen Bescheid in Gegenwart Poppaeas und Tigellinus', der vertrautesten Ratgeber des grausamen Fürsten, überbracht hatte, fragt ihn Nero, ob Seneca Anstalten zum freiwilligen Tod mache. Darauf versicherte der Tribun, man habe bei ihm keinerlei Anzeichen von Furcht, keine Niederge-

schlagenheit in Worten oder Mienen bemerkt. So erhält der Tribun den Befehl, zurückzukehren und ihm den Tod anzukündigen. Nach dem Bericht des Fabius Rusticus sei (der Tribun) nicht auf demselben Weg zurückgekehrt, auf dem er gekommen war, sondern sei erst zum Präfekten Faenius gegangen, habe ihm des Kaisers Befehl mitgeteilt und ihn gefragt, ob er gehorchen solle. Faenius habe ihm zugeredet, er solle nur den Befehl ausführen. So wollte es das Schicksal, daß alle Feiglinge waren! Denn auch Silvanus gehörte zu den Verschworenen und förderte jetzt noch die Frevel, für deren Bestrafung er hatte mitwirken wollen. Doch ersparte er sich die mündliche Unterhandlung mit Seneca und schickte einen Centurio zu ihm, um ihm ankündigen zu lassen, daß er sterben müsse.

62. In aller Ruhe fordert Seneca die Schreibtafeln zu seinem Testament. Als sich der Centurio weigerte, wandte er sich zu seinen Freunden und erklärte: Da man ihn hindere, seinen Dank für ihre Verdienste abzustatten, so hinterlasse er ihnen das Einzige, aber auch das Wertvollste, was er noch besitze, seines Lebens Bild. Wenn sie dieses im Gedächtnis behielten, würden sie den Ruhm wahrer Tugend als Lohn für ihre treue Freundschaft gewinnen. Zugleich sucht er sie von ihren Tränen bald durch freundliches Zureden, bald durch ernsteren Tadel zur Standhaftigkeit zurückzurufen. Er fragt sie, wo denn ihre philosophischen Grundsätze, wo ihre durch so viele Jahre erwogene Besonnenheit gegenüber drohenden Gefahren geblieben sei? Wer wüßte denn nicht, daß Nero grausam sei? Nachdem er seine Mutter und seinen Bruder umgebracht habe, was bleibe ihm da noch übrig, als auch seinen Erzieher und Lehrer zu ermorden!

63. Nachdem er dergleichen mehr für die Öffentlichkeit gesprochen, umarmt er seine Gattin, und in etwas weicherer Stimmung, wegen seiner augenblicklichen Besorgnis (um ihr Schicksal) bittet er sie dringend, sie solle maßvoll bleiben und sich nicht einem endlosen Schmerz hingeben, sondern in Betrachtung seines dem Edlen geweihten Lebens ihre Sehnsucht nach dem Gatten durch die Tröstungen eines tugendhaften Lebens zu lindern suchen. Sie erklärt dagegen, auch ihr sei der Tod bestimmt, und verlangt selbst nach des Mörders Hand. Seneca wollte ihrem ruhmvollen Entschluß nicht entgegenstehen, auch aus Liebe seine

über alles verehrte Gattin nicht zu weiteren Kränkungen zurücklassen. Deshalb sagte er: »Auf die Tröstungen des Lebens habe ich dich hingewiesen, du wählst den ehrenvollen Tod. Ich will solchem Beispiel nicht wehren. Mag die Festigkeit, mit der wir aus dem Leben scheiden, bei uns beiden gleich sein, der Ruhm deines Endes aber ist größer.« Dabei schneiden sie sich mit *einem* Schnitt des Messers die Pulsadern auf. Weil aus Senecas greisem und schlecht genährtem Körper das Blut zu langsam floß, schneidet er sich auch die Adern an den Beinen und Kniekehlen auf. Um aber, von grausamen Martern gequält, nicht den Mut der Gattin zu brechen und nicht selbst beim Anblick ihrer Qualen schwach zu werden, rät er ihr, sich in ein anderes Schlafgemach zu begeben. Und da ihm selbst im Augenblick des Todes noch die Redegabe zu Gebote stand, ließ er seine Schreiber kommen und diktierte ihnen eine längere Rede, die wörtlich veröffentlicht worden ist, weshalb ich davon absehe, sie mit meinen eigenen Worten wiederzugeben.

64. Nero hatte aber gegen Paulina keinen persönlichen Haß und wollte nicht die Empörung über seine Grausamkeit noch größer werden lassen. Deshalb befiehlt er, man solle ihrem Absterben Einhalt tun. Auf Veranlassung der Soldaten verbinden die Sklaven und Freigelassenen ihre Arme und stillen das Blut der wahrscheinlich bewußtlosen Frau. Da aber das Volk geneigt ist, immer das Schlechtere zu glauben, meinten einige, sie habe nur so lange nach dem Ruhm des gemeinsamen Todes mit dem Gatten gestrebt, wie sie Neros Unversöhnlichkeit fürchtete. Sowie sie aber Aussicht auf Begnadigung hatte, sei ihre Liebe zum Leben stärker gewesen. Sie hat dann nur noch wenige Jahre gelebt, rühmenswert durch ihr treues Gedenken an den Gatten, aber an Gesicht und Gliedern von so bleichem Aussehen, daß man deutlich erkennen konnte, sie habe zu viel von ihrer Lebenskraft verloren. – Indessen bittet Seneca, weil sich der Tod zu lange hinzog und nur langsam eintrat, seinen langjährigen treuen Freund und erprobten Arzt, Statius Annaeus, ihm das seit langem vorbereitete Gift zu reichen, das die in Athen durch öffentlichen Spruch Verurteilten trinken mußten. Doch trank er es ohne Erfolg, da seine Glieder schon erkaltet waren und der Körper gegen die Wirkung des Giftes unempfänglich blieb. Schließlich stieg er in

eine Wanne mit heißem Wasser, besprengte die ihm zunächst stehenden Sklaven und sagte dabei, er weihe dieses Naß dem Befreier Juppiter. Dann brachte man ihn in ein Dampfbad, wo ihn die Hitze erstickte. Er wird ohne jede Leichenfeier verbrannt. So hatte er es selber in seinem Testament verfügt, schon zu einer Zeit, als er noch in der Fülle des Reichtums und der Macht trotzdem an sein Ende dachte.

65. Es ging das Gerücht, Subrius Flavus habe in geheimer Beratung mit den Centurionen, aber nicht ohne Wissen Senecas beschlossen, es solle nach der unter Pisos Mitwirkung erfolgten Ermordung Neros auch Piso beseitigt und die Herrschaft Seneca übergeben werden, weil er unbescholten und wegen des Ruhmes seiner Tugenden zur höchsten Herrscherwürde erwählt sei. Man erzählt sich sogar einen Ausspruch des Flavus: Wenn man einen Kitharöden absetze und dafür einen Tragöden wähle, so sei die Schande dieselbe. Denn wie Nero zur Zither, so sang Piso im Gewand eines tragischen Schauspielers.

66. Übrigens blieb auch die Verschwörung der Offiziere nicht länger verborgen, da es die Angeber reizte, Faenius Rufus zu verraten, den sie als Mitverschworenen und zugleich als Untersuchungsrichter nicht dulden wollten. Auf seine drängenden und drohenden Fragen (an die Angeklagten) erklärt daher Scaevinus mit höhnischem Grinsen, niemand wisse mehr als Faenius selbst, und fordert ihn obendrein auf, er solle einem so gütigen Fürsten Gleiches mit Gleichem vergelten. Dagegen konnte Faenius nichts sagen, schwieg aber auch nicht; vielmehr stammelte er und zeigte deutlich seine Angst. Da die übrigen, besonders der römische Ritter Cervarius Proculus, bemüht waren, Faenius zu überführen, wird dieser auf des Kaisers Befehl von dem Soldaten Cassius, der wegen seiner ungewöhnlichen Körperkraft zugegen war, ergriffen und gefesselt.

67. Bald darauf wird auch der Tribun Subrius Flavus durch die Anzeige derselben Männer gestürzt. Anfangs suchte er sich damit zu verteidigen, daß er ein anders gearteter Mensch sei und sich als Soldat nicht mit verweichlichten Zivilisten zu einer solchen Tat verbrüdern würde. Als er sich dann aber bedrängt sah, suchte er seinen Ruhm in einem offenen Bekenntnis. Auf Neros Frage, aus welchen Gründen er sich denn habe verleiten lassen, seinen

Fahneneid zu brechen, gab er zur Antwort: »Ich haßte dich! Und doch war keiner deiner Soldaten dir treuer, solange du geliebt zu werden verdientest. Zu hassen aber begann ich dich, seitdem du zum Mörder deiner Mutter und Gattin, zum Wagenlenker, Schauspieler und Brandstifter wurdest.« Ich habe hier seine eigenen Worte angeführt, weil sie nicht wie Senecas Worte bekannt geworden sind. Und doch verdienen diese ungeschminkten und kräftigen Soldatenworte erst recht bekannt zu werden. Jedenfalls steht fest, daß nichts in dieser ganzen Verschwörung Neros Ohr mehr verletzt hat. So schnell er auch mit der Ausführung seiner Greueltaten bei der Hand war, so wenig war er gewöhnt anzuhören, was er beging. Die Bestrafung des Flavus wird dem Tribunen Veianius Niger aufgetragen. Dieser ließ auf dem nächsten Feld eine Grube graben, die Flavus dann als nicht tief und breit genug tadelte und zu den umstehenden Soldaten sagte: »Nicht einmal dies nach der Dienstvorschrift!« Und als man ihn ermahnte, herzhaft den Nacken vorzustrecken, erwiderte er: »Möchtest du nur so herzhaft zuschlagen!« Als ihm aber der Henker unter heftigem Zittern mit Mühe durch zwei Hiebe den Kopf abgeschlagen hatte, rühmte er sich noch vor Nero seiner Grausamkeit und erklärte, er habe anderthalb Streiche für diese Hinrichtung gebraucht.

68. Das nächste Beispiel von Standhaftigkeit gab der Centurio Sulpicius Asper. Als Nero ihn fragte, warum er sich zu seiner Ermordung verschworen habe, antwortete er nur kurz, man habe sich eben gegen seine vielen Schandtaten nicht anders helfen können. Darauf erlitt er seine Strafe. Auch die übrigen Centurionen zeigten beim Erdulden ihrer Hinrichtung eine würdige Haltung. Nur der Präfekt Faenius Rufus bewies nicht den gleichen Mut, sondern brachte seine Wehklagen noch mit ins Testament. – Nero wartete darauf, daß auch der Konsul Vestinus in die Anklage hineingezogen werde, weil er ihn für gewalttätig und feindlich gesinnt hielt. Aber die Verschwörer hatten ihm nicht ihre Pläne anvertraut, einige aus alter Feindschaft gegen ihn, die Mehrzahl, weil sie glaubten, daß er unbesonnen und unverträglich sei. Übrigens hatte sich Neros Haß gegen Vestinus aus einer sehr engen Freundschaft entwickelt. Dieser verachtete nämlich die Schlaffheit des Fürsten, die er genau erkannt hatte, während jener die

Tatkraft seines Freundes fürchtete, der ihn oft mit beißendem Witz verspottet hatte. Wenn spöttische Worte viel Wahrheit in sich tragen, so lassen sie gewöhnlich eine bittere Erinnerung zurück. Dazu war noch ein neuerlicher Grund gekommen: Vestinus hatte sich nämlich mit Statilia Messalina vermählt, obwohl er genau wußte, daß sich unter ihren Buhlen auch der Kaiser befand.

69. Als sich nun keine Anschuldigung und kein Ankläger finden wollte und Nero sich nicht gut als sein Richter gebärden konnte, nahm er seine Zuflucht zur Gewalt des Tyrannen. Er schickt den Tribunen Gerellanus mit einer Kohorte Soldaten zu ihm und gibt den Befehl, den Unternehmungen des Konsuls zuvorzukommen, sein burgähnliches Haus zu besetzen und seine auserlesene Jungmannschaft zu überwältigen. Vestinus besaß nämlich ein oberhalb des Forums gelegenes Haus und stattliche Sklaven von gleichem Alter. An jenem Tag hatte er seine Obliegenheiten als Konsul erfüllt und feierte ein Gastmahl, weil er nichts befürchtete oder seine Besorgnisse verbergen wollte. Da traten Soldaten ein und sagten, daß er vom Tribun verlangt werde. Der Konsul erhebt sich ohne Verzug, und nun geht alles beschleunigt vor sich: Man schließt ihn in sein Schlafgemach ein, ein Arzt ist zur Stelle, die Adern werden ihm aufgeschnitten. Da er immer noch lebte, bringt man ihn in ein Dampfbad und versenkt ihn in das heiße Wasser. Dabei gab er keinen Laut von sich, um sein Los zu bejammern. Inzwischen wurden seine Tischgäste bewacht und erst spät in der Nacht entlassen. Nero hatte sich die Angst der Leute, die ihren Tod von der Tafel weg erwarteten, ausgemalt und äußerte höhnisch, sie hätten nun für das konsularische Mahl genug gebüßt.

70. Weiter befiehlt Nero die Hinrichtung des Annaeus Lucanus. Als der Dichter sein Blut entströmen fühlt, als ihm Füße und Hände kalt werden und seine Lebensgeister aus den Gliedmaßen allmählich entweichen, während die Brust noch warm und die Besinnung noch klar war, da fiel ihm seine eigene Dichtung ein, in der er einen verwundeten Soldaten auf gleiche Weise hatte sterben lassen. Er sagte die betreffenden Verse her, und das waren seine letzten Worte. Dann starben Senecio, Quintianus und Scaevinus, aber nicht in so weichlicher Art, wie sie gelebt hatten, bald

auch die übrigen Verschwörer, ohne bemerkenswerte Tat oder Rede.

71. Doch wie die Stadt mit Leichen, so füllt sich inzwischen das Kapitol mit Opfertieren. Dem einen war der Sohn, dem andern der Bruder, Vetter oder Freund hingemordet worden. Und dafür sagen alle den Göttern Dank, schmücken ihr Heim festlich mit Lorbeerzweigen, stürzen Nero dankend zu Füßen und bedecken seine Rechte mit Küssen. Nero hält dies für aufrichtige Freude und belohnt Antonius Natalis und Cervarius Proculus mit Straferlaß, weil sie sich mit ihren Anzeigen beeilt hätten. Milichus erhielt reiche Belohnungen und legte sich den Beinamen »Retter« zu, aber mit dem griechischen Wort. Von den Tribunen tötete sich Gavius Silvanus trotz Freispruchs mit eigener Hand, und Statius Proxumus vereitelte die Begnadigung, die er vom Kaiser erhalten hatte, durch nutzlosen Freitod. Darauf wurden ihrer Tribunenstellung enthoben: Pompeius, Cornelius Martialis, Flavius Nepos und Statius Domitius, nicht weil sie den Fürsten wirklich haßten, sondern weil man dies von ihnen glaubte. Mit bloßer Verbannung wurden bestraft: Novius Priscus wegen seiner Freundschaft mit Seneca, Glitius Gallus und Annius Pollio, weil sie mehr angeschwärzt als überführt waren. Mit Priscus ging seine Gattin Artoria Flaccilla in die Verbannung, mit Gallus Egnatia Maximilla, die anfänglich ihre großen Reichtümer behielt, nachher aber doch hergeben mußte: Beides erhöhte ihr Ansehen. Gelegentlich der Verschwörung wird auch Rufrius Crispinus verbannt, der Nero deshalb verhaßt war, weil er einst Poppaea zur Frau genommen hatte. Den Verginius Flavus und Musonius Rufus trieb die Berühmtheit ihres Namens in die Verbannung: Verginius förderte die Jugend durch seine Beredsamkeit, Musonius Rufus als Lehrer der Philosophie. Cluvidienus Quietus, Julius Agrippa, Blitius Catulinus, Petronius Priscus und Julius Altinus werden, gleichsam um die Zahl vollzumachen, auf die Inseln des ägäischen Meeres verbannt. Nur aus Italien werden dagegen Cadicia, die Gattin des Scaevinus, und Caesennius Maximus verwiesen, die erst durch ihre Bestrafung erfuhren, daß sie angeklagt waren. Acilia, die Mutter des Annaeus Lucanus, wurde ohne Freispruch und ohne Bestrafung übergangen.

72. Als Nero diese Taten vollbracht hatte, hielt er eine Ver-

sammlung seiner Soldaten ab und verteilte an jeden eine Summe von 2000 Sesterzen. Außerdem erhielten sie noch das Getreide unentgeltlich, das sie bisher nach dem jeweiligen Marktpreis zu bezahlen hatten. Dann berief er den Senat, als wollte er über erfolgreiche Kriegstaten berichten, und verlieh dem Konsular Petronius Turpilianus, dem designierten Prätor Cocceius Nerva und dem Gardepräfekten Tigellinus die Triumphabzeichen. Tigellinus und Nerva zeichnete er noch dadurch aus, daß er außer ihren Triumphalbildnissen auf dem Forum auch ihre Standbilder im Kaiserpalast aufstellen ließ. Die Konsularabzeichen wurden dem Nymphidius Sabinus verliehen, über den ich einiges nachholen möchte, weil er uns hier zum erstenmal begegnet. Denn auch er sollte einmal ein Unglück für Rom sein. Seine Mutter war nämlich eine Freigelassene, die ihren schönen Leib den Sklaven und Freigelassenen des Hofes preiszugeben pflegte. Er selber behauptete, ein Sohn des Kaisers Gaius zu sein, weil er zufällig auch eine hohe Gestalt und eine finstere Miene hatte. Vielleicht hatte sich Gaius, der eine besondere Vorliebe für Dirnen besaß, auch wirklich mit seiner Mutter eingelassen . . .

73. Nero hielt nun vor dem Senat eine Rede und gab einen Erlaß an das Volk heraus, dem er die aktenmäßig gesammelten Anzeigen und die Geständnisse der Verurteilten beifügte. Er wurde nämlich häufig durch das Gerede der Leute beschimpft, daß er ehrenwerte und schuldlose Männer aus Neid oder Furcht ums Leben gebracht habe. Jedenfalls steht fest, daß sich die Verschwörung allmählich gebildet hat, daß sie zur Reife gekommen und dann erstickt worden ist. Das haben weder die zeitgenössischen Forscher, denen es am Herzen lag, die Wahrheit zu erfahren, bezweifelt, noch leugnen es die Verbannten, die nach Neros Untergang in die Stadt zurückkehrten. Im Senat aber ergingen sich gerade diejenigen, die in tiefster Trauer waren, in den demütigsten Schmeicheleien. Und als Junius Gallio, den seines Bruders Seneca Tod in Angst versetzte, um sein Leben bat, fuhr ihn Salienus Clemens heftig an und nannte ihn einen Staatsfeind und Hochverräter. Die Senatoren wiesen ihn jedoch einmütig zurück. Er solle doch nicht den Eindruck erwecken, als ob er das allgemeine Unglück benutze, um private Rache zu üben. Er solle auch nicht, was durch des Fürsten Milde beigelegt und begraben sei,

zu neuem Schrecken wieder hervorholen!

74. Darauf werden Geschenke und Dankgebete an die Götter beschlossen. Eine besondere Ehrung sollte der Sonnengott erhalten – der beim Circus, wo der Mord geplant war, einen alten Tempel hat –, weil er durch sein Walten das Dunkel der Verschwörung aufgehellt habe. Ferner sollten bei den Circusspielen am Ceresfest mehr Pferderennen stattfinden. Der Monat April sollte den Namen Neros erhalten und der Salus an Stelle des Tempels, woher Scaevinus seinen Dolch genommen hatte, ein neuer Tempel erbaut werden. Diesen Dolch weihte Nero selbst auf dem Kapitol und gab ihm die Inschrift: »Dem Juppiter Vindex.« Damals wurde diese Inschrift nicht weiter beachtet, später aber, als Julius Vindex zu den Waffen griff, wurde sie als Vorbedeutung und Voraussage künftiger Rache gedeutet. In den Senatsprotokollen finde ich, daß der designierte Konsul Cerialis Anicius bei der Stimmabgabe den Antrag gestellt habe, es solle schleunigst auf Staatskosten dem Gott Nero ein Tempel errichtet werden. Er meinte natürlich damit, daß sich der Kaiser über alle irdischen Ehren erhoben und bei der Menschheit göttliche Verehrung verdient habe. Nero aber wies den Tempelbau zurück, damit er nicht von einigen neidischen Leuten als böses Vorzeichen seines eigenen Endes ausgelegt werde. Denn göttliche Verehrung erhält ein Princeps ja erst dann, wenn er nicht mehr unter den Lebenden weilt.

BUCH XVI

1. In der nächsten Zeit spielte das Schicksal dem Kaiser einen Possen. Das geschah infolge seiner eigenen Eitelkeit und der Versprechungen eines Caesellus Bassus. Dieser Mann, ein geborener Punier, war ein wirrer Kopf und glaubte ein nächtliches Traumgesicht als unzweifelhafte Wahrheit deuten zu dürfen. Er fuhr nach Rom, erkaufte sich den Zutritt zum Fürsten und erzählte ihm, man habe auf seinem Grundstück eine Höhle von unermeßlicher Tiefe gefunden, in der sich Massen von Gold befänden, nicht in geprägter Münze, sondern in rohen, altertümlichen Stükken. Überaus schwere Platten lägen da, auf der anderen Seite stünden Säulen; so lange Zeit hindurch sei all das verborgen geblieben, um den gegenwärtigen Reichtum noch zu vermehren. Übrigens, so deutete er an, habe die aus Tyrus geflüchtete Phönizierin Dido nach der Gründung Karthagos diesen Schatz verborgen, damit die junge Kolonie nicht durch allzu großen Reichtum in Üppigkeit verfalle oder die Könige von Numidien, die ohnehin schon feindlich gesinnt waren, durch die Gier nach Gold zum Krieg gereizt würden.

2. Nero prüfte nun weder die Glaubwürdigkeit des Mannes noch seines Berichts und schickte auch nicht Boten, um festzustellen, was an der Sache wahr sei. Vielmehr vergrößert er obendrein das Gerücht und sendet Leute ab, um diesen, wie er meinte, bereitliegenden Schatz abholen zu lassen. Kriegsschiffe und eine erlesene Rudermannschaft werden gestellt, damit die Reise recht schnell vonstatten gehe. Von nichts anderem sprach man in jenen Tagen, das Volk mit der üblichen Leichtgläubigkeit, die Einsichtigen mit zweifelnden Reden. Da zufällig die fünfjährigen Spiele zum zweiten Mal gefeiert wurden, hatten die Wettredner einen vorzüglichen Stoff, um den Kaiser zu verherrlichen. Unter ihm wüchsen nicht nur die Feldfrüchte und goldhaltiges Erz, sondern die Erde zeige eine ganz neue Art der Fruchtbarkeit, und die Götter spendeten ungesuchte Schätze! Diese und andere kriecherische Lügen brachten sie mit größter Beredsamkeit und nicht geringerer Schmeichelei vor, weil sie eines geneigten Gehörs bei dem leichtgläubigen Fürsten sicher sein konnten.

3. Diese eitle Hoffnung verstärkte inzwischen noch Neros Verschwendungssucht. Die alten Schätze wurden aufgebraucht, als ob sich ihm neue darböten, die er viele Jahre hindurch verschwenden könne. Ja, er machte davon bereits Geschenke! Die Aussicht auf die künftigen Schätze wurde so eine Ursache für die Verarmung des Staates. Bassus ließ also sein ganzes Grundstück umgraben, auch die Felder rings umher, während er bald diese, bald jene Stelle als die Stätte der verheißenen Höhle bezeichnete. Dabei ziehen ihm nicht nur die Soldaten, sondern auch das zur Durchführung der Arbeiten angenommene Landvolk nach. Endlich gab er seinen Wahn auf und äußerte seine Verwunderung, daß seine Träume, die früher niemals falsch waren, ihn jetzt zum ersten Mal betrogen hätten. Dann entzog er sich durch freiwilligen Tod der Beschämung und der Furcht (vor Strafe). Nach anderen Berichten soll er in Haft genommen, aber bald wieder freigelassen worden sein, nachdem man sein Vermögen als Ersatz für jenen königlichen Schatz eingezogen hatte.

4. Währenddessen waren die fünfjährigen Wettspiele herangekommen, und der Senat bietet dem Kaiser, um die Schande (seines öffentlichen Auftretens) abzuwenden, im voraus den Siegespreis im Gesang an und fügt noch die Krone der Beredsamkeit hinzu, um die häßliche Schauspielerei zu bemänteln. Nero aber erklärte immer wieder, er brauche die Verwendung und den Machtanspruch des Senats nicht, er sei seinen Mitbewerbern gewachsen und werde durch die Gewissenhaftigkeit der Preisrichter das verdiente Lob erringen. So trägt er zunächst auf der Bühne ein Gedicht vor; als dann die Menge verlangte, er solle alle seine Künste zeigen – dieser Ausdruck wurde gebraucht –, tritt er tatsächlich im Theater auf und fügt sich allen Regeln der Kitharöden: Er durfte sich also nicht setzen, wenn er müde war, durfte sich den Schweiß nur mit dem Kleid abwischen, das er trug, und mußte alles Niesen und Räuspern unterlassen. Am Schluß beugte er das Knie, warf dem Publikum Kußhände zu und wartete dann mit verstellter Angst auf das Urteil der Preisrichter. Und der Pöbel der Großstadt, der die Schauspielergesten zu beklatschen pflegte, lärmte und spendete taktmäßig geregelten Beifall. Man konnte glauben, die Zuhörer seien erfreut; vielleicht waren sie auch wirklich erfreut, aus Gleichgültigkeit gegen die öffentliche

Schande.

5. Zuschauern dagegen, die aus entfernten Landstädten gekommen waren, aus den Teilen Italiens, die noch an den alten strengen Sitten festhielten, ebenso den Bürgern aus fernen Provinzen, die als Gesandte oder in persönlichen Angelegenheiten erschienen waren und Roms tolles Treiben noch nicht kannten, war dieser Anblick unerträglich; sie verstanden sich auch nicht auf diese schmähliche Art (des Klatschens). Ihre ungeübten Hände erschlafften, sie verwirrten die Kundigen und wurden dann häufig von den Soldaten, die zwischen den Bankreihen standen, mißhandelt; denn es sollte kein Augenblick in ungleichmäßigem Beifallslärm oder gleichgültigem Schweigen hingehen. Es ist bekannt, daß sehr viele römische Ritter, während sie sich durch die engen Zugänge und die drängende Menge emporarbeiteten, erdrückt wurden und andere, während sie Tag und Nacht auf ihren Sitzen bleiben mußten, tödlich erkrankten. Aber die Angst, wenn sie an den Aufführungen nicht teilnähmen, war noch größer. Denn es gab viele Aufpasser, öffentliche und noch mehr geheime, die auf Namen und Mienen, auf Heiterkeit oder Verdrossenheit der Zuschauer achtzugeben hatten. Daher wurde an Leuten geringeren Standes sofort ohne Untersuchung die Todesstrafe vollzogen. Gegen Vornehme unterdrückte man einstweilen den Haß, der aber später wieder hervorgeholt wurde. So erzählte man sich, daß Vespasianus von dem Freigelassenen Phoebus angefahren worden sei, weil er (bei einem Vortrag Neros) eingeschlafen war. Mit Mühe soll er durch die Fürsprache einflußreicher Männer geschützt, später dem drohenden Verderben nur durch seine höhere Bestimmung entgangen sein.

6. Nach Beendigung der Spiele fand Poppaea den Tod. Der Gatte hatte seine schwangere Frau in grundlosem Jähzorn durch einen Fußtritt verletzt. Denn an Vergiftung möchte ich nicht glauben, obgleich einige Geschichtsschreiber davon berichten, wohl mehr aus Haß gegen Nero als aus Wahrheitsliebe. Er wünschte sich doch Kinder und liebte seine Gattin. Ihr Leichnam wurde nicht verbrannt, wie es Römersitte ist, sondern nach dem Vorbild ausländischer Könige einbalsamiert und im Grabmal der Julier beigesetzt. Dennoch fand eine öffentliche Leichenfeier statt, wobei er selbst von der Rednerbühne herab ihre Schönheit

pries, ferner daß sie Mutter eines göttlichen Kindes gewesen sei. Noch andere Gaben des Glückes pries er an Stelle persönlicher Tugenden.

7. Wenn auch Poppaeas Tod öffentlich betrauert wurde, so war er doch für alle, die sich ihrer Unkeuschheit und Grausamkeit erinnerten, ein freudiges Ereignis. Nero verband ihn obendrein dadurch mit einer neuen Gehässigkeit, daß er C. Cassius vom Leichenbegängnis ausschloß, was eine Ankündigung seines Sturzes war. Dieser wurde auch nicht lange aufgeschoben, sondern ihm nur noch Silanus beigesellt, ohne daß bei beiden eine Anklage vorlag. Cassius ragte eben nur durch alten Reichtum und Sittenstrenge, Silanus durch hohe Abkunft und sittenreine Jugend hervor. Nero schickte also ein Schreiben an den Senat und legte dar, die beiden müßten aus der Staatsverwaltung ausgeschlossen werden. Cassius warf er vor, daß er unter den Bildern seiner Ahnen auch das Bildnis des C. Cassius mit der Inschrift »Dem Parteiführer« verehrt habe. Damit bezwecke er natürlich einen neuen Bürgerkrieg und den Abfall vom Caesarenhaus. Und damit nicht die bloße Erinnerung an diesen verhaßten Namen zur Zwietracht führe, habe er sich noch den L. Silanus, einen Jüngling von hohem Adel und verwegenem Mut, zugesellt, um ihn als neuen Kaiser aufzustellen.

8. Dann überhäufte er den Silanus selbst mit den gleichen Vorwürfen, wie einst dessen Oheim Torquatus, der angeblich schon die Reichsgeschäfte verteilte und seine Freigelassenen zu Ministern für die Finanzen, die Bittschriften und den Briefverkehr machte. Das waren ebenso törichte wie falsche Anschuldigungen. Denn Silanus war aus Furcht viel achtsamer geworden. Der Tod seines Oheims hatte ihn zur Vorsicht gemahnt. Sodann führte man sogar sogenannte Angeber vor den Senat, die gegen Cassius' Gemahlin Lepida, eine Tante des Silanus, Lügen aufbringen mußten: Sie treibe Blutschande mit ihrem Neffen und übe grauenhafte Opfergebräuche. Als Mitwisser zog man die Senatoren Volcatius Tertullinus und Marcellus Cornelius sowie den römischen Ritter Calpurnius Fabatus hinein. Diese riefen die Vermittlung des Princeps an und vereitelten so ihre drohende Verurteilung. Später war Nero mit Schandtaten größten Ausmaßes so beschäftigt, daß ihm jene als zu unbedeutend entschlüpften.

9. Auf Senatsbeschluß werden darauf Cassius und Silanus in die Verbannung geschickt. Über Lepida sollte der Kaiser selbst entscheiden. Cassius wurde auf die Insel Sardinien gebracht, wo er, wie man erwartete, seinem hohen Alter erliegen würde. Silanus schaffte man nach Ostia, scheinbar um ihn nach Naxus zu überführen. Später aber wird er in der apulischen Landschaft mit Namen Barium in Haft gehalten. Hier erträgt er sein so unwürdiges Los mit Fassung, bis ihn ein von Nero ausgeschickter Centurio überfällt, um ihn zu ermorden. Auf dessen Rat, sich die Adern aufzuschneiden, erwidert er, er sei zwar zu sterben entschlossen, wolle aber dem Mörder nicht den Ruhm seiner Dienstleistung lassen. Da aber der Centurio sah, daß Silanus, wenn auch unbewaffnet, so doch sehr kräftig und mehr zornig als ängstlich war, befiehlt er seinen Soldaten, ihn niederzuhalten. Silanus aber hörte nicht auf, sich zu wehren und, soviel er mit bloßen Händen vermochte, Hiebe auszuteilen, bis er durch das Schwert des Centurio fiel, mit Wunden, die er vorn an der Brust wie in einer Schlacht empfangen hatte.

10. Nicht weniger entschlossen gingen L. Vetus, seine Schwiegermutter Sextia und seine Tochter Pollitta in den Tod. Sie waren dem Fürsten verhaßt, als machten sie ihm dadurch, daß sie noch am Leben waren, die Hinrichtung von L. Vetus' Schwiegersohn Rubellius Plautus zum Vorwurf. Aber den ersten Anlaß, seine Grausamkeit aufzudecken, gab Vetus' Freigelassener Fortunatus, der seines Schutzherrn Eigentum veruntreut hatte und sich durch eine Anklage zu retten versuchte. Dabei nahm er noch Claudius Demianus zu Hilfe, den Vetus als Prokonsul von Asien seiner Schandtaten wegen verhaftet hatte und den Nero jetzt zum Lohn für seine Anklage freiließ. Als der Angeklagte dies erfuhr und merkte, daß sein Freigelassener als gleichberechtigter Kläger gegen ihn zugelassen wurde, begibt er sich auf sein Landgut bei Formiae. Dort umgeben ihn Soldaten mit geheimen Wachtposten. Bei ihm befand sich seine Tochter, die außer der drohenden Gefahr auch noch durch die lange Leidenszeit verbittert war, seitdem sie den Mord an ihrem Gatten Plautus mitangesehen hatte; sie hatte seinen blutigen Nacken umschlungen und bewahrte noch jetzt die blutbespritzten Kleider auf. Sie lebte als Witwe in tiefster Trauer und nahm nur so viel Nahrung zu sich,

daß sie sich gerade noch am Leben erhielt. Jetzt geht sie auf ihres Vaters Bitten nach Neapel; als Nero sie nicht vorließ, wartete sie auf ihn, wenn er ausging, und flehte ihn an, er solle doch ihren schuldlosen Vater anhören und nicht seinen ehemaligen Mitkonsul einem Freigelassenen ausliefern. Bald stieß sie Jammerlaute aus, bald schrie sie ihm, ihr schwaches Geschlecht verleugnend, Drohworte zu. Aber der Princeps zeigte sich gegen Bitten und Haß gleich unempfindlich.

11. So meldete sie denn dem Vater, er solle jede Hoffnung aufgeben und sich dem Unvermeidlichen fügen. Zugleich trifft die Nachricht ein, daß der Senat die Untersuchung vorbereite und ein harter Spruch zu erwarten sei. Einige Leute rieten ihm, er solle dem Kaiser einen großen Teil seines Vermögens vermachen und dadurch den Rest seinen Enkeln sichern. Dies wies er zurück, um nicht sein in möglichster Freiheit geführtes Leben zuletzt noch durch eine niedrige Handlungsweise zu beflecken. Was an Geld vorhanden war, schenkt er seinen Sklaven. Alles, was sie tragen könnten, sollten sie mitnehmen und ihnen nur drei Ruhebetten zum Sterben zurücklassen. Dann schneiden sich die drei im gleichen Zimmer und mit dem gleichen Messer die Adern auf und lassen sich schnell, aus Schicklichkeit nur in *ein* Gewand gehüllt, ins Bad tragen. Dabei sieht der Vater seine Tochter, die Großmutter ihre Enkelin, die junge Frau beide an. Alle erbitten, einer für den anderen, ein schnelles Ende ihres entschwindenden Lebens, um wenigstens die Ihrigen noch lebend, wenn auch dem Tod geweiht, zurücklassen zu dürfen. Und das Schicksal hielt die natürliche Reihenfolge inne; zuerst verscheiden die Älteren, dann die Jüngste an Jahren. Obgleich sie schon beerdigt waren, klagte man sie noch an, und beschloß, sie sollten nach der Weise der Vorfahren hingerichtet werden. Nero erhob Einspruch und gestattete ihnen freie Wahl der Todesart. Ein solches Possenspiel wurde dem schon vollzogenen Mord hinzugefügt.

12. Publius Gallus, ein römischer Ritter, wurde geächtet, weil er ein vertrauter Freund des Faenius Rufus gewesen war und auch zu Vetus in näherer Beziehung gestanden hatte. Seinem Freigelassenen und zugleich Ankläger wird zur Belohnung für seine Dienste ein Theaterplatz bei den tribunizischen Amtsboten bewilligt. Der auf den April, also den Neromonat, folgende Monat

Mai wird in Claudius, der Juni in Germanicus umbenannt. Cornelius Orfitus, der das beantragt hatte, erklärte, der Monat Juni sei deshalb umbenannt worden, weil schon zwei Junii Torquati als Verbrecher hingerichtet worden seien und den Monat Juni zu einem Unglücksmonat gemacht hätten.

13. Dieses Jahr, das durch so viele Schandtaten befleckt war, kennzeichneten die Götter auch durch Unwetter und Seuchen. Campanien wurde durch einen Wirbelsturm verwüstet, der überall die Landhäuser, Haine und Saatfelder zerstörte und bis in die Nähe Roms tobte. Hier wütete die Pest in allen Bevölkerungsschichten, obgleich das Klima keine ins Auge fallende Besonderheit zeigte. Die Häuser waren mit Leichen, die Straßen mit Trauerzügen angefüllt. Kein Geschlecht, kein Alter blieb verschont. Sklaven ebenso wie freie Bürger wurden plötzlich unter dem Wehklagen ihrer Frauen und Kinder hinweggerafft. Während diese eben noch bei ihren Toten saßen, während sie noch um sie weinten, wurden sie oft auf demselben Scheiterhaufen mitverbrannt. Der Ritter und der Senatoren Tod, wenn er auch ohne Unterschied erfolgte, erschien doch weniger beklagenswert. Sie waren ja durch ihren natürlichen Tod nur der Grausamkeit des Princeps zuvorgekommen! – Im gleichen Jahr wurden im narbonensischen Gallien, in Afrika und Asien Aushebungen gehalten, um die Legionen in Illyrien zu ergänzen, in denen alle durch Alter oder Krankheit geschwächten Leute verabschiedet wurden. Das Unglück der Stadt Lugdunum suchte der Kaiser durch eine Schenkung von vier Millionen Sesterzen zu mildern, mit denen die niedergebrannten Stadtteile wieder aufgebaut werden sollten. Dieselbe Summe hatten die Bürger von Lugdunum früher für den großen Brand von Rom gestiftet.

14. Im Konsulatsjahr des C. Suetonius und Luccius Telesinus hatte Antistius Sosianus, der, wie berichtet, wegen eines Schmähgedichtes gegen Nero verbannt war, in Erfahrung gebracht, wieviel Ehre den Angebern widerfahre und wie gern der Fürst zu Hinrichtungen bereit sei. Da er ein unruhiger Kopf und im Auffinden von Gelegenheiten recht geschickt war, befreundet er sich mit seinem Leidensgefährten Pammenes, der am gleichen Ort in der Verbannung lebte, ein berühmter Astrologe war und deshalb mit vielen Leuten freundschaftliche Beziehungen unterhielt. Er

vermutete, daß zu jenem nicht ohne Grund immerfort Boten und Anfragen kämen; zugleich erfährt er, daß Pammenes von P. Anteius ein Jahresgehalt beziehe. Auch war ihm wohlbekannt, daß Anteius durch seine Liebe zu Agrippina dem Kaiser verhaßt war, daß seine Reichtümer Neros Habsucht besonders reizten und daß dies für viele der Grund zum Verderben war. Er fing also einen Brief des Anteius auf und entwendete ihm auch Schriftstücke, in denen sich Pammenes in geheimnisvollen Andeutungen über das Horoskop und künftige Schicksal des Anteius äußerte. Auch findet er seine Aufzeichnungen über Ostorius Scapulas Geburt und zukünftiges Leben und schreibt an den Fürsten, er könne ihm wichtige und seiner Sicherheit dienende Mitteilungen machen, wenn er eine kurze Unterbrechung seiner Verbannung erreichen könnte; denn Anteius und Ostorius bedrohten den Staat und forschten nach ihren und des Kaisers zukünftigen Schicksalen. Sofort wurden Schiffe ausgesandt und Sosianus schleunigst herbeigeholt. Sobald dessen Anzeige bekannt geworden war, hielt man Anteius und Ostorius schon mehr für verurteilt als für angeklagt, in dem Maß, daß niemand des Anteius Testament unterzeichnen wollte. Doch Tigellinus hatte zur Unterzeichnung geradezu aufgefordert, nachdem er bereits vorher dem Anteius geraten hatte, er solle die Abfassung seines Testaments nicht aufschieben. Anteius nahm darauf Gift. Da ihn dessen langsame Wirkung ungeduldig machte, schnitt er sich die Adern auf, um seinen Tod zu beschleunigen.

15. Ostorius befand sich zu dieser Zeit auf einem entfernten Landgut an der ligurischen Grenze. Dorthin schickte man einen Centurio, der seine Hinrichtung beschleunigen sollte. Der Grund zur Eile lag darin, daß Ostorius ein berühmter Kriegsmann war, der sich in Britannien die Bürgerkrone geholt hatte und einen gewaltigen, waffengeübten Körper besaß. Nero befürchtete, er werde ihn einmal anfallen; denn er war immer ängstlich und durch die jüngst aufgedeckte Verschwörung noch schreckhafter. Der Centurio ließ also die Villa umstellen und eröffnete dem Ostorius des Kaisers Befehle. Ostorius bewies auch gegen sich selbst seine oft vor dem Feind erprobte Tapferkeit. Weil seine Adern, die er sich aufgeschnitten, zu wenig Blut hergaben, bediente er sich insoweit der Hand eines Sklaven, daß dieser einen

Dolch vor ihn unbeweglich hinhalten mußte, ohne aber zustoßen zu dürfen. Dann drückte er selbst des Sklaven Hand an sich heran und durchbohrte sich so die Kehle.

16. Selbst wenn ich von auswärtigen Kriegen, wenn ich von Männern, die für das Vaterland gefallen sind, mit einer solchen Ähnlichkeit ihrer Schicksale erzählte, würde mich wohl selbst Überdruß erfassen. Auch müßte ich die Langeweile meiner Leser fürchten, die doch nicht immerfort von dem traurigen, wenn auch ehrenvollen Untergang ihrer Mitbürger hören wollen. Nun aber ermüden knechtische Nachgiebigkeit und so viel in der Heimat vergossenes Blut den Geist (der Leser) und erfüllen ihn mit Traurigkeit. Und keine andere Entschuldigung möchte ich dafür von denen verlangen, die diese Dinge erfahren werden, als daß ich die Männer nicht hasse, die so lässig in den Tod gingen. Es war der Zorn der Götter gegen das Römerreich, dem sie erlagen, und diesen Zorn darf man nicht wie verlorene Schlachten und eroberte Städte nur einmal erwähnen und dann übergehen. Gönnen wir es den Nachkommen jener erlauchten Männer, daß sie, wie man ihre Leichenfeiern von gewöhnlichen Bestattungen unterscheidet, auch in der Geschichte einer besonderen Erwähnung ihres Endes gewürdigt werden!

17. Innerhalb weniger Tage fielen in *einem* Zug Annaeus Mela, Cerealis Anicius, Rufrius Crispinus und C. Petronius. Mela und Crispinus waren Ritter mit Senatorenrang. Denn Crispinus war ehemals Gardepräfekt und hatte die Konsularabzeichen erhalten. Kürzlich aber war er wegen Beteiligung an der Verschwörung nach Sardinien verwiesen worden und tötete sich selbst, als er den Mordbefehl erhielt. Mela, ein Bruder Gallios und Senecas, hatte sich aus verkehrtem Ehrgeiz von den hohen Staatsämtern ferngehalten, um als römischer Ritter den Konsularen an Macht gleichzustehen; auch hielt er es für den kürzeren Weg, sich ein Vermögen zu machen, wenn er als Prokurator die Geschäfte des Fürsten besorgte. Er war der Vater des Dichters Annaeus Lucanus, was ihm einen berühmten Namen verschafft hatte. Nach Lucanus' Hinrichtung trieb er dessen Vermögen mit großer Härte ein und reizte dadurch den Fabius Romanus, einen von Lucanus' vertrautesten Freunden, zu einer Anklage. Man bringt die Lüge auf, Vater und Sohn hätten gemeinsam von der Verschwörung ge-

wußt, und fälscht ein Schreiben Lucanus'. Nero liest diesen Brief und befiehlt, ihn Mela zu überbringen, da er nach dessen Schätzen gierte. Mela öffnet sich, was damals die beliebteste Todesart war, die Adern, nachdem er ein Testament aufgesetzt, worin er Tigellinus und dessen Schwiegersohn Cossutianus Capito eine große Summe vermachte, um so den Rest des Vermögens zu sichern. Dem Testament fügt er, wohl um sich über die Ungerechtigkeit seines Todes zu beklagen, hinzu, *er* müsse sterben, ohne den Tod verdient zu haben, während Rufrius Crispinus und Anicius Cerealis, die dem Fürsten feindlich gesinnt seien, am Leben bleiben dürften. Die Anschuldigung gegen Crispinus erhob er, wie man glaubte, weil dieser bereits getötet war, gegen Cerealis, damit er ebenfalls getötet werde. Cerealis legte auch bald darauf Hand an sich. Man bedauerte ihn weniger als die anderen, weil man sich erinnerte, daß er einst eine Verschwörung gegen den Kaiser Gaius verraten hatte.

18. Über C. Petronius muß ich etwas weiter ausholen. Er war ein Mann, der den Tag mit Schlafen, die Nacht mit Geschäften und Vergnügungen hinzubringen pflegte. Wie andere durch rege Tätigkeit, so hatte er sich durch Nichtstun einen Namen gemacht. Dabei galt er aber nicht für einen gewöhnlichen Schlemmer und Verschwender wie die meisten, die ihr Vermögen vergeudeten, sondern für einen Meister des verfeinerten Wohllebens. Und je freier und ungebundener seine Worte und Taten waren, je mehr sie ein gewisses Sichgehenlassen zur Schau trugen, desto lieber nahm man sie als vermeintliche Natürlichkeit. Als Statthalter von Bithynien und dann als Konsul zeigte er sich jedoch als rege und seinen Aufgaben gewachsen. Später aber wandte er sich, tatsächlich oder nur zum Schein, wieder seinem Genußleben zu und wurde in den engen Kreis der vertrauten Freunde Neros aufgenommen, wo er als »Schiedsrichter des feinen Geschmacks« galt, indem Nero nur das für geschmackvoll und höchst genußreich anerkannte, was Petronius ihm anempfohlen hatte. Dadurch erregte er den Neid des Gardepräfekten Tigellinus, der in ihm einen weit überlegenen Rivalen in der Wissenschaft des raffinierten Lebensgenusses sah. Daher faßte Tigellinus den Kaiser bei der Grausamkeit, die seine sonstigen Leidenschaften noch übertraf. Er warf seinem Gegner vor, daß er mit Scaevinus befreundet ge-

wesen sei, bestach einen seiner Sklaven zur Angeberei, schnitt ihm selbst jede Gelegenheit zur Verteidigung ab und ließ den größten Teil seiner Dienerschaft verhaften.

19. Gerade in diesen Tagen hatte sich der Kaiser nach Campanien begeben. Petronius reiste ihm bis Cumae nach, wurde aber dort festgehalten. Hier ertrug er nicht länger das Schwanken zwischen Hoffnung und Furcht. Doch beeilte er sich nicht, sein Leben achtlos wegzuwerfen, sondern ließ sich die Pulsadern aufschneiden, dann nach Laune bald verbinden, bald wieder öffnen. Dabei unterhielt er sich mit seinen Freunden, aber nicht über ernsthafte Dinge oder in der Absicht, sich in den Ruf der Standhaftigkeit zu bringen. Ebenso hörte er seinen Freunden zu, die aber nicht etwa über die Unsterblichkeit der Seele oder die Ansichten der Philosophen (über dieses Problem) sprachen, sondern leichtfertige und spielerische Verse vortrugen. Von seinen Sklaven beschenkte er die einen reich, andere ließ er auspeitschen. Er ging (wie gewöhnlich) zu Tisch und legte sich schlafen, um seinen erzwungenen Tod einem natürlichen Ende möglichst ähnlich zu machen. In seinem Testament sagte er Nero oder Tigellinus oder sonst einem der einflußreichen Männer keineswegs Schmeicheleien, was die meisten vor ihrem Tod zu tun pflegten. Vielmehr schrieb er die Ausschweifungen des Kaisers unter namentlicher Angabe seiner Buhlknaben und Dirnen sowie alle einzelnen von Nero erfundenen Unzuchtsakte genau auf und schickte dieses Spottschreiben versiegelt an Nero. Dann zerbrach er den Siegelring, damit er nicht später dazu mißbraucht werde, andere in Gefahr zu bringen.

20. Als Nero überlegt, wie denn die genialen Erfindungen seiner Unzuchtsnächte bekannt werden konnten, verfällt er auf Silia, eine als Senatorsgattin recht bekannte Frau, die ihm selbst zur Befriedigung seiner Lüste gedient hatte und mit Petronius eng befreundet war. Sie wird verbannt, angeblich weil sie nicht verschwiegen habe, was sie mitangesehen oder selbst erduldet, (in Wahrheit) aus persönlichem Haß (des Kaisers). Dagegen gab Nero den Minucius Thermus, einen ehemaligen Prätor, der Feindschaft des Tigellinus preis, weil ein Freigelassener des Thermus einige Ungesetzlichkeiten des Tigellinus angezeigt hatte. Diese Anzeige büßte der Freigelassene durch die Qualen

der Folter, sein Herr durch unverdienten Tod.

21. Nachdem nun so viele bedeutende Männer hingemordet waren, trachtete Nero zuletzt danach, die Tugend selbst auszurotten, indem er Thrasea Paetus und Barea Soranus töten ließ. Beide waren ihm seit langem verhaßt; bei Thrasea aber kam noch hinzu, daß er, wie erwähnt, den Senat verlassen hatte, als über Agrippina verhandelt wurde, ferner daß er bei den Juvenalien zu wenig Teilnahme gezeigt hatte. Diese Beleidigung saß um so tiefer, weil eben dieser Thrasea in seiner Heimatstadt Patavium bei den von dem Trojaner Antenor gestifteten »Fischerspielen« im tragischen Ornat gesungen hatte. Weiter hatte Thrasea an dem Tag, als der Prätor Antistius wegen seiner Schmähschriften gegen Nero zum Tod verurteilt werden sollte, eine mildere Bestrafung beantragt und durchgesetzt. Und als für Poppaea göttliche Ehren beschlossen wurden, war er der Senatssitzung absichtlich ferngeblieben und hatte auch an ihrem Leichenbegängnis nicht teilgenommen. Alle diese Dinge ließ Cossutianus Capito nicht in Vergessenheit kommen. Er war zu allen Schändlichkeiten fähig und außerdem noch Thraseas Feind, weil er einst durch dessen Einfluß verurteilt worden war. Thrasea hatte nämlich die Gesandten der Kiliker unterstützt, als sie Capito wegen Erpressungen belangten.

22. Sogar folgende Dinge warf ihm Capito vor: Thrasea weiche am Anfang des Jahres dem feierlichen Treueid aus; er sei nicht zugegen, wenn die Gelübde dargebracht würden, obgleich er zum Priesterkollegium der Fünfzehnmänner gehöre; noch nie habe er für des Kaisers Wohl oder seine göttliche Stimme geopfert; einst sei er ein eifriges und unermüdliches Senatsmitglied gewesen und sogar bei ganz gewöhnlichen Anträgen als Fürsprecher oder Gegner hervorgetreten, jetzt aber habe er die Kurie drei Jahre lang nicht mehr betreten; noch ganz vor kurzem, als sich alle Senatoren um die Wette zur Verurteilung des Silanus und Vetus drängten, habe er sich lieber mit den Privathändeln seiner Klienten beschäftigt. Das sei doch schon Absonderung und Parteiung, und wenn sich viele dies herausnähmen, sei der Bürgerkrieg da! »Wie man einst C. Caesar und M. Cato nebeneinander stellte«, rief er aus, »so spricht die nach Zwietracht gierige Bürgerschaft jetzt von dir, Nero, und Thrasea. Auch hat er seine An-

hänger oder vielmehr Trabanten, die sich zwar noch nicht die trotzige Art seiner Senatsanträge, wohl aber seine Haltung und Miene zum Vorbild nehmen. Sie sind wie er mürrisch und finster, um dir Leichtfertigkeit vorwerfen zu können. Für ihn allein bleibt dein Wohlergehen ohne Gelübde, deinen Kunstleistungen erweist er keine Ehre. Wenn er schon von des Fürsten Glück nichts wissen will, hat er denn noch nicht genug mit dessen Trauer und Schmerz? Dieselbe Gesinnung verrät es, nicht an Poppaeas Göttlichkeit zu glauben und nicht auf die Verordnungen des göttlichen Augustus und Julius zu schwören. Er verachtet heiligen Brauch, er versucht, die Gesetze abzuschaffen. Die Staatszeitung des römischen Volkes liest man in den Provinzen und bei den Heeren nur deshalb aufmerksamer, um zu erfahren, was Thrasea alles *nicht* getan habe. Entweder müssen wir uns seiner Denk- und Handlungsweise anschließen, wenn sie besser ist, oder es muß allen Neuerungssüchtigen der Rädelsführer und Ratgeber entzogen werden! Das ist ja jene Sekte, die Leute wie Tubero und Favonius hervorgebracht hat, deren Namen auch in der alten Republik mißliebig waren. Um die Kaiserherrschaft zu stürzen, tragen sie jene zur Schau. Haben sie diese gestürzt, dann werden sie die Freiheit selbst angreifen. Vergebens hast du den Cassius beseitigt, wenn du nun dulden willst, daß die Nacheiferer der beiden Brutus blühen und gedeihen. Schließlich brauchst du ja nicht selbst gegen Thrasea vorzugehen, laß uns nur den Senat als Schiedsrichter!« Nero lobt den Eifer des zornmütigen Cossutianus und gibt ihm noch den Marcellus Eprius (als zweiten Ankläger) bei, einen schlagfertigen Redner.

23. Die Anklage gegen Barea Soranus aber hatte sich inzwischen schon der römische Ritter Ostorius Sabinus wegen Bareas Statthalterschaft von Asien ausbedungen, wo er durch seine gerechte und tatkräftige Amtsführung den steigenden Unwillen des Kaisers erregte; hatte er sich doch bemüht, den Hafen von Ephesus wieder frei zu machen, und den gewaltätigen Widerstand der Stadt Pergamum gegen die Wegschaffung ihrer Standbilder und Gemälde durch den kaiserlichen Freigelassenen Acratus unbestraft gelassen. Als eigentliches Verbrechen aber wurde ihm die Freundschaft mit Plautus angerechnet sowie sein Streben, die Provinz für einen Umsturz zu gewinnen. Zu seiner Verurteilung

wählte man die Zeit, da Tiridates nach Rom kam, um die armenische Königskrone zu empfangen. Die Beschäftigung mit auswärtigen Angelegenheiten sollte von der Schandtat im eigenen Land ablenken. Vielleicht wollte Nero auch seine kaiserliche Machtfülle gerade durch die Ermordung hervorragender Männer wie durch eine wahrhaft »königliche« Tat zur Schau stellen.

24. Als so die ganze Stadt hinausströmte, um den Fürsten zu empfangen und den König zu sehen, wurde dem Thrasea verboten, sich am Empfang zu beteiligen. Er ließ aber den Mut nicht sinken, sondern verfaßte ein Schreiben an Nero, worin er sich erkundigte, was man ihm vorwerfe, und versicherte, daß er sich rechtfertigen werde, wenn man ihm die Anklage mitteile und die Gelegenheit biete, sie zu entkräften. Dieses Handschreiben nahm Nero hastig an sich, weil er hoffte, daß Thrasea eingeschüchtert sei und etwas geschrieben habe, wodurch er des Fürsten Ruhm erhöhte und seinen eigenen Ruf schädigte. Da dies nicht der Fall war und er obendrein den Blick, die Hoheit und den Freimut dieses unschuldigen Mannes fürchtete, läßt er den Senat berufen.

25. Nun beratschlagte Thrasea mit seinen nächsten Freunden, ob er die Verteidigung versuchen oder sie verschmähen solle. Die Ratschläge, die man ihm gab, waren ganz verschieden. Diejenigen, die dafür waren, daß er in die Kurie gehen solle, erklären, daß sie wegen seiner Festigkeit ohne Sorge seien; alles, was er sagen werde, könne nur seinen Ruhm erhöhen. Nur träge und ängstliche Leute erwarteten ihr Ende in der Einsamkeit: Sehen müsse einmal das Volk, wie ein ganzer Mann dem Tod gegenüberstehe, hören müsse der Senat Worte, die wie von einer Gottheit kämen und über alles Menschliche hinausgingen. Durch ein solches Wunder könne sich sogar ein Nero umstimmen lassen. Sollte Nero aber auf seiner Grausamkeit beharren, so werde sich doch wenigstens die Nachwelt seines ehrenvollen Todes erinnern und ihn wohl unterscheiden von der Feigheit schweigend Untergehender.

26. Die anderen aber, die rieten, zu Hause zu bleiben und abzuwarten, hatten zwar dieselbe Ansicht über Thraseas Festigkeit, meinten aber, es stehe ihm Spott und Schmach bevor. Er solle doch lieber sein Ohr den Schmähungen und Beschimpfungen entziehen. Nicht Cossutianus und Eprius allein seien zu Frevel-

taten bereit. Es gebe andere Leute genug, die ihm aus Roheit vielleicht Faustschläge und Stöße versetzten. Selbst die Besseren würden jenen aus Furcht Folge leisten. Er solle lieber dem Senat, dessen Zierde er immer gewesen, die Schmach einer solchen Schandtat ersparen und die Frage unentschieden lassen, was der Senat beschließen werde, wenn er einen Thrasea als Angeklagten vor Augen habe. Daß sich Nero seiner Schändlichkeiten schämen werde, sei eine ganz vergebliche Hoffnung. Weit mehr sei zu befürchten, daß er auch gegen Thraseas Gattin, Tochter und alle übrigen, die ihm teuer seien, wüten werde. Deshalb solle er unentweiht und unbefleckt in der ruhmvollen Weise derjenigen sein Ende suchen, deren Pfaden und Lehren er sein ganzes Leben gefolgt sei! – An dieser Beratung nahm auch Rusticus Arulenus, ein feuriger Jüngling, teil und erbot sich aus Ehrgeiz, gegen den Senatsbeschluß Einspruch zu erheben; er war nämlich Volkstribun. Thrasea dämpfte sein Feuer: Er solle nichts Törichtes unternehmen, was dem Angeklagten keinen Nutzen, ihm selbst durch seinen Einspruch aber Verderben bringen werde. *Er* sei am Ende seines Lebens und dürfe die so viele Jahre festgehaltenen Grundsätze jetzt nicht preisgeben, für *ihn* dagegen beginne erst die Beamtenlaufbahn, und die Zukunft liege noch in seiner Hand. Er solle zuvor reiflich überlegen, welchen Weg er als Staatsmann unter den heutigen Umständen einschlagen wolle. Übrigens behielt sich Thrasea selbst die Entscheidung vor, ob es sich für ihn schicke, in den Senat zu kommen.

27. Am folgenden Morgen besetzten zwei prätorische Kohorten in voller Rüstung den Tempel der Venus Genetrix. Vor dem Eingang zur Kurie hatte sich eine Menge von Togaträgern gelagert, die aber ihre Schwerter schlecht verbargen, und auf den Marktplätzen und in den Basiliken waren ebenfalls Soldatenabteilungen aufgestellt. Unter ihren drohenden Blicken begaben sich die Senatoren in die Kurie und hörten eine Rede des Fürsten, die sein Quästor vortrug. Ohne bestimmte Namen zu nennen, machte Nero den Senatoren Vorwürfe, daß sie ihre Amtspflichten vernachlässigten und durch ihr schlechtes Beispiel auch die Ritter zur Lässigkeit verleiteten. Könne man sich denn wundern, daß diese aus ihren entlegenen Provinzen überhaupt nicht nach Rom kämen, wenn sich sehr viele Senatoren, hätten sie erst ein-

mal das Konsulat und die Priesterwürden erlangt, lieber den Annehmlichkeiten ihrer Gärten hingäben?

28. Diese Worte waren wie eine Angriffswaffe, die nun die Ankläger ergriffen. Den Anfang machte Cossutianus, dann kam Marcellus und rief mit noch größerer Heftigkeit, daß es sich hier um die höchsten Staatsinteressen handle; durch den Trotz der Untertanen werde des Herrschers Milde beeinträchtigt. Die Senatoren seien bis zum heutigen Tag zu nachsichtig gewesen, da sie den Empörer Thrasea, da sie seinen ebenso tollen Schwiegersohn Helvidius Priscus sowie den Paconius Agrippinus, der von seinem Vater den Fürstenhaß geerbt, sowie den Curtius Montanus, der so abscheuliche Gedichte verfertige, ungestraft entschlüpfen ließen. Vergeblich suche man im Senat den ehemaligen Konsul, bei Gelübden den Priester, bei der Eidesleistung den Bürger Thrasea. Doch dieser habe sich ja entgegen den Einrichtungen und Gebräuchen der Vorfahren öffentlich zum Verräter und Feind aufgeworfen. Möge sich doch der Mann, der bisher den Senator nur zu spielen und die Widersacher des Fürsten zu beschützen pflegte, endlich einmal selbst zeigen und seine Meinung sagen, was er gebessert oder geändert wissen wolle. Man würde es leichter ertragen, wenn er einzelne Vorgänge tadle, statt wie jetzt zu schweigen und damit alles zu verurteilen. Mißfalle ihm denn der Friede, der auf dem ganzen Erdreich herrsche, oder die verlustlosen Siege unserer Heere? Man solle doch einen Mann, der über das Glück des Staates betrübt sei, der Märkte, Theater und Tempel für Einöden halte und mit Selbstverbannung drohe, nicht in seinem verkehrten Ehrgeiz gewähren lassen. Für ihn gebe es ja keine Senatsbeschlüsse, keine Staatsbeamten, keine Römerstadt. So möge er doch sein Leben von einer Bürgerschaft abtrennen, die er längst nicht mehr liebe und jetzt auch nicht mehr sehen wolle!

29. Als Marcellus, finster und drohend wie er war, diese und ähnliche Worte noch durch Stimme, Miene und Blick verschärfte, bemächtigte sich der Senatoren nicht nur jene allbekannte und bei den immer wiederkehrenden Gefahren schon gewohnte Niedergeschlagenheit, sondern auch beim Anblick der bewaffneten Soldatenhaufen ein ganz neues und tieferes Angstgefühl. Zugleich aber schwebte ihnen Thraseas ehrwürdige Gestalt vor, einige

hatten auch mit Helvidius Mitleid, da er als Verwandter schuldlos büßen sollte. Und was habe man dem Agrippinus vorzuwerfen? Nur das traurige Schicksal seines Vaters, der durch Tiberius' Grausamkeit ebenfalls schuldlos fallen mußte. Und Montanus, der rechtschaffene Jüngling, der nie ein Schmähgedicht verfaßt, solle, weil er sein dichterisches Talent betätigt habe, in die Verbannung geschickt werden!

30. Inzwischen betritt nun auch Ostorius Sabinus, des Soranus Ankläger, den Senat und beginnt von dessen Freundschaft mit Rubellius Plautus zu sprechen. Auch habe Soranus das Prokonsulat von Asien mehr zur eigenen Verherrlichung als zum Nutzen der Allgemeinheit verwaltet, indem er die aufrührerischen Städte begünstigte. Das waren alte Sachen, neu aber war der Vorwurf, der die Tochter in die Gefahren des Vaters hineinzog: Sie habe den Magiern Geld gegeben. In der Tat hatte die fromme Servilia – so hieß das junge Mädchen – dies getan, aber nur aus kindlicher Liebe zum Vater und in jugendlicher Unerfahrenheit. Doch hatte sie nach nichts anderem gefragt als nach der Sicherheit ihrer Familie, ob Nero versöhnlich sein, ob die Untersuchung des Senats nichts Schreckliches zur Folge haben werde. Sie wurde also in den Senat gerufen, und nun standen sie beide vor dem Tribunal der Konsuln einander gegenüber, der hochbetagte Vater und die noch nicht zwanzigjährige Tochter, verwitwet durch die erst kürzlich erfolgte Verbannung ihres Gatten Annius Pollio. Sie war ganz untröstlich und wagte nicht einmal, ihren Blick zum Vater zu erheben, dessen Gefahren sie noch vergrößert zu haben schien.

31. Als sie nun der Ankläger fragte, ob sie nicht ihren Brautschmuck, ob sie nicht ihr Geschmeide vom Hals genommen und verkauft habe, um Geld für magische Beschwörungen zusammenzubringen, da warf sie sich zuerst auf den Boden, weinte lange und antwortete nicht. Dann umfaßte sie den Opferaltar (des Tempels) und rief: »Keine bösen Geister habe ich angerufen, keine Verwünschungen ausgesprochen, nur darum habe ich in meinem unglückseligen Gebet gefleht, daß du, Caesar, und ihr, Senatoren, mir meinen lieben Vater unversehrt erhalten möget. Nur so habe ich meine Edelsteine, meine Kleider und die Abzeichen meines Standes hingegeben, wie wenn man mein Blut und mein Leben gefordert hätte. Diese Männer, die ich vordem nicht

kannte, mögen selbst sehen, welchen Ruf sie haben und welche Kunstgriffe sie üben. *Ich* habe vom Fürsten nie anders gesprochen als von einem höheren Wesen. Und mein unglücklicher Vater weiß nichts von meinem Tun. Ist es ein Verbrechen, so habe ich allein gefehlt.«

32. Als sie noch sprach, fällt ihr Soranus ins Wort und bezeugt laut, sie sei nicht mit ihm in die Provinz gereist, Plautus könne sie ihrer Jugend wegen gar nicht gekannt haben, in die Anklage gegen ihren Gatten sei sie nicht verwickelt gewesen. Man möge sie, die sich nur allzu großer Kindesliebe schuldig gemacht, von seiner Sache abtrennen, er selbst wolle sich dann jedem Schicksal unterwerfen. Damit wollte er sich der Tochter, die ihm entgegeneilte, in die Arme stürzen, wenn nicht die Liktoren dazwischengetreten wären und beide zurückgehalten hätten. Nun wurden die Zeugen vernommen; und so viel Mitleid die grausame Anklage erregt hatte, ebenso viel Erbitterung erregte der Zeuge P. Egnatius. Der war ein Klient des Soranus und jetzt bestochen worden, um seinen Freund zu verderben. Er trug die gemessene Würde der stoischen Schule zur Schau und war geübt, in Haltung und Miene den Ehrenmann zu spielen. Im Herzen aber war er ein treuloser und heimtückischer Mensch, der seine Habsucht und Liederlichkeit zu verstecken suchte. Diese Eigenschaften wurden nachher durch das Bestechungsgeld an den Tag gebracht. So gab er ein warnendes Beispiel, wie sehr man sich nicht nur vor gewerbsmäßigen Betrügern und offen mit Schande Befleckten zu hüten habe, sondern auch vor Leuten, die unter dem Deckmantel edler Eigenschaften betrügen und die Freundschaft verraten!

33. Doch brachte derselbe Tag auch ein Beispiel edler Gesinnung. Cassius Asclepiodotus, der wegen seines großen Reichtums bei den Bithyniern bekannt war, ließ den Soranus, den er im Glück durch seine Anhänglichkeit geehrt hatte, auch jetzt in der Gefahr nicht im Stich. Dafür wurde er denn auch aller seiner Güter verlustig erklärt und in die Verbannung geschickt, woraus man die Gleichgültigkeit der Götter gegen gute und böse Taten erkennen kann! Thrasea, Soranus und Servilia wird die freie Wahl ihrer Todesart gestattet; Helvidius und Paconius werden aus Italien verwiesen; Montanus wurde seinem Vater zuliebe begnadigt, doch unter der Bedingung, daß er kein Staatsamt bekleiden dürfe.

Die Ankläger Eprius und Cossutianus erhalten je fünf Millionen Sesterzen, Ostorius eine Million und 200000 sowie die Abzeichen der Quästur.

34. Hierauf schickte man, als es schon Abend wurde, einen Quästor des Konsuls zu Thrasea, der sich in seinem Park aufhielt. Er hatte einen großen Kreis vornehmer Männer und Frauen um sich und unterhielt sich besonders angelegentlich mit Demetrius, einem Gelehrten der kynischen Schule. Aus Thraseas gespannter Miene und einzelnen Worten, die lauter gesprochen wurden, konnte man entnehmen, daß er ihn nach dem Wesen der Seele und nach der Trennung des Geistes vom Körper befragte. Unterdessen kam Domitius Caecilianus, einer seiner vertrautesten Freunde, und berichtete ihm, was der Senat beschlossen habe. Als die Gäste daraufhin weinten und klagten, mahnt sie Thrasea, eiligst aufzubrechen, um nicht durch ihre Teilnahme an dem Los der Verurteilten selbst in Gefahr zu kommen. Seine Gattin Arria aber, die mit ihm sterben und dem Beispiel ihrer gleichnamigen Mutter folgen wollte, ermahnt er, am Leben zu bleiben und nicht ihrer gemeinsamen Tochter die letzte Stütze zu rauben.

35. Darauf tritt er in die Halle und findet dort den Quästor vor. Dabei war er eher in freudiger als in trauriger Stimmung, weil er gehört hatte, daß sein Schwiegersohn Helvidius nur aus Italien verwiesen war. Als er dann den Senatsbeschluß in Empfang genommen hatte, führt er Helvidius und Demetrius in sein Schlafgemach. Als aus den Pulsadern beider Arme, die er sich aufschneiden ließ, das Blut entströmte, rief er auch den Quästor heran, besprengte die Erde mit seinem Blut und sagte: »Wir bringen Juppiter dem Befreier ein Trankopfer! Sieh nur zu, junger Mann! Mögen es die Götter verhüten, daß mein Ende eine böse Vorbedeutung für dich habe! Aber du bist in eine Zeit hineingeboren, wo man gut tut, seinen Geist durch den Anblick unbeugsamer Festigkeit zu stählen.« Als dann der Tod zu langsam eintrat und ihm schwere Qualen verursachte, wandte er sich zu Demetrius . . .

NACHWORT

Publius (oder Sextus bzw. Gaius, der Vorname ist nicht geklärt) Cornelius Tacitus ist Zeitgenosse der Flavier, Traians und auch noch Hadrians. Seine Lebensspanne umfaßt demnach die zweite Hälfte des 1. und einen großen Teil des 2. nachchristlichen Jahrhunderts. Das heißt, er hat die entscheidenden Phasen der Entwicklung des römischen Staates vom Prinzipat zur Monarchie miterlebt. Seine Rolle in der Politik wie als Schriftsteller scheinen wesentlich von dieser Entwicklung mitgeprägt.

Hatte Augustus versucht, neue Formen politischer Gestaltung des Stadtstaates Rom für eine dauerhafte Regierung des Imperiums zu verwirklichen – der von ihm begründete Prinzipat als Möglichkeit solcher Regierung ließ sich vorerst nur als Provisorium und Übergangslösung verstehen. Denn als Vereinigung von republikanischen mit deutlichen monarchischen Elementen waren die für die Aufgaben des neuen Amtes nahe liegenden Kriterien der Herrschaft kaum genügend ausgeprägt und in sich widersprüchlich, und man würde erst zu prüfen haben, nach welcher Richtung hin sich das Provisorium selbst mit der Zeit entwickeln mochte, um die unabdingbar notwendige Stabilität zu gewinnen. Freilich, die Art, wie Augustus von Anfang an die Mitglieder der eigenen Familie zu fördern bereit war und überdies selbst die eigene Stellung innerhalb des Staats- wie des Imperiumsgefüges weiter ausbaute, ließ anderseits früh erkennen, wie er sich diese Entwicklung dachte: Die dynastischen Hintergründe all dieser Maßnahmen und Handlungsweisen zeigen, daß er den Weg hin zur Monarchie welcher Spielart auch immer für unvermeidbar hielt. Im übrigen scheint derartiges in Rom als selbstverständlich gegolten zu haben: Die Regierungsübernahme des Tiberius wie auch die seiner Nachfolger gehen ohne Schwierigkeiten vonstatten und lassen vermuten, monarchische Vorstellungen müßten sich schnell in den entscheidenden Kreisen Roms gefestigt haben. Von Gaius, Claudius und selbst Nero brachte keiner die persönlichen Voraussetzungen für die Übernahme einer öffentlichen Funktion mit: Es kann indes keineswegs die Furcht vor kaiserlichen Repressalien gewesen sein, die bewirkte, daß von Diskussionen über solche Voraussetzungen in der Überlieferung kaum die Rede ist.

Sicher, wie bei ähnlicher Aufhebung entsprechender Qualifikationskriterien für die Bekleidung von Staatsämtern seit dem 1. Jahrhundert v. Chr. mochten auch jetzt noch die Forderungen der Imperiumspolitik das eigentlich Gefährliche dieses Experimentes verdecken. So beendet die Tötung Neros die Herrschaft der Dynastie des Augustus nach Verfallssymptomen, die sich von Rom aus bereits zur Gefährdung des ganzen Reiches auszuwachsen drohten; das Dreikaiserjahr 68/69 indes geht von der Monarchie als Selbstverständlichkeit aus, ohne daß deren Verankerung im Rechtlichen oder auch nur im Sozialen erneut überdacht worden zu sein scheint. Und Gleiches gilt für Vespasians Regierungsübernahme als Ergebnis des Katastrophenjahres. Freilich, zusammen mit diesem Sieg eines imperiumsbezogenen Pragmatismus über die Vorstellungen römischer Traditionalität ist es gerade der nach wie vor unverkennbare Provisoriumscharakter, der nun eine entscheidende neue Wesensänderung mit sich bringt.

Für die julisch-claudische Dynastie muß es in erster Linie die von Augustus gesammelte Machtfülle gewesen sein, die die Herrschaftsnachfolge ihrer Mitglieder ermöglichte. Formal jedoch war am Akt solcher Herrschaftsübertragung das traditionelle Führungsorgan des Staates, das heißt der Senat, entscheidend beteiligt, und hinter dessen Bestätigung erscheint etwa die Rolle des Volkes und selbst die der Prätorianer bei der Erhebung einzelner Kaiser als nebensächlich. Gerade dadurch aber war dem Kaisertum des 1. Jahrhunderts der Schein, und wohl nicht nur der Schein, einer stadtrömischen Einrichtung im Sinne jenes republikanischen Staatsaufbaues geblieben. Im Jahre 68 indes nun waren es die Armeen in den Provinzen, die die neuen Herrscher proklamierten, das heißt, es zeigt sich erstmals ein Interesse an der kaiserlichen Herrschaft, das nicht mehr von Rom, sondern vom Imperium ausgeht. Mochten sich auch Vorgänge wie die des Dreikaiserjahres vorerst nicht wiederholen, der Gedanke, daß die Rolle der Hauptstadt unwichtig und für das Imperium als Ganzes die auf sie sich gründende Tradition nur ein Zufall sei, war nicht mehr zu eliminieren. Dies aber bedeutet: In Rom muß man seit Vespasian damit gerechnet haben, daß man über kurz oder lang die Bedeutung als eigentlicher Mittelpunkt des Imperiums verlieren werde.

Die Vorbehalte in senatorischer Geschichtsdarstellung gegenüber dem Prinzipat und seiner Entwicklung im 1. Jahrhundert sind bekannt. Wenn aber etwas, dann muß es nach 69 diese Bedrohung der eigenen Funktion gewesen sein, die in führenden stadtrömischen Kreisen nahe des Hofes etwas wie eine dauernde Panik auslöste und das Verhältnis von Senat und Kaisertum entscheidend beeinträchtigte: Reminiszenzen an frühere Epochen der Imperiumsgeschichte nunmehr als Modelle einer besseren Imperiumsgestaltung gaben auf diese Weise den bereits vorhandenen Differenzen neue Akzente. Daß ein

Vespasian dabei die Tendenzen julisch-claudischer Kaiser fortführte, ja bereits zu Lebzeiten etwa seinem Sohn Titus das Amt des Prätorianerpräfekten übertrug, mag an sich wenig bedeuten. Schlimmer für die führende Schicht mußte es sich auswirken, wenn Domitian den Staat radikal im Sinne eines kaiserlichen Zentralismus auszubauen suchte und dabei alles getan zu haben scheint, die Senatsaristokratie allmählich auszuschalten. Die Monarchie, auf die er abzielte, war offenkundig stärker als unter einem seiner Vorgänger von den Aufgaben des ganzen Imperiums bestimmt, und von vornherein ließ sich das für dessen weitere Gestaltung benötigte Personal nur durch verstärkte Mobilisierung anderer Elemente, und zwar zwangsläufig aus der ganzen Reichsbevölkerung, gewinnen. So lag nahe, daß man gerade diesen Kaiser römischerseits mit allem Haß verfolgte und zu eigener Selbstbestätigung zweifellos vorhandene persönliche Defekte benutzte, sein Regime als Terrorherrschaft auszumalen. An der weiteren Entwicklung der Dinge freilich änderte dieser Haß so wenig wie Domitians Ermordung 96. Wohl kennzeichnet ein Nerva die letzte Aufwallung jener senatorischen, eigentlich römischen Herrschaftsansprüche gegenüber der Monarchie: Gerade er hat den Imperiumsrömer Traian als Nachfolger zu adoptieren, und wenn etwas, dann war dies als Zeichen zu verstehen, daß es in der Tat mit Rom als Zentrum der Macht vorbei war. Es ist die Armee, die diese in ihm endgültig übernimmt. Sicher, Traians Adoption durch den Senatskaiser mag ein Versuch sein, eine neue Möglichkeit zu schaffen, die bisherige Monarchie und deren Auswüchse zu überwinden. Und Traians betont gutes Verhältnis zum Senat bedeutet die Wiederholung eines Idealzustandes, wie er seit Augustus seinesgleichen nicht mehr gehabt hatte. Im Grunde indes nimmt Traian die Epoche der Soldatenkaiser vorweg, denn es bleibt die Armee, auf die allein er sich stützt, zusammen mit dem Verwaltungsapparat, an dem sich bezeichnenderweise nichts ändert. Und selbst wenn es entsprechende Äußerungen gäbe – auch das Traditionelle, scheinbar Romgebundene seiner Herrschaft nimmt sich bei näherer Prüfung doch nur als Verbrämung anderer Interessen aus. So sind denn auch seine Kriege in Dakien wie im Osten keineswegs ein Wiederaufleben des Expansionstriebes republikanischer Zeit, und nirgend etwa klingen jene alten Motive von Eroberung und Schaffung neuer Ordnung an: Neben sachlich begründeter Notwendigkeit als begrenzter Bereinigung von Schwierigkeiten oder Gewinnung benötigter Gebiete wirken diese Unternehmungen eher wie das Suchen nach einem Betätigungsfeld für die das Imperium tragende Maschinerie und nicht zuletzt als Demonstration ihrer Möglichkeiten vor diesem Imperium selbst. Die Regierungsübernahme Hadrians ist späterer Nachwelt ein ungeklärter Vorgang. Zeitgenossen müssen in ihm einen Rückfall in das dynastische Prinzip gesehen haben, der die Illusionen des traianischen Adoptivkaisertums schnell wieder zunichte machte. Und dazu paßten die Ereignisse der Jahre nach 117 mit Senatorenverschwörung am Anfang und nur noch gelegentlichem Aufenthalt des Kaisers in der Hauptstadt. Dynastische Akzentuierung aber haben auch die folgenden Kaiseradoptionen, bis ein Mark Aurel das Adoptionsprinzip wieder ganz aufgibt. Der gleichsam natürliche nächste Schritt ist die Verquickung von Militärherrschaft und Dynastie unter den Severern.

Ist so die römische und senatorische Imperiumsdarstellung der ersten Jahrhunderte römischer Kaiserzeit im wesentlichen von der wachsenden Bedrohung der eigenen Rolle in diesem Imperium bestimmt – für dieses selbst scheint sich in dieser Epoche ein ganz anderes Bild zu ergeben. Nicht nur, daß mit seinem Neuansatz Augustus der Welt um das Mittelmeer zum ersten Mal Frieden und Gedeihen ermöglicht hatte. Dadurch, daß er die Expansionspolitik der Republik beendete, wurde eine Fülle von Kräften frei, die sich für die innere Gestaltung des neuen Reiches verwenden ließ, was sich bald in deutlicher, vielfältig bezeugter Wohlfahrt aller Untertanen niederschlug. Nachrichten über wirkliches Bemühen der Kaiser um diese Wohlfahrt und großzügigste Munifizenz in Hauptstadt wie Provinzen lassen erkennen, daß es dem Prinzipat mit der Neuordnung nicht nur im politischen Bereich ernst war. So ist es alles in allem denn nicht zu verwundern, daß das, was, von einem Tacitus und anderen, dem Senat zumindest nahe stehenden Autoren auf das 1. Jahrhundert projiziert, den Charakter des Katastrophalen annimmt, außerhalb der Sphäre unmittelbarer Nähe des Hofes wenig Entsprechendes findet. Ein Romanisierungsprozeß im ganzen Imperium geht Hand in Hand mit zunehmender Prosperität, römische Zivilisation dringt in Provinzen und Randgebiete vor, Munizipalisierung und Bürgerrechtsverleihungen lassen auf bewußte Integrationspolitik schließen, deren Tendenz einer Einheit aller Reichsuntertanen mit allen Aussichten auf räumliche wie soziale Mobilität kaum zu verkennen ist. Kriterien solcher Art aber sind für den Osten wie den Westen nachzuweisen; sie machen den Segen deutlich, den die zentrale Regierung einer Monarchie gerade mit Hilfe ihrer unumschränkten, durch anderweitige Bindung weniger als zuvor eingeengten Machtfülle auszuüben vermag.

Gleiches gilt denn auch für die Bewältigung der auswärtigen Probleme. Der Republik war es möglich gewesen, im Laufe von knapp zweihundert Jahren über den ganzen Mittelmeerraum vorzudringen und ihren Machtbereich in dessen Hinterland zu erweitern. In die Katastrophe freilich war sie nicht zuletzt deshalb getrieben, weil mit der Ausdehnung ein Wachstum gleichsam der für die innere Ausgestaltung notwendigen Organe nicht Hand in Hand gegangen war. Folgerichtig hatte Augustus diese Expansionsbewegung beendet, und dies an einem Punkt, an dem die Imperiumsgrenzen noch zu übersehen waren und der Versuch einer inneren Stabilisierung noch Erfolg versprach. Die Frage nach den Ursachen einer solchen Erkenntnis ist schwer zu beantworten: Bewußter Gegensatz etwa zu Caesar reicht hier ebensowenig aus wie geographische Bedingungen. Näher liegt der bevölkerungspolitische Hintergrund, die Tatsache, daß für weitere Ausdehnung die Kräfte weder Roms noch des von ihm geleiteten Imperiums genügten, wollte man sich nicht wie ein Alexander in Räumen verzetteln, die vorerst noch kaum vollkommen bekannt waren. Vielleicht spiegelt die Ehe- und Familiengesetzgebung des Augustus, wenngleich nur auf römische Bürger bezogen, einen allgemeinen, für das ganze Imperium gültigen Zustand wider, angesichts dessen gar nichts anderes übrig blieb als ein Umdenken gleichsam zum Defensiven hin. So scheint man verhältnismäßig leicht auf eine Unterordnung und selbst intensivere Kontrolle der weiteren Oikumene zu verzichten und sich auf eine allmähliche Durchdringung lediglich benachbarter Randzonen zu beschränken. Die Außenpolitik paßt man diesen Forderungen an. Sie konzentriert sich nach Abrundung des Imperiumsterritoriums im Westen durch Augustus auf zwei Brennpunkte, die nördliche und die östliche Grenze. An beiden Stellen freilich zeigt nunmehr unter veränderter Zielsetzung das kaiserliche Rom eine Überlegenheit, wie sie auch rückwirkend nicht ohne Bedeutung wiederum für die Position des Kaisers innerhalb des Imperiums geblieben sein kann. Zwar fällt das Partherreich aus dem Rahmen römischer Grenz- und Bündnispolitik heraus. Dafür aber gestaltet sich mit der Zeit, jedoch früh beginnend, zwischen beiden Mächten eine Partnerschaft, die sich sehr wohl als bewußt erstrebter Ersatz für jene Oikumenebeherrschung und als die Folge sachlicher Einschätzung territorialer Möglichkeiten verstehen läßt. Die römische Fürsorge für die Stabilität des parthischen Reiches seit dem Jahre 20 v. Chr. gehört in diesen Zusammenhang. Zwar reißen Kontroversen um Probleme der Grenzen, besonders um Armenien, nicht ab; das Hin und Her um geopolitische Einzelvorteile indes berührt im Wesen das römisch-parthische Verhältnis nicht. So bedeutet der 63 geschlossene, 66 feierlich in Rom bekräftigte Kompromiß zwischen beiden Mächten zur Besetzung des armenischen Thrones im Grunde einen Sieg Roms und die Anerkennung römischer Überlegenheit. Und auch die Zurückhaltung eines Vespasian an diesen Grenzen kann nicht darüber hinwegtäuschen, daß in erster Linie Rom es ist, das zwischen Kaukasus und Arabien seinen Willen realisiert. Der Partherkrieg Traians und die wenngleich vorübergehende Annexion Armeniens wären von hier aus der natürliche nächste Schritt: Ob Traian das römisch-parthische Verhältnis wirklich zu verändern beabsichtigte, läßt sich aber kaum erkennen. An anderen Stellen wieder begnügt sich Rom mit einem System von verbündeten Staaten, von denen jeder ihm seine Existenz verdankt und dafür gerne Aufgaben übernimmt oder aber seine Kräfte dem Imperium zur Verfügung stellt. In Arabien und Afrika wie auch an der nördlichen Grenze beginnt damit ein Prozeß politischer Romanisierung, der die Grenzen zwischen Bundesgenossen und Provinzen mehr und mehr verschwimmen läßt, dafür zugleich aber, obzwar im kleinen, doch ohne Kräfteverlust einen stabilen Zuwachs an eigenen Interessengebieten und Kontrollmöglichkeiten ohne großes Risiko mit sich bringt. Die Eroberung Englands durch Agricola, den Schwiegervater des Tacitus, etwa ist natürliche Abrundung: Daß Agricola das nördliche Schottland auszusparen hatte, wird keineswegs als Niederlage empfunden. In Germanien besetzt man unter Vespasian das Dekumatland und schiebt sich in den folgenden Jahrzehnten an Rhein wie Donau langsam über die Ströme vor, nachdem sich ein letztes, umfassendes Ausgreifen bis zur Elbe schon unter Augustus als aussichtslos erwiesen hatte. Wie weit man an einer Kontrolle des weiter entfernten Vorfeldes im 1. Jahrhundert wirklich interessiert war, ist kaum mehr zu erkennen. Aber auch wenn man dies vorerst versäumt hatte, die Gefahr, die erstmals in den von Tacitus geschilderten Zusammenballungen des Hinterlandes deutlich wird, hatte um die Wende vom 1. zum 2. Jahrhundert kaum bereits einen bedrohlichen Charakter, und von den germanischen Invasionen unter Mark Aurel war man noch weit entfernt. So scheinen denn auch die Vorstöße Traians nach Dakien und die Eroberung des Decebalusreiches von begrenzt regionalem Charakter, wie die weitere Entwicklung dieses Gebietes innerhalb des Imperiums zeigt. Hadrians Rückkehr zu verstärkter innerer Stabilisierung zeigt, was man um diese Zeit für vordringlich und notwendig hielt.

Überwogen demnach für das Imperium die Vorteile der großen augusteischen Wende, so bleibt denn in der Tat als Ort für kritische Reflexionen nur Rom. Sieht man von erwähnten, spezifisch-römischen, nicht ganz unberechtigten Interessen ab – dort allein war es möglich,

Einblicke auch in fragwürdige Bereiche des kaiserlichen Herrschaftssystems und damit die Voraussetzung für einen Blick in die Dinge hinein zu gewinnen. Und nur in Rom selbst ließen sich aus der Überlieferung und aus der – weitgehend erst unter Augustus formulierten – republikanischen, politisch-ethischen Wertskala Alternativen entwickeln. In der Tat fällt auf, wie sehr sich die Darstellung von Zeitereignissen und auch die Gedanken über die historische Situation auf die Hauptstadt und deren Schicksal beschränken, das Imperium und dessen Zustände aber fast stets in Parenthese gebracht werden. Die Überlieferung mag lückenhaft sein, Tacitus macht, soweit ersichtlich, keine Ausnahme. Exklusivität solcher Art wird sich, neben dem Aufenthaltsort der einzelnen Autoren und den Möglichkeiten von Quellenbenutzung, aus der Tradition römischer Historiographie erklären. Dazu kommt, daß allgemein nur in einer Beschränkung auf engsten Raum Aussicht bestand, den eigenen Perspektiven etwas wie Durchschlagskraft zu verleihen, während anderseits die Vielfalt der Imperiumsprobleme sich auch mit modernen Methoden nur schwer, mit antiken gar nicht darstellen läßt: Von den Historikern ist es erst Ammian, der solches versucht; daß ihm dies gelungen sei, scheint schwer zu beweisen, und damit, daß er die Perspektiven nun umgekehrt hat, ist es nicht getan.

An der Tendenz solcher Kritik an der erlebten Wirklichkeit kann es nach den angedeuteten Voraussetzungen Zweifel kaum geben. Ihr Ansatzpunkt lag in den von Augustus hinterlassenen, ungelösten Problemen und jenem gleichsam immanenten Übergang von republikanischen in andere Staatsformen, die sich äußerlich gesehen als deren Fortentwicklung verstanden, in Wirklichkeit aber auf das Gegenteil zustrebten. Berufen hierzu aber konnte sich in der Tat zwangsläufig nur das Gremium fühlen, das allein noch die Traditionen jener nachträglich zum Ideal erhobenen Res publica zu verkörpern vermochte, der Senat.

So wird in dessen Verhalten gegenüber Prinzipat und Monarchie ein gleichsam doppeltes Interesse sichtbar, ein direktes, das ihn selbst betrifft, und ein zweites, das den ganzen Staat einbezieht. Freilich, eine wirklich selbständige politische Funktion wahrzunehmen war diesem Senat schon unter Augustus nicht mehr möglich. Sieht man aber von den seither dem Kaiser übertragenen bzw. von diesem usurpierten Möglichkeiten der Senatorenernennung und des Eingreifens in Senatsbelange ab – gerade jene räumliche Nähe des Herrschers scheint es, die dem Senat im Laufe des 1. Jahrhunderts immer mehr an Initiativen nimmt und ihn unselbständiger macht. Für die Rolle einer Opposition im modernen Sinne aber fehlten ihm alle Voraussetzungen. So sind es denn auch nicht der Senat, sondern höchstens einzelne seiner Mitglieder, und zwar in privater Aktion, wenn es darum geht, sich kaiserlichen Entscheidungen und Anordnungen mit politisch-traditionellen oder aber philosophischen Argumenten zu widersetzen; Nachrichten über einen Widerstand des geschlossenen Senates vor den Augen eines im vollen Besitz seiner Macht befindlichen Herrschers werden bezeichnenderweise nicht überliefert. Daß zumindest oppositionelle Töne nicht verstummten, liegt an der Vielfalt der Ansatzmöglichkeiten für die Frage, ob Staat und Imperium jeweils noch waren, was sie zu sein vorgaben, und wie weit jene von Augustus zur Norm erhobenen Grundwerte des römischen Staates unter jeweils gegebenen Umständen noch Geltung besaßen. Daß man sich gerade auf diese Weise in Verständnislosigkeit gegenüber den Problemen des Imperiums hineinmanövrierte, lag nahe; eine Isolation als deren Folge war es denn auch, die nach Verfestigung der Gegensätze im 3. Jahrhundert der Rolle des Senats als Organ der Imperiumsregierung ein Ende bereitete. Daß als Möglichkeit politischer Reflexion und zugleich von Opposition die Historiographie senatorischer Kreise fast ausschließlich von vielfältig nuancierter Kritik bestimmt ist, nimmt nach solchen Voraussetzungen kaum wunder. Von apologetischer Deutung historischer Ereignisse sind in der Tat kaum Spuren auf uns gekommen. So fehlen denn als kaiserliche Gegenmaßnahmen Repressalien bis hin zu Bücherverbrennung nicht; Persönlichkeiten wie ein Paetus Thrasea und ein Helvidius Priscus werden zu Leitbildern für die Verwirklichung philosophisch bestimmten politischen Verhaltens und stempeln indirekt das Kaisertum der Julier-Claudier wie der Flavier zur Barbarei. Die Wirkung solcher senatorischen Selbstdarstellung auf andere Teile des Staatsvolkes, ja selbst auf den Senat in seiner Gesamtheit, ist freilich unbekannt.

Eine solche Situation politischer und ideologischer Konfrontation und der Auseinandersetzung zwischen verzweifelt bewahrten Traditionen und zwingenden Notwendigkeiten ist es, in die Tacitus hineingeboren wurde. Und wie kein anderes verkörpert sein Werk die Zwiespältigkeit einer Haltung, zu der die Umstände jeden zwangen, der sich ernsthaft mit entsprechenden Fragen abgab, die Dinge aus der Nähe sah und doch nicht in der Lage war, eigene Ansichten zu verwirklichen. Geboren um 56 n. Chr. wohl in Rom, entstammt er einer Familie, für deren Herkunft aus Gallien oder Oberitalien die Zeugnisse recht schlagend scheinen; die Heirat einer Tochter des ebenfalls aus Gallien stammenden Gnaeus Julius Agricola würde hierzu passen. Vermutet wird nach inschriftlichen Zeugnissen auch, daß sein Vater ein ritterliches Amt bekleidete. Ihm selbst freilich müßte noch durch Vespasian die senatorische Ämterkarriere eröffnet worden sein. 76 in militärischem Dienst, begegnet er 81 als Quaestor, 88 als Praetor und zugleich als Mitglied eines priesterlichen Zwanzigmännerkollegiums in der Stadt. Wenige Jahre danach Statthalter einer Provinz, vielleicht in Gallien nahe der germanischen Grenze, bekleidet er 97 das Konsulat. Nach 110 beschließt er seine Laufbahn als Prokonsul der Provinz Asia – an der Übernahme weiterer Ämter mögen ihn neben wachsendem Alter nicht zuletzt die Aufgaben gehindert haben, deren Last er sich mit seiner Rolle als Historiker aufgebürdet hatte. Sicher, eine Karriere, die sich alles in allem kaum von dem für eine aufstrebende Familie der Kaiserzeit Üblichen unterscheidet. Als auffallend freilich könnte es scheinen, wie er, offensichtlich von den Flaviern einschließlich Domitians gefördert, unmittelbar nach deren Beseitigung durch Nerva das würdigste Amt des Staates erhält, um später dann unter Traian in einem Gebiet zu amtieren, das wiederum gerade für den sich anbahnenden Perserkrieg als Nachschubbasis besonders wichtig gewesen sein muß. Seine herausragenden Fähigkeiten als Rhetor reichen zu einer Erklärung für dies alles ebenso wenig wie persönliche Verbindungen etwa zu Plinius dem Jüngeren. Näher liegt, Tacitus müsse eine führende Rolle in der Opposition gegen Domitian gespielt haben, so daß das Konsulat eine offizielle Belohnung darstellte, auch wenn er selbst nicht unmittelbar an der Beseitigung des Kaisers beteiligt war.

Gerade von dieser Rolle aus wäre denn auch sein schriftstellerisches Werk am ehesten zu verstehen. Freilich, was ihn dazu trieb, Historiker zu werden, spricht er kaum je deutlich aus. Und trotz verstreuter biographischer Andeutungen ist es schwer, den Staatsbeamten und den Historiker Tacitus miteinander zu vereinen oder wenigstens aus Daten und Hinweisen ein geschlossenes Ganzes zu gestalten. Zwar betont er bereits in seiner ersten Schrift den Schock des Domitianerlebnisses; allzu viel gewinnen läßt sich aus seinen Hinweisen für den Werdegang des Schriftstellers freilich nicht. Wichtiger scheint eine besondere Veranlagung zu Reflexion und historischer Analyse, verbunden mit Eigenwilligkeit in Gedanke wie Ausdruck, Kennzeichen und Folge vielleicht allzu langer Zurückhaltung und später Verwirklichung eigener Persönlichkeit. Als Tacitus zu schreiben begann, war er über vierzig Jahre alt. Bei solchem Hang zur Analyse freilich muß ihm früh ein Domitian nicht als einmaliges Phänomen erschienen sein, sondern als Ausdruck und gleichsam Exempel einer allgemeinen, geistigen wie politischen Situation, die zum Suchen nach Analogien, Hintergründen und Entwicklungszusammenhängen geradezu herausforderte. So wären denn kurze Hoffnungen, die er nach eigenen Worten sich nach Beseitigung Domitians auf die nunmehr mögliche Entwicklung der Monarchie gemacht hat, nichts weiter als das Stadium eines Lernprozesses: Ein solcher wiederum konnte mit fortschreitenden Studien und Erkenntnissen eines umfassenden, weit zurückreichenden Komplexes von Tatsachen und Kausalitäten nur zum Gegenteil, zu Resignation und Pessimismus, führen. Er übernimmt jene traditionelle Werteskala gleichsam als Selbstverständlichkeit. Das Bild der seiner eigenen Epoche unmittelbar vorausgehenden Zeit aber wird von ihm bereits als Verfall gezeichnet, wie er offenkundig zu Beginn des Prinzipats sich weniger im Politischen als im Moralischen äußert und im Laufe der Jahre immer neue Aspekte gewinnt. Und auch die Monarchie, vertreten durch die einzelnen Kaiser, scheint er analog dazu in einer Reihe von Einzelperspektiven darzustellen, eine innere Entwicklungslinie für sie ist für das auf uns Gekommene nur schwer zu erkennen.

Sichtbarer Ausdruck jenes echten, guten Römertums ist für Tacitus die *virtus* als bürgerliche, militärische und allgemeine Qualität. Sie äußert sich für jede soziale Schicht in eigener Weise und kennt eine Vielzahl von Variationsmöglichkeiten für alle Bereiche und Situationen menschlichen Lebens; die Zahl der Termini, die sie umschreiben, ist so groß wie die der Gelegenheiten, anläßlich derer sie sich zeigen mag. In ihren Rahmen gehören demnach Begriffe wie *pietas* und *fides*, dazu Tapferkeit und Würde, das Verhältnis einzelner zum Staat umschreibt die *libertas:* Mit »Freiheit« allein läßt sich das Wort kaum erschöpfend für Tacitus übersetzen, es umfaßt vielmehr alles, was den Gegensatz zu Despotie und Gewaltherrschaft ausmacht, und charakterisiert damit die Möglichkeit jeden politischen Daseins überhaupt. Der Verlust eines der vielfältigen Bestandteile dieses ethischen Komplexes aber ist für Tacitus Ursache oder bereits Zeichen der Störung eines gleichsam prästabilierten Gleichgewichts: Ähnlich wie die Zerstörung wichtiger Bausteine eines Gebäudes führt sie unweigerlich zum Zusammenbruch des ganzen Gefüges.

Harmonie und Gleichgewicht innerhalb dieses ethischen Gefüges hatten Rom seinerzeit in einer Kräfteexplosion sondergleichen zur Größe geführt, römische Expansion und Herrschaft über fremde Länder als Voraussetzung einer Erziehung und Humanisierung dieser Völker ihre Berechtigung gefunden. Friede und Ordnung im ganzen Imperium, wie Augustus sie ermöglichte, mochten äußerlich gesehen die Krönung dieser Entwicklung bedeuten. Wie Tacitus die Dinge zeichnet, müßten *libertas* und Prinzipat, so wie dieser an sich konzipiert war, einander keineswegs von vornherein widersprechen. Tatsache freilich ist für ihn, daß dieses ideale Verhältnis dennoch durch Augustus zerstört wurde. Sicher, für die römische *virtus* mochte es Variationsmöglichkeiten auch unter der Monarchie geben, und Tacitus versäumt nicht, solche aufzuzeigen, wo immer sich Gelegenheit bietet. Agricola, Corbulo und nicht zuletzt Germanicus, der Neffe des Tiberius: In solchen Persönlichkeiten verkörpert, vermag sie bis zu gewissem Grade sogar die allgemeinen Verfallserscheinungen zu korrigieren. Indes, sie zeigt sich nur isoliert, und nichts ist bezeichnender als das Schicksal dieser Persönlichkeiten im Laufe der allgemeinen Entwicklung. Herrscher, Senat, Volk und Heer verkörpern in charakterlicher Disposition wie Verhaltensweise das Gegenteil, und so sind es gerade die wenigen Lichtpunkte, die dem taciteischen Lebenswerk seinen tief resignierten Hintergrund geben. Nicht, daß uns ein Hinweis überliefert wäre, wie Tacitus sich jenes ideale Verhältnis im einzelnen vorstellte oder welche erzieherischen Folgen er sich von einem solchen erwartete. Unklar bleibt auch, wie er in einer derartigen Verbindung die Probleme des Imperiums bewältigt hätte wissen wollen. Mit der inneren Umwandlung der Res publica zur dynastisch verankerten und damit immer weniger kontrollierbaren Monarchie wird jede *libertas* wirkungslos und verliert von hier aus alles Bemühen um jene *virtus* ihren Sinn. Die Folgen dieser Zerstörung aufzuzeigen, scheint er als sein Lebenswerk angesehen zu haben, wobei er, um das Wechselverhältnis katastrophaler Kräfte zwischen den einzelnen Kontrahenten sichtbar zu machen, im Suchen nach Beispielen Privates und Offizielles zu vermengen hatte. Er berichtet von Augustus auffallend objektiv und zurückhaltend, und die innere Notwendigkeit der von ihm unter den erwähnten Voraussetzungen begonnenen Ära klingt im Hintergrund der Einleitungskapitel der »Annalen« unüberhörbar an. Das Bild Roms, das in allen Teilen seines Lebenswerkes sich gleich bleibt, ist das einer von vornherein moralisch zerstörten Gesellschaft, für die die Despotie die einzig angemessene Herrschaftsform darstellt. Zu ihr paßt die neu ausbrechende Barbarei der Majestätsverbrechen ebenso wie die Metzeleien der Bürgerkriege, bezeichnenderweise eingeleitet mit den Soldatenmeutereien unmittelbar nach dem Tod des Augustus. Mit der moralischen Grundlage römischer Geschichte aber verfällt denn auch jene Berechtigung römischer Herrschaft über andere Völker: Programmatisch umschreibt daher die Rede des britannischen Anführers Calgacus schon im »Agricola« Roms auswärtige Politik und Befriedungskriege als Raubgier und Unterjochung. Sie spricht aus, was Tacitus schon bei Beginn seiner Schriftstellerei als Folgen aus seinen Studien gezogen haben muß und von nun an immer wieder variiert.

Analysen der römischen Katastrophe sind nicht neu. Längst etwa ist die Abhängigkeit des Tacitus von Sallust erkannt worden. Indes, der Unterschied zwischen dem Historiker des 1. vorchristlichen und dem des 2. nachchristlichen Jahrhunderts ist nicht zu übersehen. Liegt dort der Verfall in der römischen Unfähigkeit, eine neue Lage zu bewältigen, so ist es hier der bewußt und gleichsam sehend eingeschlagene Weg ins Verderben. Für Sallust scheinen die Verfallssymptome noch zu korrigieren, und in dieses Bild würden denn die unter seinem Namen überlieferten Schreiben an Caesar zur inneren Erneuerung des Römertums passen – für Tacitus sind die Dinge, einmal in ihre Bahn gelenkt, nicht mehr zu kontrollieren und offensichtlich auch zu komplex, als daß sich noch eine Wende erhoffen ließe. Was er schreibt, gehört seinem Charakter nach in den Rahmen senatorischer Historiographie mit ihren oben skizzierten Absichten. Doch ist mit solcher Kategorisierung in seinem Fall sicher zu wenig ausgesagt. Abgesehen davon, daß sich ein umfassendes, klares Bild dieser Gattung den überlieferten Zeugnissen nach kaum gewinnen läßt – das von Tacitus Erhaltene spiegelt durch die verschiedenen Schriften hindurch ein Ringen um die Problematik, dessen subjektiver Charakter nicht zu übersehen ist. Dies aber macht es schwer, den Autor einzuordnen. Die Entwicklungslinie dieses Ringens muß aus den Einzelphasen Erschütterung (Domitian), Hoffnung (Domitians Tod), Enttäuschung (Traian) und vielleicht neuer Hoffnung am Ende (Hadrian) bestanden haben, um in Verdüsterung zu enden. Ein sich zwangsläufig immer mehr vertiefender Pessimismus mag die zweite Erklärung dafür sein, weshalb er auf weitere Ämter und Ehren verzichtete.

Er begann mit einer Erinnerungsschrift für seinen bereits verstorbenen Schwiegervater Agricola. 77 Konsul, hatte dieser in den folgenden Jahren als Statthalter Britanniens die Insel bis zum Firth of Forth befriedet, während die Flotte diese erstmals umsegelte. Sein Sieg über die Kelten hatte Rom die volle Herrschaft über England gebracht. Zur endgültigen Besetzung der ganzen Insel indes war es nicht mehr gekommen, Agricola selbst zog sich nach der Verleihung der Triumphabzeichen ins Privatleben zurück. Ihrem literarischen Charakter nach fügt sich die Schrift schwer in ein literarisches Schema ein; ihr Zweck indes, die Abrechnung mit dem Regime Domitians, ist offenkundig. Typ des römischen Magistrats bester Prägung, wird

Agricola geradezu zum Modell jener Möglichkeiten römischer *virtus* unter veränderten Umständen. Seine Abberufung und die erzwungene Tatenlosigkeit aber sind als Kaltstellung gezeichnet und machen den damit angedeuteten Haß des Kaisers auf Persönlichkeiten dieser Art zum moralischen Problem. Auch wenn es die Einleitungssätze nicht eigens betonten, würde die Schrift auf diese Weise zum Programm.

Zwei kleinere Schriften aus den folgenden Jahren runden dieses Bild von Auseinandersetzung ab, die »Germania« und der »Dialog über die Redner«. Zwar wird für die zweite dieser Schriften die Autorschaft des Tacitus bezweifelt, und für die erstgenannte gibt die Einordnung in das Gesamtwerk Rätsel auf. In das oben angedeutete Programm indes fügen sich beide ein. Stets hatten Redefreiheit und mit ihr verbunden die Blüte der Rhetorik als Mittel wie zugleich Ausdruck uneingeschränkter politischer Meinungsbildung und damit als das Zeichen eines unangetasteten inneren Staatsgefüges gegolten; ihr Verfall kennzeichnete demnach das Gegenteil. In seinem »Dialog« nun, den er in die siebziger Jahre verlegt, läßt Tacitus vier bedeutende Persönlichkeiten des öffentlichen Lebens den Verfall der Redekunst erörtern. Ein Kaleidoskop von Argumenten überträgt in seinem Verlauf die Kriterien des politischen Zustandes gleichsam in die Ebene des Geistigen, ohne daß der Verfasser sich mit den einzelnen Gesprächspartnern ganz zu identifizieren bräuchte. Der taciteische Gedankenkomplex aber, auf diese Weise gleichsam eingegrenzt, wird zugleich erweitert und vertieft. Zweifellos, mit der Übernahme eines Teiles der Aufgaben der Republik durch Prinzipat und Kaisertum war die Rhetorik vieler Wirkungsmöglichkeiten beraubt worden, und auch dort, wo sie noch Platz hatte, muß sich die kaiserliche Kontrolle lähmend ausgewirkt haben. Mit diesem Kennzeichen der alten Res publica aber verliert die *libertas* einen ihrer wesentlichen Bestandteile: Ihres Sinnes beraubt, zieht ihr Verfall den geistiger Kultur nach sich und führt auch von hier aus in eine Barbarei, aus der es für den einzelnen kein Entrinnen gibt, mag er sich durch Flucht in den privaten Bereich auch scheinbar vor der allgemeinen Katastrophe retten. Die »Germania« wiederum, vielleicht etwas früher entstanden und mit besonderen Erinnerungen des Autors an Erlebnisse während der eigenen Statthalterschaft unter Domitian in Zusammenhang gebracht, ergänzt dies von der anderen Seite her. Denn sie entwirft zum Bisherigen gleichsam ein Negativbild. Bedeutet die erwähnte Vielzahl von Stämmen und Stammesverbänden schon an sich die eindringliche Demonstration von Bedrohlichem, Nichtbewältigtem – *virtus* eigener Art als wirkende moralische Kraft in den barbarischen Völkerstämmen muß vor dem Hintergrund des taciteischen Imperiumsbildes zu einer Gefahr werden, vor der es auch von hier aus ein Entrinnen nicht mehr gibt. Das vieldiskutierte »fatis ... urgentibus« in Kapitel 33 läßt eine andere als eine zutiefst pessimistische Deutung kaum zu.

Nach den kleineren Schriften und dem in ihnen dargelegten Bild der eigenen Zeit und ihrer Aussichten aber konnten die beiden großen Werke, die sich anschlossen, nur die Ausgestaltung solcher Grundgedanken, nunmehr in großen Dimensionen, sein. Bereits im »Agricola« hatte Tacitus von dem Plan gesprochen, einmal die eigene Zeit und den Anbruch einer neuen Epoche nach der Katastrophe des vorangegangenen Jahrhunderts darzustellen. Gründe, weshalb es nicht dazu kam, lassen sich nur vermuten. Zur Enttäuschung über das Ausbleiben des großen Wechsels unter Traian mochte die Erkenntnis von der Unmöglichkeit treten, jene alten Ideale noch einmal zu verwirklichen: Der sichtbare, den allgemeinen Umständen nach notwendige kaiserliche Machtzuwachs bedeutete geradezu ein Sichentfernen von diesem Ideal. Die Darstellung der unmittelbar vorausgehenden Epoche, beginnend mit dem Dreikaiserjahr, wäre demnach ein Ausweichen auf den Versuch, die schnell wieder problematisch gewordene Gegenwart mit ihren Gefahren wenigstens gleichsam indirekt aufzuzeigen.

Den Zeugnissen in den Briefen des jüngeren Plinius nach muß dieses Werk zwischen Konsulat und Statthalterschaft in Kleinasien entstanden sein. Breit angelegt, umfassen die »Historien« in 14 Büchern die Geschichte der flavischen Dynastie und lassen erstmals nun auch im großen Arbeitsweise und Methoden taciteischer Darstellung erkennen. Die Benutzung verwendeter Quellen ist nicht vollkommen klar. Daß er einschlägige Arbeiten anderer zeitgenössischer Autoren kannte und auch offizielle Dokumente einsah, ist anzunehmen. Anderseits ist Tacitus keiner seiner Quellen, soweit ersichtlich, bis in die Formulierung hinein gefolgt. Er verarbeitet vielmehr den vorgefundenen Stoff zu einer Darstellung der Dinge von betonter Subjektivität.

Auch seine Sprache entfernt sich von den für historische Darstellungen üblichen Stilformen. Indem sie sich der Mittel anderer Literaturgattungen, etwa der Epik, bis in wörtliche Reminiszenzen hinein bedient, entsteht nicht nur eine ganz neue Form von Bericht und Interpretation zugleich. Allein der Stil wird auf diese Weise zu Antwort und immanenter Widerlegung jener augusteischen Imperiumsverklärung und zugleich zu einem Suggestivmittel, dessen Assoziationsmöglichkeiten nicht ohne Wirkung geblieben sein können. Dazu aber kommt die Sprache an sich. Sie vermeidet die Satzperioden der klassischen Zeit, bevorzugt Antithesen und gewinnt auf diese Weise ihre eigenartige Durchschlagskraft. Sie beschränkt sich vorwiegend auf die Verwendung von Substantiven und Verben, wobei die – in der Übersetzung nie ganz angemessen wiederzugebende – Wahl der Worte im einzelnen jenes Gefüge von assoziationsgeladener Hintergründigkeit noch kompliziert. Der Gesamteindruck sprachlicher Eigenheit setzt sich in der taciteischen Behandlung des Stoffes gleichsam fort. Zwar ist es schwer, in einem Kaleidoskop von Schlaglichtern, Anspielungen und Andeutungen, in dem jedes Wort einen bestimmten Stellenwert zu haben scheint, auch die letzten Nuancen dessen zu erfassen, was vielleicht ausgedrückt werden soll. Im übrigen fehlt es denn auch nicht an äußeren wie inneren Widersprüchlichkeiten, die den Durchblick auf eine wirkliche Konzeption verhindern, indes vielleicht als weiteres Stilmittel zu psychologischer Beeinflussung zu verstehen sind. Die Absicht einer Darstellungsweise von derartiger Eigenwilligkeit aber kann nicht der Bericht, sondern nur die Akzentuierung eigener Vorstellungen sein, und es wird fast verständlich, daß es bei einer solchen Demonstration des Subjektiven dem Autor weder auf sachliche Korrektheit etwa in Verwendung einzelner Termini noch auf Vollständigkeit des für weiteres Verständnis an sich unabdingbaren Tatsachenmaterials ankommt. Wie weit freilich diese scheinbare Indifferenz nicht nur gegenüber den Dingen, sondern selbst den formalen Anforderungen einschlägiger, zeitgenössischer Literatur gegenüber wirklich Zeichen nur einer derart gesteigerten Subjektivität oder aber bereits Ausdruck von Skepsis in ihrer letzten Steigerung ist, die Folge von Resignation an einem Sinn eigener Tätigkeit oder ihrerseits selbst schon wieder Deutungsinhalt, bleibt unklar.

Bei all dem ist die künstlerische Absicht unbestritten. Soweit zu erkennen, kann sie aber unter den angedeuteten Voraussetzungen allein der Insinuation einer historischen Wirklichkeit dienen, mit der ein vorgeprägtes Bild von Kausalitäten erst bewiesen werden soll. Gegenüber der Andeutung des Möglichen, innerlich Wahrscheinlichen aber hat Wahrheit und Wahrhaftigkeit selbst in dem für antike Historiographie gültigen Sinne eine untergeordnete Rolle zu spielen. Die Mutmaßungen des Tacitus etwa bereits zum Tod des Agricola und später des Germanicus sind drastisches Beispiel.

Ist aber der eigentliche Tatsachenhintergrund gleichsam nur die Folie, so erhält das Werk als Ganzes den Charakter einer Wesensschau, für die auch der historische Ereignisablauf etwa gegenüber der moralischen Exemplifikation eine nur nebensächliche Funktion besitzt.

Erhalten sind von den »Historien« Buch I-V, die Ereignisse des Dreikaiserjahres bis in die zweite Hälfte des Jahres 70 hinein. Dieser Teil macht etwa ein Drittel des ganzen Werkes aus. Erstreckte dieses sich bis zum Tod Domitians, so liegt die Annahme nahe, die Geschichte dieser weiteren fünfundzwanzig Jahre sei für Tacitus weniger interessant gewesen.

Die hier in deutscher Übersetzung vorgelegten »Annalen« sind das letzte monumentale Werk. Sie führen das Bild der »Historien« fort und erweitern dabei den bisherigen Gesichtskreis von Zweifel, Skepsis und Zwiespalt zwischen dem Bemühen, die Dinge aus sich heraus zu erklären, und verzweifeltem Pessimismus. Ihre genaue Entstehungszeit ist nicht gesichert, mögliche Anspielungen auf Zeitereignisse beweisen nicht zuletzt angesichts der stilistischen Eigenheiten des Autors nur wenig. Daß das Werk indes nach den »Historien« entstand, hat als sicher zu gelten: Dann aber kommen nur die Jahre nach der Statthalterschaft unter Traian in Frage. Zwar ist ein Todesdatum für Tacitus nicht zu ermitteln. Ob ihm, im siebten Jahrzehnt seines Lebens stehend, die letzte Überarbeitung der »Annalen« noch möglich war, ist unbekannt.

Auch der Anlaß für eine Wesensschau nun auch der den »Historien« voraufgehenden Prinzipatszeit ist nicht leicht zu finden. Sicher ist er neben anderem in der Auseinandersetzung mit der eigenen Zeit und jener gerade unter Traian sich entscheidend vertiefenden Ausprägung der Monarchie zu suchen. Die Diskussion um die »Historien« mag dazu kommen: Wohl waren diese eine erste fundierte Darlegung einer Konzeption von der Zerstörung römischer Ordnung durch die ihrer ethischen Grundlage gewesen. Sie hatten mit dem Jahr 68/69 begonnen, einem Zeitpunkt, an dem die mit Augustus sich abzeichnende Katastrophe schon ein gut Stück fortgeschritten war. So könnte es sehr wohl sein, daß mangelndes Verständnis für sein Anliegen – dies nicht zuletzt angesichts der Kompliziertheit seiner Darstellungsweise – es war, das ihm nahe legte, nun die Katastrophe in größerer Breite aufzuzeigen und dabei so weit wie möglich auszuholen. Sein in den »Annalen« selbst (III 24) geäußerter Plan, eines Tages auch noch die Geschichte des Augustus nachzutragen, scheint bezeichnend für einen solchen Entwicklungsgang der Dinge. Erhalten sind von insgesamt 16 (nach anderen 18) Büchern I–VI, davon allerdings V und VI nur in Teilen, und XII–XVI (das letzte Buch ebenfalls nur teilweise), umfassend die Geschichte des Tiberius und dann die Jahre von 47 bis 66. Der Titel »Ab excessu Divi Augusti« mag dabei irre führen, denn er scheint das Anliegen des Autors zu verharmlosen. Tatsächlich aber müssen Zeitgenossen, durch die »Historien« bereits informiert, in dem kurzen Überblick der ersten Kapitel des neuen Werkes alles gefunden haben, was sie brauchten, um den inneren Zusammenhang herzustellen.

Eine Linie innerer Entwicklung für die »Annalen« zu konstruieren erlauben das überlieferte Material und vor allem der Verlust von VII–X kaum, auch wenn etwa unter Nero die Fülle von Perspektiven einer Chronique scandaleuse zu einem Höhepunkt zu gelangen scheint. Indem Tacitus jedoch die Wende zum eigentlich Verhängnisvollen unter Augustus als unvermeidliche politische Notwendigkeit andeutet, entstehen über Abwertung und Kritik hinaus Ansätze eines gleichsam tragischen Hintergrunde. Stärker noch als in den »Historien« überträgt sich das Verhängnisvolle der allgemeinen Voraussetzungen auf die Persönlichkeit der einzelnen Akteure, an denen Gutes und Schlechtes sich durchdringen, ohne daß sie es verhindern könnten, durch Kräfte mitgerissen zu werden, gegen die ein Widerstand unmöglich scheint. So ist Tiberius die Verkörperung eines finsteren Despotismus, zugleich aber von einer verblüffenden Klarsicht und Vernunft selbst im taciteischen Sinne. Aber er wird dennoch zum Pendant eines Germanicus, in dem sich noch einmal alles an guten Hoffnungen zu konzentrieren scheint. Erst sein vorzeitiger Tod verhilft dem gleichsam bösen Prinzip zum Durchbruch. Indes, selbst noch an Nero und Claudius ist das eigenartig Zwiespältige ihres Bildes nicht zu übersehen.

Daß sich dabei die Darstellungsweise selbst gegenüber der der »Historien« um ein weniges verschiebt, wird aus der Art des Materials zu erklären sein, das Tacitus vorfand, und auch mit der zeitlichen Entfernung von den Dingen. Durch Auflösung des Stoffes in einzelne, jeweils einen Problemzusammenhang umfassende, nebeneinanderstehende Kapitel entsteht eine Reihe in sich geschlossener Komplexe mit jeweils eigenem Tenor, der mit den dabei vermittelten Informationen direkt nichts zu tun haben muß. Auf solche Weise läßt sich, anders als in den »Historien«, bequem auch Auswärtiges, Nichtrömisches wie Kriege, Ereignisse in der Barbarenwelt oder Verträge in das Werk ein- und den Absichten des Autors unterordnen. Das Gemeinsame all dieser Komplexe freilich ist das Negative. Und so gestalten sich die »Annalen« im ganzen als eine chronologisch aufgebaute, lange Reihe von katastrophalen Symptomen, geeignet, nach der Art einer Argumentenkette den Eindruck des Niederschmetternden unwiderlegbar und unverwischbar zu machen.

Angesichts der Überlieferungslücken wird es schwer, etwa zwischen beiden Hauptwerken Vergleiche anzustellen oder für Stil oder Inhalt etwas wie einen Entwicklungs- und Reifeprozeß des Autors zu konstruieren. Manches, was in den »Historien« komprimiert erscheint, wird in den »Annalen« in analogem Zusammenhang breit ausgemalt. An einigen Stellen erscheint das Urteil über die Dinge gemildert, und gelegentliche Spuren von Ironie in den »Annalen« wären für die »Historien«, soweit uns zugänglich, undenkbar. Indes, die Bekanntheit der »Historien« voraussetzend, konnte sich Tacitus derartige Nuancen wohl leisten, ohne daß dadurch die Einheit des Gesamtwerkes und auch das, was er beabsichtigte, gefährdet war. Es wäre möglich, daß das wachsende Alter ihm Distanz zu den Dingen gab: Mit Verschiebung seiner Perspektiven hat dies nichts zu tun, und auch die Düsternis seiner verzweifelten Situationsbestimmung eigener Gegenwart milderte dies nicht.

Die Wirkung gerade der »Annalen« auf die Nachwelt war groß. Zeitgenössische Zeugnisse über das Werk des Tacitus sind zwar nur für die »Historien«, in den Briefen des jüngeren Plinius, überliefert, doch wird man anzunehmen haben, dessen Spannung wegen des Fortgangs des Werkes spiegele die der ganzen römischen Öffentlichkeit. Die »Annalen«, von den Zeitgenossen einem Plutarch und Sueton bekannt, erscheinen als Bildungsgut bis in die späte Antike, in der die Romkritik sich immer mehr verfestigte und zwangsläufig auf frühere Ansätze zurückgriff. Ganz vergessen waren sie auch im Mittelalter nicht.

Freilich entspricht die Überlieferung des Textes dieser Bedeutung keineswegs. Grund hierfür wird nicht zuletzt jene Hintergründigkeit der Sprache sein und ein nicht immer leicht zu durchdringender Stil, die späteren Jahrhunderten die Lektüre erschwerten. Im 9. Jahrhundert kennt Einhard, der karolingische Humanist und Biograph Karls des Großen, den »Annalen«-Text. Eine Abschrift des Werkes scheint in der Bibliothek des Klosters Fulda vorhanden gewesen und benutzt worden zu sein. Das auf uns Gekommene indes beruht auf einer Handschrift wohl dieses 9. Jahrhunderts, ursprünglich vermutlich verbunden mit der einzigen erhaltenen Handschrift der kleineren Werke des Autors. Sie gelangte im 16. Jahrhundert in die Hände des Papstes Leo X. und über diesen in die mediceische Bibliothek zu Florenz (jetzt Codex Laurentianus 68,1), enthaltend jedoch nur I–V. Dazu kommt für den Rest der »Annalen« (zusammen mit den »Historien«) eine Handschrift aus dem Kloster Montecassino (11. Jahrhundert, jetzt Laurentianus 68,2). Über das Verhältnis beider Handschriften zueinander oder über ihre Abhängigkeit von einem gemeinsamen Urtext sind nur Vermutungen möglich; andere Überlieferungszweige lassen sich nicht weiter als bis zu diesen beiden Handschriften zurückverfolgen. Wichtig ist dazu eine in Leiden aufbewahrte Handschrift des ausgehenden 15. Jahrhunderts, in ihrer Zuordnung jedoch fraglich und von umstrittener Qualität. Ihren Namen erhielten die »Annalen« durch den Humanisten Beatus Rhenanus (1533), der sich dabei auf Tacitus selbst (III 65, IV 32, XIII 31; vgl. Jordanes, »Getica« II 13) bezog. Den ersten Druck veranstaltete Philipp Beroaldus 1515 in Rom.

ZEITTAFEL ZU DEN »ANNALEN«

Buch	n. Chr.		Kapitel
I		Einleitung	1
	14	Augustus' Ende	2–5
		Regierungsantritt des Tiberius	6–15
		Aufstand der pannonischen Legionen	16–30
		Aufstand der rheinischen Legionen	31–49
		Erster Germanienfeldzug des Germanicus	50–52
		Tod der Julia und des Sempronius Gracchus, Einsetzung der sodales Augustales und der ludi Augustales, Theaterskandal	53–54
	15	Zweiter Germanienfeldzug des Germanicus	55–71
		Vorgänge in Rom, Beginn der Majestätsprozesse	72–81
II	16	Thronstreitigkeiten in Parthien und Armenien	1–4
		Dritter Germanienfeldzug des Germanicus	5–26
		Vorgänge in Rom	27–41
	17	Germanicus und die Lage im Orient	41–43
		Drusus, Arminius und Marbod	44–46
		Erdbeben in Asien, Vorgänge in Rom, Aufruhr in Afrika	47–52
	18	Germanicus in Griechenland und Asien	53–58
	19	Germanicus in Ägypten	59–61
		Marbods Ende	62–63
		Unruhen in Thrakien, Vonones' Tod	64–68
		Krankheit und Tod des Germanicus	69–73
		Piso kämpft um Syrien	74–81
		Vorgänge in Rom	82–87
		Tod des Arminius	88
III	20	Rückkehr der Agrippina und Beisetzung des Germanicus	1–6
		Prozeß gegen Piso	7–19
		Unruhen in Afrika	20–21
		Weitere Vorgänge in Rom	22–30
	21	Tiberius ernennt Drusus zu seinem Vertreter	31
		Afrika und Asien	32–35
		Bestrafung römischer Ritter nach dem Majestätsgesetz	36–38

Buch	n. Chr.		Kapitel
		Unruhen in Thrakien	38–39
		Aufstand in Gallien unter Florus und Sacrovir	40–47
		Vorgänge in Rom	48–51
	22	Luxusgesetze und Sittenverfall	52–55
		Weitere Ereignisse in Rom	56–59
		Verhandlungen über das Asylrecht	60–63
		Krankheit der Livia Augusta, Majestätsprozesse	64–70
		Bauten in Antium und Rom	71–72
		Neue Kämpfe in Afrika	73–74
		Tod des Saloninus, des Capito und der Junia	75–76
IV	23	Anfänge des Seianus	1–3
		Roms Heeres- und Flottenmacht, die Verwaltung	4–6
		Drusus' Ermordung	7–13
		Weitere Einzelberichte aus Rom	14–16
	24	Seianus baut seine Macht aus	17–22
		Abschluß der Kämpfe in Afrika und Sklavenaufstand	23–27
		Prozesse in Rom	28–31
		Tacitus über seine »Annalen«	32–33
	25	Tod des Historikers Cremutius Cordus	34–35
		Unwesen der Denunzianten	36
		Ablehnung des Kaiserkults in den Provinzen	37–38
		Seianus rät dem Kaiser, Rom zu verlassen	39–42
		Tod des Lentulus, Domitius, Antonius und L. Piso	43–45
	26	Kämpfe gegen thrakische Bergvölker	46–51
		Beginn des Zerwürfnisses des Tiberius mit Agrippina	52–54
		Tempelbau für das Kaiserhaus in Asien	55–56
		Tiberius reist nach Campanien, Rettung durch Seianus	57–60
		Tod des Asinius Agrippa und Haterius	61
	27	Unglücksfälle in Fidena und auf dem caelischen Hügel	62–65
		Prozeß gegen Varus	66
		Tiberius auf Capreae	67

Buch	n. Chr.		Kapitel
	28	Unwesen der Denunzianten	68–71
		Aufstand der Friesen	72–73
		Seianus auf dem Gipfel der Macht	74
		Vermählung der jüngeren Agrippina mit Cn. Domitius	75
V	29	Tod der Livia Augusta	1–2
		Verhandlungen gegen Agrippina und Nero	3–5
VI	31	Verfolgung der Anhänger des Seianus	V 6–9
		Der falsche Drusus	V 10
		Streit der Konsuln Trio und Regulus	V 11
	32	Ausschweifungen des Tiberius	1
		Senatsbeschlüsse gegen Anhänger des Seianus	2–10
		Die Stadtpräfektur, die sibyllinischen Bücher	11–12
		Teuerungsunruhen	13
		Weitere Verurteilungen	14
	33	Verehelichung der Töchter des Germanicus	15
		Wuchergesetze	16–17
		Massenhinrichtungen der Anhänger des Seianus	18–19
		Der Caesar Caligula	20
		Erprobung des Thrasyllus, Astrologie	21–22
		Tod des Drusus und der Agrippina, des Nerva sowie weiterer vornehmer Römer	23–27
	34	Die Phönixsage	28
		Bestrafung weiterer Anhänger des Seianus	29–30
	35	Kämpfe bei den Parthern	31–37
		Wiederaufnahme der Majestätsprozesse	38–39
	36	Tod des Vibulenus Agrippa und der Aemilia Lepida	40
		Wirren im Orient	41–44
		Feuersbrunst in Rom	45
	37	Macro, Caligula und die Nachfolgefrage	45–46
		Letzte Majestätsprozesse	47–49
		Tiberius' Tod, Charakteristik	50–51
XI	47	Der Prozeß gegen Valerius Asiaticus und die Gebrüder Petra	1–4
		Verhandlungen gegen die Übergriffe der Sachwalter	5–7

Buch	n. Chr.		Kapitel
		Unruhen bei den Parthern	8–10
		Vorgänge in Rom	11–12
		Claudius' Tätigkeit als Censor	13–15
		Aufstände in Germanien	16–21
		Das Quästorenamt	22
	48	Das gallische Bürgerrecht, die Censur	23–25
		Messalinas und Silius' Hochzeit und Bestrafung	26–38
XII	48/49	Claudius' Eheschließung mit Agrippina	1–7
		Senecas Berufung, Neros Verlobung mit Octavia	8–9
		Thronstreitigkeiten bei den Parthern	10–21
		Bestrafung der Lollia Paulina und der Calpurnia	22
		Das Pomerium	23–24
	50	Neros Adoption	25–26
		Unruhen in Germanien und Britannien	27–40
	51	Rivalität zwischen Nero und Britannicus	41
		Burrus wird Präfekt der Prätorianer	42
		Prodigien und Hungersnot in Rom	43
		Neue Partherunruhen	44–51
	52	Ereignisse in Rom	52–53
		Unruhen in Palästina und Kilikien	54–55
		Kampfspiel auf dem Fucinersee	56–57
	53	Nero heiratet Octavia, Tod des Statilius Taurus	58–59
		Claudius' Sorge für die Provinzen	60–63
	54	Zwistigkeiten in der kaiserlichen Familie	64–65
		Tod des Claudius, Thronbesteigung des Nero	66–69
XIII		Die Anfänge Neros	1–11
	55	Gespanntes Verhältnis zwischen Mutter und Sohn	12–14
		Ermordung des Britannicus	15–17
		Vorgehen gegen Agrippina, Pallas und Burrus	18–23
		Lustration	24
	56/57	Weitere Vorgänge in Rom	25–33
	58	Kämpfe mit den Parthern	34–41
		Der Prozeß gegen Suillius	42–43
		Verurteilung des Volkstribunen Octavius	44
		Poppaea Sabina und Otho	45–46

Buch	n. Chr.		Kapitel
		Verschiedene Senatsbeschlüsse	47–52
		Ereignisse in Germanien	53–57
		Der ruminalische Feigenbaum	58
XIV	59	Der Muttermord	1–13
		Nero als Wagenlenker, Sänger und Dichter . .	14–16
		Zwist zwischen Nuceria und Pompei	17
		Prozeß gegen Blaesus und Strabo, Tod des Domitius Afer und M. Servilius	18–19
	60	Die öffentlichen Spiele	20–21
		Verbannung des Rubellius Plautus	22
		Weitere Partherkämpfe unter Corbulo . . .	23–26
		Vermischte Berichte	27–28
	61	Kämpfe in Britannien	29–39
		Vorgänge in Rom	40–47
	62	Antistius, Thrasea, Fabricius Veiento	48–50
		Burrus' Tod und Senecas Verdrängung . . .	51–56
		Tigellinus' wachsender Einfluß, Ermordung des Sulla und Plautus	57–59
		Nero heiratet Poppaea	60
		Octavias Ermordung	61–64
		Doryphorus' und Pallas' Tod, Ausblick auf die Pisonische Verschwörung	65
XV		Unentschiedene Partherkämpfe	1–17
		Vorgänge in Rom	18–21
		Erdbeben in Pompei	22
	63	Poppaeas Tochter, Thrasea in Ungnade . . .	23
		Siegreicher Abschluß der Partherkämpfe . . .	24–31
		Verfügungen in Rom	32
	64	Neros Auftreten in Neapel, das Fest des Tigellinus	33–37
		Der Brand Roms und die Christenverfolgung	38–44
		Neros Erpressungen, Seneca bedroht	45
		Untergang der Flotte bei Misenum, Prodigien	46–47
	65	Die Pisonische Verschwörung	48–59
		Senecas und Lucanus' Ende	60–70
		Belohnungen der Angeber, Ehrungen für Nero	71–74

Buch	n. Chr.		Kapitel
XVI		Der »Schatz der Dido«	1–3
		Neros öffentliches Auftreten	4–5
		Poppaeas Tod, Beseitigung des Cassius und Silanus	6–9
		Grausames Ende des L. Antistius Vetus . . .	10–12
		Unglücksfälle, Brand von Lugdunum	13
	66	Weitere Mordszenen	14–16
		Tod des Petronius	17–19
		Silia verbannt, Minucius Thermus ermordet .	20
		Tod der Stoiker Thrasea und Soranus . . .	21–35

ZEITTAFEL ZU LEBEN UND WERK DES TACITUS

56 (?) Tacitus geboren.
68 9. Juni: Selbstmord Neros.
69 Erhebung Vespasians zum Kaiser.
77 Verlobung des Tacitus mit der Tochter des Cn. Julius Agricola. Konsulat Agricolas.
78 Agricola in Britannien. Heirat des Tacitus (?).
79 23. Juni: Tod Vespasians, Titus Kaiser. August: Vesuvausbruch, Zerstörung von Pompei und Herculaneum.
81 13. September: Tod des Titus, Domitian Kaiser. Quaestur des Tacitus (?).
83 Chattenkrieg Domitians. Sieg des Agricola am Mons Graupius. Umsegelung Britanniens durch eine römische Flotte.
84 Abberufung Agricolas.
86 Beginn des Dakerkrieges.
88 Saecularspiele Domitians. Prätur des Tacitus (?), anschließend vierjährige Statthalterschaft.
93 Tod Agricolas.
94 Senatorenverfolgung durch Domitian.
96 18. September: Ermordung Domitians. Übertragung der Herrschaft an Nerva.
97 Juli: Adoption Traians durch Nerva. Entstehung der Schrift »Agricola«. Zweite Jahreshälfte: Konsulat des Tacitus. Leichenrede des Tacitus auf Verginius Rufus.
98 25. Januar: Tod Nervas. Entstehung der »Germania«.
100 Prozeß gegen Marius Priscus in einem Repetundenprozeß auf Antrag der Provinz Africa, Anklage durch Tacitus und Plinius.
101 Erster Sieg Traians über Decebalus in Dakien.
102 Abfassung des »Dialogs über die Redner« (?).
103 Statthalterschaft des Plinius in Bithynien.
104 Beginn des zweiten Dakerkrieges (bis 106).
104–112 Abfassung der »Historien«.
112 Beginn der Statthalterschaft des Tacitus in der Provinz Asia (bis 114?), danach Abfassung der »Annalen«.
114–117 Partherkrieg Traians.
117 8. August: Tod Traians, danach Ausrufung Hadrians.
117–118 Sogenannte Senatorenverschwörung in Rom. Eintreffen Hadrians in Rom.
um 120 Tod des Tacitus.

STAMMTAFEL DES JULISCH-CLAUDISCHEN HAUSES

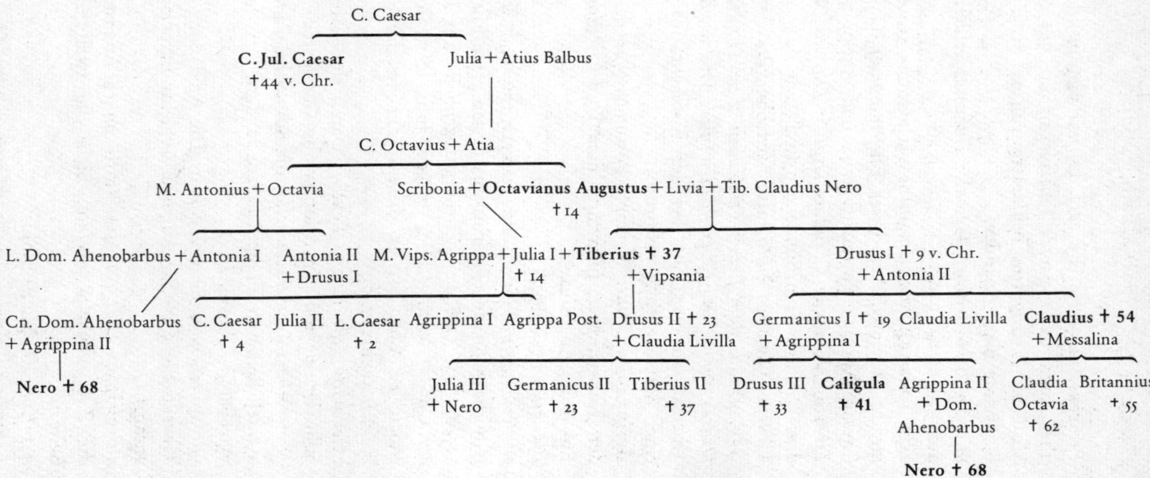

ANMERKUNGEN

7 *Princeps:* der erste (Bürger). Es war nie amtliche Bezeichnung, aber Augustus (wie auch Tiberius) nannte sich mit Vorliebe so.

als Konsul: Augustus bekleidete von 31 bis 23 v. Chr. neun Konsulate hintereinander.

mit der tribunizischen Gewalt: Augustus erhielt sie 36 v. Chr. auf Lebenszeit.

8 *zum Schwiegersohn:* Augustus verheiratete seine Tochter Julia mit M. Agrippa. Aus dieser Ehe stammten Gaius und Lucius Caesar, Agrippa Postumus, Julia und Agrippina.

Tiberius Nero und Claudius Drusus: Tiberius Nero und Claudius *Drusus* waren Söhne der Livia aus ihrer ersten Ehe mit Tiberius Claudius Nero, also Stiefsöhne des Augustus.

Agrippa aus dem Leben geschieden war: 12 v. Chr.

Drusus schon längst verschieden war: Drusus, der Bruder des Tiberius, war 9 v. Chr. bei der Rückkehr aus Germanien an einer Blutvergiftung gestorben.

Agrippa Postumus: Agrippa Postumus war der jüngste Sohn der Kaisertochter Julia und damals der letzte noch lebende Enkel des Augustus.

Planasia: bei Elba.

9 *ein erwachsener Sohn:* Er hieß Drusus und war der einzige leibliche Sohn des Tiberius aus dessen erter Ehe mit Vipsania.

in Rhodus: Tiberius' »Zurückgezogenheit« auf Rhodus begann 8 v. Chr. – hauptsächlich wegen Julias Sittenlosigkeit – und endete 2 n. Chr. Erst in diesem Jahr gestattete ihm Augustus die Rückkehr.

10 *zwei noch ganz jungen Leuten:* Damit sind Tiberius' leiblicher Sohn Drusus und sein Adoptivsohn Germanicus gemeint.

13 *Diese Abart der Schmeichelei:* die Schmeichelei unter dem Deckmantel betonten Freimuts. Jede andere Art der Schmeichelei war bereits abgenützt.

mit anmaßender Bescheidenheit: Die Anmaßung lag darin, daß Tiberius die Ehre für Augustus zugleich als persönliche Ehrung ansah.

am gleichen Tag: Augustus starb am 19. August 14 n. Chr.

die Zahl seiner Konsulate: Siehe die zweite Anmerkung zu Seite 7.

14 *des Konsuls:* M. Antonius.

15 *Lollius und Varus seien geschlagen ... worden:* 16 v. Chr. bzw.

9 n. Chr.
Varro, Egnatius und Jullus: Varro und Egnatius zettelten Verschwörungen gegen Augustus an. Jullus Antonius wurde des Ehebruchs mit Julia überführt.
die Gattin entführt: Ti. Claudius Nero überließ 38 v. Chr. seine neunzehnjährige Gattin Livia scheinbar freiwillig dem Augustus. Sie war mit ihrem zweiten Sohn Drusus schwanger.
des Q. Vitellius und des Vedius Pollio . . . Schlemmerei: Q. Vitellius und Vedius Pollio waren vertraute Freunde Octavians. Vedius Pollio fütterte seine Muränen mit lebenden Sklaven; Q. Vitellius war wohl von ähnlicher Art.

16 *Asinius Gallus:* Er gehörte mit Valerius Messala, L. Arruntius, Q. Haterius und Mamercus Scaurus zu den bekanntesten Staatsmännern und hervorragenden Rednern der augusteischen Zeit.

18 *»Sohn der Julia«:* Livia war durch Augustus' Testament (siehe Kapitel 8) in die julische Familie aufgenommen worden und hatte den Namen Julia und den Ehrennamen Augusta erhalten. Sie war auch zur Mitregentin des Tiberius ernannt worden.

21 *Nauportus:* jetzt Oberlaibach.

25 *wie sich der Mond ... verfinsterte:* Diese Mondfinsternis fand am 26. September 14 n. Chr. statt.
Daher lassen sie ...: Der Volksglaube meinte, damit die Verfinsterung des Gestirns verhindern zu können.

28 *weil ihre Zahl größer war:* Am Rhein standen acht Legionen, in Pannonien nur drei.
die kürzlich ausgehobene stadtrömische Masse: Die Stadtrömer waren als Ersatz der mit Varus verlorengegangenen Legionen ausgehoben worden.
um der Zahl der Centurionen gleichzukommen: Wie sechzig Centurionen die Legion schlugen, so soll jetzt jeder Centurio von sechzig Soldaten geschlagen werden.

29 *später:* 41 n. Chr.

31 *die Hauptstadt der Ubier:* später Colonia Agrippinensis, das heutige Köln.

32 *im Chaukenland:* zwischen Ems und Weser.
mehr ... Recht: Dieses Recht hatte erst der Legatus pro praetore.

33 *die Aushändigung der ... Fahne:* Sie forderten die Auslieferung der Fahne als Bürgschaft für den versprochenen Abschied.
sein Söhnchen: den späteren Kaiser Caligula.

34 *Caligula:* Soldaten-, Kommißstiefelchen, von *caliga* = Soldatenstiefel.

35 *die Legionen von Actium:* Augustus hat die meuternden Legionen, die er nach der Schlacht von Actium nach Brundisium sandte, durch sein bloßes Erscheinen zur Ruhe gebracht.

von ihnen entsprossen: Germanicus' Mutter Antonia war eine Tochter der Schwester des Augustus und des Triumvirn Antonius.

von der ersten Legion: Die erste Legion war nach der Varusschlacht neu aufgestellt worden.

37 *Castra Vetera:* Es lag beim heutigen Xanten.

38 *einen Brief an Caecina:* Caecina war wahrscheinlich inzwischen nach Castra Vetera gegangen.

39 *den Caesischen Wald:* Der Caesische Wald (heute Häserwald) lag zwischen Castra Vetera und der Lippe.

Grenzwall: nördlich der Lippe.

Marsen: zwischen Lippe und Ruhr.

40 *die Brukterer, die Tubanten und die Usipeter:* Die Brukterer wohnten zwischen Lippe und Ems, die Tubanten an der Ruhr, die Usipeter vom Rhein bis an Lahn und Sieg.

41 *Pandateria:* bei Neapel.

Cercina: in der Kleinen Syrte.

42 *Chatten:* im heutigen Hessen-Nassau.

Segestes: Fürst der Cherusker und Vater der Thusnelda.

43 *Adrana:* die heutige Eder.

Mattium: nördlich der Eder.

Cherusker: zwischen Elbe und Weser.

44 *Germanien:* Unter Germanien ist hier das Land zwischen Rhein und Elbe gemeint, das 9 n. Chr. unter Varus abfiel.

am Augustusaltar der Ubier: im heutigen Köln.

die Gattin des Arminius: Thusnelda.

45 *ich wünschte:* Dieser Ausruf soll Segestes' bittere Reue über seinen Abfall von Varus ausdrücken.

den (zweiten) Imperatortitel: Den ersten hatte er bereits unter Augustus erhalten.

ein Kind: Thumelicus.

am gegebenen Ort: Der Bericht über Thumelicus ist uns nicht erhalten.

46 *Amisia:* Ems.

durchs Gebiet der Friesen: Die Friesen waren bereits von den Römern unterworfen.

die vier Legionen: vom Oberrhein.

die Seen: die frühere Zuydersee.

Lupia: Lippe.

48 *mit keiner Leichenfeier befassen:* Die Berührung von Leichen galt als Verunreinigung des Priesters.

die »langen Brücken«: Mit ihnen ist wohl der Knüppeldamm durch das Bourtanger Moor gemeint.

L. Domitius: Er war einige Jahre vor Christi Geburt bis über die Elbe vorgedrungen.

52 *der Rheinbrücke:* beim heutigen Xanten.

53 *der Soldatenaufstand:* Gemeint ist der Aufstand der rheinischen Legionen (Kapitel 40 ff.).

P. Vitellius: Oheim des späteren Kaisers, damals Legat des Germanicus.

54 *Visurgis:* Weser. – Die Erwähnung der Weser ist wohl ein Irrtum; vielleicht ist die Hunse (Unsingis) in Holland oder der östliche Rheinarm gemeint.

Triumphabzeichen: Triumphe standen nur dem Kaiser oder den kaiserlichen Prinzen zu.

Eid: Dieser Eid wurde den Kaisern alljährlich am 1. Januar geleistet.

55 *später:* Die Majestätsprozesse wurden unter Claudius und in den ersten Jahren Neros zurückgedrängt.

56 *mündlich und unter seinem Eid:* Die mündliche Stimmabgabe unter Eid war beim Kaiser ein ganz ungewöhnliches Verfahren.

und stimmte dafür: Natürlich befragten ihn die Konsuln zuerst.

57 *litt die Freiheit Schaden:* da die Richter natürlich nur nach dem Willen des Kaisers urteilten.

eine Million Sesterzen: den Senatorencensus.

58 *Tarraco:* das heutige Tarragona.

59 *Arnus:* heute Arno.

Interamna: in Umbrien.

Reatiner: Bewohner von Reate im Sabinerland.

61 *zurückgeschlagen:* Phraates hatte 36 v. Chr. zwei römische Legionen vernichtet und Antonius mit seinen Legionen zum Rückzug gezwungen.

Pflichten der Ehrerbietung: Im Jahre 20 v. Chr. gab Phraates alle römischen Feldzeichen und Gefangenen an Augustus zurück.

62 *bei den Dahern:* am Kaspischen Meer.

der Caesar Gaius: der Augustusenkel.

64 *Vahalis:* der Waal.
Mosa: Maas.
Aliso: bei Haltern an der Lippe.
Drususgraben: jetzt Yssel.

65 *die Mutter:* Arminius' Vater war nicht mehr am Leben.

66 *überschritt ... die Visurgis:* mit der Hauptmasse seines Heeres auf der inzwischen geschlagenen Brücke.
Hercules: Donar.

67 *Großmutter:* Germanicus, von Tiberius adoptiert, war damit ein Enkel der Augusta.

68 *seines Vaters und Oheims Spuren:* Drusus und Tiberius drangen bis zur Elbe vor.
Die einen: mit Caecina.
die anderen: mit Vitellius.

69 *Idistaviso:* Idistaviso, »Elfenwiese«, liegt vermutlich bei Rinteln in der Nähe der Porta Westphalica.

70 *Tiberius als Imperator:* Tiberius wurde so begrüßt, weil alle Kriege in der Kaiserzeit unter den Auspizien der Herrscher geführt wurden.

75 *neunmal:* Tiberius rechnet hier die Zahl der Jahre seines dreimaligen Aufenthaltes in Germanien.

77 *auf der Folter:* Aussagen von Sklaven hatten nur dann Beweiskraft, wenn sie durch die Folter erhärtet waren.

78 *Hornsignal:* Die Volksversammlungen außerhalb der Stadt wurden durch Hornsignale einberufen.
serischer: durchsichtiger. – Serer ist der lateinische Name der Chinesen.

79 *Urgulania:* Sie war die Großmutter der ersten Gattin des späteren Kaisers Claudius und eine intime Freundin der Augusta.

81 *Senatssitzung:* Sie fand in der lateinischen Bibliothek des Palastes statt, wo Wandbilder der in der Literatur ausgezeichneten Männer angebracht waren.

82 *Zartgefühl:* Die Senatoren scheuten sich vielleicht, solche Bitten abzulehnen.

83 *Er entwendete die Asche:* damit man sie nicht als Beweis für den Tod des echten Agrippa verwenden könne.
Haar und Bart lang gewachsen waren: Vermutlich hatte sich Agrippa während seiner Verbannung so getragen.

84 *Bovillae:* unweit von Rom.
Marcellus: Sohn der Augustusschwester Octavia, erster Gemahl

der Julia und Adoptivsohn des Augustus. Er starb 28 v. Chr., wahrscheinlich von Livia vergiftet.

85 *die Sprossen des Caesarenhauses:* Der Augustusenkel Lucius Caesar starb 2 n. Chr., sein Bruder Gaius Caesar 4 n. Chr.

86 *oben:* Kapitel 3 f.

seines Großoheims: des Tiberius.

87 *Livilla:* Schwester des Germanicus.

88 *unter Tiberius' Führung:* Im Jahre 6 n. Chr. unternahm Tiberius einen Angriff gegen Marbod, der aber wegen der pannonischen und illyrischen Unruhen abgebrochen wurde.

zu den Markomannen: nach Böhmen.

89 *wie schon berichtet:* Kapitel 44.

um den Frieden zu sichern: Es sollte natürlich nicht der Friede zwischen den streitenden Parteien, sondern nur die Ruhe in den römischen Donauprovinzen gesichert werden.

91 *wie das Gesetz es befahl:* Gemeint ist die Lex Papia Poppaea de maritandis ordinibus.

92 *nur von einem Liktor:* Für seinen Rang waren zwölf Liktoren üblich.

93 *wegen des Ursprungs unseres Volkes:* Vgl. die Aeneassage.

95 *Cyrrus:* in Nordsyrien.

Nabatäer: am arabischen Meerbusen.

96 *Rhamses:* Rhamses II. (14. Jahrhundert v. Chr.).

97 *die ... Kolossalstatue des Memnon:* in Theben.

Syene: das heutige Assuan.

Elephantine: Nilinsel bei Assuan.

bis zum Roten Meer: Gemeint ist der persische Meerbusen.

98 *Noricum:* das heutige Ostösterreich.

Hermunduren: Sie saßen nördlich der Donau, im heutigen Bayern und Thüringen.

Forum Julium: jetzt Fréjus.

Marus: March.

Cusus: Waag.

101 *zu den Albanern und Heniochen:* Diese Völker wohnten am Südabhang des Kaukasus.

Pyramusfluß: in Kilikien.

103 *seine Todesart:* Man sprach auch bei Alexanders Tod von Gift.

104 *Platz der Trauerfeier:* Die feierliche Beisetzung der Aschenurne fand erst in Rom statt.

unter den Legaten: Alle Legaten mußten wenigstens die Quästur bekleidet haben, waren also auch Senatoren.

108 *Salierlied:* ein uraltes Kultlied zu Ehren des Mars.
der augustalischen Priester: Germanicus hatte diesem Priesterkollegium angehört.
Epidaphne: bei Antiochia.
Trauerbühne: Sie sollte ein dauerndes Andenken an die Ausstellung der Leiche sein.

109 *am 15. Juli:* Alljährlich am 15. Juli fand der feierliche Aufzug der Rittercenturien statt.
die gesetzliche Strafe: Nach der Lex Julia mußte sich der Gatte von seiner auf Ehebruch ertappten Frau innerhalb von sechzig Tagen scheiden.
Seriphus: eine der Zykladen.

110 *vom jüdischen Aberglauben angesteckt:* Zahlreiche Juden waren nach der Unterwerfung Judäas durch Pompeius als Sklaven nach Rom gekommen und hatten sich nach ihrer Freilassung im Transtiberviertel angesiedelt.
Arminius: Tacitus hat den erst 21 n. Chr. erfolgten Tod des Arminius einige Jahre vorausgenommen, um dem Buch durch die Parallele zu Germanicus' Tod einen eindrucksvollen Abschluß zu geben.

112 *Nach ununterbrochener Fahrt:* Das Kapitel schließt unmittelbar an die II 79 begonnene Schilderung von Agrippinas Seefahrt an. Die sonst üblichen einleitenden Namen der Konsuln werden in Kapitel 2 beiläufig eingefügt.

115 *seiner einzigen Tochter:* Julia.
seiner Enkel: Gaius und Lucius.
die Megalesischen Spiele: Sie fanden alljährlich vom 4. bis 10. April zu Ehren der Magna Mater (Kybele) statt.

116 *Narnia:* in Umbrien.
Fulcinius Trio: ein berüchtigter Ankläger.

118 *Bedrückung der Bundesgenossen:* Piso erlaubte seinen Soldaten, die Provinzialen auszuplündern und zu mißhandeln.

122 *seinen Vornamen ändern:* Gnaeus Piso nahm den Vornamen Lucius an.
geschändet: durch Ehebruch mit Julia.
Schande: Die Schande bestand in der Ausstoßung aus dem Senat und in der Relegation.
der Mann: Der eben genannte Claudius, der Bruder des Germanicus, blieb nach dem Tod aller übrigen Thronanwärter als letzter übrig.

123 *Vipsania:* erste Gattin des Tiberius.

126 *seine eigenen Gesetze:* Die Lex Julia de adulteriis (über den Ehebruch) sah eine mildere Strafe vor.

noch mehr Arbeiten: Hinweis auf Tacitus' geplante Geschichte des Augustus.

Augustus' Enkelin: die jüngere Julia.

Lex Papia Poppaea: Das Gesetz wurde nach den Konsuln des Jahres 9 n. Chr. Papius Mutilus und Poppaeus Secundus benannt.

127 *Drusus:* Volkstribun 91 v. Chr.

128 *Lepidus:* Konsul 8 v. Chr.

verlor er: bei Pharsalos.

die Stellung: Es ist die Stellung gemeint, soweit sie auf dem Vermögen beruht.

Vigintivirat: Das Vigintivirat war eines der niedrigeren Ämter, die im allgemeinen vor der Quästur abgeleistet wurden.

Mindestalter: Das Mindestalter für die Quästur war das fünfundzwanzigste Lebensjahr.

133 *ein Schreiben des Tiberius:* Tiberius' Antwort auf den in Kapitel 33 erwähnten Senatsbeschluß.

136 *auf Ausländern:* Richtig ist, daß die Legionen in den Provinzen größtenteils aus Leuten bestanden, die den betreffenden Ländern entstammten, und daß nur die prätorischen Kohorten und die übrigen in Rom stehenden Truppen sich ganz aus gebürtigen Italikern rekrutierten.

Lugdunum: heute Lyon.

Arduenna-Wald: die Ardennen.

137 *Augustodunum:* heute Autun.

140 *wie bereits berichtet:* in Kapitel 23.

141 *in die Verbannung:* In der Verbannung bestand die gesetzliche Strafe für Majestätsverbrechen.

in die Staatskanzlei gebracht: Die Senatsbeschlüsse bekamen erst durch die Hinterlegung in der Staatskanzlei gesetzliche Gültigkeit.

143 *das unsichere Spiel:* Diese Bemerkung bezieht sich auf die unsicheren Getreidezufuhren aus Afrika und Ägypten.

146 *der höchste Pontifex:* Seit Augustus war der Kaiser stets Pontifex maximus.

149 *einem falschen Ehrgeiz:* Der falsche Ehrgeiz bestünde darin, ihr Asyl zum geehrtesten von allen zu machen.

einen tiefen Groll: gegen die Mutter.

150 *die Fetialen:* ein Priesterkollegium, das die völkerrechtlichen Beziehungen zu regeln hatte.

156 *seiner Enkelin:* einer Tochter des Germanicus.
bereits: in Kapitel 70.
die Bilder des Cassius und Brutus: Sie durften nicht öffentlich gezeigt werden.

157 *zu den Glücksfällen:* Tiberius und seine Mutter hatten stets, allerdings grundlos, befürchtet, Germanicus könne die Herrschaft an sich reißen wollen.
oben: Buch III, Kapitel 29, 35, 72.
Vulsinii: in Etrurien.

158 *wählte er ... selbst aus:* Früher hatte der Kaiser die Offiziere der Garde selbst ausgewählt.

161 *zur drusischen Familie:* Tiberius hatte eine Tochter des Seianus für Drusus, einen Sohn des Claudius, bestimmt.

162 *ihren gebührenden Platz:* Die Konsuln hatten ihre kurulischen Sessel.
die Söhne des Germanicus: Nero und Drusus sind gemeint; Caligula war damals erst zehn Jahre alt.

163 *Attus Clausus:* Er wurde als Appius Claudius unter die Patrizier aufgenommen und war der Stammvater der gens Claudia.

165 *Julius Postumus:* Präfekt von Ägypten.

170 *wie früher berichtet:* Buch III, Kapitel 34.

171 *Standbilder:* die des Furius Camillus, L. Apronius und Junius Blaesus.

173 *Cales:* nördlich von Capua.

175 *nach der Weise der Vorfahren:* mit dem Beil.
Gyarus oder Donusa: Zykladeninseln.

176 *wie schon berichtet:* Buch II, Kapitel 27 ff.

178 *in seinem Geschichtswerk:* einer Geschichte des Augustus.
der Diktator Caesar: Er verfaßte gegen Ciceros Lobschrift auf den alten Cato seine »Anticatones« in zwei Büchern.

179 *an den Stadtpräfekten Drusus:* Der Stadtpräfekt hatte während des Latinerfestes die Konsuln zu vertreten.
Cyzicus: an der Propontis.

180 *nicht abgelehnt habe:* Der Kaiser hatte sich also an den Senatsverhandlungen mit den asiatischen Städten nicht beteiligt.

182 *ihre Mutter:* Antonia.
ihre Großmutter: Julia Augusta.

183 *C. Proculeius:* enger Freund des Augustus.

184 *Votienus Montanus:* berühmter Redner und Deklamator.
Lex Julia: Sie sah nur die mildere Form der relegatio vor.

185 *schmeichelhaften Sagen:* Die Gründung des Tempels wurde dem Sohn der Venus, Aeneas, zugeschrieben, von dessen Sohn Julus sich das julische Geschlecht herleitete.

186 *Massilia:* Massilia (Marseille) war seit Augustus ein beliebter Studienort für junge Römer.

191 *Sosia:* Siehe Kapitel 19.

192 *der Tempel:* für Tiberius und seine Mutter.

194 *oben:* Kapitel 41.

195 *Nero:* der älteste Sohn des Germanicus.

199 *Varus Quintilius:* Sohn des bekannten Feldherrn.
gestürzt hatte: Siehe Kapitel 52.
Capreae: heute Capri.
veränderte: Die Küstenstädte waren durch den Vesuvausbruch von 79 n. Chr. verschüttet worden. Das ganze Landschaftsbild hatte sich dadurch verändert.
verschieden benannten: Die Villen waren nach den zwölf Hauptgöttern benannt.

203 *Drusus:* Drusus, Tiberius' Bruder, hatte 12 v. Chr. die Friesen unterworfen.
Canninefaten: Nachbarn der Bataver.

206 *Julia Augusta:* Livia.
unvollstreckt: Das Testament wurde erst durch Caligula vollstreckt.
göttliche Verehrung: Diese wurde ihr erst durch ihren Enkel, den Kaiser Claudius, zuerkannt.

207 *ein langes Gedächtnis:* Der Konsul Fufius starb 31 n. Chr. auf Tiberius' Veranlassung (vgl. Buch VI, Kapitel 10).

208 *gebunden ...:* Hier bricht der Text des fünften Buches ab. Die verlorenen Teile enthielten wohl das Schicksal Agrippinas und ihrer beiden Söhne Nero und Drusus, die Enthüllung der hochverräterischen Pläne des Seianus, dessen Sturz und Macros Nachfolge als Gardepräfekt.

209 *Buch VI:* Am Anfang fehlen der Prozeß gegen Drusus' Gattin Livilla, ihre Bestrafung und die ersten grausamen Verfolgungen der Freunde und Anhänger des Seianus.
über diese Angelegenheit: den Prozeß gegen Livilla wegen der Vergiftung ihres Gatten Drusus.
Ich habe geglaubt ...: Rede eines Seianusanhängers, die er in seinem Haus vor einem Freundeskreis hielt.

Blaesus: Onkel des Seianus.

P. Vitellius: Onkel des späteren Kaisers.

Aelius Gallus: vermutlich der älteste Sohn des Seianus.

die Bürgschaft ... leisteten: Die Brüder übernahmen die Bewachung des Angeklagten bis zur kaiserlichen Entscheidung.

211 *er sei ein Sohn des M. Silanus:* Vgl. Buch III, Kapitel 24.

der beiden Konsuln: des Jahres 31.

»Sellarier« und »Spintrier«: »Sellarier« nannte man Leute, die auf Sesseln Unzucht trieben. »Spintrier« hießen Unzüchtige überhaupt. Die Berichte über angebliche »verbrecherische Lüste« des greisen Kaisers gehen wohl größtenteils auf die Chronique scandaleuse tiberiusfeindlicher Kreise zurück. Sueton bringt ähnliche Greuelmärchen, schließt aber mit der Bemerkung ab, es sei kaum statthaft, sie zu erzählen, und noch weniger statthaft, sie zu glauben.

212 *den Brief:* Es handelt sich um den Brief, den der Kaiser anläßlich der Entdeckung der Verschwörung des Seianus geschrieben hatte.

Junius Gallio: einer der berühmtesten Redner seiner Zeit.

auf den ersten vierzehn Bänken: Die ersten vierzehn Bänke des Theaters waren die Sitze der römischen Ritter.

213 *wie schon berichtet:* Buch IV, Kapitel 68 ff.

die Konsuln des vergangenen Jahres: Vgl. V 11.

214 *»Leichenmahl«:* Der Ausdruck enthält den Vorwurf, daß die Augusta noch nicht vergöttert war.

dieses ... Schreibens: Es ist auffallend, wie falsch Tacitus dieses Schreiben gedeutet hat. Er wertet die Worte als Eingeständnis der seelischen Qualen, die der Kaiser wegen seiner Verbrechen und Untaten zu erdulden habe, und beruft sich dabei auf die berühmte Platon-Stelle (Gorgias 524 E) über das furchtbare Schicksal der Tyrannen in der Unterwelt. In Wahrheit will Tiberius nur seine Verzweiflung über das Unwesen der Denunzianten zum Ausdruck bringen, die sich nicht scheuen, sogar die ältesten und besten Freunde des Herrschers aus nichtigen Gründen anzugreifen.

215 *L. Arruntius:* Die Anklage gegen ihn wurde wahrscheinlich im verlorenen Teil des fünften Buches erwähnt.

216 *Anschlag:* Der Umsturzplan des Seianus zielte darauf, die letzten männlichen Angehörigen der kaiserlichen Familie zu töten und nach Tiberius' Tod selbst zum Herrscher aufzusteigen.

Caesar: Der abwesende Kaiser wird als gegenwärtig angeredet.

217 *Satrius und Pomponius:* Klienten des Seianus.

218 *beim Prozeß gegen Libo:* Vgl. Buch II, Kapitel 28.

gestürzt: Der Bericht darüber stand wohl im verlorenen Teil des fünften Buches.

erwähnte ich bereits: im verlorenen Teil des fünften Buches.

219 *Quindezimvirn:* Die Quindezimvirn hatten von altersher die sibyllinischen Bücher aufzubewahren.

220 *Ser. Galba:* der spätere Kaiser.

221 *Macro:* der ehemalige Präfekt der städtischen Kohorten, hatte den Sturz des Seianus geleitet und war sein Nachfolger geworden.

gekündigt: Die Kapitalisten kündigten sämtliche Außenstände, mit denen sie gegen das Gesetz verstießen.

223 *der Caesar Gaius:* der spätere Kaiser Caligula.

Passienus: Er war nach Asinus Pollio und Messala Corvinus der bedeutendste Redner seiner Zeit.

225 *seinerzeit:* Vgl. Buch XIV, Kapitel 9.

Asinius Gallus: Der Konsular Asinius Gallus, als Redner ausgezeichnet, wurde im Jahr 30 auf Tiberius' Befehl verhaftet und im Haus der Konsuln jahrelang gefangen gehalten, ohne daß man ihm den Prozeß machte.

Drusus: der jüngere Sohn des Germanicus. Er wurde mehrere Jahre in einem Keller des Kaiserpalastes in Haft gehalten. Sein älterer Bruder Nero war bereits vor dem Tod des Seianus in der Verbannung gestorben.

226 *Agrippinas Tod:* Agrippina war bereits seit mehreren Jahren auf die Insel Pandateria verbannt.

227 *aufgehört hatten:* durch den Tod der Agrippina und der Augusta.

228 *das traurige Ereignis:* Das Ereignis war für die Bürgerschaft natürlich nur insofern traurig, als die Drusustochter Julia damit aus dem kaiserlichen Haus ausschied, nicht etwa, weil Rubellius' Großvater nur ein einfacher Ritter war!

in den früheren Büchern: Vgl. Buch III, Kapitel 32, und Buch IV, Kapitel 20.

229 *wie berichtet:* Buch IV, Kapitel 47.

Mamercus Scaurus: Vgl. Buch I, Kapitel 13, und Buch VI, Kapitel 9.

230 *Livilla:* Schwiegertochter des Kaisers.

232 *L. Vitellius:* Vater des späteren Kaisers.

235 *Suovetaurilien:* Die Suovetaurilien, das alte Schwein-, Schaf-

und Stieropfer, brachten die Römer vor jedem größeren militärischen Unternehmen dem Mars dar.

237 *die beiden Blaesus:* Gemeint sind die Söhne des Blaesus, des Onkels des Seianus.

wie berichtet: im verlorenen Teil von Buch V.

238 *Tiridates . . .:* Fortsetzung von Kapitel 37.

Seleucia: am rechten Tigrisufer.

Seleucus: der Feldherr Alexanders des Großen.

240 *Cn. Domitius:* Vater des späteren Kaisers Nero.

241 *wie berichtet:* Kapitel 20.

Drusus' Sohn: Tiberius Gemellus.

Claudius: Claudius, der künftige Kaiser, war ein Sohn des (älteren) Drusus, Bruder des Germanicus und Neffe des Tiberius.

»Diesen wirst du ermorden . . .«: Tatsächlich ließ Caligula den jüngeren Enkel des Tiberius, Tiberius Gemellus, sofort nach der Übergabe der Regierung töten und wurde selbst 41 n. Chr. ermordet.

242 *oben:* Buch IV, Kapitel 75.

243 *die allgemeine menschliche Trauer:* die jeder beim Tod seines Kindes empfindet.

244 *Kap Misenum:* bei Neapel.

246 *Zu Buch VII–XI:* Nach dem sechsten Buch klafft eine große Lücke, durch die wir zunächst die ganze Regierungszeit Caligulas (Buch VII–IX) vermissen. Sie brachte wahrscheinlich die Regierungsübernahme, die Beseitigung des Macro und des Tiberiusenkels Tiberius Gemellus, die versuchte Umwandlung des Prinzipats in ein hellenistisches Gottkönigtum, den finanziellen Ruin durch Caligulas Verschwendungssucht, schließlich die Verschwörung der Gardeoffiziere und die Ermordung des Kaisers durch Cassius Chaerea. Es fehlt ferner die erste Hälfte der Zeit des Claudius (Buch X und erste Hälfte von Buch XI), die wohl den Regierungswechsel, Claudius' finanzielle Reformen, seinen erfolgreichen Feldzug gegen Britannien sowie den Ausbau des Hafens von Ostia und die Vollendung der beiden großen Hochquellenleitungen enthielt.

Messalina . . .: Die zweite Hälfte des elften Buches setzt unvermittelt mit dem Prozeß Messalinas gegen Valerius Asiaticus ein.

Poppaea Sabinas Buhle: Messalina verfolgte die Poppaea Sabina, die Mutter der gleichnamigen späteren Gattin Neros, mit Haß und Eifersucht.

Suillius: ein Günstling des Claudius und einer der berüchtigtsten Denunzianten.

Britannicus: Sohn des Claudius und der Messalina.

Baiae: Seebad am Golf von Neapel.

247 *Vitellius:* erklärter Günstling des Claudius und Vater des späteren Kaisers.

Mnesters: Mnester, der berühmte Pantomime, war einer der Buhlen Messalinas.

248 *bestochen:* Samius greift zur Bestechung, um von einer drohenden Anklage des Suillius frei zu kommen.

seinerzeit: Kapitel 12 und 26 ff.

249 *P. Clodius oder C. Curio:* Clodius war der berüchtigte Volkstribun und Gegner Caesars, für den Curio als Redner arbeitete.

wie erwähnt: Vgl. Buch VI, Kapitel 32 ff.

250 *Vardanes:* ebenfalls ein Bruder des Mithridates.

251 *in den Büchern:* Die letzten (verlorenen) Teile der »Historien« sind gemeint.

252 *Troja-Spiel:* Es war ein Scheinkampf zu Pferde, an dem sich auch Britannicus, der leibliche Sohn des Claudius, und L. Domitius, der Sohn des Domitius Ahenobarbus und der Germanicustochter Agrippina, beteiligten.

253 *Censorenamt:* Claudius war zusammen mit L. Vitellius auf fünf Jahre Censor.

drei Buchstaben: Claudius fügte das umgekehrte Digamma für den Konsonanten u (Vau), das Antisigma ɔ und das Zeichen ⊢ (der griech. Spiritus asper) für y hinzu.

257 *Mattiaker:* um das heutige Wiesbaden.

hatten Schaden: an Gesundheit und Kleidung, ohne durch Beute Ersatz zu finden.

258 *militärischen Aufgaben:* zunächst wohl der Verwaltung der Kriegskasse.

259 *Aulus Vitellius:* der spätere Kaiser.

Gallia Comata: Damit ist das jenseitige Gallien nördlich der Provincia Narbonensis gemeint.

260 *vorgeschoben wurde:* Diese Ausdehnung Italiens erfolgte durch die Erteilung des Bürgerrechts an die Transpadaner.

angesiedelt: Gemeint sind die von Augustus gegründeten Militärkolonien.

Fremdlinge: die etruskischen Könige.

Senonen: gallischer Stamm.

Volsker und Aequer: Sie wurden früh mit den Latinern verschmolzen.

261 *den alten strengen:* Vor Augustus wurden unwürdige Senatsmitglieder namentlich und mit Angabe der Gründe ausgestoßen.

262 *zu einer blutschänderischen Ehe:* Damit wird auf Claudius' Ehe mit seiner Nichte Agrippina hingewiesen.

263 *Callistus ... Narcissus ... Pallas:* Die drei kaiserlichen Freigelassenen hatten die wichtigsten Hofämter inne: Callistus war Minister für die öffentlichen Eingaben, Narcissus für die Kanzleisachen, Pallas für die Finanzen.

265 *beim Pontifex maximus:* also beim Kaiser.

266 *verboten:* Vgl. Buch IV, Kapitel 18 ff.

als Bezahlung der Schande: d. h. als Geschenke Messalinas an ihren Buhlen.

267 *Striemen:* Mnester zeigte die Striemen, die er auf Messalinas Befehl erhalten hatte, wenn er ihr nicht zu Willen war.

unterworfen: Claudius hatte Mnester den strikten Befehl erteilt, Messalinas Weisungen in allen Fällen zu gehorchen.

seines Oheims: Der Oheim war Aulus Plautius, der Sieger über die Britannier (vgl. Buch XIII, Kapitel 32).

268 *den Centurionen:* Es lag immer eine Prätorianerkohorte als Wache im Palast.

furchtbare Folgen: Die Bestrafung der Messalina und ihrer Mitschuldigen war an sich eine gute Tat, aus der aber das Schlechteste entstehen sollte: Claudius' Heirat mit Agrippina, sein eigenes und seiner Kinder Verderben und die Erhebung Neros auf den Thron.

269 *Paetina:* Claudius' zweite Frau, von der er sich aus nichtigen Gründen scheiden ließ. Seine erste Gattin hieß Urgulanilla.

einem Enkel des Germanicus: Lucius Domitius, den späteren Kaiser Nero; seine Mutter war die Germanicustochter Agrippina.

270 *durch die Triumphabzeichen:* nach dem Sieg über die Britannier.

271 *Gehört ... gesehen:* Die beiden Bemerkungen beziehen sich auf Augustus, der Livia ihrem Gatten entführte, und auf den Wüstling Caligula.

273 *ihres Sohnes:* des Britannicus.

wie berichtet: Buch XI, Kapitel 10.

das Bündnis: Es war unter Augustus geschlossen und von Caligula erneuert worden.

274 *bekannt:* C. Cassius (der Caesarmörder) hatte die Parther 51 v. Chr. bei Antiochia besiegt.

275 *Carenes:* Satrap von Mesopotamien.

Corma: östlich von Ninive.

276 *Mithridates:* Dieser Mithridates war ein Nachkomme des berühmten Mithridates, den Pompeius besiegt hatte. Claudius hatte ihn als König des Bosporus eingesetzt, dann aber wieder verjagt und durch seinen jüngeren Bruder Cotys ersetzt.

Dandariden ... Siraker ... Aorser: Die Dandariden wohnten wie die Siraker und Aorser im Osten des bosporanischen Reiches, zwischen Kaukasus und Tanais (Don).

277 *Tanais:* Don.

das taurische Gestade: die heutige Krim.

278 *Achaemenes:* der Ahnherr des Perserkönigs Cyrus und der alten Könige des Bosporus und Pontus.

279 *zur Schau gestellt wurde:* Von Mithridates' späteren Schicksalen wissen wir nur, daß er unter Galba getötet wurde.

Clarus: in Jonien.

280 *Agrippa:* Herodes Agrippa, der Enkel des großen Herodes, hatte von Claudius ganz Palästina erhalten.

Consus: Erntegott.

281 *leiblichen Sohn:* Drusus.

eine Kolonie auf ihren eigenen Namen: Colonia Agrippinensis, das heutige Köln.

282 *Vangionen und Nemeter:* Stämme um Worms und Speyer.

283 *Avona:* Avon.

Sabrina: Severn.

284 *Hibernia:* Irland.

Camulodunum: Colchester.

Caratacus: Von Caratacus war in den verlorenen Büchern ausführlich die Rede. Der Königssitz seines Vaters war Camulodunum.

285 *verjagt:* rhetorische Übertreibung der Erfolglosigkeit von Caesars Zügen gegen Britannien.

288 *früher:* in einem der verlorenen Bücher.

290 *dem Allerheiligsten:* Zum Allerheiligsten gehörte z. B. das Palladium im Tempel der Vesta.

291 *den milden Winter:* Äußerste Gefahr trat ein, wenn harte Winter die Schiffahrt unterbrachen.

296 *verschonte:* Schon für den Hochverrat des Vaters konnte der Kaiser den Sohn töten lassen.

297 *seinen uralten Adel:* eine plumpe Erfindung.
Felix: Pallas' Bruder hieß als Freigelassener der Antonia mit seinem vollen Namen Antonius Felix.
298 *Bedenken:* Felix war ja des allmächtigen Pallas Bruder!
Fucinersee: östlich von Rom.
Lirisfluß: jetzt Garigliano.
299 *Schutzwehren:* Sie sollten etwaige Fluchtversuche der aus todeswürdigen Verbrechern bestehenden Flottenmannschaft verhindern.
Narcissus: Agrippina haßte ihn, weil er sich ihrer Heirat mit Claudius entgegengestellt hatte.
300 *Bononia:* das heutige Bologna.
Apamea: in Phrygien.
magische Prophezeiungen: Bei solchen Praktiken setzte man stets hochverräterische Absichten voraus.
Prokuratoren: Es sind hier die Verwalter des kaiserlichen Privatvermögens gemeint, die aus dem Ritterstand oder den kaiserlichen Freigelassenen ernannt wurden.
die Ägypten verwalteten: Die Präfekten von Ägypten standen im Rang etwas höher als die gewöhnlichen Ritter.
301 *Matius und Vedius:* Günstlinge des Augustus.
302 *Stadt der Chalkedonier:* Chalkedon lag gegenüber von Byzantium.
303 *der Untergang gewiß:* Tatsächlich wurde Narcissus gleich nach dem Regierungsantritt Neros beseitigt.
als Ankläger: Narcissus glaubte als Ankläger auftreten zu müssen, weil sonst Claudius durch Agrippina in Gefahr käme.
304 *Rache nehmen:* Dabei denkt Narcissus nicht daran, daß er selbst den größten Anteil an Messalinas Ermordung hatte. Vgl. Buch XI, Kapitel 37.
Sinuessa: Bad an der Grenze zwischen Latium und Campanien.
306 *verursacht:* Vgl. Buch XII, Kapitel 3.
ich berichtet habe: Vgl. Buch XII, Kapitel 57.
307 *der Tribun:* der Tribun der Prätorianerkohorte, die im Palast Wache hielt.
seiner wissenschaftlichen Tätigkeit: Claudius schrieb drei große Geschichtswerke, eines in lateinischer, zwei in griechischer Sprache.
308 *Ratschläge und Vorbilder:* Es sind Senecas und Burrus' Ratschläge sowie Augustus' hohes Beispiel gemeint.
erkaufen lassen: Es handelt sich hier wohl nur um die Ver-

schärfung eines schon unter Claudius gefaßten Beschlusses (vgl. Buch XI, Kapitel 7).

309 *Antiochus:* von Kommagene.

311 *jüngst:* in Germanien.

verbot Nero: Nero wollte damit zeigen, daß er den mitregierenden Konsul während dessen Amtszeit als gleichgestellt betrachtete. Neros anfängliche Milde und Bescheidenheit geht wohl auf Senecas Einfluß zurück.

312 *M. Otho:* den späteren Kaiser.

313 *abzuschwören:* Die republikanischen Beamten schworen nach Ablauf ihrer Amtszeit, nie gegen die Gesetze verstoßen und keine staatlichen Gelder für sich verbraucht zu haben. In Pallas' Fall war Neros Bemerkung wirklich ein guter Witz.

314 *einen König:* Der Saturnalienkönig konnte beliebige Befehle erteilen, die die Mitspieler auszuführen hatten.

315 *sitzend:* Die Kinder saßen bei Tisch, während die Erwachsenen liegend speisten.

sehr heißes: Die Alten tranken den Wein mit angewärmtem Wasser gemischt.

auf dem Marsfeld: im Mausoleum des Augustus.

316 *Bruderkämpfe:* Die bekannten Bruderkämpfe zwischen Atreus und Thyestes, zwischen Eteokles und Polyneikes sind gemeint.

nicht als verfrüht: Man meinte, sein Tod könne eher als Erlösung von einem schmachbeladenen Dasein gelten.

gewissen . . . Männern: wie Seneca und Burrus.

317 *oben:* Vgl. Buch XI, Kapitel 12.

nur verhindern wollte: Vielleicht hoffte Agrippina selbst auf ein Erbteil.

323 *den Präfekten:* Die Präfekten waren als Vertreter des Kaisers nicht der tribunizischen Interzession unterworfen.

325 *berichtet:* in einem der verlorenen Bücher.

Aberglaubens: wahrscheinlich des Christentums.

wie erwähnt: Vgl. Kapitel 1.

deckte: für Nero.

326 *Lucullus und Pompeius:* Sie hatten im letzten Mithridatischen Krieg Armenien in eine gewisse Abhängigkeit von Rom gebracht.

328 *Niederlagen:* des Crassus und Antonius.

331 *im Gehorsam:* gegen die von Corbulo gegebenen Weisungen.

332 *unfruchtbare Studien:* Suillius sah Philosophie, Rhetorik und Poesie als unfruchtbare Beschäftigungen an.

Ehebrecher: Die Bemerkung geht auf Senecas Ehebruch mit der Germanicustochter Julia.

333 *ein ganzes Jahr Frist:* Um Beweismaterial und Zeugen aus Asien herbeizuschaffen, war eine längere Frist notwendig.

Bürgerkrieg: Gemeint ist der Bürgerkrieg nach der Ermordung Caligulas.

335 *Ihre Mutter:* Sie war von Messalina zum Selbstmord gezwungen worden (vgl. Buch XI, Kapitel 2).

336 *Cornelius Sulla:* Vgl. Kapitel 23.

337 *Puteolaner:* Puteoli (heute Pozzuoli), bedeutende Seehandelsstadt in Campanien.

C. Cassius: Vgl. Kapitel 41.

338 *die bisher geheimgehaltenen Bestimmungen:* Sie waren bisher nur in den Händen der Steuerpächter.

außer der Reihe: Diese Rechtsbeschwerden sollten also allen anderen Prozessen vorgehen.

339 *durch deren Bemühungen:* Seine Freunde, die ihn gern beerben wollten, hatten sich bei Kaiser und Senat für ihn eingesetzt.

Mosella: Mosel.

Arar: Saône.

Rhodanus: Rhône.

342 *Flammen:* Es kann sich nur um einen Moorbrand handeln, der sich dann zu einem Grasbrand ausdehnte.

344 *mit ihrem Oheim:* Claudius.

345 *früher:* Diese Gewohnheit war abgekommen, seit sie dem Kaiser entfremdet war.

346 *sie sei Agrippina:* Acerronia glaubte offenbar, eher Aussicht auf Rettung zu haben, wenn man sie für die Kaiserinmutter hielt.

nicht aus Heuchelei: sondern aus angeborener Habsucht.

348 *»In den Leib stoße!«:* den Leib, der Nero getragen hat.

349 *der Centurionen und Tribunen:* Gemeint sind die Centurionen und Tribunen der ihn begleitenden prätorischen Kohorten.

350 *Seneca:* Man wußte, daß Seneca die kaiserlichen Reden und Briefe verfaßte.

351 *Iturius und Calvisius . . . Silana:* Vgl. Buch XIII, Kapitel 19ff.

Gepflogenheit: Die griechischen Könige und Feldherren ließen zwar ihre Wagen rennen, lenkten sie aber nicht selbst!

352 *zuschauen:* Es durfte nur ein ausgewählter Kreis zuschauen.

Teich: auf dem rechten Tiberufer.

Geldspenden: Die Gelder wurden zum Ankauf der ausgestellten Sachen zur Verfügung gestellt.

353 *Prätorianerkohorte:* Sie wurde nur hinzugezogen, um den Schein zu wahren.

als Dichter: Über Neros poetische Spielereien berichtet auch Sueton (Nero 52). Dio Cassius (62, 29) erwähnt eine größere Dichtung Neros, die »Troiae halosis« (»Eroberung Troias«), die er angeblich beim Brand Roms vortrug.

Nuceria und Pompei: in Campanien.

berichtet: in einem der verlorenen Bücher.

354 *Pedius Blaesus:* ehemals Prokonsul von Kreta und Cyrene.

Kampfspiele: die Neroneen.

355 *den Thuriern:* den Bewohnern von Thurii in Bruttium.

Triumph des Memmius: 146 v. Chr.

erschöpfen: Die Prätoren mußten die Spiele auf eigene Kosten geben.

356 *als Sieger ausgerufen:* obwohl er weder mit einer Rede noch mit einem Gedicht aufgetreten war.

Rubellius Plautus: Vgl. Buch XIII, Kapitel 19 ff.

bei den simbruinischen Seen: im Gebiet der Aequer.

Tibur: das heutige Tivoli.

357 *Indessen:* Die Kapitel 23 ff. enthalten die Fortsetzung der Schilderung der Partherkämpfe (vgl. Buch XIII, Kapitel 34 ff.).

Tigranocerta: die zweite Hauptstadt Armeniens.

ermatteten: Der Mangel an Brotgetreide war für die römischen Soldaten besonders drückend.

358 *des Roten Meeres:* d. h. des Persischen Golfs.

359 *den Namen nach Nero:* Sie hieß jetzt Colonia Claudia Neronensis Puteolana.

360 *Vibius Secundus:* ehemals Statthalter von Mauretanien.

Vibius Crispus: als Redner und Ankläger berühmt.

wie berichtet: Vgl. Buch XII, Kapitel 40.

Mona: jetzt Anglesey.

362 *Tamesa:* Themse.

den Schutz des Tempels: Der Tempel konnte als Burg benutzt werden.

Londinium: heute London.

363 *Verulamium:* heute Verulam bei St. Albans.

367 *unterzeichnen:* Jedes Testament mußte von sieben römischen Bürgern als Zeugen unterschrieben sein.

370 *Tigellinus:* Hier wird der durch sein Vorleben berüchtigte, noch

im gleichen Jahr von Nero zum Gardepräfekten ernannte Tigellinus zum ersten Mal erwähnt.

dieses Gesetz: Das Majestätsgesetz war unter Claudius außer Wirksamkeit gesetzt worden.

371 *auf einer Insel:* Die Verbannung war die gesetzliche Strafe für Majestätsverbrechen.

A. Vitellius: der spätere Kaiser.

verhaßt: Der Haß konnte aus der Meinung entstehen, daß der Kaiser die Senatoren gezwungen habe, ihre Abstimmung zu ändern.

»Testamente«: In der Kaiserzeit kam es öfters vor, daß man sich im Testament gegen den Kaiser oder andere hochgestellte Personen offen ausließ. Veientos »Testamente« waren natürlich fingiert.

372 *»Ich befinde mich wohl!«:* Diese Worte gehen wohl auf Burrus' Gewissensruhe.

373 *M. Agrippa:* Er hatte sich seinerzeit nach Mytilene auf Naxos zurückgezogen, um der Eifersucht des Marcellus, eines Sohnes der Augustusschwester Octavia, aus dem Wege zu gehen.

C. Maecenas: Vgl. Buch III, Kapitel 30.

in der Provinz: in Corduba (heute Cordova) in Spanien.

374 *Bescheidenheit und Genügsamkeit:* Seneca preist diese Tugenden immer wieder in seinen moralischen Schriften.

375 *Vitellius . . . Volusius:* überreich beschenkte Günstlinge des Claudius.

376 *Drusus:* Sohn des Tiberius.

zu Corbulo: damals Statthalter von Syrien.

377 *»Warum«, sagte er, »Nero . . .«:* Der Text ist verstümmelt. Nach Cassius Dio 62, 14 lautete Neros Ausspruch: »Ich wußte nicht, daß er eine so lange Nase hatte.« C. Halm vermutet: »Warum«, sagte er, »Nero, hast du dich vor einem so langnasigen Menschen gefürchtet?«

378 *wegen ihres Vaters:* Claudius.

Ehescheidung: Sie wurde gewählt, da der Beweis eines Ehebruchs doch nicht zu erbringen war.

379 *als Gatten:* aber auch als Führer der Umsturzbewegung.

oben: Kapitel 3.

380 *Agrippina:* die Gattin des Germanicus.

Julias: einer Tochter des Germanicus.

eine Magd: Acte.

381 *Doryphorus:* Callistus' Nachfolger im Amt für Bittschriften.

vorenthalte: Der Patronus hatte bedeutenden Anteil an der Erbschaft seiner Freigelassenen.

382 *Unterdessen:* Fortsetzung von Buch XIV, Kapitel 26.

383 *lieber den Kriegszustand haben als wirklich Krieg führen:* Corbulo hielt sich zurück, um seinen Ruhm nicht aufs Spiel zu setzen und weiter in seiner Stellung zu bleiben.

385 *Caesennius Paetus:* Konsul des Jahres 61.

Pallas: langjähriger Finanzminister.

386 *die konsularischen Abzeichen:* Beile und Rutenbündel (fasces).

394 *die neue Ringschule:* Vgl. Buch XIV, Kapitel 47.

395 *das actische:* zur Feier des Sieges von Actium.

die Gesandten der Parther: Von ihrer Absendung war in Kapitel 14 die Rede.

in Gegenwart der Legionen: Tigranes war bereit, sich in eine nahe römische Provinz, Syrien oder Kappadokien, zu begeben.

400 *Vatinius:* Er war aus Beneventum gebürtig.

Torquatus Silanus: Konsul des Jahres 53.

401 *nicht entbehren:* Die öffentlichen Lustbarkeiten fielen in Abwesenheit des Kaisers aus.

403 *Gärten des Maecenas:* Sie waren durch Erbschaft in kaiserlichen Besitz gelangt.

seinen eigenen Park: am Mons Vaticanus, jenseits des Tibers.

des Getreides: Es handelt sich um das Getreide, das der Staat zu ermäßigtem Preis an die Armen verkaufte.

404 *in Asche legten:* 390 v. Chr.

406 *Hinrichtung:* Zu den Opfern der ersten Christenverfolgung (des Jahres 64) gehörten auch die Apostel Petrus und Paulus.

407 *Praeneste:* in der Nähe von Rom.

409 *Annaeus Lucanus:* Neffe Senecas und Dichter der »Pharsalia«.

Plautius Lateranus: Neffe des Aulus Plautius, des Siegers über die Britannier.

410 *auf der Bühne sang:* bei den Juvenalien.

411 *L. Silanus:* der Sohn des in Buch XIII, Kapitel 1, erwähnten M. Silanus.

412 *Ferentinum:* in Latium.

auf eine eitle Hoffnung hin: Kaiserin zu werden.

413 *in den servilianischen Park:* Dieser Park lag wahrscheinlich südlich der Stadt am Tiber und am Weg nach Ostia.

Epaphroditus: Nachfolger des Doryphorus im Amt für Bittschriften.

414 *die Folterwerkzeuge:* Bei Verbrechen gegen die Person des Kaisers wurden alle Angeschuldigten als Sklaven behandelt.

415 *des Parks:* des servilianischen Parks, in dem Nero damals residierte.

418 *seine Mutter und seinen Bruder:* Seine Gattin Octavia wird hier nicht erwähnt.

419 *mit meinen eigenen Worten:* Die antiken Historiker haben bei längeren Reden oder Briefen stets den fremden Gedanken ihre eigene Form gegeben.

Paulina: Senecas Gattin.

Gift: den Saft des Schierlings.

420 *unbescholten:* Damit steht er im Gegensatz zu den meisten Verschworenen, die selbst lasterhaft waren.

die Angeber: Die Angeber unter den Verschworenen waren diejenigen Männer, die sich zu Denunziationen bereit erklärt hatten, um sich selbst zu retten.

einem so gütigen Fürsten: weil er ihn trotz allem an der Untersuchung gegen seine Mitverschworenen teilnehmen lasse.

421 *nicht . . . bekannt geworden sind:* Subrius' Worte wurden also nur mündlich überliefert.

422 *Statilia Messalina:* Nero heiratete sie noch im gleichen Jahr nach Poppaeas Tod.

seine eigene Dichtung: »Pharsalia« III 635 ff.

423 *mit Lorbeerzweigen:* Solcher Hausschmuck war sonst nur bei freudigen Ereignissen in Staat oder Familie üblich.

Rufrius Crispinus: Präfekt unter Claudius.

Musonius Rufus: berühmter Stoiker und Lehrer Epiktets.

Caesennius Maximus: Freund Senecas.

424 *Nymphidius Sabinus:* Er wurde außerdem, an Stelle des Faenius Rufus, zum Gardepräfekten ernannt. Aus anderen Quellen wissen wir, daß er 68 Nero verließ und dann bei dem sinnlosen Versuch, sich selbst zum Kaiser zu machen, von den Soldaten getötet wurde. Näheres darüber stand sehr wahrscheinlich im verlorenen Schlußteil der »Annalen«.

eingelassen . . .: In der Lücke war vermutlich vom Leben des Nymphidius vor seiner Erhebung zum Gardepräfekten die Rede.

425 *»Dem Juppiter Vindex«:* »Juppiter dem Rächer«.

Julius Vindex: Vindex' Aufstand in Gallien hatte Neros Sturz zur Folge.

dem Gott Nero: Bisher waren die Kaiser bei Lebzeiten nur in den Provinzen als Götter verehrt worden.

427 *Beredsamkeit:* Zur Beredsamkeit gehörte auch die Poesie.

428 *die Kundigen:* die Claqueure!

Vespasianus: der spätere Kaiser.

429 *eines göttlichen Kindes:* der diva Claudia.

C. Cassius: ehemaliger Statthalter der Provinz Asien.

Silanus: ein Sohn des von Agrippina gestürzten M. Silanus.

des C. Cassius: Gemeint ist der Caesarmörder.

Torquatus: Vgl. Buch XV, Kapitel 35.

430 *Rubellius Plautus:* Vgl. Buch XIV, Kapitel 57 ff.

als gleichberechtigter Kläger: Die Freigelassenen standen in strengstem Pietätsverhältnis zu ihren Schutzherren!

431 *Faenius Rufus:* früherer Gardepräfekt und Mitverschworener.

432 *umbenannt:* Der Mai wurde nach Neros Adoptivvater Claudius umbenannt, der Juni nach Neros Großvater mütterlicherseits.

zwei Junii Torquati . . . hingerichtet: Vgl. Kapitel 8 und Buch XV, Kapitel 35.

wie berichtet: Vgl. Buch XIV, Kapitel 48.

434 *Fabius Romanus:* Er hatte wahrscheinlich von Lucanus Geld geborgt, mit dessen Rückzahlung er jetzt gedrängt wurde.

435 *C. Petronius:* Tacitus gibt hier ein packendes Bild von Petrons Leben und Eigenart, das deutlich als Gegenstück zu Senecas stoischem Leben und Sterben gezeichnet ist. Petronius ist der Verfasser des berühmten, leider nur bruchstückhaft überlieferten Schelmenromans »Satyricon«.

»Schiedsrichter des feinen Geschmacks«: Petronius hatte das cognomen Arbiter, aus dem wohl sein Ehrenname »arbiter elegantiae« entstand.

Scaevinus: Mitverschworener Pisos.

436 *jede Gelegenheit zur Verteidigung:* Tigellinus sorgte dafür, daß Petronius nicht vorgelassen wurde.

verhaften: um Gegenaussagen unmöglich zu machen.

437 *wie erwähnt:* Vgl. Buch XIV, Kapitel 12.

Juvenalien: Vgl. Buch XIV, Kapitel 15.

Patavium: heute Padua.

an dem Tag: Vgl. Buch XIV, Kapitel 48.

Cossutianus Capito: Schwiegersohn des Tigellinus.

Silanus und Vetus: Vgl. Kapitel 7 und 10.

M. Cato: Verkörperung des alten Republikanertums.

438 *Tubero und Favonius:* Tubero war ein Stoiker der Gracchenzeit, Favonius ein jüngerer Nacheiferer Catos.

Cassius: Vgl. Kapitel 7.

der beiden Brutus: M. Junius Brutus und D. Junius Brutus; sie waren die Mitverschworenen des damaligen C. Cassius.

wieder frei zu machen: Er war versandet.

unbestraft gelassen: Soranus' Bemühungen zielten angeblich darauf, sich bei den Provinzialen beliebt zu machen.

Plautus: Rubellius Plautus. Vgl. Buch XIII, Kapitel 19.

439 *zu empfangen:* Nero hielt seinen feierlichen Einzug mit Tiridates von Campanien aus.

440 *derjenigen:* der stoischen Philosophen, insbesondere Catos des Jüngeren.

den Tempel der Venus Genetrix: in dem die Senatssitzung abgehalten wurde.

Togaträgern: »Zivilisten«.

aus ihren entlegenen Provinzen: Viele Ritter lebten als Kaufleute oder Staatspächter in den Provinzen, während sie in Rom als Richter fungieren sollten.

441 *mit Selbstverbannung drohe:* als ob er für den Staat unentbehrlich wäre.

442 *Annius Pollio:* Er war verdächtigt worden, sich an der Pisonischen Verschwörung beteiligt zu haben.

Caesar: Servilia redet den Kaiser an, als ob er anwesend wäre.

444 *ihrer . . . Mutter:* Diese Arria war unter Claudius mit ihrem verurteilten Gatten Caecina Paetus in den Tod gegangen; sie hatte sich selbst schwer verwundet und sterbend den Dolch ihrem Mann mit den Worten gereicht: »Paete, non dolet« (»Paetus, es tut nicht weh«).

zu Demetrius . . .: Hier bricht der Text mitten im Satz ab. Es fehlt die zweite Hälfte des Buches, die den Schluß des Jahres 66 und die beiden folgenden Jahre 67 und 68 enthielt, also die Verschwörung des Vindex erzählte, die sich rasch auf Spanien und Afrika ausbreitete und schließlich auch die Treue der Prätorianer ins Wanken brachte, und die Flucht Neros, der sich, von allen verlassen und vom Senat geächtet, mit Hilfe eines Getreuen selbst den Tod gab. Daran schlossen sich noch die weiteren Ereignisse der Jahre 67 und 68 bis zum Anschluß an die »Historien«.

BIBLIOGRAPHISCHE HINWEISE

Kommentare zu den »Annalen«

Tacitus: The Annals. Edited with Introduction and Notes by H. Furneaux. Oxford ²1896 (Nachdruck 1956)

P. Cornelius Tacitus: Annalen. Mit Kommentar von K. Nipperdey und G. Andresen. Band I (Buch I–VI) Berlin ¹¹1915; Band II (Buch XI–XVI) Berlin ⁵1892

P. Cornelius Tacitus: Annalen. Erklärt und mit einer Einleitung versehen von E. Koestermann. 4 Bände. Heidelberg 1963–68

Lehrerkommentar zu Tacitus von E. Röver und R. Till. 2 Bände. Stuttgart 1962–1969

Literatur zum Inhalt der »Annalen« (in Auswahl)

W. Allen: The political Atmosphere of the Reign of Tiberius. Transactions and Proceedings of the American Philological Association 72, 1941, 1 ff.

G. Bagnani: The Case of the Poisoned Mushrooms. Phenix 1, 1946, 15 ff.

B. Baldwin: Executions, Trials and Punishment in the Reign of Nero. La Parola del Passato 22, 1967, 425 ff.

J. Balsdon: The »Murder« of Drusus, Son of Tiberius. Classical Review 1, 1951, 75 ff.

J. Beaujeu: L'incendie de Rome 64 et les chrétiens. Brüssel 1960

H. Bengtson: Grundriß der römischen Geschichte. München ²1970

J. Béranger: Le refus du pouvoir. Museum Helveticum 5, 1949, 178 ff.

J. Béranger: Recherches sur l'aspect idéologique du principat. Basel 1953

A. Bergener: Die führende Senatorenschicht im frühen Prinzipat 14–68 n. Chr. Diss. Bonn 1965

G. Bersanetti: Tiberiana. Athenaeum 35, 1947, 3 ff.

H. W. Bird: L'Aelius Seianus and his Political Significance. Latomus 28, 1969, 61 ff.

J. Bishop: Nero. The Man and the Legend. London 1964

J. Bleicken: Senatsgericht und Kaisergericht. Eine Studie zur Entwicklung des Prozeßrechtes im frühen Prinzipat. Göttingen 1962

A. Boddington: Seian. Whose Conspiracy? American Journal of Philology 84, 1963, 1 ff.

A. Boethius: Nero's Golden House. Eranos 44, 1946, 442 ff.

P. A. Brunt: The Revolt of Vindex and the Fall of Nero. Latomus 18, 1959, 531 ff.

K. Büchner: Tacitus über die Christen. Aegyptus 33, 1953, 181 ff.

Ch. M. Bulst: The Revolt of Queen Boudicca in A. D. 60. Historia 10, 1961, 496 ff.

M. P. Charlesworth: Documents Illustrating the Reigns of Claudius and Nero. Cambridge 1939

M. P. Charlesworth: Nero. Some Aspects. Journal of Roman Studies 40, 1950, 65 ff.

F. Clayton: Tacitus and Nero's Persecutions of the Christians. Classical Quarterly 41, 1947, 81 ff.

M. Coffey: Seneca. Apocolocyntosis 1922–1958. Lustrum 6, 1961, 239 ff.

J. Colin: Les vendanges dionysiacques et la légende de Messaline 48 ap. Chr. Les Etudes Classiques 24, 1956, 25 ff.

H. Dessau: Geschichte der römischen Kaiserzeit I–II. Berlin 1924 ff.

M. Dibelius: Rom und die Christen im 1. Jahrhundert. Sitzungsberichte der Akademie der Wissenschaften zu Heidelberg 1941, H. 2

B. Doer: Neros Menschenfackeln. Altertum 2, 1956, 15 ff.

A. von Domaszewski: Geschichte der römischen Kaiserzeit II. Leipzig 1909

Th. Dorey: Claudius und sein Mythus. Altertum 12, 1966, 144 ff.

D. M. Dudley und G. Webster: Rebellion of Boudicca. London 1962

L. Duprey: De l'association de Tibère à la naissance du Christ. Fribourg 1966

W. Eisenhut: Der Tod des Tiberiussohnes Drusus, Museum Helveticum 7, 1950, 126 ff.

A. Esser: Caesar und die julisch-claudischen Kaiser im biologisch-ärztlichen Blickfeld. Leiden 1958

Ph. Fabia: La tabula Claudiana de Lyon. Lyon 1929

T. Frank: The Financial Crisis of 33 A. D. American Journal of Philology 56, 1935, 336 ff.

E. M. Franzero: The Life and Time of Nero. London 1954

P. M. Fraser: Nero, the Artist Criminal. Classical Journal 62, 1966, 17

M. Friedenthal: Seian. Diss. Heidelberg 1953

W. H. Friedrich: Eine Denkform bei Tacitus. Festschrift W. Kapp. Hamburg 1958, 135 ff.

H. Fuchs und E. Koestermann: Das Christenkapitel des Tacitus. Gymnasium 74, 1967, 251 ff.

A. Garzetti: From Tiberius to the Antonines. London 1974

D. Georges-Roux: Néron. Paris 1962

D. Gillis: The Portrait of Afranius Burrus in Tacitus' Annals. La Parola del Passato 18, 1963, 5 ff.

W. Gollub: Tiberius. München 1959

M. Grant: From Imperium to Auctoritas. Cambridge 1946

P. Grenade: Un exploit de Néron. Revue des Etudes Anciennes 50, 1948, 232 ff.

P. Grenade: Essai sur les origines du principat. Paris 1901

W. Graf: Untersuchungen über die Komposition der Annalen des Tacitus. Diss. Bern 1930

E. Griffe: Le persécution des chrétiens de Rome en l'an 64. Bulletin de Littérature Ecclésiastique 65, 1964, 3 ff.

M. F. Gyles: Nero Fiddled While Rome Burned. Classical Journal 42, 1947, 2 ff.

M. F. Gyles: Nero, qualis artifex? Classical Journal 57, 1962, 193 ff.

M. Hammond: Corbulo and Nero's Eastern Policy. Harvard Studies in Classical Philology 45, 1934, 81 ff.

M. Hammond: Res olim dissociabiles. Principatus and »libertas«. Harvard Studies in Classical Philology 67, 1963, 93 ff.

A. Heinrichs: Seian und das Schicksal Roms in den Annalen des Tacitus. Diss. Marburg 1976

K. Heinz: Das Bild Neros bei Seneca, Tacitus, Sueton und Cassius Dio. Diss. Bonn 1946 (masch.)

D. Hennig: Lucius Aelius Seianus. Untersuchungen zur Regierung des Tiberius. München 1975

B. Henderson: The Life and Principate of the Emperor Nero. London 1903 ff.

G. W. Hogarth: Claudius. The Emperor and His Achievement. Oxford 1934

E. Hohl: Wann hat Tiberius den Prinzipat übernommen? Hermes 68, 1933, 106 ff.

E. Hohl: Um Arminius. Biographie oder Legende? Sitzungsberichte der Deutschen Akademie der Wissenschaften zu Berlin 1951, H. 1

G. Keßler: Die Tradition über Germanicus. Berlin 1905

W. Kierdorf: Die Einleitung des Piso-Prozesses. Hermes 97, 1969, 246 ff.

F. Knoke: Die Kriegszüge des Germanicus in Deutschland. Berlin 1922

E. Kornemann: Tiberius. Stuttgart 1960

E. Koestermann: Die Feldzüge des Germanicus 14–16 n. Chr. Historia 6, 1957, 429 ff.

E. Koestermann: Die Mission des Germanicus im Orient. Historia 7, 1958, 331 ff.

E. Koestermann: Ein folgenschwerer Irrtum des Tacitus (Ann. 15, 44, 2)? Historia 16, 1967, 456 ff.

D. Köves-Zulauf: Der Sturz Seians. Hermes 83, 1955, 350 ff.

K. Kraft: Der politische Hintergrund von Senecas Apcolocyntosis. Historia 15, 1966, 96 ff.

H. Kröger: Die Prodigien bei Tacitus. Diss. Münster 1940

W. Kunkel: Über das Wesen des augusteischen Prinzipats. Gymnasium 68, 1961, 353 ff.

W. Lacey: Nominations and the Elections under Tiberius. Historia 12, 1963, 167 ff.

F. Leo: Kleine Schriften II. Rom 1960

E. Leon: The »Imbecillitas« of the Emperor Claudius. Transactions and Proceedings of the American Philological Association 79, 1948, 79 ff.

E. Lepore: Per la storia del principato neroniano. La Parola del Passato 3, 1948, 81 ff.

F. A. Lepper: Some Observations on the Quinquennium Neronis. Journal of Roman Studies 47, 1957, 95 ff.

M. A. Levi: Nerone e i suoi tempi. Mailand 1949

G. Lugli: La vecchia Roma incendiata da Nerone. Capitolium 22, 1947, 41 ff.

A. Magdelain: Auctoritas Principis. Paris 1947

G. May: L'activité juridique de l'empereur Claudius. Revue Historique du Droit français et étranger 15, 1946, 213 ff.; 22, 1954, 101 ff.

G. Marañon: Tiberius. Histoire d'un ressentiment. Buenos Aires 1939 (deutsch München 1952)

F. Marsh: The Reign of Tiberius. Cambridge ²1959

E. Meise: Untersuchungen zur Geschichte der julisch-claudischen Dynastie. Diss. München 1969

E. Meißner: Seian, Tiberius und die Nachfolge im Prinzipat. Erlangen 1968

J. Michelfeit: Das Christenkapitel des Tacitus. Gymnasium 73, 1966, 514 ff.

Ch. Mierow: Germanicus Caesar Imperator. Classical Journal 39, 1943–44, 137 ff.

N. P. Miller: The Claudian Tablet and Tacitus. A Reconsideration, Rheinisches Museum 95, 1956, 304 ff.

F. Millar: Some Evidence on the Meaning of Tacitus Annals 12, 60. Historia 13, 1964, 180 ff. (vgl. 14, 1965, 362 ff.)

A. Momigliano: L'Opera dell'Imperatore Claudio. Florenz 1932 (englisch: Claudius. The Emperor and his Achievement. Oxford 1934)

A. Momigliano: Osservazione sulle fonti per la storia di Caligula, Claudio, Nerone. Rendiconti dell'Accademia dei Lincei V 8, 1932, 307 ff.

A. Momigliano: Literary Chronology of the Neronian Age. Classical Quarterly 38, 1944, 96 ff.

H. Nesselhauf: Tacitus und Domitian. Hermes 80, 1952, 222 ff.

J. van Ooteghem: Verginius and Vindex. Les Etudes Classiques 36, 1968, 18 ff.

J. C. Overbeck: Tacitus and Dio on Boudicca's Rebellion. American Journal of Philology 90, 1969, 129 ff.

M. Pani: Il circolo di Germanico. Annali Fac. Magistr. Bari 7, 1968, 109 ff.

E. R. Parker: The Election of Heirs in the Julio-Claudian Family. American Journal of Philology 68, 1946, 29 ff.

E. Paratore: La figura di Agrippina Minore in Tacito. Maia 5, 1952, 32 ff.

F. Pezzella: L'imperatore Tiberio e la psico-patologia. Capua Vetere 1956

J. W. Perkins: Nero's Golden House. Antiquity 30, 1956, 209 ff.

E. Ch. Picard: Auguste et Néron. Le secret d'empire. Paris 1962

L. Polacco: Il volto di Tiberio. Saggio di critica iconografica. Rom 1955

L. Polverini: L'aspetto sociale del passagio della republica al principato. Aevum 38, 1964, 241 ff., 439 ff.; 39, 1965, 1 ff.

A. von Premerstein: Vom Werden und Wesen des Prinzipats. Abhandlungen der Bayerischen Akademie der Wissenschaften. München 1937

E. Questa: Il viaggio di Germanico in Oriente e Tacito. Maia 9, 1957, 291 ff.

B. Reese: The Date of Nero's Death. American Journal of Philology 90, 1969, 72 ff.

R. Renehan: Christus or Chrestus in Tacitus? La Parola del Passato 23, 1968, 368 ff.

R. Rogers: Studies in the Reign of Tiberius, Baltimore 1943

R. Rogers: Tiberius' Travels. Classical Weekly 39, 1945/6, 26 ff., 42 ff.

R. Rogers: Heirs and Rivals to Nero. Transactions and Proceedings of the American Philological Association 86, 1955, 190 ff.

R. Rogers: The Case of Cremutius Cordus. Transactions and Proceedings of the American Philological Association 46, 1965, 351 ff.

D. Sattler: Augustus und der Senat. Untersuchungen zur römischen Innenpolitik 30–17 v. Chr. Göttingen 1960

Ch. Saumagne: Tacite et S. Paul. Revue Historique 232, 1964, 67 ff.

G. Scheda: Nero und der Brand Roms. Historia 16, 1967, 111 ff.

H. Schiller: Geschichte der römischen Kaiserzeit I. Gotha 1883 ff.

W. Schmid: Panegyrik und Bukolik in der neronischen Epoche. Bonner Jahrbücher 153, 1953, 63 ff.

H. H. Schmitt: Der pannonische Aufstand 14 n. Chr. und der Regierungsantritt des Tiberius. Historia 7, 1958, 378 ff.

E. Schoenborn: Zur Oratio Claudii de iure honorum Gallis dando. Iura 6, 1955, 160 ff.

K. Schneider: Die Zusammensetzung des römischen Senats von Tiberius bis Nero. Diss. Jena 1942

W. Schur: Die Orientpolitik des Kaisers Nero. Klio, Beiheft 15. Leipzig 1923

J. Schwartz: Recherches sur le derniers années du règne d'Auguste. Revue de Philologie 19, 1945, 21 ff.

K. Scott: The diritas of Tiberius. American Journal of Philology 53, 1932, 133 ff.

V. Scramuzza: The Emperor Claudius. Cambridge/Mass. 1946

R. Sealey: The Political Attachments of L. Aelius Seianus. Phoenix 15, 1961, 97 ff.

S. Siber: Die Wahlreform des Tiberius. Festschrift W. Koschaker. Weimar 1939, 171 ff.

E. M. Smallwood: The Alleged Jewish Tendencies of Poppaea Sabina. Journal of Theological Studies 16, 1959, 329 ff.

D. C. Shotter: Tiberius' Part in the Trial of Aemilia Lepida. Historia 15, 1966, 312 ff.

D. C. Shotter: Elections under Tiberius. Classical Quarterly 1966, 321 ff.

D. C. Shotter: The Trial of Caius Silius. Latomus 26, 1967, 712 ff.

D. C. Shotter: Tacitus, Tiberius and Germanicus. Historia 17, 1968, 194 ff.

G. R. Sievers: Studien zur Geschichte der römischen Kaiser. Berlin 1870

D. Stockton: Tacitus' Annals 12, 60. Historia 10, 1961, 16 ff.

M. Stuart: The Portraiture of Claudius. Preliminary Studies. New York 1938

R. Syme: The Roman Revolution. Oxford 1939

J. H. Thiel: Kaiser Tiberius. Ein Beitrag zum Verständnis seiner Persönlichkeit. Mnemosyne III 2, 1935, 245 ff.; 3, 1936, 177 ff.; 4, 1936–1937, 17 ff.

G. Tibiletti: Principi e magistrati republicani. Rom 1953

D. Timpe: Studien zur Kontinuität des frühen Prinzipats. Wiesbaden 1962

D. Timpe: Arminius-Studien. Heidelberg 1970

D. Timpe: Der Triumph des Germanicus. Untersuchungen zu den Feldzügen des Germanicus 14–16 n. Chr. in Germanien. Bonn 1968

J. Toynbee: Nero Artifex. The Apocolocyntosis Reconsidered. Classical Quarterly 34, 1942, 83 ff.

G. B. Townsend: The Trial of Aemilia Lepida A. D. 20. Latomus 71, 1962, 484 ff.

R. Villers: La dévolution du principat dans la famille d'Auguste. Revue des Etudes Latines 28, 1950, 235 ff.

F. de Visscher: La caduta di Seiano e il suo macchinatore Macrone. Rivista di Cultura Classica e Medioaevale 2, 1960, 245 ff.

F. Vittinghoff: Zur Rede des Kaisers Claudius über die Aufnahme von Galliern in den römischen Senat. Hermes 82, 1954, 348 ff.

J. Vogt: Tacitus und die Unparteilichkeit des Historikers. Zuletzt in: Orbis, Freiburg 1960, 110 ff.

G. Walser: Rom, das Reich und die fremden Völker in der Geschichtsschreibung der frühen Kaiserzeit. Baden-Baden 1951

G. Walter: Néron. Paris 1955

J. A. Weller: Tacitus and Tiberius' Rhodian Exile. Phoenix 12, 1958, 31 ff.

L. Wickert: Der Prinzipat und die Freiheit. Symbola Colonensia J. Kroll oblata. Köln 1949, 111 ff.

Ch. Wirszubski: Libertas as a Political Idea at Rome during the Late Republic and Early Principate. Cambridge 1950

P. Zancan: La crisi del principato nell'anno 69 d. C. Padua 1939

K. H. Ziegler: Die Beziehungen zwischen Rom und dem Partherreich. Ein Beitrag zur Geschichte des Völkerrechts. Wiesbaden 1964

Literatur zu Tacitus

J. Adams: The Language of the Later Books of Tacitus' Annals. Classical Quarterly 66, 1972, 350 ff.

J. Adams: Were the Later Books of Tacitus' Annals Revised? Rheinisches Museum 107, 1974, 322 ff.

W. H. Alexander: The Tacitean Non Liquet of Seneca. Berkeley 1952

W. Allen jr. u. a.: Epic and Etiquette in Tacitus' Annals. Studies in Philology 58, 1961, 597 ff.

F. Arnaldi: Tacito. Neapel 1973

E. Aumüller: Das Prodigium bei Tacitus. Diss. Frankfurt 1948 (masch.)

B. Baldwin: Women in Tacitus. Prudentia 4, 1972, 83 ff.

B. Baldwin: Themes, Personalities and Distractions in Tacitus. Athenaeum 52, 1974, 70 ff.

N. Barbu: Concetti di Tacito sulla morale e sulla politica. Quaderni dell'Umanesimo 3, 1974, 121 ff.

J. B. Bauer: Tacitus und die Christen. Gymnasium 64, 1957, 497 ff.

R. Baxter: Virgil's Influence on Tacitus. Diss. Stanford 1968

R. Baxter: Virgil's Influence on Tacitus in Books 1 and 2 of the Annals. Classical Philology 67, 1972, 246 ff.

J. Beaujeu: Le Mare Rubrum de Tacite et le problème de la chronologie des Annales. Revue des Etudes Latines 38, 1960, 200 ff.

P. Beguin: Le Fatum dans l'oeuvre de Tacite. L'Antiquité Classique 20, 1951, 315 ff.

P. Beguin: La personalité de l'histoire dans l'oeuvre de Tacite. Son esprit critique e positiviste. L'Antiquité Classique 22, 1953, 322 ff.

K. Bergen: Charakterbilder bei Tacitus und Plutarch. Diss. Köln 1962

H. Benario: Tacitus and the Principate. Classical Journal 60, 1964, 97 ff.

H. Benario: Tacitus and the Fall of the Roman Empire. Historia 17, 1968, 37 ff.

H. Benario: Imperium and Capaces Imperii in Tacitus. American Journal of Philology 93, 1972, 14 ff.

J. Bews: Vergil, Tacitus, Tiberius and Germanicus. Proceedings of the Virgil Society 12, 1972–1973, 35 ff.

H. W. Bird: Germanicus Mytheroicus. Echos du Monde Classique 17, 1973, 94 ff.

J. Borzsák: Tacitus. Altertum 4, 1958, 32 ff.

J. Borzsák: Pax Tacitea. Acta Classica Universitatis Debreczin 2, 1966, 43 ff.

J. Borzsák: Realencyclopädie der classischen Altertumswissenschaften, Supplement XI 1968, 383 ff. (Artikel Tacitus)

J. Borzsák: Das Germanicusbild des Tacitus. Latomus 28, 1969, 588 ff.

J. Borzsák: Tacitusprobleme. Acta Classica Universitatis Debreczin 6, 1970, 53 ff.

J. Borzsák: Zum Verständnis der Darstellungskunst des Tacitus. Acta Antiqua Academiae Scientiarum Hungaricae 18, 1970, 279 ff.

A. Briessmann: Tacitus und das flavische Geschichtsbild. Wiesbaden 1955

A. Briessmann: Auswahlbericht zu Tacitus. Gymnasium 68, 1961, 64 ff.

K. Bringmann: Tacitus Ann. 4, 33, 2 über den Scheinkonstitutionalismus. Historia 20, 1971, 376 ff.

J. Brouwers: Tacite sur la tâche et la matière de l'historien. 7, 1974, 349 ff.

R. Bruère: Tacitus and Pliny's Panegyrics. Classical Philology 49, 1954, 161 ff.

K. Büchner: Hat Tacitus geglaubt, der Untergang des römischen Reiches stehe unmittelbar bevor? Theoria. Festschrift W. Schuchhardt. Baden-Baden 1960, 43 ff.

K. Büchner: Tacitus und Ausklang. Studien zur römischen Literatur IV. Wiesbaden 1964

Ch. Bulst: Tacitus und die Provinzen. Ein Beitrag zur römischen Provinzialpolitik am Ende des 1. nachchristlichen Jahrhunderts. Diss. Heidelberg 1959

S. Burkart: Die Darstellungstechnik des Tacitus in den Historien. Diss. Erlangen 1950 (masch.)

A. D. Castro: Tacitus and the Virtues of the Roman Emperor. The Rules of Imperial Propaganda and Historiography of Tacitus. Diss. Indiana University Bloomington 1972

P. Ceausescu: L'Imperium d'Auguste chez Tacite. Klio 56, 1974, 183 ff.

K. Christ: Germanendarstellung und Zeitverständnis bei Tacitus. Historia 14, 1965, 62 ff.

J. Cousin: Rhétorique et psychologie chez Tacite. Revue des Etudes Latines 29, 1951, 228 ff.

G. Daitz: Tacitus' Technique of Character Portrayal. American Journal of Philology 81, 1960, 30 ff.

P. Delpuech: Urgentibus imperii fatis. Acta IX. Congr. Ass. G. Budé. Rom 1973, 995 ff.

R. Detweiler: Historical Perspectives on the Death of Agrippa Postumus. Classical Journal 65, 1970, 289 ff.

A. Dihle: Sine ira et studio. Rheinisches Museum 104, 1971, 27 ff.

T. A. Dorey (Hsg.): Tacitus. Studies in Latin Literature and Its Influence. London 1969

D. R. Dudley: The World of Tacitus. London 1968

S. Dyson: The Portrait of Seneca in Tacitus. Arethusa 3, 1970, 71 ff.

W. Edelmaier: Tacitus und die Gegner Roms. Diss. Heidelberg 1964

E. Etters: Tacitus in der Geistesgeschichte des 16. und 17. Jahrhunderts. Basel 1966

P. Everts: De Tacitea historiae conscribendae ratione. Diss. Utrecht 1926

R. Feger: Virtus bei Tacitus. Diss. Freiburg 1944 (masch.; vgl. Würzburger Jahrbücher für die Altertumswissenschaft 3, 1948, 301 ff.)

E. B. Fine: The Stoic Opposition to the Principate as Seen in Tacitus. Diss. Yale University 1932

D. Flach: Tacitus in der Tradition der antiken Geschichtsschreibung. Göttingen 1973

D. Flach: Tacitus und seine Quellen in den Annalenbüchern I–VI. Athenaeum 51, 1973, 93 ff.

D. Flach: Die taciteische Quellenbehandlung in den Annalenbüchern XI–XVI. Museum Helveticum 30, 1973, 88 ff.

D. Flach: Die Rede des Claudius De iure honorum Gallis dando. Hermes 101, 1973, 313 ff.

W. H. Friedrich: Stilistische Symptome der Geschichtsauffassung des Tacitus. Festschrift K. Vretska zum 70. Geburtstag überreicht von Freunden und Schülern. Heidelberg 1970, 23 ff.

U. Frings: Seneca und Nero. Zur Lebenswirklichkeit im tyrannischen Staat. Der altsprachliche Unterricht 16, 1973, 51 ff.

K. von Fritz: Tacitus, Agricola, Domitian and the Problem of the Principate. Classical Philology 52, 1957, 73 ff.

K. Fuchs: Tacitus über die Christen. Vigiliae Christianae 4, 1950, 65 ff.

M. Fuhrmann: Das Vierkaiserjahr 68/69. Philologus 104, 1960, 250ff.

R. Getty: Nero's Indictment of the Christians A. D. 64. Tacitus Ann. 15, 44, 2–4. The Classical Tradition. Studies in Honor of H. Cylan. Ithaca 1966, 285 ff.

D. Gillis: The Portrait of Afranius Burrus in Tacitus' Annals. La Parola del Passato 18, 1963, 5 ff.

K. Gilmartin: Corbulo's Campaign in the East. An Analyse of Tacitus' Account. Historia 22, 1973, 583 ff.

F. Goodyear: Development of Language and Style in the Annals of Tacitus. Journal of Roman Studies 58, 1968, 22 ff.

F. Goodyear: Tacitus, Oxford 1970

F. Goodyear: Cyclic Development in History. A Note on Tacitus Ann. 3, 55, 5. Bulletin of Classical Studies of the Univercity of London 17, 1970, 101 ff.

P. Grenade: Le pseudo-épicureisme de Tacite. Revue des Etudes Anciennes 55, 1953, 36 ff.

P. Grimal: Le discours de Senèque et Néron dans les Annales de Tacite. Giornale Italiano di Filologia 20, 1967, 131 ff.

H. Haas: Virtus Tacitea. Gymnasium 49, 1938, 163 ff.

R. Häußler: Tacitus und das historische Bewußtsein. Heidelberg 1965

R. Häußler: Tacitus in unserer Zeit. Jahrbuch der Universität Düsseldorf 1970, 379 ff.

E. Hahn: Die Exkurse in den Annalen des Tacitus. Diss. München 1933

F. Hampl: Beiträge zur Bedeutung des Historikers Tacitus. Innsbrucker Beiträge zur Kulturwissenschaft 3, 1955, 89 ff.

R. Hanslik: Der Erzählungskomplex vom Brand Roms und der Christenverfolgung bei Tacitus. Wiener Studien 76, 1963, 92 ff.

R. Hanslik: Die Ämterlaufbahn des Tacitus im Lichte der Ämterlaufbahn seiner Zeitgenossen. Anzeiger der Österreichischen Akademie der Wissenschaften 102, 1965, 47 ff.

R. Hanslik: Tacitus 1939–1972. Lustrum 1973–1974, 71 ff.

J. Harmatta: Agri vacui et solitudo. Zu Tacitus Ann. 13, 53 ff. Acta Classica Universitatis Debreczin 10/11, 1974–75, 161 ff.

W. Hartke: Der retrospektive Stil des Tacitus als dialektisches Ausdrucksmittel. Klio 37, 1959, 179 ff.

D. Henry und B. Walker: Tacitus and Seneca. Greece & Rome 10, 1963, 98 ff.

F. Heubner: Fessa aetate. Rheinisches Museum 110, 1967, 285 ff.

H. Hoffmann: Morum tempora diversa. Charakterwandel bei Tacitus. Gymnasium 75, 1968, 220 ff.

R. Hosek: Concordia und Discordia als geschichtliche Faktoren bei Tacitus. Eirene 6, 1967, 82 ff.

W. Jens: Libertas bei Tacitus. Historia 84, 1956, 331 ff.

W. John: Die Örtlichkeit der Varusschlacht bei Tacitus. Göttingen 1950

J. Kajanto: Tacitus' Attitude to War and Soldiers. Latomus 29, 1970, 697 ff.

W. Kierdorf: Die Einleitung des Pisoprozesses (Tac. Ann. 3, 18). Hermes 97, 1969, 246 ff.

F. Klingner: Tacitus über Augustus und Tiberius. Sitzungsberichte der Bayerischen Akademie der Wissenschaften 1953, H. 7

F. Klingner: Betrachtungen über Sprache und Stil des Tacitus am Anfang des 13. Annalenbuches. Hermes 83, 1955, 183 ff.

F. Klingner: Tacitus und das Geschichtsdenken des 1. Jahrhunderts. Museum Helveticum 15, 1958, 194 ff.

P. von Klock-Kornitz: Die Charakteristik des Kaisers Tiberius in den Annalen des Tacitus. Methode und Problematik in der Darstellung. Diss. Jena 1959

P. von Klock-Kornitz: Geschichtsauffassung und Darstellung des Tacitus. Die Welt als Geschichte 21, 1961, 158 ff.

U. Knoche: Zur Beurteilung des Kaisers Tiberius durch Tacitus. Gymnasium 70, 1963, 211 ff.

A. Köhnken: Das Problem der Ironie bei Tacitus. Museum Helveticum 30, 1973, 32 ff.

H. Königer: Gestalt und Welt der Frau bei Tacitus. Diss. Erlangen 1966

E. Koestermann: Tacitus und die Transpadana. Athenaeum 43, 1965, 167 ff.

E. Koestermann: Die Majestätsprozesse unter Tiberius, Historia 4, 1955, 72 ff.

E. Koestermann: Der Eingang der Annalen des Tacitus. Historia 10, 1961, 330 ff.

F. Kuntz: Die Sprache des Tacitus und die Tradition der lateinischen Historikersprache. Diss. Heidelberg 1962

J. Lacroix: Fatum et Fortuna dans l'oeuvre de Tacite. Revue des Etudes Latines 29, 1951, 247 ff.

M. Laistner: The Greater Roman Historians. Berkeley 1963

E. Laube: Die Abfassungszeit der Annalen des Tacitus. Diss. Berlin 1955

A. D. Leeman: Structure and Meaning in the Prologues of Tacitus. Yale Classical Studies 23, 1973, 169 ff.

G. A. Lehmann: Tacitus und die imitatio Alexandri des Germanicus Caesar. Der altsprachliche Unterricht. Beiheft 1, 1971, 23 ff.

C. Marchesi: Tacito. Messina [4]1955

J. Martin: Zur Quellenfrage in den Annalen und Historien. Würzburger Studien zur Altertumswissenschaft 9, 1936, 21 ff.

R. H. Martin: Tacitus and the Death of Augustus. Classical Quarterly 49, 1955, 123 ff.

F. Marx: Tacitus und die Literatur des Exitus illustrium virorum. Philologus 92, 1937, 83 ff.

H. B. Mattingly: Tacitus' Praenomen. Rivista di Studi di Antichità 2, 1972, 163 ff.

A. Mehl: Tacitus über Kaiser Claudius. Die Ereignisse am Hof. München 1974

S. Mendell: Tacitus. The Man and His Work. New Haven 1957

A. Michel: La causalité historique chez Tacite. Revue des Etudes Anciennes 61, 1939, 96 ff.

A. Michel: Tacite et le destin de l'empire. Paris 1966

A. Michel: Tacite, a-t-il une philosophie d'histoire? Studi Clasice 12, 1970, 105 ff.

N. P. Miller: The Claudian Tablets and Tacitus. Rheinisches Museum 99, 1956, 304 ff.

N. P. Miller: Dramatic Speech in Tacitus. American Journal of Philology 85, 1964, 239 ff.

N. P. Miller: Tiberius speaks. American Journal of Philology 89, 1968, 1 ff.

H. Nesselhauf: Tacitus und Domitian. Hermes 80, 1952, 222 ff.

E. Paratore: Tacito. Mailand ²1962

D. M. Pippidi: Tacite et Tibère. Une Contribution à l'étude du portrait dans l'historiographie latine. Ephemeris Dacoromana 8, 1938, 1 ff.; 233 ff.

V. Poeschl: Tacitus und der Untergang des römischen Reiches. Wiener Studien 69, 1956, 312 ff.

V. Poeschl: Der Historiker Tacitus. Die Welt als Geschichte 22, 1962, 1 ff.

V. Poeschl (Hrsg.): Tacitus. Wege der Forschung, Band 98, Darmstadt 1969

R. von Pöhlmann: Die Weltanschauung des Tacitus. München ²1913

C. Poghirc: Sur la répartition des livres de Tacite entre Annales et Histoires. Studi Clasice 6, 1964, 149 ff.

L. Pralle: Die Wiederentdeckung des Tacitus. Fulda 1952

C. Questa: Studi sulle fonti degli Annali di Tacito. Rom 1960

G. Radke (Hrsg.): Politik und literarische Kunst im Werke des Tacitus. Der altsprachliche Unterricht, Beiheft 1, 1971

C. Rambaux: Germanicus ou la corruption tacitéenne de l'histoire. L'Antiquité Classique 41, 1972, 174 ff.

W. Ries: Gerücht, Rede, öffentliche Meinung. Interpretationen zur Psychologie und Darstellungskunst des Tacitus. Diss. Heidelberg 1969

R. Roberts: Tacitus' Conception of the Function of History. Greece & Rome 6, 1936, 9 ff.

R. Rogers: A Tacitean Pattern in Treason Trials. Transactions and Proceedings of the American Philological Association 83, 1952, 279 ff.

R. Rogers: The Tacitean Account of Neronical Trials. Studies Presented to D. M. Robinson. Washington 1953, II 711 ff.

D. O. Ross: The Tacitean Germanicus. Yale Classical Studies 39, 1973, 209 ff.

A. Salvatore: Stilo e ritmo in Tacito. Neapel 1950

A. Salvatore: L'immortalité des femmes et la décadence de l'empire selon Tacite. Les Etudes Classiques 22, 1954, 245 ff.

Ch. Saumane: Tacite et Saint Paul. Revue Historique 232, 1964, 67ff.

U. Schillinger-Haefele: Claudius und Tacitus über die Aufnahme von Galliern in den Senat. Historia 14, 1965, 443 ff.

U. Schillinger-Haefele: Zum Annalenproömium des Tacitus. Hermes 94, 1966, 496 ff.

R. Schmich: Die Darstellung der sogenannten stoischen Senatsopposition bei Tacitus. Ein Beitrag zum Verständnis der politischen Haltung des Geschichtsschreibers. Diss. Heidelberg 1961

K. Schneider: Tacitus und Sallust. Diss. Heidelberg 1964

R. Schottlaender: Sine ira et studio. Ein Tacituswort im Lichte der römischen Prozeßordnung. Klio 57, 1975, 277 ff.

R. Scott: Religion and Philosophy in the Histories of Tacitus. Rom 1968

R. Scott: The Death of Nero's Mother. Tac. Ann. 14, 1–3. Latomus 33, 1974, 105 ff.

C. P. Segal: Tacitus and Poetic History. The End of Annals XIII. Ramus 2, 1973, 107 ff.

K. Seif: Die Claudiusbücher in den Annalen des Tacitus. Diss. Mainz 1973

H. G. Seiler: Die Masse bei Tacitus. Diss. Erlangen 1936

K. Seitz: Studien zur Stilentwicklung und zur Satzstruktur innerhalb der Annalen des Tacitus. Diss. Marburg 1958

J. Schatzman: Tacitean Rumours. Latomus 33, 1974, 549 ff.

D. Shotter: Tiberius and the Spirit of Augustus. Greece & Rome 13, 1966, 207 ff.

D. Shotter: Ea simulacra libertatis. Latomus 25, 1966, 265 ff.

J. von Stackelberg: Tacitus in der Romania. Studien zur literarischen Rezeption des Tacitus in Italien und Frankreich. Tübingen 1960

G. M. Streng: Agricola. Das Vorbild römischer Statthalterschaft nach dem Urteil des Tacitus. Diss. Bonn 1970

W. Suerbaum: Vom antiken zum frühmittelalterlichen Staatsbegriff. Münster 1961

R. Syme: How Tacitus came to History. Greece & Rome 4, 1957, 160 ff.

R. Syme: The Friends of Tacitus. Journal of Roman Studies 47, 1957, 131 ff.

R. Syme: Tacitus. Oxford 1958

R. Syme: Tacitus und seine politische Einstellung. Gymnasium 69, 1962, 241 ff.

R. Syme: Ten Studies in Tacitus. Oxford 1970

R. Tanner: Tacitus and the Principate. Greece & Rome 16, 1969, 95 ff.

W. Theiler: Tacitus und die antike Schicksalslehre. Phyllobolia, P. von der Mühll zum 60. Geburtstag. Basel 1946, 35 ff.

H. Tiedemann: Tacitus und das Nationalbewußtsein der Humanisten. Diss. Berlin 1913

G. Townsend: Claudius and the Digressions in Tacitus. Rheinisches Museum 105, 1962, 358 ff.

H. Tränkle: Augustus bei Tacitus, Cassius Dio und dem älteren Plinius. Wiener Studien N. F. 3, 1970, 108 ff.

J. Tresch: Die Nerobücher in den Annalen des Tacitus. Tradition und Leistung. Heidelberg 1965

R. Urban: Historische Untersuchungen zum Domitianbild des Tacitus. Diss. München 1971

D. Vessey: Thoughts on Tacitus' Portrayal of Claudius. American Journal of Philology 92, 1971, 385 ff.

F. de Visscher: Tacite et les réformes électorales d'Auguste et de Tibère. Studi in onore di V. Arangio Ruiz. Neapel 1953, 419 ff.

J. Vogt: Tacitus und die Unparteilichkeit des Historikers. Würzburger Studien zur Altertumswissenschaft 9, 1936, 1 ff.

H. Volkmann: Zur Datierung der Annalen des Tacitus. Gymnasium 60, 1963, 231 ff.

K. Volkmann-Schluck: Die Gestalt des Tiberius bei Tacitus. Bemerkungen zu Tacitus Ann. 1, 4. Würzburger Jahrbücher N. F. 1, 1975, 137 ff.

B. Voss: Der pointierte Stil des Tacitus. Münster 1963
B. Walker: The Annals of Tacitus. A Study in the Writing of History. Manchester 1952
K. Wellesley: Can You Trust Tacitus? Greece & Rome 1, 1954, 13 ff.
K. Wellesley: The Date of Composition of Tacitus Ann. II. Rheinisches Museum 98, 1955, 135 ff.
E. Ch. Welskopf: Die Kunst der Suggestion in der Darstellungsweise des Tacitus. Studi Clasice 3, 1961, 561 ff.
K. Willmer: Das Domitianbild des Tacitus. Diss. Hamburg 1958
H. Willrich: Augustus bei Tacitus. Hermes 62, 1967, 54 ff.
W. Wimmel: Roms Schicksal am Eingang der taciteischen Annalen. Antike und Abendland 10, 1961, 35 ff.
P. Winter: Tacitus and Pliny. The Early Christians. Journal of Historical Studies 1, 1907, 31 ff.
B. Witte: Tacitus über Augustus. Diss. Münster 1963
H. Wittrich: Die taciteischen Darstellungen vom Sterben historischer Persönlichkeiten. Diss. Wien 1972
A. Wankenne: Germanicus. Idéal de prince selon Tacite. Les Etudes Classiques 43, 1975, 270 ff.
J. Woehrmann: Nachtschilderungen in den Historien und Annalen des Tacitus. Diss. Göttingen 1956
P. Wuillemier und Ph. Fabia: Tacite. L'homme et l'oeuvre. Paris 1956
H. Wurms: Das Schicksal Roms und die Götter bei Tacitus. Gymnasium 47, 1936, 10 ff.
Z. Yavetz: Forte an dolo principis? Tacitus Ann. 15, 38. The Ancient Historian and his Materials. Studies in honor of C. E. Stevens. Farnborough 1975, 181 ff.
U. Zuccarelli: Psichologia e semantica di Tacito. Brescia 1967

ZUR ÜBERSETZUNG

Der vorliegenden Übersetzung liegt die Annalen-Ausgabe von Andresen-Koestermann (Leipzig 1952) zugrunde. Die wesentlichen Abweichungen von Andresen-Koestermann sind in der Originalausgabe dieser Übersetzung (München: Heimeran 1954, mit dem lateinischen Text) zusammengestellt.

Spitze Klammern bezeichnen Textergänzungen, runde enthalten kleine erläuternde Zusätze.

Wilhelm Goldmann Verlag